D1691064

Rudolf Borchardt
Gesammelte Briefe
Herausgegeben von Gerhard Schuster
und Hans Zimmermann

Rudolf Borchardt
Briefe
1924–1930
Text

Bearbeitet von Gerhard Schuster

Edition Tenschert
bei Hanser

Briefe 1924–1930

1924

465 AN UNBEKANNT

[Entwurf]

[München, Januar 1924]

Sehr geehrter Herr

Ich erfahre von X dass für die Verteilung des nächsten literarischen Nobelpreises, der ja wol nach Österreich fallen soll, ausser einem Czechen in erster Linie Hugo von Hofmannsthal in Aussicht genommen ist, und kann im Gefühle einer solchen Coincidenz des Passenden mit dem innerlich Richtigsten und Bedeutenden die Zeile nicht zurückhalten, die Sie zu dieser Wahl – wenn sie die endgiltige werden könnte – beglückwünscht. Und das um so eher als ich die grosse Schwierigkeit nachfühle denen [sic] hier jedesmal das Urteil des Auslandes gegenüber dem besonderen und eigentümlichen Bilde unterworfen ist, in dem ein Dichter seinen Volks- und Sprachgenossen erscheint – einem Bilde das ausserhalb der Volks- und Sprachgrenzen ja kaum zu gewahren, manchmal sogar, selbst wenn gewahrt, kaum zu begreifen und innerlich nachzuleben ist. Selten nur wird ein grosser Dichter durch das ins Ausland verstreute und verstreubare, durch Übersetzungen, Auswahlen, gelegentliche Aufführungen, noch gelegentlicheres Auftreten schon bei Lebzeiten auf den Fremden etwas von der Kraft übertragen, mit der er seiner Generation das Wort gefunden, die Zunge gelöst, ja ihre Träume solange sie mit ihm jung war bestimmt, ihre ernsten Gesichte, als sie mit ihm reifte, verklärt hat. Dieser seiner Generation ist er nicht *ein* Dichter, sondern *der* Dichter. Dem Fremden, selbst dem teilnehmenden mag er in einer Reihe stehen, die ihn zum blossen begabten und bestechenden Zeitgenossen, zum ernst bemühten wie zum fragwürdigen, in ein diskutierbares Verhältnis setzt, eine Wahl, ein Schwanken möglich erscheinen lässt, das sein Volk nie begriffe. In welchem Maasse das für Hugo von Hofmannsthal und das ganze deutsche Sprachgebiet zutrifft ist fast nur mit diesen Worten zu sagen und kaum mehr zu überbieten, wenn die Aufgabe der Preisrichter darin bestehen kann, dem Urteile der Kommenden die Wesen zu bezeichnen in denen sich der höchste geistige Gehalt einer Epoche ebenso sinnlich verzaubert wie seelisch vertieft

466 AN ROBERT VOIGT

München 14 März 24

Lieber Schwäher

Ich habe mit der Beantwortung Deines freundlichen Briefes bis zur gestern erfolgten Rückkehr Dr Wiegands von geschäftlicher Abwesenheit warten müssen um genaue Angaben machen zu können. Nunmehr ergibt sich folgendes. Dr. W. hat Rowohlt wiederholt aufgefordert an ihn M 4500 (-vier-fünf) zu überweisen: 1) zur Deckung einer verbleibenden Differenz aus Anteilsverrechnung an Dante, 2) zur Errichtung eines Reisegeld*Depôt*s zu seinen, Wiegands, Händen. Antwort von Rowohlt – der während der ganzen Messe in Leipzig war, – ist nicht eingetroffen, dagegen ohne weitere Erklärung, an W.'s Adresse vorläufig 2000 Mark. Dass diese nicht Marels Wunsche entsprechend nach Bremen überweisbar sind, liegt hiernach auf der Hand, Wieg. hat bereits 1000 für Marel und eine grössere Summe für mich, zu Beschaffungszwecken vorgelegt. Er wird Row. zu weiteren Zahlungen veranlassen und unabhängig von ihrem zeitigen Eintreffen, bei Reiseantritt 50% der vertraglichen Reisemittel zur Verfügung stellen, den Rest nach Vereinbarung Dir einzahlen, so dass dann die Weiterüberweisung nach unsern Reisezielen über Dein holländisches Conto erfolgen könnte.

Der Vertrag über die Reise und der andere über die Neuregelung des Verlagsverhältnisses werden heut von Wiegand mir vorgelegt. Ich halte für gegeben an der Textierung *nicht* mitzuwirken und auch nicht durch wesentliche Gegenvorschläge Deiner eigenen Einflussnahme auf Fassungen und Rechtsbestimmungen vorzugreifen. Der Entwurf geht als solcher Deiner Prüfung zu und wird erst nach Deiner Gutheissung von mir gezeichnet.

Wie sehr ich Dir für Deine Unterstützung danke brauche ich nicht zu sagen, denn ihre augenblicklichen Wirkungen liegen auf der Hand. Wieg. ist vorläufig noch heftig gereizt gegen die durch Deine Intercession geschaffene Geschäftsstelle zwischen ihm und mir, und es bedarf eines gewissen Taktes von meiner Seite um den treuen und ergebenen Mann davon zu überzeugen, dass sie kein Misstrauen impliciert und endlich ihm wie mir zugute kommen wird. Stilles Beharren auf der Unabänderlichkeit der damit geschaffenen Verhältnisse wird zum Ziele und zur Beruhigung führen. Ich bitte Dich um ein Vollmachtformular, das ich Dir gezeichnet zurückgebe, damit Du es in Copie Row. und Wieg. nach Gutdünken vorlegst.

Meine Arbeiten nehmen den normalsten Verlauf und werden ca. Mittwoch restlos abgeliefert sein. Ich telegraphiere Marel sobald sie sich in Bewegung setzen soll und freue mich unbeschreiblich auf sie.

Mit herzlichen Grüssen   Dein Eidam.

467 AN FRIEDA THIERSCH

[München] Donnerstag
[Frühjahr 1924]

Mein »goldener Engel«

Durch die offizielle Erlaubnis, die schlechten Autoren Ihres Krankenbettes um einen relativ bessern zu vermehren, übermütig und verschwenderisch gemacht, erkläre ich Ihnen auf Ihrem eigenen Bütten erstens dass ich Sie vermisse, zweitens dass ich Pelikan genug bin, Sie gern und noch lange zu vermissen, wenn es, wie die Tanten sagen, zu »Ihrem Besten« ist, und drittens, – was wie Sie gleich merken, das Gefühlvollste ist, – dass man erst weiss was man an Ihnen besitzt, wenn man es vermisst. So könnte ich jetzt auf diesem schwarzen oder bleu mouranten Hintergrunde folgendes Idealporträt von Ihnen entwerfen, – im Stile von Labruyières Charakteren.

Dorimene, oder die Kunst zu gefallen

Diese hinreissende Hirtin (cette bergère ravissante) weiss den misslichsten Eigenschaften alle Reize und die ausgesuchtesten Entzückungen – (les délices les plus consommés) – ihres ausdrücklichen Gegenteiles zu verleihen. Sie verschönt die Unverträglichkeit, macht die Schroffheit zu etwas unendlich liebenswürdigem, wirft einen verführerischen Glanz auf den Ungehorsam, und eine Härte, die man bei jeder weniger Entzückenden verwundend nennen würde, wird unter ihren Händen zu etwas wie der vierten Grazie. Durch die beglückenden Züge, die sie dem »Nein« mitzuteilen weiss, hat sie es erreicht, jedem denkbaren Ja etwas, um nicht zu sagen negatives, doch indifferentes zu geben, und noch ihre Gleichgiltigkeit ist mit Rosenbändern geschmückt und trägt ein kleines Füllhorn. Es liegt dies daran, dass Dorimene in Wahrheit das Gegenteil aller der Eigenschaften besitzt, welche ihre Munterkeit und Laune solchen Eifer zeigt an den Tag zu legen: sie ist, in der That, von dem weichsten und zärtlichsten Gemüte, von einer vollkommenen und verfeinerten Höflichkeit des Herzens, und vereinigt alle Züge der Liebenswürdigkeit, mit welchen man eine Freundin geschmückt wünscht, mit der Stärke Arrias und dem Ernste einer Portia. Inzwischen, würde man sehr irren (Cependant, on se tromperait de très-loin) wollte man den wunderlichen Einfall, solche Vorzüge zu verstecken (l'étourdissement de cacher des appas si marqués) jenem in unserem Arkadien (dans notre Schwabing) nicht eben seltenen Widerspruchsgeiste (esprit du contraire) zuschreiben, welcher, wie man zu versichern Grund hat, aus Mangel an echter Originalität sich mit einer falschen begnügte. Vielmehr ist es teils in ihr eine anmutige und edle Scham, ihre Vollkommenheiten auszubreiten (d'étaler ses perfections), teils jene vornehmen Seelen so eigentümliche Demut, welche darauf aus ist, ihrer Umgebung das Gefühl der Inferiorität zu ersparen, und die darum deren Maske vornimmt, zugleich sicher, sich auf diese Weise ein wenig zu verbergen, und doch immer wieder zu verraten. Nehmen Sie an, man sei grob zu Dorimene. Das ist nicht hübsch, aber die Welt, meine Liebe, hat nicht immer Zeit zu finassieren. Was würde, Beispiels halber, Egle darauf thun, – Egle die, wie Sie wissen unter einer so liebenswürdigen Hülle eine sehr gewöhnliche und schadenfrohe Seele verbirgt? Sie würde etwa sagen, – lassen Sie mich den kleinen Dialog erfinden:

Orgon: Hu hu hu hu hu (Markieren wir die unhöfliche Behandlung einer reizenden und schönen Person)

Egle: Ich habe schon heute früh gesehen, dass Sie garnicht aufgeräumt sind, mein Lieber. Vergebens bemühe ich mich ausfindig zu machen, was den edelsten und aufmerksamsten Freund...

Orgon. Hu hu. Huhuhu hu huhu hu huhuhu.

Egle. Ich bin es die Ihnen Verdruss bereitet hat? Sagen Sie mir wodurch, mein Teurer, aber sagen Sie es mir in meinen Armen, u.s.w.

Charmant, nicht wahr. Aber Dorimene teilt nicht mit Ihrem Geschlechte den Anspruch auf so wolfeile Künste. Hören Sie, was sagen Sie hierzu.

Orgon: Hu hu.

Dorimene. (zwei Sottisen) (Markieren wir die scheinbar unhöfliche Phrase im Munde einer reizenden und schönen Person)

Orgon: Huhu (etwas schwächer)

Dorimene: Sottise (kurz und bündig)

Orgon: (flieht)

Dorimene: (lacht und schlägt einfach die Augen auf. Orgon kehrt zurück):

Orgon: – – – – – – –

Da es schwer ist auszudrücken, was sich hinter Orgons Gedankenstrichen verbirgt, so genügt es zu sagen dass in Dorimenes aufgeschlagenen Augen, wie in einer abgenommenen Maske, die

Rolle, die sie mit solcher Demut getragen hätte, démentiert ist. Sie kehrt nun in sich selber zurück, und erwidert auf Orgons schüchterne Frage, ob er den Schirm aufspannen, den Wein im Bache kühlen, ihr die Fliege verscheuchen – kurz all das thun dürfe, wodurch ein Freund seinen Dienst an den Tag legt – sie erwidert, sage ich, ohne jenen göttlichen Augen einen anderen als den unwiderstehlichsten Ausdruck zu geben, – mit ihrer Lieblingswendung

Dorimene: Nein.

Versetzen Sie sich in Orgon. Kann er fliehen? Kann er umkehren? Darf er einen Kopf aufsetzen? Darf er diese Glieder mit der bereitgehaltenen Decke bedecken? Darf er diese Fliege verjagen? Darf er es wagen, diese Fliege *nicht* zu verjagen? Ist er zornig? Ist er bezaubert? Ist Dorimene zornig? Ist sie es nicht?

Sie ist, meine Liebe, nicht das eine und nicht das Andere. Sie hat einen Mürrischen gefällig gemacht, ohne dem Stolze ihres Geschlechtes etwas zu vergeben. Sie hat etwas sehr Trotziges zu etwas viel Gewinnenderem gemacht, als die zärtlichen Vapeurs Egles es sind. Sie macht alles mit den Augen – –

Wenn dies Porträt nicht ideal genug sein sollte, so lassen Sie es mich wissen. Wenn es Ihnen gefällt, lassen Sie es mich auch wissen. Bewundern Sie die Selbstbeherrschung mit der ich eine ganze Seite leer lasse, statt sie mit Ihnen zu verplaudern, und denken Sie bei sich: »auch das hat Stil« oder etwas ähnliches. Hiermit küsse ich Ihnen die beiden Hände, die der Convention und die der Anhänglichkeit mit der ich bin der Ihre

Hansi

AN HANS FEIST

[München, Ainmillerstraße 34
April/Mai 1924]

Lieber Feist

Ihre Rückkehr und mein Abgang nahen heran und ich möchte beides nicht ohne ein Dankeszeichen für Ihre freundliche Überlassung einer Arbeitsstätte heranwarten, an die mich immer die Erinnerung einer reichen und gesegneten Zeit im Gemüte anknüpfen wird. Was hier geplant, fortgeführt, beendet und zum Teile im Buche besiegelt worden ist, finden Sie teils mit Widmungen hier vor, teils erhalten Sie es laufend weiter. Dass ich durch Protestierung meines Wohnaufenthaltes hier und beglaubigte Geltendmachung der dauernden Raumausnutzung dazu habe beitragen können, Ihnen Verdruss zu sparen, ist mir ein angenehmes Bewusstsein wie denn Sie auch selber die Wahrheit des antiken Spruches daran haben ermessen können dass die Wolthat mit der rechten die Beere gibt und mit der Linken die Traube nimmt. Geändert habe ich hier nichts an der ursprünglichen Anlage meiner leichten Ansprüche, alles Ihrige ist verschlossen geblieben, zerbrochene Kleinigkeiten an Geschirr sind teils ergänzt teils noch zu ergänzen, ein Korbsessel an dem einige Spreissen sich losgerissen hatten ist neubeflochten worden, ein paar Eimer Kohlen die ich infolge der Säumigkeit meines Händlers einmal von Ihrem Vorrate entlehnt habe werden jetzt ersetzt. Alle Gas und Electricität einschliesslich der von Strecks bedurften ist von mir beglichen worden, mit Recht, da ja auch für mich aufgewaschen und gelegentlich gewaschen worden ist. Gustl hat sich während der gesamten Zeit musterhaft für mich bemüht, die närrische Mutter wenigstens nach Kräften. Beide sind die ganze Zeit hindurch von mir reichlich bezahlt worden, und konnten sich behaglicher regen.

Ich habe seinerzeit auf Ihren freundlichen Brief betreffend die griechische Reise die Antwort hinausgeschoben, weil er in eine noch ganz unreife Lage fiel und genau ge[nom]men nicht entscheidend zu behandeln war. Inzwischen hat die ungeheure Arbeit am Paradiese mir das ganze Frühjahr verzehrt und mehr als das war noch zu thun, ehe ich mich meinen Geschäften auf so lange Zeit mit der Sicherheit entziehen konnte, allen weiteren Rückfragen brieflich zu genügen. So stellt sich heut, da all dies fast geleistet ist, die vorgeschrittene Jahreszeit in den Weg meiner Wünsche und lenkt sie vorerst ab. Es ergibt sich eine ganz neue Disposition, in die nun die griechische Reise nicht mehr wie bisher als Hauptsache, sondern nur als Teil einer allgemeinen Regelung einzuordnen ist, denn der Aufschub macht die Existenz im Interim, auch der Kinder wegen, unmöglich. Wir haben uns also entschlossen, Kinder und Nurse hierherzuholen und den Hochsommer in Tirol mit ihnen zu verbringen, sie dann den Schwiegereltern wieder zu übergeben, Anfang Septbr. nach Italien zu gehen, die neue Villa zu mieten, Mitte bis Ende Septbr zu Schiff nach Athen zu fahren und bis zur Hitze in Griechenland zu bleiben, dann nach Italien zurück, Haus und Hof zu bestellen und zu beziehen. Die Wintermonate werden wir regelmässig in Berlin verleben, wo man schon eine Wohnung für uns sucht und möbliert. Auf dem Hin und Herwege wird der Arbeit mit der Presse durch ein par Wochen Aufenthalt in München zu genügen sein.

Ich weiss nicht ob Ihnen bekannt ist, dass sich meine Wirtschaft so befestigt hat, dass sie so weitgehende Pläne und wol noch weitergehende ganz verlässlich erträgt. Mein Schwiegervater hat mit Rowohlt und Wiegand Contrakte erzwungen die mir selbst ohne neue Leistungen ein unerschütterliches und deponiertes Fixum von 40 000 Lire leisten, bei normaler Weiterarbeit das Doppelte, und daneben besteht die gegründete Aussicht, durch geringe Leistungen nach einer dritten Seite hin diese Einnahmen beträchtlich zu vermehren. Da Dr Voigt als Mitgarant dieser Verträge mit seinem eigenen Vermögen für ihre Einhaltung haften will, so sind wir in der glücklichen Lage, sorgenfrei und mit einer anständigen Breite unser Leben nach unseren Bedürfnissen einzurichten und ziehen in Italien ganz anders ein als wie wir es verliessen. Immerhin heftet sich an diesen letzten Aufenthalt für mich so viel unaussprechliches Herzleid und Vernichtung, dass Lucca im weitesten Umkreise, ja Toskana beinahe, ich möchte fast sagen Oberitalien, für mich Bannplatz geworden ist, den ich nicht einmal träumend wieder betrete, und für Rom gilt natürlich das Gleiche doppelt und dreifach. Unsere innigsten Wünsche gehen auf Unteritalien, und selbst die Wahrscheinlichkeit, dass dort etwas uns Genügendes überhaupt nicht existiert, lässt uns noch nicht verzweifeln. Ich bitte Sie, wenn Ihnen dafür Zeit und Musse bleibt, in Ihren Erinnerungen und unter Ihren Beziehungen Umschau zu halten, ev. auch mir ein Inserat zu vermitteln, das Ihnen Olschky aus Wiegands Guthaben bezahlt bezw. vergütet: es müsste je drei Mal im Corriere della Sera, Tribuna Giornale d'Italia und Il Proprietario (Fachblatt für dgl) stehen und etwa lauten:

Villa signorile cercasi da piccola famiglia straniera distintissima preferibilmente Mezzogiorno, ammettendosi anche campagna umbra Fiorentina, Ligure. Deve essere completamente libera entro cinta padronale, munita giardino o terreni accetabili simile uso, orto separato o terreno consimile irrigabile, serrabile, acqua di polla (escludonsi cisterne), bosco o simili terreni ombreggiati, posizione preferibilmente collina. Vicinanza centro cittadina non necessaria. Escludonsi villini moderni. Piacendo offresi contratto lungo ad annale. Fitto principierebbe autunno.

Wenn Sie dies für uns noch in die Wege leiten könnten, oder es auf irgend jemanden, – dem ich gerne alle Auslagen und Bemühungen vergüte –, detachieren, so thäten Sie mir einen grossen Gefallen. Ich kann in meinen Bedingungen sehr weit gehen, 5000-7000 Lire, für ein besonders schönes und passendes Objekt auch wol 9000-10 000. Natürlich kommen nur alte Palazzi in Betracht, die durch Lage, Architektur, Ausstattung, ein Cachet haben, wie verwahrlost sie auch sonst sein mögen, mit wenigstens ein paar schönen (und funktionierenden) Kaminen (Öfen setze ich) grossem schönem Mittelsaal, ca. 10 – mindestens – Wohn- und Schlafräumen, breitem Wirtschaftsaccommodement. Aber das versteht sich ja alles in Italien von selbst. Ich begreife ja nicht dass der prunkliebende alte Napoletaner Adel nicht solche Häuser ebenso gehabt haben sollte wie der Florentiner, und dass sie um Sorrent, Amalfi, an der Küste, am Gebirge, nicht zu finden sein sollten. Aber schlimmstenfalls muss man sich bescheiden. Ich sehne mich nach vollem südlichen Gärtnern ohne Winter Rücksichten, und Marel möchte leidenschaftlich gern ein italienischeres Italien als das lucchesische.

Seien Sie von uns beiden herzlich gegrüsst. Soeben erzählt Gustl, der Rechtsanwalt berichte Ihnen über die Unerbittlichkeit des Wohnungsamts. Da aber inzwischen die Ausreisegebühr gefallen ist, so brauchen Sie ja hier nur kurzen atto di presenza zu machen und können sofort wieder zurückreisen. Hier ist alles zum verzweifeln und unten das Paradies der Nervenruhe, wozu also sich lange quälen? Ihr Bdt

469 AN HANS FEIST

[München, Ainmillerstraße 34
April/Mai 1924]

Lieber Herr Feist
It never rains but it pours – und so nimmt unser Briefwechsel hart vor den neuen Begegnungen einen stürmischen Charakter von Frage und Antwort an.
Tausend Dank für Ihre freundlichen Bemühungen! Und, Sie haben Recht, – keine Coulissen à la Castello Lucifero. Gewohnt und gelebt soll werden, gegärtnert, gearbeitet, gelaufen. Als allgemeiner Hintergrund genügt Italien. Heroische Nah-Staffagen sind entbehrlich. Neue Häuser andererseits sind ebenso ausgeschlossen, sie sind, von allem andern abgesehen, so dumm und schlecht gemacht wie alles Neue in dem alten Lande. Ich will wie jedermann die Häuser dieses alten Italien bewohnen, und seine alten Gärten erneuern. Andererseits, sollen Sie Ihre Güte für mich nicht überanstrengen. Wenn Sie die Haupt-Ingredientia necessaria: Altes geräumiges Haus mit Salone, Brunnen und Bewässerungsmöglichkeit, soweit communicabel dass ein Klavier hingeschafft werden kann, *absolute* Freiheit in der Cinta padronale, und landschaftliche Schönheit, Hügellage pp (alles nicht Hirngespinste von mir sondern die Voraussetzungen ohne die im mir be-

kannten Italien *kein alter Italiener Villa gebaut hat*) wenn Sie dies im Süden für unrealisierbar halten, so geniessen Sie die Neige der köstlichen Zeit ohne meine Sekkatur.

Meine Frau hat Ihnen geschrieben, dass wir zur ev. weiteren Betreibung selber dort auftreten wollen: sicher ist es noch nicht und hängt von allerlei Nebenumständen ab. Aber das Prinzip, die durch Verschiebung der griechischen Reise gewonnene Frist für unsere Stabilisierung auszunutzen statt zu blosser Interims Verplemperung und Erholung, halte ich für gesund. Ich rechne mit der Möglichkeit, mir die Villa bis zur endgiltigen Beziehung durch ein Pauschal zu sichern, aber gewisse Garteneinrichtungen schon im Herbst vor der Abreise vorzunehmen, bei Eintritt der Regen in Griechenland einen kurzen Abstecher nach Italien für Aussaatzwecke zu machen, ev. auch die klimatisch schlimmste Zeit meiner Frau wegen relativ comfortabler dort zu verbringen und im April definitiv überzusiedeln. Die Kinder bleiben jetzt und bis dann in Bremen. Übrigens ist die Kleine ein bildschönes strotzendes Menschlein geworden, von überraschend früher Entwickelung und der Stolz des Hauses, sie gleicht ganz der Mutter, während Kaspi Robert Voigt zu replicieren verspricht.

Ihre zwanzig Koffer mir vorzustellen, erschüttert mich ein wenig: welche Riesenbeute! Aus den voraufgesandten Laterzabüchern habe ich, Ihrer freundlichen Erlaubnis entsprechend, einzelnes aufgeschnitten und vorsichtig genossen. – Ich nehme also an, Sie wollen nun in Deutschland bleiben, und nicht, wie jeder hier glaubte, nach praestierter Diligenz ruhig wieder zurückkehren, woran Sie doch niemand hindern kann? Deutschland ist unerschwinglich teuer und moralisch hoffnungslos. Sie werden es selber sehen. Wir verbrauchen ca. 20 Goldmark täglich für die reinen Tagesbedürfnisse, und Sie müssen darauf gefasst sein, dass zum Valutaunterschiede bei jeder Anschaffung und Zahlung noch die 100% »Teurung« wie man sagen kann, – »allgemeine gegenseitige Bewucherung« wie es besser hiesse, hinzukommen. Jeder wälzt Steuern und Verteuerungen auf die Ware und den Leistungswert um die Illusion seiner gleichgebliebenen Gewinnrate festzuhalten während er als Consument der selben Überwälzung passiv ausgesetzt ist und unterliegt. Der regierende Klüngel schliesst die Augen. Mit Kahrs Abgange sind die schwachen Ansätze zu staatlicher Controlle der Bepreisungs-Gebahrung wieder erloschen. Nun, ich will Ihnen nicht Angst machen; aber warum jemand der überall leben kann, in Deutschland sollte leben wollen? ist mir unerfindlich. Geistig ist München ein Schindanger; Wölfflin weg, Vossler immer träger, Vollmer überhaupt nicht ersetzt, die Philosophie komisch, die Literaturgeschichte närrisch, und die beiden Humbug Sophisten Frobenius und Spengler die Herren der Lage und ihre Symbole zugleich. Die Neusten wieder das alte schäbige Käsblatt. Dafür Radio überall, zum Erbrechen, und Kinos an jeder Ecke. »Wie flüchten wir von dem verwesten Ball?«

Freundlichst der Ihre   Bdt

[München, Ainmillerstraße 34
April/Mai 1924]

Lieber Herr Feist

Vielen Dank für Ihre freundlichen Zeilen an meine Frau, die sie selber auch noch beantworten wird. Zwischen den Zeilen steht leider die halberwartete Nachricht von der Erfolglosigkeit Ihrer Bemühungen. Wir geben darum noch nicht auf sondern werden an Ort und Stelle weiter suchen und suchen lassen. Spoleto liegt so weit landeinwärts dass es durch rauhe Winter die meisten unserer Wünsche beeinträchtigt. Überhaupt rechne ich mit Umbrien nur als unwahrscheinlichem faute de mieux. Das Land war nie reich, der Adel nie höfisch genug um es zu einer wirklichen Villegiatur zu bringen, nur aus der Barockzeit giebt es ein par macchinoni die nicht in Betracht kommen. Der ganze adriatische Versante steht unter klimatischen handicaps die sich auf Gemütsart und Begabung des Volkes stark miterstrecken und ihnen etwas dumpfes und gequollenes gegeben haben. Kein Öl, schlechter Wein. Also es müsste ein Glücksfall sein der uns dorthin zöge. In Rom wollen wir natürlich nur einen oder zwei Tage sein, um Aufträge zum Suchen zu geben, Agenten anzustellen. In den Abruzzen handelte es sich bei der Anfrage meiner Frau nur um ein ausgesprochenes *Hochgebirgs* und Alpinisten Hôtel wie Abetone. Ich will versuchen mich zu trainieren wo ich gerade bin, und dafür sind die Abruzzen von Rom am erreichbarsten. Aber Ihre Andeutungen zeigen mir wol, dass ich mit solchen Wünschen hundert Jahr zu früh komme, und da das Lumpen und

Mördervolk sich das deutsche Tirol mit unserer hundertjahrlangen Erschliessungsarbeit und dem edelsten und humansten Volke der Welt gestohlen hat, so braucht es an seiner eigenen Bergwelt nichts mehr zu thun um es dem Jahrtausend der Verwahrlosung und Vernichtung zu entziehen. Dreiviertel von Unteritalien wird, denke ich bis in einem weiteren Jahrtausend, aussehn wie der Mond. Unter solchen Umständen werden wir von Rom aus weiter überlegen ob es Aussicht hat, der Hitze zu trotzen. Italienische Kleinstädte wie Perugia reizen uns nicht. Ist alles aussichtslos, so bleibt Venedig und Lido und von dort im Herbste das Schiff nach Griechenland. Aber ich sehe vorläufig das Problem als ein solches der Zähigkeit an. Zeit haben wir. Es kommt darauf an, soviel Menschen als möglich in Bewegung zu setzen und zu bohren, bis man hat was man will. Wirtschaftlich steht ein Umschwung bevor den ich entschlossen bin für ein definitivum auszunutzen. Der kommende Zusammenbruch des Faschismus und der Ausschluss Italiens von Nordamerika können auf die Dauer nicht ohne Einfluss auf Währung und Preislage des Landes bleiben. Wenn die Remisen aus Emigranten Ersparnis versiegen, stürzt die Lira, wenn die Dauerkrise des halbverschleierten Bürgerkrieges, wie ich hoffe, anhält, stabiliert sie sich zu etwa griechischen Proportionen. Sie ist jetzt schon viel zu hoch bewertet. Dagegen ist trotz des bezahlten Zeitungsgeschreis unsere Arbeits und Wirtschaftslage nicht dauernd künstlich niederzuhalten und die Götterdämmerung der Phrasen bei den feindlichen Völkern nicht aufzuschieben. Der Moment steht vor der Thür an dem gewisse Herrschaften sich freuen werden uns wieder die Stiefel putzen zu dürfen. Wer wie ich das Jahr 23 zuerst in Monsagrati und dann um Bozen herum erlebt hat, dem kann man den Wunsch nicht verargen, wenn es soweit ist, von der Partie zu sein.

Gibt es nicht bei Neapel – näher oder ferner –, Monte Cassino oder dergl. ein grosses Sommerfrischhôtel? Ich meine von so etwas, à la Vallombrosa, gehört zu haben.

Für alle Ihre sorglich freundlichen Vorschläge Sie hier noch abzuwarten und zu genieren, danke ich herzlichst und nicht ohne humoristische Anwandlungen beim Versuche es mir in der Wirklichkeit vorzustellen. Ich arbeite noch ein paar Tage, meine Frau geht übermorgen nach Neubeuern und kommt erst zum Aufbruch in wenigen Tagen zurück.

Mit herzlichen Grüssen   Ihr Bdt

471 AN OTTONIE GRÄFIN VON DEGENFELD-SCHONBURG

[Nicht abgesandt]

[München, Mai 1924]

Liebe und sehr verehrte Freundin

Ich habe Julie W.[endelstadt] vor wenig Wochen hier fröhlich und hoffnungsvoll gesagt ich würde vor der Abreise nach Griechenland unterm Wendelstein vorsprechen und mir Reisesegen holen, – so schulde ich nun Ihnen die traurige Begründung meines wortlosen Weggehens aus Deutschland, wohin ich so bald schwerlich wiederkehre. Das längst Gefürchtete ist mit der unaufhaltsamen Allmählichkeit – diesem schrecklichsten Zuge des Wirklichen – eingetreten, Hugo ist für mich nun ein toter Mann, dessen Briefe ich nicht beantworte und dessen Gegenwart ich für mich ausschliesse, den ich stumm und kalt auf seinem Wege gewähren lasse indes ich den meinen allein so weiter verfolge wie ich im Grunde längst ihn allein gehe.

Ich unterlasse alle an sich wertlosen Einzelheiten der Erzählung; wie er sich der herrlichen Festschrift gegenüber betragen hat; verrückt; undankbar, nein dankunfähig, liebeunfähig und liebeunwert, ein jammervolles Schauspiel jeder Schwäche und Kleinheit, jeder eitlen Literaten Allure und Reclamesucht, einer selbstischen Gesinnung, die in der Wut ihre Zwecke – die äusserlichsten, ungestehbarsten – durchzuzwingen, sich ganz durchsichtig werden liess und das wusste und auch gar nicht mehr deckte. Seit einem Monat dauert das unerhörte und unwürdige Schauspiel eine Schmach für die Zeit und die definitive Entheiligung des hohen Namens. Glauben Sie nicht, dass ich, oder sonst wer, ihm widerstanden oder mit ihm gestritten haben. Gelähmt von sittlichem Entsetzen sehen wir zu, lassen geschehen, schweigen. Was er heraus haben will, wird ausgerissen, aus dem schon fertigen Buche; was er hinein will, kommt hinein. Er schreibt sich selbst die eigene Festschrift, und setzt an die Stelle einer schönen Huldigung freier Männer die gefälschten Folien die er zur Erhöhung seines Eigenen Bildes braucht. Wir hatten einen spontanen Festzug Dankbarer zusammentreten lassen, absichtslos und ehrlich. Er besorgt die Regie der eigenen Apotheose. Meinen eigenen Aufsatz hat er zerrissen und sich das ihm passende Parade Costüm daraus zusammengeschnitten, dem ich meinen Namen leihen muss. Ich thue es um den überarbeiteten und durch diese Erlebnisse innerlich fast vernichteten Wiegand zu schonen, – der nun das ganze publikationsreife Buch umdrucken muss. Aber dies ist, wie Carlos sagt, mein letzter Betrug. Begreifen und verzeihen

Sie, dass ich bei Neubeuern vorbeigehe, dies Mal, um nicht der
Versuchung des Besprechens zu erliegen, der ich meine Kräfte
nicht gewachsen fühle.

Ich küsse Ihre Hand mit der innigsten Angehörigkeit als Ihr
treuer   Bdt

472 AN JOSEF NADLER

34^{IV} Ainmillerstrasse
München 26 Juni 24

Mein lieber Herr Nadler
Ihr Aufsatz und Ihr Brief sind mir richtig übergeben worden, und
haben mir einen guten Tag gemacht, von Art derer, zu denen hier
sonst nicht eben oft Anlass wird. Das besondere schnelle kräftige
und blitzende Ihrer Untersuchung und einer Darstellung die nie
»über« die Objekte spricht sondern immer »aus den Objekten
heraus« – so oft von mir mit glückseliger Bewunderung erfahren
wo es sich um Vergangnes handelte – nun auf mich und meine
eigenen dunkelen Bemühungen angewandt zu sehen, beschämt
mich und macht mich stumm, indes es mich gleichzeitig tröstet
und wenigstens in soferne es mich bestärkt, zum Sprechen aufzu-
fordern scheint. Soviel darf ich sagen ohne mir ein Lob über dessen Recht nur die Zukunft befinden kann, voreilig und un-
schicklich zuzueignen: Meine *Intention* lässt sich nicht genauer
ausdrücken als mit der wahrhaft dichterischen und also auch
dichterisch wahrhaftigen Metapher von der übergeleiteten Le-
bensader, – für deren so schöne wie tiefe Intuition ich zum mindesten als der erste Ihrer Leser Ihnen danken darf. Jene Intention

ist mir früh wenigstens als Ahnung aufgegangen, in dem so heftig umstrittenen Joram Nachworte ist sie (1906) angedeutet, ein Jahr später in einer Denkschrift für den Inselverlag deduciert und leidenschaftlich verfochten, die im 12ten Bde meiner Schriften gedruckt werden wird. Seit ich mir an Wolfram, und, fast mehr noch an dem nie auszustudierenden und nie genug zu bewundernden Reimar den ungeheuren Vorzug einer nur für den Vers und durch den Vers erzogenen, das heisst im lautlichen und flexiven *nicht* grammatisch erstarrten sondern nachgibigen Dichtersprache vor jener andern klargemacht hatte die nur für die Prosa und durch die Prosa erzogen für neugemischte halbdeutsche Völker lautliche und flexive Gesetze *unverbrüchlich normiert,* die der spät hinzutretende, importierte Vers nicht mehr geschmeidigen kann, vielmehr er gibt ihnen nach: seit ich in der höchst inhaltsreichen Silbenkargheit der oberdeutschen Mundarten jene alte Kraft und Meisterschaft unbekümmert fortblühen sah, die einen deutschen mittelalterlichen Vers oft so unverhochdeutschbar macht wie einen englischen oder einen italienischen; und seit mir schliesslich aufging, dass das gesamte Formularium wenigstens der höfischen Sprache Oberdeutschlands genau so auf dem Curiallatein ruht wie die verwandte Sprachschicht der altromanischen und englischen Sprachen des Mittelalters, und daher unabsehbare Möglichkeiten für den Wendungsreichtum der deutschen Sprache enthalten *muss* – seitdem hatte meine leidenschaftliche Liebe zur Fülle und Ganzheit Deutschlands, als welche mir immer nur der Ausgleich zwischen Geschichte und Individuum erschienen war, einen Körper. Ich sage absichtlich mit meinen Worten, unbestimmter weil detaillierter, was Sie mit den bestimmtesten Worten generell statuieren, – um meinerseits Bestätigung mit Bestätigung zu erwidern. Seit jenen Einsichten habe ich die Brechung der hochdeutschen Sprachconvention für die Poesie allerdings, und zum Schrecken meiner Freunde, die mir fast alle absagten, als Aufgabe proklamiert. Skizzen dazu sind mehrfach entworfen und beiseitgelegt worden, weil Programme nur die Unfruchtbaren interessieren; aber nach Abschluss des Dante hatte von jeher ein Band »Aus der Werkstatt des Deutschen Dante« eine Reihe anderer Betrachtungen in eine Abhandlung auslaufen lassen sollen. »Der Durchbruch durch Goethe: Glück und Ende der neuhochdeutschen Dichtersprache«. Ihrer gütigen Teilnahme wird all dies nicht geprahlt klingen. Ich setze es nur her um darzuthun wie haarscharf Ihre κρίσις in meine Kerbe trifft.

Vieles sonst haben Ihre Worte in mir zum Klingen gebracht. Wol hat Bodmer mir nie viel bedeuten können, aber der Tag bleibt mir unvergesslich, an dem mir seine Minnesinger in der schönen Originalausgabe als Gastgeschenk des wackern Josef Hofmiller in mein italienisches Haus zugingen, seitdem ein gehütetes Kleinod. Und, da Sie zu Schweizern so viel Schweizerisches beibringend gesprochen haben: die sieben Monate in Arlesheim bei Basel November 1905-Mai 06 in denen ich unter dem Vorwande, einen Basler mystischen Codex zu collationieren, in Wahrheit mein von Verwelschung bedrohtes Ohr im Eisenbade der Mundart läuterte, so glücklich, und nachhaltig, dass ich hernach, als Müllheimer 142er den Krieg durchkämpfend, mit meinen Soldaten die Gabe der herzlichsten und bildhaftesten aller deutschen Ursprachen in guten und bösen Stunden frei teilen konnte, – wovon auch der Dante auf mehr als einer Seite Zeugnis gibt. –

1924

Was Sie von Zürich mitteilen ist mir angenehm überraschend. Im ganzen steht die Schweiz, die als echter Nebenprovinzialraum Frankreichs oder Deutschlands deren geistige Moden verspätet erhält und doppelt stolz ablegt, – im deutschen Gebiete füglich soeben bei Stefan George angelangt ist und Hofmannsthal vorsichtig recipiert – meinen Arbeiten und Gedanken stumpf und wehrend gegenüber, und von nirgend vernehme ich so kahle Überheblichkeit, wie von den Corrodis der Neuen Zürcher Ztg. Was ich übrigens durchaus ohne Bitterkeit vermerke, denn, rompu au métier, wie ich in Sachen öffentlicher Meinungen bin, und der Bedenken die meine Arbeiten billig erregen dürfen, mir ernsthaft bewusst, bin ich längst gewohnt, ein so zartes, und wenn irgend eines auf der traumhaftesten Gewissenstreue beruhendes Verhalten wie das dichterische es ist, gegen Tadel wie gegen Lob gleichmässig fest in mir zu verwahren.

Haben Sie Dank für die gütigen Wünsche zur Vollendung des Paradieses, deren ich freilich bedarf – die ungeheure Arbeit, je näher gegen ihr Ende je starrender, wie auf furchtbaren Gletschergipfeln, droht mir den Nerv zu zerreissen und zeigt mir unbarmherzig die erschöpften Grenzen meiner Kraft. Vor vier Monaten hatte ich gedacht die Handschrift, und Nebenarbeiten dazu, den Freunden im Pressehause, denen das Werk so viel verdankt, dem wahrhaft einzigen Wiegand und der herrlichen Frida Thiersch, in Druckerei und Binderei abliefern und zu Schiffe in das längst ersehnte griechische Jahr abgehn zu können. Frühjahr und Vorsommer sind hingezehrt, im Dante stehe ich zwischen den letzten Blöcken und Tafeln des Firstes, das andere braucht eine gute Woche, und so habe ich Griechenland auf September geschoben, und will einstweilen ins Gebirge, immerhin noch mit der Ordnung einer Ausgabe deutscher Renaissance Lyrik, den Druckbogen des Paradieses und der Homerischen Hymnen, und nicht damit alleine, belastet. – Es besteht eine, wenn auch geringe, Möglichkeit (die grössere weist nach Tirol) dass Berner Oberland (etwa Visp) oder Wallis (etwa Siders) das Ziel wird, vorausgesetzt, dass ungestörte Breite der Unterkunft und Gelegenheit zu rechtem Bergsteigen, als Trainierung für Taygetos und Parnass, sich vereinen lassen. Hätte ich hierbei Aussicht Ihnen zu begegnen so könnte mir eine grössere Freude nicht leicht werden.

Ich bin, mit jeder herzlichen und dankbaren Ergebenheit stets der Ihre   Borchardt

473   AN BENEDETTO CROCE

Hôtel Gartenheim
München 13 Aug 24

Hochverehrter Herr Senator

Ihre Güte wird es mir nicht verargen, wenn ich in einer zarten und ernsten Angelegenheit mich nicht der fremden sondern meiner Muttersprache bediene, die Ihnen mehr als nur geläufig ist, und die doch selbst Ihnen, wenn Sie in einer bestimmten Erklärung einer innern Angelegenheit das vage und das halbrichtige ausschliessen wollten, als eine verdriessliche Last erscheinen würde. Zwar meine Erklärung selber ist kurz abgethan. Denn wenn ich auch mit lebhaftem Schmerze erfahre, dass Sie einer Verstimmung gegen mich in sich Raum geben, und mir die unterbliebene italienische Ausgabe einer kleinen Schrift übel vermerken, so bewegen sich doch diese Mitteilungen von dritter Seite im ganzen in einer Atmosphäre der Zuträgerei, in die es mir nicht gegeben ist, auch nur mit Wiedergabe, Entschuldigungen und Rechtfertigungen einzutreten. Ich habe von meiner Art und Natur, und schliesslich von meinem Charakter durch Schriften und Handlungen eines halben Menschenlebens Proben genug gegeben, und von meiner auf Liebe und Studium langer Jahre gegründeten Verehrung für Ihre Person hinlängliche Beweise, um es wol auch einmal ohne Widerspruch ruhig hinnehmen zu können, wenn Sie mich falsch beurteilen, denn ich weiss dass dies Urteil nicht dauern kann und früher oder später dem richtigen Platz machen wird. Ich habe immerhin für meine Pflicht gehalten, Vossler, mit dem ich im Zusammenhange dieses leidigen Geredes eine Aussprache haben musste, den Hergang der auf die Epilegomena bezüglichen Vorfälle zu erklären und zu belegen, und wenn er auch mich vollkommen verstanden und gebilligt hat, und mit mir der Ansicht ist, dass dauernde wesenlose Situationen zwischen wesentlichen Menschen weder durch Worte geschaffen noch durch Worte beseitigt werden können, so hat er mir doch zugesagt, Sie gelegentlich über meine Mitteilungen zu unterrichten. Ich habe ihm auch angedeutet, dass ich meinerseits, nun es einmal dahin gekommen ist, Sie bitten werde, das italienische Manuscript der Epilegomena, nicht zum Zwecke seiner Veröffentlichung sondern als persönliche Erinnerungsgabe anzunehmen und als Entgelt für die in einer schweren Situation mir gütig und geistig eröffnete Möglichkeit ihrer Herr zu werden – für die ich nie aufhören kann dankbar zu sein, wenn auch das Ziel selber dadurch nicht zu erreichen war, – die Lage selber mehr als das Mögliche gefordert hätte, allerdings das Mögliche *und das Unmögliche*. – Ich habe also meiner Frau, die meine Handschriften in Bremen aufbewahrt geschrieben, Ihnen diese Mappe zu senden, und erbitte für sie einen Platz in Ihren Sammlungen: Dies ist für einen Deutschen nicht der Moment sich zum italienischen Autor zu machen, verehrter Herr Senator – wir stehen mitten im Kriege, und für niemanden kann es bitterer sein als für mich, – der der jahrhundertlangen italienisch-deutschen Culturgemeinschaft soviel von seinem Leben zugleich verdankt und gewidmet hat – sich einzugestehen dass sein Leben in die einzige tiefe Lücke dieser weltgeschichtlichen Tradition fällt und dass seine Selbstachtung ihm gebietet, sich mindestens an dem geistigen Leben einer Nation nicht aktiv zu beteiligen, die auf ihrem eigenen politischen Raume deutsche Sprache und Schule, Cultur und Art, in einer edlen und gesitteten Bevölkerung, als Feinde behandelt.

Verzeihen Sie mir, wenn Sie es können, – und ich bin gewiss, Sie können es, – diese schmerzliche Offenheit, die ja endlich nur die Sprache der Cohärenz ist. Ich kann nicht, während ich soeben noch unter Einsetzung meiner ganzen Autorität verhindert habe, dass Schriften eines, deutsche Schule und Sprache ausrottenden, italienischen Philosophen jetzt ins Deutsche übersetzt werden – ich kann nicht gleichzeitig das altgegebene Versprechen in seinem ganzen Umfange halten und bitte Sie, sich an dem Beweise guten Willens genügen zu lassen, mit dem die Situation mich selber zwingt, mich zu begnügen.

Vielleicht kommen reinere und minder verblendete Zeiten. Vielleicht entsinnt sich das alte grossartige Italien eines Tages, dass es viel zu reich an echten und hinreissenden Werbekräften seiner

1924

Cultur und seines Geistes ist, um für seine Assimilationspolitik zu den Mitteln sich herablassen zu müssen mit denen Russland nur die schlechtesten baltischen Elemente zu Russen gemacht hat; und vielleicht entsinnt es sich seiner eigenen Geschichte im 19ten Jahrhundert. Aber ich breche dies ab und mute Ihnen keinen Leitartikel zu; und dennoch, – wie hätte ich es verschweigen können? Wie könnte ich davon schweigen, wenn ich Ihnen begegnete? So bleibt mir nichts als zu beklagen, dass ein persönliches Verhältnis zu einem verehrten Menschen an dessen »Sphäre man lang gesogen« hat, – im unglücklichsten Momente zur Wirklichkeit geworden – von vornherein mit den heterogensten Elementen und Motiven belastet und sich entfremdet, – durch Trübungen hindurch, die nur zufällig scheinen und ihm organisch eingeboren waren – sogleich wieder zum Abschiede führt – aber nicht nur zu ihm, sondern zur Rückkehr in die alte heitere und uneigennützige Sphäre eines einsamen geistigen Verkehres, in dem man sich eine grosse ferne Gestalt aufs reinste zu vereinzeln und zu entwickeln versucht.

Leben Sie wol und lassen Sie mich, wann immer es sei, einer Gesinnung die dieser wenigstens entfernt verwandt ist, teilhaftig werden.

Ihr RBorchardt

AN JOSEF NADLER

[Nicht abgesandt]

[München, Mitte August 1924]

Mein lieber Herr Nadler,

Wiegand sagt mir soeben dass ein von ihm geplantes Zusammentreffen, dem auch er hatte beiwohnen wollen, geringe Aussichten hat, und so will ich Deutschland nicht verlassen, ohne noch einen Gruss mit Ihnen getauscht und Ihnen für den dritten und vierten Band, von ganzem Herzen und Sinnen, mit allen Kräften und von ganzem Gemüte Glück gewünscht zu haben. Denn für ein Verhältnis wie ich es zu dem einzigen Buche habe, finde ich keinen Ausdruck als die alten Formeln der Liebe. Wozu auch gehört – verargen Sie es mir nicht – dass diese Liebe manchmal unvernünftig ist und wider besseres Wissen liebt. Denn ich habe auch für Ihre Ungerechtigkeiten, – wo sie Ihrer Energie unterlaufen – eine Schwäche, deren ich mich schämen sollte und leider gar nicht schäme: Sint ut sunt. (Ganz à propos: es steht irgendwo ein falscher Homervers: Αἰὲν ἀριστεύειν καὶ ἔξοχον ἔμμεναι ἄλλων. ἔξοχον ginge auch, macht aber Positionskürze durch Vokalverschleifung und einen metrisch unmöglichen Vers; es heisst ὑπείροχον) Eben noch wieder habe ich Gelegenheit gehabt, die leuchtende Tiefgrundlichkeit Ihrer Darstellung mit herzlicher Bewunderung in mich wirken zu lassen: Ich musste, zwischen alles Übrige hinein, zu FAWolfs TodesSäkulare ein Par Seiten schreiben, hauptsächlich um Wilamowitz' schmählichen Grabschändungen entgegen den vielgekränkten Namen zu versöhnen, unter der Hand wurde mir eine geistesgeschichtliche Darstellung der Ursprünge der klassischen Philologie in Deutschland daraus, aber freilich nur ein Impromptu dessen was ich mir allmählich zusammengelernt habe und zu wissen glaube, ohne neue eigene Nachforschungen, als ich fertig war und es mir doch ein wenig vor der Raschheit dieser Skizze grauste, nahm ich Ihr Buch vor und prüfte an Stichproben meine Exactheit nach: sie kann im Groben und Ganzen ziemlich bestehen, wie denn der Grundgedanke, schon 1904 im Formengespräch angedeutet, damals auf genauer Untersuchung beruhte, – aber wie macht Ihre grosse Auseinandersetzung des erzgebirgischen Schulwesens mir den eigenen Gedanken erst zu einem Sinne und Bilde! Es ist nicht der einzige meiner Töpfe, zu dem ich Ihnen erst den Henkel verdanke, und diese ganze Coincidenz der Arbeit ein gar zu schöner und beglückender Vorgang.

Der Dante ist fertig – fertig zwar wird er sein, wenn das Buch vor mir gedruckt liegt, und ein Leben sich mir aufthut indes ein Leben sich mir zuschliesst; Epilegomena und Parerga laufen noch ein par Jahr weiter, zum gedruckten der erstern treten noch zwei Bändchen für die erst das Schema und Sammlungen vorliegen, die letztern treten mit den deutschen Trobadors soeben einen ersten Schritt ins Freie, daran sich die weitern wichtigern schliessen: Die Herauslösung des Stils der anonymen deutschen Kunstdichtung 1400-1500 aus dem Conglomeratgeschiebe des sogenannten deutschen »Volksliedes« – von dem ich einstweilen zwei geschlossene und gediegene Schichten abgebaut habe: die deutsche Cavalierslyrik des ausgehenden Mittelalters (Name nicht schön und nicht entgiltig) wesentlich rheinisch und rheinmainisch, auf den stromaufziehenden Wegen der flandrischen neuen

Musik, in Mainz sich stark mit Meistersangselementen versetzend, prachtvolle und einheitliche Stücke festen Stiles, der Kern des »hüpschen« – d.h. höveschen Liedes dieses Jahrhunderts; und die um Augsburg und Nürnberg geschlossenen, nach München südlich, nach Coburg, Voigtland, Kursachsen ausstrahlende Canzonenlyrik 1450-1600, auf den Wegen der Etschaufwärts wandernden italienischen Villanellen- und Madrigalenmusik, an ihre musikalischen Strophenformen genau wieder so angeschlossen, wie 300 Jahr zuvor Friedrich von Hausen an die provenzalische Musik. Ich habe zu Rate gezogen was ich konnte, der gesamte Cimelienschatz deutscher Bibliotheken an ältesten Musikdrucken ist neugesichtet worden, 500-600 Nummern stehen zur engern Auswahl, Dr Wiegand und sein auf meine Gedanken scharf eingearbeiteter kleiner Stab haben mich vorbildlich unterstützt, so dass in verhältnismässig kurzer Zeit diese Leistung möglich geworden ist, die an sich über Individualarbeit hinausgeht, und dazu von mir als Marginalie anderer Hauptsachen abgesetzt werden musste. Ich hoffe dass der Eindruck, den diese vollkommenen Neuheiten auf den allgemeinen Leser machen werden, dem deutschen Dante mittelbar zugute kommen wird, in dessen Zusammenhange meine Aufmerksamkeit auf dieses Stiefkind der deutschen literarischen Geschichte gelenkt worden ist und immer fester hielt. Der Wissenschaft habe ich nicht vorgegriffen aber, wie meine Ahnen, Sammler und Liebhaber des 18^t und frühen 19ten Jahrh. gethan haben, auch meinerseits thun zu dürfen geglaubt: Frischweg aufgespürt gesammelt und gedruckt was ich liebe und um bestimmter Gründe willen ganz auf meinen eigenen Wegen liebe, suche und finde. Wir Dichter und Leser können nicht immer warten, bis die Zunftbrüder und Gildenmeister den Augenblick für gekommen erachten, in dem sie ein »Material« »aufarbeiten«. Gedichte wollen wir lesen, uns daran freuen wollen wir, und jeder das Seine daran lernen. Machen wir den Herren nicht schön genug und nicht zu Dank, so werden sie sich doppelt sputen, es besser zu machen und unsern Dilettantenkram an den Nagel des Wunderhorns zu henken. Da hängt es sich leidlich, und hoch genug um den durch unsern Vorwitz geärgerten eins zu blasen.

Das kindische Vorurteil, als hörte die deutsche Poesie des Mittelalters da auf, wo die letzten Namen – Wolkenstein pp – aufhören, und finge wieder an wo die ersten Namen – Zinkgref Opitz pp. – wieder anfangen, wird auch von grundgelehrten Professoren höchstens theoretisch bestritten und durchschaut, praktisch gibt es zwischen 1350 und 1550 keine approfondierte Geschichte der deutschen Poesie hohen Stiles. Sie haben als Erster in dies künstliche Dunkel geleuchtet, aber mehr zu thun wäre Herkulesarbeit gewesen: es giebt gar und ganz keine Vorarbeiten und keine Literatur, nur rohe Abdrucke mit Variantenspiegeln, die da zu arbeiten aufhören wo die echte Arbeit, nicht die geistige Trägheit die sich Textemachen nennt, erst anfängt. Die Folge dieser Lücke in der Geschichtsvision ist nach allen Seiten unberechenbar, der sprachlichen vor allem. Niemand ahnt wie weit unsere alte spätmittelhochdeutsche Dichtersprache in Pathos und Ausdruckskraft gekommen war, als die Reformation, die anfänglich noch nichts gestört oder zerstört hatte, aus der akuten zur chronischen Erkrankung des Volksganzen wurde und mit den Eiterherden immer neu ausbrechender Kriege die feinste Oberhaut und tragende Schicht der Nation jahrzehntelang abfrass. Liest man die grosse politische Canzone des Paul Speratus, – ich kann der Versuchung nicht widerstehen Ihnen eine Strophe daraus herzuschreiben, noch immer nicht die grossartigste, – (nach meiner metrischen Anordnung der Körner, wie ich sie in der Arbeit gelernt habe)

.....
Noch ist ein alter spruch, den soltu merken:
　»Es ist convent vil meh denn apt«;
Hastu an uns' gebruch lust, recht zu sterken,
　So schau wie jeder einher drabt:
　　　Bibel heisst unser recht
　　　Dar nach gerichtet wol gerichte schlecht
　　Und urtel fallen sol
　　　Sowol dem Bapst als leien:
　　Trett her an disen reien;
　Der warheit ist die schrift so reich und vol, -
　Nit not, das man ein ander buch her hol.

– – liest man dies, sage ich, wer fühlt sich nicht in der Luft der alten grossen politischen Poesie Europas, Giraut von Borneils oder Petrarcas? Ganze Versgruppen klingen wie herbster schönster Dante. Die Sprache leistet alles was der Dichter wollen kann, der Vers, aus einsilbigen klangreichen Begriffsblöcken gefügt, hat eine heldenhafte Schlachtmusik in sich, für die man nur erst wieder ein Ohr bekommen kann, wenn man den schlaffen dürftig-künstlich-correcten Flexionen und Suffixen »Reichthum« der Schlesier und Sachsen u.s.f. aus sich ausgestossen hat. Welch ein Unglück! Ich brüte darüber seit meinen Jünglingszeiten! Ich hadere mit der Geschichte. »Wie wenig fehlte, und...« Und ich kann der Versuchung nicht widerstehen sie nachträglich – nicht zu corrigieren, sondern einfach zu ergänzen, ihr den Willen zu thun, den ich so fühle bis in meinen innersten Nerv hinein, wie an einer niedergebrochenen Staude im Garten den Drang wieder ins Lot zu steigen, der von mir nichts will als Leitung an einer Stütze.

475   AN JOSEF NADLER

[Asolo, 17. Oktober 1924]
Hier, wo ich im Begriffe bin, das durch die Inflation zerrissene italienische Zelt wieder aufzuschlagen, und Aussicht auf ein schönes altes Landhaus habe, erhalte ich Ihre Heidelberger Karte mit grosser Verspätung und kann die Bestellung an Dr Wiegand nicht mehr ausführen. Für meine Adresse genügt *Asolo* (Treviso). Am 24ten Nov. spreche ich in Zürich am 1 März gehe ich auf ein Jahr nach Griechenland. Ihnen alles Herzlichste und Beste für die ans Wunder grenzende Vollendung des riesigen Werkes. Wann mag der dritte Band kommen? Und wann der vierte. Und was nachher? Von Herzen Ihr   Borchardt

476   AN JOSEF NADLER

[Asolo, 25. Oktober 1924]
Mein lieber Herr Nadler
Ihr freundlicher Brief, der mir hierher zugeht, bringt leider für Zürich eine Nachricht, die mir die ohnehin bescheidene Freude

an der Vorlesung noch vermindert, denn ich hatte mit Sicherheit darauf gerechnet, Sie dies Mal zu sehen, und zwar unter meinen Zuhörern zu sehen, und meine auch immer noch, ich sollte Ihnen ausnahmsweise einmal mehr gelten als Ihre guten Knaben die ihren Lehrer immer haben, und wir einander niemals. Olten ist mir eine hässliche Erinnerung, die Jahrzehnte zurückliegt, und sich an einen versäumten Anschlusszug, andere Versäumnisse und ein endloses Liegenbleiben knüpft, – und, endlich, was haben wir von einem solchen hastigen und verstimmten Treffen zwischen den Zügen, an einem Orte der kein Ort ist, sondern das Annex zu einer gigantischen Umsteigerampe? Zwar, wie Sie wollen und müssen: aber fast wäre ich der Meinung, wenn Sie Zürich nicht ermöglichen könnten, – und hier darf ich nicht entfernt in Sie dringen – gönnen Sie besser meiner Frau und mir einige Tage Ihrer nächsten Ferien in unserm bis dahin regelrecht gewordenen italienischen Hause, – nah an der Alpengrenze aller Wahrscheinlichkeit nach im Schatten jenes tragischen Hügels von Romano, von dem nach Dantes Worten Ezzelin niederrollte wie ein Feuerbrand. Vor Tagen bin ich dort oben gestanden, die Burgtrümmer sind zu einer Weihekirche ausgebaut, darunter und umher ein Soldatenfriedhof, die Opfer von Grappa liegen da, der ganz und gar zerpflügt von Artilleriestrassen, Zufahrten und Stellungen, nackt und schweigend darüber hereinschaut. In den Gemütern ist vom Kriege nichts geblieben, der Veneter ist weder Soldat noch Politiker, noch geneigt sich am Modepatriotismus der Zeit zu erhitzen. Eine sanfte etwas langsame gutherzige und grundredliche Hirtenbevölkerung umgibt uns, das germanische Element tritt in den vielen aschblonden und helläugigen Menschen mit einer bäurischen Treuherzigkeit durch, die Vertrauensseligkeit werden kann, das keltische, das stellenweise die undurchlässige Schicht des Gemisches deutlich bildet, – physiognomisch scharf ausgesprochen – verrät sich in neugierigen geschwätzigen wortwitzigen und vereinzelten Neigungen zu Bravour und Improvisation. Der ganze Mischtypus hat einen fühlbaren träumerischen Hintergrund, der unitalisch ist, in Toskana unmöglich wäre, und eine Atmosphäre schafft, in der ein jenseits der Alpen Geborener gerne atmet. Die Landschaft ist von einziger Schönheit und kräftiger Süssigkeit – wäre einzig auch ohne die Kunstformen die sie von Venedig her allenthalben durchdringen. Ihre trentiner Erinnerungen haben mich eigen bewegt, ich war auf der Herreise einen halben Tag in Trient, zum ersten Male seit dem Kriege, und habe nicht umhinkönnen, die Rückkehr dieser Stadt und ihres Landes zu Italien normal und gerecht zu finden, – so wenig Unterschied fühlte ich zwischen dieser Italianität und der mich hier umgebenden – kein deutscher Name, kein deutscher Laut, kein deutscher Menschen- und Siedelungstypus, eine homogene Mediterran-Rasse die alles gleichmässig bezieht besiedelt, baut und färbt. – Dass man nicht bei Salurn stehen geblieben ist, beklagen die verständigen Italiener einstimmig, die Neigung dieser erst unlang befreiten Völker zur Knechtung freier Männer ist eine sehr geringe und der Widerwille gegen eine aus schlechtem Gewissen sich brutal gebende Parteipolitik würde sich noch deutlicher aussprechen, wenn die Neigung, die allerdings bittern Folgen des Freimutes auf sich zu nehmen häufiger wäre – aber diese edelsten Blüten der menschlichen Hoheit gehören nicht nur in Italien zu den botanisch seltenen Varietäten der Menschenpflanze. – Und so glaube ich befürchten zu müssen, dass Ihre in Deutschland gewonnenen Eindrücke den Beobachtungen eines längeren Aufenthaltes dort nicht standhalten würden. Ich, der ich den grössten Teil des Krieges für mein deutsches Ideal durchgekämpft habe, und, in der Masse geschlagen, als Individuum bis zuletzt und darüber hinaus mich nie als besiegt erklärt und empfunden habe, bin nach einjährigem Aufenthalte schliesslich aus Deutschland fortgegangen, weil ich die Verantwortung für das dort geschehende und versäumte nicht tragen kann, und in der Heimat wenigstens nicht leben will, wenn ich nicht nütze, und wenn ich nicht wirke. Es scheint mir eine reine Generationsfrage zu sein. Die mir Gleichaltrigen und noch die zehn Jahr jüngern gebe ich in jedem Sinne verloren. Meine Hoffnung sind die Menschen des ersten Jahrgangs des Jahrhunderts, ein gutes und rechtschaffenes Geschlecht, in der Armut erwachsen von den letzten Kulturpesten der Vorkriegsjahre kaum berührt. Fast nur in ihm finde ich auch meine Leser, und mit diesen teile ich gern und glücklich die zweite Jugend die ein im Ganzen harter und natürlicher Lebenswandel und eine, wie es scheint, durch Krieg und Strapazen nur elastischer gewordene Constitution mir als schönstes Lebensgeschenk hat erhalten wollen.

Ich danke Ihnen von Herzen für alle guten und freundlichen Worte, die Sie für meine Arbeiten haben, und fast mehr für die hoffnungsvollen Mitteilungen über das glückliche Fortschreiten des Magnum Opus. Was in aller Welt wollen Sie, jung und leidenschaftlich wie Sie sind, nur beginnen wenn Sie die schlechthin grösste Aufgabe Ihrer Wissenschaft jetzt schon gelöst haben? Zwar habe ich dafür eigene Gedanken und Desiderata, die ich unseren Unterhaltungen aufhebe. Aber trotzdem, mir kommt es so vor als hätte man das ganze Tagespensum am Morgen eines unabsehbaren, die Erfüllung dank Menschenvitalität fast übersteigenden Sommertages bereits erledigt, und vor uns gähnte dieser Abgrund des Mittags, des Nachmittags des Abends gar! – Ihrer Selbstbezichtigung eines Plagiates, – das ich mir zur höchsten Ehre rechne – habe ich entgegenzustellen, dass ich Ihnen im Nachworte des demnächst erscheinenden »Ewigen Vorrats der deutschen Poesie« durch ein par Dichterporträts – Freiligrath Heyne Hebbel Storm etc., einen »Salon der Zurückgewiesenen« ins Handwerk gepfuscht habe. Die Druckbogen lasse ich Ihnen zugehen, damit Sie mich strafen wo ich irre. Aber, da ich einmal die rücksichtslose geistige Durcharbeitung unseres vorgeblichen lyrischen National-Erbes mir zur Aufgabe gesetzt und von dieser Thätigkeit durch viele Jahre nicht gelassen habe, so waren diese Skizzen mit aller ihrer Härte und Herbigkeit unvermeidlich geworden, denn wenn ich Ihnen durchaus darin zustimme, dass der Deutsche wieder das Lesen gelehrt werden muss – das Urteilen gehört zum Lesen und das entschlossene Verwerfen zum Urteilen, und zum Verwerfen mehr als blosser Mut der Unabhängigkeit, nämlich kritische Eigenschaften, die nicht aus der Geschichte allein zu holen sind, sondern eine neue Ästhetik voraussetzen, ein Absolutes neben und im und über dem ewig Relativen. Was Wiegand sonst von mir auf dem Backbrett hat und demnächst in den Ofen schiebt, werden Sie wissen. Von Ihnen möchte ich erfahren, was Sie eigentlich von allen meinen Arbeiten besitzen; es überrascht mich zu hören dass halbverschollene Sachen wie Lysis und Joram Ihnen jetzt erst zugehen. Meine

Verleger liefern Ihnen alles auf Anforderung, aber um Ihnen die Müh zu sparen ist es am besten ich erfahre was Ihnen fehlt und besorge es Ihnen auf ein einziges Mal. Wünschenswert wäre mir Ihnen soviel als angeht, sobald als es angehen will, von meiner vergangenen und gegenwärtigen Thätigkeit mitzuteilen. Die Zufälligkeit und Wahllosigkeit meiner ältern Publikationen, die wiederholte, durch die Zeitumstände veranlasste Unterbrechung in meinen neuern beirrt notwendiger Weise das Urteil, lässt reine Parerga als betonte Arbeiten erscheinen, von den wirklichen, letztern, noch fast nichts erkennen. Nur die Gedichte liegen einigermassen vollständig vor, wenigstens im Sinne der von mir zur Öffentlichkeit freigegebenen Auswahlen, alles andere bedarf der Redaktion und allmählichen Aufrichtung nach den für die Schriften festgelegten ca. 20 Bände umfassenden Planzeichnungen. Mit den Dramen beginne ich nächstes Jahr hervorzutreten, nichts als das Jutta Vorspiel (Verkündigung) und Scherze wie Krippenspiel und die Geliebte Kleinigkeit liegen vor. Erzählungen (Durant und Erbe sind nicht in den endgiltigen Fassungen gedruckt) Reden, Aufsätze, wissenschaftliche Arbeiten – alles harrt der für die Disposition nötigen Zeit, und da inzwischen die neue Arbeit nachdrängt, so dürfte ich wol mit Goethes Mahomet beten »Herr schaffe mir Raum usw.« Denn endlich ist ja doch das schöpferische Wiedererlebnis des menschlichen Geistes in der Weltliteratur mit dem ich beginnen musste, kein Selbstzweck gewesen, sondern ein, allerdings ungefüges und in sich unebenes Mittel zu dem höchsten Zwecke, mich in Menschengestalten auszudrücken – eine andere als diese Aufgabe hat mir nie seit ich mir dichterischen Beruf zugebilligt habe, vorgeschwebt, und die Formung und Schöpfung einer Welt aus Gestalten Handlungen Leiden und Schicksalen hoffe ich dereinst hinter mir zu lassen, geformt aus lauter selbsteroberten, nämlich der Menschheitsgeschichte abgerungenen Stoffen, und darum an die Phantasiewelten der Menschheitsgeschichte wieder anschliessbar, ja ein Einziges mit ihnen bildend, – das dort nicht zu Ende gekommene ergänzend, die Brücke überbrückend, die einander feindlichen Generationen und Zeitalter mit einander versöhnend, uns wiedergewinnend, was wir immer wieder verschleudern und verlieren, ja mit perverser Wut bekämpfen – die nationale Tradition unseres gespiegelten Kulturbildes, wie alle Völker Europas, ausser uns, sie besitzen, wir allein von allen Völkern Europas sie immer wieder dialektisch und analytisch spalten. Nur bei uns sind Klassizität und Romantik, Nord und Süd Ost und West Antike und Mittelalter, Protestantismus und Christentum, essentielle zerreissende, nicht graduelle variierende Unterschiede. Seit Jahrhunderten geht das zur historischen Fatalität gewordene Spiel das uns zermürbt, und so darf ein Mal ein Geist sich dagegen stellen, nicht mit Predigten und Worten, sondern mit seinem ganzen in neues Leben umgesetzten Leben.

Verzeihen Sie diese flüchtigen Sätze, in denen mir die Feder ausläuft und seien Sie meiner herzlichsten und wärmsten Wünsche versichert.

Ihr Borchardt

477 AN FRITZ FREIHERR VON MEYERN-HOHENBERG

[Entwurf]

Lieber Baron Meyern
Sie würden mich durch Erweisung einer kleinen Gefälligkeit, die ich sogleich bezeichne, besonders verbinden, dürfen sie aber auch ebenso, und ganz freimütig, ablehnen, wenn sie Ihnen aus Gründen die ich nicht kennen kann – und gar nicht zu erfahren brauche, – ungelegen ist.

Eine Reihe von Erwägungen, die Sie gewiss nicht interessieren, lässt es meinen Freunden als wünschbar erscheinen, dass ich häufiger als bisher in gelesenen Tageszeitungen mit Beiträgen zu finden bin. Nicht als läge dies sehr in meinen Wünschen, aber ich erkenne die Gründe an und befolge den Rat.

Eine Anzahl von Verbindungen ist zufriedenstellend angeknüpft. Berlin fehlt, und müsste eigentlich ausfallen, da ich den Blättern der politischen Feinde meinen Namen nicht gebe. Hier aber fällt mir Ihre Verbindung mit Herren von der Norddeutschen Allgemeinen ein, und die Möglichkeit einer Anfrage, ob Sie durch eine ganz unauffällige und unappuyierte Sondierung mir freundlichst den Weg direkter Einsendungen ersparen könnten und wollten, zu dem ich mich schon in jüngeren Jahren nie habe entschliessen können, und jetzt gewiss nicht entschliesse.

Ich habe allerdings von dieser Zeitung, soweit sie mir letzthin vorgelegen hat, nicht die glücklichsten Eindrücke. Die etwas elementare Vorstellung, dass das Schreiben eine Bethätigung manueller Art sei, die im Grunde von jedermann, neben wichtigeren

Geschäften, beiläufig ausgeübt werden kann, beherrscht nahezu alle periodischen Organe der anständigen Parteien und macht sie, im Vergleich zu den geschickt und talentvoll, ja glänzend geschriebenen Blättern der Gegner ganz reizlos und unlesbar. Vielleicht sind die bessern Köpfe der Partei, die alles hat ausser Köpfen und Talenten, von dumpfen Ahnungen dieser Thatsache gleichfalls schon angeweht und zeigen daraufhin ein Interesse, dem ich mich nähern könnte; und dies um so mehr, als nahezu alle bedeutenderen Federn des Landes für die Cartelle des Verrats arbeiten, und ihre Besitzer auf dem sogenannten »Boden der Thatsachen« stehen.

Politische Beiträge kommen nicht in Betracht. Für das was ich meine und sagen kann, ist die Zeit noch nicht da; ich würde nur literarisches, und geistiges im weitern Sinne, beisteuern. Und ferner kommt nur die Allgemeine in Betracht, da die Auflagenhöhe und Meistverbreitung den Ausschlag giebt.

Verzeihen Sie diese Bemühung und seien Sie bestens bedankt wenn Sie glauben, sie wirklich im Lichte einer solchen sehen zu können. Meine Frau grüsst Sie beide bestens, ich selber empfehle mich der Baronin und bin mit freundlichen Grüssen der Ihre

Borchardt

Asolo 12 Dec 24
(Treviso)

[Entwurf]

Ernst Rowohlt Verlag   Asolo 12 Dec 24
    Berlin

Sehr geehrter Herr
Ihre Wünsche und Anfragen die Herr Dr Wiegand mir freundlichst durch meine Frau übermittelt erwidere ich selbst, da ich vollkommen hergestellt bin und meine Correspondenzen wieder führe. Ich bitte also den direkten Verkehr mit mir wiederaufzunehmen und erinnere dabei daran, dass ein wichtiges Schreiben von mir, Asolo, Oktober, unbeantwortet geblieben ist. Sein Inhalt deckt sich zum Teile schon mit den Gegenständen Ihrer Anfrage und braucht hier nur recapituliert zu werden.

1) Für die Neuauflage des Swinburne habe ich längst und wiederholt gebeten, sie unverändert vorzunehmen. Die Gründe die mich veranlassen, von der beabsichtigten Vermehrung einstweilen abzusehen, sind angegeben worden.

2) Das Imprimatur für unveränderte Neuauflage der »Schöpfung« gebe ich grundsätzlich gerne, muss es aber mit der zum dritten Male wiederholten Bitte *bedingen,* mir über die Lagerbestände meiner übrigen Publikationen offenen Aufschluss zu geben. Ich weiss positiv und kann erweisen, dass, und für welche meiner Schriften, dieser Lagerbestand sich unterhalb der vertraglich normierten 100 Exemplaren befindet, nach deren Erreichung Neuauflagen zu veranstalten sind, und kann daher auf diesem Punkte, der ebenso eine Prestige- und Propaganda-Frage wie

eine wirtschaftliche ist, nur wiederholt so bestimmt wie höflich bitten, von den bisher gewohnten ausweichenden Antworten abzusehen.

3) Die durch die Geldentwertung unterbrochene Fortsetzung der »Schriften« liegt, wie Ihnen wiederholt bemerkt, nicht minder in meinen eigenen höchsten Interessen als in den verlegerischen; und ebensowenig verkenne ich, dass unsere contractlichen Vereinbarungen die laufende regelmässige Vermehrung meiner Publikationen-Masse bei Ihnen zur stillen Voraussetzung haben, da nur in diesem Falle für Sie die Möglichkeit besteht, das mir zu zahlende Fixum durch Einnahmen zu garantieren, die nicht durch Neuauflagen älterer Bücher ausfallen. Von meiner Seite ist die Fortsetzung aufs genaueste disponiert, und werden die nächsterscheinenden Bände bereits in den nächsten Monaten zu Winkel gelegt. Was der verlegerischen Fortsetzung entgegensteht, ist ausschliesslich Ihre schroffe Weigerung die Preisfrage meiner sämtlichen Schriften in der Linie meiner berechtigten und begründeten Wünsche neu zu regeln. Ich habe Ihnen zahlenmässig bewiesen, dass Ihre, ohne Mitteilung an mich, also *vertragswidrig* angesetzten, G.M.-Preise, abgesehen von ihrer einzig dastehenden Niedrigkeit, die Arbeit für mich unrentabel und daher unmöglich machen. Es ist daher ausgeschlossen, dass ich Ihnen neue Manuscripte, sei es innerhalb sei es ausserhalb der Schriftenfolge, überlasse, ehe Sie über diese Preisfrage, sowohl was die ältern, als auch was die zu druckenden Bücher angeht, mit mir einig sind. Ich bin entschlossen diesen Anspruch mit Festigkeit, aber innerhalb des Rahmens unserer Vertragsformen durchzusetzen, und werde also, wenn Sie mir jetzt nicht näherkommen, bei dem An-

gebote der betr. neuen Manuscripte eine vertragsmässig correcte Möglichkeit haben, ihm Anerkennung zu verschaffen. Die neue Serie der Schriften betrifft die Prosa-Erzählung »Annus Mirabilis« und die Bände der älteren Dramen, geht dann zu Prosa II, und den Reden, zunächst den politischen über.

Ich habe gelegentlich der Correspondenz mit Prof Josef Nadler festgestellt, dass trotz meiner wiederholten Bitten dieser für Ihre Interessen unschätzbare Historiker und Kritiker von Ihnen nur meine beiden letzterschienenen Bände erhalten hat. Nadlers Literaturgeschichte (in der neuen Auflage) wird im vierten (letzten) Bande mit einer Darstellung meiner Thätigkeit abschliessen, die für meine Geltung beim Publikum, bei der unvergleichlichen Bedeutung dieses Werkes, von einer gar nicht abzusehenden Stärke und Dauer der Wirkung sein wird. Ich bitte aufs Dringendste das Versäumnis schleunigst wieder gut zu machen, und ihm, bis auf Vermischte Gedichte und Prosa I alles von mir erschienene zuzustellen (Düdingen bei Freiburg, Schweiz). Ferner bitte ich um Zustellung aller meiner Schriften zu meinen Lasten an Herrn Diplom-Ingenieur Philipp Borchardt, Villenkolonie Solln b/München, meinen Bruder, möglichst zum Feste.

Hochachtungsvoll & ergebenst

Borchardt

Ich siedele in den nächsten Tagen in mein neues Haus über. Adresse
   Signor Borchardt Villa Odaldi Pistoia (Italien).
Briefe bis Weihnachten noch hierher, von dann ab an die neue Adresse.

[Entwurf]

[Asolo, Mitte Dezember 1924]

EwHochwolgeboren

gefällige Anfrage beantworte ich dahin dass ich seit längerer Zeit vollständig wiederhergestellt und zur Verfügung bin, sodass ich an dem von Hrn Steiner mir als möglich angedeuteten Termine, 8 Dec., soweit ich selber in Betracht kam, hätte sprechen können. Meine Krankheit war nur eine lästige und langwierige Behinderung, aber ohne jede ernstere Bedeutung. – Jeder neue Termin ist mir recht, der nächste der liebste.

Über andere Gegenstände Ihres Interesses berichtet Ihnen Herr Dr Wiegand.

Herrn Prof. Wölfflin danke ich persönlich eigens für sein freundliches Eintreten.

EwHochwolgeboren selber wollen mir glauben, dass mir nichts peinlicheres zustossen konnte, als diese Unmöglichkeit Ihnen mein Wort zu halten, und soviel Verdruss und Mühe zu ersparen.

Ich bin mit aufrichtiger Verbundenheit ergebenst der Ihre

Borchardt

Von Weihnachten an ist meine neue dauernde Adresse die folgende

Sig. Borchardt Villa Odaldi S. Alessio Pistoia (Italien.)

1925

480 AN WILLY WIEGAND

Villa Odaldi
Pistoia 3 Jan 25

Mein Lieber, mitten in die Dantearbeit, die ich morgen beendigt an Dich zu senden hoffte, trifft ein perplexer Brief Robert Voigts mit Copie Deines Schreibens an ihn als Beilage und bedroht den Frieden, oder was man im augenblicklichen Stande von Unrast so zu nennen kaum wagt. Ich habe Deinen Brief an RV nach dem ersten Stutzen natürlich richtig verstanden und nehme an, dass es Dir unlieb war, persönliche Vereinbarungen die wir beide miteinander haben, zum Gegenstande einer Erinnerung von dritter Seite gemacht zu sehen. Daher ist die folgende kurze Zusammenstellung nur als Recapitulirung anzusehen, nicht als Rechtsverwahrung derengleichen zwischen uns nicht vonnöten ist, denn Du weisst wie fest ich auf Dein Wort baue; und ich füge nur hinzu, dass RVoigts Erinnerung an die Januarrate nicht von mir oder auch nur von Marel veranlasst war sondern spontan von ihm ausging um nämlich angesichts meiner grossen Lasten für die Ersteinrichtung hier Überweisungszeit zu sparen. – Nun recapituliere ich kurz, und hauptsächlich um mir selber zu bestätigen dass ich alles bis ins Einzelne richtig wiedergebe, das Folgende. Als wir den bevorstehenden Übergang nach Italien und die Deckungsfrage bis Antritt der Griechischen Reise besprachen, setztest Du selber, gegen meine Bescheidenheits Einwände, die Summe von 750 Mark monatlich als unbedingt notwendig voraus. (Beiseite, die mir damals noch unübersichtlichen Verhältnisse hier haben Dir Recht gegeben; Italien ist kein billigeres Land als Deutschland, in vielem teurer, in manchem etwas wolfeiler, und mein État ist nicht unterhalb dieser Summe zu halten, die ich also beschaffen muss.) Du erklärtest mir absolut zu garantieren, dass die Presse im Einverständnisse und Repartition mit Rowohlt diese Monatssumme aufbringen würde, zunächst auf sechs Monate, und, wie Dir anfänglich möglich schien, mit monatlicher Wechselung des auszahlenden Betriebes. Nach gehabten Verhandlungen mit R. modificiertest Du letztere Modalität und auch die jeweilige Höhe der Auszahlungssummen im Einzelnen, nicht im Ganzen, unter Vorlegung einer Aufstellung, die ich noch zur Hand habe. Hiernach hattest Du Rowohlt dahin bestimmt bis 1 Januar die Zahlungen *alleine* zu übernehmen, da es der Presse technisch schwer fallen würde, vor 1 Januar 25 neue Zahlungen an mich buchmässig zu rechtfertigen. Es trat daher für Rowohlt die neue Swinburne Auflage ein, die er in zwei Oktoberraten mit 1400 Mark zu honorieren hatte; hatte er damit 650 Mark über die Monatssumme hinaus gezahlt, so erhielt ich für Nov. Dec. je 250 Mark weniger als 750, nämlich 500, in der Hoffnung, (die sich trotz Krankheiten durch Sparsamkeit erfüllen liess) dass ich vom reicher dotierten Oktober her Überschüsse haben würde. Hätte ich sie nicht, so erklärtest Du im Bedarfsfalle trotz allem aushelfen zu wollen. Für das neue Jahr tratest Du mit 750 Mark monatlich auf den Plan unter Verrechnung dieser Zahlungen auf die beiden ersten Volksliederbände, und gegen meine Verpflichtung, Dir im Laufe des Winters diese beiden Einleitungen und die Bucheinrichtungen abzuliefern. Das war es, und ist es hier in Deiner Zusammenstellung; und als ich immer noch zögerte, mit einem Misstrauen gegen Row. das durch die Vorgänge dann hinlänglich gerechtfertigt wurde übernahmst Du freundlicher Weise die Haftung über die *gesamte* ein Halbjahr umgreifende Zahlung; am ersten April, meintest Du, würde ja dann die Reise wol angetreten werden, andernfalls müsste für neue Deckung gegen Deckung gesorgt werden. Du weisst wie dankbar ich Dir für diese ganze Regelung war, und dass ich nur auf sie hin sowol die Reise wie endlich die Hausmiete gewagt habe. Dass es solcher Sicherungen bedurfte, hat die hinter mir liegende Zeit grössten und dauernden Verdrusses gezeigt, denn abgesehen davon, dass wir ein Vierteljahr im Hôtel leben mussten, hat meine sehr langwierige Krankheit der eine zweite nicht so langwierige aber ungleich heftigere Marels folgte gezeigt. *Fast 2000* Lire sind nur Ärzten gezahlt worden schwere Hospitalkosten kamen dazu an Arbeit war während dieser Zeit gar nicht, ausserhalb von ihr in dem kleinen zwei Personen ständig zusammenpressenden unheizbaren Hôtelzimmer fast nicht zu denken – nur die Sparsamkeit hielt mich in Asolo, denn ausserhalb, in grössern Städten wären die Kosten noch höher gestiegen, und die Haussuchen verschlangen daneben das leidigste weil fast immer leer ausgehende Geld. In dem lumpigen Neste Pistoia kostet ein kleines Zimmer im Hôtel rund 30 Lire, die sich aber durch Heizung, Bedienungsaufschlag statt Trinkgeld (das Du aber doch zahlen musst) und die unsinnig hohen doppelten Steueraufschläge, für Regierung und zum Nutzen der Fremdenverkehrshebung, sogut wie verdoppelt. Vergleiche mit Deutschland; dafür bekommst Du in grossen Hôtels in München grosse Zimmer.

Aus allem diesem bittern Verdrusse, der durch unaufzählbares anderes sich noch häufte, und der Verstimmung des Reconvalescenten der weder krank noch gesund ist und alles Behagen vermisst, musst Du Dir auch mein Schweigen erklären, das ich gewiss nicht gedacht hatte schliesslich durch einen Geschäftsbrief zu brechen; aber alle angefangenen Briefe – und wieviel hatte ich zu fragen und zu erzählen, – erstickten schliesslich in dem zähen Moorboden dieser ganzen Suspension, und schoben sich unter einander auf. Auch hier, im neuen Hause, bin ich noch so von Allotria beansprucht, dass die Arbeit sich immer wieder aufs Nebengleis drängen lassen muss. Das Haus ist noch kahl und fremd, an allen Enden fehlt es, Öfen, wie immer, müssen erst gesetzt werden, die Fenster stehen nackt ohne Vorhänge, nichts als der Stoff ist vorhanden aus dem etwas gemacht werden könnte. Und inzwischen muss ich für die Herkunft der Kinder sorgen, für die noch keine Betten da sind – Du begreifst wie mir der Kopf steht und dass ich jeden Augenblick im Begriffe bin die Nerven zu verlieren.

Die Dante Correcturen 1-12 sind fast durchgearbeitet wie ich Dir Eingangs schrieb. Alles Fehlende erhältst Du in den beiden nächsten Wochen, ich bitte Dich also um die neuen Correcturen und versichere Dir bestimmt, dass von meiner Seite alles gethan wird um das Erscheinen im Frühling gewiss zu machen. Sorge nun aber dafür dass mir alle VolksliederMaterialien zugehen, damit ich an die Arbeit gehen kann. In acht bis vierzehn Tagen, wenn alles gut geht und nicht neue Kopfstösse und Überraschungen mir das Geld verzögern mit dem ich fest muss rechnen können, kann ich den ganzen Tag an der Arbeit sitzen. Ich habe aber schon ein Mal durchgemacht, was es heisst, beim Eintritt in ein neues Milieu durch solche Umstände eine Achtungs-Einbusse zu erfahren, die schliesslich absolut uneinbringlich ist, und habe daher buchstäblich Angst vor meiner Angst, d. h. ein Grauen davor dass solche Nervenzustände wie damals sich wiederholen könnten. Ich kann so etwas nicht zwei Mal erleben, und bitte Dich, bei allem, was uns verbindet und auf einander weist, mir auch nur Andeutungen einer Wiederholung zu ersparen, der ich weder physisch noch psychisch gewachsen wäre. Das Experiment der selbständigen Wirtschaft wird jetzt zum letzten Male wiederholt; wenn es diesmal misslingt – aber ich will mich nicht ins Düstere verlieren, in das mir mehr die Feder gleitet als der Sinn; in ihm bin ich fest und zuversichtlich, und zweifele auch nicht daran, dass Du mir gleich die Beruhigung geben wirst, derer ich bedarf.

Habt beide meinen innigsten Dank für die schöne Art in der Ihr mein eigenstes Buch zu Eurem eigensten Geschenke gemacht habt. Es war eine grosse Freude für mich, die schönen edlen und reinlichen Drucke und Bände in Händen zu halten. Vossler hat mir sehr wacker geschrieben. Von Nadler kam ein Brief herrlicher Wärme und jener vollkommenen männlichen Teilnahme der grossen zeitgenössischen Mitgeister die der echte Lohn der Arbeit ist. Du weisst dass er in mein Königsberg berufen ist. Er schreibt mit tiefer Bitterkeit über die Art in der München ihn behandelt hat. Hast Du Schaeders gedacht? Mein Zusammentreffen mit ihm in München, am Vorabend meiner Abreise nach hieher, ist mir unvergesslich. Er bestätigt persönlich alles was er brieflich versprach, und mehr. Aber das ein ander Mal.

Alles Herzlichste! Dein Bdt

481 AN ROBERT VOIGT

[Villa di Bigiano Candeglia
Pistoia, Januar 1925]
Lieber Schwiegervater

Marel teilt mir den Hauptinhalt Deines Briefes mit: um Ungenauigkeiten zu vermeiden und Dir für eventuelle mündliche Besprechungen die Daten *meiner* Rechtslage zu geben, erkläre ich folgendes

1) Rowohlt hat unmittelbar nach Abschluss der Bremer Vereinbarungen Ladenpreise meiner Bücher auf Festmark festgesetzt, nach denen meine ganze bei ihm gehandelte Verlagsmasse für ca. 25 M geheftet zu beziehen war.

Vertraglich war er verpflichtet die Bepreisung im Einverständnisse mit mir vorzunehmen.

Diese Bestimmung hat er verletzt.

Usancemässig war er verpflichtet mich geschäftlich davon wenigstens nachträglich zu unterrichten.

Diese Usance hat er unbeachtet gelassen.

Ich erfuhr von diesen Preisen, die auch nach mündlicher und schriftlicher Äusserung Wiegands einer Verramschung meiner Bücher gleichkommt, durch eine Verlagseinlage in einer Verlagsschrift.

Die Herabsetzung meiner Preise betraf nur die gehefteten Exemplare, von deren Preise meine Honorarprozente berechnet werden; zwischen ihnen und den gebundenen – an denen er verdient – bestanden Spannungen bis zu 150%. Der Zweck dieses bei anständigen Geschäften nicht vorkommenden Manövers war der doppelte, rasch Mittel für die übernommenen Zahlungen durch Verschleuderung der Bestände zu schaffen, sowie bei der Jahresabrechnung jeden Saldo zu meinen Gunsten zu verhindern; selbst bei den grössten Absätzen bringen mir hienach Hauptwerke wie die »Verkündigung« überhaupt nichts mehr ein.

Ich habe sofort brieflich Verwahrung eingelegt und erklärt dass durch diese Vornahme eine Geschäftslage geschaffen sei auf der die weitere Lieferung von Arbeiten für mich unrentabel und unmöglich sei.

Erwidert wurde mir *in der ungezogensten Form* (allerdings nicht von Rowohlt unterzeichnet) man lehne jede Preiserhöhung sowie jede Diskussion darüber a limine ab (siehe oben Vertragliche Verpflichtung) und wenn ich keine Bücher mehr liefere, *so wäre das mein eigener Schade.*

So etwas musste ich mir von einem beliebigen Schubiak dieses Lumpenverlages sagen lassen.

2) Ich bemerke dabei, dass Row. bereits zwei Mal erst auf die heftigsten Drohungen meinerseits sich zur Ansetzung anständiger Preise hat zwingen lassen. Seine fixe Idee ist »das billige Buch« Die Folge ist dass er *gar nichts* mehr von mir verkauft. Mein Publikum zahlt relativ hohe Preise für fast alles was ich mache, lehnt aber seine Schundeditionen mit ihrer lumpigen Ausstattung, bis an den Rand bedruckt wie Pfennigbroschüren, ab. Darüber liegen mir schriftliche Äusserungen vor.

3) Im Sommer vorigen Jahres kam es durch Wiegand zu einer Vereinbarung wonach Row. sich zu einer Preisaufbesserung sowie Angabe der Bedingungen bringen liess unter denen er in eine Vertragsverlängerung willige.

4) Mein sofort darauf an ihn abgegangenes ausführliches Schreiben, in dem ich ihm für weitere Manuscriptlieferungen und Termine bestimmte Vorschläge machte, ist unbeantwortet, und wie ich, zuverlässig, durch Wiegands kaufmännischen Leiter Hildebrandt erfahren habe, *uneröffnet* geblieben. Ich habe mich nach Monaten an die mir persönlich bekannte Frau Row. gewandt um zu bitten ihren Einfluss bei ihrem Gatten daraufhin anzustrengen, dass er meine Briefe öffnet und geschäftlich erledigt; sonst sei es mir beim besten Willen nicht möglich das Verhältnis zu halten.

Keine Antwort.

5) Rowohlt ist *garnicht in der Lage,* mein geschäftliches Verhalten ihm gegenüber zu qualifizieren. Er hat durch Ignorierung und Nichterledigung meiner wiederholten Briefe jeden geschäftlichen und persönlichen Verkehr *unmöglich* gemacht.

6) Es kann einem Autor meines Ranges und Rufes nicht zugemutet werden, an einen solchen Verleger Manuscript zu senden, über dessen Eignung ein vorheriges Einverständnis *nicht* hat erzielt werden können. Ausserdem bestimmt unser Generalvertrag ausdrücklich, dass die Fortsetzung der Schriftenreihe auf Grund eines vorherigen Einverständnisses erfolgt.

7) Es ist Rowohlt noch vor 1 März durch Herrn Studienrat Schäfer in Berlin mündlich mitgeteilt worden, das von ihm vor Ablauf des alten Vertrags geforderte Manuscript läge bereit; damit war die Bedingung die R. selber an die Erneuerung des Vertrgs geknüpft hatte rechtlich erfüllt.

Das Manuskript, unter dem Titel »Reden & Denkschriften« enthielt

1) Die Heidelberger Rede: die neue Poesie und die alte Menschheit (ungedruckt)

2) Die Kriegsrede der Krieg und die deutsche Selbsteinkehr (längst vergriffen).

3) Die Kriegsrede der Krieg und die deutsche Verantwortung (laut Row's mündlicher Mitteilung an mich seit zwei Jahren so gut wie vergriffen)

4) Die Denkschrift an einen deutschen Verleger (ungedruckt) zusammen ca 12 Druckbogen 8°.

8) Die Anzeige an Row. ist in correcter Weise erfolgt; um das Ms. an sich zu ziehen hätte er sich mit mir in Verbindung setzen müssen; er hat nichts derlei gethan, sondern vorgezogen sich mit Schäfer herumzustreiten. Es ist kein Brief an mich gelangt.

9) Auf Grund einer neuen Verständigung mit Wiegand erklärt Rowohlt neuerdings, er werde den Fixumvertrag nicht verlängern, dagegegen weitere Manuscripte auf Grund des Generalvertrages voll honorieren; die rückständigen Raten zahle er sobald er das noch ausstehende Imprimatur für die Neuauflage von Swinburne und Schöpfung aus Liebe habe.

10. Dr Wiegand erklärt brieflich an mich, dass er Row. dies Imprimatur auftragsgemäss bereits im Sommer vorigen Jahres (vgl. § 3) übergeben habe; zum Überflusse habe ich es ihm neuerdings sofort gegeben, nachdem ich von der Ausstellung unter 9. erfuhr. Zahlung ist natürlich nicht erfolgt.

11. Zu 9. habe ich durch Wieg. an Row. erklären lassen, dass ich unser bisheriges vertragliches Verhältnis als ein unteilbares rechtliches Ganzes ansehe, und meinerseits mich durch keinen Generalvertrag als gebunden ansehen werde, wenn er vom Bremer Fi-

xumsvertrage zurücktritt. Ob Wieg. diese Erklärung weitergegeben hat, ist mir unbekannt.

12. Wiegands Verhalten in der Angelegenheit wird von dem Wunsche beherrscht, im Interesse möglichster Verteilung meiner Last auf mehrere Schultern aus Row. solange als möglich soviel als möglich herauszuschlagen, ohne Rücksicht auf meine Rechte und meine höheren Interessen; er behandelt daher mit reinem Opportunismus Row. bald als positiven bald als negativen Faktor; er hat meinen Standpunkt und meine Rechte Row. und Dir gegenüber mit einer gewissen Festigkeit vertreten, wenn er Row., aus irgend welchen Gründen, vielleicht nur weil er verkatert war, in freundlicherer Stimmung getroffen hat. In diesen Fällen pflegt er mir zu schreiben, Row. müsse einsweilen unbedingt bei der Stange gehalten werden, inzwischen könne man sich nach neuen Verbindungen umsehen, denn auf die Dauer würde es mit ihm nicht gehen; stösst er dagegen bei Row. auf Unnachgibigkeit, die meist der in Vorwürfe umgesetzte Ausdruck einer leeren Kasse ist, so gibt Wiegand nach kurzem Widerstande meine Sache auf und bekommt automatisch ein Organ für Rowohlts Rechte und mein Unrecht.

Dies sind Grenzen seiner zwar treuen und liebevollen, aber von keinem starken Charakter und keiner starken Begabung getragenen Natur; begabtere oder charaktervollere oder auch nur frechere Naturen behalten bei ihm immer bald Recht.

Er ist es gewesen, der durch unglückseligste Nachgibigkeit an der falschesten Stelle meiner jahrzehntelangen Freundschaft mit Hofmannsthal eine Lage bereitet hat, in der ich mit Ehre nicht verharren konnte, so dass es zum unheilbaren Bruche gekommen ist.

13. Rowohlts Verhalten wird nie durch die Gründe bestimmt die er angibt oder vorgibt.

Sein Vorgehen und seine Angaben sind immer durch »die allgemeine Geschäftslage« diktiert; d.h.

1) durch seine von Woche zu Woche wechselnde Liquidität.

2) durch den Grad des von seinen Commanditisten auf ihn ausgeübten allgemeinen oder besonderen Drucks.

Alles andere ist seine gewöhnliche Schauspielerei, die mich nach Jahren in denen ich sie kenne, nur noch langweilt, deren Einzelheiten aber keine Gegenargumente wert sind.

14) Ich habe während der ganzen Zeit in der Du und Wiegand Klage empfahlt, gegen Eure Gründe alles gethan um das Verhältnis zu halten. Heute kann ich diesen Standpunkt nicht mehr unbedingt einnehmen und rate, falls die mündliche Unterredung zu keinem Resultate führt, Klage auf Zahlung aller Rückstände sowie auf Lösung der Verträge zu erheben, sowie zu beantragen, dass R. gerichtlich untersagt wird Bühnenrechte zu vergeben; er hat das trotz meinem ausdrücklichen Verbote letzten Weihnachten wieder mit Düsseldorf gethan, mir keine Mitteilung zukommen lassen, die Tantième still eingezogen.

Ich habe zufällig davon erfahren.

15. Die Erfahrungen haben gezeigt, dass es zwecklos ist von Rowohlt unter Ausnutzung dessen was eine günstige Disposition zu sein scheint, Verträge zu erreichen, deren Einhaltung bei der ersten Verschlechterung der Disposition dann erzwungen werden muss.

16. Der Einwand dass seine Stockungen nur eine Folge des Fehlens meiner Gegenwerte sei, findet in unserer Vertragsgeschichte

keine Stütze; er hat mir bei schlechter Liquidität *erhaltene* Manuscripte unter nichtigen Vorwänden nicht bezahlt, und dann bei eintretender Flüssigkeit die Versäumnis gut zu machen gesucht; inzwischen bin ich halb verhungert.

Er wird nach wie vor jeden Vertrag nur innerhalb der Bedingnisse der eigenen Bequemlichkeit einhalten, und wenn diese Grenze überschritten wird, einen nebensächlichen Konflikt provozieren, in dessen Tintenwolke er, wie der Sepiafisch, unsichtbar und unverpflichtbar wird.

Seine vollständige geschäftliche Garantielosigkeit ist feststehend.

17. Ich habe nichts dagegen, ihm von Fall zu Fall Offerten zu machen denen meine eigenen Preisansetzungen zu Grunde gelegt werden, oder die ihm und anderen gleichzeitig zur Erzielung eines Höchstgebots zugehen. Andere Rechte seinerseits an mich erkenne ich nicht mehr an. Seine unter 9. angegebenen Vorschläge enthalten nichts was eine *generelle* Verpflichtung meinerseits, ihm *alle* meine Schriften zu überlassen, noch rechtfertigte. Generalverträge zwischen Autor und Verleger setzen von seiten des Verlegers andere Concessionen voraus als Zahlung von zwei Auflagen; das bietet mir jeder andere Verleger auch. Der bekannte Wassermann, – Romanschriftsteller und sehr erfahren in diesen Dingen – sagte mir, es gäbe verlagstechnisch keinen Generalvertrag ohne Generalzahlungen resp. Generalcredit.

18. Im Gegensatze zu 12. bin ich für eine von allem Opportunistischen absehende ganz feste und gerade Linie Row. gegenüber. Ich habe aus guter Quelle, dass er einen Bruch *fürchtet* und keineswegs leicht nehmen würde. Er möchte eine Einigung ganz billig

haben, und daher ist Wiegand, der mich ganz billig gibt, ihm Recht. Ich bin überzeugt dass wenn wir fest bleiben und ihm geschäftlich, als Verhandelnde, überlegen sind, wir viel erreichen können. *Er respectiert nur Intransigenz.* Die kleine Marel hat ihn seinerzeit – während ich in Wien war – fest angerannt und glatt geworfen, während die schlotternden Wiegand und Wolde ihr geraten hatten, in allem nachzugeben, denn er sei unerbittlich und es sei nichts zu erreichen. Er ist ein Hasenfuss mit einem Fuchsschwanz.

Verzeih den langen Brief, es war mir nicht möglich eine solche Information knapper zu fassen.

Herzlichst Dein   Bdt

482 AN WILLY WIEGAND

[Villa di Bigiano Candeglia
Pistoia, Januar 1925]

Mein Lieber,
ich darf doch nun den längst halbgeschriebenen Brief nicht länger aufschieben ohne Dir mit herzlichstem Danke den Eingang aller Deiner Sendungen zu bestätigen der Bücher für die Volkslieder Edition, der Sammlungs-Mappen und Deiner Februar-Geldsendung. – Dass Du mit letzterer es so pünktlich gehalten hast, ist mir sogar ein wenig peinlich, nicht nur weil der Dante immer noch ein paar Tage braucht – es ist mir die Zürcher Bitte um einen Croce Aufsatz dazwischen gekommen die schicklicherweise nicht abzuschlagen war – sondern aus dem prosaischeren Grunde weil ich Dich hatte bitten wollen, 250 Mark für Zahlun-

gen zurückzubehalten, die ich von hier aus schwer machen kann, für allerlei nötigen Gartenbedarf, der bei Bestellung resp. dortiger Absendung bezahlt werden muss, bei Haage und Schmidt. (Es sind daraufhin weniger geworden, unter 200.) Nun ist der Monat schneller und unerwarteter zu Ende gegangen als meine Mitteilung an Dich per Post, – der Bestellung an Erfurt war aber schon die Notiz beigegeben, die Beträge durch Deine Vermittlung in Deutschland zu erheben. Es bleibt nun nichts weiter übrig als mich bei Dir zu entschuldigen und Dir folgende Regelung vorzuschlagen: Bei den Münchener Neusten liegt ein demnächst erscheinender Aufsatz, dessen Honorar ich an Dich abführen lasse, es werden 150 Mark sein. Die restierenden wenigen Mark schicke ich Dir entweder vom hergesandten eingeschrieben zurück, oder, wenn Dir das recht ist, lasse ich mir von Rowohlt am 1 März entsprechend weniger geben und er weist sie Dir an. Jedenfalls möchte ich es gleich abtilgen und nicht aus blosser Kalenderlosigkeit meinen Vorschuss vergrössern.

Die Verzögerung am Dante wirst Du wenn Du ihn jetzt bekommst selber darüber vergessen, dass das Paradies lesbar und einfach geworden ist wie die beiden voraufgehenden Drittel-Cantica. Das ist ohne durch vereinzeltes hartes Durchgreifen durch Lieblings Stellen unmöglich gewesen, und auch nicht ohne ein stilles Wiederdurchnehmen der ganzen unabsehbaren Jahresarbeit an dem grossen Gedichte, in dessen Gefüge diese Schlusssteine sich harmonisch im Ganzen, wie immer unerwartet im einzelnen, schicken müssen; erhält nun erst die Sprache, wie sie sich endlich ins heldenhaft Unmögliche verklärt, in den allerletzten Gesängen die Schlussstempel, auf die der Anfang schon vordeutete, so empfinde ich selber das schmerzenvolle Sichzuschliessen einer Lebensepoche mit einer unaufhörlichen strengen Wehmut, die mir ein ganz neues Gefühl ist und mir ewig verbunden bleiben wird mit den ersten Wochen in diesem neuen Hause, dem immer noch so halbfertigen, nur halb wohnlichen, in zweideutigen Andeutungen schwebenden, an deren Erfüllung man gar nicht denken mag. So ahnungsvoll und dazwischen plötzlich scharf und schneidend grenzen abgeflossene und erst sich bildende Zustände unseres Lebens aneinander und man hat Mühe, sich eines dauernden eigenen Geistes in uns selber bewusst zu werden, um sich über das zur Klage geneigte zu erheben.

Habe herzlichsten Dank für Deinen schönen ausführlichen Brief, und lass mich sobald Du meine ausführlicheren Nachrichten hast, über die Bremer Ergebnisse mehr wissen. Viel zu denken haben mir Deine Worte über die Besprechung mit Hofmannsthal gegeben. Du selber solltest Dich davon nicht anfechten lassen, sondern Deinen verständigen und sicher begründeten Weg Schritt vor Schritt weitergehen. Zuletzt sind es alles die Grillen von Theaterleuten, mit denen unser ganzes Vorhaben nichts zu thun hat. Das Buch hat durch unsere geistige Geschichte hindurch sich immer die Bühne nachgezwungen nicht umgekehrt die Bühne sich das Buch. Wenn die ersten Shakespeareübersetzer hätten warten wollen bis die Bühne des 18ten Jahrhunderts sich den ihr zugänglichen Shakespeare assimilierte, so wären Eschenburgs und Wielands unberechenbar folgenreiche Leistungen ungeleistet geblieben, und selbst für Antonius & Cleopatra, Coriolan, und vieles andere die Schlegels. Andere Völker mögen glücklicher sein, wir haben unserm Schicksal pflichttreu zu gehorchen.

Wir assimilieren uns auf unsere Weise, *alle Jahrhunderte aufs neue,* die Welt der Geschichte, und erbauen damit dem Leser in seine Phantasie hinein, innere Bühnen, die den jeweiligen ungeheuer überlegen sind so sehr, dass diese nur ruckweise nachkommen und realisieren können was längst von lebhaften Lesern anticipiert ist. Bühnenbearbeiter und Spielbuchlieferer wird es dann immer geben, sobald die Bühne auf unsere Höhe kommen will aber das geht uns für jetzt nichts an. Dein Bdt

Würdest Du es für richtig halten Frisch den Dir von Zürich aus gesandten Croce Aufs. zum Abdruck für Deutschl. zu geben? Das Schweizer Blättchen ist nur halböffentlich. Man müsste es nur mit den Worten einleiten: Gelegentlich des Auftretens B.C.s in Zürich hat RB pp pp (ohne Anfang und Schluss zu ändern.)

483 AN WILLY WIEGAND

[Villa di Bigiano Candeglia
Pistoia, Januar 1925]

If this arrives in time and if it does not mean lots of bother, it would be just a bit more convenient for me to have Italien notes instead of German ones. I am not aware of course if they are easely to be had. The fact is that bankers down here are a mere gang of thieves and I get frightfully cheated at every changing of money. I am hurrying this, I am deeply plunged in work.

Once more – only if it may be done without additional troubles.

B.

484 AN BENEDETTO CROCE

Villa di Bigiano\
Candeglia p/ Pistoia\
27 Februar 25

Verehrtester Herr Senator

Ihre freundlichen Worte über meinen Aufsatz sind das erste was mir selber allenfalls ein Verhältnis zu diesem dürftigen Produkte zu geben verspricht, – das ich bisher mich kaum entschliessen konnte, gedruckt anzusehen und für das meine einzige Entschuldigung ist, dass man es mir im letzten Augenblicke abverlangt hat als mir zwischen hundert andern Geschäften, eben gerade eine Nacht blieb, um etwas druckbares hinzusetzen und abzusenden. Ob man bei Ruhe und Musse etwas daraus machen kann, was sich verantworten lässt, muss man sehen; grosse Hoffnung darauf habe ich eben nicht.

Gewiss wird sich irgend ein Mal wieder eine Gelegenheit finden – und ich brauche nicht zu sagen wie sehr sie mich freuen wird, – Ihnen zu begegnen, am ehesten, wenn wir über Neapel nach Griechenland gehen, wo ich für eine übernommene Arbeit ein halbes oder ganzes Jahr reisen werde. Vorläufig freilich, im Begriffe, mir dies schöne alte Haus mit Gärten, Pflanzungen, Feldern erst ganz nach Herzenslust zuzurichten, verschiebe ich alle Gelehrsamkeit und denke, nach den überwundenen Schreckensjahren nur auf Sammlung und Poesie.

Herzlichst ergeben wie immer der Ihre

Borchardt

485 AN MARTIN BODMER

Villa di Bigiano
S. Alessio Pistoia
5 März 25

Mein lieber Herr Bodmer

Nehmen Sie dies schriftliche Dankeswort, das, dem mündlich gesprochenen nach, rückwärts eilt um es noch zu vervollständigen, so zu Herzen, wie es mir gewiss von Herzen kommt. Sie haben mich nicht nur empfangen und behaust, sondern bei sich heimisch gemacht, ich habe den innigen Wunsch bleibender und auf Bestimmtes gehender Teilnahme: sorgen Sie dafür dass mir dazu Gelegenheit wird, und an mir soll es nicht fehlen. Drei Tage, von denen man kaum Viertelstunden lang sein eigener Herr, oder auch nur Privatmann ist, sind wenig, und, auch ohne das, jede angehende Beziehung zwischen Menschen von Gehalt schlägt sich auf wie ein rechtschaffenes Buch, – Vorsatz, Titel, und ein par Blatt leere Seiten: nur billiger grober Kram bedruckt schon sein Hüllblatt mit sich selber. Dies lasse ich mir zum Troste sein wenn ich nachträglich Ihrem Aufsatze entnehmen muss, was über Sie zu erfahren wäre. Es ist ein schön durchklingender ehrgeiziger Ton darin, der mir wolthut, und mir genügt, um etwas von Ihnen zu erwarten; wenn es auch dabei fürs erste sein Bewenden haben muss.

Ihre pia fraus ist aufgedeckt, mein Lieber: Kaum heimgekehrt, zog ich aus einer Tasche, in der ich ihn zehnmal vergeblich gesucht hatte, den tückischen Geldschein. Was nun? Am besten, Steiner vergütet Ihnen das Geld aus meinem dortigen Guthaben. Es bewegt mich, zu denken, wie gut Sie Ihre allerliebste Rolle gespielt haben; ich glaubte zwar kein Wort, war aber dennoch halb überzeugt. Mit keinem ungeschicktern Zuge konnte meine Gastschaft bei Ihnen, mit keinem reizendern und zartern Ihr Wirtstum an mir abschliessen, und so sei es denn symbolisch und ohne Verdruss hingenommen. Das Säcklein Blumensamen, – das ich dem unbekannten Schenker für mich zu verdanken bitte, – soll im Gemüsegarten unter den Schnittblumen ausgesäet werden und uns durch Surprisen erfreuen.

Empfehlen Sie mich Allen, die meiner gedenken wollen, den Mitgliedern Ihrer Familie vorab; Spoerry und Trog, wenn sie Ihnen vorkommen sollten. Das sind zwei schöne Figuren von wirklichem Zuschnitt, viel mehr als bloss gute Köpfe, der Junge wie der Alte; was mag der erznärrische Steiner treiben, der sich seinem Schicksale, als ein grausamer Witz der Schöpfung herumzulaufen, mit so viel Bravheit und zähem Ernste widersetzt, dass der schon unrührbar sein muss, den er nicht dann und wann durcheinander rührte und jammerte! Aber ich setze den Katalog nicht fort. Sie sehen ohnehin, dass ich noch bei Ihnen bin, ganz so gerne wie ich bei Ihnen war.

Damit alles Beste und Freundlichste! Ihr Borchardt

486 AN ALICE BODMER

Villa di Bigiano
S. Alessio (Pistoia)
5 März 25

Ich kann den ersten Tag hier nicht zu Ende gehen lassen, gnädigste Frau, ohne soviel von mir, wie Ihre Güte in so kurzer Zeit bei sich heimisch gemacht hat, wenigstens in Gedanken dahin zurückkehren zu lassen, wo es mit Dank und Freuden geweilt hat, und wo ich hoffe, dass Sie es einstweilen noch bei sich festhalten. Die Umstände haben mir nicht erlauben wollen, ganz in dem Maasse, in dem ich es gewünscht hätte, ja jetzt noch halb gutzumachen wünschte, vor allem andern der *Gast* so einziger Wirte zu sein, aber es hat Ihnen gewiss nicht so scheinen können als ob irgend etwas anderes, an Begegnungen, Berührungen und Beifall für mich neben dem Gefühle dieser Würde und dieser Sympathie aufgekommen wäre, von der ich als Fremder mich bis ins Zarte und Winzige hinein empfangen und umgeben gewusst habe, soweit Ihre Waltung und Wirkung reichte. Nehmen Sie zu diesem Danke die wärmsten Wünsche für Ihr Wolbefinden und die Hoffnung dass alle generosen Anstalten die dazu dienen mussten meinen Aufenthalt so bedeutend und festlich zu machen, es nicht nachhaltig beeinträchtigt haben.

Ich bin vortrefflich gereist; schlafend durch ein reissendes Tempo hindurchgetragen, kam hinter dem Passe schon unter Sternhimmel, Morgens durch die blaugrün leuchtende schwach bereifte Lombardei, hinter dem Appenin in vollen Frühling. Die drei Tage meiner Abwesenheit haben alles verändert. Pflaumen und Schlehen blühen, es war mittagheiss als wir nach zwei Uhr auf der grossen Treppe Café tranken, der Garten ist erwacht, Goldlack aufgeblüht, Glycinie und Jasmin in Knospe getreten. Bald, und ich hoffe, ein Kästchen unserer wilden Blumen zeigt Ihnen ein Stück unserer Welt und macht Ihnen Sehnsucht, es nicht bei stückweiser Kenntnis bewenden zu lassen.

Meine Frau war sehr gerührt von Ihrer gütigen Gabe und will Ihnen empfohlen sein. Ich selber küsse Ihnen die Hand als Ihr ehrerbietigst ergebener   Borchardt

487 AN WILLY WIEGAND

[Nicht abgesandt]　　　　　　　[Villa di Bigiano Candeglia
　　　　　　　　　　　　　　　　Pistoia, nach 28. März 1925]

Lieber Wiegand

Ich begreife Deine Heftigkeit nicht, die ich durch nichts hervorgerufen habe. Aber ich halte es für ganz unerwünscht, dass ich Dich sehe bevor Du die Umstände auf die mein Brief sich bezieht, ruhig und geschäftlich ansiehst. Ich bin selber durch die Arbeiten und Erregungen der letzten Wochen sehr gespannt, ich brauche meine Ruhe und meine Kräfte vollständig für die vor mir liegenden Arbeiten und kann sie nicht immer wieder von neuem ausbrechenden Verstimmungs Conflikten zur Verfügung stellen. Ich bin daher zu Deiner Verfügung, wenn Du beherrscht genug bist, mir die sachlichen Einwände auf sachliche Bemerkungen meines Briefes, die Dir unrichtig zu sein scheinen, in den Formen vorzutragen, in denen wir sonst mit einander verkehren. Dies einander nicht zu Worte kommen lassen, einander überschreien, Argumente unterbrechen und überhören, nur die eigene Stimme vernehmen wollen, kann uns nicht fördern. Bemerkungen wie diejenige, die Du bei Besprechung meines Nachwortes Dir entschlüpfen liessest, »jenseits eines bestimmten Abschnittes wäre es dem Leser nicht mehr möglich ernst zu bleiben« kann ich unmöglich mehr als ein Mal überhören. Ich nehme nicht an, dass Du Schroeder und Hofmannsthal gegenüber Deine Kritik ihrer Arbeiten für Dich in solche Formen kleidest, selbst wo Du persönlich eine »Aversion« gegen Inhalt und Schreibart ihrer Beiträge hast. Ich möchte von diesem guten Brauche keine Ausnahme bilden oder rechtfertigen. – Ebensowenig kann ich zugeben, dass Unterhaltungen zwischen Dir und mir der Controlle oder der Entscheidung irgend jemandes, sei es wer es sei, unterworfen werden. Wozu soll das führen? Ich vermag es nicht einzusehen. Du schlugst s.Zt. als Unstimmigkeiten zwischen uns bestanden die Ernennung eines Unparteiischen vor, dem Du Dich fügen würdest. Du, aber ich keineswegs. Keine Meinung eines Dritten kann mich zwingen oder mir dazu verhelfen, eine Arbeit freudig, aus gleichmässiger quellender Neigung, mit dem vollen Anteil meines Interesses zu leisten, die nur wenn sie so geleistet wird, in sich die Gewähr des Lebens und der Dauer hat. Man kann sich dazu verurteilen lassen, zu zahlen, abzutreten, einzutreten, auszuscheiden, aber nicht dazu, hervorzubringen.

Was soll Rudi, oder, wie Du unbegreiflicher Weise vorschlägst, Marel – als wollte ich vorschlagen, Frieda – zwischen uns entscheiden? Dass ich keine Sorgen mehr habe? Ich habe die schwersten. Dass ich für die 375 M. monatlich die ich vom Verlage erhalte nur Kleinigkeiten zu leisten habe, die mit der linken Hand zu erledigen sind? Das Material für die beiden letzten Lyrikbände ist noch gar nicht da, ich muss es erst schaffen, der Herder allein ist für normale Arbeiter die Arbeit eines vollen Jahres. Dass ich kein Recht darauf hätte je wieder in meinen eigensten Angelegenheiten Entscheidungen zu treffen, die mir das Gefühl eines richtigen Gleichgewichtes geben, – und was derlei mehr ist? Was sollen solche Entscheidungen helfen, wem sollen sie helfen, was ändern, was hervorrufen?

Ich habe Dir nichts geschrieben als was als Sorge und Vorausahnung in meinem Innern liegt, und ich bin überzeugt, dass kein

Wörtchen daran ist, das nicht seine Bestätigung im Augenblicke finden könnte. Ich glaube nicht, dass es rätlich ist, auf der bisherigen Vertragsbasis Pläne über das begonnene Jahr hinaus bereits jetzt in der Weise zu materialisieren, dass bereits subalterne Kräfte dafür angestellt und honoriert würden. Unsere Arbeit muss übersichtlicher und weniger

488 AN HERBERT STEINER

S. Alessio
Pistoia 10 April 25

Lieber Herr Steiner

Ich bitte Sie um die grosse Gefälligkeit mir beigehende 600 GM deutsche Noten dort bei Leu wie versprochen in Lire zu wechseln und unverzüglich in Noten herzusenden. Die Gaunerei der hiesigen Banken verursacht mir dauernd die empfindlichsten Verluste. Meines besten Dankes sind Sie versichert. – In wenigen Tagen erhalten Sie die vollständig umgearbeitete und ausgearbeitete Rede die wie ich hoffe sich sehen lassen kann. Allen, Ihnen insonderheit, die besten Grüsse. Borchardt

[Von der Hand Marie Luise Borchardts:]
einliegend 600 G.M.

489 AN MAX RYCHNER

[Nicht abgesandt] [Villa di Bigiano Candeglia
Pistoia, April/Mai 1925]
Berechnen Sie meine Erkenntlichkeit für die Übersendung Ihrer Schrift, wertester Herr Rychner, nicht nach der Zeit die ich gebraucht habe um sie zu verbriefen. Ich bin so völlig überlastet, dass ich manchmal in das Extrem der Zeitauspressung umschlage, und die Arme sinken lasse. In einer Zeit wie der unsern müsste alles zu Grunde gehen, wenn nicht drei oder vier Leute die Arbeit ganzer Generationen thäten oder zu thun sich vermässen.

Ihre Schrift ist lebendig und durchdringend, in vielen Stücken ausgezeichnete und listige Arbeit (Ich kann mich nicht zu mehr deutschen Worten für perspicacity, searching shrewdness, etc bringen). Was ihr fehlt, fehlt ihr nicht durch Ihre Schuld, sondern durch die Schuld des Lehrers, der Sie leitete und der das wissenschaftliche Problem (wirklich aristotelisch πρόβλημα = propositio, etwas worauf εὑρητικῶς geantwortet werden muss) für sich und Sie zu durchdenken hatte. Die Wurzeln dessen was in Gervinus seinen endlichen und memorabeln Ausdruck findet, des Antiliteratismus, Antidilettantismus, Antiaesthetismus, der Hecke – zugegeben, dornigen und sperrigen – gegen alles virtuose selbstsüchtige, frevelhaft individualistische das sich aus dem XVIII Jahrh. weiterschleppte – diese Wurzeln streichen tief und weit. Man musste Sie darauf hinweisen dass, wie sehr Gervinus Jean Paul abgethan zu haben glaubte, fast alle seine spätern Klassierungen von der Werttafel des Titan abgelesen bleiben, ja dass der bespöttelte Tragelaph durch das Mittel solcher Leser und Schüler die Generation von 1830 schliesslich von Weimar abgesprengt hat. Das »Jahrhundert Goethes« ist eine Fiktion, und nicht einmal eine schöne. – Im ganzen wäre die schöne Untersuchung natürlich noch schöner geworden, wenn sie aus weniger kühlen Anlässen in Ihnen selber hervorgegangen wäre. Noch wenige Seiten vor Schluss fragt man sich, warum eigentlich von dem brodelnden und sauer gärenden Poltertopf soviel Aufhebens gemacht werde? Und die Antwort gibt man sich selbst nach geschlossenem Buche nicht gar zu sicher.

490 AN WILLY WIEGAND

Villa di Bigiano
SAlessio Pistoia
Freitag nach
Himmelfahrt [22. Mai] 25

Mein Lieber, ich bestätige Dir in Eile den Eingang Deiner beiden Eingeschriebenen, und bitte Dich zunächst den von Dir angegebenen Betrag einer zweiten Rechnung von Haage & Schmidt zu *sperren*. Ich erhielt von dort vor einigen Wochen eine verrückte Sendung von buntem Allerlei, *die ich nie bestellt habe,* und die augenscheinlich ein Geschenk von irgend jemand ist, der mir die Freude machen will, mein Steckenpferd zu zäumen, höchstwahrscheinlich von den Zürcher Bodmers, da etwas bestimmtes dabei ist, worüber ich dort gesprochen habe, und worauf sonst niemand gekommen wäre. Beigepackt ist aber dieser Sendung auch noch ein von mir ursprünglich schon mitbestellter, der ersten Sendung nachgelieferter Rest, in ganz kleinem Betrage, 50-60 Mark, und *nur dieser* ist *mir* in Rechnung zu stellen. Ich habe bisher vergeblich auf eine Mitteilung der Firma oder des Schenkers (der wol meinen demnächstigen Geburtstag im Auge hatte) gewartet, und die Worte Deines Briefes sind der erste allerdings nicht acceptable Commentar zu dem Rätsel. Ich schreibe gleichzeitig an Haage und Schmidt und ersuche um Aufklärung, teile der Firma auch mit dass ich die Rechnung nicht bezahlen lasse. Die Buchführung und Correspondenz ist dort die partie honteuse, es kommen dauernd Verwirrungen vor.

Ich habe Dir nun zuerst die betrübende Nachricht zu geben, dass ein schwerer Monat körperlicher Leiden hinter mir liegt während dessen ich froh sein musste, ungefähr am Leben zu bleiben, über diesen Nullpunkt hinaus jedoch mich mit nichts erheben konnte. Ich musste sofort nach Deinem Weggange mich in die Hände des Arztes geben, der eine mit der Nicotinvergiftung (oder Coffeinvergiftung) zusammenhängende schwere allgemeine Nervenerschöpfung festgestellt hat und bin seitdem in einer fast ebenso wie das Leiden selber anstrengenden Kur, die nur langsame Besserung bringt. Herzängste und Beklommenheiten wollen nicht weichen, ohne deprimierende Mittel zu schlafen kann ich nicht wagen, alle Anregungsmittel sind aufs strengste verboten, und das Leben ohne Thee Kaffee Wein Cigaretten muss wenn man Jahrezehntelang einen Teil des Körpers und Geistes damit angetrieben und vielleicht übertrieben hat, erst gelernt werden. Der Arzt versichert im übrigen, ich sei von ungewöhnlich starker und gesunder Constitution und werde bei angemessener Vorsicht diese trübe Zeit bald überwunden haben; ein schwacher Trost für mich; leben hat für mich immer geheissen »drauf los leben« ohne Unbekümmertheit und freies Wagen kann ich es mir nicht denken, und die Vorstellung der Beschränkung und Rücksicht gegen mich, die notwendig werden könnte, und die mir meine einzige Seligkeit, – die, mich anzustrengen bis an die letzten Grenzen, – benehmen könnte, verdüstert mich fast mehr als die Beschwerden mich quälen.

An Arbeit war gar nicht zu denken, jede ausser der leichtesten Beschäftigung war verboten, absolute Ruhe die Parole. Aber so ist nicht zu leben, und die immerhin schon spürbare Besserung lässt mich doch das dringendste erledigen. Ich sende Dir also die Hartman Correcturen, und natürlich auch das Nachwort: das wäre der Anfang vom Ende, – mein Wort nicht mehr zu halten. Im übrigen stelle Dich immerhin hoffnungsvoll darauf ein, dass ein Arbeitscontakt sich zu regeln beginnt. Es ist nicht anzunehmen, dass Rückfälle oder Verschlimmerungen eintreten, – wäre es der Fall, so müsste ich Arzt und Regime wechseln um arbeitsfähig zu werden. Mehr als hoffen und vertrauen kann auch ich nicht, näher an den Begriff des Versprechens ist für jetzt nicht zu kommen.

Nun erlaube mir, alles was Du zur einheitlichen Regelung der Denkreden-Titulatur zur Erwägung stellst, mit einem Federzuge zu durchstreichen. Wir sind nicht dazu da, völlig belanglose Quisquilien des akademischen Comments oder des Zeitschnörkels exact zu conservieren, sondern setzen unsere ganze Materie auf frischen Fuss. Alle Reden sind für uns *gehalten*. Wenn Du der Akribie den Zoll eines kurzen bibliographischen Anhanges entrichten willst, was hübsch aber nicht unentbehrlich ist, so vermerke in ihm die exakten Titel. Als Gesamttitel ist mir noch eingefallen:

Denkreden
grosser Deutscher
auf
Deutsche Grösse.

Gefällt Dir das nicht so belassen wirs bei den »Deutschen Denkreden«. Im übrigen bleibe es bei der einfachen und würdigen Kopfzeile X auf Y. Das Blättchen das Du beilegst, mit Satzvorschlägen, das mir eben erst beim Wiederdurchsehen in die Hand kommt, stände sehr schön zugleich als Inhaltsverzeichniss wie als Bibliographie *vor* dem Ganzen; es muss dann aber alles genau verzeichnen, Druckort und Erscheinungsjahr, bei Goethe und Herder die Bände der Weimarer Ausgaben. In den Reden selber habe ich mit tiefer Bewegung und Bewunderung wieder gelesen.

Der Plan der Grundvesten ist mir unter der Durchsicht der Auszüge leider weder klarer geworden noch glücklicher und gelungener oder Gelingen verheissender erschienen und an fast allem sind mir Zweifel über Zweifel aufgestiegen. Ein anderes Mal darüber. Diesen Band dürfen wir nur machen, wenn ihm alles Willkürliche und Äusserliche der Vorreden Auswahl abgestreift und er zu dem gemacht wird was er fordert zu sein. Und das Ganze ist nicht übers Knie zu brechen, sondern an lange und bedächtige Lesungen und Erwägungen gebunden.

Natürlich gebe ich Dir gerne den BlumenAufsatz zu Deinen Bedingungen. Beiläufig, weisst Du wol, dass ich nie ein Exemplar Eures Druckes der Münchener Rede erhalten habe?

Ist Dir etwas davon bekannt, dass der Paul List Verlag Leipzig 250 Mark für mich an Rowohlt überwiesen hat? Da dieser gewöhnlich über Dich weiter an mich zu schicken pflegt, so müsste es wol wenn abgesandt bei Dir durchpassiert sein. Ich soll für den Don Quixote ihrer Ramschsammlung die Einleitung schreiben, erhalte 500 Mark, davon 250 bei Vertragsschluss, den Rest gegen Manuscript. Angeblich soll das längst geschickt sein, erhalten habe ich nichts. – Ich bin froh dass doch endlich die Zeit da ist, in der mein Name schicklich bezahlt wird, und umso entschlossener Rowohlt in diesem Punkte nichts zu concedieren. Ich hatte erwartet darüber von Dir zu hören, und bitte Dich, falls Du zu einem Briefe an ihn noch keine Zeit gefunden haben solltest, die Sache gelegentlich mit ihm zu behandeln.

Herzlichst Dein Bdt.

pS
Ich schicke Brief und Correkturen lieber sofort um Dich nicht auf die Fertigstellung des Nachwortes warten zu lassen; ich arbeite doch langsamer als gedacht; die ersten Blätter kannst Du ja gleich setzen lassen, ich schicke Dir dann täglich Fortsetzung.

Falls *Du* nicht derjenige bist der die Junirate zahlt – ich muss gestehen dass mir die Schlüsselverteilung etwas durcheinander ist – so bitte ich Dich, das durch eine Karte an RVoigts Bureau *dort*hin sofort zu melden, damit sie wissen, dass sie es entweder von R. einfordern oder hoffentlich besser gleich vorlegen.

491 AN HUGO SCHAEFER

[Entwurf] [Villa di Bigiano Candeglia
 Pistoia, Juni 1925]

Lieber Schäfer

Auf Deinen alten Brief hätte ich Dir mit dem aufrichtigsten Dank für Deine Mühwaltung längst geantwortet, wenn nicht ein ärgerlicher körperlicher Zustand das begonnene Schreiben unterbrochen hätte. Ich habe durch eine besonders giftige italienische Tabaksart, aus der ich mir sparsamere Cigaretten drehte, eine Nikotinvergiftung acquiriert, die sich auf Galle und Leber gestürzt hat – es scheint wie eine Trinker Leber eine Raucherleber zu geben – und im Frühjahr bei sonstigem normalstem Befinden unerklärliche und sehr beunruhigende Erscheinungen hervorrief. Inzwischen hat die, endlich vorgenommene, Behandlung lokal zufriedenstellende Erfolge gehabt, der Leberumfang ist wieder normal oder fast, aber der reizbare Zustand, der neurosenartig ist, und mich bei jeder Erregung, Schreck oder Körperanstrengung mit einem hohlen rechtsseitigen Brandschmerz zur Ruhe zwingt, – von der Leber bis zum Kehlkopf – ist bisher nur unbedeutend gemindert und legt mir lästige Beschränkungen auf. Ungestüm und Ausbruch und körperliche Gewaltthat zu meistern ist mir nach wie vor eine solche Folter wie den meisten das Gegenteil. Ginge es an, einen der Sanatoriumsärzte vertraulich um seine Meinung zu fragen, so wäre ein Votum erwünscht. Sage der sonstige Zustand sei abnorm glücklich, Blutdruck (unerhörter Weise in meinen Jahren 135, Kinderschlaf g[egen] 8-9 Stunden ungebrochen), Appetit und Verdauung musterhaft, Muskelzustand:

hebe 1½ Zentner aus steifem Arm, Gewicht 86 ko., Herz und Lunge völlig intakt, neque puellae siquae mecum accubuerit de venustioribus, ullam dormiendi spem relinqui (Ärzte fragen auch dánach, daher verzeihe das geflüsterte Bekenntnis zu, wie Goethe sagt, »des gerüttelten Betts Lieblichem knarrenden Ton«). Ich bin, mit einem Worte, wie Du auch diesem Mutwillen abnehmen magst, »der Alte« und wenn ich obige Bitte trotzdem äussere, so liegt das an dem gelegentlichen Misstrauen gegen den kleinen Landarzt in dessen Händen ich bin, ohne im Ganzen über ihn klagen zu müssen, denn der Befund ist rasch gebessert worden; bisherige Behandlung: Coleoflarin zusammen mit Carbon-Magnesia-Rhabarber, nach Pause Haustrinkkur mit Chianciano-Wasser (doppelt so stark wie Carlsbad-Montecatini und qualvoll anstrengend), jetzt Boldopräparate. – Facies blühend, nirgends Verfärbungen – und jetzt genug mit den stomachosiora.

Warum Du gerade am 8 Juli (wenn Du nicht den Juni meinen solltest) mich besonders liebst, ist mir rätselhaft geblieben. Immerhin beruhige ich mich bei jedem Kalender solcher Affekte.

Jaegers Schicksal beweine nicht zu bitterlich. Er wird kein Jahr drüben sein, und das natürlich, obwol er es ganz bestimmt wissen muss, nicht dumm genug sein zu sagen. Es ist eine Ehre für ihn, sein Teil Leiden mit beizusteuern während Jacoby, Stenzel, Regenbogen – non curo eos qui per exilium ampliorem dignitatem nacti sunt illa quam et meruerunt et in patria quoquo modo expectaturi erant, teils mit dem Amte teils mit dem Leben gesteuert haben. Dass er knapp zu leben haben wird, gehört dazu. Mein Kieler Schwager, der Astronom, hat ebenso kämpfen müssen und hat sich heut leidlich durchgesetzt. In der frz. Revolution waren die Marquis und Vicomtes Tanzlehrer und Sprachmeister. Es ist eine »Schmach«, aber woraus besteht denn gelegentlich die Weltgeschichte als aus der Umkehrung gewisser horazischer Worte: Delirant Danai quidquid, plectuntur Achilleis? Es ist ein ungeheures allgemeines Unglück, an dem seinen Teil mit Anstand zu tragen niemandem ungespart bleibt und denjenigen am wenigsten bleiben wird, die sich heut noch an seinen Feuern die Suppen kochen zu dürfen vermeinen. Gottes Mühlen mahlen garnicht so langsam mehr wie in den Zeiten des Sprichworts, sie haben mit der Schrumpfung von Raum und Zeit sich dem neuen Tempo anpassen müssen, und auch die sit salva venia verbo Göttliche Vorsehung muss um liquide zu bleiben, ihr Kapital viel häufiger und rascher umsetzen. Es stehen so horrende Zeiten bevor, dass gegen sie das gewesene sich dereinst gelinde genug ausnehmen mag. Wer auch nur unter schmalem Dache geborgen ist, wenn die Plagen und Geisseln regnen, wird danken dürfen statt zu klagen. De lucro vivimus, heisst es für uns ohne Ausnahme, und, bei Cicero weiter im Text, haec qui ferre se posse negat, moriri debebat. Klipp und klar, die Wirklichkeit. Alles andere ist Phrase oder Farce.

492 AN KARL VOSSLER

Villa di Bigiano
S Alessio (Pistoia) 2 Juni 25

Mein lieber Herr Vossler,
in einem heut hier eingetroffenen Briefe der Baronin Wendelstadt steht ein rätselhaft klingender Satz über Hanna Wolf die mit dem jungen Vossler und der Braut dagewesen sei, und über den

reizenden Eindruck den das Glück des Brautpaares gemacht habe. Wenn ich das Recht habe, aus dieser gelegentlichen und unsicher bezeugten Erwähnung bei einer sonst nicht namhaften Autorin mit dem gewöhnlichen siegreichen Aplomb zu folgern, dass Sie Ihren Sohn verheiraten, und zwar gerade mit matre pulchra filia pulchriori, so möchte ich sofort aufspringen und in Eile soviele Hände schütteln als möglich, so viele Wünsche aussprechen als es geht, und überhaupt mit einem rechten Sturm von innerm vergnügten Wolwollen bekunden wie sehr mich diese Verbindung animiert und entzückt, und mir im Himmel geschlossen zu sein scheint. Es passt alles gar zu prachtvoll, und die Brautleute sind in einer so bestechenden Weise mit einander incompatibel dass die schönste Ehe daraus entstehen muss. Bitte sagen Sie dem stolzen Republikaner die besten Wünsche des Legitimisten, mit der Hoffnung dass die politische Feindschaft in ihm einen Schritt zurücktreten wird um sie anzunehmen, und seien Sie selber von Herzen zu dem Ereignisse beglückwünscht, das Ihrem Vaterherzen gewiss manches weniger Geglückte, wie das Leben nun einmal spielt, vergüten will.

Mich hat hier ein freundlicher Brief von Ihnen, vor Monaten, empfangen, auf den ich nicht antworten konnte, weil er mich beschämte. Auch war er selber eine Antwort und schloss einen Ring zu, den wieder zu öffnen ich meine Finger ungeschickt fand. Wie wir im Gespräche auf manches Wort schweigen, weil wir eine Antwort in ihm fühlen, so muss es auch in einer Correspondenz einmal honnette Lücken geben, die durchaus anfüllen zu wollen conventionell ist. Aus Bremen und von Wiegand habe ich von Ihnen gehört, werden Sie von mir gehört haben, und überhaupt kann ich nicht aufhören, mich mit Ihnen im Einklange zu fühlen auch wenn nichts sonderliches zu schreiben ist. Solche Untersee-Beziehungen bei weiter räumlicher Trennung sind wie Kabel die immer wieder einmal von passierenden Schiffen gefischt werden und dabei stückweis zu Tage kommen; so von dem Florentiner Bodmer, der neulich ein par Tage bei uns war, und viel von Ihnen sprach, von dem kleinen Steiner und Gauchat in Zürich, von Croce, mit dem ein etwas intermittierender Brief- und Bücher-Tauschhandel sich zäh gegen meine etwas schläfrige Haltung behauptet und durchsetzt – und was deren mehr ist.

Die Gruber Affaire hat sich zu einem kläglichen Plundersweilen herabentwickelt, in dem nur fraglich war, ob man sich seiner Gesinnungsgenossen oder seiner Gegner mehr zu schämen hatte. Dass ich es unter meiner Würde gehalten habe, in dies platte Geschwätz salbungsvoller Ignoranten ein zweites Mal hinabzusteigen, wird Sie nicht haben wundern können. Und die schliessliche Entgegnung Grubers, zu der er sich fünf Monat lang Mut angetrunken hat brauchte nicht mehr beantwortet zu werden, denn sie erledigte sich und ihren Autor selber auf die wünschenswerteste Weise und liess mir nichts mehr übrig. Zudem hatte mich Subjekt und Objekt nur insoweit interessiert als Akademie und Universität blamiert wurden. Inwieweit jemand sich selber blamieren will geht mich nichts mehr an, denn es ist nur noch symptomatisch. – Ob die Hegel Diskussion im Stillen weitergeht? Ich wüsste es gar zu gerne. Wiegand plant im Rahmen seiner Unternehmungen eine Hegelauslese, die schön gemacht und schön eingeleitet Epoche machen könnte. Hoffentlich hören Sie aus diesem Apophthegm einen Optativ heraus, der in Ihnen weiterklingt. Es gibt so wenig lebende Deutsche die die so vielen zu machenden wundervollen Bücher und Aufsätze machen *können*. Und gerade diese Wenigen sind so schwer aufzustören! Da macht ein neuer reicher Leipziger Verlag, Paul List, eine Serie klassischer Romane, – meisterhaft gedruckt und ausgestattet, angeblich von den berühmtesten deutschen Autoren übersetzt und prooemisiert – wie übersetzt! Welche Prooemien! Welche Autoren! Numi, che roba! Ein ganzes windiges Literatengesindel auf die klassischen Texte gehetzt, und für Pfuscherei und blasiertes Gefasel pensioniert. Mir hat man den Quixote angeboten, der ein Lieblingsbuch von mir ist – ich habe dem Leiter der Serie eine neue Liste empfohlen, von Büchern und Herausgebern. Würden Sie sich nicht interessiert fühlen, sich über die Promessi Sposi zu äussern, gerade nach Croces nicht zum Glücklichsten gehörenden Bemerkungen? Hier scheint mir alles Wesentliche noch ungesagt. Aber nehmen Sie es so vage, wie ich es andeute.

Ihnen und den Ihren herzlichst zugeneigt Borchardt

493 AN WILLY WIEGAND

[Villa di Bigiano Candeglia
Pistoia, nach 14. Juni 1925]

Lieber Wiegand
Ich bestätige Dir nachträglich mit bestem Danke den Eingang der Geldsendung. Da sie mir mit Rückschein zugestellt worden ist, dachte ich Dich über den Verbleib beruhigt. Alles Schreiben ausser dem Notwendigen – und auch dies schon ist genug und übergenug – wird mir zur äussersten Qual.

Ich bitte Dich auch, mein Schweigen in den letzten Monaten nur diesen Gründen zuzuschreiben. Ich bin ein schwer Leidender geworden. Zudem sind die Gegenstände über die ich mich äussern soll, von der hoffnungslosesten Natur, und ich kann mich ihnen nur mit dem äussersten Widerwillen zuwenden. Rowohlt, wenn er sich von mir ablösen will, in der Presse zweideutiger Vertragsbuchstaben bis aufs äusserste auszunutzen, um ihn dann zu verwerfen, widerstrebt mir aufs tiefste, wenngleich ich im Augenblicke keinen bessern Ausweg weiss. Wassermann wird ihn in ca. einem Monat persönlich aufsuchen. Aber auch dabei kann nichts mehr herauskommen.

– Ich habe übrigens nie in der Frage der Cession meine Forderungen an Dich dissentiert, und verstehe Deine Bemerkung nicht, es wäre denn, Marel hätte einen thörichten Brief über diese Fragen, von dessen Ungehörigkeit ich sie überzeugt zu haben glaubte, dennoch an ihren Vater gesandt. Ich bitte Dich alles von dort geäusserte mit grösster Vorsicht auf mich mitzubeziehen.

Die ersten Gesänge erhältst Du mit diesem gleichzeitig. Weitere Abzüge sind nicht nötig, ich behelfe mich tant bien que mal. Ob ich das ganze Paradies am 1ten abliefern kann, ist fraglich. Es geschieht das Menschenmögliche. In den letzten Tagen ist der Zustand infolge der Wirkung eines Fliessschen Mittels wesentlich gehobener und damit die Leistungsfähigkeit gesteigert. Aber ich habe zu Bett zu gehen sobald ich müde werde, auf ärztliche Weisung; ich darf mich nicht in der harmlosesten Weise stimulieren ohne einen Anfall herbeizuführen; ich würde jetzt überhaupt nichts thun, wenn ich nicht überzeugt wäre, Dir nach soviel bewiesener Geduld die Abfertigung unbedingt, oder bedingt nur durch die Grenzen der Lebensfrage, zu schulden.   Dein Bdt.

494 AN WILLY WIEGAND

>   Villa di Bigiano
>   SAlessio, Freitag
>   [nach 14. Juni 1925]

Mein Lieber,
mit gleicher Post sende ich Dir die Correkturen des Armen Heinrich; wo ich Deine Verbesserungen belassen habe, sind sie gebilligt. Die andern sind nachgetragen. Die scheinbar mangelhafte Correktur geht auf meine Theorie in verflossenen Jahren zurück, wonach überhaupt nicht interpungiert werden sollte, wo Versabschnitt und Sinnabschnitt zusammenfallen; das hat sZt George gelehrt und mich damit überzeugt: wir setzen viel zu viel und kleinlich Lesezeichen und verweichlichen den Leser, dessen Auge erzogen werden sollte. Andererseits aber will man gelesen und verstanden werden, und muss mit dem verweichlichten Organ rechnen, dem vielleicht gar nicht genug Hilfen gegeben werden können. Und da mir jetzt an der Sache mehr gelegen ist, als an der Erziehung des Lesers so sieht der Text bunt genug aus, wie ein verziertes Arabisch. Lassen wirs dabei. Die Leseregeln sollten auf eine leere Seite kommen, vorn oder hinten, wo Dirs am besten passt. Erledige es ohne weitere Rückfragen, oder streiche es wenn Du dagegen bist. Ich fürchte, der Leser der die Verse nicht zu lesen versteht, könnte diese eleganteste Metrik für holprich und knittelreimisch halten; das wollte ich vermeiden.

Zu den Denkreden. Ich anticipierte und billige daher alle Deine Gegengründe gegen meine neuen Titelvorschläge; sie sind nur Apologien dafür dass wir das Rechte nicht haben: den Ausdruck des pairskammerhaften gleichstehender Grosser die einander das letzte Recht sprechen. Und wenn man das Rechte nicht hat bleibe es beim Bescheidensten: Deutsche Denkreden. Die Texte behalte ich Deinem Wunsche entsprechend hier. In Grimms Schillerrede zu streichen kann ich mich nicht entschliessen. Sieh die Dinge wie sie liegen. Seine Auffassung Schillers ist ohnehin veraltet und ein historisches Denkmal; das Herrliche liegt im Ton, im Jacob-Grimmschen und in einzelnen Bemerkungen. Dass er damals schon in der Schillerstiftung das abortive erkannte, was nachher seine jährlichen Todgeburten erzeugt hat ist wichtig; dass Cotta damals schon anfing sich auf die schiefe Ebene zu begeben die schliesslich bei der Deutschen Verlagsanstalt Stutttgart enden sollte, und seine Noblesse-oblige-Pflichten nicht mehr fühlte ist wichtig. Sint ut sunt aut non sint. Was man streichen könnte, wäre für Raumgründe unerheblich. In die Lobecksche Rede würde ich textlich einrücken:

Hier verlas Lobeck, in seiner grossen Bescheidenheit dem eigenen Urteil misstrauend, eine von bedeutungsloser zeitgenössischer Hand stammende philosophische Summierung des Herbartschen Systems, der er sich unterordnete, und fuhr dann mit eigener Stimme fort:

Deine Bedenken betreffend Böckh über Schelling teile ich ausnahmsweise nicht. Es ist das Schicksal unserer Sammlung nichts aufweisen zu können was unsern grössten Denkern gerecht wird. Kant und Hegel fehlen, Schelling ist in einen Leibnitztag gerahmt. Das ist ein Denkmal der Zeit, die höchstens über Analogieen hinweg eine Stellung zu den schöpferischen Philosophen fand. Wer denn auch hätte hier so sprechen können wie Bessel über Olbers? Die Philosophie bricht ohne Erben ab. Kuno Fischer allein hätte es vermocht. Aber trotz aller Fragen haben wir ja von ihm nichts auftreiben können. Und die Böckhsche Rede bleibt ein schöner vornehmer Versuch hoher und höchster humaner Bildung, von ihrem Niveau und Standpunkt aus und über die Hilfslinien des klassischen Leibnitzschen Gebäudes die neuen grossen Sichtpunkte für Schelling festzulegen. Sehr viel darüber hinausgekommen sind wir noch bis heut nicht. Ich zittere für unsern Schellingband. Wer wol soll ihn machen! Spranger für Humboldt ist ausgezeichnet. Dass Vossler zusagt ist ein grosser Gewinn. Ich hatte selber neulich, da ich ihm zur Verlobung seines Sohns gratulierte noch einmal angeklopft. Für Hamann denkst Du gewiss auch an Unger in Breslau, dessen Buch H. und die Aufklärung sachlich und methodologisch epochemachend ist.

A. vHumboldt – da es niemand geben kann, der der Aufgabe gewachsen ist, so liegt nichts dran wer es tant bien que mal macht. Die Naturwissenschaft die Humboldt vertrat und zT begründete, gehört zu den toten Wissenschaften die es ebenso gibt wie tote Sprachen, nur weiss es keiner. Ihn wirklich auszuwählen und zu beurteilen, wie Spengler zu widerlegen, ist nur eine Akademie der Wissenschaften im Stande. Fordere doch M. vGruber auf. Feurige Kohlen auf die Häupter der Feinde. Aber nein, ich fürchte, die Bestie könnte ja sagen.

Ich bitte Dich, wie hier schon angedeutet, um einen Abzug des Nachworts zu den Denkreden. Du weisst dass ich noch etwas hineinzuarbeiten habe, und das ginge mir gerade jetzt leicht von der Hand. – Der InhaltsverzeichnisBogen folgt mit Imprimatur zurück. Ich für mein Teil würde vor jeder Rede nur gedruckt haben X auf Y, und alle Einzelheiten (Tag Ort Gelegenheit pp) dem Inhaltsverzeichnisse oder Anhange zugeteilt wünschen. Aber verfahre Du in diesen halbtechnischen Dingen nach eigenem Ermessen. Dagegen hielte ich für nötig, dass der Anhang über die weniger bekannten Namen des Buches Auskunft gäbe, am besten in Indexform. Etwa: »Lobeck, August geb. XXXX zu Naumburg, Schüler A. F. Wolffs und G. Hermanns wurde durch seinen Streit mit Creuzer über Grundfragen der griechischen Religion zu epochemachender Kritik der Quellen der letzteren geführt und stellte ihre wissenschaftlichen Grundlagen in seinem Buche ›Aglaophamus‹ einer der klassischen Schriften der Altertumswissenschaft, gegen das romantische Missverständnis sicher, war mit Buttmann und Hermann einer der grossen Begründer der historischen Grammatik und Metrik der griechischen Sprache, sparsamer Schriftsteller Lehrer von unberechenbarem Einfluss durch Feinheit, Glanz und Schärfe einer ungeheuren Gelehrsamkeit, starb als ordentlicher Professor der klassischen Philologie, ständiger Universitäts Redner und Ritter des Ordens Pour le mérite in Königsberg XXXX, die grösste Figur der Universität seit Kant.« So ungefähr denke ich mir diese kurzen Abrisse. Ich würde sie für alle in meiner Competenz liegenden Namen verfassen, für andere wie Olbers pp. die Daten den Referenzwerken entlehnen. Über die Grundvesten schreibe ich Dir ein andermal ausführlicher. Für jetzt nur soviel, dass ich Deinen jetzigen Pessimismus so wenig teile wie Deinen anfänglichen Optimismus. Dein Material ist im höchsten Maasse schätzbar brauchbar und interessant, und Dein Grundgedanke, die Einigung aller dieser disparat scheinenden geistigen Thaten und Gründungen in Humanität, der Centrierung auf den Menschen hin und vom Menschen aus (lass mich den Begriff des klassischen durch diesen ersetzen) verdient nicht nur festgehalten zu werden, sondern ist der entscheidende. Auch dass die grossen Allgemeinfassungen in Einleitungen Nachworten Rückblicken als abgeschlossene Stücke das Werk rückgespiegelt im Geiste des Werkmannes, also erhöht durch die zweite Dimension, am schönsten zeigen, bleibt einverstanden. Aber nicht allen war die Gabe verliehen, sich selbst anzuschauen. Bopps Einleitung gibt keine annähernde Vorstellung von dem Epochemachenden seiner Entdeckung; man muss zusehen, wie so grosse Problemstellungen praktisch angesetzt worden sind, und ob nicht eine Ergänzung der Einleitungen nach der Seite der eigentlichen Leistung hin die Sammlung belebt und vertieft. Gewiss wollen wir weder Blümchen pflücken noch Pages choisies geben sondern nur Ganzes und aus dem Vollen, wie, wird sich von Fall zu Fall entscheiden.

Aushängebogen des Armen Heinrich-Nachwortes bitte ich Dich an Dr. Heynen Berlin Friedrich Wilhelm Strasse 10, Redakteur der Preussischen Jahrbücher, zu übersenden, denen ich den Aufsatz zum Sonderabdruck überlassen habe, es eilt ein wenig.

Herzlichst Dein

Bdt.

495 AN WILLY WIEGAND

[Villa di Bigiano Candeglia
Pistoia, vor 3. Juli 1925]

Mein Bester ich bestätige Dir laufend mit herzlichstem Danke Deinen heutigen Brief und bin überglücklich bei der Aussicht der Besitzer dieses ersehntesten aller Werke sein zu sollen. Lass mich hoffen dass ich Dir durch eine schöne und wertvolle Behandlung der Auswahl etwas von dem vergüte was Du mir so liebreich zudenkst. – Die Prolegomena sind in meine Hände gekommen und mit Ehrfurcht einstweilen regalisiert, habe auch für sie allerherzlichsten Dank.

Es geht mir viel besser, ja eigentlich wieder ganz gut; ich habe schon mehrere Nächte ohne Mittel sehr leicht und festen Schlaf gefunden und bin von allen Anwandlungen frei. Ich habe Dir wol geschrieben, dass eine leichte vasomotorische Angina toxischen Ursprungs, – Krampfneigung der motorischen Blutgefässe als Folge von Alkalienübersättigung, Kaffee und Tabak – konstatiert und das Herz leicht mit angegriffen war. Meine Askese scheint das alles behoben zu haben, der Körper hat gesiegt. Thee und Kaffee bleiben nach wie vor verbannt, bei der Arbeit rauche ich, viel weniger und leichter als sonst. Ich muss mich nur dazwischen immer wieder körperlich bewegen, und darf noch in nichts forcieren und übertreiben, gehe gegen 10 Uhr zu Bett und gebe jeder Müdigkeitsregung sofort nach. Auf diese Weise wird sich alles normalisieren. Ich habe Verzweiflungszeiten hinter mir und atme jetzt auf wie ein Erretteter.

Auf den ganzen Inhalt Deines Briefes folgt morgen genaueres. Dies begleitet nur den Blumenaufsatz und bittet Dich bei Row.

darauf zu dringen dass er die Juni Rate mit äusserster Pünktlichkeit zahlt; der erste ist Mietstermin, und obwol auch das Geld für den Quixoteaufsatz fällig ist, kann es sich verzögern. Deine Restsendung ist hoffentlich auch unterwegs.

Mit herzlichst dankenden Wünschen & Grüssen

Dein Bdt

496   AN WILLY WIEGAND

[Villa di Bigiano Candeglia
Pistoia, 3. Juli 1925]

LW vielen Dank für Deinen Brief in Sachen R. auf den ich noch ausführlicher antworte. Diese Zeilen nur, um Dir die möglichst beschleunigte Weitergabe des Blumenaufsatzes an MNN und des Hartman Nachwortes an Preuss. Jahrb. wie erbeten ans Herz zu legen. Ich werde in diesem Monate recht angestrengt sein und muss mehrere Pferde im Stall haben.

Herzlichst dankend   Bdt

497   AN PAULA HÄBERLIN

Gnädigste Frau, es ist ein grosser Vorzug für mein Produkt, den schöpferischen Geist in Ihnen zu so interessanten Arbeiten angeregt zu haben wie denjenigen, durch deren Mitteilung Sie mich soeben erfreuen. Umsomehr muss ich es bedauern, dass die besondere geschäftliche Vertragslage die für diese Schrift besteht, mir die Freiheit nicht mehr lässt, Ihren Wunsch, und damit den meinen, zu erfüllen. Das Verlagsrecht für Originalausgaben des Joram besitzt der Inselverlag, und hat von ihm auf Grund eines

Sonderabkommens nur für den Abdruck in meinen »Schriften« abgesehen, während er es für sich selber durch Aufnahme in die sogenannte Inselbücherei gleichsam stereotypierte. Dass er sich dazu verstehen könnte, ein für ihn damit interesselos gewordenes und übrigens kaum mehr gelesenes Buch mit grossen Kosten, wie die Reproduktion Ihrer Drucke sie verlangt, neu aufzulegen, ist aus sachlichen wie persönlichen Gründen ganz ausgeschlossen, – dass er dies Recht einem anderen Verleger cedieren würde, bei dem Charakter des Hrn. Kippenberg sehr unwahrscheinlich.

Indem ich Ihnen mit aufrichtigstem Danke die schönen Blätter zurückstelle, bitte ich meiner besonders freundlichen und verbindlichen Gesinnungen versichert sein zu wollen.

Borchardt

Villa di Bigiano
S. Alessio, Pistoia
19 Juli 25

498 AN WILLY WIEGAND

Villa di Bigiano
Samstag 28. Jul. 25

Mein Lieber, vor allem sei bedankt für die herrliche Herdergabe die inzwischen bei mir eingegangen ist und mich mit soviel Stolz und Ehrfurcht, was Gegenstand und Besitz angeht, als wärmster Erkenntlichkeit für Deine Teilnahme und Güte erfüllt. Nur ein Mittel zur Verfügung ist mir gegeben, den Herderband zu einer so schönen Probe unserer Ansichten zu machen als meinen Kräften irgend gegeben ist. Überblickt man freilich das Gebäude von Leistung, das solch ein Einzelgeist, – von dem Range derer für die das Wort Individuum eigens erfunden scheint – hinter sich gelassen hat, so verzagt man vor der Aufgabe, ihm wählend und urteilend in Kürze und Eile, wie es denn anders nicht geht, zu genügen, dennoch so, dass alles wirklich begründet und nicht oben abgeschöpft sei. Wir werden uns über die Termine einigen ehe ich beginne zu lesen und zu notieren.

An den Dank gleich eine Bitte zu schliessen ist mir gewiss verdriesslich und sie bliebe unausgesprochen wenn der Sache anders beizukommen wäre. Haage & Schmidt verfolgen mich mit Mahnungen, um so peinlichern als ich ihnen nach Deiner Mitteilung hier, mündlich an mich, vor Monaten geschrieben habe, der Betrag sei von meinem deutschen Vertreter bezahlt und mir belastet. Ich bitte Dich dringend, das vermutlich Übersehene – Du sagtest mir Du habest jetzt dorthin geschrieben und Rechnung verlangt, sie sei kurz vor Deinem Abgange hieher eingetroffen und soviel Du wüsstest gleich bezahlt worden – das Übersehene also umgehend nachzuholen, da ich sonst in die Lage komme künftige Aufträge nicht mehr ausgeführt zu sehen. Ferner müsste der Blumenaufsatz *sofort* an M.N.N. gegeben werden da Behrend zum dritten Male bittet; er selbst geht in Urlaub, Dr. von Schramm vertritt ihn, er hat sich bereit erklärt mit Hamb. Nachr. und Köln. Ztg. gemeinschaftliches Erscheinen zu vereinbaren, da ich mit dem Gelde rechne und nicht lange warten kann. Schon die Verzögerung bei den Preuss. Jahrb. war mir nicht gerade gelegen, – wir haben, wie Du weisst, im Juni keine Bezüge gehabt und unsere Ersparnisse dran geben müssen, am 1. Juli war Miete zu zahlen, und meine Krankheit oder schwere Behinderung hat gleichzeitig brachgelegt und gekostet; daher die Notwendigkeit zu rechnen. Ist es technisch so undenkbar, die Ausgabe zu veranstalten, *nachdem* die Zeitungspublikation erfolgt ist? Auch die Villa hat ja Heymel zwei Monate *nach* Erscheinen in der Frank. Ztg. separat gedruckt und laufend abgesetzt! Beurteile Du das, aber gewinne ihm wenn es geht, eine meinen Bedürfnissen gemässe Seite ab.

Nun zu Rowohlt, – und ich kann Dir nicht sagen, wie Deine Nachricht, Euer neues Zusammentreffen angehend mich erleichtert, denn ich sehe das Ganze täglich mehr als verloren an. Geschrieben habe ich ihm nur hinhaltend und um Abrechnung bittend, da ich seit 2 Jahren keine erhalten habe und der Ordnung und Übersicht halber eine solche Saldo Mitteilung nicht annehmen kann. Da er gleichzeitig an R. Voigt einen seiner üblichen Briefe geschrieben hatte, Mischung aus halb hingeworfenen Entschuldigungen und zusammengerafften Vorwürfen, so habe ich ihm Abschrift meiner Antwort auf den (mir von R. Voigt zucopierten) Brief an R. V. mitgeteilt. Aber darin stehen nur kurze Richtigstellungen und nichts auf seinen Vorschlag bezügliches. Meine Stellung dazu ist folgende.

1) Ladenpreise. Die Rowohltschen Ansetzungen sind für broschierte Exemplare genau diejenigen, die unser beider Unwillen erregten. Eine Erhöhung hat seit Festmarkpreisen *nicht* stattgefunden, vielleicht (ich habe jetzt nicht darauf geachtet) eine Herabsetzung der gebundenen. Diese Preise die unter Verletzung des Vertragsabkommens (R. V. hat ihn auf die [Textverlust] festgesetzt) einseitig angesetzt sind, erkenne ich nach wie vor nicht an. Ich verlange zu den für Erst- und Originalausgaben üblichen gehobenen Preisen anerkannter Dichter verkauft zu werden, nicht zu

Ramschpreisen von Makulaturausgaben. Seit Begründung des Verlagsverhältnisses bin ich unaufhaltsam verschlechtert worden. Ich erhielt ursprünglich 20-25% hoher Papiermarkpreis in einer Zeit relativ hohen Kaufwertes der Papiermark, und zwar 2000 Exemplare mindestens, für qualifizierte Objekte (Poetische Erzählungen, Annus Mirabilis etc) 4000 vorhonoriert. Die Ausstattung war gut, das Papier ausgezeichnet, das ganze würdig. Ich habe auf alle diese Vorteile schrittweise verzichten müssen, die Ausstattung ist miserabel geworden, die Vermischten Gedichte sind auf Schundpapier gedruckt, ich kann sie nicht verschenken. Aus der Herausbringung meiner Werke »mit allen Ehren« ist eine faule nachlässige Pflichtsache geworden, sie werden verwahrlost und verschleudert.

Ich schlage Rowohlt ein Schiedsgericht über folgende Forderungen vor.

1) kein Buch von mir, wie immer geringen Umfanges, darf unter 2.50 broschiert kosten; dieser Satz gilt bis 6 Bogen, und erhöht sich entsprechend nach folgendem Schlüssel: – 9 Bogen 4; - 12 Bogen = 5 Mark; - 15 Bogen 7.50 - 20 Bogen 10 Mark.

Einbandspanne darf nicht mehr als das übliche – Norm Bremer Presse – betragen. Die Ausstattung hat mit der unanständigen Papierknauserei zu brechen; Schmutz- und Freiblätter, breite Ränder, bei Gedichten ein einziges auf der Druckseite. Bei der Auswahl beginnt wieder das Papierausnutzen und Volldrucken der Seiten gegenüber dem Titelblatt und Druckvermerke; so etwas ist unanständig und verstimmt den Leser.

2) Ich nominiere als Schiedsrichter Schröder – um Dich nicht in die Enge zu bringen, bitte Dich aber ihn zu leiten -, er mag einen anderen ernennen und beide den Umpiere. Der Schiedsspruch

verpflichtet beide Teile nur für die bereits angesetzten Preise. Fällt er zu meinen Ungunsten aus, so bewahre ich meine Freiheit für die *Folgezeit*.

2) Rowohlts neue Vorschläge. Sie bestehen, grob gesprochen, in einer Herabsetzung seiner Leistungen auf die Hälfte der Zeit und die Hälfte der Zahlungen, denn darauf kommt es hinaus wenn er künftig 50% seiner Zahlungen von Neuhonoraren zu kürzen, resp. auf sie zu verrechnen wünscht; meine Entscheidung darüber hängt von der Gestaltung der Ladenpreise ab. Ich habe kein Interesse daran, meine Einkünfte auf Kosten unabsehbarer Vorausbelastung scheinbar stabil zu erhalten, und alljährlich zu erleben, dass auf Grund so geringfügiger Gutschriften wie sie aus obigen Ladenpreisen sich ergeben, ein Saldo zu Rs. Gunsten besteht und ausgeglichen werden muss resp. mich in ungünstige Verhandlungen bringt. Ich bitte Dich folgendes zu unterstreichen: Mein Fixum Abkommen mit ihm ist von meiner Seite aus so gedacht, dass mir das *Minimum* garantiert ist, ich über dieses Minimum *hinaus* bei ihm verdiene, und bei Jahresschluss die Differenz ausgezahlt erhalte. Das ist nur möglich unter der Voraussetzung unaufhörlich laufender Neuerscheinungen, diese sind nur möglich bei Vermeidung der ständig von ihm provozierten Conflikte, Störungen und Stockungen. Sage ihm, nichts wäre mir odioser als das Schleppen der »Schriften«. Ich hätte immer nur daran gedacht, sie in raschester Folge, drei – vier Bde jährl., herauszuwerfen, um endlich freie Bahn für neue Arbeiten zu haben. Ich wäre, wenn er sich in Preisfragen mir anständig und anstandslos fügte, bereit ein Sonderabkommen über die Schriften und den Zeitraum zu treffen in dem sie abgeschlossen werden müssen. Es

handelt sich noch um 1 Bd. Prosa, 3 Bde. Reden, 4 Bde. Dramen, 1 Bd. politische Schriften 1 Bd. wissenschaftliche Schriften, 1 Bd. Annus Mirabilis, 2 Bdchen Epilegomena zu Dante. Diese 13 Bände können von meiner Seite absolut in drei Jahren erscheinen, vorausgesetzt seine *energische, stetige, teilnehmende* Mitarbeit und Unterstützung durch raschesten Druck, anständige und gewissenhafte Hauscorrektur. Letzere ist so unerhört schlecht und lumpig, dass selbst in Neudrucke wie Swinburne und Auswahl immer neuer Abschreiber-Unsinn hineinkommt. Dies mein Standpunkt. Natürlich kann er wenn er sich darauf capriciert als ersten Bd einen der Redenbände haben, *aber grundsätzlich nur neben einem dichterischen*. Die gegen mich arbeitende kleinere Perfidie gibt neuerdings die Parole aus, mit meiner Prosa sei es natürlich nichts, aber Poesie u.s.w. Darum muss immer wieder publikatorisch auf der Poesie bestanden werden, aus der auch die Prosa und überhaupt alles bei mir stammt. Bitte sage Rowohlt ferner: Nadler hat endlich von ihm meine noch fehlenden Sachen bekommen und schreibt mir soeben einen wundervollen herrlich bewegten Brief. Er ist im Begriffe für das meiner Arbeit gewidmete Sonderheft von Wissen und Leben einen zweiten Aufsatz über mich zu schreiben, fügt aber sogleich hinzu, seine wirklichen Gedanken könne er nur in einem Buche über mich entwickeln, mit dem er sich zu tragen beginne. Es ist meiner Ansicht nach nicht nur Ehrensache sondern Geschäftsinteresse für Rowohlt, sich dieses Buch jetzt schon zu sichern und sich baldmöglichst mit Nadler darüber in Verbindung zu setzen. Er verdient es ja im Grunde nicht, es ist aber immer noch besser er hat es als Reiss. – Endlich: für Swinburne neue Auflage ist neues übersetzt und eine grosse

Abhandlung fast abgeschlossen. Auch das verdient er nicht, aber wenn die neue Auflage liegen bleibt ist es mein eigener Schade.

Was Du für ein Freund bist, mein Lieber, merkt man daran dass man Seiten über Geschäfte die Dich als Verleger garnichts angehen vollschreiben kann und muss ehe man zu unsern eigentlichen Angelegenheiten kommt. Ich hole kurz nach dass ich mit Deinen Vorschlägen bf. Blumenaufsatz natürlich einverstanden bin, und Dich bitte diesbezüglich mit Herrn v. Schramm, als Vice Behrend, den Zahlungsmodus zu vereinbaren. Die Zahlungshöhe unterliegt kaum Verhandlungsmöglichkeiten, da die Zeitungen Tarifklassen haben und ich sicherlich in der höchsten bin – allenfalls wäre letzterer Punkt zu sichern. – Der Titel der Denkreden bleibe nach Deinem Vorschlage der einfachste. Die Nachwortänderungen erhältst Du in wenigen Tagen. Die Druckbogen habe ich mit der schönsten Empfindung durchgelesen, und schlage nur vor, bei Herder über Lessing Seite 45 bei der drittletzten Zeile zu schliessen; dann ist mit der grossen Apostrophe ein rednerischer Abschluss gewonnen und das nachhinkende formlose Schreibewort fiele weg. Zu dem [Textverlust] des Schlusses der W. Grimm Rede meinen herzlichen Glückwunsch, ich kannte ihn nicht und sehe mit Freuden an das zerbrochen gedachte Schaustück unserer Kette das fehlende Glied sauber und glücklich genietet.

Lass mich nur jetzt wissen: was liegt Dir nach A. Heinrich und Denkreden zunächst am meisten? Mir geht es gesundheitlich und stimmungsmässig mit schwellenden Segeln und ich bin ganz zu Deiner Verfügung. Am liebsten wäre mir die Vermischung eines Arbeitsplanes mit ungefähren Terminen.

Herzlichst der Deine   Bdt.

499 AN WILLY WIEGAND

Villa di Bigiano 10 Aug 25

Mein Lieber

Ich kann Dir heut nur kurz mit bestem Danke den Eingang des Geldes bestätigen. Der Wertbrief kam vorgestern an, die Telegrammanweisung dagegen erst heute; ich hatte zuerst einen Verlust befürchtet, aber es wird wol etwas zwischen Deine Dispositionen gekommen sein. – An Schaeder habe ich sehr ernst geschrieben, mit Rückschein, und bin überzeugt dass das Eis nun bricht. Leider gehört er zu den Abulikern des Briefs und dies ist der einzige Schatten auf dem Menschen, Du würdest es nicht glauben, – so heiter stark und klar wirkt er, dass man ihn für den regelmässigsten Geschäftsmann halten sollte. – Meine besten Grüsse und Glückwünsche an Happ, den ich gern bei Dir weiss; frage ihn doch bitte, ob er einen Brief von mir erhalten hat; geschrieben habe ich, – ob er expediert worden ist, weiss ich nicht genau, da Marel meist meine Correspondenz couvertiert und befördert. – Rowohlt habe ich einen eingehenden ausserordentlich herzlichen Brief geschrieben, den Arbeitsplan für die nächste Zeit vorgeschlagen und das mir mitgeteilte Verhandlungsergebnis ohne Ausstellungen acceptiert. Dir danke ich besonders warm für Deine wiederholte Mühwaltung. Persönlich habe ich Gründe – und zwar positive d. h. schwarz auf weisse – für die Annahme, dass meine Chancen nicht *so* ausschliesslich an Rowohlts und aus Rowohlts Grossmut gebunden sind, wie Dir die begreifliche Sorge für die Sicherheit der Jahreszahlungen das vorstellt und eine schwarz in schwarz gemalte Darstellung der landesüblichen

Rechte eines Autors von Namen eingibt. Aber das sind Nebensachen und sie sind dadurch erledigt, dass R. meine ursprüngliche Forderung nun endlich annimmt, die einzige um die der ganze Streit gegangen ist. Denn in der Neuauflagenfrage ist er nicht controlierbar und ich muss mich darauf beschränken, künftig vierteljährliche Vorlegung der Verkaufsstatistik zu verlangen. Natürlich ist es eine sehr ernste Thatsache für die hohe Literatur, dass die Kaufkraft des distinguierten Publikums einstweilen gelähmt ist, und die Nachfrage ausschliesslich vom Coniunkturkäufer ausgeht. Aber wenn solche Zustände dauernd werden sollten, würde das heissen, dass wir aus der Reihe der Culturnationen ausgeschieden wären, und davon halte ich uns für weit entfernt. Solche Wendungen wie die Rowohltschen »das Publikum kauft nur Neuerscheinungen« sind gedankenlose Sortimenterschlagworte. Das Publikum, das dies thut, hat nie etwas anderes gethan, das andere, gute, muss warten, bis es sich seine Bücherwünsche, lange gehegte, oft verschobene, wieder befriedigen kann. Und dieser Moment tritt bei einem Schmökervolke wie dem deutschen bei der *ersten* Erleichterung der Wirtschaft ein. Never say die. Solche oberflächlichen Alarm-Formulierungen des Negativen machen mich nicht irre, aber sie machen mich heftig. Mörikes Gedichte und Burckhardts Cultur der Renaissance haben sich auch nicht so schnell verkauft wie Geibels Gedichte und Nordaus Conventionelle Lügen; aber damals hat niemand gesagt »das Publikum kaufe nur Neuerscheinungen und griffe nur ausnahmsweise auf ältere Publikationen zurück« sondern man sagte die unverblümte Wahrheit, dass die Trotteln zunächst Majorität sind und dann unfehlbar Minorität, und Anstand und Verstand zunächst Minorität und dann unfehlbar Majorität; oder aber, höflicher, mit dem unerschütterlichen Menschenverstand der Spruchweisheit »Gut Ding will Weile haben«. Wenn Rowohlt annehmen könnte er würde in absehbarer Zeit auch nur einen unverkäuflichen *Band* von mir am Lager haben, risse er sich gewiss nicht nach mehr von dergleichen. Er hat das Händlerrecht, beim Verhandeln taktisch zu sein und den Markt zu drücken. Aber *wir* sollen das für so viel nehmen als es wert ist.

Ich werfe nun, Deinem Wunsch entsprechend, zunächst alles für Dante beiseit und werde Dir laufend das Nötige bis zum Imprimatur liefern. Was aber Deinen fernern Arbeitsplan betrifft, so bin ich nicht ganz damit einverstanden dass der Ewige Vorrat anscheinend fürs Erste abzustellen ist, sondern bitte Dich dringend seine baldige Herausbringung zu erwägen. Oder habe ich Dich nur missverstanden und hast Du ihn nicht genannt, weil Du für ihn nur noch geringer Mitarbeit von mir bedarfst? Immerhin ist die Anordnung noch zu treffen für die ich der Druckunterlagen bedarf, der polemische Schluss der »üblen Nachrede« soll fallen und durch einen harmonischen Satz ersetzt werden. Auf keine von allen meinen Publikationen wird so allgemein und dringend gewartet, keine verspricht einen besseren Weihnachtsabsatz und an keiner ist relativ so wenig mehr zu thun. Willst Du Dir das durch den Kopf gehen lassen?

Ich habe leider zu bekennen – und hoffe das bedeutet keinen unersetzlichen Verlust – dass den Titelentwurf zu den Reden die Katz gefressen hat, – mit andern Worten er ist einem kleinen häuslichen Malheur zum Opfer gefallen, ehe man zugreifen konnte. Ich kann nur um Entschuldigung bitten und versprechen, dass künftig noch besser aufgepasst werden soll. Anfragen zum Armen Heinrich habe ich nicht erhalten, ausser einem Blättchen Bemerkungen zur Lesevorschrift, in der zu meinen grammatischen Beispielen vermerkt war, ob sie im Arm. Heinr. selber vorkommen oder nicht. Sie sind aber gar nicht mit Rücksicht darauf, sondern absichtlich allgemein gewählt, damit man, nach Analogie davon, die ältere Literatur überhaupt metrisch richtig lesen lernt.

Ich freue mich, aus Bremen zu hören, dass Deine dortigen Geschäfte so glücklichen Erfolg gehabt haben. Man scheint also doch noch irgendwo zu glauben, dass unsere Bücher verkäuflich sind, und es auch bleiben, vier Jahr nach Erscheinen.

Herzlichst Dein   Bdt

An M.N.N. habe ich das nötige veranlasst.

500   AN JOSEF NADLER

[Nicht abgesandt]   [Villa di Bigiano Candeglia
                                Pistoia, September 1925]
ist mir nach dem gedruckt vorliegenden sehr begreiflich. Dieser Ur-Durant hatte noch Grellheiten und Härten, zum Teil stilmässig gewollte, die dann in die Atmosphäre aufgelöst wurden, Venedig im Spätsommer 1905, vor nun gerade zwanzig Jahren. Bestehen blieb das Pragma, Verknüpfung und Motivierung wurden überhaupt erst erlebt, und die Entfernung zum Ganzen, auf der die Musik des Vortrages beruht, stellte sich ein. Die Versuche Durants, sich dem ihm angesonnenen Frevel zu entziehen führten in besonnener Steigerung zu dem Osterfeste in Byzanz wo er sich in

Büssertracht vor die Knie des in Prozession ziehenden Kaisers wirft und von diesem das spöttische Dilemma, Heirat oder Kloster, zugeschoben erhält. Die Unmöglichkeit ins Kloster zu gehen, war mit einer Fülle von retardierenden und peripetischen Momenten überzeugend gemacht; vor der schrecklichen Brautnacht hingen Schleier, mit nur éinem Risse, durch den der Blitz fuhr. Verzeihen Sie diesen Commentar, den ich denn auch nicht fortsetze, oder den ich vielmehr in einen Satz zusammendränge – einen Satz den ich nicht zurückhalten darf, da eine Frage aus Ihrem vorletzten Briefe noch der Antwort harrt. Der Durant ist die verhüllte Darstellung einer seelischen Situation, die als Vorgang, Abbruch und unerschöpfliches Nacherlebnis meine Jugend bis in das erste Jahrzehnt des Mannesalters vollständig ausgefüllt und mit sich gesättigt hat; meine besonders tiefe Beziehung zum Mittelalter ist vornehmlich daher entstanden, dass ich nur in ihm Paradigma und Theorie, zur Weltmacht erhoben, desjenigen wiederfand, was mir als Form des leidenschaftlichen Verhaltens zu einem geliebten Gegenstande angeboren ist, wie Haut und Haar, – wenn ich es auch eben bei keinem Mediaevalen, ich möchte sagen, chemisch rein habe auffinden können sondern später eigene Arbeit darauf verwenden musste, die einzige »reine« Form in der es zu existieren schien, in der Vita Nova, historisch in die Teile ihrer Mischung aufzuspalten. Schematisches Beispiel: 1) »Ich liebe Dich so sehr dass ich Dich besitzen muss« einfache menschliche Grundform des sinnlichen Dranges. 2) Ich liebe Dich so sehr dass ich nicht wage/hoffe Dich besitzen zu können«: Pseudo-Minne a, knabenhafte Verdrängungsform von 1). 3) »Ich liebe Dich so sehr dass ich Dich nicht mehr zu besitzen brauche« Pseudominne b,

senile oder spiritualisierte Verzichts- und Verwindungsform von
1). Testes 1) Die meisten Provenzalen, Kürnberg, Morungen. 2) fast
die ganze mittelalterliche Minnepoesie 3) etwa Michelangelo –
Vittoria Colonna, als gespielte Rolle bei Bernart vVentadorn,
Dante. – Aber nun 4) »Ich liebe Dich zu sehr um Dich noch besitzen zu können«. Das ist die aktiv-dynamische Form der Minne,
im Grunde ihr τέλος oder ihre φύσις, und sie hat das Mittelalter
kaum geahnt, oder, um vorsichtiger zu sein, darum nicht mehr
gestalten können, weil die in ihr liegende, im Grunde auch immer
rein passionale Transzendenz innerhalb der Stilwelt des Mittelalters die nur eine einzige Transzendenz kennt, sofort geistlich
wird. Was ich passionale Transzendenz nenne, und ebenso leidenschaftliche Uneigennützigkeit nennen könnte, – Sie wissen wie
stark es sich mit gewissen Möglichkeiten des dreissigjährigen
Goethe berührt – ist nicht wie jene Verzagungsformen oder Verwindungs- und Verzichtsformen des Eros – (sagen wir besser
ἔρως) minderen Vigors als er, sondern höheren, ebenso wie
Wasser bei 60° Celsius siedet und Eier geniessbar macht, darüber
hinaus aber sich in glühenden Dampf emporverflüchtigt, und
keine Eier mehr geniessbar macht, nicht weil die Hitze zu
schwach sondern weil sie zu stark, und unpraktisch, transzendent,
geworden ist. Hiervon, um es roh zu sagen, »hat die Frau nichts
mehr«. Weshalb Goethe, cynisch schamhaft, zu ihr sagen kann:
»Wenn ich Dich liebe was gehts Dich an?« Er hätte, sich selbst
commentierend, sagen können »es geht Dich nichts an weil meine
Liebe zu liebend ist, um in einem Schoosse zu enden«. Worauf die
Frau erwidern konnte »sieh doch zuerst einmal zu, wie weit sie
auf diesem Wege kommt« und die männliche Seele wiederum

replizieren kann, »sie interessiere sich nicht für Punkte die nur in der Elementar Geometrie feste Punkte, dagegen für das höhere räumliche Denken, wie alles an Immanenz und Vergänglichkeit gebundene, gar nicht vorhanden seien.« Und so weiter. Wenn ich das alles in eigentlichen Worten ausdrücken könnte, hätte ich den Durant nicht zu dichten brauchen. Er verhält sich zur mittelalterlichen Tradition wie Joram zur biblischen, indem er eine nicht zu Ende gekommene Tendenz der menschlichen Seele, hier die Polarität des Mannes gegen die Frau, wie dort die Polarität der Zeitlichkeit gegen die Ewigkeit, dort wo sie fragmentiert vorliegt aufgreift und zu Ende dichtet, dort bei Hiob hier bei Dante. Nur werden Sie sich das nicht so vorstellen, als hätten mir so peregrine *Absichten* damals vorgeschwebt; mit solchen phantastischen Selbstdeutungsversuchen logifiziert man sich nachträglich halb im Scherze. Das ganze Material zur wirklichen Deutung des Durant steckt lyrisch in den Jugendgedichten, selbst im Gespräch über Formen, selbst im Joram und wird zusammengefasst vorliegen in der aus jenen Tagen stammenden Prosadarstellung Annus Mirabilis, die ich bald in die »Schriften« gebe. Es ist gegen den Durant gehalten um mich kantisch auszudrücken, das φαινόμενον neben dem νούμενον. Ob es mir jedes Mal bewusst gewesen ist, dass meine ganze dichterische Arbeit gerade wo sie seelisch aus den tiefsten Individualgründen hervorbrach, ebenso wie antike Tragödien die Vorbemerkung hätte tragen können »ἡ μυθοποιεία κεῖται παρά etc« wie könnte ich es sagen? Aber ich habe es von früh auf als einen tiefen Unterschied zwischen Hofmannsthal und mir angesehen dass er literaturmässig dankbare Stoffe und halbgestaltete Formen der vergangenen Literatur als

Bearbeiter aufgriff um ihnen endgiltige und harmonische Formen zu geben, während mir der Weg der Menschheit, der europäischen Menschheit, überhaupt und im Ganzen als vorschwebender Mythus erschien, der nirgends zu Ende gekommen war und sich in allen seinen Stücken durch mich weiterdichtete. Sie werden wissen, und es wäre unmännlich, Ihnen vertuschen zu wollen, dass in meiner Familie jüdisches Blut ist. Meine väterliche Grossmutter bereits, viel mehr noch mein Vater, hatten diese Elemente mit einer so decidierten und schneidenden Absage in sich getilgt, wie sie nur aus den grossen geistigen und religiös protestantischen Traditionen der um 1830 herum durchweg convertierten höheren Königsberger Judenschaft heraus begriffen werden kann, der Gesellschaftsschicht aus der Lehrs und Friedländer, Eduard von Simson und Johann Jacoby, ganze Diadochien humanisierter grosser Ärztefamilien und Verwaltungsbeamten hervorgingen, alle mit einander verbunden durch eine besondere Form des Hochfluges, nationalen Stolzes, leidenschaftlichen Deutschtumes und Hellenismus, teuer geschätzten und mit Deutschgefühl und Hellenismus synkretierten Christentumes. Alles trug die Farbe und das Pathos des äussersten Grenzbewohners, der geistig immer gespannt und immer in Waffen steht, sich und das seine zu verteidigen, und in einem besondern Sinne zu verteidigen hat, wenn er sich erst jung zur Ehre dieser kämpfenden Kulturgemeinschaft mit berufen weiss. Ich verweise immer, wo ich dies deutlich machen will, auf den Briefwechsel von Karl Lehrs, in dem wie mir scheint, reine Typusform vorliegt. Ich glaube nicht, dass die deutsche Form des Petrus- und Jacobus-Christentumes, des echten und historischen Judenchristentumes, irgendwo, auch in Neander nicht, zu so eigentümlichen und gesättigten, herzensruhigen und selbstgenügsamen Bildungsformen geführt hat wie in jenem Königsberg, glaube auch nicht, dass der mit Moses Mendelssohn ideell ausgeworfene Plan je ausser in Königsberg εἶχε τὴν ἑαυτοῦ φύσιν. Die jungen Leute waren durchweg Soldaten, Regierungsbeamte, Königsmänner, Offiziere Gutsbesitzer. Der Mann von Heines Jugendgeliebter Amalie Heine, John Fridländer, war Landwehrhauptmann und bei jeder festlichen Gelegenheit in Uniform. Gelebt wurde mit vornehmer, spartanischer Kargheit, preussisch. Aber diese ganze hochsinnige und generöse Bewegung konnte nur von zwei Generationen gehalten und getragen werden stand bald im andrängenden Strome der Rückverjudung und verwandelte automatisch die Familien die sie getragen hatten in reservierte Aristokratieen von um so heftigerem Antisemitismus, je weniger der gute Geschmack ihn zu äussern erlaubte,

501 AN HENRI BURIOT-DARSILES

[Villa di Bigiano Candeglia
Pistoia, 7. Dezember 1925]

Ew. Hochwolgeboren
interessanter Aufsatz ist mir allerdings vor einiger Zeit durch meinen Verleger vorgelegt worden und es hat mich nicht unbewegt lassen können, meine Bemühungen einem so eindringenden und competenten ausländischen Urteile unterworfen zu sehen, wie das Ihre es ist. Um so ernster in Freude und Bedauern äussert sich mein inneres Gefühl vor dem bedeutenden Schreiben, das Sie die-

sem Aufsatze selber haben folgen lassen wollen, um seine für mich so parteiischen Gesinnungen handschriftlich zu bekräftigen. – Gewiss könnten es meine bescheidenen Bemühungen nur als eine Ehre betrachten, wenn die Sprache Pascals und Diderots, Balzacs und Alfred de Vignys sich aufthäte, um sie, durch eine sonst sehr sparsam geübte Gastfreundschaft, in ihren Bestand aufzunehmen. Aber ich fürchte, dass in einer Zeit wie der unsrigen edle Wünsche und Hoffnungen solcher Art geringe Aussicht haben, sich über den »Puppenstand« – goethisch zu sprechen – von so freundlichen wie freundlich erwiderten Gesinnungen zu erheben. Zwischen solchen Wünschen und ihrer Erfüllbarkeit stehen leider, und auf unabsehbare Zeit, von der burgundischen Pforte bis Koblenz Ihre Heere. Kein Franzose von Dignität – und mir ist in Frieden und Krieg, auf deutschem und französischem Boden, nie ein Franzose oder eine Französin ohne Dignität begegnet – kann diese Empfindungen verkennen, die ich ohne prahlende Demonstration mit der Einfachheit ausspreche, die ihrer Natürlichkeit und Schicklichkeit angemessen ist. Ich weiss sehr wol, dass die Ihnen und Ihren Landsleuten kaum vernehmliche Stimme meines unglücklichen Volkes anders klingt als meine Worte, dass Ihre Consulate in Deutschland von Verächtlichen umlagert sind, die das Recht auf eine Reise nach Paris teils zu ertrotzen, teils mit jeder Demütigung zu erkaufen bereit sind, dass der Abschaum unseres literarischen und journalistischen Verfalles auf Ihren Boulevards Ihrem Widerwillen eine eiserne Stirn entgegenkehrt, und dass subalterne Demagogen in unserem Namen Verträge unterzeichnen, die eine Nation erst dann annehmen und halten kann, wenn sie endgiltig darauf verzichtet hat, sich jemals wieder mit abendländischen Begriffen von Ehre zu messen, und zufrieden ist, wie ein Stück Orient, ein Protektorat und ein Rialto zu werden. Aber Sie als Franzose und als tiefer Kenner Ihrer geistigen Geschichte wissen sehr wol, dass der letzte Faktor im Leben grosser Nationen, der in solche Verzichte willigt und sich mit solchen Garantieen zufrieden erklärt, die nationale Poesie ist. Wo Dynastien nicht mehr, wie in meinem armen Lande, die historische Continuität des Volkes darstellen und enthalten, wo die Gesellschaft zu zertrümmert ist, um sie zu bewahren, bleibt die Poesie die einzige Zuflucht und die einzige Vertreterin des nationalen Genius und seiner, wenn es sein muss, hoffnungslosen Intransigenz. Es gehört zum Wesen der Intransigenz des Idealen, dass sie mehr Gelegenheit hat, sich bei kleinen als bei grossen Anlässen zu zeigen, und so bei dem vorliegenden geringfügigen. Aber in der Welt des Geistes sind, wie Sie wissen, die praktischen Quantitäts Categorien des Kleinen und Grossen wesenlos, und daher werden Sie den Aufwand von Worten nicht unangemessen finden, den diese tief bedauerte Ablehnung nötig macht.

Leben Sie wol und erhalten Sie Ihre Reinheit und Ihren wissenschaftlichen Ernst den Studien.

Ihrer Wohl. Borchardt.

502 AN WERNER KRAFT

[Nicht abgesandt]

[Jahresende 1925]

Mein lieber Kraft Ihre erste Sendung muss sich verirrt haben, denn dies ist die erste Nachricht die mir von Ihrem glücklich errungenen Doktorhute zu Teil wird. Ich sehe Sie mit Freuden diese Schritte auf der Bahn ernster Forschung thun und hoffe von Herzen, dass immer kräftigere ihnen folgen werden. Sie müssen nun auf eine Höhe von Jahren gekommen sein, von der abwärts die Proportion des Erdenlebens sich ungetäuscht von optischen Fehlern des Knabenauges entfaltet und Ihnen aufgegangen ist, dass die Welt uns kein anderes Glück zu geben hat als dasjenige, das wir in uns selber erbauen, durch Überwinden und durch den Ausdruck unser Selber; sonst gibt es nur Reize und Genüsse – teuer gekaufte. Und zweideutige Geschenke der einen Sterblichkeit an die andere. Sie gehen wie ich mit aufrichtiger, aber eben darum wortkarger Teilnahme empfinde, durch sehr harte Zeiten, deren schwersten Teil nicht sowol schmale und ängstliche Wirtschaft ist, als vielmehr die Zone der entscheidenden und unwiderruflichen Enttäuschungen die jeder Mensch von Wert in Ihren Jahren durchwandert. Glauben Sie nun aber nicht, dass man damit auf der Neige sei. Jenseits davon beginnt ein neues grünes Land unter freudigem Himmel. Die Klage um die verlorene Jugend ist nicht ein Alterszeichen sondern eine bestimmte typische Stufe der Jugend selber. Die Hauptsache für Sie ist und wird sein: Arbeit. Sie müssen etwas finden was Sie geistig erfüllt und nicht loslässt bis Sie es, mit Ihren besten Kräften durchtränkt, aus sich herausstossen. Sie haben vor Millionen das Glück eines Inhalts Ihrer Natur voraus. Es muss dahin kommen, dass dies indefinible Etwas, dies nach Vermählung mit dem Universum hungernde seinen Gegengehalt findet, und sich in ihm auflöst. Lesen Sie, horchen Sie, versuchen Sie hier und da, bleiben Sie hart anschliessend an den die Zeit durchziehenden Ahnungen, ernennen Sie sich imaginäre Mitlebende an Stelle der Ihnen durch Umstände versagten zu Genossen Ihrer Generation, bieten Sie alle Kräfte der Phantasie auf um die Wüstenei des Sie einschliessenden Lebens zu bevölkern. Was ich Ihnen rate ist nichts wesentlich anderes als was ich selber thun muss um nicht zu Grunde zu gehen. Es sind bitterböse Zeiten, diese sieben magern Jahre. Aber ich versichere Sie, es sind weniger hoffnungslose als die Zeiten vor dem Kriege. Die lebenfarbigen Keime unter dem Winterwust sind nicht so ganz wenige. Ich kenne Kräfte, die eine Zukunft verbürgen.

1926

503 AN WILLY WIEGAND

[Villa di Bigiano Candeglia
Pistoia, 17. Januar 1926]

Lieber Wiegand

Die Druckbogen folgen anbei zurück. Du unterschätzt die Arbeit die sie mir machen. Wird mir das ganze Material nocheinmal vorgelegt, so arbeite ich es eben nochmals vollständig durch, mit der Gewissenhaftigkeit deren Spuren Du in Margine finden wirst. Leider ist der Aufwand an Zeit und Mühe durch ein Ergebnis von irgend welchem Belange diesmal nicht gerechtfertigt. Ich habe den Eindruck dass Euer Eifer um höchste Peinlichkeit des Détails die Aufgaben der Philologie nach der Richtung ihrer Sünden hin verkennt. Wir hatten hier vereinbart, die neuen Texte sollten zum Zwecke möglichster Druckbeschleunigung teils (Goethe) nach der Sophien Ausgabe, teils (Walther und Wolfram) nach Lachmann gegeben werden, mit Umschriftprinzipien wie dem Uhlandschen in den Volksliedern. Nun der Zweck ohnehin vereitelt worden ist, habe ich die mhd. Texte analog dem Hartman bearbeitet, aber am Wolframschen Gedichte tagelang gebrütet; es ist einunddreissig Mal wieder umgeschrieben worden ehe es diese Fassung hatte. Die meisten der orthographischen und interpunktionellen Fragen, mit denen Du Dir Mühe machst, sind für unsere Zwecke gegenstandslos, und, so sehr ich mich Deiner eindringenden und verständnisvollen Mitarbeit immer freue, so werden Dir doch 90% der Entscheidungen zeigen, dass alles woran Du Anstoss nahmst, ganz durchdacht und erwogen war. Du hast, glaube ich, nicht scharf genug im Auge, dass meine Textbehandlung auf die deutsche Poesie dieselben Grundsätze anwendet, die in der klassischen Philologie herrschen: erstens, die Überlieferung herstellen, gleichgiltig ob sie gut ist oder schlecht; zweitens, wenn sie schlecht ist, das Gedicht des Dichters herstellen. Es liegt kein geistiger Grund vor, Handschriften und Drucke zu trennen, an den letztern zu verbieten was an den erstern zugestanden ist. Ältere Drucke sind meist schlechtere Quellen als gebildete Handschriften. Herausgeber sind bis in neuere Zeit hinein oft faule oder freche Interpolatoren. Nichts ist sacrosanct. Der Grund gegen eine evidente Lesung, sie finde sich nicht in den Texten, ist, wenn die Texte so schlecht sind, gar kein Grund.

Hoffentlich macht Dir das Buch so viel Freude wie mir. Es ist das erste meiner Bücher das mich in den Fahnen nicht dégoutiert hat, sondern hingerissen. Von seiner Wirkung auf und in das Gute hin bin ich nun erst überzeugt. – Für Deine Mitteilungen zur Aufnahme der Weihnachtsneuheiten besten Dank. Mir ist kein Wort und keine Äusserung zugekommen, wie ich das denn auch gewohnt bin und nicht weiter vermisse. Die Denkreden liegen allerdings auf dem Tische und in der Hand wie eine gediegene Erzstufe, die sie auch sind. Prachtvoll das bronzebraune und das Massive. Dank ebenfalls für den Victor Hugo, den ich vor so langen Jahren als Knabe pries, und nun erst, so nebenhin, besitze. Der angekündigte Faust lag nicht bei. Ich bitte Dich wenn es nicht schon geschehen ist, Reden und Hartman in meinem Auftrage zu senden an

Dipl. ing. Philipp Borchardt Villencolonie Solln bei München sowie an diesen Franzosen, Buriot-Darsiles, dessen Adresse Ihr im

Verlage habt (Hildebrandt). Ich habe ihm versprochen ihn meine Veröffentlichungen haben zu lassen; das Übersetzerrecht um das er bat, habe ich leider – des augenscheinlich anständigen und eifrigen Menschen wegen leider – abschlagen müssen, solange Franzosen auf deutschem Boden, elsässisch lothringischen eingerechnet, stehen. Er war sehr erregt darüber, wollte meinen Brief – der übrigens äusserst rücksichtsvoll formuliert war, – in die Presse bringen. Ich habe geantwortet, damit würde mir ein Gefalle geschehen.

Schaeders aufregender Brief anbei, Du wirst aus ihm das nötige entnehmen. Dass sich in seinem Arbeitszimmer etwas Ausserordentliches ankündige, ging schon seit einiger Zeit von Mund zu Mund. Lass mich wissen was ich ihm antworte.

Anbei auch das gewünschte Dokument für die Rowohltfrage. Ich habe im Ganzen sehr wenig zu sagen, ausser dass ich es abgeschmackt finde ihn zu verklagen wenn ich ihm gleichzeitig ein neues Buch gebe. In Deinem Briefe vermisse ich alles mich hauptsächlich Interessierende, nämlich wie Rowohlt sich seit Deinem Weggange von hier gegen Dich geäussert hat wie seine Lage beurteilt wird und auf welche Umstände sich Dein plötzlicher Pessimismus gegen ihn gründet, während Du bisher immer dann wenn ich das Verhältnis exautorisiert hielt, ihn gegen mich und solche die ihn ersetzen sollten vertreten hast. Was ist nun auf einmal sein Verbrechen? Dass er kein Geld hat? Er hat doch nie welches gehabt und immer welches gehabt, zwar nicht zur Zeit aber post festum. Um die Zeitdifferenzen auszugleichen, nicht um einen Büttel auf ihn zu hetzen habe ich den alten Esel in Bremen eingeschoben. Ich bin ganz gegen Gewaltmassnahmen. Mitten im

Strome wechselt man nicht die Pferde, vor allem da diese Maassnahmen mir nicht einen Pfennig Geld schaffen, soweit ich voraussehe. Nach Deinem Briefe werde ich ab 1. März für sechs Monate selber zuzusehen haben, wovon ich lebe, mit oder ohne Prozess, und das Rechtsverhältnis ist mit oder ohne Prozess ein ganz klares. Warum ich einem reichen Manne wie R.V. sein Guthaben bei Row. mit meinem Verhältnis zu meinem Verleger bezahlen soll, leuchtet mir nicht ein und ich habe sofort scharf abtelegraphiert.

Das Ms. werde ich R. übergeben lassen. Die von Dir irrig beurteilte Rechtslage ist die folgende. Unmittelbar nach Deinen Mitteilungen über Ergebnis der Besprechungen im Sommer habe ich Row. ausführliche briefliche Offerten gemacht und ihm mehreres zur Diskussion gestellt. Diese Form der Ms.-Ankündigung ist durch unsern Generalvertrag *vorgeschrieben:* ich betrachte diesen Brief als Erfüllung im Sinne Eurer Vertragsverlängerung, denn dass ihr eine Ms.-*Übergabe* nicht gefolgt ist, liegt ausserhalb meines Verschuldens. Rowohlt hat Brief und weitere Briefe nie beantwortet, die Offerte also durch eigenes Verschulden versäumt und kann gegen mich nicht den Vorwurf der Versäumnis erheben. Trotzdem, wie gesagt, um jeden Ausweg zu verlegen, werde ich ein Ms. vorlegen lassen, das allerdings, wenn nicht sofort angenommen, weiter verkauft wird und mich p 1. März zu erhalten hat.

Den Dante wirst Du bis zum bezeichneten Termine erhalten. Ich wäre Dir sehr dankbar wenn ich das ganze Paradies noch einmal frisch abgezogen erhalten könnte. Meine Abzüge sind durch Correcturen nahezu unleserlich geworden.

Ich muss Dir leider heut telegraphieren dass ich durch das Ausbleiben der versprochenen 300 M. in empfindliche Not geraten bin. R. Voigt hat die fälligen Row.schen Raten nie vollständig gesandt sondern immer auf 600 abgerundet, die letzte hat wenig mehr als die Miete gedeckt, und ich kann eine Reihe Januarrechnungen wie ein Haushalt sie nicht vermeiden kann nicht bezahlen. Dazu hat die Gemeinde Pistoia mir 720 Lire angehängt, gegen die alle Recurse abgewiesen sind. Ich muss ohnehin schon angesichts der drohenden Lage der nächsten Zeit persönliche Effekten verkaufen, um mir etwas Liquidität zu verschaffen und vor allem den Gemüsegarten bearbeiten zu können, für den mit Jahresbeginn alle Kosten sich häufen. Ich bitte Dich dringend das Deine zu thun um meine Not nicht unnötig zu verschlimmern, da sie sich auf meine sehr leidende Gesundheit mit überträgt und meine ohnehin beschränkte Arbeitskraft weiter verringert.

Herzlichst Dein   Bdt

[Beilage]

Cession

Ich der unterzeichnete Rudolf Borchardt wohnhaft zu Bigiano, Comune di Candeglia, Prov. Florenz, Italien, habe mit dem Ernst Rowohlt Verlag, C.A.G., Berlin, zuzüglich eines Generalvertrages einen Sondervertrag, unter 9 April 1924, geschlossen, in dem er sich bis 28ten Februar 1926 zur Zahlung von allzweimonatlich 666 G.M 66 Pf an mich verpflichtet. Durch Vermittlung des Herrn Dr Wiegand München, Geschäftsinhaber der Bremer Presse, München ist zwischen den vertragsschliessenden Teilen die Verlängerung des obigen Vertrages um ein Kalenderjahr unter der Bedingung vereinbart worden, dass ich vor Ablauf des alten Vertrages dem Ernst Rowohlt Verlage ein Manuskript übergebe.

Ich erkläre hiemit, meine Rechte auf Zahlung der künftig anfallenden Rate an den:

        Verlag der Bremer Presse, München

abzutreten.

Bigiano 17 Januar 26   Borchardt

504 AN WILLY WIEGAND

                              [Villa di Bigiano Candeglia
                                  Pistoia, um 22. Januar 1926]

Wort darauf abzugewinnen vermag. Ich sehe mich im Geiste zum zweiten Male zu Grunde gerichtet, zum zweiten Male von der Stelle schmählich vertrieben an der ich mich wieder zu setzen und zu sammeln versucht habe, und weiss genau dass ich diesmal den Stab nicht mehr weitersetzen werde.

Ich kann das meiste dessen was Du sagst nicht diskutieren. Das Blumenbuch hast Du spontan von mir erbeten, spontan den Honorarvorschlag gemacht und erklärt dass Du es separat honorierst indem Rechnungen daraus sollten beglichen werden, der Rest mir zur Verfügung stehen. Du kannst leicht nachrechnen wie lange es gedauert hat bis Haage u. Schmidt – ich allein habe fünf Mahnungen erhalten – bezahlt wurden. Ich habe Dich nicht genieren wollen – die Folge ist, dass ich von dort nicht mehr beliefert werde. Im Dezember telegraphierte ich Dir ich müsste zu den ausstehenden Ratenteilen auch dies Guthaben in Anspruch nehmen. Du antwortetest »Rest Blumenphantasie leider erst Januar möglich«, kein Wort von »frühestens«. Ich nahm natürlich an, wenigstens mit dieser kleinen Summe für den Monatsbedarf Januar rechnen zu können, und habe erst gemahnt als ich sah wohin ich treibe. Ich schrieb Dir dass ich durch die R.schen Unregelmässigkeiten verschuldet bin, am 1 Jan ist das Quartal gezahlt worden, von andern Mitteln waren etwas über 1000 Lire da, mit denen aufs knappste hausgehalten worden ist und die nun verbraucht sind. Ich finde es unrecht von Dir, – der Du meine einzige Einnahmequelle bist seit Row. ausfällt, – mir nicht genau zu sagen womit ich zu rechnen habe, oder vielmehr, es mir erst dann zu sagen, wenn auf Grund der Abmachungen damit gerechnet worden *ist*. An meiner atemlosen Brust hingen während meine Hauptcontracte in die Lüfte gehen, Frau und Kinder im Auslande. Ich habe soeben angefangen unsere wenigen Wertstücke zu veräussern, muss jetzt ein paar wertvolle Bücher die ich noch besitze in Berlin verkaufen lassen, um wieder Geld in Händen zu haben. Wenn sich nicht im Laufe des nächsten Monats meine Sicherheit herstellt, so kann nicht gewartet werden, der Hausstand wird aufgelöst, Frau und Kinder treten den Bettelweg nach Bremen wieder an, ich muss zusehen die Villa in Aftermiete zu geben, und gehe in eine Kammer nach Berlin. So lange wie das letzte Mal, nämlich bis die skandalöse Katastrophe eintritt kann nicht gewartet werden. Auf Grund der ganz ungewissen Aussichten für sechs Monate des Jahres die Du mir brieflich gemacht hast, ist es unmöglich einen respektablen Haushalt zu führen, oder, wenn es möglich ist, für andere – für mich ist es nach allen ausgestandenen Leiden nicht mehr möglich, ich bezahle sonst die Ermöglichung mit den Resten meiner Lebenskraft. Es ist sehr bedauerlich, dass wir p/ Ewiger Vorrat so wenig d'accord gegangen sind. Hätte ich ahnen können dass an der Frage der neu aufzunehmenden Gedichte die Erscheinungsdifferenz ein viertel Jahr hängen sollte, so hätte ich sie glatt gestrichen. Ich hatte Dir gesagt: das Brentanosche Gedicht steht in der Brentano Ausgabe Herder/ Freiburg. Das war in zwei Stunden durchzublättern. Die Goethe und Schiller Gedichte durften Rohabdrucke nach Sophien und Säkular Ausgabe sein. Das Keller Gedicht und »Hoffnung etc« mussten entweder fallen oder ersteres war durch Postkartenanfrage bei der Allgemeinen Verlagsanstalt München (in deren Anthologie es steht) aufzufinden. Die Wichtigkeit dieser Zusätze stand zu den von Dir aufgeführten Verlusten in keiner Proportion, und es ist eine vollständige Verkennung des Charakters des Buches wenn im letzten Augenblicke wenn die Zeit auf den Nägeln brennt über die Schreibung »Wanderer« oder Wandrer« diseriert wird oder eine nachträgliche Kritik an meinen Lesungen und Verbesserungen einsetzt, die mich natürlich zu genauer Nachprüfung veranlasst aber nicht zur Zurücknahme auch nur eines wichtigern Wortes. Ich mag mein Teil Schuld an solchen Verzögerungen tragen denn ein so rascher Arbeiter ich bin, ein so schwerfälliger und gewissensgeängsteter Abschliesser bin ich, auch verspreche ich mehr als ich halten kann, und dass ich fast immer mehr halte als ich ich verspreche, ist für einen Geschäftsmann, der disponieren muss, kein Ersatz. Aber alles geht in die Brüche, wenn Du, der Du die geschäftlichen Dispositionen zu treffen hast und allein übersiehst, meine Ängstlichkeiten und Kleinfügigkeiten noch durch die Deinen vermehrst statt an Deinem Teile rasch und energisch zwischen wichtig und unwichtig zu entscheiden. Du bist es der in einem solchen Falle kurz anzufragen hat: »Soll X und Y, deren Aufklärung den Zeitverlust Z und den Geldverlust Zi verursachen würde, wegfallen oder übernimmst Du Verantwortung und Verlust?« Ich kann diese Dinge weder wissen noch beurteilen. Meine Antwort würde unzweideutig ausfallen.

Ich bitte Dich nun dringend um umgehende Erklärung, bis wann ich auf Zahlungen zu rechnen habe und in welcher Höhe. Eine Woche trennt uns vom ersten Februar. Ich schulde annähernd 1000 M annähernd 6000 Lire, und wenn ich auch die Abrechnung weder durch Bezüge von Dir allein noch auf ein einziges Mal vornehmen kann, so ist es doch ausgeschlossen dass ich die Februarrate in Abständen erhalte ohne mein wirtschaftliches Fundament *sofort* zu verlieren. Nur weil wir hier hochgeachtet und sehr beliebt sind, warten die Leute mit ihren Rechnungen und suchen nach harmlosen Gründen für meine Säumnis. Nach dem 1. Feb. wird das sofort ein Ende haben. Ferner weisst Du, welche Leistungen für diesen Monat von mir verlangt werden. Es ist ausgeschlossen, dass ich meinen gequälten Zustand zu der geringsten Erfüllung bringen kann, wenn meine Subsistenz wegfällt, und ich lehne jede Verantwortung vor allem für die Einhaltung des Dantetermines ab, wenn ich nicht bis zum 1. März, von jetzt ab gerechnet, glatte Wirtschaft vor mir sehe.

Wenn das wie ich mit Bestimmtheit erwarte und hoffe, der Fall sein wird, so wirst Du das Paradies immer noch von mir nach einer Gesamtarbeitszeit von zweieinhalb Jahren erhalten, während Hölle und Fegfeuer zusammend dreizehn Jahre beansprucht haben. Ich habe Dir wiederholt gesagt, wie täuschend die Vorstellung gewesen ist, dass die Arbeit gegen Ende zu eine leichtere würde. George der in der Einleitung seiner Übersetzung ein menschliches Wirkungsleben für die Wiedergabe des ganzen Gedichtes als unzureichend bezeichnet, hat schrecklich recht behalten. In den Nächten der Erwiderung dieses eigentlich Unerzwingbaren steckt mein verlorenes gesundes Herz, meine verlorene Jugendkraft, mein hingegebenes Leben. Leider kann der Tag nicht mehr sehr ferne sein, in der diese Worte die ich mit Fassung schreibe, rückwärts deutend ihren ganzen Sinn erhalten.

Dein Bdt.

505 AN MARTIN BODMER

Villa di Bigiano
Candeglia (Pistoia)
20 Febr 26

Lieber Herr Bodmer

Ich empfange Ihre schwarze Nachricht mit der grössten Betrübnis. Noch in den letzten Tagen, als alle unsere Grabenränder mit Iris und Veilchen zu prangen begannen, hatte ich lebhaft Ihrer lieben Mutter gedacht und mir vorgenommen ihr ein Schächtelein voll wie letztes Jahr zu senden. Und dabei hatte mich wie ich genau weiss, der dunklere Gedanke gestreift »wie es ihr wohl gehen mag« aber, wie das geht, halb im Entstehen abgewehrt, in der Form der Euphemie.

Ich versuche mir das, was Sie und die Ihren an dem liebreichen Herzen verlieren, aus dem Sie alle stammen, an der innern Bewegung abzumessen, mit der mich fernestehenden ihr Hintritt erfüllt, der von ihrer Güte nur einmal im Vorbeigehen gestreift worden ist: eine Rechnung, die nicht dazu einlädt, nach wolfeilem Troste zu suchen.

Leben Sie wol, mein Lieber; ich denke Ihrer mit immer gleicher Teilnahme, auch wenn sich zum Schreiben kein Anlass bietet. Lassen aber Sie einen solchen, *wenn* er sich bietet, nicht vorbeigehen, sondern teilen sich mit – man lebt wirklich nur Ein Mal, und das nicht eben gar so lange, und was im kurzen Leben ungeschehn blieb, ist wahr und wirklich verloren – und nichts vergessen wir williger als diese strohernen Weisheiten. Grüssen und trösten Sie die Ihren mit von Ihrem   Borchardt

506   AN WILLY WIEGAND

[Poststempel:
Candeglia, 26. März 1926]

LW. Ich bin in den letzten Abschriften des ganz neu übersetzten Paradieses. Für einzelne Gesänge ist da das Corrigieren zwecklos war, der Druck verworfen und Manuskript eingesetzt worden. Ich hoffe Du erwiderst die Dir in diesen Tagen zugehenden ersten Sendungen durch ein nachsichtiges Beibehalten der bisherigen Modalitäten. I am sorry to have been a cause of trouble, but have been all the time on the brink of despair, would not have finished this tremendous and absurd task unless for sheer necessity as for plain honour. Health better now, steadily recovering. Getting slowly accustomed *to work without smoking* which includes, bluntly, the breadearing problem of the future.

Bdt.

507 AN DIE REDAKTION DER »LITERARISCHEN WELT«

[Entwurf] (Diktiert)

An die Redaktion der
Literarischen Welt
    Berlin

Ew Wohlgeboren
haben Beiträge meiner Feder bei sich veröffentlicht, ohne auch nur wenigstens nachträglich mit mir darüber zu communizieren. Ich ersuche daher um *baldige* Übersendung der üblichen Belegs-Exemplare, sowie um Zahlung der Honorare an meine ital. Adresse.
   Hochachtungsvoll   Borchardt

Villa Chiappelli
S. Alessio
Pistoia-Candeglia
20. April 26.

508 AN HERBERT STEINER

Lieber Steiner
Bitte benachrichtigen Sie mich mit einem Worte darüber, warum die Zürcher Zeitg. meine Antwort auf ihre Enquête nicht gedruckt hat.
   Was steckt dahinter?

Die Blâme bei der »Literarischen Welt« die auch Sie mitbetroffen hat thut mir um aller derer willen leid, die ihren Beitrag, gedruckt oder ungedruckt, in diese Berliner Kloake geworfen haben; mich selber tangiert es nicht.

Leben Sie wol und haben Sie wie immer den wärmsten Dank für die nie aussetzende Treue Ihrer Mühewaltungen und Ihrer Gesinnung. Ihr Bdt.

Dienstg

Lieber Herr Steiner –
Bitte sehen Sie B's Anfrage rein sachlich an, er erlebt unaufhörlich so viel Enttäuschung und Kränkung, daß seine Nervosität ihm nachgesehen werden muß. Die Empörung über die Liter. Welt werden Sie um so mehr begreifen wenn Sie erfahren, daß das Gedicht (von dem ihm selbst jedes Dokument fehlt) gegen sein ausdrückliches Verbot dort gedruckt wurde – die Redaktion ihm weder Belege, Honorar, noch Mitteilungen vor oder nach dem Erscheinen der Nummer gegeben hat –; alles übrige ist das Übliche – Berührungen mit deutschen publizistischen Organen hinterlassen allmählig nicht nur in ihm, sondern auch in mir, ein Gefühl das ich nur mit Grauen bezeichnen kann.

Mit besten Grüssen Ihre　　　　　Marie Luise Borchardt

20. April 26

[Entwurf]   [Villa di Bigiano Candeglia
            Pistoia, nach 5. Mai 1926]
Ernst Rowohlt Verlag
    Berlin

Sehr geehrter Herr,
nach mir vorliegenden Mitteilungen liegt eine zweite Auflage der längst vergriffenen Schriftwerke »Swinburne« und »Schöpfung aus Liebe« bei Ihnen immer noch nicht vor. Sollten Sie bis zum 15ten September eine solche im Börsenblatt nicht angezeigt bezw. ausgeliefert haben, so würde ich darin ein Zeichen Ihrer Zustimmung dazu sehen, dass ich diese Neuauflagen, auf Grund der Bestimmungen des Verlagsgesetzes, durch einen anderen Verlag herstellen lasse.

Die Cession meiner Ansprüche an Sie ist durch schriftliche Erklärung an Dr. Voigt widerrufen. Ich gestatte mir jetzt bereits die höfliche Mitteilung, dass ich am 1 September durch BankTratte auf Sie über den Betrag von M. 2000 zuzüglich Zinsen ab 1 Januar 26, sowie über M. 200 von mir an die Redaktion der Literar. Welt geforderter Honorare verfügen werde. Letztere Redaktion behauptet, ihre Zahlstelle sei der Ernst Rowohlt Verlag, und weist Forderungen unter dieser Erklärung ab. Ich bitte Kenntnis davon nehmen zu wollen, dass die Tratte mit Kostenvorschuss versehen bei Ihnen eintrifft und bei Nichtzahlung automatisch in Protest geht.

    Hochachtungsvoll   RBorchardt

510 AN ALFRED BASSERMANN

[Entwurf] [Villa di Bigiano Candeglia
Pistoia, 7./8. Mai 1926]

Hochgeehrter Herr

Ihr Buch geht mir als Ihre persönliche Gabe infolge einer postalischen Verspätung erst zu nachdem ich, unabhängig davon, Kenntnis von seinem Erscheinen genommen hatte, und dadurch in eine Bestürzung und Befremdung versetzt worden war, die es mir unmöglich gemacht hat zu schweigen. Ich habe mich öffentlich geäussert der Aufsatz wird in wenigen Tagen erscheinen, er wird und muss Sie heftig betrüben. Meine menschliche Verehrung für Sie, die ich oft genug geäussert habe leidet unter dem Conflikte der inneren Pflichten den mir der Vorgang zugemutet hat, aber sie kann diesen Conflikt weder auflösen noch verschieben er musste sofort entschieden werden.

Die historische Restauration des echten des historischen Dante ist von der Stufe der älteren sogenannten Dantistik einem quid medii zwischen Hermeneutik Anigmatologie und Rhetorik auf eine neue Ebene gehoben worden, deren letzte u. genaueste Nivellierung Ihnen in meinen Epilegomenis bekannt geworden ist. Selbst innerhalb der engeren Wissenschaft muss es nun mit solchen Spielen des eitlen Scharfsinnes, wie es die Zuweisung des Fiore ist, durchaus u. für alle Male ein Ende haben. Denn es muss ganz einleuchten dass der Geist der vor 10 Jahren den Cangrandebrief für untergeschoben, den Apolog für echt, und derjenige der heut den Fiore für echt, das Descort für falsch hält, genau derselbe

Geist ist, um den her nur die Mode gewechselt hat. War das damalige Conventionsbild der rhetorisierte Dante, so ist das heute der Dante Traviato, das eine eine Dummheit wie das andere, nur eine neue. Was durch unsere neuen Arbeiten antiquiert ist, ist eben nicht die eine oder andere Mode sondern eben jener in allen Moden sich gleich gebliebene Geist dieser nur pseudokritische, in Wahrheit rein intellektualistische Geist einer Oberflächlichkeit, die von lauter äusseren Merkmalen zu Trugschlüssen strebt u. sophistisch geschult genug ist auch die unsichersten Constructionen schliesslich mit einem Scheine des Lebens zu bekleiden; es leuchtet ein, dass diese Methode beweisen kann, was sie will, und keine innern Widersprüche kennt. Das was sie antiquiert hat ist die neue Gesamtanschauung des Dante'schen Wesens in Verbindung mit dem allerstrengsten Begriffe der philologischen Untersuchung, das heisst der Anwendung der in der klassischen Philologie ausgebildeten Grundsätze der wissenschaftlichen Interpretation auf die Texte. Ich kann nicht beanspruchen, Sie mit diesen Sätzen zu überzeugen; ich kann ebensowenig meine Überzeugung verschweigen. Mazzonis Aufsatz und d'Ovidios Rezension sind was sie auch sonst sein mögen philologisch liederliche Arbeiten voll Flicken Löchern und Gerede, u. die grossen Lehrer die mich in Bonn und Göttingen zum Philologen gemacht haben würden für solche Leistungen jeden Studenten im vierten Semester mit Recht gebeutelt haben bis ihm die Ohren brausten. So haben wir nicht zu arbeiten gelernt u. so zu arbeiten werden wir niemandem erlauben. Selbst ein von dem neuen Geiste der Danteforschung noch so wenig berührter Arbeiter wie Barbi, der einerseits zugibt den Sophismen unterlegen zu sein, muss heut andererseits zugeben, dass, je mehr er sich in den Fiore hineinläse, »e meno ci trovava il fare di Dante.« Das heisst wenig gesagt. Der Fiore ist zwar ein sehr geringes Werk, aber niemand kann leugnen dass sein Verfasser eine deutlich umschriebene Gestalt ist, und da es sich um ein refaçonnement, nicht um eine Originalarbeit handelt, die charakteristischen Züge also nur an der Variation zu entwickeln möglich war, so ist das kein geringes Zugeständnis; die wissenschaftliche Aufgabe des philologischen Literaturhistorikers der die Materie aufarbeitet, besteht nicht darin, die Indizien zu sieben, die im Zeitenmeere herumschwimmen und sie zu einem Scheinganzen zusammenfügen; es bleiben quattro noci in un sacco, und zehn halbe Gründe machen keinen Ganzen; sie besteht darin jene genau umschreibbare Figur, die mit Sicherheit Fiore Detto d'Amore geschrieben hat, mit den Mitteln der mittelalterlichen Altertumswissenschaft zu restaurieren. Das Ergebnis dieser Arbeit wird eine Gestalt sein, in deren historischer Capazität die Werkreihe nicht hinein zu bringen sein wird [die] mit »Guido vorrei« beginnt über Vita Nova, Convito, Monarchia Eloquium Commedia führend mit »l'Amor che muove il sole e le altre stelle« schliesst. Es handelt sich nicht darum ob Dante den Fiore geschrieben haben kann; diese Frage ist nicht in die Form einer wissenschaftlichen Problemstellung zu verwandeln, so wenig wie die nach der Unsterblichkeit des Selbstbewusstseins; es handelt sich darum ob die, in Werken vorliegende, aus Werken erschliessbare Figur des Fiore und des Detto d'Amore die Vita Nova geschrieben haben kann, vorher, und die Commedia nachher. – Dass z.B. der Verfasser der Forese-Tenzone die Tenzone zwischen Einone und Mastralberti im Inferno geschrieben haben kann –

seriburus erat – heisst es lateinisch – liegt auf der Hand. Dass der Verfasser des Envois von Io son venuto al punto della rota die Vita Nova geschrieben haben konnte, – ebenfalls; dass der Verfasser des Descort die Sestine al poco giorno, die Pietrosen und gewisse oft citierte energische Stellen des Convito geschrieben haben kann liegt auf der Hand. Ich muss es Ihnen überlassen, die Gegenprobe auf den Inhalt des Fiore zu machen. Es handelt sich zunächst nicht um gute und schlechte Poesie, um mehr oder weniger schöne Augen; es handelt sich um *zwei* verschiedene Menschen. Und wenn fünfzig halbe Argumente zu den fünfzig halben die *pro* vorgebracht sind hinzukämen so würde ich immer noch wiederholen, zwei verschiedene Menschen und abwarten welche neuen Dokumente, welche neuen Aufklärungen jene Pseudoargumente ihres Scheines zu entkleiden kämen. Es kommt in der Wissenschaft wie im Leben darauf an sich den Kopf nicht von den Schultern herunter reden zu lassen und gegen Mode Illusionen und Tagesthorheiten fest auf solchen Erkenntnissen zu bestehen von denen uns das Gewissen sagt, dass sie echt erworben tief gegründet und ins Ganze gedacht sind, nicht angeflogen oder über Nacht animitiert sonst sind wir l'uomo in cui pensier rampolla sopra pensier, und unsere Arbeit bildet ja keine fromme und ehrbare Lehrtradition mehr aus, woran nach meiner festen Überzeugung mehr gelegen ist als an allen blendenden Neuheiten die morgen als Hexengold in unserer Hand liegen.

Dies alles zur rein wissenschaftlichen Frage, die Ihnen am wenigsten zu imputieren ist, da Sie schlimmstenfalles sich nachgibiger gezeigt haben, als Ihre wahren Freunde wünschen konnten. Über die andere Seite der Frage, die deutsche Publikation eines solchen Werkes unter einem solchen Namen mit einem glatten Autorentitel ohne Fragezeichen, als handele sichs um die Vita Nova – darüber habe ich öffentlich gesprochen u. kann ihm briefl. nichts hinzufügen als die Bitte mir glauben zu wollen, dass ich Sie nicht betrübt habe ohne mich selber tief zu betrüben u. geschwiegen haben würde, wenn ich innerlich die Wahl gehabt hätte. Ihr Rudolf Borchardt

511   AN HERMANN PONGS

Herrn Dr Pongs
   Marburg

EwHochwolgeboren
gefällige Anfrage geht mir infolge einer Adressen Corruption mit grösster Verspätung zu. Ich würde andernfalls schon früher geantwortet haben, dass glücklicher Weise dies Jahr besondere Umstände mich in Stand setzen, trotz der weiten Entfernung meines Wohnortes von Marburg Ihren Wunsch zu erfüllen. Ich habe zugesagt, kurz nach Weihnachten vor den Zürcher Studenten in der dortigen Universität zu sprechen, andere Combinationen in Norddeutschland scheinen sich daran schliessen zu wollen, und damit ist die Möglichkeit gegeben.

   Ich spreche in Zürich über einen sehr speziellen Gegenstand »Arnaut Daniel und Giovanni Pisano als Schöpfer der modernen Seelenform Europas« würde aber in Marburg lieber über den Gegenstand den ich dann eingehender in andern Orten behandeln will, zum ersten Male, in weitgezogenem Umrisse handeln – die geistesgeschichtliche Bedeutung des XIX Jahrhunderts im Gegensatze zum XVIII^{ten} und zum XX^{ten}. Immerhin stelle ich Ihnen beide Themata zur Wahl. Als Zeit käme nur der *nach*weihnachtliche Termin in Frage. Mit den Bedingungen bin ich einverstanden.

Ich bin mit freundlichsten Gesinnungen EwHochwolgeboren verbundenster

Borchardt.

Candeglia (Firenze) 30 Juni 26

512 AN HANS BODMER

Mein lieber Dr Bodmer,
Ihr Sippenmann und mein Freund Herr Dr Heinrich Bodmer in Florenz hat mir vor etwa vierzehn Tagen mitgeteilt, dass Sie ihn telegraphisch über die grundsätzliche Fixierung meiner Rede in Zürich unterrichtet hätten. So angenehm es mir war, wenigstens in dieser Form etwas über den Gegenstand zu erfahren, so bitte ich doch nunmehr Ihre Güte, sich mit mir über Datum und Einzelheiten in ein verlässliches Einvernehmen zu setzen. An der Züricher Rede hängen für mich acht weitere in Deutschland die nicht fixiert werden können ehe jene nicht zu Schragen liegt, die Zeit verrinnt und alle Beteiligten werden ungeduldig.

Ich bin mit herzlichen Erinnerungen und in der Hoffnung eines baldigen Wiedersehens

Ihr ergebenster   Borchardt

Bigiano 3 VII 26

513 AN OTTO HEUSCHELE

[Entwurf]

Ew Wolgeboren
freundliche Gesinnungen erwidere ich gern mit der aufrichtigen Hoffnung, Ihre Erwartungen würdiger Leistungen, aus der erwachenden Generation heraus, sich erfüllen zu sehen. Nichts könnte uns in der vollen Mittagsglut der Lebenshöhe schwer und einsam Arbeitenden tröstlicher sein, als die Sicherheit, dass die lange Vigilie und der bitterharte Arbeitsmorgen nicht umsonst durchgekämpft worden sind, und dass es, über uns hinaus, weiter geht.

Lassen Sie mich Proben dessen was Sie bringen wollen, oder Summarien, Druckbogen, irgend etwas sehen, worauf hin ich auswählen kann. Je reicher Ihr Band an sich ist, um so gewichtigeres will ich aus meinen unveröffentlichten Beständen – und alle meine Hauptarbeiten sind ja unveröffentlicht – beisteuern.

Schliesslich –: Ihr Brief legt mir eine Anfrage nahe: Ich verbringe dies Jahr zwei Monat jenseits der Alpen in einer Reihe Städten in denen ich öffentlich spreche, durch die ganze Schweiz über Freiburg /B und Marburg nach Norden. Scheint es Ihnen möglich in Stuttgart oder Tübingen für Anfang Februar (circa) etwas ähnliches anzuregen, so geschähe mir ein grosser Gefalle, da ich noch nie in Württemberg gesprochen habe, Freunde da und dort verstreut habe, und weil das kräftige Anziehen der religiösen Erfrischung daselbst, das ich als einen Teil der Deutschland durchspielenden historischen Restaurationsbewegung ansehe, mich sehr interessiert. In diesem Sinne hat mich, was Sie zu dem Ostwart Jahrbuche des Hrn. Kubczak beigesteuert haben, lebhaft gefesselt. Was ich aus diesen Bestrebungen hervorgehen sehe, ist zwar im Sinne des Werks und der Gestalt noch ganz ahnungslos, aber es kann sehr wol die Keime eines neuen Zeitalters in sich enthalten. Und ich, obwol Protestant und für meine Person jedem Convertitismus abgeneigt, stehe nicht an zu bekennen, dass ich mir ohne eine Wiederaufsaugung der Abtrünnigen durch den historischen christlichen Verein weder eine Zukunft Deutschlands noch Europas denken kann. Unglücklicherweise nur, wie immer, hat bei dem notorischen Versagen der Kirche die Laicität alle Kräfte für diesen Kampf aufzubringen.

 Freundlichst der Ihre   Borchardt

Villa di Bigiano
Candeglia (Firenze)
(Italien) 18 Sept 26

514 AN UNBEKANNT

[Entwurf]   Candeglia (Firenze)
                     22 Sett 26

Gentilissimo Signore

a causa d'un disguido postale, cagionato da indirizzo difettivo, ora soltanto m'è dato ringraziarLa dei sentimenti lusinghieri che ha voluto esternarmi, nonchè scusarmi di questo indugio nel risponderle, che non vorrei che suonare scortesia.

 E ciò piu in quanto col massimo mio rammarico per ora dovrò rinunziare ad accordarmi con Lei per quanto si propone di fare nell'interesse di quello scambio di forme e d'idee fra popolo e popolo, che, creda pure, mi sta a cuore non meno di Lei.

Non ne é, per ora, il momento. Non conviene dilungarmi in un discorso scabroso per Lei come per me – ma Le ripeto, non è il momento. Lasciamo che cambi il vento, che passi l'acqua sotto ai ponti, che cresca l'erba, che si trasformi l'indole ed il pensiere degli uomini. Attendiamo che chi è corso troppo, torni per la sua strada, che i bottoni sbottano, che chi ha fatto del male ad un altro illudendosi di beneficarlo, s'accorga che il male è male, e il bene, per bene che sia, non »obtruditur« come dicevano i vostri padri. – Ancora, caro Signore, lasciamo, attendiamo, aspettiamo nel riserbo e nel silenzio. È l'unico modo per me, questo, di restar fedele agli ideali della mia gente, senza perciò compromettere l'antica amicizia per l'Italia alla quale ho dedicata gran parte della mia vita.

Suo Borchardt

515 AN WILLY WIEGAND

[Poststempel: Candeglia,
28. September 1926]

LW. Ich habe nach Eingang Deines Briefes alle andere Arbeit beiseitgeschoben und den N.[adler]-Aufsatz begonnen den ich morgen abzuschliessen und Dir zu senden hoffe. N. hat wie er mir schrieb Prag abgelehnt, trotz schwerer Heimwehbedenken, da Becker ihm die grössten Avancen gemacht habe. So bliebe es also bei Kbg. »und nach Lage der Dinge leicht für immer; aber das lag ja im Calcul.«

Natürlich finde auch ich dass alle Hebel angesetzt werden sollten, aber sie werden nichts heben; die Widerstände sind darum unüberwindlich weil sie von der *kleinen* Art sind: Faulheit, Feigheit, Dürre, Kleinmut, und ähnliche Kleineleut-Laster die schwerer zu besiegen sind als ein entschiedener Hass. Petersen und Gundolf! Nein sie sind ihn nicht wert, und würden ihn kaum dass er da ist, mit kleinem Kriege töten. Sie sollen Petersen rufen, einen rechten hasenherzigen Schulmeister der mit Rehm ein Pendant macht übers Sofa, und zu Kraus in der Mitte drüber. Trotzdem werde ich natürlich das Erdenkliche thun.

Bitte lass mich nicht sitzen, im Sinne meines letzten Briefs!

Dein Bdt

Unter den neuen Landschaftstücken sind vorzügliche, ich schreibe schon am Nachwort.

516 AN DIE FEUILLETONREDAKTION DER »MÜNCHNER NEUESTEN NACHRICHTEN«

Sehr geehrter Dr. Behrend
Ich höre von Herrn stud. Streck zu meinem Bedauern, dass es nicht möglich gewesen ist, eine Einigung auf Grund der Ihnen schriftlich übermittelten Bedingungen zu erzielen. Ich ziehe daher die »Lebensbeschreibung« hiermit zurück und bitte um Wiederausfolgung der Handschrift, sowie um Mitteilung der Honorarbemessung für mein letztes Feuilleton (Benedetto Croce). Abzüglich desselben werde ich Ihnen den für die Lebensbeschreibung erhaltenen Vorschuss von 400 M. durch meine dortige Zahlstelle wieder zugehen lassen. Zur Vermeidung von Missverständnissen weise ich darauf hin, dass es mir ganz ferne gelegen hat,

nachträgliche Höherbedingungen, nach erfolgter grundsätzlicher Einigung, zu stellen. Das Gegenteil ist der Fall, Herr Dr. Feist hatte vierhundert Mark für die doppelseitige Lieferung mir hier als die Limiten bezeichnet auf die hin er verhandeln würde, die Herabsetzung auf 300 traf mich ganz überraschend, machte es aber nunmehr für mich notwendig bestimmte Erklärungen zu erzielen. Dass sie negativ ausgefallen sind, thut mir leid, kann mich aber nicht zur Änderung meines Standpunktes bringen; ich handle nicht, muss aber meinen eigenen Wert erhalten und ziehe andernfalls mich lieber ganz zurück, in Erwartung besserer Zeiten.

 Ich bin mit besten Grüssen der Ihre   Borchardt

Villa di Bigiano
7 Okt 26

517 AN PHILIPP BORCHARDT

           Villa di Bigiano
          Candeglia (Firenze)
           9 November 26

Lieber Philipp

Marel hat heut einen schönen Knaben geboren, auf den Mittags Glockenschlag der dadurch besonders feierlich wurde, dass ein Föhnsturm unter strahlendem Himmel ihn von nah und fern herholte und wogen liess. Die Geburt war bei ihrer glücklichen Natur kurz und leicht, obwol die Sache selbst furchtbar genug bleibt und ganz so schwer und unausdenkbar wie der Tod. Die beiden Kinder vor dem neuen Wesen, mit Märchengesichtern voll heiliger Scheu und Scham auf Fussspitzen sich nähernd waren ein süsses Bild, und unvergesslich.

Der neue Borchardt heisst Johann Gottfried Erdmann, haltet Euch ihm gewogen und freut Euch an unserer Freude mit. Marel ist schon nichts mehr anzusehen, sie liegt lächelnd im Bett und flicht sich die Haare wie ein Kind, und überlegt was sie alles in dieser Ruhezeit lesen könnte.

Dein wiederholtes Ausbleiben hat uns sehr enttäuscht, sieh doch bald Dein Wort wahr zu machen. Der Garten war das Ansehn wert, wunderbare Schizanthus und Salpiglossis im Frühjahr, einzig schöne Astern, das erste Mal dass diese Blume mich fasziniert hat, nur chamois, gelbe, fleischfarbene Töne in allerdings höchst edlen Sorten; Begonien und Impatiens Holstii und Sultani als Schattenbeete herrlich Bordüren von Exacum affine grdfl. sehr gelungen. Ich hatte ca. 250 Dahlien gelegt, meist aus vorjähriger Saat, Resultat 20% erstklassige, z. T. Ausstellungsblumen, dahinter Wände von neuen Sonnenblumenarten, vor allem globosus fistulosus sulphureus und macrophyllus giganteus; dekorative Ecken aus riesigen Annuellen, Ricinus (musculatus enormis) ganz hinten, dann Abutilonbüsche, Wigandien, Riesensolaneen, hauptsächlich marginatum, laciniatum, pyracanthum, Warczewiczii, dazwischen Canna (Meteor) und Salvia azurea grandiflora. – Noch immer blühen Spätkommer, Cosmea bipinnata treibt immer wieder Blüten, war drei Meter hoch, Cosmea aurantiaca hybr. Klondyke ist gerade im Durchblühen, und entwickelt ihre glühend orangenen Sternhaufen die mit nichts zu vergleichen sind, vor allem in der Vase, – die colossale Dahlia Maxoni steht in Knospen und wird wenn nicht Überraschungsfröste kommen, jetzt blühen. Sie ist bei Aussaat im März jetzt reichlich 4 Meter hoch, meist vier fast armdicke Triebe aus einer Knolle, für unsere Lagen ein unschätzbarer Zuwachs wenn es gelingt eine etwas früher blühende Abart zu erzielen; selbst hier sind in der ersten Novemberhälfte Nachtfröste bei Aufklaren nach Gewittertagen keine Seltenheit, und Flor der gerade dann fällt, liegt unpraktisch. In unsern Vasen stehen die aus purpur bis rahmweiss aufblühenden langen Blütengabeln von Mina lobata in ganzen Büschen, eine der haltbarsten Schnittblumen, und eine der schönsten Schlingpflanzen einjährigen Baus, gar zu schade, dass sie für Dich der späten Blüte wegen – frühestens Mitte Oktober, – kaum geeignet sein wird, Du solltest dennoch einen Versuch machen, etwa mit Topf-Voranzucht und ständigem Herunterschneiden der Triebe bis zu Blütenansatz, dann Auspflanzen und relativ trocken halten. – Allerliebst sind die japanischen Zwergchrysanthemen Chrys. satsumense, in allen Farben ungefüllt, aus Hochgebirgen, von denen ich einen grossen Vorrat aus Saat gezogen habe, davon kannst Du im Frühjahr Stecklinge haben. – Im Kasten habe ich nach zwei Jahren Warten Eucharis amazonica zur Blüte gebracht, eine herrliche Narzissenlilie aus Brasilien, in Deutschl. gilt sie als empfindlichste Warmhauspflanze. Hedychium Gardnerianum und Stephanophysum longifolium (letzteres aus Saat) haben im Freien reich geblüht, umgeben von ganzen Teppichen der allerliebsten Torenien, die blaue hohe innen, die goldgelbe kriechende (Bailloni) als Einfassung. – Aber dieser Katalog wird langweilig, und so grüsse ich Euch alle aufs beste.

R

518 AN THOMAS MANN

[Entwurf]

Hochgeehrter Herr Mann

Sonderbare Gerüchte über die absonderliche Befassung des sogenannten preussischen Staates mit demjenigen was er sich unter Dichtkunst vorstellt, erreichen auch meine Einsamkeit, in der keine Zeitungen gelesen werden; ein Berliner Literatur Blatt soll eine Umfrage unter seinen Lesern veranstaltet und dabei festgestellt haben, dass laut Ausfall der Votierung, eine Anzahl Irrender auch mich zur modernen Literatur zählen und akademischer Würden werthalten. – So unwahrscheinlich es mir auch ist, dass diese Minorität zur Majorität werden könnte – – ist es zu viel gebeten, wenn ich Sie dringendst dahin zu bestimmen mir erlaube, jeden solchen Vorschlag, der künftig, oder wann immer es sei, in Ihrem Gremium auftauchte, im Keime zu ersticken? Die einzigen Akademieen die mich angehen, weil in ihnen, und durch ihr notwendiges Mittel, gearbeitet wird, sind Akademieen der Wissenschaften. Akademien der Künste sind Lehranstalten für Kunstschüler, oder sie sind nichts. Die Deutsche Poesie gehört nicht zur Porträtmalerei, anhangsweise; sie schliesst alle Wissenschaften und Künste in sich, als schöpferische Offenbarung der Welt des Geistes über der Welt der Materie. Nachahmungen veralteter Institute aus der Zeit der Barock-Rhetorik und des abdorrenden Schulhumanismus, wie die Académie Française es ist, heisst zurücksinken, wie Schiller sagte,»in die Jahre Charakterloser Minderjährigkeit«; der Begriff der Poesie und der schönen Redekünste, auf denen jene

Institute beruhten, ist durch Herder historisch aufgebrochen und abgelöst. Dem preussischen Staate habe ich keinen andern Rat zu geben – es scheint als wolle er ein beratendes Gremium schaffen – als denjenigen den Dante der Stadt Pistoia gab in deren Nähe ich wohne, nämlich sich in Asche zu legen.

Ihr wie immer Ihnen freundlich ergebener

Rudolf Borchardt

Villa di Bigiano
Candeglia
(Firenze) 17 XI 26

519 AN PHILIPP BORCHARDT

Candeglia
(Firenze) 17 Nov 26

Lieber Philipp

Ich soll Dir im Namen meiner Frau einsweilen herzlich für den Brief danken, der das Absenden sehr wol gelohnt hat, und dessen kaustische Salze hier mit verwandten Empfindungen verkostet worden sind. Ich selber schweige zu allem und vergrabe mein Herz tief in mir selber. Existieren und arbeiten, in solchen Schrekkenszeiten wie den unsern, ist nur möglich indem man sich aus dem Spiele zieht. Wollte man zu den Farcen wie die Verkommenheit Niedertracht Felonie und Käuflichkeit sie in Berlin aufführt, von der Politik angefangen bis zu den windschiefen und blamierten literarischen Grotesken, sich zu äussern auch nur anfangen, man wäre bereits verloren und anheimgefallen. Ich sondiere schon seit längerer Zeit in der Schweiz nach einem Orte der mich einbürgert, damit ich wenigstens meinen Kindern das Erwachsen in einem sittlichen Gemeinwesen von deutscher Art mit deutscher Rechtsetzung und gesunder Gesellschaft sichere; gelingt mir das nicht, so werde ich das Gleiche in England versuchen, – aus Liebe zum deutschen und germanischen Wesen, dessen völliger Ausrottung durch Juden, slavische Heloten, Freigelassene und Metöken aller Art Deutschland gelähmt zusieht. In einem englischen Alfred-Epos, in dem ein schönes Lied auf die Teutoburger Schlacht steht, lese ich eben die Anmerkung, der heutige Engländer habe mehr Recht als der Durchschnitts-»Deutsche« sich als einen Enkel Arminius' zu empfinden. Eine schlimme Wahrheit. – Flagrant werden ja alle diese Folterfragen mit den Lehrjahren der Kinder. Ich würde mir ja eher die Hand abhauen, ehe ich mein Kind in den nationalen und geistigen Abgrund der deutschen Einheitsschule stürzte und überhaupt mir in Erziehung und Bildung meines eigenen Geblütes, meines Hauses und Geschlechtes, von staatlichen Instituten hineinreden liesse, deren bestimmende Geister unterhalb meines eigenen Niveaus standen und stehen. Schon Jacob Burckhardt, in seiner relativ grandiosen Schweiz, hat nicht mehr geheiratet, »um sein Kind nicht Proletariern ausliefern zu müssen, so bald es schulpflichtig wird –« und wir!

Aber genug davon. Wir bitten Dich – und haben ausser Dir nur Peter Voigt, den Bruder meiner Frau gebeten – Patenstelle bei dem Neugeborenen zu übernehmen, unter der selbstverständlichen Voraussetzung, dass diese Zeiten die üblichen Patengeschenke ausschliessen. Lass uns nun auf der Höhe unserer männlichen Jahre, neue Bande der Verwandtschaft zwischen uns knüpfen, da die oft verhaderten alten für die zweite Lebenshälfte, die ernstere kaum ausreichen, und sei ein Freund des Knaben, wenn Du mich überlebst.

Ich höre mit grossem Interesse von Deiner Gärtnerei. Pentstemon sind so sehr meine Spezialität, dass ich von den liebsten Lippen bei diesem Spottnamen gerufen werde, und meine Kinder wenn sie schelmisch aufgelegt sind hinter mir herschreien »Penz-Papa«. Ich baue heterophyllus, Murraganus, Gordoni (splendens), pubescens, stenosepalus (täuschend Campanulaartig, etwa wie glomerata) diese alle oder fast alle aus Rocky Mountains oder Alleghanies, daher bei Euch ohne Schutz winterhart, blühen bei Aussaat im zweiten Jahre. Die kalifornischen Spezies isophyllus Cobaea, campanulatus, digitalioides, und die aus ihnen stammenden Hybriden Hartwegi, gentianoides (giganteus), und neuerdings Graciella wirst Du mehr oder weniger stark mit Reisig zu decken haben. Am empfindlichsten ist der schöne isophyllus mit warm kirschrosa dicken Trauben, er ist mir in jungen Sämlingen selbst hier teilweise ausgewintert. Alle Pentstemon sind noch in trockenen Böden leidlich, für frischen aber dankbar, gegen nassen aufs äusserste empfindlich, so dass sich bei Euren Schneewintern und nassen Frühlingen eine energische Drainage empfiehlt, am besten Bekiesung der Sohle des Pflanzgrabens. Da Du Salpiglossis vorpflanzen willst, so ist diese Methode fast geboten, denn Nässe ist der Hauptfeind dieser herrlichen Creatur Gottes und des Menschen. Ich habe Lehrgeld bezahlt, und ganze Culturen die in bester Pflege standen nach zwei Regentagen wurzelfaul wegsterben sehen. Salpiglossis brauchen reichlichen Sandzusatz zu bindigen Böden (ich habe sie dies Jahr in nährstoffreichem fast reinem Sande gebaut) und Wasserabfluss. Ohnehin werden sie schöner bei einer durch

Herbstaussaat ungestörten unterirdischen Entwickelung, also müssen die infolge des Pikierens und Verpflanzens delikat bleibenden Capillarwurzeln doppelt gegen Stagnation geschützt werden.

Bei mir blüht seit wenigen Tagen die Guatemala-Dahlia (Maxonii) mit grossen weisslich lila angelaufenen Blütenbüscheln in vier Meter Höhe, ein starker Anblick. In Florenz habe ich vor zwei Tagen aus dem grössten Blumenladen für sage und schreibe 5 Lire einen meterhohen (verblühten) Stengel von Dahlia imperialis (Heimat Jucatan – Nicaragua) gekauft, aus der Vase heraus, – der Gärtner hatte keine Ahnung vom Werte, ihm hatte ein diebischer Angestellter von Mrs. Ross in Settignano, einer bekannten Collectionistin, vier oder fünf der stupenden Blütenstände verkauft. Mir giebt jedes Stengelglied eine Stecklings Pflanze. Es ist die Königin der Gattung, bildet vier bis fünf Meter hohe Gebüsche mit alternierenden mächtigen Wedeln, die Blumen, weiss mit purpurnem Grundring hängen lilienartig und sehen auf den ersten Blick täuschend wie Lilien etwa der Harrisii-Klasse aus. Seit Jahren fahnde ich bei den grössten Händlern aller Länder auf Samen und Knollen, vergeblich, selbst Tubergen in Haarlem schrieb mir, nur der Jardin des Plantes in Paris könne die rar gewordene Pflanze *vielleicht* besitzen und tauschen. Und nun solch ein Zufall! – Wir pflücken immer noch grosse bunte Sträusse, immer noch, wenn auch kleingewordene Zinnien, orange und rosa Cosmea, lange Rispen von Cynoglossum amabile, hohe Ageratum, Löwenmaule, Pentstemon, Salvia coccinea u.s.w. Es wird allerdings immer bunter, Zusammenflicken der Reste. Ipomea scarlatina, blutrote Büschelchen, und rubro-coerulea blühen im Topfe gerade auf, und müssen bald ins Haus. Die ungewöhnlichen Sommertemperaturen der letzten Tage wecken alles zu anormaler Tätigkeit auf, so fängt die schöne magentarosa Potentilla nepalensis (Willmoll) auf dem Felsgarten neu zu blühen an. – Mein Dahlien Samen ist ein wenig von überall her, Benary, Haage und Schmidt, Rivoire-Lyon, letzterer der weitaus beste. Am besten haben sich die Liliput-Pompons reproduziert, hier ist der Prozentsatz vollkommener Blumen ein relativ hoher. Blumen, die, ohne vollkommen zu sein, doch auf gute Eltern raten lassen, säe ich nach englischem Rate, im zweiten Jahre aus dem nachgebauten Samen nochmals aus, mit z.T. glänzendem Resultate. Mein beiden schönsten Blumen dies Jahr waren Zufalls-Sämlinge, die als Lückenbüsser gepflanzt wurden. Da sich hier die Dahlien wucherisch selbst aussäen, wäre der Garten, sich selbst überlassen, bald eine Zauberwildnis neuer Formen.

    Herzlichst Dein   R

520 AN JULIE BARONIN WENDELSTADT

[Nicht abgesandt]   [Villa di Bigiano Candeglia
                                                Pistoia, 20. November 1926]
Gnädigste Baronin
Ihr gütiger Brief hat Marel und mir die grösste Freude gemacht. Sie selber wird Ihnen schreiben sobald sie das Bett verlässt, an das wir sie einsweilen noch mit sanfter Tyrannei fesseln. Sie ist wiederhergestellt und sieht entzückend aus, aber die Ansprüche des sehr starken und unbändigen Kindes ruhen Tags und Nachts nicht, wie sich zwar von selber versteht, man aber doch wieder, mit Hinblick auf eine zarte und nicht unbegrenzt robuste Natur

kaum concedieren möchte. Andererseits macht uns das Baby überglücklich; es scheint uns fertiger, lieblicher, menschlicher als seine Geschwister zur Welt gekommen zu sein, und wirkt mit seinen zehn Lebenstagen minder verschwommen und skizziert als sonst Monatskinder. Verzeihen Sie der elterlichen Rührung über das immer wieder neue heilige Geheimnis des Lebens diese eiteln Thorheiten. Ich will nur hinzufügen, dass die ältern Kinder sich charmant entwickelt haben. Der Bub ist der alte träumerische Goldkopf mit der höflichen Seite eines kleinen Edelmannes, auf Erfreuen, Mitteilen, Trösten, Verteidigen bedacht, ohne einen selbstsüchtigen Faden im Innern; das Mädchen, sehr journalière, zwischen den Extremen einer fast weihevollen Schönheit und nichtssagenden fast ordinairen Möglichkeiten schwankend, sehr terre-à-terre in der Bestimmheit von Wünschen und Trieben, und im übrigen petite femme, kokett, empfindlich, geistig geschickt, in Wallungen lebend – – ist viel schwieriger zu erziehen, aber sehr amüsant in ihrer Durchsichtigkeit. Beide Kinder, in einer Parzival-Atmosphäre von Unschuld und Liebe aufgewachsen, ahnen nichts vom Bösen, nicht einmal von dem in ihnen selber schlummernden, und sind mit Blicken zu lenken. Ich schiebe die Lehrjahre Kaspis bis zum siebten hinaus, werde ihn dann selber unterrichten; bis wann? das hängt von der Entwickelung der Dinge in Deutschland ab; dass ich mein Kind der republikanischen EinheitsSchule zur Vernichtung überantworte, werden Sie nicht erwarten. Aber das hängt mit vielem anderen zusammen, worüber in zwei Worten nicht zu sprechen ist.

Ihre Nachrichten erfüllen mich mit der Sorge, das so bedenkliche, mit soviel Ungenehmem belastete Auskunftsmittel für die

Leiden der Zeit möchte sich am Ende gar in eine Vermehrung der Ängstlichkeiten und Ärgerlichkeiten verwandeln! Ich will Sie nicht verdüstern, und nur von Herzen hoffen, dass die Schule wenigstens im Laufe der Zeit die einzige raison d'être erfüllt, die Ihre Freunde ihr für Sie wünschen, nämlich den Neubeurer État zu balancieren; – ohne durch neue Anstrengungen von Ihnen balanciert zu *werden*. Ja, liebe und verehrte Freundin, ich kann es nicht leugnen dass an meinem Schweigen so oft schwere Gedanken mit Schuld gewesen sind, mit denen sich mir Ihr so edler und christlicher Lebenskampf – aber ein mir so nahegehender, mich so sehr fast kränkender, – vor Augen stellt. Ich werfe mir vor, Ihnen in nichts eine Hilfe sein zu können, weder mit Rat noch mit That noch mit Abraten, das lähmt jeden Wunsch der Äusserung, und gar die halbherzigen Empfindungen des Misstrauens und der üblen Vorahnung, – wer wäre miserabel genug, sie auf den Wagenden übertragen zu wollen, der das Risiko trägt und übernimmt und schon im Kampfe steht? Was gethan werden muss, soll de bonne grace gethan werden, und zwischen guten Wünschen von allen Seiten. Hoffentlich steht Herman Ihnen mit mehr als gutem Willen bei, und hoffentlich sind Ihnen tüchtige sollicitors treu geblieben; aber es wäre wahrhaft gütig von Ihnen, mir gelegentlich auf die besorgten Fragen die sich in diese Wunschformen kleiden, eine beruhigende Antwort zu gönnen.

Ich komme nach zweijähriger, – für Deutschland 2½ jähriger – Pause dies Mal nach Norden. Mitte Januar spreche ich wieder in Zürich, wo ich ein grösseres Publikum als in Deutschland habe, über ein gelehrtes Thema, in der Universitäts Aula, dann in Basel vor den Studenten, denen ich nur dichterisches vorlese, dann in

Freiburg i/Breisgau wieder vor den Studenten: »der Dichter und die Geschichte«, dann in Marburg, Studenten, »Das alte Jahrhundert«, Versuch einer geistesgeschichtlichen Fixierung des 19ten Jahrh. gegen das 18te, dann in Berlin im Herrenhause – es haben sich eine grössere Anzahl Vereinigungen zusammengethan um es zu ermöglichen – über mein grosses Hauptthema, Programm der Restauration, dann in Hamburg und Bremen, wo Themata und Einzelheiten noch nicht feststehen, dann vielleicht, – wo die Thatsache selbst noch verhandelt wird – in Königsberg und Breslau, und schliesslich auf der Rückreise in München »Über die Gründe weshalb es einen deutschen Roman nicht geben kann.« Es wird, in zwei Monate zusammengedrängt, eine rechte Anstrengung, wirtschaftlich bringt es kaum die Kosten, und innerlich zieht mich wahrlich nichts nach meinem Unglücksvaterlande unverdienten und tausend Mal verdienten Unglücks, aber ich glaube eine Pflicht gegen meine Brüder erfüllen zu müssen, ohne Rücksicht auf Behagen oder Lohn oder auch nur Dank, ja ohne Rücksicht auf sichtbaren Nutzen für die Andern; wenn mein Auftreten einen Nutzen überhaupt bringen kann, so wird er unterirdisch bleiben und erst in Jahren zu Tage steigen. Alles was ich aus Deutschland höre, sieht viel verzweifelter, viel trostloser und unheilbarer aus als noch vor zwei Jahren. Statt dass man die vernichtete moralische und politische Valuta der Nation auf pari brächte, in langsamem Emporringen, hat man auch diese auf ihrem letzten Tiefstande von Felonie und Infamie »stabilisiert« und dies stolze grosse Volk allmählich dahin gebracht, den Zustand, in den hinein täglich Söhne geboren werden als einen normalen und erträglichen anzusehen. Bis nach meinem sonst so unbeugsamen landskräftigen

Ostpreussen hin consolidiert sich die Zwangsrepublik, wie Nadler mir schmerzlich aus Königsberg schreibt, das neue Geschlecht vergisst, von wem sie uns aufgedrungen, von wem bei uns acceptiert worden ist, und wie unsere Fürstenhäuser beschaffen waren, denen man zum Danke für die Kulturthaten von Jahrhunderten die Treue brach in der (dann Gottlob enttäuschten) Hoffnung, dafür um 2% besser in Versailles davon zu kommen. So lange der Segen der Armut noch anhielt, konnte man auf Auswirken und Andauern einer moralischen Krisis, des Ernstwerdens und der Läuterung hoffen; seit die unglückselige Besserung da ist und sogar Reichtum schon wieder anschiesst und aufschiesst, ist der grauenvolle deutsche Optimismus, den man aus Jahrhunderten kennt, und die ebenso grauenvolle Vitalität eines Volkes – wie es scheint – ohne irgendwelche edelern und leidensfähige Organe, – ist beides damit beschäftigt alles gewesene vergessen zu machen und dem Volke das einzige was es noch von himmlischen Gütern besitzt, seine Vorzeit, zu nehmen. Ich weiss sehr wol, dass das vorübergehen wird, – aber ich zweifele ob ich noch etwas anderes erleben werde als ein Deutschland, dessen ich mich täglich schämen muss wenn man mich im Auslande auf die jeweils gerade fällige Bassesse oder Blamage anredet. An und für sich ist mein Legitimismus keineswegs so beschaffen, dass ich heut die Dynastieen zurückwünschte, sehr im Gegenteile. Erstlich haben auch sie so schwere Fehler gemacht, dass die Prüfungszeit ihnen nur zu Gute kommen kann, sie haben sich von vielen Flecken zu reinigen, schwarze Schafe und schlechte Weiber mit Härte abzustossen, haben sich die geistige Bildung des höheren Bürgertumes, hinter der sie um hundert Jahr zurück sind, endlich anzueignen, um die verlorene Linie Friedrich II – Ludwig I, auf der ihre Autorität beruhte, wiederzuerobern, und haben vor allem zu lernen dass ein Thron nur dadurch feststeht dass die Mächtigen im Lande ihn fürchten und die Ohnmächtigen ihm vertrauen. Die Kronen, deren Träger sich auf das Unternehmerthum basieren und die Armen »bei der Stange halten« behalten schliesslich wie wir gesehen haben nur die Stange und sehen sich von allen verraten. Vor allem aber muss es das Programm des politischen Legitimismus sein, dass das republikanisch demokratisch liberal sozial parlamentäre Experiment restlos zu Ende gemacht wird, mit seinen eigenen Kräften, und der Nation zeigt, wozu es taugt und wieweit es reicht. Die Krone darf nicht in diese Experimente hinein gezogen und zu früh riskiert werden, sondern sie muss es unter ihrer Würde finden einen Zustand politisch zu übernehmen in dem auch nur der geringste Posten

521 AN UNBEKANNT

Villa di Bigiano
Candeglia (Firenze)
20 XI 26

Sehr geehrter Herr
Nehmen Sie meinen freundlichen Dank für Ihre redlichen Gesinnungen und das ebenso redliche Vertrauen mit dem Sie sie mir haben äussern wollen.

Ein solcher Freimut, von Unbekannten, und Fachmännern kommend, ist mir sehr schätzbar, denn er macht es mir wahrscheinlicher dass ich auf dem rechten Wege bin, und die Nation, von unzähligen Verderbern umgeben, ihre treuen Freunde endlich doch herauszufinden weiss.

Jene Poesie angehend, nach der Sie fragen, so bitte ich sich ernsthaft zu prüfen ob Sie nicht einer vorübergehenden Publikums Mode den Anteil des Zeitgenossen zollen.

In jeder Zeit gehen unter den grössten Namen Scheingrössen mit, die obenhin durch den gleichen Zeitzug assimiliert, erst durch den Mangel an Nachhaltigkeit allmählich ausblassen und so verschwinden, dass die Folgezeit nicht mehr begreift in welche sublime Gesellschaft sie zeitlebens gerechnet wurden.

Meist sind es solche die eine dem affektierenden Publikum anhaftende seelische Manier – die also schon aus zweiter Hand ist, – bis zur unleidlichsten Abgeschmacktheit forcieren und exasperieren; so konnte Gleim mit Klopstock und Haller, Loeben mit Arnim und Eichendorff confundiert werden; und so ist Rilke gelesener, aufgenommener und populärer als die grossen stolzen Dichter der Zeit, und hat sein ursprünglich nicht grosses aber liebenswürdiges Talent längst ganz verdorben und verwirkt.

Freundlichst der Ihre   Borchardt

522 AN DIE FEUILLETONREDAKTION DER »MÜNCHNER
     NEUESTEN NACHRICHTEN«

[Nicht abgesandt]   Candeglia (Firenze)
                                                  1 Dez 26
Wertester Herr Behrend
Herr stud. Streck übermittelt mir Ihre Anfrage die mir unverständlich ist. Ich habe längst unzweideutig erklärt dass ich um

einen Konflikt in der verfahrenen Angelegenheit zu vermeiden Ihnen den allgemeinen Teil der Erinnerungen als Gratis-Feuilleton im Hauptblatte concediere, und im übrigen den Umfang des in Ihren Händen befindlichen ersten Stückes im Grossen Ganzen als Norm der Einzellieferungen ansehe. Darüber liegt mir auch bereits Ihre bestätigende Rückäusserung vor. Eine Antwort können Sie allenfalls auf Ihre Anfrage betr. Herrn Wandrey erwarten, jedoch möchte ich vorziehen mich in dieser Hinsicht einer Äusserung zu enthalten; dagegen bitte ich auf das dringendste von einer Arbeit *über* mich, die etwa gleichzeitig mit der ersten Lieferung zu erscheinen hätte, *völlig* abzusehen, wenn sie Ihnen nicht aus einer Feder von absolutester Competenz zur Verfügung steht. Ich kann kaum glauben, dass Sie dafür Herrn Dr Feist ausersehen haben, müsste aber in diesem Falle meine sämtlichen Beiträge von den M.N.N. zurückziehen. Herr Dr Feist, mir menschlich wolempfohlen und durch Gefälligkeiten wertgeworden, ist in literis ein Dilettant, dem es an allen Voraussetzungen des Überblickes und Urteils über eine Arbeit wie die meine gebricht. Wenn Sie nicht

523 AN MARION BARONIN FRANCHETTI

[Villa di Bigiano Candeglia
Pistoia, Mitte Dezember 1926]

Gnädigste und verehrte Freundin

Ich hatte im Grunde nie damit gerechnet, dass die schwierige, verfahrene und von so viel z. T. bedenklichen Faktoren mit abhängige Angelegenheit sich nach Zeitprogramm auflösen würde, denn ich weiss aus eigenster Erfahrung, wie krumme Wege unsere gerechtesten Ansprüche machen müssen, ehe sie uns widerwillig in die Hand gezählt werden – mit welcher Geduld man sich wappnen muss dafür und bis dahin, und dass schliesslich wenn es geglückt ist, Müdigkeit und Verachtung keine Genugthuung aufkommen lassen. Aber Sie werden sich endlich damit trösten, dass die Schelme doch nicht durchgedrungen sind. Um sein Minimum soll man sich raufen, dann kommt das Maximum von selber. Aber ich begreife wie Sie unter der stumpfen Qual leiden müssen, – und auch dass Luiginos letzte »lame duck« Ihnen in dieser Beleuchtung nicht appetitlicher aussieht als die Götter sie ohnehin gewollt haben. Leider hat sich mein Einfluss in dieser Hinsicht sehr bald bescheiden müssen, weil schon die ersten Sondierungen ergaben, dass es sich nicht um eine Koboldslaune handelt sondern um einen Reizungspunkt lebhafter und lebendiger Menschlichkeit, – wo eine Änderung zwar im höchsten Masse wünschbar ist, aber durchaus unerzwingbar. Zuneigungen und Abneigungen diskutieren und begreifen wollen, führt in Gegenden, die wir besser vermeiden, denn in dem was wir an menschlichen Würzen und Reizstoffen so goûtieren, dass wir es gegen alle Welt verteidigen, sprechen wir unser Unwillkürlichstes unwillkürlich aus, und da hat auch die Freundschaft ihr Recht verloren. – Aber Ihre Freude an Mina's spätem Glück messe ich an meiner eigenen. Sie ist ein Wesen von wirklicher Seltenheit, an dem man nur einen ganz ungewöhnlichen Anteil oder gar keinen nehmen kann, und die demnach auch entweder eine Niete ziehen musste oder einen Roman haben. Man beobachtet immer wieder, dass die Absonderlichen sich schliesslich ganz so sicher assortieren wie die Serienfabrikate, nur dauert es meist doppelt so lange, verbraucht enorme Reisekosten und Nebenspesen und wirkt nur darum überraschend, weil die Seltenen ja überhaupt seltener vorkommen. Ich glaube dass Mina alles hat um glücklich zu machen und glücklich zu werden, sie ist doch nicht nur eine Seltenheit, sondern eine sehr weibliche Seltenheit – hoffentlich capriciert sie sich nicht auf babies. Dabei gibt es in ihren Jahren fast immer Malheur und es wäre eine böse Rechnung mit bekannten und unbekannten Grössen, in die sie sich eingelassen hätte.

Wir haben nach überstandenen Reifnächten einen Ausnahmewinter an Weichheit und Schonung, und Dahlia Maxonii wird wenn nicht der Teufel noch dazwischen fährt, in ihrem Heckenwinkel blühen wie in Guatemala, die ersten Knospen rollen sich gerade auf, nur ein par untere Blätter sind frostbraun geworden. Abräumung und Winterlagerung sind beendet, die Empfindlichen unter Dach gebracht, auch das für Sie kultivierte, dass ich nun bis zum Frühjahr weiter für Sie pflege, so gut es gehen will. Die feuchtigkeitshassenden auf dem Steingarten habe ich diesmal nach deutschem Muster dicht mit Tannenreisig gedeckt, hauptsächlich die Südafrikaner die zu Riesenpolstern geworden sind. Morgen beginne ich mit Aussaaten unter Glas. Wenn der Chimonanthus wie eben wieder blüht mit seinen parfumerieduftenden Seidelbast-Blüten, beginnt für mich das Gartenjahr. Vorgestern habe ich Marel, die indisponiert war, einen richtigen Strauss aus dem Freien bringen können, Chimonanthus, Jasmin, Goldlack, Eupatorium ageratoides und die Lopezia, die ich von dem wunderlichen Heiligen in Alberga habe, er hatte eine rotblühende Hecke davon und ich kniff ein par Triebe ab, die sich prächtig bewurzelt haben und jetzt in Blüte stehen. Ich habe für Sie eine ganze Anzahl interessante Sämlinge, mit deren lateinischen Namen ich Sie verschone – ausser dass eine seltene neue Bignonien Art dabei ist, sehr gut aus Samen gekommen – sie werden sich im Winter nur noch weiter kräftigen. Sonst wird allerlei experimentiert, hauptsächlich Überwinterung im Freien von Tropenpflanzen bei leichtem Schutz. Ich bin überzeugt, dass wir viel zu ängstlich sind und viel mehr schöne Wesen ein par Frostgrade hinter Matten und Sackleinewand überstehen. Wie wunderlich überhaupt Lage und Pflege hier alles variieren! Letzthin machte ich mit den Kindern einen Nachmittags Spaziergang nach einem in nächster Nähe gelegenen Bergdorfe mit vereinzelten alten Villen, Aquilea, und fand mich um Monate weiter ins Jahr verrückt. An den südlich geneigten Hügellehnen, über der Reifzone, standen die wilden Tazzetten in voller Blüte, die wilden bunten Anemonen hoch im Kraute, das Dorf selber war ein am Südhang langgezogener Sonnenbalkon und in einem Villengarten, den ich uns öffnen liess, hätte ich Sie hergewünscht! Ein Wäldchen aus Orangen- und Mandarinenbäumen, mannshoch und ohne Schutz in freier Erde, unter Früchten brechend, nur die Citronen in Kübeln, aber auch diese werden nie geschützt. Dort friert es fast nie, sagte mir der Gärtner, alles reift und gedeiht »wie in Neapel«. Ein herrlicher gesunder Anblick, und an einer Vorzugsrebe war eine schwarze Riesentraube zum Nachreifen hängen gelassen, am 8 Dezember noch ungerunzelt. Dabei blickt man vom Westhange des Bergs schon in das formenreiche wilde Hochland das zu den Apuanen ansteigt, mit den nahegerückten Schroffen des Prano und Piglione auf denen schon Schnee lag, und hier blühten im Schattenwinkel die Cypripedien ohne Topf unter Veronica und

Salviabüschen. Allerdings im Sommer muss es brandig zugehen, und man ist ins Dorf geklemmt, Haus grenzt an Haus. Die Villen gehören denn auch wolhabend gewordenen Einheimischen, die par Herren die früher dort noch etwas hatten, sind ausgekauft, nur die Tuccis haben noch einen berühmten Weinberg mit einem geringen Haus. Wenn Sie einmal herkommen, müssen Sie die wenigen Kilometer hinauffahren, es geht eine bequeme Strasse, und lohnt die Mühe.

Politisches noch Null, ausser dass Alexander Frey schreibt, ganz Deutschland sei unter erzwungen ruhigem Anschein, in enormer Gärung und Nord und Süd würden sich trennen. – Das weiss auch ich, aus übereinstimmenden Quellen.

Ich küsse Ihre Hand mit wahrer Anhänglichkeit als Ihr getreuester   Bdt

524 AN HERBERT STEINER

[Entwurf]   [Villa di Bigiano Candeglia
                        Pistoia, Dezember 1926?]

Lieber Steiner

Sie haben Sich in so mancher Hinsicht durch freundliche Bemühungen meinen Dank verdient, dass Sie sich wol wundern dürfen, was ihn immer noch hintanhält, und es scheint mir an der Zeit das zu äussern. Ich habe fest damit gerechnet, die fest versprochene Copie des Hofmannsthalbriefes über das Drama zu erhalten, die mir für das geplante Buch unerlässlich ist. Sie vertrösten und senden sie nicht, und sind auch eigentlich entschlossen sie nicht zu senden, weil Sie fürchten Hofmannsthal könne erfahren wessen Vermittlung ich sie verdanke und so hätten Sie es mit ihm verdorben. Das wollen Sie nicht und versuchen lieber hindurchzukreuzen, ohne links loszulassen, rechts anzustossen. Aber das geht nicht an, sondern ich muss bestimmt wissen, ob ich mich auf Sie – das heisst Sie selber als Person, nicht Sie als errand-boy – verlassen kann oder nicht, und dies ist eine entscheidende Probe. Ich bitte Sie also nochmals um die Zusendung dieser Abschrift.

Ich bitte Sie dringend, offen und kräftig mit mir zu verhandeln und nicht zu diplomatisieren als wäre ich eine eitle Primadonna, oder ein hysterisches Weib oder ein Kranker. Was ist mit den Züricher Studenten? Wenn sie mich nicht gewollt haben, so muss ich das wissen muss die Gründe wissen und sie in meinen Überblick einordnen. Sie handeln nicht, wie Sie sollten, als mein Vertrauens-Vertreter, indem sie darüber hinwegwischen, und Sie handeln als ein selbständiger Unternehmer der mich schiebt und lenkt wie ers zum besten denkt, wenn Sie die Lesezirkel-Lösung treffen, bei der mir nicht behaglich ist, denn ich finde es, genau wie Sie, viel zu früh, wieder dort aufzutreten und fürchte nichts guts daraus entstehen zu sehen. Ich habe das nie gewünscht und advociert, jetzt aber nachdem es eingeleitet ist, darf nicht mehr zurückgegangen werden. Ich bitte meine Worte nicht falsch aufzufassen, nicht für mehr als sie sind, aber auch nicht für weniger.

Ihr Bdt

525 AN HANS BODMER

(Diktiert) 27. XII 26
S. Alessio
Herrn Dr. H. Bodmer   Lesezirkel Hottingen
Zürich

Sehr geehrter Herr,
für die besonders freundliche Form in der Sie mir die Einzelheiten über meine bevorstehende Vorlesung daselbst haben mitteilen wollen, danke ich verbindlichst und bitte mir glauben zu wollen, daß ich die mir dabei geäußerten Wünsche und Gesinnungen mit der gleichen Herzlichkeit erwidere. Es wird mir sehr lieb sein wenn mein schon so bald wiederholtes Erscheinen im Lesezirkel – das als solches ja nicht in meinen Absichten gelegen hatte, sondern sich ausserhalb meiner Kontrolle ergab – nicht zu einer Ermüdung Ihres Publikums führt, sondern die Bande gegenseitiger Sympathie verstärkt die ich als wertvollstes Gut meines letzten Aufenthaltes in Ihrer Stadt in der Erinnerung bewahre.

Dem Thema der Vorlesung eine Fassung zu geben die für ein allgemeines Publikum einladend wirkt ist schwer genug. Es handelt sich um recht ernste und nicht eben obenhin formulierbare Probleme; der für die Studenten gedachte Titel war gewesen »Giovanni Pisano und Arnaut Daniel als Schöpfer der modernen Seele Europas« – Ich nehme an Sie schaudern vor dieser Fassung zurück? – Um Ihnen entgegen zu kommen schlage ich Ihnen vor »Über die mittelalterliche Wurzel der modernen europäischen Seelenform«. Schön ist das nicht, aber bis mir etwas besseres einfällt, müßte es dabei bleiben.

Ich bin mit den besten Grüßen und Wünschen zum neuen Jahre
freundlichst der Ihre Borchardt

526 AN HERMANN PONGS

(Diktiert) 27.XII.26

S Alessio

Sehr geehrter Herr,

Wie Doktor Steiner mir mitteilt ist trotz der leidigen Verschleppung der Angelegenheit durch ihn – für die ich durchaus um Entschuldigung bitte –, ein auf den 6. Febr. lautendes Einverständnis mit Ihrer Vereinigung festgelegt. Indem ich mich hierzu bekenne, gebe ich als Titel der Vorlesung bekannt: »Über die geistesgeschichtliche Bedeutung des 19. Jahrhunderts in Deutschland«. – Was die Frage der mir gütigst gebotenen Gastfreundschaft in Marburg betrifft, so möchte ich die Höflichkeitspflichten des Gastes nicht von vornherein durch Entscheidungen für oder wider, die eine oder die andere, der mir zur Wahl gestellten Möglichkeiten verletzen. Der Wirt muss dies, wie mir scheint, nach eigenem Ermessen ordnen.

Hochachtungsvoll und ergebenst der Ihre Borchardt

527 AN JOSEF NADLER

(Diktiert) [Villa di Bigiano Candeglia
Pistoia] 29. XII 26

Mein lieber Herr Nadler, erlauben Sie, daß ich mich bei meiner Überlastung einer fremden Hand bediene, um ganz gewiss zu sein, daß dieser Brief so schnell wie möglich völlig aufs Papier kommt und in Ihre Hände? Mir liegt viel daran Ihnen nicht länger die Antwort auf Ihre schönen Zeilen schuldig zu bleiben, die mich vor Monaten wie jedes von Ihnen kommende Lebenszeichen mit der größten Freude erfüllten. Was ist seitdem an Hoffnungslosem alles geschehen? Sie schlossen mit einem Worte über Ihren Prager Lehrer und nun ist August Sauer tot; und Röthe und der arme Munker wie im gleichen Mandat im gleichen Jahrgangsverbande schlagartig heimgefordert und Lücken sind gerissen, die kaum zu füllen sind. Ich hatte einen ausführlichen Brief an Sie begonnen, als von München aus in heftigsten Formen mein literarisches Eintreten für Ihre Münchner Candidatur verlangt wurde und da es kaum angängig ist sich gleichzeitig zum gleichen Subjekte in der zweiten und in der dritten Person zu verhalten so schoben sich über die Briefblätter Manuskriptbogen denen kein glückliches Los beschieden sein konnte. Die äusserste diplomatische Vorsicht war verlangt worden um zwischen all den halbherzigen Philisterbürgern Münchens vorsichtig hindurchzukreuzen und die kümmerlichen Mittelmäßigkeiten denen das Votum abgeschmeichelt werden sollte noch nicht einmal durch ein Bestoßen der konkurrierenden Mittelmäßigkeiten zu verletzen. Das ist nicht meine Sache, da ich all dies Wesen gleichmäßig so sehr in meiner tiefsten Seele verschmähe wie ich das Volkswesen liebe über dem es sich als sein Repräsentant und seine Obrigkeit erheben darf. Ich hatte angefangen – denn es gibt keinen anderen Weg zu Ihnen – Scherer darzustellen, ich meine den Unbekannten echten, nicht denjenigen der »Scherer Schule« und ein gut Stück Arbeit wurde dem bald darauf hier eintreffenden Wiegand vorgelegt. Seitdem habe ich nichts mehr von dort gehört, und erst der vor wenig Tagen bei mir einkehrende Heidelberger Curtius (der Archäologe) deutete mir an, daß meine Befürchtungen allgemein geteilt werden und der Münchner Fakultätsbeschluss zu einem Ostrakismus der Schäbigen gegen den Einzigen zu werden droht auf den die Situation und das Lokal Vergangenheit Gegenwart und Zukunft mit unwiderstehlichen Fingern weisen. Wenn es dazu kommen sollte, was Curtius andeutete, nämlich dass Gundolf Chancen hätte und dieser wahre Faustschlag in das Gesicht der bayrischen Jugend geführt würde, ein sogenannter Professor der seinerzeit in Berlin erklären mußte, er könne kein Seminar halten, ein Mensch ohne Forscherleistung nicht nur, sondern ohne die Gewohnheit und das Bedürfnis der Forschung und kurz und gut die Ersetzung der Literaturgeschichte als einer historischen Disciplin durch eine angebliche Literatur-Wissenschaft die auf Fälschen und Verschreien ankommt, – – – dann müssen Sie mir sagen, lieber Nadler, ob Sie wollen, daß man schweigt oder ob ich vom Leder ziehen darf. Persönlich steht mir in München nur Vossler nah, doch ist auch dies Verhältnis aus jenen äusseren Gründen, in welche sich innere Gründe so gern verkleiden, erkältet – und ich habe heute nicht mehr die Autorität und auch nicht mehr die Lust, den Alternden, Launischen, nicht ohne Reiz Eigensinnigen, aber ganz ohne Tiefe Absprechenden, auch nur zum Lesen Ihrer Bücher zu zwingen, was ich vor fünf Jahren mir noch zugetraut hätte. Und dass er als die einzige weithin sichtbar zugeschnittene Figur der Fakultät ausschlaggebend ist werden Sie wissen. Die andern Schatten zählen kaum, Kraus und Schwartz würden V. nicht ernsthaft widerstreben. Das schlimme ist die Psychologie des politischen Moments für München und Bayern, in welcher Ihre Candidatur mit den Fratzen der Zeit die Maske tauscht und zu einer reinen Parteifrage, nämlich der Sache der unterliegenden Partei zu werden droht. Die nationale Sonderentwicklung Münchens und Bayerns, eine Glücksfolge der Kommunisten Herrschaft, hat ihren Höhepunkt überschritten und ihrer Spannungslosigkeit entspricht eine starke und gesammelte Spannung aller Gegner. Schwabing, Literatentum, Linkspresse Berliner Druck alles wirkt konzentrisch auf einen bereits nachgebenden Punkt. Vossler, der das Nationale niemals elegant gefunden hat und als spöttische Humanistenfigur die er ist, gern mit allem kokettiert was einem Pathos widerspricht, hat durch seine Jubiläumsrede über den Provinzialismus unverkennbar neben Thomas Mann und ähnlichen Strafpredigern der »dummen Bayern« Stellung genommen. Das Odium des Antisemitismus und des Antirepublikanismus muss unbedingt von München gewälzt werden und dafür wäre die Berufung Gundolfs tatsächlich die symbolische Lösung. Ich wüsste nicht zu sagen in welchem Lager *Ihre* Freunde sind, aber die Gefahr Ihre Person und Ihre wissenschaftlichen Gedanken ungeschickt zu vertreten oder wenigstens nicht zu vermeiden, daß gerade die beste Verteidigung den Gegnern die schärfsten Waffen in die Hand gibt wird schwerlich vermieden worden sein. Lassen Sie mich darum schweigen und meine Empfindungen in das eine stolze Gefühl sammeln, daß Sie zu den Geistern gehören, deren Größe es ausmacht nicht von ihren Altersgenossen aufgenommen werden zu können, sondern erst von dem Geschlechte, das sich an Ihnen und durch Sie gebildet hat. München ist eine niedergehende Universität, wo wenig gearbeitet wird und schlecht gedacht, wo Klatsch und Tratsch auch leidliche Kräfte zermürben, und tausend Allotria von allen Seiten auf die Konzentration wirken und jenen Heroismus und Fanatismus des wissenschaftlichen Baumeisters zu erweichen trachten, ohne den nichts für die Ewigkeit geschaffen wird. Lassen Sie es hingehen, daß die ausbleibende Berufung des Entdeckers der bayrischen Literatur und der bayrischen Stammeskultur im Wesentlichen sich reduziert auf eine weitere Etappe im Niedergange der Universität. Schon Richard Heinze hat es abgelehnt in Verhandlungen über Vollmers Nachfolgerschaft auch nur einzutreten, die Historiker, Oncken pp muß man sehen um so etwas für möglich zu halten und wenn Vossler selbst schon sagt er könne seit Wölfflins Weggehen und meinem mit Niemandem mehr ein achtbares Gespräch führen so mögen Sie sich vorstellen wie sehr für mich diese Stadt eine gefegte Tenne ist. Es wird wohl doch so kommen wie es mit Scherer kam, wollend oder nicht, werden Sie nach Berlin kommen oder müssen, und dort unter Verwindung Ihres ganzen Herzens eben doch den Hebel in Händen fühlen mit dem die deutschen Lasten bewegt werden. Dem bayrischen Volke wird auf absehbare Zeit so wenig wie in der Vergangenheit gestattet werden, eine bayrische Universität und süddeutsche Professur geschweige katholische zu haben. Sein höchstes Schulwesen legt es vertrauensvoll selber in die Hände derjenigen, die es verachten.

Und wann wird man sich sehen? Und wenn Sie schließlich nicht nach München gehen, wird nicht irgend ein anderes akademisches Vakuum, das sich als Folge der neuen Verschiebung bildet Sie von Königsberg wegsaugen. Vernehmen Sie mit welchem Plane ich umgehe und sehen Sie zu ob wir einander dazu verhelfen können, dass er gelingt. Ich gehe in drei Wochen auf eine rednerische Reise nach Norden, spreche in Zürich (in der Universitäts Aula) – (die mittelalterliche Wurzel der modernen Seele Europas) in Basel (der Dichter und die Geschichte) in Freiburg (die Wiederherstellung der Welt u. des Menschen) in Marburg (die geistesgeschichtliche Bedeutung des 19. Jahrhunderts) in Hamburg (schöpferische Restauration) in Bremen (Thema noch nicht feststehend) vielleicht noch in München und Stuttgart. Ist es möglich daß eine ähnliche Veranstaltung in meiner Heimatstadt, die ich seit meinem siebten Jahre nicht mehr betreten habe – die Kosten der Reise zu Ihnen deckt, d.h. die Möglichkeit gewährt durch einen Tag leibhaftiger Gegenwart sozusagen den Funkturm irdisch zu sichern der künftig dann unsere Botschaften tragen mag? Ich denke natürlich an etwas wie akademisch literarische Vereine, wenn es das gibt, und bin gern bereit in diesem Ausnahmefalle honorarfrei gegen bloße Erstattung meiner Reisekosten von und nach Berlin zu sprechen, wohlgemerkt natürlich wenn Sie glauben daß ein solches Nachsehen von meiner Seite ein Zustandekommen erleichtert, denn wenn es sich um eine wohlhabendere Vereinigung handelt so verlangte die Solidarietät mit anderen Autoren daß ich nichts verschenke. Das Thema müßte eins der oben genannten sein die ich zu diesem Behuf aufgezählt habe, etwas neues ist schwerlich mehr einzuschieben, die Zeit könnte nur die letzte Februarwoche sein, je später je besser denn Anfang März bin ich hier unersetzlich. Ich verfolge bei dem ganzen Vorschlage nur den seit Jahren mit ganzer Heftigkeit gehegten und sich im Quadrat der Entfernungen verstärkenden Wunsch die persönliche Verbindung mit Ihnen nachzuholen, deren Fehlen oder bloße Voraussetzung in unseren geistigen Beziehungen allmählig wenn nicht eine Fehlerquelle so doch eine Rechnungsschwierigkeit wird. Ihr im wesentlichen ist es zuzuschreiben daß mein fast krankhaft wirkendes Schweigen mich gegen so viele Beweise Ihrer Duldung und Güte durch Jahre schief hat stellen müssen. Ich bin leider, hier wie in allem ein natürlicher Mensch, mit allem Bedenklichen einer solchen Mißeignung für die civilisierte Gesellschaft. So wenig ich ein Gedicht machen könnte, oder je hätte machen können, wenn ich mir anders hätte helfen können, so wenig kann ich freundlich konventionell korrespondieren wo mein ganzes Innere im Spiele ist, und so wenig mein ganzes Innere in Briefe legen, Menschen gegenüber mit denen kein Leben gelebt ist, das Substrat des robusten fassbaren Körperhaften mir nicht fühlbar ist. Sie haben mir so oft die schönsten und aufregendsten Fragen gestellt, ich habe mich so oft hingesetzt sie zu beantworten, aber ins Blaue hinein will mir's nicht gelingen. Nehmen Sie diese närrischen Bekenntnisse als einen Ausfluss schuldbewusster Aufrichtigkeit und aufrichtigen Schuldbewusstseins freundlich auf, lassen Sie mich bald durch eine bloße Zeile das ja oder nein wissen und seien Sie mit den Ihren dem neuen Jahre an die Sphinxbrust gelegt in der Hoffnung, ja in der Sicherheit, daß ein Weg wie der Ihre überhaupt nur aufwärts führen kann wo Sie auch bleiben und wohin Sie auch gehen.

[von Borchardts Hand:]
   Herzlichst der Ihre   Borchardt

528 AN ALFRED HAPP

[Entwurf] [Villa di Bigiano Candeglia
 Pistoia, Jahresende 1926]

Mein lieber Herr Happ
Wenn es sich einrichten lässt dass ich vor einem geschlosssenen Kreise Jüngerer spräche, Ende Februar, nach dem Fasching? Vor Männern Ihres Alters und noch Jüngeren? Die Münchener Öffentlichkeit überlasse ich nach den gemachten Erfahrungen lieber den Dioskuren Mann, Herrn Ponten, und den übrigen Mitgliedern der Akademie ohne Dichtkunst. – Ich thäte es um Alverdes zu sehen von dem ich eine hohe Meinung habe, und sonst den ein und andern, und um statt eines ἀγώνισμα εἰς τὸ παραχρῆμα die wenigen tonlosen und farblosen Dinge zu äussern, die mir der Gedanke an das heutige Deutschland allenfalls noch eingeben kann. Und dass ich selbst das anbiete ist schon viel, denn wenn ich die Eitelkeit Felonie und Infamie dort am Werke sehe und bedenke dass ich unternommen habe in sieben deutschen Städten – schweizerische ungerechnet, – vorher zu sprechen, so liegt es meinem Ekel näher, allen abzusagen als ihnen eine neue hinzuzufügen.

Leben Sie herzlich wol und ziehen aus meinem Schweigen keine falschen Schlüsse. Bedenken Sie dass es Zeiten gibt in denen man sich nur durch Schweigen am barsten nackten Leben erhält, und wo das erste gesprochene Wort uns zu allen anderen verlorenen in den Abgrund stürzt. Möchte ihrem Knaben mein Name nicht zu unglücklichem Vorzeichen gereichen.

Ihr Borchardt

1927

529 AN WILLY WIEGAND

[Villa di Bigiano Candeglia
Pistoia, vor 27. Januar 1927]

Mein Lieber

Deine Nachricht über den Universitäts Vorgang ist mir leider nichts neues, ich weiss seit kurz nach Deinem Weggange von hier, dass man Nadler auf die Ostracismus Scherbe geschrieben hatte und dass jeder Versuch unsererseits (oder meinerseits) in der vereinbarten Weise für ihn zu wirken automatisch das Gegenteil der Absicht erreichen würde. Unter solchen Umständen, und da von Habbel mir keinerlei Mitteilung zugegangen war, habe ich die begonnene Schrift einsweilen nicht fortgesetzt, – zumal meine übrigen Verpflichtungen mir kaum die Möglichkeit dazu liessen, – und gleichzeitig Nadler selber brieflich über dies ganze unterrichtet. Der Heidelberger Curtius (der Archaeolog) der vor Neujahr einen Tag bei mir verbrachte hielt damals noch nach seinen Münchener »Jubiläums« Eindrücken, Gundolfs Berufung wenn auch nicht für wahrscheinlich doch für alles eher als ausgeschlossen und deutete an dass er mehr und mehr gerade Vosslers Kandidat werde. Wenn es nun Bertram wird, so ist es genau die Entscheidung der Mittelmässigkeit für die Mittelmässigkeit, die nach der Sachlage zu erwarten war. Es wird der Moment kommen, und ich werde ihn noch erleben, an dem der Ruf Münchens so gesunken sein wird, dass Gelehrte und Forscher von Wert bei eintretenden Vakanzen, wie Heinze nach Vollmers Tode es bereits gethan hat, es a limine ablehnen werden mit Fakultäten zu verhandeln, in denen die Geltung und das Zahlenverhältnis von Literaten und Banausen alle Entscheidungen windschief und blamiert zur Welt kommen lassen muss, und die Fähigkeit Forscherleistungen competent zu schätzen, grossenteils nicht mehr besteht. Für mich selber hat der Vorgang das vorauszusehende traurige Ergebnis dass München *noch* mehr aufhört für mich als deutsche Zwischenlösung in Betracht zu kommen; der nach der Klatscherei von 24 übriggebliebene Stumpf meiner Beziehungen zu Vossler ist verschwunden, ich nehme sein Verhalten gegen Nadler durchaus *als touché auf mich,* und werde ihn unter keinen Umständen wiedersehen. Daher werde ich mich, wenn ich Anfang März in München spreche, dort nur zwischen zwei Zügen aufhalten und keinerlei Besuche machen. Ich habe es Nadler anheimgestellt, darüber zu entscheiden ob meine Schrift nachträglich gedruckt werden soll – wovon ich persönlich mir nachhaltigere Wirkungen verspreche als dem ursprünglichen Plane – und werde natürlich wenn es dazu kommt, die Beredsamkeit der Fakta auch nicht durch die mindeste direkte Polemik beeinträchtigen. Aber ebensowenig sollte man die Münchener Dinge in der bisherigen Richtung sich weiter entwickeln lassen; ich spreche jetzt von Zürich bis Kiel und Königsberg an acht, vielleicht neun Schweizer und deutschen Universitäten und werde die Vorgänge überall mit den massgebenden Männern die sich zum Teil schon brieflich mit mir in Verbindung gesetzt haben, in Freiburg auch mit Herder, bei dem ich wohnen werde, besprechen. Es handelt sich ja nicht allein oder vornehmlich um den Ausschluss des durch den consensus bonorum designierten einzigen Candidaten von der Berufungsliste. Ich weiss nicht wie weit Du darüber unterrichtet bist: Nadler schreibt mir wörtlich: »Leider hat Vossler den Stimmführer gegen mich gemacht. Unter Anderm hat er in der Darmstädter Zeitschrift ›Der Morgen‹ 2 Jahrg. 5 Heft eine Rezension über Bartels geschrieben, die indirekt mich treffen sollte. Der Artikel hat mich wahrhaft bestürzt. Wenn sich das eine ›Leuchte der Wissenschaft‹ leistet, mich mit Bartels zusammenwirft, Bartels liest und recensiert, meine Arbeiten, da der Münchener Lehrstuhl zu besetzen ist, nicht liest, sie aber in cumulo mit abthut, so enthüllt das einen solchen akademischen Sumpf, dass man an allem irre wird. Sie sollen sich Liftjungen berufen, mir einerlei. Meine Internierung in Freiburg ist misslungen. Ich bin preussischer Ordinarius in der Gehalts Sonderklasse, und mit einer für Königsberg sehr hohen Kolleggeld Garantie (Effekte meines abgelehnten Prager Rufes) und nicht mehr mundtot zu machen. Sie haben durchaus recht gehandelt, es war nichts zu machen. Kraus hat jahrelang mit meinem Lehrer ((Sauer ist gemeint)) in bitterster Feindschaft gelebt, hat Sauers Berufung 1913 nach Wien verhindert und ist der geriebenste Ränkespinner. Er würde mich unter gar keinen Umständen neben sich geduldet haben.« Soweit dies. Die andern Umstände die dazu kommen, die Jubiläums Rede über den »Provinzialismus«, das Consulat der Brüder Mann, und das System in Baiern alles zu kaufen, zu überreden, lächerlich zu machen oder fernzuhalten, was nicht zu brechen ist – jeder Besuch, jeder Brief bringt neue Einzelheiten die man in ständigem Wechsel von heisser und kalter Wut aufnimmt – übersieht Nadler nicht in ihrer Verbindung mit diesen Vorgängen. Mein Münchener Bruder, der, heut in leitender Stellung der Schwerindustrie – die politische

Rückseite dieses ganzen Gewebes, an der die Fäden blossliegen, aus täglicher Befassung kennt, war eben hier und hat mir über vieles verdeckte die Augen geöffnet.

Inzwischen ist hier Dein Telegramm eingegangen und ich beantworte es mit der Bitte, in diesen Kleinigkeiten, Chimboraso oder der Chimborasso, ganz nach eigenem Ermessen zu verfahren. Die Entscheidung, ob das vorausgesehene Goethestück noch einzurücken wäre dachte ich längst getroffen zu haben: Sie hing damit zusammen ob ein strenges geologisches Stück von Buch bei der nochmaligen Durchsicht die Du mir hier zugesagt hattest, noch aufzufinden gewesen wäre. Aber es fällt mir allerdings ein, dass Du darauf nie mehr geantwortet hast und das Ganze also noch in der Luft *hängt*: hängt allerdings, denn ohne Rückhalt an eine bedeutende wissenschaftliche Äusserung gleicher Anschauungstendenz, als einziger Vertreter strengen geologischen Aufbaus steht Goethes böhmisches Stückchen doch zu schwach da und wir lassen es fallen. Das Nachwort aber, mein Bester, kann ich erst schreiben wenn ich das Buch vor mir habe und übersehe. Du hast mir den ersten Bogen Fahnen geschickt, seitdem nichts mehr, – wie soll ich es anstellen über so grosse Stoffmassen zu urteilen die ich teilweise nur in sehr ungefährem Gedächtnisse trage, ohne wenigstens nachschlagen und mich controlieren zu können. Sende mir die ausstehenden Bogen bitte an die Adresse von Geh.-Rat Prof. Dr Elster Marburg, Deutschhausstrasse, wo ich sie am 6ten Februar vorfinde, am 7ten das Nachwort, fausto numine, schreiben und Dir für 8ten zusenden kann. Ca. am 10 werde ich bei Rudi sein und dort freier, aber wenn es so drängt schreibe ich es zwischen den Schlachten auf der Reise.

Nun aber die Hauptsache. Deine Nachricht, Du erwartetest bis Ende Januar die Renaissance und Cavalierslyrik hat mich heftig bestürzt und in eine neue Richtung geworfen – woran nicht Du Schuld hast, sondern die Unordnung dieses Hauses, in dem die vereinbarte Terminsetzung nicht mehr aufzufinden war. Ich erinnerte mich aber dass der 1 Februar der Dantetermin gewesen war, und sass seit Wochen in der glücklichsten Paradies Arbeit, – glücklich hauptsächlich darum weil ca. 10 verloren geglaubte Gesänge sich wieder gefunden hatten und man endlich das Ende dieser Arbeit mit Händen griff. Es hat nicht sein sollen und nun geht es natürlich auch so. Ich bitte Dich aber, Einsicht zu haben und das folgende ganz au pied de la lettre zu nehmen, es ist Wort für Wort wie ich es sage. Ich habe den ganzen Monat Januar keine Einnahmen gehabt; Eingänge auf die gerechnet werden konnte, sind infolge von Abdrucks- und Honorierungs Verschleppung bei den Zeitungen und Zschrften ausgeblieben. Was ich in Deutschland zu verdienen im Begriffe bin ist bereits grossen Teils vorweg verbraucht. Dies bei Seite und nun zu den Auswahlbänden. Die Renaissancelyrik ist fertig bis auf kleine Textfragen die noch ein par Stunden Arbeit brauchen, und geht mit der diesem Briefe nachfolgenden Post als Express an Dich ab. Diesen Brief schicke ich der Sendung nur vorauf um dich darüber zu orientieren dass ich Dich bitten muss, einen Teil des Februargeldes, 200 Mark, sofort nach Eingang des Manuscriptes telegraphisch an mich zu senden – nicht weil es mir sonst an den Kragen ginge – ich bin so gut accreditiert, dass ich nichts sofort zu bezahlen brauche, – sondern, crûment gesagt, weil am 31ten in Zürich, am 2ten in Davos, am 3ten in Basel, am 4ten in Freiburg am 6ten

in Marburg alles angesagt, alles in Zeitungen pp vorbereitet *ist,
und ich nicht abreisen kann,* wenn ich nicht ein par Tage vor Fälligkeit schon die Hand auf ein par hundert Mark legen kann; ich
bitte Dich aufs dringendste, mir dies Geld coûte qui coûte zu verschaffen, eventuell es mir auf ein par Tage zu leihen – – ich verdiene in einer Woche ca. 1000 Mark und kann es Dir dann immer
zurückgeben; denn Hamburg-Bremen werden wol an sich fast
ebensoviel erbringen und die Veröffentlichung der Reden ebenfalls. Es liegt aber auch in Deinem dringendsten Interesse, dass ich
jetzt an Bibliotheken komme; Du erhältst zwar auch die Cavalierslyrik noch vor meiner Abreise von hier (29ten Abends) dagegen hat sich die Unmöglichkeit herausgestellt, die Nachworte,
wenigstens wenn sie an Umfang, Gewicht und Wert irgendwie
beträchtlich werden sollen, aus dem Blauen heraus zu schreiben,
die Fragen die sich an die Augsburger Meistersingertradition und
Singschule knüpfen, müssen aufgeklärt werden, und ich hätte,
wenn nicht der Vorlesungen halber, schon aus diesen Gründen
jetzt in Deutschland sein müssen.

Ich hoffe ich erbitte damit nicht zu viel, und es kommt Dir
nicht allzu ungerecht vor, den Termin der ja gelegentlich ohne
weitern Schaden stark posticipiert worden ist, diesmal wo Not am
Mann ist, um eine halbe Woche zu anticipieren.

Ja, – richtig – ich hätte Dir wol beizeiten Mitteilung von dem
sogenannten frohen Ereignisse machen sollen – aber ich brauche
gegen Dich nicht zu heucheln, und Du kennst meine Empfindungen ohne dass ich sie Dir präcisiere.

Dein Bdt.

[Villa di Bigiano Candeglia
Pistoia, Ende Januar 1927]
Mein lieber Herr Nadler
Sie haben Recht und ich begreife Ihren hellen Zorn. Von der »Morgen«-Affaire wusste ich nichts, Vossler hat sich wol gehütet mir das Heft zu senden; andererseits passt der Vorgang ganz in die Borniertheit hinein die sich dieses klugen Mannes auf den Grenzgebieten von Wissenschaft und Politik zu bemächtigen beginnt – denn darum handelt es sich – und aller Lauterkeit ein Ende gemacht hat. Ich habe um das Heft geschrieben; vielleicht kann ich meine kleine Schrift als Erwiderung darauf orientieren.

Ich weiss nicht ob Ihnen Bertram je begegnet ist. Ich kenne ihn, – seit langen Jahren par renommée, seit einigen persönlich. Noch nicht alt und schon greisenhaft, spitz und schrullig, boshaft und unfruchtbar, invalide, seit frühen Jahren ein verzärtelter Zimmerhocker, Beute von Kopf und Nervenschmerzen, Neurastheniker und homosexuell, mit dem gequälten Bewusstsein dass ihm zum Gelehrten soviel fehlt wie zum Dichter, wie zum Manne, wie zum Menschen. Das Ergebnis ist, was man hier einen letterato nennt, englisch einen scholar. Forscherleistungen sind nicht vorhanden und nicht mehr zu erwarten. Das Nietzschebuch, ein wahres σύμβολον ἀγρυπνίης, gescheit und richtig in vielem, wenn auch in der psychologistischen Zeitmode befangen, war nicht sowol – was es schien – die Jugendarbeit, sondern das Lebenswerk schlechtweg. Die wenigen Lebenskeime einer so unglücklichen Anlage hat George und sein Einfluss verwüstet. Es hat etwas tragisches, zu denken dass als Anwärter für den Stuhl von dem aus dem bayrischen Volke die Geschichte seiner geistigen Entwickelung vorgetragen werden soll, nur zwei männliche alte Jungfern in Betracht gekommen sind, beides Überbleibsel von Stefan Georges Tische, der eine, Gundelfinger, buchstäblich sein ehemaliger ἐρώμενος (»man kann es nur auf Griechisch sagen« heisst es bei Wieland) dem erst eben, mit Übergang ins kanonische Alter, das Heiraten gestattet worden ist, der andere durch seine Hässlichkeit und Ärmlichkeit auf das blosse Recht der »Nachfolge« reduciert und durch die erstaunlichen Formen seines Verhältnisses zu Hrn. Klöckner – dem jahrlangen, oder letzten, Favoriten des »Meisters« selber, in München und Zürich eine belächelte Erscheinung. Das alles ist nicht »irrelevant« oder »Privatsache«. Diese ganze übel duftende Entartung hängt fest an der Unfruchtbarkeit zur Leistung und an den allgemeinen Zuständen. Sie hängt auch mit der allgemeinen geistigen Verweichlichung zusammen, mit der sehr geringen Neigung zu fester Prüfung fester Stoffe und mit der erschreckend um sich greifenden Unfähigkeit, Forscherleistungen zu beurteilen. Ich sehe den Tag kommen und werde ihn noch erleben, an dem es an deutschen Universitäten nicht mehr möglich sein wird Literargeschichte als historische Disziplin und Sprachen als philologische zu studieren. »Literaturwissenschaft« wird an Stelle der einen, Linguistik an die der andern getreten sein, statt auf Historie wird die erstere, wie die Wölfflinsche »Kunstwissenschaft« auf eine Ästhese gegründet sein, die es nicht gibt und die erst nebenbei deriviert werden soll, – statt auf Philologie die andere auf blosses Sentieren und Formulieren im Sinne einer Philosophie die es ebenfalls noch nicht gibt und die erst nebenbei Anschluss an den spekulativen Idealismus sucht. Und das Resultat ist dass weder gelehrt noch gelernt werden kann; es ist sehr begreiflich dass wenn man seine Zeit damit verdirbt so hohle VirtuosenKugeln zu blasen wie die Gundelfingerschen Bücher es sind, man bei der Berufung nach Berlin erklären muss, man könne kein Seminar halten und bitten davon entbunden zu sein. Und ganz analoges werden wir bei Bertram in München erleben. Das spassige in der Tragikomödie ist dass Strich zum Tertius Gaudens wird. Diese halb wunderliche halb klägliche Figur, als Person wegen seiner Literaten Allure durchaus geschätzt, und von Vossler ausdrücklich gegen Croces vernichtendes Urteil verteidigt, als Jude – für wie lange noch? – unmöglich, als Literaturschwätzer auf dem Katheder wie aller solcher Typus das Idol des akademischen Dilettantismus und Beherrscher des grössten Auditoriums, – er also hatte zittern müssen, wer weiss wie sehr! Gund.'s Berufung hätte ihn vertrieben, denn er hatte diesen mit dem sichern Instinkte der alle diese Freigelassenen wie die wütenden gegen einandertreibt weil sie ganz mit einander identisch sind – Kerr-Harden-Kraus-Ehrenstein pp pp – giftig und prosistent angegriffen. Bertrams Berufung macht ihn fast zum Alleinherrscher. Gegen jemanden der *ga*nichts zu lehren hat, ist derjenige der etwas falsches zu lehren hat, in einem unleugbaren Vorteile, denn die Jugend traut sichs immer noch eher zu, sich das falsche recht zu biegen als das nulle sich reell zu machen; und so wird sein Zulauf sich mehren – – der ganz gerechte Ausdruck für das Wesen dieser ausserbayrischen aussersüddeutschen ja ausserdeutschen Hörerschaft, die den »angeregten« Literaturschwatz und das kritische Verarbeiten des frischen Tagesplunders für Wissenschaft hält – – ganz der alte Quark neu breitgetreten, nur dass was früher institutiones literariae hiess heut »Literaturwissenschaft«, was früher rhetorica, heut »Stilistik« heisst, und dem ganzen denkmässig bis zum erbrechen veralteten Gelumpe entweder die Terminologie der Wundtschen Professorenpsychologie oder die der Simmelschen Sophistik übergeklebt wird.

Mich hat mein Genius – irgend ein dunkles Missgefühl – davor bewahrt, ein deutscher Professor zu werden, als Leo und Kaibel ihrerzeit in mich drangen. Unter allen Formen in denen man als Geist den Undank und die tierische Trägheit, den festverwachsenen Widerstand der Eingesessenen und die Platitude der Eiteln in Deutschland seit Jahrhunderten sein Lebelang geniesst ist mir die collegial stigmatisierte immer als die Schlimmste erschienen. Was Sie von Kraus sagen erinnert mich an die Empfindungen mit denen ich vor 2½ Jahren sein Zimmer verliess, – nach einem Besuche – und die mir soeben da ich sie mir erinnere, das Gottseidank von oben auf die Lippen legen. Ich hatte ihn um eine Besprechung gebeten, um mir zu den Nürnberger Villanellen um 1600 und dem was historisch dazu gehört Material, Literatur, nachweisen zu lassen und wollte gleichzeitig gesprächsweise mich über Einzelheiten informieren. Der Ordinarius für germanische Philologie an einer der grössten deutschen Universitäten hatte nie Kristân von Hamles Anger gelesen – obwol er sogar bei Bartsch steht – hatte von den Villanellen nie gehört – obwol Proben in Herders Volksliedern und im Wunderhorn stehen – hatte nie von Augsburger politischen Terzinen des 15ten Jahr. gehört – obwol das Stück »Singschule« in Uhlands Volksliedern steht – wusste mir über die Geschichte des iambischen Elfsilblers im ältern deutschen Gedichte – vom Meistersang abwärts – nicht mehr zu sagen als ich schon gewusst hatte ehe ich an die Arbeit gegangen war; er wiederholte mir zwar über die »lateinische Quelle« des Armen Heinrich das ganze abgedroschene Schul-Cliché, war dann aber, etwa im Namen der mhd. Perückenmajestät, sichtlich geschmeichelt, dass »vom Laienstandpunkte aus« der »dichterische Wert« (vom grammatischen abgesehen) dieser Produkte gewürdigt würde. Er schien in innerster Herzkammer über diesen dichterischen Wert alles eher als beruhigt. – Wenige Tage drauf war ich bei Wiegand mit Eduard Schwartz dem Graecisten zusammen von dem ich nur das taktlose und neupreussisch aufgedonnerte Buch Antike Charakterköpfe kannte, eines der üblichen Wilamowitzischen Zugeständnisse an die »allgemeine Bildung«. – Bevor er kam durchblätterte ich die eben erschienene Ilias-Ausgabe der Presse, und erstarrte in meinem von Vahlen und Bücheler erzogenen lateinischen Gewissen über die unerhörte Schülersprache der Einleitung, mit schauerlichen Abstürzen wie »nascondere« für »verstecken« (so nur italienisch, latein. heisst es abscondere) und ähnlichem. Tags zuvor hatte ich ihm Gilbert Murrays griechische Verse die im Eranos stehen zur Begutachtung zugeschickt: Sie enthalten solche grammatischen und metrischen Bedenklichkeiten dass ich die Verantwortung für ihren Abdruck sozusagen behördlich stempeln lassen wollte. Schwartz kam, gab mir die Fahne auf der er einen Druckfehler verbessert hatte, ich sah ihm in die Augen, aber nichts bewegte sich auf diesen wässerigen Spiegeln. Dann kam das Gespräch, griechische Citate mit falschen Formen, die ich mit leisem Zögern verbesserte, – worauf er stutzte und vergnügt zugab – dann las ich aus den Fahnen der Götterlieder den Hymnus auf Demeter, Schwartz war recht interessiert, herablassend und was Professoren sonst sind, benutzte aber die erste Gesprächsteilung um meiner Frau zu erklären, meine Übersetzungen machten die Gedichte viel schöner als sie seien, das sei ein rechter pauvrer Quark, der ausser für die entsagungsvolle Pflichterfüllung des Philologen nicht dazusein brauchte. – Begnügen Sie sich mit diesem Promptuarium aus den Charakterschätzen des Kollegiums das Sie ostrakisiert hat: Es ist, glauben Sie mir, *profanum vulgus,* ohne einen Tropfen des Enthusiasmus der seine Wassernüchternheit in sich verschlänge. Es sind noch nicht einmal rechte Schulmeister; und wenn sie mehr als das sein wollen sind sie quod Marsyas ad Apollinem. Die Zeit von der Leo in der Lachmannrede gesprochen hat, da diejenigen, die nur gelernt haben, dass wenig lernen auch lernen sei »mit lahmen Federn flügge werden wollen« ist nicht nur längst da, sondern in diejenige übergegangen, in der sie sich als Fluglehrer établieren. Mit Bedauern aber natürlich ohne das geringste Zögern gebe ich Vossler mit allen genannten zugleich preis. Die Mängel und Schwächen des moralischen Charakters, aus denen so unwürdige Handlungen bei ihm erfolgen, sind mir seit langem bekannt, und die leichtsinnige Launenhaftigkeit, das weibische Verdrossenwerden über »Unelegantem« das unleidliche Kokettieren mit gewissen herausfordernden Toilettenmoden des politischen und kulturellen Denkens, die er nicht sowol darum anlegt, weil er sich mit ihnen einsfühlte, sondern nur um eine fingierte »Gegenpartei« zu ärgern – dies Treiben, zu dem ich lang genug die Faust im Sack gemacht habe, ist nicht länger zu ignorieren, und muss bei seinen bösen Namen genannt werden. Zwischen ihm und mir ist der eiserne Vorhang niedergegangen, ich werde ihn nicht mehr sehen, ich kann solche Handlungen nicht verzeihen.

Von den Vereinigungen die Sie mir nennen, ziehe ich den Universitätsbund vor, – wenn es bei ihm ungängig wäre, aber nur dann, den Bühnenvolksbund; ich spräche lieber etwas präciser und technischer zur Sache als ich vor einem ganz allgemeinen Publikum mir gestatten darf. Hätten Sie die Güte, mir an die Adresse meines Schwiegervaters, Dr Robert Voigt, R-A. und Notar, 27 Lübeckerstrasse Bremen, eine Zeile zu senden? *Hier* würde sie nicht mehr in meine Hände kommen.

Ich wäre glücklich, wenn diese Veranstaltung es mir erleichterte, zu Ihnen zu gelangen. Schlimmstenfalles muss ich den Pfennig nicht schonen und auf eigene Faust zu Ihnen kommen, dies Mal bin ich resolviert.

Ich sende Ihnen ein Blättchen, dessen gröbste Druckfehler corrigiert sind und das Ihnen sonst vielleicht nicht zukäme, in der Hoffnung, dass Ihnen das Ein und Andere nicht ganz so schal vorkommen möge wie – – mir, der ich solche frischen Abdrucke immer mit einem wahren Hasse gegen das Autoren Handwerk lese. Es ist schon so, Gesang hat es zu sein oder nichts, und was nicht gesungen ist, sei verflucht.

Von Herzen der Ihre   Borchardt

531 AN WILLY WIEGAND

[Villa di Bigiano Candeglia
Pistoia, 28. Januar 1927]

Mein Lieber,
die Chimborasso Besteigung ist ein hübsches und bedeutendes Stück und wenn sie Dir so ausnehmend gefällt so habe ich nichts gegen ihre Einrückung, obwol ich von selbst nicht darauf verfallen wäre, denn mit den zum Teil gewaltigen, zT mindestens musterhaften Stücken die wir von A. H. haben kann sie sich nicht messen und sie überschreitet die leise Stilgrenze zwischen der Darstellung der Erdoberfläche als solcher (Gegenstand unseres Buches) und der *Reise* als solcher, in der es sich in erster Linie um den Reisenden handelt, seine Sensationen physiologischer und neurodynamischer Art, Wandern Klettern, schlechten oder guten Weg und so Tausenderlei. – Immerhin, wenn Du sie *vor* die Chimborassodarstellung drucken willst, habe ich nichts dagegen; sie müsste als die losere Materialsammlung zu dem geschlossenen Bilde überleiten. – Ich empfehle nochmalige Hauscorrectur, da viel Fehler drin sind; Pompland für Bompland u.s.w. – Bei Wilh v Humboldt habe ich den Titel »die frz. Nutzldschft.« auf ein kleines Stück zu beschränken; das ihm Folgende müsste eine Zwischenüberschrift erhalten – »Bergübergang nach Spanien und Grund des ästhetischen Vergnügens an Gebirgen«.

Ich habe Dir für das herrliche Geschenk der Bibel zu danken, die gestern hier eingegangen ist, und deren feierliche und doch ruhige Grossartigkeit alle Erwartungen hinter sich lässt. Es ist ein ernster Triumph Deiner einzigartigen Arbeit und wenig Zeit wird vergehen bis man überall Deinen Namen und diese Leistung in einen einzigen Begriff fasst. Auch die kleine Type der Antiqua wie der Katalog sie zeigt, ist eine ausserordentliche, in diesem Fall eine entzückende Lösung. Ich hoffe Du wirst die Renaissancelyrik so drucken; oder wenn das nicht so brenne ich darauf irgend etwas von mir darin zu sehen. – Ich hoffe noch mit der Cavalierslyrik bis morgen Mittag fertig zu sein; ich reise Nachts.   Dein Bdt

532 AN DIE REDAKTION DER »BREMER ZEITUNG«

Bremen 26 II 27
27 Lübecker Strasse
bei RechtsAnwalt
Dr Robert Voigt

Redaktion der Bremer Zeitung
      Bremen

Sehr geehrter Herr

Auf Grund des Pressgesetzes ersuche ich Sie um Aufnahme folgender Berichtigung.

1) Es ist nicht wahr, dass ich in meiner im Halemschen Saale, 21 II 26 [sic], gehaltenen Rede, wie in N. 46 Ihrer Zeitung behauptet wird, Luther angegriffen habe; wahr ist vielmehr dass der Name Luther in meiner Rede überhaupt nicht genannt worden der Reformation nicht gedacht worden ist.

2) Es ist nicht wahr, dass ich bei gleicher Gelegenheit, wie an gleicher Stelle behauptet wird, die Romantische Schule angegriffen habe; wahr ist vielmehr, dass die gesamte Rede sich als Fortsetzung romantischer Gedankengänge darstellte, dies ausdrücklich hervorhob und in diesem Sinne allgemein verstanden ist. Be-

weis das Stenogramm, das zu Ihrer Verfügung ist. Auch die meisten übrigen Wiedergaben und Annahmen des gleichen Aufsatzes bezw. Vf's soweit sie meine Rede und meine Person betreffen, sind durchaus irrig und unrichtig, ohne dass ich jedoch Wert darauf lege, sie öffentlich zu berichtigen. Ich habe den Wunsch Juden und Antisemiten durchaus gleichmässig zu missfallen und werde fortfahren es als eine Ehre für mich anzusehen, wenn meine Gewissenhaftigkeit und Strenge nach Links und Rechts dies Ziel gleichmässig erreicht.

 Hochachtungsvoll   Rudolf Borchardt.

533 AN OTTO HEUSCHELE

[Bremen, 4. März 1927]
Ich freue mich herzlich, lieber Herr Heuschele, dass ich so leicht Gelegenheit bekomme, meine Entschuldigung an die Schröders anzuknüpfen und Ihnen für Ihre mir so vertraute und bedeutende Thätigkeit von Herzen das Beste zu wünschen. Seit ich aus dem Breslauer Ostwart Jahrbuche viel über Ihr Verhältnis zu Gestalten und Gedankenkreisen vernehmen konnte, die mir die volle Hälfte des Lebens bedeuten, rechne ich Sie im Stillen zu den Unsern. Dass ich es laut noch nicht gethan habe, liegt nur an der Überhäufung mit Arbeit vor dieser deutschen Winterreise die mich von Stadt zu Stadt mit immer neuen Reden über immer neue mich tief betreffende Gegenstände führt. Im ersten ruhigen Momente werde ich Ihnen wieder von meinem italienischen Wohnsitze aus schreiben. Diese Adresse ist Bigiano Candeglia (Pistoia).

 Herzlichst der Ihre   Borchardt

14 Rankestrasse, Berlin, Sonntag.
[6. März 1927]

Lieber Wiegand,

die beabsichtigte Beantwortung Deines Briefes hat sich durch eine Anzahl von Geschäften verzögert, die meine Reise hierher mit sich bringt.

Mein grundsätzlicher Standpunkt in der Frage ist durch Deine Argumente nicht beeinflusst worden. Auch ist die Angelegenheit so unglücklich eingeleitet, dass es mir fast unmöglich geworden ist auf eine vermittelnde Lösung zurückzufallen, nachdem Du mir seiner Zeit wörtlich erklärt hast, man könne bei Lesung des Passus schwer den Ernst bewahren.

Unter diesen Umständen gibt es nur einen Weg, um uns beiden lästige Weiterungen zu ersparen. Ich werde die Gestalt, in der Du das Buch bringst, ignorieren, und auf Belegexemplare verzichten. Rechtlich angesehen steht die Sache so, als wäre es unter uns einverstanden, dass ich den Abdruck, der ohne mein Imprimatur erfolgt, als solchen übersehen werde. Andererseits ist ein Präzedenzfall eingetreten, der auf die Nachworte der noch ausstehenden Bücher in einem gewissen Sinne einwirken muss.

Du wirst mir zugeben, dass es unmöglich ist solche Auseinandersetzungen zwischen uns, die ihrer Natur nach nicht ausgetragen werden können, sondern abgebrochen werden müssen, sich wiederholen zu lassen.

Dafür ist das einzige Mittel den Nachworten und Einleitungen statt ihres bisherigen Charakters denjenigen schematischer Abrisse zu geben. Was ich sonst an diesen Stellen zu sagen pflegte, werde ich von Fall zu Fall ausserhalb der Verlagspublikationen in Zeitschriften entwickeln.

Ich bin sicher, dass Du Dich dem massvollen Charakter dieser Lösung nicht verschliessen, und der Ruhe auch Deinerseits Rechnung tragen wirst, zu der ich mich in der Abwicklung dieser Angelegenheiten bestimme. Es scheint mir der Moment gekommen, wo wir beide die Probe darauf zu bestehen haben, ob wir das Zeug in uns tragen, die Sache über alles zu stellen und das Persönliche auszuschalten.

Dein   Borchardt

535   AN MAX RYCHNER

[Briefkopf: Hotel Marienbad
München, den] 21 März 27

Lieber Herr Rychner
Die Belegnummer von Wissen und Leben geht mir soeben hier zu, wo ich zu meinem äussersten Verdrusse durch hydraartig nachwachsende Correctur- und verlegerische Arbeit noch festgehalten werde. Daher erbitte ich auch noch *hier*her meine übrigen Exemplare, sowie *das Ms. der Zürcher Rede* das ich für Herstellung des Druckms. des Redenbandes *dringend* brauche. Er geht in den nächsten Tagen bei Rowohlt in Druck. Auch wäre es mir sehr erwünscht, mein Honorar *hier* und *gleich* liquidieren zu können, da ich, italienisch gewöhnt, und durch die allgemeine deutsche Gleichgiltigkeit gegen kleine Summen geradezu ent-

setzt, jeden Tag fürchte, gegen die hiesige Teuerung meine kleinen Vorteile aus der Reise ganz fortschmelzen zu sehen.

Übrigens hat sich die Reise in steigender Klimax entwickelt und vor zehn Tagen hier mit einem pronunciamiento geschlossen das die gesamte Münchener Presse der Sprache beraubt hat; sie hat sie auch bis jetzt noch nicht wiedergefunden. Nur die Neusten Nachrichten haben einen – verstümmelten – Bericht gebracht. Dass irgend jemand geistige Dinge öffentlich nicht wie einen parfümierten Theeschwatz und auch nicht als allseits wol vorbereitete Intrigue behandelt sondern mit der Absicht zu sagen was [man] meint zu meinen was man sagt und seine Meinung wörtlich in That umzusetzen, das ist hier etwas ganz neues und unerhörtes, wird zunächst nicht geglaubt und dann mit angstvoller Verlegenheit fortgeschoben. Andererseits gibt es kein besseres Zeugnis für die gethane Wirkung.

Ihnen und allen Zürcher Freunden wie immer freundlichst gesinnt der Ihre　　　　　　　　　　　　　　　　　　　Borchardt

536　AN JOSEF NADLER

München, 30. März 1927.
Hotel Marienbad.

Mein lieber Herr Nadler!

Mein telegraphisch angekündigter Brief hat sehr lange auf sich warten lassen und auch jetzt muss ich um Nachsicht bitten, wenn ich das folgende, statt es Ihnen zu schreiben, diktiere. Ich habe fünf Bücher unter der Presse und muss täglich wieder feststellen, dass der Tag immer noch nur 24 Stunden hat. Wie gerne hätte ich Ihnen nach den schönen Königsberger Tagen etwas wenigstens von dem gesagt, was ich im Herzen mit von Ihnen fortnahm. Wie gerne hätte ich auf das Heft der Neuen Schweizer Rundschau, in dem Sie mich unter den Ehren Ihres Urteils und Ihrer durchgreifenden Betrachtung fast erdrücken, wenigstens das bescheidene Wort des Dankes gesagt, über das hinaus ja der Lebendige, solchen Schicksalsmomenten gegenüber, aus Scham nichts äussern soll: dies Bild seiner selbst pflegt sonst nur der abgeschiedene Geist auf dem Hügel zu gewahren, auf dem spätere Zeit es errichtet hat und das er stumm umschwebt. Mir hat es bei Lebzeiten vergönnt sein sollen, von einem Geiste wie dem Ihren ausgedeutet und dargestellt zu werden, ich bin mir der Einzigkeit eines solchen eigentlich unaussprechlichen Falles bewusst, aber dies Gefühl macht unter Menschen nicht gesprächig, denn es verzieht sich in das religiöse Empfinden unserer Gebrechlichkeit und Unzulänglichkeit, in dem wir immer wieder an dem Abstande zwischen dem Möglichen und dem Gewünschten uns den Vorsatz zu »höherer Begattung« energisch machen.

Ich weiss nicht, wieviel Sie von München schon gehört haben und berichte Ihnen unabhängig davon meine Eindrücke. Die Gerechtigkeit der »Geschichte« hat gewaltet und den Vorgang aus seinem eigentlich schwächsten und faulsten Punkte, dem Charakter Bertrams, aufgelöst. Die Presscampagne, die er hier durch parfümierte Literaten vom Schlage Konrad Wandreys betreiben liess und durch seine Helfer Thomas Mann und die Witwe (zweite Frau des alternden) Litzmanns unterstützte – Aufsätze in den Münchn. Neuesten mit dem geschmackvollen Titel »Wird Köln Ernst Bertram verlieren?« dies ganze Spiel also war darauf berechnet, sein Vorgehen gegen die Regierung zu unterstützen, gegen die er sich als grossen Geist gerierte, der seine Bedingungen stellen dürfe: sie kamen darauf hinaus, dass er sich auf der Münchner Professur, die doppelt so weich als bisher zu stopfen gewesen wäre, auszuruhen gedachte, um auf diesem Sofa die deutsche Lyrik um weitere Verse- und Nornenbücher zu bereichern. Die Münchner Herren zögerten, – er war unklug genug ein Ultimatum zu stellen, so sicher war er seiner Sache, – dieser falsche Schritt öffnete den andern die Augen, – sie erkannten jählings, mit wem sie es zu tun hatten, – und er musste nach Köln zurück, ausser sich, und, wie ich höre, so gut wie gebrochen. Seit Jahren schon betreibt er hier diese Angelegenheit mit allen Mitteln, in denen das rheinische Intrigenspiel von jeher Meister ist und die in ihm die Schule Stefan Georges zu verfeinern beigetragen hat. Niemand hatte mit diesem Ausgange gerechnet. Die ganze Georgesche Schicht, bis nach Kiel und nach Basel hin fühlt die Niederlage. Da Gundolf (er war, was ich kaum glauben wollte, Vosslers Kandidat, aber als Jude unmöglich), ausfiel, wäre Bertram immerhin noch der »Gute Geist« zu halben Preisen gewesen. Curtius aus Heidelberg, der Archaeologe, hatte hier mit Pinder, dem Kunsthistoriker (Produkt und Produzent des gleichen »Geistes«) schon alles vereinbart, da er nach Wolters demnächstiger Emeritierung des Rufes hierher sicher zu sein glaubt, da wäre ein rechter Georgewinkel in die Universität hineinzuplazieren gewesen. Und daher nun die allgemeine Wehklage.

Nun zu Ihren eigenen Chancen: Schröder und ich waren am Abend nach meiner Rede mit Vossler und den Frauen bei Wiegand, noch bevor Bertram verkracht war und daher in der denkbar spannungslosesten Atmosphäre von Sachlichkeit. Wir berichteten, einer den andern unterstützend und unsere Taktik genau auf den schwierigen und widerspruchsvollen, aber nicht eben reizlosen Mann einrichtend, wobei ich Schröder, der ein Meister in der Kunst der Menschenbehandlung ist, gerne vorschob, denn meine eigene Heftigkeit macht mit der Vosslers zusammen nicht immer ein gutes Konzert. Es war *sofort* klar, dass V. die Position nicht mehr ernsthaft verteidigte. Er deutete *sofort* an, dass seine Verstimmung durch persönliche Verdächtigungen eines »Kollegen« – natürlich Kraus – hervorgerufen seien, den er, gleichfalls ungedrängt und gleichfalls *sofort*, als einen solchen preisgab, dessen Charakter selber sehr gegründeten Verdacht auf sich ziehe. Dies Bild gegen das unsere zu vertauschen zeigt er sich *sofort* bereit, und nicht nur aus Höflichkeit, sondern augenscheinlich mit einer Art von Erleichterung. V.'s schwache Seite sind die Dichter. Der Grund meiner Reibungen mit ihm liegt in meiner gelehrten Tätigkeit, die er obendrein komischer Weise, öffentlich und privat, objektiv sehr hoch einschätzt, aber dennoch mir nicht erlauben will, indem ich entweder ein Dichter zu sein habe, – und als solcher ein guter, und entsprechend ein schwacher Gelehrter, oder aber das umgekehrte. Es heisst bei ihm »non omnia possumus omnes«, und darin unterstützt ihn Croce, und so hat es zu bleiben. Dagegen der von Staub unbelastete David, Schröder oder Hofmannsthal, lösen diesem bittermütigen Saul durch ihr Harfenspiel die philologische Königsseele und alles ist in Ordnung. Ich erfahre seitdem, dass die Stimmung im Vosslerschen Hause sich mehr und mehr Ihnen zuzuneigen beginnt, und das würde hier alles bedeuten.

Unmittelbar nach dem Bekanntwerden der neuen Situation habe ich mit Baron Cramer-Klett konferiert, der mir gesellschaftlich nahesteht, und als katholischer Grandseigneur von gewaltigen Mitteln, königlicher Kämmerer und ehemaliger Referent im Kultusministerium, zugleich durch seinen Aktienbesitz bei hiesigen führenden Zeitungen, eine nicht zu unterschätzende Rolle spielt. Ich habe ihm die Literaturgeschichte geschickt, ihn auf das von ihm zu leistende Programm so unmerklich als möglich vorgerichtet und, wie es scheint, mit dem Erfolge, ihn wirklich enthusiasmiert zu haben, denn er hat mir versprochen, den Erzbischof, Goldenberger (Kultusminister), und die Partei selbst, der er zwar nicht angehört, auf dieses Ziel zu spannen. Der Kardinal ist denn auch bereits beim Ministerpräsidenten erschienen und hat, wie mir glaubwürdig berichtet wird, sich mit grösstem Nachdruck für Sie eingesetzt. Es ist mir wahrscheinlich, dass auch andere, Ihnen nahestehende Personen, wie Dr. Muth und Kommerzienrat Habbel auf den gleichen Punkt gewirkt und den Druck verstärkt haben. Das Binomium Cossmann-Hofmiller haben wir nicht direkt anfassen können, da Hofmiller mit Wiegand, ich mit Cossmann, eine nicht ganz deutliche Lage haben, in der es besser ist, Mittelspersonen vorzuschicken, und diese haben wir in Gestalt von Dr. Josef Bernhart, Hofmillers Freunde und Mitarbeiter, gefunden. Der Umstand, dass in meiner hiesigen Rede Dr. Muth und Bernhart, sowie mehrere andere allgemeinere Gesinnungsgenossen beider, sich in der Billigung des von mir Vorgetragenen mit mehr oder minder Begeisterung zusammen gefunden haben, hat alle diese, nur mit sehr zarter Hand vorzunehmenden menschlichen Flechtungen erleichtert und begünstigt. – Schliesslich, und das ist wohl das wichtigste, ich habe mich dazu entschlossen, um dieser ausserordentlichen Angelegenheit willen, zu tun, was ich für mich selber schwerlich im Leben wieder getan hätte, an Hofmannsthal zu schreiben. Er allein ist die heute für das Münchner und deutsche Publikum angezeigte Person, um der öffentlichen Meinung jene entscheidende Wendung zu geben, deren Ihre Freunde hier bedürfen, und vor der Ihre Gegner es vorziehen werden, beiseite zu treten. Ich selber bin durch die Koinzidenz mit dem Hefte von »Wissen und Leben« zum Schweigen verurteilt, da man der Gemeinheit auch nicht den Anschein einer Blösse geben soll. Daneben dadurch dass mein Name viel zu umstritten ist, um ihn dort einsetzen zu sollen, wo denn wirklich einmal eine Mehrheit von selbst verschieden Gesonnenen und Widerstrebenden für Ihre Sache zusammen gebracht werden soll, und Schröder hat in seinen prosaischen Verlautbarungen und öffentlichen Stellungnahmen leider durchaus keine glückliche Hand. Es ist, als würde dieser elegante und überlegene Geist, der die Form als Sprecher mit nachlässiger Meisterschaft beherrscht, im Augenblicke, da er die Feder ansetzt, von einem Dämon schwerfälliger Pedanterie besessen, die kein natürliches Wort aufs Papier lässt und jede Wirkung ausschliesst. Wenn aber überhaupt in der hiesigen Presse nach den Georgeschen und PseudoGeorgeschen Ergüssen über den »Guten Geist« zu Ladenpreisen (Gundolf) und zu halben Preisen (Bertram) der Böse Geist vertreten werden soll, so muss er, wie Sie zugeben werden, von etwas wie einem Erzengel der Hölle vertreten werden und dafür haben wir nur den von allen Georgeschen Interdikten getroffenen und sie alle überlebenden »Freund in Wien«. Ich habe noch keine Antwort, zweifle aber nicht daran, dass meine Ueberraschungspsychologie – er kann nichts weniger auf Erden erwartet haben, als einen Brief gerade von mir – ihre Wirkung tun wird.

Dies ist es, was ich zu melden habe. Man rechnet als sicher damit, dass Sie auf der Vorschlagsliste stehen werden, mancher Optimismus geht noch weiter. Ich persönlich glaube, dass trotz unseren Anstrengungen noch gewaltige Widerstände zu überwinden sind und alles zweifelhaft bleibt, bis man Vosslers sicher ist. Darum rate ich allen bis zum Momente des Sieges zu doppelten Vorsichtsmassregeln und äusserster Wahrung unserer Linie. Natürlich wäre es leicht, auf Grund des »catholica non leguntur« eine Parteistimmung zu entfesseln, aber man täte Ihnen damit den schlechtesten Dienst und würde den Streit auf ein Feld hinüberspielen, auf dem wir erstlich den Kampf nicht zu suchen brauchen, und zweitens, Parteiwaffe die Parteiwaffe hervorrufen, ja sie dem Gegner in die Hand drücken müsste. Die Linie, auf der wir öffentlich kämpfen, hat die der grossen wissenschaftlichen Leistung zu bleiben und keine andere. Umso besser, wenn man unter der Hand die imponderablen stammesnationalen und religiösen Elemente mit einfliessen lassen kann, wo sie eine psychologische Wirkung tun, uns aber nicht zu Motiven ausgelegt werden können.

Und nun lassen Sie mich für heute schliessen und mit den wärmsten Grüssen an Ihre liebe gute Frau, deren ich mich mit wahrer Anhänglichkeit erinnere, persönlich das Beste wünschend Ihnen beide Hände drücken.

Von Herzen der Ihre   Borchardt

537 AN JOSEF NADLER

[Briefkopf: Hotel Marienbad
München, den] 5 April 27

In grosser Eile, lieber Nadler, erwidere ich Ihre heutigen Zeilen mit den wenigen Nachrichten die ich Ihrer begreiflichen Spannung zu schulden glaube. Hofmannsthal hat mir gestern den Aufsatz über Sie zugesagt; hemmend könnte höchstens seine nicht allzugute Gesundheit wirken: in der Sache ist er mit mir einig und wird sich, wie er nur kann, anspannen. Er gedenkt Ihres Aufsatzes in Wissen und Leben mit bewundernden Worten und war dieserhalb im Begriffe Ihnen zu schreiben. Soweit ich hier unterrichtet werde, kommt Brecht nicht in Frage. Die hiesigen Usancen verbieten es, an Ordinarien im ersten Jahre ihres Lehramts-Antrittes an anderen Hochschulen Rufe ergehen zu lassen. Hofm. schätzt Brecht, mit dem ihn ein gemessen freundlicher Umgang verbindet, nach seinem wahren Werte, also immer innerhalb des Mässigen. Ich werde an den alten Studien und Jugendfreund der Göttinger Spätsemester heut noch schreiben und im Gegenteile ihn in unser Interesse ziehen. Dass die Zeitungen weiter Enten aufsteigen lassen, um zu lauern von welcher Seite auf sie geschossen wird, darf uns wie Sie sehr richtig sehen nicht aufstören. Es heisst wie vor Feuerüberfällen »Hahn in Ruh«. Leider ist Muth, der für uns unschätzbar wäre, den ganzen Monat von hier abwesend.

Wie immer der Ihre   Borchardt

538 AN PETER FLAMM

München 5 April 27

Wertester Herr Flamm

Ihre Mutter teilt mir mit, Sie nehmen ein besonderes Interesse an meinen »Deutschen Denkreden«, auf die eine Besprechung Sie aufmerksam gemacht hat. Ich habe den Verleger veranlasst, Ihnen das Buch zu übersenden und hoffe, dass es dazu beiträgt, Ihnen die Reconvaleszenz zu verkürzen, und, vielleicht, eine tröstliche und verklärte Ansicht des Vaterlandes zu geben, für das Sie all das Ihre so brav haben opfern wollen.

Ich bin, mit dem herzlichen Mitgefühle des alten Frontsoldaten – 57. I.D I.R. 142 – und kameradschaftlichen Grüssen und Wünschen der Ihre   Rudolf Borchardt

539 AN ERNST ROWOHLT

[Fragment]

[München, um 8. April 1927]

Dazu gehört auch unser Einigwerden über den Ladenpreis der Reden. Ich habe mich in meinem letzten Schreiben absichtlich vorsichtig ausgedrückt, um keine neuen Missverständnisse zu schaffen, aber es ist Ihnen wohl erinnerlich, lieber Herr Rowohlt, dass bei unserer mündlichen Unterhaltung, bei der ich Ihnen den Buchplan detaillierte, nach Ihren eigenen Berechnungen auf Grund der 17½ prozentigen Honorierung für mich 2400 Mark heraussehen sollten, zuzüglich welcher Sie sich bereit erklärten, im Gegenwerte gegen das neue Manuskript die alte Verpflichtung gegen Dr. Voigt mit 2000.- auszugleichen. Sie werden sich auch erinnern, dass Sie bereit waren, mir diese beiden Zusicherungen schriftlich zu geben, und dass ich, für den Ihr Wort als Sicherheit vollkommen ausreicht, natürlich darauf verzichtete.

Es ist mir auch zum mindesten wahrscheinlich, dass Ihr Irrtum durch Schröder verursacht worden ist. Aus der Kopie seines Briefes an mich, die er Ihnen übersandt hat, wollen Sie entnehmen, dass er irrtümlicherweise nur mit sieben Reden gerechnet hat und übersah, dass auch die Hamburger und die Königsberger Rede einen Teil des Buches zu bilden haben würden, sowie dass eine umfangreiche Einleitung, fast von der Seitenzahl einer einzelnen Rede, hinzutritt. Diese Umfangsverschiedenheit, mit der Sie anscheinend nicht gerechnet haben, rechtfertigt durchaus den Unterschied zwischen Ihrem und unserem Ansatze, unserem, denn auch Dr. Wiegand, mit dem ich diese Fragen bespreche, teilt meine Ansicht, dass für dies umfangreiche Werk der Ladenpreis von M 4.- sehr wesentlich überschritten werden muss.

Ich habe es als besonderen Erfolg der Zeit, von der wir ja schliesslich alle lernen, begrüsst, dass Sie sich bei unserer Unterredung spontan dazu bekannten, an das billige Buch nicht mehr zu glauben. Der Preis von M 4.- für ein über 300 Seiten starkes Werk stände aber relativ auf der gleichen Stufe mit den Ladenpreisen meiner anderen bei Ihnen verlegten Schriften, gegen deren tiefe Bepreisung ich seit so langer Zeit, und schliesslich also, nach meinen letzten Eindrücken, mit so glücklichem Erfolge bei Ihnen polemisiert habe.

Wir hier stellen fest, dass Bücher nur noch von armen Leuten gekauft werden, und dass für diese, ihrer Vornehmheit entsprechend, – sehen Sie dies bitte nicht als Ironie an – innerhalb einigermassen vernünftiger Grenzen der Preis dann keine Rolle spielt, wenn sie ihr Herz an den Besitz eines Buches gehängt haben. Wohlhabende und reiche Konsumentenkreise kaufen nur noch Sensations- und Schmutzliteratur und feilschen dabei um jede Mark. Aber ich bin ganz mit Ihnen darüber einverstanden, dass wir die endgültige Entscheidung der Ziffer Ihrer Kalkulation überlassen. Nur bitte ich Sie, im Auge zu halten, dass ich bei den mir zufallenden Honorarprozenten und zweitausend vorausbezahlten Exemplaren, unterhalb bestimmter Preise nicht existieren kann, ausser durch Vielschreiberei, die gleichwohl in kurzer Zeit den Markt übersättigt haben würde. Müsste ich daher so billig verkaufen, so müsste ich durch entsprechend höhere Anzahl vorausbezahlter Exemplare kompensiert werden, damit meine Bedürfnisse gedeckt werden. Das würde in diesem Falle sogar kaum ein Risiko bedeuten. Das Reden-Buch wird einen solchen Sturm der Empörung aller Aufgescheuchten erregen, dass viele es kaufen werden, die keine der zu seinem Verständnis nötigen Voraussetzungen erfüllen.

Nun also zu den Handlungen und Abhandlungen. Ich habe bisher kein Ms. zusammenstellen lassen, weil der grössere Teil des Buches, wenn auch seit zum Teil langer Zeit und an meist entlegenen und unzugänglichen Stellen, gedruckt ist. Den grössten Teil, wenn nicht das ganze wird wohl Studienrat Schäfer in seinen Sammlungen besitzen und Ihnen vorlegen. Ich gebe anschliessend das Inhaltsverzeichnis:

1. Benedetto Croce erschienen seinerzeit im »Lesezirkel«, dem Publikationsheftchen des Hottinger Lesezirkels, und daraus, weil der Aufsatz grosses Aufsehen erregte, stückweise in der Presse abgedruckt (Münchn. N. Nachrichten, Badische Presse etc. etc.)

II. Rheinsberg, Ihnen bekannt, und soviel ich weiss, sogar in Ihrem Archiv vorrätig, vor Jahren in Sonntagsbeilage der Münchn. N. Nachrichten erschienen und dort vergriffen.

III. Der unveröffentlichte Brief an Hofmannsthal über das Drama, den ich Ihnen in Abschrift beilege. Dieser Brief ursprünglich ein Dank für den mir zugesandten Rosenkavalier traf bei Hofmannsthal in den kritischen Moment, in dem er die Arbeit an »Jedermann« als aussichtslos hatte fallen lassen, und ermöglichte ihm die Fortsetzung. Er liess ihn durch den verstorbenen Baron Bodenhausen vervielfältigen und im Freundeskreise verbreiten, in dem er seitdem handschriftlich kursiert, und hat in der kleinen Schrift über »Jedermann« (Schriften des Deutschen Theaters) Stücke daraus, unter Andeutung des denkwürdigen Momentes, abgedruckt. Die vollständige Publikation eines solchen Schriftstückes, das in seiner Weise Geschichte gemacht hat, ist immer wieder von mir gefordert worden.

IV. Das Einleitungsstück der Festschrift für Hofmannsthal Eranos, »Brief« überschrieben, ein Stück Autobiographie und Darstellung meiner künstlerischen Verpflichtung gegen Hofmannsthals Jugendwerk. Aus dem Ihnen beifolgenden Aufsatz Nadlers wollen Sie ersehen, wie dies Prosastück eingeschätzt worden ist. Es ist

540 AN JOSEF NADLER

Hôtel Marienbad
München Ostersamstag
[16. April 1927]

Mein lieber Nadler,

Gestern Mittag im Wirtshaus sass Vossler, als Strohwitwer unvermutet hereinkommend, an meiner Frau und meinem Tisch und fing nach kurzem Feuergefecht auszukramen an. Die Professuren seien da, nur die Menschen sie zu besetzen, fehlten pp. Da sei dieser Fall Bertram; welchen er in der Rückzugs Version, die üblich geworden ist, vortrug, B. habe sich der Aufgabe physisch nicht gewachsen gefühlt. Und da sei dieser Unger, den man halbvertraulich sondiert habe, der habe nun einen so jammerwürdigen Brief geschrieben, dass man ihn aufgeben müsse. Wie habe man über den alten Muncker gespottet, und nun sehe man doch erst, welch eine Karre er bis ins hohe Alter gezogen habe. – Ich that ihm nicht den Gefallen Fragen zu stellen, sondern that halb beifällig halb erstaunt, und als gehe das alles mich nicht viel an. So hiess es denn weiter, es müsse nun wol sicher Nadler werden. Hofmannsthal habe ihm sehr ausführlich geschrieben, einen besonders schönen Brief und sich aufs wärmste für Sie eingesetzt – Schroeder und ich hätten ja zwar schon pp aber dies neue nun gebe doch sehr zu denken pp. – Ich darauf, sehr ungläubig thuend, bei Geh. Rat von Kraus' bekannter Stellung pp – – –, ja, hiess es da, Kraus pflege immer nachzugeben wenn die andern in einer Sache einig seien. Die Regierung wünschte *Sie*. Hierüber sprach ich mein stärkstes Bedauern aus, man schadete seinen Kandidaten nur durch solche Pressionen pp. Worauf er prompt erwiderte, natürlich erleichterte es Ihre Durchsetzung nicht, dass Sie als »der Kandidat der bayrischen Volkspartei« bezeichnet werden könnten. Worauf ich, niemand sei auf die Fehler des Fanatismus festzulegen, der es darauf anlege, uns nach seiner Weise zu beglücken. Sie würden sicher sehr betreten sein zu hören, dass die Diskussion Ihres Namens auf einer anderen Basis als derjenigen der grossen wissenschaftlichen Leistung geführt werde. Natürlich müsse es auch mit dem geistlosen catholica non leguntur der preussischen Schulmeister aller »Schulen« einmal ein Ende haben. Dann ging das Gespräch auf andres über.

Mir war es sehr lieb, auf diese zufällige Weise die Probe auf die Wirkung unserer Unternehmungen zu machen. Baron Cramer-Klett ist beim KultusMinister Goldenberger und beim Kardinal gewesen, auch der letztere hat, wie ich weiss, bei Goldenberger gedrängt, es ist im Ganzen eine einheitliche Stimmung wenn auch nicht des »Aktivismus« so des Knurrens und Grollens, – dem höchsten wozu sich bairische Ministerien gegen autonome Fakultäten aufzuraffen pflegen, – erreicht worden. Hofmannsthal hat auf meinen Brief ausserordentlich verbindlich und erleichtert geantwortet, nur seine schlechte Gesundheit bedauert, die ihn stimmungslos mache, aber versprochen sich zusammenzunehmen um etwas zu produzieren. (Brecht, ganz beiläufig, ist weder *sein* noch jemandes Kandidat (ausser vielleicht Kraussens) und steht da er eben erst in Breslau angekommen ist unter Schutzfrist). Dann hat er Wiegand und mir mitgeteilt, er verspreche sich von einem unumwundenen Brief an Vossler mehr als von einem journalistischen Eiertanz vor der Öffentlichkeit: auch das hatte ich ihm zwischen den Zeilen nahegelegt, und bin froh dass er es vorgezogen hat, denn im öffentlichen Handeln liegt seine Stärke nicht und konnte überhaupt die Stärke unserer Situation nicht gesucht werden.

Also, mein Lieber, sein Sie nun guten Mutes. Haben Sie vielen Dank für Ihren Brief – Glückwünsche zum baldigen Abschlusse des IV^t Bandes – Omina aller Art zu Ostern und dem neuen LebensSemester. Haben Sie den idiotischen Aufsatz über mich in Hochland gesehen? Ich hoffe Sie und alle Freunde hängen dieser Redaktion einsweilen die Manuscripte höher und geben ihr zu fühlen was sie durch so alberne und tückische Streiche anrichtet.

Ihnen beiden treulichst ergeben   Borchardt

541   AN WILLY WIEGAND

[Entwurf]   München
                                   Osterdienstag [19. April] 27
Lieber Wiegand

Es thut mir sehr leid, dass es zu der heutigen telephonischen Szene zwischen Dir und mir gekommen ist, aber es ist leider unmöglich sie ungeschehen zu machen und ich gebe Dir daher, Deinem Wunsche entsprechend das persönliche Verhältnis zwischen uns zurück. Gleichzeitig beantworte ich Deinen Wunsch dass eine Entscheidung darüber getroffen werde ob das geschäftliche zwischen uns andauern solle oder nicht, dahin, dass ich auch dieses zu lösen wünsche.

Ich nehme danach an, dass der Herder den ich nach unsern Vereinbarungen am 1ten Oktober abliefere das letzte Werk ist, das Ihr von mir erhaltet, und erwarte dass die Dezemberrate die letzte ist die Ihr an mich zahlt. Ich bitte Dich einen Vertragslösungs Entwurf aufstellen zu lassen, der die übrigen zwischen uns bestehenden Bindungen in einer für beide Teile zufriedenstellenden Weise löst. Wenn Du es vorziehst die Lösung bereits für dies Jahr in Kraft treten zu lassen so bin ich auch damit einverstanden. Ich liefere dann Caval.- und Renaiss.-Lyrik für das verflossene Jahr nach, und natürlich den Dante, und Ihr seid von allen weitern Leistungen gegen mich befreit, den Suphanschen Herder erhältst Du zurück.

Ich verpflichte mich auf Ehre, meine mir noch zukommenden Verpflichtungen für dies Jahr ganz unabhängig von den obigen Liquidationen loyal und nach besten Kräften so zu erfüllen als sollten die Beziehungen vertragsmässig andauern. Insonderheit weise ich den Verdacht als meiner unwürdig zurück, als hätten die Bemerkungen meines heutigen Briefes planmässig die Stellung von Mehrforderungen vorbereiten sollen. Ihren Sinn und ihre durchaus gemässigte und freundschaftliche Tendenz zu interpretieren hat nach den Worten die nun einmal gefallen sind, keinen Zweck mehr.

Mit besten Grüssen   Bdt

Ich muss Dich auf das Dringendste darauf hinweisen, dass die Hineinziehung dritter Personen in den entstandenen Konflikt für mich keine Aussicht bietet, ihn günstig zu beeinflussen. Ich habe vermutlich damit zu rechnen, dass Du gegenüber den uns gemeinsam bekannten Personen Dein Verhalten wirst rechtfertigen wollen, – das ist nur menschlich, ich kann es nicht hindern. Aber ich werde mir überall verbitten, damit befasst zu werden und meinerseits keinerlei »Versionen« »meines« »Gesichtspunktes« geben. Du glaubst im Rechte zu sein – ich denke nicht daran, mit Dir zu streiten oder mir einen Streit aufdringen zu lassen, jetzt oder später, oder vor Andern, – sondern ich lege still meine Arbeit nieder.

D. O.

542   AN WILLY WIEGAND

Bigiano 26. Mai 27

Lieber Wiegand

Ich schreibe nur eine Zeile um Dich darauf vorzubereiten, dass der Dante zwar mit der Verspätung von einigen Tagen aber immer noch ungefähr unserer Verabredung gemäss an Dich abgehen wird und auch das übrige nur unbedeutende Verschiebungen erfährt. Ich bin in einer sehr glücklichen Verfassung, arbeite leicht und viel und wäre ganz termingemäss geblieben wenn nicht ständig Gäste hier gewesen wären.

Es versteht sich, dass Du nichts abzusenden hast, ehe Du das Vereinbarte, die Paradies Correcturen in Händen hast; dann allerdings bitte ich um wendenden Austausch.

Hier haben wir alles aufs beste vorgefunden und sind glücklich wieder bei uns selber zu sein. Fast alle Eindrücke die man mitbringt, sind von der Natur, dass man noch garnicht daran denken mag, bereits so bald wieder die Verhandlungen für den nächsten Winter einleiten zu müssen; einstweilen träumt man noch davon, sich selber zu gehören.

Marel lässt Dich freundlich grüssen

Dein Bdt

543 AN WILLY WIEGAND

(Diktiert) S. Alessio
Candeglia
d. 29. V. 27

Lieber Wiegand, Dein soeben eintreffender Brief veranlasst mich dazu den Hofmannsthal betreffenden Passus direkt mit ihm, dem ich ohnehin zu schreiben habe, aufzuklären, und er ist daher erledigt.

Den Abschnitt mit der »Lücke« hast Du auch mißverstanden. Ich habe nur sagen wollen, daß zwar für die ersten Begründungen, Herder, Forster, und für die erste geisteswissenschaftlich naturwissenschaftliche Verzweigung, die Humboldts, unsere Sammlung Vollständigkeit beanspruchen darf, dagegen daß sie für alles was die Geographie und Landschaftserfühlung bestimmt der reinen Geologie und deren Begründung durch uns verdankt hat in der Sammlung eine Lücke klafft. Sie sei nicht zufällig und nicht von uns verschuldet, denn sie entspräche der grösseren wirklichen Lücke im geisteswissenschaftlichen Aufbau des deutschen XVIII. Jahrhunderts, resp. seiner bisherigen Aufarbeitung. Diese Lücke werde bezeichnet durch unsere ganz ungenügende Kenntnis, beziehungsweise ungenügende wissenschaftliche Bearbeitung, der Figuren, Schriften, Nachlässe Werners und J. C. Ritters. Dies mein Zusammenhang. Um ihn deutlich zu machen [ist] nach dem ersten: »Lücke« die Worte »unsere Sammlung« einzufügen und den Schlußsatz des Abschnittes: »und diese Lücke usw« als Anfangssatz vor den neuen Absatz zu ziehen unter Weglassung des einleitenden »und«. Damit muss nun alles klar sein. – Es heisst an beiden

Stellen Geistermächte. – Statt Nachworte an der zweifelhaften Stelle lies »Notizen«.

Mit besten Grüssen, von uns Beiden – Dein Bdt

544 AN ROSE BORCHARDT

[Villa di Bigiano Candeglia
Pistoia, 9. Juni 1927]

Liebe Mama

Dein Brief hat mich sehr gerührt und erfreut, und ich sage Dir gleich ein Wort des Dankes dafür. – Meinen polnischen Abschied aus Berlin hast Du ganz richtig gedeutet, die letzten Tage dort waren ein unerfreuliches Hin und Her von Erwartungen und Enttäuschungen, denn es war natürlich nicht möglich die plötzlich entstandene Lücke im Augenblicke, an Ort und Stelle, wieder zu füllen, und so bin ich denn auch in tiefem Verdrusse abgereist, die Geschäfte in Feists Händen belassend. Ich kann seine Treue und unbedingte Selbsteinsetzung nicht genug anerkennen – von der Aufopferung seiner gesamten Zeit bis zu den Funktionen eines Bankiers – denn er hat mir zuletzt um mir raschere Abreise zu ermöglichen, eine nicht unerhebliche Summe von irgendwoher beschafft – – stand er im Dienste meiner Angelegenheiten und auch ihre spätere glückliche Entwickelung, nach meiner Abreise ist wesentlich sein Verdienst. Ich habe einen anständigen Verleger für die Rowohlt Nachfolge, Piper und Wiegand für je ein anderes Departement und werde, da ich in sehr glücklicher gesundheitlicher und Arbeitsverfassung bin, sehr bald in gutem Fahrwasser schwimmen.

Ich habe mich sehr gefreut, Dich nach so langer Zeit in so erstaunlicher Frische und Überlegenheit vorzufinden, und bin überzeugt dass wenige so wie Du von dem Tribute an ihre Jahre fast ausgeschlossen sind. Zur sogenannten Feier des heutigen Tages haben meine sogenannten Freunde mir ihre Glückwunschbriefe, ca. vierzig, in einer prachtvollen LederCassette von Frieda Thiersch überreichen lassen: Ich habe leider für solche Kalender Angelegenheiten gar kein Organ und fühle mich viel zu jung als dass irgend eine gerührte Jubilarstimmung in mir aufkommen könnte. Wenn man mitten in seinen Hauptarbeiten steht, Babys in den Armen wiegt, – hofft hasst liebt und leidet mit der ganzen schneidenden Schärfe unverbraucht frischer Organe, so begreift man nicht dass es Leute gibt, die einem nachrechnen, und nach dem Ergebnis vorschreiben, was man in jedem Augenblicke zu empfinden habe.

Sehr woltätig waren mir die wirklich aus tiefer Wärme kommenden Worte des alten Burdach, Nadlers, Rudi Schröders. Kühlmann war mit einem allerhöchsten Handschreiben im Staatsstil vertreten. Sonst viele belanglose, wie sie Wiegands, des Ceremonienmeisters Auswahl willkürlich herausgegriffen und zum Cortège geordnet hatte.

Charmant waren die Babies, die mit einer selbst, unter Aufsicht der Köchin, gebackenen kleinen Prinzregenten-Torte und einem frischen grünen Lorbeerkranz auf einem Kissen aufzogen, und dazu ein Wechsellied aus dem Ewigen Vorrat allerliebst aufführten. Auch zu den ersten Figuren eines Menuetts hatte es noch gereicht.

Und so, wenn man mit einem Blicke auf diese kümmerlichen »Ehrungen« und auf diese schönen Augen, lieblichen Unschuldsgesichter, innigen Bemühungen, in einem einzigen Auge umschliesst, was einem die Welt nicht geben kann, und was nicht nehmen, so geht man über die Illusion von »Festen« weg mit dem Gefühl an den Schreibtisch zurück dass keinem Menschen das Leben von aussen her erhöht werden kann, über das Maass an Hoheit hinaus, das der Himmel ihm hat geben wollen.

Herzlichst Dein R

545 AN REINHARD PIPER

[Villa di Bigiano Candeglia
Pistoia, Mitte Juni 1927]

Sehr verehrter Herr Piper,
Sie haben die Freundlichkeit gehabt einen an und für sich kaum mehr als imaginären Haltepunkt in meinem Leben zum Anlasse nicht nur besonders freundschaftlicher und wolthuender Worte sondern eines Geschenkes zu machen, dessen ganzen Gehalt ich noch kaum abschätze, und erst langsam mir aneignen kann. Die Hand des liebevollen Kenners hat diese erstaunliche kleine Individualgalerie der Jahrtausende, von Pompei und Japan bis zu Renoir zusammengestellt, vielfach oder meistens Stücke die ich zum ersten Male bewundere, oder solche in die zum ersten Male mich zu vertiefen die magische Täuschungskraft dieser Zauberreproduktion mir gestattet. Blätter wie das Rembrandtsche »Gott bei Abraham« kenne ich überhaupt erst wirklich seit dieser congruenten Wiedergabe der im Strich durchfühlbaren Inspiration. Welch eine unausmessbare Gigantenwelt dieser Dürersche Kopf! Wir werden fast alle diese Blätter rahmen lassen, und haben sofort

über die Verteilung einen sanften Streit entriert, wie er zwischen vertrauten Gatten nur über Steckenpferde geführt werden kann. Daraus werden Sie ersehen wie schnell uns Ihre Gaben ans Herz gewachsen und wie völlig damit die Intentionen erreicht sind, aus denen heraus man gibt.

Ich muss nochmals nachträglich mein enttäuschtes Bedauern über Ihren ausgebliebenen Besuch hier wiederholen, – eines dieser von den abgeschmackten Genien, die sorgfältig über falscher Verknüpfung von Zufällen walten, sauber ausgearbeiteten gegenseitigen Missverständnisse. Hätte ich vermuten können, dass Ihre Rückreise Sie nicht über unsere Gegend führen *müsse,* so hätte ich natürlich trotz ungünstigster Umstände mich während Ihrer Herreise freigemacht. Ihre unmittelbare Nähe bei uns traf zusammen mit dem Besuche meiner Schwiegermutter und meiner Schwägerin die bei uns wohnten, und zu denen sich plötzlich gerade für die kritische Woche Herr Bodmer aus Zürich mit einem Reisebegleiter und dem Chauffeur gesellten. Wir logierten fünf Personen zehn Tage lang, alle unabweisbar, denn Herr Bodmer auf Freudenberg pflegt in Zürich mein höchst generoser und liberaler Wirt zu sein, der mich immer von neuem sich verpflichtet. Zu allem dem traf gerade in diese Zeit eine plötzlich dringlich gewordene lange verschobene Arbeit, und es ging toll her.

Wir werden nun zusehen, wann uns eine Begegnung gelingt. Ich muss Ihnen bekennen, dass ich von meinem letzten Aufenthalte die äusserste Antipathie gegen München mitgenommen habe, und bei der nächsten deutschen Reise dort nicht mehr Station mache, wenn ich die Geschäfte an irgend einen andern

Punkt verlegen kann. Allerdings habe ich in Neubeuern (Raubling Ob.) allernächste Freunde, die ich nicht umgehe und bei denen sich einen Tag lang gut plaudern und planen lässt. – Der klägliche Ausgang der Angelegenheit Nadler ist mir als letzter Tropfe Widerlichkeit in das volle Glas gefallen, und dabei darf ich mich nicht einmal äussern, denn der gute Brecht der sich dazu hergegeben hat nach Bertrams Échec den schamlosen Ostracismus gegen den einzigen durch die Situation designierten Mann mit seinem Namen zu decken, ist mein Göttinger Jugendfreund und ich muss ihm noch gratulieren.

Meinen Aufenthalt in Italien müssen Sie, wenn Sie mir gerecht werden wollen, als das ansehen was er ist, ein politisches Exil. Das Wesen des Exils besteht nicht in einer Urteilsvollstreckung oder der Flucht vor ihr, sondern in den Folgerungen die man aus der vollkommenen und grundsätzlichen Missbilligung der vaterländischen Zustände dann zieht, wenn einem alle Mittel fehlen auf ihre Änderung einzuwirken. Das war bereits vor dem Kriege in hohem Maasse bei mir der Fall. Seitdem hat alles für mich sich so gestaltet, dass ich in Deutschland lebend, meine Zeit in nutzlosen Fehden verzetteln würde. Wenn ich dort lebe fühle ich mich für das was dort vorgeht, mitverantwortlich; dass ich fort bin bedeutet dass ich die Verantwortung ablehne. Ausserdem vergessen Sie leicht dass unser Italien nicht das Ihre ist; wir kommen soeben von einem Ausfluge zurück, der uns zwei Tage in den herrlichsten weltfernen Edeltannen- und Buchen-Hochwäldern begrub, – nicht weiter von uns entfernt als Garmisch von München, und noch stehen Gläser voll dreierlei Enzian Trollblumen und der ganzen Voralpenflora Deutschlands auf meinem Tische. Italien hat alle klimatischen und vegetativen Möglichkeiten Deutschlands, nur staffelt es seine Zonen vertikal statt horizontal.

Leben Sie herzlich wol und drücken Sie bitte auch Ihrer Frau in unser beider Namen unser aufrichtiges Bedauern darüber aus, sie nicht kennen gelernt zu haben. Ihr Borchardt

546 AN ROSE BORCHARDT

[Villa di Bigiano Candeglia
Pistoia, Mitte Juni 1927]

Liebe Mama, ich fürchte, Deine freundliche Geburtstagsgabe hat das Schicksal getroffen, von mir bei der Post refusiert zu werden. Es kam unmittelbar nach dem 9ten hier ein Post-Avis an, nach dem ich für eine aus Berlin kommende Sendung ca *230* Lire Zoll vorzulegen hätte. Natürlich veranlasste ich das Zurückgehen dieser Sendung, von der mir nicht einmal Absender und Inhalt mitgeteilt wurden. Nachdem ich nun erfahre worum es sich gehandelt hat, möchte ich Dir dringend raten einen Laufzettel nachgehen zu lassen. (In Deinem ersten Briefe war von mir statt Weinkühler – jetzt schreibst Du Weinkübel – irrigerweise etwas wie Windkerzen gelesen worden). Selbstverständlich wird sich nun ein Modus finden, das Packet anzunehmen, obwol man ungern genug den hiesigen Zollbehörden solche Zwangsgeschenke macht. Habe jedenfalls nachträglich noch den herzlichen Dank für Deine freundliche Intention.

Ich hoffe Deine Reise bringt Dich soweit in unsere Nähe dass Du daran denken kannst, Dich bei uns zu erholen. Dass Du immer willkommen bist und ein Haus Deiner Kinder Dein Haus ist, über das Du verfügen kannst, versteht sich von selber, aber mit Rücksicht auf das allgemein Rätliche möchte ich Dir nur andeuten, dass Reisen im Juli und August hier zu den wirklichen Strapazen zählen. Im Hause selber ist es auch im Hochsommer sehr erträglich kühl, aber von 9 morgens bis fünf Nachmittags verlässt niemand es ohne Grund.

Wenn Ernst gelegentlich seiner Herbstreise sich in dieser Einsamkeit ruhen und ausstrecken will, so ist er mir ebenfalls willkommen. Auch für die übrigen Geschwister gilt es, dass wer ohne viel Aufhebens dazu mithelfen will, den Familienzusammenhang über den persönlichen Egoismus zu stellen, in mir nie vergebens den Bruder suchen wird. Ich thesauriere keine alten Schuldrechnungen und fühle mich unbekümmert und jung genug, um jeden bei mir auf einem weissen Blatte anfangen lassen zu können.

Wir sind erst vor wenig Tagen hierher zurückgekommen, von Abetone, einem herrlichen Hochgebirgs- und Hochwald-Distrikt, der von uns aus in wenig Stunden Bahn- oder sonstiger Fahrt zu erreichen ist. Mein Schwiegervater der bei uns wohnte hatte uns dorthin eingeladen und es ist schwer zu sagen ob das ganze mehr ein Fest für die Kinder oder die Kinder mit ihrem Jubel und ihren Spässen mehr ein Fest für uns waren. Wir liessen sie eine grössere Tour auf einem Esel mitmachen während wir selber gingen und kletterten, der Anblick des eng einander umarmenden lieblichen Pärchens auf dem märchenhaften Reittiere, Riesentannen über sich, Riesenklüfte unter sich, ein alter Treiber davor, an der hohen Waldwand alle Biegungen des Weges ausholend, war unvergesslich, und schliesslich bedauerten wir nicht einmal die Camera vergessen zu haben, da nur Schwind dieser

Gruppe in dieser Landschaft hätte gerecht werden können. Beide waren bis 1600 m mit uns auf einem recht alpinen Gipfel, Kaspi zu Fuss mit mir noch höher; er bewies sein unfehlbares Blumen-Auge dadurch dass er im Blütenteppich einer Alpenwiese sofort einen seltenen Enzian entdeckte und mir brachte, – das einzige Exemplar davon das sich hier fand. Zurück ging es von dort oben bis ins Haus im Auto in einem einzigen Schwunge, davon werden sie noch lange träumen.

Auch hier ist es nicht so warm wie sonst, häufige Gewitter, sonst um diese Zeit ungewohnt, halten alles durch manchmal empfindliche Kühle zurück.

Lebe herzlich wol und sei von uns beiden gegrüsst. R

547 AN KONRAD BURDACH

Villa di Bigiano
Candeglia (Pistoia)
(Italien) 18 Juni 27

Lieber und hochverehrter Herr Geheimerat,
unter allen Freundlichkeiten, die man mir Überraschtem bei Gelegenheit eines Datums erwiesen hat dem ich für mich unmöglich Bedeutung geben konnte, war keine die mich im Innersten gerührt hätte wie Ihr treues väterliches Wort. Es wird mir nicht gelingen, – und ich will darum nicht versuchen – alle Regungen zu sammeln, die in diesen Augenblick tiefer Rührung von allen Seiten ein-, von ihm nach allen Seiten ausströmten. Es genügt dafür anzudeuten, dass nur in Ihnen mir jene Stimme hoher entschwundener Zeiten spricht, der ich selber nur noch durch De-

putat das Leben des Geistes verdanke, den Glauben an die Sterne und die Treue gegen den eigenen Stern, während Sie durch Ihre grossen Lehrer, die Fernsonnen meiner Knabenzeit, unmittelbar mit Ihnen verbunden sind und sie in einer einzigen Weise bis auf diesen Tag perpetuieren.

In einer einzigen und freilich auch einer einsamen; wenn ich es diesem Umstande verdanke, von Ihnen auch dort mit Wolwollen angehört zu werden, wo ich, wie es scheint, meinen Zeitgenossen kaum je geniessbar sein dürfte, so überwiegt doch in mir bei dem Gedanken an Ihr einziges Verdienst und an die stolze Reihe klassisch gewordener Leistungen in denen es sich ausgedrückt hat, ein der Trauer verwandtes Gefühl. Die Aufgaben die Jacob Grimm und Lachmann, Moriz Haupt und Wilhelm Scherer, ja, Ranke und Burckhardt sich noch nicht stellen konnten, haben Sie teils gelöst, teils zu lösen verheissen, und, damit, begonnen. Wie viel glücklicher dennoch jene Lehrer, hinter denen Schülerschüler und Schüler wie Sie heraufzogen, als Sie der Sie die letzten Schlachten Ihrer Wissenschaft am Rande des geistesgeschichtlichen Abgrundes dieser Tage schlagen, und nicht wissen können, ob in zwanzig Jahren ein Gelehrtengeschlecht bestehen wird, das Ihre Problemstellungen, das irgend welche aus der geschichtlichen Forschung und der philologischen Kritik bestimmten Formulierungen einer Aporie des Urteils überhaupt noch versteht. Die Fähigkeit, wissenschaftliche Arbeit ihrem Werte nach zu beurteilen, nimmt reissend ab, und die Zeit in der ein akademisches Schönbarttum der Eloquenz und der Humanitäten die Klotzische Aera auf unsere Katheder zurückbringt, im Anzuge zu sehen, bedeutet durchaus kein Spielen mit eingebildeten Gefahren. Ich habe, an fünf deutschen und deutschredenden Universitäten rasch hinter einander sprechend, diesen Winter wunderliche Specimina deutscher »Professoren« erleben müssen, und kann mich bei der völligen moralischen Misere, die die Berufung solcher trauriger Gestalten möglich macht, nicht mehr über den Münchener Sumpf wundern, und die Zähigkeit mit der die in ihm angesiedelte Flora und Fauna sich ihrer drohenden Abreinigung widersetzt. Wenn Nadler wirklich berufen werden sollte, was ich bei den Folgen die es für alle Contreinteressierten haben müsste, nicht glauben kann, so wird es einzig dem Drucke zuzuschreiben sein, den wir auf den eitlen und schwankenden Vossler darum ausüben konnten, weil Gundolf, sein eigentlicher Candidat, leider nur vom Antisemitismus, nicht von der wissenschaftlichen Strenge der Universität abgelehnt worden wäre.

Solchen Zuständen und Zeitleiden gegenüber will es wenig besagen, wenn ein Dichter, der, wie ich, nichts je des Beifalls wegen unternommen oder unterlassen hat, sich mit dem schmalen Lebensraume begnügen muss, den die heillose Epoche ihm zuweist. Sie wissen, und spielen mit hoher Güte darauf an, dass ich als Dichter kein Dichter, als Gelehrter kein Gelehrter, aber in dem festen Wissen um die unterirdische Gemeinsamkeit der Wurzel beider der Schüler meiner griechischen Lehrer bin. Die Geschichte hat kein Beispiel dafür, dass dort wo sie sichtlich auf dieser gemeinsamen Wurzel blühen – wo das attische Drama, das elisabethinische, das deutsche, die griechische Lyrik, die italienische und die deutsche neben der schöpferischen Forschung und Deutung stehen, die Poesie die Entartung der letzteren überlebt hätte; nur für das umgekehrte scheint es Beispiele zu geben und meine

Freunde und ich wären in diesem Falle wirklich dasjenige, als was wir uns manchmal erscheinen, eine anachronistische Nachblüte in ringsum ausgeblühter Zeit ein Fehler der Natur, wie die augusteische Poesie hart am Wahnwitz und Zusammenbruche der Zeit. Die Kräfte von deren Vorhandensein in den höheren Ständen der Nation im Grunde die Wissenschaften leben, und ohne welche ihre Institutionen und Traditionen endlich verfallen müssen, sind zugleich solche, deren die Poesie um aufgenommen zu werden, auf keine Weise entraten kann. Wenn jene letzten Endes voraussetzen müssen, dass das interesselose Wahre um seiner selber willen, nicht um seiner Anwendungen willen, das Opfer des ganzen Menschenlebens, auch wenn niemals erreicht, aufwiegt und überwiegt, so gehört dies Axiom im Grunde einem ganzen ungeschriebenen Dekalog, einer unsichtbaren Welt der Werte an, von denen der erstbeste, der nächstbeste schon ganz in die Domäne der Voraussetzungen fällt, ohne die es keine Poesie geben kann. Die Welt des Geistes ist Eine, wie die Welt der Stoffe, und unmöglich ein Einzelnes aus ihr zu streichen ohne dass das Ganze zu Scheiter ginge; und dagegen werden wir schwerlich zugeben, dass jene Techniker, die den Namen der Wissenschaft, und jene Gewerbe, welche den der Poesie unnützlich führen durch etwas anderes als den Missbrauch und als die Welt der Praxis mit einander vereinigt sind aus der sie stammen und die sie zu beeinflussen trachten.

Erhalten Sie mir, verehrter Mann, das Wolwollen, das mich ermutigt, meiner Feder so freien Lauf zu lassen. Möchte den grossen Plänen, die bei Ihnen der Erfüllung zureifen Lebenskraft und Wärme des Herzens aus dem Vollen zuströmen und möchten alle

Umstände sich vereinigen um uns im vollen Sonnenbrande und
hohen Korne Ausholenden etwas wenigstens von der Milde und
der Strenge zugleich Ihrer Lebensluft zuzuwehen, die aus dem
gleichen stammen, der gleichen Hoheit der Seele.

Ihr Rudolf Borchardt

548 AN DIE REDAKTION DER »DEUTSCHEN RUNDSCHAU«

(Diktiert) SAlessio
Redaktion der deutschen Rundschau Candeglia Pistoia
Berlin d. 31. VI 27

Hochgeehrter Herr Doktor,
Mit bestem Dank für Ihre gef. Erwiderung freue ich mich Ihnen
mitteilen zu können dass einem Abdruck der Marburger Rede in
Ihrem Oktoberheft nichts entgegensteht, da die Buchausgabe der
Reden bis dahin nicht vorliegen kann. Auch von Ihrem weitergehenden
Interesse für meine Arbeiten habe ich dankend Kenntniß
genommen. MS der Rede wird noch einmal durchgesehen und
geht Ihnen alsdann separat zu.

    Hochachtungsvoll und ergebenst   Rudolf Borchardt

549 AN WILLY WIEGAND

[Villa di Bigiano Candeglia
Pistoia, nach 23. Juli 1927]

Lieber Wiegand
es ist mir leider nicht möglich gewesen Dein freundliches Schreiben
mit Beilagen früher zu beantworten, da die närrische Geburtstags
Angelegenheit mir, wie immer, wenn diese Narrenwelt sich

bedünkt es uns ganz herrlich recht gemacht zu haben – gar nichts einbringt als vermehrte Arbeit, und das von der lausigsten und leersten Art, indem ich allen Wichtigthuern die mit dem Spiegel in der Hand geschwollene Episteln an mich befördern, um sich auf Du und Du mit dem Zeitgeiste zu fühlen, aus Humanität etwas zukommen lassen muss, und mich so allmählich bis auf Nº 48 meiner ca. 200 Gratulanten hindurchcorrespondiert habe. Und dabei hört es mit Nachzüglern nicht auf, gestern kam noch der Oberbürgermeister von Königsberg samt Magistrat mit einer Adresse nachgehinkt, nur geblähter Tratsch und keine Ahnung von etwas dahinter – all das will beantwortet sein, das offiziellst-dümmste voran, alle wirklichen Freunde warten noch, und mit ihnen die geschäftliche Correspondenz die sich nicht mit einer Zeile abthun lässt. Dazu tritt, dass so vieles neben einander zu fördern ist wie noch nie in meinem Leben, alle müssen ein wenig Geduld haben bis die Reihe an sie kommt, und sie kommt an jeden.

Ich habe neue weitausblickende geschäftliche Beziehungen nach mehreren Seiten, für Rowohlt hat sich ein ausgezeichneter, mir sehr ergebener und mit allen geschäftlichen Voraussetzungen ausgestatteter Nachfolger gefunden, mit dem sehr glückliche Vereinbarungen bereits in einer Weise in Kraft sind, die, verbunden mit den ebenfalls bereits erheblich erweiterten und ausgezeichnet funktionierenden Verträgen mit Piper mich, wol zum ersten Male im Leben, nicht nur vor Sorgen schützen, sondern in einen bescheidenen Wohlstand versetzen, wenigstens wenn ich die Vereinbarungen mit grossen Zeitungen und Zeitschriften dazunehme die ebenfalls in den letzten Wochen und Monaten geschlossen worden sind und meist, nicht ausschliesslich, Vorabdrucks und

Zweitdrucksrechte gegen relativ hohe, in schwierigen Verhandlungen durchgesetzte Honorare betreffen. Die durch die Lira-Stabilisierung hervorgerufene ausserordentliche Steigerung meiner Ausgaben, die auf absehbare Zeit sich nicht ändern kann, hätte mich allerdings unter allen Umständen dazu gezwungen, meine Einnahmen zu vermehren. Das Haus kostet mich statt 2000 M. wie im Vorjahre, 3000 Mark und in der fast gleichen Proportion ist alles gesteigert, ohne dass es mit der Preisherabsetzung Ernst wird. Preisrückgang bei Deflation ist ein Rückschlagventil das nie funktioniert, wie wir am eigenen Leibe erfahren haben.

Meine Verpflichtungen gegen Dich, der in schweren Zeiten, meiner Krankheit und der bösen Wirtschaftslage, das irgend Mögliche gethan hat, um mich meinen Aufgaben zu erhalten – diese Verpflichtungen also betrachte ich als Ehrenschuld, deren ich mich honnetter Weise und in honnetter Form zu entledigen beabsichtige, wobei ich von Dir nur ein gewisses Verständnis für die Situation erbitte und erwarte, wie sie sich nun einmal gebildet hat, und die mir neben die für Dich bestimmte Arbeit eine grosse Reihe anderer stellt, von denen ich mein Leben en gros und mein Arbeiten en détail bestreite. Moralisch steht mir die Arbeit für Dich an erster Stelle, rein sachlich nehmen die dichterischen, in denen ich mitten drin stecke, da wir zu Weihnachten mit sehr grossen Dingen hervortreten werden, meine Passion aufs stärkste in Anspruch, und schliesslich macht das Budget seine Stimme geltend, und sucht das in den Vordergrund zu schieben was am schnellsten und relativ leichtesten die grossen Summen bringt, die es beansprucht. Alle diese Ansprüche mit einander harmonisieren kann nur *ich,* und von Deiner Seite wirst Du nicht am besten thun, wenn Du die lang geübte Geduld in dem Augenblicke verlieren wolltest, der gerade dies wenige Restlein Geduld das gebraucht wird, von Dir gleichzeitig verlangt und Dir lohnt. So erhältst Du gleichzeitig und separat die ersten Sendungen der neuen Fassung des Paradies, und wirst nach den Schriftworten zufrieden sein, das jeder Tag seine eigene Plage habe, ich Dir also Tag für Tag weiter etwa gleichviel sende. Auch in den Lyrikbänden stehen die ersten Druckunterlagen, resp. ihr Eingang, indem alles sich langsam vorwärts schiebt, bevor. Wenn Dir mein Modus der Textbestimmung, der selbe der beim Ewigen Vorrat angewandt worden ist ohne diskutiert zu werden, heute zu teuer wird, gut. Ich werde alle Textkritisch complicierten Stücke, also solche mit reicher Überlieferung, neu schreiben, denn Dein neuer Vorschlag bedeutet für alle beteiligten nur neuen Leerlauf. Ich verstehe Dein Stöhnen über das aufgetürmte Massenaufgebot von Arbeit und Kosten bei diesen Büchern sehr wol, aber das hast Du selber so gewollt, nicht ich, dem solches Arbeiten mit fremden Krücken und Stelzen ausserordentlich widerlich war und ist. Hätte ich geahnt dass mein Wunsch, diese geschlossene dichterische Gruppe zu übersehen und hübsch zusammenzustellen, mich schliesslich dazu führen würde, von Italien aus kritische Ausgaben ungefähr des ganzen deutschen Volks und Gesellschaftsliedes machen zu sollen, so hätte ich das eben so schön bleiben lassen, wie wenn Du dergleichen vorausgesehen hättest, vermutlich Du. Wir haben uns beide in den Zauber der Probleme und des schreckenden Hauptproblems hineinziehen lassen, vom Einen zum Andern, vom Hundertsten ins Tausendste, vom Hauptwege auf Seitenwege, wie das bei solchen Arbeiten eben geschieht. Man weiss wo sie beginnen aber nicht wo sie enden, und wenn sie uns über den Kopf wachsen, so hat unser Kopf sich eben den Ruck zu geben und seiner Länge eine Elle zuzusetzen. Jede Arbeit, die in höherem Sinne wert ist gethan zu werden, bringt Momente mit sich in denen sie, ohne den Druck absoluter Not oder absoluter Ehre, ungethan bliebe. Das ist hier der Fall, aber der gleiche für uns beide. Mit den Nachworten wirst Du wenn Du sie erhältst, die Sammlungen vollkommen angemessen und sachlich ausreichend ausgestattet finden. Ich habe meine bestimmten und wolerwogenen Gründe dafür, den Typus dieser Nachworte, wie ich ihn mit den »Trobadors« aufgestellt und bis zur »Landschaft« fortgeführt habe, für eine Zeit zu verlassen und einen neuen der völlig unpersönlichen, jede Verallgemeinerung ausschliessenden praktischen Anwendung zur richtigen Benutzung an seine Stelle zu setzen. Davon, alle die Dinge zu behandeln, die Du Dir erwartest, kann an einer solchen Stelle auch nicht entfernt die Rede sein. Wie sollte das geschehen? für den Laien sagt man immer zu viel, für den gelehrten Kenner immer zu wenig und ich habe lange genug meine schönsten wissenschaftlichen Gedanken durch Äusserung an ungeeigneten Stellen ihrem eigentlichen Forum entzogen, dafür aber den Bedenken der Incompetenz und der Ignoranz und allgemeinen und besondern Leisetretern ausgeliefert. Von jetzt an wird alles an seine gehörige Stelle kommen. Was ich zu diesen Gedichten und Fragen im ganzen Zusammenhange ihrer Geschichte und meiner Gedankenwelt zu äussern habe, kommt in eine Aufsatzreihe im Euphorion, wo die Wissenschaft es zu suchen hat und zu finden weiss, und dann in ein Buch, für das ich mir, bei dem ganzen drohend grossen Ernst der Sache, schickliche

Zeit lasse. Es ist nichts Kleines, den Traumbau eines grossen Jahrhunderts zu sprengen und abzuräumen, und diese Destruktion wird mit soviel frommer Weihe und langsam sich vollendender Sammlung vollzogen werden wie eine Konstruktion.

Dies alles bitte ich Dich ruhig und sachlich, also nicht persönlich zu nehmen, und auch dann, wenn es Deinen Hoffnungen nicht ganz entspricht, wie das Leben es denn mit sich bringt, dass ihnen nicht ganz entsprochen werden kann, als unabänderlich anzusehen – unabänderlich nicht in irgend einem den Verlag und mich betreffenden Sinne sondern in demjenigen, dass mein eigener Lebens und Arbeitsrahmen wie er sich nach langem Oscillieren plötzlich nach allen Seiten ausgefüllt und zugeschlossen hat, alles was ich für wen es auch sei thun und leisten kann, in einer bestimmten, nicht mehr umzustimmenden Weise bedingt. So scheint es denn, als wäre wirklich der Lebensabschnitt des verflossenen Monats, über den Glückwünschende und Beglückwünschter nur lächelten, plötzlich zum Abschnitte geworden, und ob dasjenige was man dabei und dazu gewünscht hat, Glück, ein Wünschenswertes sei im alten Sinne oder im Neuen, das weiss endlich nur ὁ θεός, der Gott, der das zweideutige Wort wie alles zweideutige so gern in die Orakelsprüche mischt in die verhüllt er den eigenen Weg verfolgt.

 Mit besten Grüssen   Dein Bdt

Wann erscheint das Landschaftsbuch?

550 AN WILLY WIEGAND

>Villa Bigiano
>Candeglia (Pistoia)
>21 Oktober 27

Lieber Wiegand

Du erhältst gleichzeitig mit diesem als Einschreiben mit Rückschein Paradies VIII-XX incl., und damit die volle Hälfte der ausstehenden neuen Fassung; diese ist, bis auf eventuelle Kleinigkeiten, die nur noch der Revision unterliegen, druckfertig. Ich bitte Dich für eine möglichst beschleunigte Drucklegung des ganzen Dante nunmehr zu disponieren; die noch fehlenden dreizehn Gesänge sind ebenfalls im abgelaufenen Sommer so weit durchgearbeitet bezw. gefördert worden, dass ich ihre normale Weiterabfertigung vor mir sehe. Alle übrigen mich beschäftigenden Arbeiten sind gleichfalls teils vorläufig so weit abgeschlossen teils abräumbar geworden dass an der Comedia alleine geblieben werden kann bis sie geschlossen und gedruckt ist. Ich bleibe die ganzen nächsten Monate hier und gehe erst im Januar auf Reisen, garantiere also die postwendende Erledigung auf Dante bezüglicher Eingänge. Deutschland berühre ich dies Jahr nicht.

Die Cavalierslyrik erwarte ich im Laufe des Dezember abzuschliessen; die anderen Lyrikbände werden in diesem Jahre nicht mehr druckfertig.

Ich bitte Dich, falls es nicht von Dir aus geschehen ist, ein Exemplar des Landschaftsbuches, Leinen, in meinem Auftrage an Frau Karl Förster Bornim bei Potsdam, senden zu lassen.

Mit besten Grüssen   Dein Borchardt.

551 AN REINHARD PIPER

Wertester Herr Piper
ich bin mir längst nicht ohne Scham bewusst, wie ungebührlich ich Ihre Geduld in Anspruch nehme und kann dies Eingeständnis auch heut nur mit Gründen belegen, die eher den Leser und Teilnehmenden, als den Verleger in Ihnen suchen. Dieser Sommer und Herbst, in mancher Hinsicht der reichste und glücklichste meines Lebens, hat den Abschluss, den kaum mehr erwarteten, des Werks eines halben Menschenlebens – praktisch gerechnet – theoretisch dürfte man rechnen, eines *ganzen* – gebracht, des Deutschen Dante, – – unter Schwierigkeiten und Spannungen, wie sie sich nur bei Arbeiten einstellen die wie im Märchen, je näher dem Ziele je ferner der Möglichkeit, weil mit tückischen Charakterproben beladen, von uns abzurücken scheinen, so dass Kinderhände den ersten Stein herbeigespielt zu haben uns bedünken, und Übermenschenkräfte nicht auszureichen, den letzten ins Lot zu heben. Arbeiten dieser Art, deren Vollendungsmöglichkeit, nach jahrelangen Verzweifelungen plötzlich aufleuchtet, haben bei einem Naturell wie dem meinen dann eine ebenso tyrannische Intensität, wie sie bis dahin nur mit Winden und Schrauben an den Arbeitstisch hatten gewälzt werden können. Vollkommene Clausur, ängstliche Carenz von jeder concurrierenden Thätigkeit setzen sich durch, es wird kaum die Nase aus der Thür gesteckt, die Briefschulden türmen sich zu völlig hoffnungslosen Bergen. Die Vorstellung wieviel Briefe geschrieben werden *müssten* sobald *einer* geschrieben wird, spricht diesem einen das Todesurteil. Von den vielen hundert Glückwunschschrei-

ben zu meinem Geburtstag ist kaum einer beantwortet. Trotzdem muss aus gebieterischen Gründen neben der Hauptarbeit Gewisses anderes *doch* weiter geschrieben werden und schliesslich ist die rein mechanische Anstrengung des Schreibens uns zum Ekel.

Ein wenig tröstet mich dabei, dass nichts Höchstwichtiges durch meine Schreiblähmung verabsäumt worden ist, und ich immer noch bei Zeiten unsere Geschäfte Punkt für Punkt mit Ihnen besprechen kann. Da der Berg nun vom Tische und vom Gewissen ist, kann ich für die Aufrechterhaltung des Einverständnisses wieder garantieren.

1) Lebensbeschreibung. Sie erhalten die letzte Correctur die ich darum nicht für so dringend hielt, weil die Einkehr noch mit so viel im Rückstande ist. Die Überschriften sind alle gegeben: 4) Erste Schule und Krisis des höheren Unterrichtes. 5) Das Kind im Hause 6) Das Kind im Hause und in der Fremde. Diese thörichten Titel concedierte ich dem journalistischen Bedürfnisse, sie stehen nur in der Ztg, im Buche wird durchgedruckt ohne Unterteilungen, nach guter alter deutscher Art. Dass es nicht möglich gewesen ist, weitere Abdrucke zu placieren ist eine grosse Enttäuschung und, wie ich Ihnen nicht verhehlen kann vor allem eine wirtschaftliche für mich gewesen, denn – ich muss das offen aussprechen dürfen – die vertragliche Bestimmung, wonach ich Ihnen auch an einem bereits bestehenden, von *mir selber* geschlossenen Abdruckscontracte eine so hohe prozentuale Beteiligung zusprach, hatte ich auf die unvorsichtige Voraussetzung gestützt, ich würde durch Ihre Correspondenz schliesslich so viele Vorteile erhalten, dass der Nachteil statt der 300 M. von den M.N.N. mir bei Ihnen nur 180 M. verbucht zu sehen und 120 einfach wegzugeben

sich schliesslich mehr als balancieren werde. Dass dies nicht geschehen ist und mein Vorteil im wesentlichen in einem Vorschusse auf die Buchausgabe besteht, habe ich natürlich hinzunehmen, aber ich würde doch gerne erfahren, wie es möglich gewesen ist, dass die grossen Danziger und Königsberger und Breslauer Blätter die ganz auf den Osten abgestellten ersten Kapitel nicht genommen haben, von denen man mich versichert hatte, sie würden durch die ganze Presse des Ostens laufen, und ebenso, warum so isoliert geschlossene Darstellungen wie die des Schulwesens, bei ernsten Blättern – Beilage der Allgem. Ztg, Hamburger Fremdenblatt pp, oder Zeitschriften nicht sollten unterzubringen sein! Die N. Zürcher Ztg hat gewiss das höchste Interesse für alles in dem Buche stehende, Dr. Trog hat mir in diesem Sinne wiederholt Ausrichtungen machen lassen. – Ich hoffe also nach wie vor, dass es bei geschickter Herausredigierung geschlossener Partieen und sorgsamer Auswahl und Behandlung der Zeitungen und Zeitschriften gelingen wird, das augenblicklich für mich recht nachteilige Verhältnis ins Vorteilhaftere zu verschieben. In diesem Sinne, dem einer durch die Vorgänge veranlassten Zurückhaltung wollen Sie auch nicht verübeln was ich auf Ihre freundlichen Sondierungen durch Herrn Streck bestellen liess: die Verbindung mit Ihrer Correspondenz, die mir nach wie vor durchaus sympathisch ist, hat zur Voraussetzung dass sie mir gegen meinen bisherigen Vertrieb Vorteile bringt – und zwar sie garantiert. Der Ihnen s. Zt. angebotene Aufsatz zB. erscheint jetzt als dreifacher Gleichdruck in grossen Zeitungen und ca. 10 Mal als Nachdruck in kleineren; das sind gering gerechnet 800 Mark: damit Sie unter Einbehaltung von 40% v. Gesamterlös mir das

Gleiche garantieren könnten, müssten Sie ca. 1340 M. gelöst, also fast die ganze in Betracht kommende Presse mit dem Aufsatze belegt haben. Wenn es nicht wirklich »die Masse bringt« ist der Modus für mich unrentabel. – Was die Panzini Übersetzungen meiner Frau betrifft, – (ohnehin eine reine Spielerei, denn sie hat keine rechte Sympathie mit dem Autorentume) – so verbliebe ihr nach den Autorenrechten, die Panzinis römischer Vertreter scharf eintreibt, und den Correspondenz Prozenten nichts nennenswertes. Die Zürcher Ztg hat für die Skizze 50 Fcs gezahlt, wäre es durch Sie gegangen so wären von den ihr verbleibenden 25 (die Hälfte bekommt Panzini) 16,6 Fcs = 14 Mark geblieben – – was wirklich die Mühe erst lohnt, wenn man es mit 10 (Abdrucken) multipliciert. Ich werde sie trotzdem nach ihrer Rückkehr (sie ist verreist) bitten Ihnen das kleine Ms. zusammenzuordnen und, nicht als Verleger, sondern als Leser, zu senden; ich fürchte, die Subtilität des Originales die ganz in der vorsichtigsten Koketterie mit reichem und schalem Sprachgut (und der dahinterstehenden melancholischen Mahnung) besteht, ist trotz der Distinktion mit der meine Frau ihre Sprache handhabt, nicht wiederzugeben und diese dünnen Geschichten wirken nur blöde. Gefällt es Ihnen schliesslich doch, so könnte man sehen ob Sie ein Interesse daran haben es mit allen Rechten – Zeitungen, Buch etc. – an sich zu ziehen und etwas dafür zu zahlen, wovon 50% mit blossem Auge noch wahrnehmbar sind.

b. Lebensbeschr – Buchausgabe. Wie Sie bereits wissen und mir gütigst bestätigt haben, erhalten Sie in den nächsten Tagen ausser der November- die versäumte Julilieferung, und im Dezember die letzte des Jahres mit der der vertragmässig vorgesehene erste

Band schliesst. An und für sich – oder für mich – ist diese Lebensgeschichte ein Ganzes ohne Untertitel, in Bücher geteilt die einfach numeriert werden und höchstens Kennworte bekommen – so wird später dies erste Buch wol heissen Genos (γένος) und Physis das zweite Daimon und Tyche das dritte Hybris und Kairos. Aber wenn es im buchhändlerischen Interesse liegt, den Band möglichst schon im Titel selbständig zu machen, so nennen wir ihn »das Kind« (im Gegensatz zu »Knabe« Jüngling). Der äusserliche (und innerliche) Abschluss ist die Trennung vom Elternhause, Übergang in die Provinz zu einem Erzieher, in dessen ganz neuer Hausdisziplin die Bildung des Knaben erst beginnt, und ein neues Elternhaus sich an die Stelle des angeborenen setzt (1887). Mir liegt sehr viel daran, dass dieser Band im Frühjahr erschiene. Als Band von netto 200 Seiten (dreissig Zeilen zu 16 Silben), bei generöserem Drucke noch etwas stärker, kann er sehr schön für sich stehen, und die mich selbst überraschende aussergewöhnliche Wirkung die ich von vorgelesenen Kapiteln auf die verschiedensten Hörer habe ausgehn sehen lässt mich einen schönen buchhändlerischen Erfolg erhoffen. – Was die Honorierung dieser Doppellieferung betrifft, oder vielmehr ihrer nachgelieferten Hälfte, führt zu

II dem Redenbande. Es war eigentlich mein Wunsch gewesen den Band noch dies Jahr erscheinen zu lassen, im Winter wieder in Deutschland zu sprechen, und Druck und Auftreten durch einander zu verstärken. Aber da eine Reihe von tiefliegenden Gründen mir unzweifelhaft machten, dass ich mit ganz anderem Gewichte vor das Publikum trete, wenn vorher ausser dem Dante noch dies und jenes was ich vorbereite éclatiert ist, so halte ich mich dies Jahr zurück und habe das noch schwebende abgesagt. Statt dessen wünschte ich nur die Reden zu publizieren, und zwar absichtlich nicht in den Weihnachtsrummel hinein, sondern in den für ernste Bücher viel günstigeren Frühling. Ich denke Ihnen Mitte oder Ende November das Ms. zum Contracte vorzulegen und zwar das vollständige enthaltend 1) Vorwort: Freiheit und Dienst 2) Züricher Rede: Arnaut Daniel und Giovanni Pisano als Schöpfer der modernen Seelengestalt Europas 3) Basler Rede: Der Kampf um den deutschen Dante 4) Freiburger Rede: Der Dichter und die Geschichte 5) Marburger Rede: Die geistesgeschichtliche Bedeutung des XIX^{ten} Jahrhunderts 6) Bremer Rede: die Antike und der deutsche Völkergeist 1) die deutsche Antike 7) 2. die Weltgotik 8) Hamburger Rede: über die Gründe weshalb es einen deutschen Roman nicht geben kann 9) Königsberger Rede: Die Wiederherstellung der Welt und des Menschen 10) Münchener Rede: Schöpferische Restauration. Es ist ein Band von ca 22 Bogen, Titel

Zehn Parolen
Reden eines Monats

Ich hoffe Ihnen damit, dass der Druck dieses in meinem Lebenswerke einzig dastehenden Buches noch in diesem Jahre beginnen kann, eine Freude zu machen, und schlage Ihnen vor dass, unter der Voraussetzung des Abschlusses darüber bis 1 Dzbr, die Lieferung 8 der Lebensgeschichte einstweilen nicht honoriert wird, bzw. die Honorierung bis Erscheinen in der Einkehr hinausgeschoben wird, um keine übermässige Anstrengung hervorzurufen. Auf die Verwertung des Redenbuches noch innerhalb dieses

Jahresbudgets bin ich allerdings angewiesen, da ich die monatelange ungeheure Arbeit der Paradiesumlegung unbezahlt thue. Die erste, von mir verworfene Fassung ist mir längst honoriert, was ich jetzt daran gethan habe, thue ich nur für mein künstlerisches Ehrgefühl und Gewissen, und muss das Redenhonorar darauf verwenden, die Kassenlücken zu füllen die diese schöne Geste gerissen hat. Wie Sie sehen, sammelt man sich mit dieser Art zu arbeiten höchstens den evangelischen »Schatz im Himmel«.

Ich hoffe schliesslich, Sie suchen sich bei einem demnächstigen Aufenthalte hier, aus den Vorräten meiner Frau ein Ms von mir heraus, das zu besitzen Ihnen Freude machen könnte, und das in Ihren Händen zu wissen mir gewiss nur wolthun kann. Ich habe mich vor Jahren durch notarielle Schenkung an Frau und Kinder, zu Handen meines juristischen Schwiegervaters, alles Rechtes an meine Handschriften begeben, und es bildet sich im Schatten dieser Urkunde etwas wie eine Archivierung meines schwarz auf weissen Trödels heraus, die mir ich weiss nicht ob mehr lächerlich oder peinlich ist, da mir alles grossthun und wuchern mit so natürlichen Lebensbezeugungen wie mein Aufgeschriebenes es ist, nur ängstlich macht, und ich, wenn es nach mir ginge, alles verschenkte.

Ich bin, mit herzlichsten Grüssen, der Ihre

Borchardt

Villa di Bigiano
31 Oktober 27

552 AN ROSE BORCHARDT

[Villa di Bigiano Candeglia
Pistoia, November 1927]

Liebe Mama

Wir haben uns sehr wieder von Dir zu hören gefreut und ich benutze die Gelegenheit gleichzeitig Else für ihre freundliche Mühwaltung zu danken die uns einen guten Curs garantiert. Ich hoffe ich darf auch die weiteren Raten über ihre Adresse leiten. Die hier mit Dir verbrachten Tage si[nd] allen in der freundlichsten Erinnerung, die Bewunderung Dein[er] [Leis]tungen beherrscht noch immer Alt und Jung, und wenn wir [auch?] gewisse Stelle der Treppe immer noch nicht ohne ein gew[isses ängst?]liches Herzklopfen betreten so gibt es dafür genug [andere Orte im?] Hause und um das Haus an denen gute Geister der Er[innerung an?] Deine vergnügte Frische und Heiterkeit wohnen. Könntest [Du gegen E?]uren Berliner November unser herrliches Wetter eintauschen! [Wir] haben nur einen Sturmtag gehabt, und, nach Schneefall im Apennin, starke Abkühlung der unnatürlichen Föhnlage, aber der Garten steht im Flor, die Dahlien treten in die dritte Blüte, Seltenheiten blühen noch auf und das Haus glänzt voll grosser Sträusse in die sich schon Goldlack und Chineserprimeln mischen, als Zeichen des Neujahrs mitten im Spätjahr: heut lockte die Sonne nach Tisch so stark, dass wir den Kaffee auf dem Altan genommen haben. Nur Abends zündele ich etwas im Kamin, mehr des Behagens als wirklichen Bedürfnisses halber.

Marel geht es glücklich und gut, nachdem die Beschwerden der ersten Monate diesmal ungebührliche gewesen waren und mich mit Besorgnis zu erfüllen begonnen hatten. Jetzt sieht sie strahlend schön aus und prangt in ihren alten Farben, ist auch in heiterer Verfassung und wir sind sehr glücklich. Das Büblein Johann Gottfried ist ein schönes starkes eigensinniges Kind geworden, mit lichten Farben und Haaren und Augen, ein Regenwurm an Ringelfähigkeit und Ungeberde; er kommt durch ein ganzes Zimmer gekrochen um sich an meinen Knieen hochzuarbeiten, strampelt sich zu mir hinauf, steht schliesslich oben, drückt die Kniee durch und singt Triumph. Die beiden andern mit ihm zu sehen ist der lieblichste Anblick von der Welt, sie besorgen und hätscheln ihn wie Alte und die drei süssen Köpfe zusammen geben ein Bild. Es sind liebe Kinder, und lernen brav. Sie lesen schon ohne zu lautieren und schr[eiben] schöne Diktate, Kaspi mit auffallend schöner Kalligraphie, aber z[ögernd und?] ungleich, Corona mit zähem Ehrgeiz aber – sie ist erst vier Jahr [Textverlust]dem. Jeden Morgen höre ich, in meine Arbeit hinein, Ma[rels im Skandier?]tone ganz fremde Stimme, und dazwischen dreistes oder [munteres Kinder?]-piepsen.

Ich habe ein schönes Jahr ge[habt, eines] der besten meines Lebens. Das unselige Dantewerk ist end[lich abge]wälzt, und schöner als ich hoffen konnte; ich habe das ganze Paradi[es ne]u gearbeitet und endlich gefunden was mir fehlte. Die Lebensbeschreibu[ng] ist in der achten Lieferung und fängt in München laufend zu erscheinen an, der erste Band »das Kind« erscheint im Frühjahre. Sonst ist viel weitergeführt, einiges begonnen. Ich habe Wochenlang fast den Schreibtisch nicht verlassen, und fühle mich körperlich über die Massen gut und spannkräftig. – Die Rede in den Horen schön zu finden hat es bei Dir besonderer Duldsamkeit bedürfen müssen. Die vereinigte Ignoranz der Abschreiber, der Setzer und der Redaktion haben sie grossen Teils in unauflösbaren Unsinn verwandelt. Die richtige Fassung bringt das Buch, das eben ausgedruckt wird – übrigens ein gewichtiges Werk, heute, nachdem ich es wesentlich erweitert habe. – Dass ich in München war, ist stark übertrieben. Ich habe mich nicht aus dem Hause gerührt, aber manchmal gewünscht ich wäre dort, um jemanden beim Kragen zu nehmen. Hat man mich dort gesehen, so ist mir das sehr interessant wegen der mir dann zu Gebote stehenden Fernwirkung.

  Herzlichst Dein   R

1928

553 AN ISA SPEYER

[Villa di Bigiano Candeglia
Pistoia, Januar 1928]

Liebe Isa   Dieser Brief ist nicht nur, was sich von selber versteht, ein Zeichen freundlichen Gedenkens sondern die Bitte um eine Gefälligkeit die Dich hoffentlich nur soviel Mühe kostet wie man sie gerne an die Seinen wendet. Ich habe mir, Deine Erlaubnis dazu voraussetzend, gestattet, meine diesjährigen Samenbestellungen in Erfurt über Deine Adresse zu dirigieren, erstlich weil erfahrungsgemäss Auslandsbestellungen immer verspätet erledigt werden, und zweitens, weil meine Geldempfänge über Deine Mutter gehen und Hin- und Herschicken vermieden werden kann. Du wirst also demnächst von Haage & Schmidt und von Benary Sendungen erhalten auf denen etwa 200 Mark Nachnahme liegen. Sollte Deine Mutter vorher nicht schon Zahlungen vom Horenverlage erhalten haben, von denen Du diese Summe, zur Deckung der Sendungen, abziehen und einbehalten kannst, so bitte ich Dich, die letzteren auf der Post lagern zu lassen – ich glaube sie müssen sie acht Tage mindestens liegen lassen – und mir die benötigte Summe zu telegraphieren. Die Zahl, ohne Unterschrift, genügt. Ich sorge dann sofort anderweitig vor. Halte mich auch nicht für so extravagant, so viel Geld für Samen auszugeben: ich bestelle immer für mehrere hiesige Bekannte mit, und auf mich selber entfällt nur ein Bruchteil des Ganzen. – Wenn Du die Sendungen angenommen hast, beginnt die kleine Mühe um die ich Dich bitte – nämlich, die vielen Samenpäckchen in mehrere *feste* Leinencouverts zu verteilen und sie mir als *eingeschriebene* Muster zu senden, die Knollen und Zwiebeln als Postpaket. Ich denke Du bist ein gutes Kind und thust mir den Gefallen und die Freude. Zur Belohnung kriegst Du mein neues Buch, das eben erscheint, mit Widmung.

Grüsse Mutter und Grossmutter. Dass wir ersterer für Ihr freundliches Bedenken unserer Kinder nicht gedankt haben, liegt nur daran dass wir erst jetzt diese Sendung verloren geben; sie soll sich keine Sorgen darüber machen, – wir haben von der Riesengabe Omis etwas anderes gekauft und unter Jubel als Tante Elses Weihnachtsgabe proklamiert; ihr danken wir für den Willen als für die That.

Heute sind wir von tagelangem Aufenthalt bei der Baronin Franchetti in Florenz zurückgekommen die uns von einem harmlosen Teebesuche an nicht losgelassen und bei sich festlogiert hatte, oben auf dem bildschön-verrückten Schlosse von Bellosguardo, unter lauter hochadligen Niais. Wir sind so vornehm geworden, dass wir es unter Finckenstein nicht mehr thun; sie selbst ist eine Bar. Hornstein, Frau v. Lenbachs Schwester, und ein wundervoll rührendes Original. – Marel die ihr Bäuchlein tapfer durch die schlechte Zeit trägt und dazu strahlend aussieht, hatte einen succès fou – oder soll man sagen succès Isa, nach allen über Deine Herzbrechereien umgehenden Mären?

Dein R
[mit gezeichnetem Lorbeerkranz]

Villa Chiappelli 14 II 28

Liebe Mama

Ich schreibe Dir statt Marels die im Begriffe zu Ihrer Entbindung nach Bremen zu reisen, sich soviel nötiges und unnötiges im Hause zu schaffen macht, dass sie nur mit grösster Anstrengung noch das häusliche Schreibewerk verrichtet. Deine beiden Briefe haben uns grosse Freude gemacht und nach jeder Richtung hin interessiert. Missverständnisse und falsche Rückbeziehungen brauchst Du nie zu befürchten. Briefe sind, wenn sie richtige Briefe sind, Augenblicksprodukte und nicht eidesstattliche Versicherungen, an deren Kreuz man geschlagen werden soll. Vor allem freut mich Deine unveränderte Frische und die Teilnahme, die Du Dir erhältst. Wenn der graue Berliner Spätwinter der niemals enden will, Dich gar zu trübe stimmt, so antizipiere Dir den Sommermonat, den wir dies Jahr bestimmt von Dir erwarten, und der Dich mit unabänderlich wolkenlosen Tagen entzücken und trösten wird. Wie wäre es mit Juni? Ich erwarte Marel Anfang Mai wieder hier, es ist ein schöner und nicht tropischer Monat, noch fast keine Mücken, lange Tage, herrliche Farben. – Marels Weggehen ist durch die Unmöglichkeit eine Säuglingspflegerin an Stelle der uns gleichzeitig leider verlassenden treuen Hanna zu finden, fast unvermeidlich geworden, und obwol ich mir noch nicht recht vorstellen kann, dass ich wirklich drei Monat ohne sie leben soll, bin ich froh dass ein deutsches korrektes klinisches Wochenbett sie endlich einmal zum *Objekte* dieser Schlachthandlung macht, statt wie bisher zum Subjekte und Objekte, dem Hauptquartier und der Front gleichzeitig. Die älteren

Kinder sind bei Luise und dem sehr braven ebenfalls Pusterthaler Stubenmädel gut aufgehoben, zudem bin ich da, und übernehme den Unterricht; den kleinen Johann Gottfried gebe ich fast so ungern her wie seine Mutter, er fängt eben frei zu laufen an und sieht aus wie ein trotziger Renaissance-Putto, allgemeine Gegend Verrocchio, mit einzeln aufsträubenden Goldlöckchen und Schelmenaugen über einem willensstarken Kinn, der holdseligste kleine Akt den Du Dir denken kannst. Jeden Morgen kommt er an meine Schlafzimmerthür gelaufen, tapst dagegen und ruft mich, das wird mir fehlen; und in drei Monaten lernt er dort sprechen, so nahe daran ist er schon. Kurz und gut ich sehe diesem ganzen Intermezzo mit schlechtbewahrter Fassung entgegen und resigniere mich dazu die Monate einer solchen Entbehrung ganz en retraite am Schreibtische zu verbringen, auf dem übrigens genug meiner harrt. Der erste Band der Lebensbeschreibung erscheint Mitte April, im Horenverlage. Ich habe meinen Vertrag mit Piper in München, von dem ich Dir wol seinerzeit gesprochen habe, gelöst, nachdem sich der Hauptfaktor dieses Verlages, der auch Ernst bekannt gewordene osteuropäische Herr Freund als ein Freund von Geschäftsmaximen herausgestellt hat, die sogar im Pferdehandel zu veralten beginnen. Du kannst Dir nicht vorstellen welche Elemente in dem ruinierten und déroutierten deutschen Büchergeschäfte vorübergehend Geld anlegen und Einfluss gewinnen. Der oben genannte Mensch ist im Begriffe einen der bestberufenen deutschen Verlage in eine reine Feuilleton Agentur für Provinzblätter zu verwandeln, Schmieranten-Kram billig zusammenzukaufen und durch diese Presse rotieren zu lassen, wobei seine Kosten in einer Schreibmaschine, sein Nutzen in 40% der Eingänge besteht und die von ihm versorgten

Zeitungen für jeden selbständigen Beitrag unzugänglich, Feuilleton Redakteure entbehrlich und brotlos werden. Es gibt keine Möglichkeit dem Ungeziefer den Boden zu entziehen. Der Horenverlag hat sich als sehr zuverlässig bewährt. Trotzdem werde ich zum EinVerlegersystem nicht zurückkehren, sondern verhandele gerade jetzt für anderes nach allen Seiten.

Du schreibst es gingen demnächst wieder Erfurter Samen an mich, ich habe aber nichts erhalten, und wir alle, vier Besteller, sind in recht peinlicher Verlegenheit. Eingegangen ist regelmässig alles von Haage & Schmidt, zwei Couverts mit verschiedenen Sämereien und je ein Pfund Soja und Limabohnen, einliegend Rechnung, wonach alles stimmte. Die Hauptbestellung, Benary-Erfurt, steht immer noch aus, und ich bitte Isa dringend, falls sie nicht eingegangen ist, sie dringend zu reclamieren. (Adr. Ernst Benary Samenbau Erfurt) Ohnehin ist ja diese ganze Bemühung für die ich ihr herzlichst danke, umsonst gewesen, denn es ist an Euch genau so bummelig geliefert worden wie an mich, und das Ziel, gewisse Dinge wie Begonien und Gloxinien im ersten Jahr zur Blüte zu bringen, wird obwol ich postwendend nach Katalogeingang bestellt habe, wieder nicht erreicht. Und nun sitzen wir, die Baronin Franchetti und zwei andere Florentiner Freunde für die ich mitbestellt habe, ohne Samen da, die Erde wartet, es *muss* im Februar gesäet werden sonst kommt alles in die Hitze, und diese Kerle thun nichts! – Else erhält wol gleichzeitig hiermit 550 M. vom Verlag, ich bitte sie, *alle* ihre Auslagen einschliesslich Einschreibegebühren davon zu decken.

Gib bitte Ernst einliegendes Bild für sein Ex. der Abhandlungen. Es ist die letzte PassAufnahme, von einem ganz kleinen Photographen geknipst und weil wir es auch hübsch fanden und ich soviele Verpflichtungen habe, für Postkarten vergrössert, unretouchiert wie sie war. Sage doch auch bitte Ernst ich hätte der Lichnowsky trotzdem ihr Buch sie als unverbesserliche Thörin zeigt, einen sehr warmen Brief geschrieben, weil ich wirklich, *gerade* ihrer Arcoschen Verrücktheit, Folies de tête, und Unverbesserlichkeit wegen sehr warm für sie fühle, und sie am liebsten rütteln und, wenn das ohne Schmerzen ginge, sanft prügeln würde. Welch unerlaubtes Frauenzimmer, mit welch unerlaubtem Funken Genie in diesem Wust von indiskreten, albernen, rührenden, schmutzigen Confessionen! Aber solange man dem Genie nicht verbieten kann, sich in einem Wusthaufen zu verbergen, muss man ihm darin ebenso Besuche abstatten wie in einem Schlosse.

Die Kinder, daran musst Du bei ihrem zähen Gedächtnisse nicht zweifeln, erinnern sich Deiner mit allen détails. Du bist »Grossmama« zur Unterscheidung von Omama in Bremen. Dass Du hin und wieder als »Pappas Grossmama« figurierst, – wie Papas Bild auf meinem Schreibtische unveränderlich »Páppas Grosspapa« heisst – musst Du der Ungeübtheit in Durchdringung noch ganz abstrakter Verwandtschaftswirrnisse zugute halten. Sie sind beide reizend und in bester Entwicklung. Coronas Lerneifer ist nicht zu zügeln, die eben fünfjährige schlägt den siebenjährigen Bruder im Diktat und Lesen glatt und brennt auf Gleichthun, Zuvorthun, Grosswerden, auch-so-dicke-Bücher-lesen-wie Pappa, und ähnliche FataMorgana Freuden. Kaspi ist wie alle Phantasiekinder ungleich, auch immer noch sehr weich und verspielt. Trotzdem werden jetzt langsam die Zügel angezogen, obwol ich Dir bekenne, dass sie mir mehr ins Fleisch schneiden wie ihm.

Indem ich diesem reizenden und feinfühligen Kinde seine naive und glückliche Freiheit beschränke, an der ich mich so oft erfreut habe, stirbt mir ein Stück meines eigenen Lebens ab, das kein neues und jüngeres Kind mir zurückbringen kann. – Und nun lass Dir meine Samen befohlen sein, grüsse Kind und Kindeskind und sei umarmt von Deinem Rudolf

555   AN ROSE BORCHARDT

[Villa di Bigiano Candeglia
Pistoia] *Freitag* [24. Februar 1928]

Liebe Mama

Vielen Dank und für heut nur das Wichtigste: (Marel ist in der Abreise, alles ist etwas drunter und drüber und ich kann nur kurz folgendes bestätigen:)

Ich habe erhalten

1) Haage & Schmidtsche Sämereien im Werte von 19 M, vollzählig laut beigegebener Rechnung, in zwei Abteilungen, davon die letztere zweierlei Bohnenarten, richtiges Gewicht, begleitet von drei Sortimenttüten der Benaryschen Bestellung.

2) 10 – zehn – eingeschriebene Päckchen der Benaryschen Bestellung, noch unvollständig laut meiner Abschrift der Bestellung. Es fehlen noch (Gewichtsteile von) Bohnen, grosse Bohnen (Puffbohnen) Erbsenarten, Spinate, und mehrere Blumensamen. Hoffentlich sind sie noch bei Euch oder im Begriffe abzugehen.

Ich bin *geradezu vernichtet* über die Mühe die ich Euch ganz unwissentlich und, wie sich gezeigt hat, nutzlos gemacht habe. Ich war überzeugt dass Muster ohne Wert 200 Gr. wiegen dürften und

man daher das meiste in eine grosse Tüte hätte packen können.
Ich lasse Isa aufs allerherzlichste danken und mich bei ihr entschuldigen. Sie bekommt gleichzeitig ein eigenes Exemplar meines Buchs. Eine kleine Kiste von Haage und Schmidt mit einigen Knollen braucht nur mit einfacher Zolldeklaration so wie sie ist an mich weiter expediert zu werden. – Marel fährt direkt Brenner München Bremen auf dem Rückwege will sie über Berlin.

Herzlichst Dein R.

Am 1 März sind wieder 500 M. beim Verlage fällig, im Falle weiterer Auslagen bitte ich abzuziehen! Marel grüsst Euch alle aufs herzlichste dankt Dir und Else, es geht ihr brillant.

556   AN HERBERT STEINER

[Villa di Bigiano Candeglia
Pistoia, ca. 26. Februar 1928]

Lieber Herr Steiner
Es hat keinen Sinn nur Ihr Blättchen, für dessen Mühwaltung ich natürlich dankbar bleibe durchzunehmen, sondern ich bitte um die Fahnen, deren Correctur ich mir ausdrücklich bedungen habe. Ich kann mich nicht darauf verpflichten dass es nur bei diesen Änderungen bleibt, da nach einem von meiner Frau obenhin gebesserten Texte einer unwissenden Schreiberin gesetzt wird.

Für all Ihren Eifer in den Angelegenheiten meiner Frau hat sie Ihnen hoffentlich selber gedankt, ehe sie reiste. Sie ist vorgestern nach Bremen gegangen um dort ihre Wochen zu halten, ich bin mit dem Personal und den Babies allein.

Grüssen Sie Hrn. Bodmer über dessen freundliche Zeilen wir uns gefreut haben und sagen ihm, dass wir es für selbverständlich halten ihn hier zu sehen wenn sein Weg ihn in unsere Nähe führt; der Hausstand geht unverändert weiter.

Unum habeo quod addam: ita res meas a te apud Turicenses, omnes atque singulos, actas velim, ut ab illis *peti,* immo vehementer desiderari videar, minime ego illos insequi neque illis me offerre. Quamobrem ubi in adversariorum vestigia incederis, quos et mirabiliter increvisse et e Germania incitari certissime compertum habeo, fac ut mittere omnem in mea re sollicitudinem, me meaque ex tumultu in medium altumque colligere, vitare obtrusionis *speciem* videaris. Quae pro insigni in omni meo negotio prudentia ac consilio tuo te sciebam etiamsi silentio praeteriissem, facturum fuisse: Vale nosque ames.   Borchardt

557 AN DORA FREIFRAU VON BODENHAUSEN-DEGENER

> Villa di Bigiano
> Candeglia (Pistoia)
> 28 II 28

Liebe und verehrte Baronin

Ihr freundlicher Brief traf hier gerade in die aufgeregten Tage von Marels »Abreise« nach Bremen, welche sich in frauenhafter Weise, in Folge von mehrfach missglückten Versuchen, – Passvergessungen, Zugversäumnissen, pp, – zu einer in Exposition, Steigerung, Höhepunkt und Peripetie rhythmisch gegliederten Wochenangelegenheit gestaltete und meine Feder lahmlegte. Es gehört zu ihrem Charme, dass man nie sicherer ist, sie noch für ein par Tage zu behalten, als wenn sie ihren Schlafwagen für morgen schon hat. Jetzt ist sie in Bremen angelangt, und ich bin mit den Kindern allein in dem ungeheuren Hause, das sie sonst von oben bis unten mit ihrem Leben erfüllt und mir fast proportioniert erscheinen lässt. Ich tröste mich durch Arbeit drinnen und draussen, – der in diesem Schreckenswinter erfrorene Garten wird neu angelegt, Wagenladungen Erde durch das Sieb getrieben pp – jeden Augenblick ruft man mich vom Schreibtische ab.

Ich hatte lebhaft gehofft, Sie im Frühjahr hier zu sehen, auch in Marels Abwesenheit, da ja am Hausstande nichts sich ändert, – und höre nun mit Bedauern von Ihren neuen Plänen. Wir hätten Ihnen gerne geholfen, Christa in Florenz den bekannten Faden in die Hand zu spielen auf den die par Häuser die es gibt, wie die Perlen aufgezogen sind – hat man eine so rollen alle andern hinterdrein. Daran dass sie es aufgegeben hat, verliert sie nichts; gesellschaftlich wird Florenz immer mehr ein provinzielles trou infecte, alle Leute von guter Art wandern ab, greuliche Fossilien bleiben sitzen wie die Tiefseefauna die irgendwo angebacken augenlos sitzt und frisst, – die sogenannte deutsche Colonie ist *abîmante*, die *guten* Engländer kommen nur sehr kurz en retraite auf ihre das ganze Jahr geschlossenen Campagnen, die Amerikaner sind fast alle Abenteurer die ganz vorübergehend Geld haben. Wo ist die reizende Zeit hin, in der es hier eine »internationale Gesellschaft« gab? Sie sollten sehen was bei der Franchetti gelegentlich zusammenläuft – die doch als einzige von allen unsere Bildungsgeschichte mitgemacht hat, ein[en] wirklichen schönen Elan besitzt und überhaupt, mit allem ihrem Désordre und ihren Schrullen eine grosse Dame sein kann wenn sie will! Ich sehe sie viel.

Sobald Rudi sich mit mir in Verbindung setzt, werde ich meinen bescheidenen Beitrag zu Ihrem schönen Plane steuern. Die »Rede« ist mehrfach gedruckt; ich fände es nicht ganz zart, immer wieder auf sie zu appuyieren. Ich denke daran, da ich zugleich als Letztgekommener und Letzterlebender Eberhards letzte Monate wie kaum ein Anderer gekannt habe, davon und daraus zu erzählen. Leider hindert mich Kesslers Mitarbeiterschaft daran, etwas von dem Dédain und der Wut durchsickern zu lassen, mit der E. den »Jugendfreund« von sich schüttelte, als er – damals in Urlaub in Berlin – bereits in seinen neuesten Phasen zu schillern und zu bechern begann. »Er gehört zu den Leuten« sagte er, »die jedesmal wenn man sie auf einer neuen ekelhaften Narrheit erwischt, entrüstet antworten ›Ich habe mich eben entwickelt!‹« Wenn ich bedenke, in welchem feierlichen Sinne des Wortes er ernst und tief geworden war, wie er sich in allen Stücken des Geistes und der Seele, wie ein antiker Mensch, nur noch auf das Unentbehrliche stellte, nur noch mit dem Einfachen und Grossen umging – und wenn ich dazu halte, dass ein so völlig unverbesserlicher und der Reife unfähiger Blender und Spiegelheld wie Kessler über ihn nekrologiert, so kann ich mich eines Zuckens nicht erwehren. Sehen Sie keine Kritik darin sondern nur eine unwillkürliche Reaktion. Der Mensch ist mir zuwider. Nun ist er noch mit der Nostitz nach Paris gegangen, das fehlte nur; wie er denn überhaupt mit dieser nebulosen Pretieusen ganz zusammengehört und in ihrem Buche unwillkürlich die richtige Figur macht, samt allen übrigen dilettantischen und bleumouranten Schatten, die leider keineswegs zu Grunde gegangenes altes Europa sind, sondern vergnügt weiter dilettieren und intriguieren, – zugrunde gegangen sind nur die Menschen von Altem Schrot und Korn wie ihr Vater und ihre Tante, die sie so ahnungslos närrisch protégiert! Ich habe eine Parodie darauf gemacht, die ich Ihnen einmal schicke, in der Rilke ihr wirklich in der Tarnkappe erscheint und die Grande Actrice wirklich bonbon sagt »denn sie sprach perfekt französisch –«

Rudis Freuden und Ehren haben mich *weil sie ihn wirklich so über alles erfreuen,* mitgerührt, er hat mir einen Kinderbrief darüber geschrieben, bei dem es kaum möglich ist die Thränen zurückzuhalten. – Mir persönlich, dass muss ich nun gerade Ihnen sagen! die sie mir so reizend zum 9 Juni geschrieben haben! – sind alle solche Begängnisse leer, ich habe kein Organ für sie und kröche vor ihnen gern in ein Mausloch, – leider gar nicht aus Bescheidenheit, sondern aus starrem Stolze. Wer darf mir etwas verleihen, mich zu etwas erheben, mich mit etwas krönen? Früher sagte man, der grösste Kaiser und die schönste Frau: und mit vollem Recht, denn nur in den Händen der höchsten Glorie und der göttlichen Schönheit hat die Ehre die Leichtigkeit des Symboles und darf knieend entgegengenommen werden; und das eben ist es: was ich nicht von einem Höheren so empfangen kann, dass es mich entzückt das Knie zu beugen, hat keinen Wert für mich. Von Herzen ergeben der Ihre

Borchardt

558 AN ISA SPEYER

[Villa di Bigiano Candeglia
Pistoia, Ende Februar 1928]

Liebe Isa

Ich habe Dir schon sagen lassen und wiederhole Dir noch einmal persönlich, wie herzlich ich Dir für Deine grosse und unverhältnismässige Mühe danke und wie sehr ich bedaure sie Dir unbedacht verursacht zu haben. Entweder müssen die postalischen Bestimmungen geändert worden sein oder Du bist an besonders widerwärtige Schalterpedanten gelangt. Derjenige der früher gelegentlich solche Besorgungen für mich vermittelte und leider jetzt ausser Landes ist, pflegte den ganzen Kram in ein Riesencouvert zu stecken und damit war alles erledigt, während die etwas grössern Hülsenfrüchte pp, wie ich vermutete, einfache offene Pfundschachteln werden konnten von der Art wie unsere, nie angehaltenen, Theesendungen aus Bremen zu sein pflegen: eine offene Schachtel, in starkes Papier gewickelt und eine Schnur, eingeschrieben, und nichts weiter. Dies soll keine Kritik bedeuten sondern nur im Gegenteile meine eigene Ahnungslosigkeit darthun. Mit Beschämung habe ich den letzten Sendungen entnommen, dass Ernst eingegriffen hat, um dem augenscheinlich lugubre werdenden Erbsen-Bohnen-Tüten-Zustande in der Lutherstrasse bendlerstrassenmässig und männlich ein maschinengeschriebenes correktes Ende mit Schrecken anstatt des Schreckens ohne Ende zu machen. – Ich lasse auch ihm herzlich und entschuldigend danken. Ob ich das von Dir aufgezählte erhalten habe ist im Augenblicke schwer zu bestimmen da ich die Hüllen nicht aufbewahrt zu haben scheine und erst im Postbuche nachsehen lassen müsste. Ich wiederhole – es waren 1) zwei Pakkete Haage und Schmidt Blumensamen, dann drei Packete über die Haage & Schmidtsche Hülsenfrüchte verteilt waren und denen drei Benarysche blaue Sortiments-Tütchen beilagen. Die dritte von Dir verzeichnete Sendung, vom 14. II, N° 732-738 weiss ich kaum unterzubringen, denn am 17ten erschienen hier, ich glaube nach langer Pause, zehn Pakete, und dann, vor wenigen Tagen, auf Ein Mal die letzten, – auch das am 24 I abgegangene. N° 620 weiss ich nicht recht zu präcisieren. Es fehlen mir noch einige Kleinigkeiten, und wenn Du die Belege in Händen hast, wäre es wol das beste zu reclamieren.

Dein Brief klingt mehr als gewöhnlich betrübt und verschweigt die Hauptsache, wie mir scheint, – und ich weiss das zu achten und zu schätzen, – es wird durch Besprechen nichts freier oder besser. Du machst die typische Enttäuschung der Jugend durch die darin besteht, dass man an der Kindheits Schwelle dies Jahrsiebent für das selige hält und den Ernst auf später verschoben wünscht, während ganz naturgemäss für alle Menschen die ein Inneres überhaupt haben, die Jugend die Zeit der tiefsten und bittersten Leiden ist, die nur von der Rohheit verlacht werden können, und der Ausgleich, die Harmonie oder auch nur die duldsame Unempfindlichkeit gegen den negativen, die Genussfreude für den positiven Teil der Lebenswerte später kommen. Ich kann Dir nur den hier gegebenen Rat aufs dringendste wiederholen: Mache keine Jagd auf Deine »Zukunft«, sei nicht auf sie unmittelbar aus, hänge nicht Dein ganzes übriges Leben, das sich erst entwickeln will und soll an diesen einzigen schwachen Nagel. Nichts kommt, so lange man darauf wartet. Alles Entscheidende im Leben kommt jählings und unverhofft. Jesus drückt das mit den tiefsinnigen Worten aus, dass wer sein Leben gewinnen will es verlieren wird, und wer es verlieren will, gewinnen. Es ist das schlagendste was sich darüber sagen lässt. Suche einmal für die ganze nächste Zeit Dich von dem was Dir »passieren« oder »eintreffen« kann (oder auf gut englisch turn up) ganz frei zu machen (oder frei zu denken) und alles was Dich fördern kann, nur von Dir selber zu erwarten. Das Schöne an Deinen Jahren, neben so viel Unglücklichem ist dass es die einzigen sind in denen man seinen künftigen Menschen aufbaut: was jetzt nicht hiefür geschieht ist nie nachzuholen! Nach Kiel zu gehen würde auch ich Dir nicht raten, und vom Reisen, »um zur Ruhe zu kommen« halte ich nicht viel. Wenn man etwas durchgemacht hat, was uns sehr niedergeschlagen hinterlässt sich zerstreuen, und von der Zerstreuung das Heil erwarten, ist reine Philisterei. Fortgehen um seine bisherige Welt mit einer neuen Welt zu vertauschen kann sein gutes haben wenn es eine thätige Welt ist: und wo willst Du die finden? Ich habe Dir hier schon gesagt das Unglück ist das Deiner zersplitterten Situation, die Dich zwingt zwei Herren zu dienen; »Arbeiten« um zu verdienen, und »Ausgehen« um zu heiraten. Das sind zwei monstros zusammengekrüppelte scheussliche Unwahrheiten in deren Krampf jeder miterdrückt wird den sie umschlingen. Eine Thätigkeit die nicht aus dem Menschen fliesst und mit ihm übereinstimmt ist ein reiner Notbehelf für schwache und minderwertige. Und meine Meinung über N° 2 kannst Du Dir denken. Aber das alles klingt schon als wollte ich Dir einen Rat geben, und meine Sympathie mit Dir besteht gerade darin, dass mir dies ganz ferne liegt, wie überhaupt nichts geschehen sollte um Deine Krisis abzukürzen. Du musst hindurch, mein liebes Kind, und je saurer Du es Dir werden lässt, um so eher wirst Du die einzige Lösung finden die Dir helfen kann, die selbsterlebte.

Marel ist sehr gut in Bremen angekommen. Das Ereignis ist nach dem 17^(ten) zu erwarten und lohnt kaum eine Reise dorthin – es sind nasskalte Seehundsmenschen unter denen Else und Du Euch schwerlich wolfühlen werdet – vor allem da Marel ohnehin über Berlin zurückfährt und bei Euch vorsprechen wollte. Ich bin mit den Kindern allein, Hanna ist noch bis zu M.'s Rückkehr hier geblieben. Johann Gottfried läuft seit zwei Tagen allein, lässt die helfende Hand los und jauchzt vorwärts. Ich schicke Dir sein letztes Bildchen.

Herzliche Grüsse allen, – und Kopf hoch.　　　　Dein Rudolf

Sage doch Mama, die Blumen die wir jetzt dann und wann schickten, wären alle wilde Feldblumen, die Kaspi und Corona an den Grabenrändern und auf Feldern selber für die Berliner Grossmama pflückten.

559　AN HERBERT STEINER

[Villa di Bigiano Candeglia
Pistoia, 5. März 1928]

Lieber Herr Steiner

Vielen Dank für Ihre freundlichen Zeilen und Bemühungen. Aber haben Sie wol an Criterion wegen des Rossetti Aufsatzes geschrieben oder soll ich selber es thun? Ich möchte keine sich überkreuzenden Anfragen. – Der Aufsatz heisst Rossetti in Germany, und ich schreibe ihn englisch. Ob eine Übersetzung für die ZürcherZtg thulich ist, zweifle ich. Aber wenn Sie mich die Termine wissen lassen, so kann ich ein anderes Blatt schreiben; der Gegenstand ist für mich unerschöpflich.

Ich bin nach Abreise meiner Frau seit einer Woche vollkommen einsam und bleibe es für fast drei Monat. Spoerri und Trog sollen mir nicht schreiben ausser sie fühlen sich dazu gedrängt. Ein übersandtes Buch ist ein Zeichen der Sympathie, keine Tratte auf Dank. Nec minus velim penitus penitusque in te copias, quae ultimis ad te epistulis tradidi. Quae non eo animo tibi scripsi ut a te refutarentur: cognitum compertumque habeo, haec moliri qui mihi invident, illa molituros fore, utcumque parum nobis consuluerimus, nuntiosque harum miseriarum, quae e Germania originem trahunt, teneo integerrimos. Vale cave age.

Die Münchener Rede ist für die Zeitung ungeeignet.

560 AN HERBERT STEINER

[Villa di Bigiano Candeglia
Pistoia, 8. März 1928]

Vielen Dank, lieber Herr Steiner, für die freundliche Übersendung der sorgfältig gearbeiteten und sehr vernünftig auf den Leser berechneten Besprechung. Das gerade ist der Ton den ich meinen Büchern so nützlich finde und doch so selten getroffen sehe. Ich nehme an Sie oder die Ztg haben dem Verlag einen Beleg geschickt. – Wenn Sie Koelsch sehen so grüssen Sie ihn bitte auf das herzlichste und sagen ihm er solle nicht glauben dass mein

Schweigen irgend etwas anderes bedeute als ein physisches Versagen gegenüber der rein manuellen Schreibeanstrengung in der ich Tagaus Tagein verharre. Er wird der Erste sein dem ich in der ersten Pause schreibe. Sein Aufsatz über Dacqué hat mir fast soviel Freude gemacht wie D's Auftreten in Z. selbst. Anbei zum zweiten Male das zum ersten Male gestohlene Bild eine Vergrösserung meiner letzten Passphotographie, ohne Retouche und, wie man findet, sehr ähnlich.

 Ihr freundlichst gesinnter   Bdt

MNN mit Vita Fortsetzung haben Sie wol gesehen?

561 AN ROSE BORCHARDT

           [Villa di Bigiano Candeglia
              Pistoia] 21. III 1928

Liebe Mama

Marel hat gestern den 20ten früh morgens einem Knaben das Leben geschenkt, Mutter und Kind sind wol, und alles normal was sie angeht; ich selber habe erst telegraphische Nachricht und erwarte Genaueres. Sie wird sich gewiss sehr freuen wenn Ihr ihr schreibt, von Besuchen *rate ich dagegen vorläufig ganz ab,* weil das Ereignis sich unter allgemeinen Unglücksumständen vollzogen hat. Mein Schwiegervater, der schon längst eine bedenkliche Neurose hatte, ist vor einer Woche mit völligem Nervencollaps in ein Sanatorium gebracht worden, und meine Schwiegermutter kurz vor der Geburt sehr schwer erkrankt – vermutlich an Diphtheritis, – und gleichfalls im Krankenhause; man hat zuerst Streptococcen befürchtet, doch besteht diese Gefahr nicht mehr. Marel wird von ihrer jüngsten Schwester und den vielen Frauen der Familie natürlich allerbestens gepflegt, aber es herrscht ebenso natürlich eine allgemeine Überspannung bei der Besuche von auswärts nicht mehr einzuordnen sind. – Von Marel selber habe ich bis zuletzt noch reizende Briefe gehabt, Hebamme, Arzt pp scheinen alle sehr zufriedenstellend gewesen zu sein und ihr glänzender Gesundheitszustand liess die leichte Geburt zu der es gekommen zu sein scheint, erwarten. Der Knabe heisst Christoph *Cornelius*, und sein Vater bittet Dich ihm die gleiche Liebe wie seinen Geschwistern zu schenken.

Diese sind hier allerliebst mit mir in meiner Einsamkeit und dass ich nicht nur aus väterlicher Parteilichkeit so urteile zeigte mir ein Besuch der mich nach mehrtägigem Aufenthalte leider eben verlässt – die uns so sehr teure Baronin Wendelstadt (aus Neubeuern) die mit der – nun auch schon zwanzigjährigen Tochter von Ottonie Degenfeld von Sorrent nach Hause fahrend hier abstieg. Sie hat sich während der ganzen Tage fast mehr mit den Kindern als mit mir beschäftigt und war von ihrer Unschuld und ihrem Zauber tief gerührt – frappiert auch – wie ich nicht ohne Stolz hinzufüge – denn sie ist eine strenge Richterin, von ihrer guten Erziehung; sie waren auch charmant. Johann Gottfried hat noch schnell, bevor ein Brüderchen an seiner Stelle Baby spielt, laufen gelernt, sich losgerissen und emanzipiert, und tolpatscht nun unaufhaltsam von früh bis spät von Thür zu Thür; er wird täglich schöner und das will etwas heissen.

Herzliche Grüsse Euch allen

Dein Rudolf

[Nicht abgesandt]   [Villa di Bigiano Candeglia
                     Pistoia, Frühjahr 1928]

Mein lieber Nadler

Gestern habe ich den vierten Band erhalten, den eine wolwollende Verschwörung der Meinen, um geistige Verkehrsstörungen bis zum Abschlusse gewisser Arbeiten zu vermeiden, durch consequentes Ränkespiel bisher von mir ferngehalten hatte. Ich habe dann aber mich so gestellt als hätte ein Ehemann noch einen freien Willen, und hinter dem Rücken meiner Frau das Buch besorgen lassen. Seitdem bin ich in Gedanken unablässig bei Ihnen – nicht nur um mich selber an dem Bilde Ihrer Tapferkeit und Treue und der herrlichen Verwaltung eines solchen Gedankenamtes zu stärken, sondern in der liebevollen Einbildung der Freundschaft, durch die wir uns dann doppelt zu einander gezogen fühlen, wenn der andere Teil den Becher umstürzt und sich durch seinen grossen Lebenswurf in der Zeit entscheidend vereinsamt. Mein Gemüt ist Ihnen darum so nahe, weil es zu wissen glaubt, was das Ihre heut bewegt. Das aus unserer Anlage entsprungene und durch unsern Willen, mit aller Gewalt des Handelnden, der Welt auferlegte Werk ist, wenn es von uns scheidet, ein »Vortod« und rührt an die ganze Tragik des männlichen Lebens, und des menschlichen. Der Widerstand der Welt geht uns für Augenblicke als das tragische Recht uns Unrecht zu thun, auf weil in uns selbst die Grenzen von Pflicht gegen sie und gegen uns, von Liebe zu ihr und zu unserm Geschöpf, von Dienst an unsersgleichen und welteinsamer Leidenschaft des Selbstausdrukkes – Glauben und Werken –, ins Schüttern kommen. Ich stelle mir vor, dass Sie sich in dem stillen Gefühle des im letzten Sinne doch Unverdankbaren, Unaufnehmbaren, einer solchen Schöpfung über Undank und Dumpfheit des alltäglichen Menschenkindes aufheben und der Transzendenz anheimgeben, den Sternen und den Werten. Sie lösen sich von allen, die τὸν μισθὸν ἀπέχουσιν, und in dem was Ihnen danach bleibt, bin ich als Mensch, mit aller Wärme vollkommener Aufnahme und vollkommener Erwiderung Ihres einzigen Wertes, Ihr Genosse. Ich vermesse mich nicht, mich Ihnen als Wortführer jener Nachwelt, die Ihnen diesen Wert auf ihren Tafeln verbürgen wird vorzustellen, aber ich glaube an die Zukunft meines Volkes, und wie mein Gefühl Ihres Werkes ein Teil dieses Glaubens ist, so ist umgekehrt mein Glaube fest an dies Gefühl gebunden: Ein Volk, dem eine solche Darstellung seines Dramas, wie keine Nation Europas sie besitzt umsonst gegeben wäre, hätte das Lebensrecht verwirkt.

Ich habe unter der Lektüre Notizen zu machen begonnen und werde den Band, und durch den Band hindurch das Werk, ausführlich besprechen. Alles was dagegen zu sprechen scheint, weiss ich, und allerdings sollte man im Allgemeinen auch den Schein des Manus Manum zu vermeiden suchen. Aber in Zeiten wie den unsern, in denen die Urteilsfähigen auf einen so schmalen Raum zusammengedrängt stehen, dass die Gleichen immer wieder auf die Gleichen stossen müssen, ziehen von einer grundsätzlichen Verschämtheit in öffentlicher Erwiderung öffentlich bezeigter Teilnahme nur die Schelme Vorteil, und ohnehin ist das kritische Handwerk als kritisches Mundwerk so platt ins Hetzen, Lügen, Verleumden und Klatschen niedergedrückt dass man keine würdige Gelegenheit versäumen soll, um es wieder ehrlich zu machen. Die gleichen Umstände bestimmen mich, Ihnen, wenn es so weit sein wird, einen Maschinenabzug der Hsr. zu schicken, den wir am besten vor Abdruck gemeinsam prüfen und besprechen, denn da meine Nebenabsicht doch darauf geht, dem Absatze nach Kräften zu nützen und Feinde zum Schweigen zu bringen, Sie aber das »Wie« und »Wie nicht« im Détail vielleicht behutsamer angefasst zu sehn wünschen könnten, als mein Ungestüm es im ersten Augenblicke zu handhaben pflegt, bitte ich um eine freundschaftliche Vorzensur. Dies auch darum, gerade darum, weil ich es für ebenso wahrheitfördernd wie zeitklug halte, durch Hervorhebung abweichender Beurteilungen den Leser, der durch eintönige Zustimmung misstrauisch gemacht wird, ins Gespräch – ein Gespräch zu dreien, – erst hineinzuziehen. Ich geniesse zwar Ihre grossartige Betrachtungsweise und ihr aus dem Ganzen kommendes, fast erhaben sicheres Schlichten und Entscheiden mit einem gewissen dunklen Glücksgefühl auch meinerseits durchweg und im Ganzen, und ich fühle das Gewaltige des zum ersten Male ins Chaos gethanen Schrittes viel zu sehr als solches, um ihm anhängen zu wollen, was der vierte und fünfte Schritt auch ohne mich naturgemäss nachholen wird, aber es gibt das eine und andere das mich darum mit Bedenken erfüllt, weil ich im Lesen schon das lesende Auge des Publikums auch des besten, in mich aufnehme und aus ihm heraus Ihre Darstellung *in der Nuance* sehr genau nehme. Das geht vor allem auf Goethe Schopenhauer Arno Holz. Den Goethe eines Bandes, dessen Vorgänge ihn zunächst in einen so tiefen Schatten stellen, gleich anfangs abzudunkeln, ist ein kühner und symbolischer Compositionskunstgriff, aber mussten diese Seiten so ganz, ich will nicht sagen der bewegten Ehrfurcht, sondern gradezu des innern Wolwollens ermangeln, wie sie es mir zu thun scheinen? Und musste diese Versagung des Wolwollens zu so herausfordernd harten Worten greifen, wie denen über das Verhältnis zu den orientalischen Originalen, über die Leidenschaft für Marianne, über jugendlichen Missbrauch des Zeugungs- statt des Erkenntnistriebes? Goethe formt die ihm vorliegenden Rohübersetzungen aus dichterischer Divination des Originales heraus noch ganz mit der unphilologischen Freiheit und Anticipationskraft, die das achtzehnte Jahrhundert forderte und billigte, ganz wie Herder es vielfach und Schiller bei Graecis immer gethan hat, und wer sagte, dass er an einer geschlossenen Stilwelt die Grundsätze aufs grossartigste angewandt hat, die ihm Herder an allen Stilmöglichkeiten der Völker entwickelt hatte, würde eine richtige Einsicht höchstens übertreiben. Hammer war als Philologe und verlässlicher Dolmetsch und künstlerischer Bearbeiter, wie jeder Orientalist Ihnen bestätigen wird, eine sehr vorsichtig zu bewertende Figur, die Übersetzungen in denen die Mu'alleqât Goethe vorlagen, verhielten sich zu den Originalen wie die römischen Copien aus denen Winckelmann griechische Kunst erschloss, zu dieser, und die Noten und Abhandlungen zum Divan waren in diesem, im Winckelmannschen Sinne, was die Gedichte im Herderschen waren, und was damals auch die grössten Pariser Arabisten und Iranisten zu leisten nicht entfernt fähig gewesen wären – nicht Forschung, – was auch Winckelmann nicht gewesen war – sondern die ahnende Vorausnahme des Genies, deren mit einem einzigen Satze entsprungener Weg das Gebiet und die Richtung für die langsam nachrückende wissenschaftliche Besetzung in Pfand nimmt. Von Goethes unbegreiflich sicheren Grundanschauungen hat die orientalische Philologie wie mir unlängst Schaeder noch bestätigt hat, fast nichts zurücknehmen müssen, und, ganz beiläufig gesagt, arabisch hat der zweiundsechzigjährige – ich habe seine Schülerhefte in Weimar mit Rührung gesehen – noch recht brav gelernt. – War denn die Beziehung zu Marianne überhaupt etwas anderes als ein jeu parti Ein Gesellschaftsspiel mit verteilten Rollen? War es mehr als ein den physischen Trübsinn des Alterns ablösender, mit Schwung und Vergnügen aufgegriffener Anlass, die Welt im Lichte des bunten Verlangens zu sehen und seine ganzen dichterischen Mittel und Vorstellungen zu erfrischen? Die wirklichen Begegnungen waren an Zahl und Dauer ein Null, die Briefe sind wenig und förmlich, das Wiedersehen wurde eher gemieden als gesucht, das Nacherleben blieb auffallend gemässigt, der Divan wurde dem Dichter schlagartig fast gleichgiltig und fremd – was also schaffte dabei die »Lendenkraft«? Aber das wichtigste: Ist nicht für Stilwelt, Einkleidungswert, Bedingtheit der erotischen Metapher im Divan die Thatsache entscheidend, dass die orientalische Lyrik ganz ausschliesslich Liebeslyrik ist und daher gezwungen, alle Gegenstände die sie ausser der Liebe behandelt, auf die Rollen eines Paares einzuteilen? Und war nicht Goethe, der dies wusste und den es entzückte, nicht darum fast darauf gewiesen, den ersten biographischen Anlass herhalten zu lassen, der ihm ermöglichte, als Occidentale der er war und der nicht wie Rumi mystisch fingieren durfte, das erotische Weltschema Irans bei sich unterzubringen? – Über Faust hätte ich viel zu sagen, aber ich verspare es auf eine andere Gelegenheit. Ihre Analyse ist im Sinne der Construktion Ihrer gesamten Geschichtsdichtung ausserordentlich fesselnd, der ungeheure Bau des Goetheschen Lebenswerkes und des grössten Gedichtes der neuern Zeiten erscheint plötzlich, nur auf eine seiner Ecken visiert, in einer frappanten Teilüberschneidung, in der wir es nicht wiederzuerkennen glauben; und andererseits fühle ich mich ganz in Ihre Ungeduld und Nerven-Gereiztheit gegen die ganze Widerkäuer-Literaturgeschichtsschreiberei hinein, die uns seit fünfzig Jahren den Faust täglich durch ihre sieben Mägen treibt und die ganze deutsche Poesie auf ihn zu und von ihm weg visiert. Trotzdem macht Ihre verschlossene Kälte mich hier frösteln – wie schon früher, – – da ich nun einmal dabei bin, – Ihre schroffe Umdeutung der Wahlverwandtschaften es gethan hatte: Dies tiefe und vieldeutige Werk, dessen Schluss mir so wenig zählt wie der Schluss von Meister – beide sind gleich mechanisch, »mystisch« oder »rationalistisch« – lässt doch die Hauptsache eben, wie mir scheint, nicht im Dunkeln, jene tragische Spannung zwischen dem Naturgesetz, dem aussersittlichen und dem sakramental gewordenen Kulturgesetze, dem sittlichen, – Goethe hat keinen Zweifel darüber gelassen dass »die Männer zu Dienern zu erziehen seien und die Frauen zu Müttern«, dass die Ehe darum die heiligste aller Menscheninstitutionen ist, weil sie ganz ausschliesslich und allgemein darauf zielt, den Menschen über die Natur zu heben, von ihr zu befreien und dem Reiche des Incommensurabeln an gegenseitiger Wolthat, des Paradoxen im Sinne der religiösen Paradoxieen zuzuweisen. Dass »die Armen schuldig werden, weil jede Schuld sich auf *Erden* rächt« ist zwar nicht Nutzanwendung macht aber das Werk zu dem zweiten, unendlich viel ernsteren Erziehungsroman, der es neben Meister ist, denn die Ehe wie das Buch sie voraussetzt, mit dem ganzen deutlich gezeigten Hintergrunde der Unsitten des Jahrhunderts, ist weder Vertrag noch Sakrament, sondern eine halbwillkürliche Improvisation ohne innere Notwendigkeit, ohne Weihe des Vorsatzes und ohne Gewähr der Dauer und von vornherein gegen die Reisskraft der Naturgewalt in einem hoffnungslosen Nachteil. Dass sie einer solchen Schwäche nicht ohne weiteres sondern erst nach so schweren Kämpfen erliegt, im edleren der beiden Teile aber des Entschlusses fähig wird, unter allen Umständen die Fahne zu retten, erweist ihre bis in sehr äusserliche und mittelmässige Fälle hinein immer noch richtende und festigende Kraft und lässt den Schluss de minus perfecto ad perfectius perfectiusque ohne weiteres zu. Das Naturgesetz hat Goethe nicht verteidigen wollen, sondern als scheinbar innerlich unbewegter Forscher aufstellen und in seiner Wirkung aufzeigen, gleichgiltig ob diese Wirkung eine fördernde oder zerstörerische ist – von beiden weiss ihm die Natur gleich wenig, denn ihre Ziele liegen ausserhalb der menschlichen Idee wie der göttlichen Zielsetzungen deren der Mensch durch das Sakrament teilhaft ist. Selbst ob die Nachgibigkeit gegen den Zug der Wahlverwandtschaft den Menschen als Träger der Werte in jedem Falle beglückt hat er ins tief Fragliche geschoben, und das Dilemma »Wahlverwandtschaftsehe oder keine Ehe« wolweislich gar nicht gestellt, denn die Wahlverwandtschaft als Gesetz hebt praktisch die Ehe auf, weil zwar jeder ehelich werden soll aber nicht jeder damit bis zum Auftauchen der chemisch korrekten Wahlverwandtschaft warten kann, soll, wird. Goethes grosse christliche Ahnung besteht eben darin, dass der Mensch keineswegs das Vollkommene und Vollsättigende gegen das Naturharmonische zu verteidigen hat, sondern den Compromiss, *weil* er einen Verzicht enthält, und *weil* dieser Verzicht unmittelbar an Gott geknüpft ist, gegen die ganze Gewalt seines Triebes zum Glück. Unsicherheit darüber hat nur dadurch entstehen können, dass Goethe weil er eben Goethe, der Goethe des Egmont auch hier ist, seine Lehre nicht als Eiferer sondern als bewegter Mitleidender vorgetragen und nicht an Starken und Siegern dargethan hat, sondern an den gebrechlichen, warmherzigen locker und glänzend, arglos, kühn und thöricht gefügten Menschen seiner eigenen Seelenstufe. Nur an solchen Objekten, an Opfern der Spannung, nicht an Mustern der glatten Bilanz, konnte die Darstellung Dichtung werden und Dichtung bleiben. Gegenstand der Poesie kann in alle Ewigkeit nur die Gestaltung des Lebendigen, wie es *ist,* bleiben: weder wie es sein *muss,* noch wie es sei *soll,* weder der naturwissenschaftliche biologisch-physiologische Determinismus, noch die philosophische oder religiöse Pflichtenlehre sind in der Dichtung zu verwirklichen, wenn sie auch noch so starke Wirklichkeit im Dichter selber sein mögen, und, unter Umständen, sein sollten. Beide können in die Dichtung nur von jenseits der Darstellungsgrenze hinüberwirken, wie Coulissenlichter auf den Bühnenvorgang, und gerade dafür, für dies vollkommene Gleichgewicht von sakramentaler Oberwelt, neutraler Welt, und elementarer Unterwelt sind die Wahlverwandtschaften das einzige mir bekannte höchste Musterwerk. Was Sie als Bruch des Innern bezeichnen erscheint mir vielmehr als Brechung. Die in der ästhetischen Debatte des achtzehnten Jahrhunderts Ihnen wolbekannte Erörterung der Uneignung vollkommen tugendhafter Personen für die Poesie wird hier endlich Erscheinung. Bis ins letzte hinein und mit den feinsten individuellen Unterschieden ist jede Person um Haaresbreite von ihrem moralischen Äquator ferngehalten oder über ihn hin zum Ausgleiten gebracht, während fast jede auf ihre Weise die klimatische Stetigkeit seiner sittlich sinnlichen Spannung anstrebt. Mit anderen Worten, das unübertreffbar *Lebensmässige* des Romans besteht darin, dass die Werte nach denen er im Geheimen ausgerichtet ist, nur als ein System von Annäherungswerten verschiedensten Grades in ihm auftauchen und erst im Nachgefühle sich in eine ahnungsvolle Einheit sammeln. Dies in seiner Bestimmtheit ebenso feinfühlige wie weltweise Verfahren gibt dem ganzen Gewobenen und Gefärbten der Form seinen Übergangsschimmer, den Zweifarbenton, was man an Stoffen das Changeant nennt, und es gibt ihm in unserer gesamten Literatur seine einzige Stelle, macht es aber allerdings auch so einsam wie einzig, und diese Einsamkeit hat kulturhistorisch ihren Grund darin, dass es der Gipfel, der einzige, unserer zweiten höfischen Epoche ist. Es beruht auf den Voraussetzungen einer Gesellschaft, deren Träger über so grosse reale Machtmittel verfügen, dass sie nicht mehr wirklich eingesetzt, sondern nur noch in Andeutungen und Spielmarken geäussert werden können, weil Einsatz, im eigentlichen und übertragenen Sinne zum Kriege führt. Das hat zu einem System von bis ins einzelne berechneter Übereinkunft geführt, in dem schliesslich nicht mehr die Zahlen arbeiten, sondern nur die Grundzahlen, und eine Art Weltsprache der zarten und vieldeutigen Formeln geschaffen, aus der aller nationelle Sondergehalt niedergeschlagen ist, und in der Farblosigkeit und Farbenbrechung sich gegenseitig bedingen. Es hängt oft nicht nur alles an einem Wort, sondern an dem Gedanken hinter dem Worte. Die Gedankenschuld der vielberufenen Zeugungs-Nacht Eduards und Charlottes ist dafür typisch, und Ihr Feingefühl ist auf dem rechten Wege, wenn es der Anwendung des Christusworts auf eine solche oder verwandte Gedankenschuld widerstrebt, weil diese Verlegung von Schuld und Sühne in den Gedanken rein praktische und nicht metaphysische Wurzeln hat. Wenn aber Goethe hat sagen wollen – und auch hier ist die Nuance entscheidend – dass die höchste Veredelung praktischer Gesittung bei den gleichen erhabenen Paradoxieen endet, durch die Jesus das ungeistige Vätergesetz »Du sollst« und »Du sollst nicht« ersetzt hat, so wäre nicht nur garnichts dawider zu sagen, sondern es würde sich mit vielen andern seiner Äusserungen berühren. Die Wahlverwandtschaften

563 AN ROSE BORCHARDT

[Villa di Bigiano Candeglia
Pistoia] Montag den 2 April 28

Liebe Mama

Prof. Haseloff aus Kiel der gestern mit der halben deutschen Kunstgeschichte hier war, erzählt mir als allgemein bekannte Thatsache, das Veras Tochter sich mit einem Herrn Marano verlobt habe, der zu dem von mir bewohnten Hause in Familien Verhältnis stehe. Es handelt sich demnach um einen italienischen Journalisten der die älteste Tochter des alten Chiappelli geheiratet und sehr unglücklich mit ihr gelebt hat. Die Frau ist tot, die

Mitgift hin, der Vater hat seinen Schmerz immer noch nicht verwunden. Der Sohn, jetziger Besitzer der Villa, der lange Zeit mit dem Schwager zerfallen gewesen scheint, hat letztes Jahr sich wieder freundlicher mit ihm gestellt und wollte ihn bei mir einführen, bat mich auch um Empfehlungen für ihn bei deutschen Zeitschriften für die er correspondieren wolle oder solle. Er hatte keine Subsistenzmittel. Politischer Gegner des Fascismus wie er war, oder hiess, fand er bei der hiesigen Presse keine Stütze mehr. Ein anderer Italiener der sich auch für ihn verwandte, bezeichnete ihn mir als einen harmlosen Menschen ohne besondere Züge. Ich habe mich ablehnend verhalten und ihn auch nicht persönlich gesehen. Dann ging er nach Deutschland, – wo er vor dem Kriege schon gelebt hat.

Ich mische mich nicht in anderer Leute Verantwortungen und muss es den Eltern überlassen, wie schwer oder leicht sie die ihre für die Zucht und Zukunft ihrer Kinder nehmen. Ausserdem ist es dort wol die Tradition – dem Falle Gagliardi muss der Fall Marano folgen. Mich interessiert an dem dummen Streiche nur der negative Vorteil, dass Maria Rosenberg aus dem Gefährtenkreise für unsere liebe Freundin Blanche Piccoli in Neapel ausscheidet, deren crève coeur sie lange genug gewesen ist. Sie wird schwerlich am Ende ihrer Laufbahn sein, der Mann ist sehr wesentlich älter als sie. Da sie durch ihre Ehe Italienerin wird, gibt es keine Scheidung, es muss also auf andere Weise gehen.

Ich hoffe dass Chiappellis, die auf den Mann wenig gaben, mit seiner zweiten Ehe sein Ausscheiden aus der Familie als besiegelt ansehen. Ich selber wie Du weisst verkehre mit Chiappellis nicht. Es sind anständige Menschen, aber durchaus petit genre, in der letzten Generation wohlhabend geworden, schon wieder verarmt, halb noch snobbig und schon wieder zur Selbstverwertung gezwungen, – harmlos aber nichts für uns und nicht im Besitze der Formen unserer Gesellschaft.

Vera soll wie Haseloff mir mitteilt auf dem Wege nach Italien sein: hoffentlich um sich recht genau zu informieren? oder ist das nicht mehr modern?

Mir ist das Ganze unbeschreiblich odios und widerlich und verleidet mir das Haus und den Aufenthalt.

Von Marel normale Nachrichten.   Dein Rudolf

564 AN VERA BORCHARDT

Villa Chiappelli
S. Alessio
Candeglia (Pistoia)
8 April 28

Liebe Vera

Prof. Haseloff aus Kiel, der gelegentlich eines Besuches der deutschen Kunsthistoriker bei mir zum Thee war, hat mir von der bevorstehenden ehelichen Verbindung in Deinem Hauses die erste Mitteilung gemacht und Mama, bei der ich angefragt habe, bestätigt sie mir soeben. Ich begreife, dass solche etwas schroffen Lösungen des Problems von Lebensglück und Zukunftsgestaltung nicht ganz zu den ehrgeizigen Erwartungen der älteren Familiengeneration stimmen mögen, und dass im vorliegenden Falle eine Reihe von Bedenklichkeiten hinzutreten um ihn in ein gewisses Helldunkel zu verschieben. Aber andererseits ist es nicht nur das

Recht der Jugend sich zu riskieren, sondern im Gegenteile, die Jugend soll riskiert werden, und weder Armut noch unglückliche Vorgeschichte, noch Precarietät der geistigen Berufslage sind auch nur im entferntesten Sinne Faktoren des Dramas das zwei Menschen mit einander spielen *wenn* sie dazu entschlossen sind, es *durch*zuspielen. Es ist unberechenbar, was sie für einander sein und werden können, weil eben dies letztere gar nicht auf der calculabeln Ebene des Lebens liegt. Ich habe als viel älterer Mann in einer zweiten Ehe unter den anfänglich aussichtslosesten und immer noch ernst genug gebliebenen Voraussetzungen ein ganz unvorstellbares Glück gefunden und zu einem gegenseitigen machen können, und es wäre pharisäisch gedacht und gehandelt, wenn ich nicht jedem wunderlichen Liebespaare die gleichen Chancen concedieren sollte auf die meine Frau und ich es mit vollkommener Heiterkeit gewagt und gewonnen haben. Darum spreche ich Dir in unser beider Namen unsere Glückwünsche aus, die darum nicht weniger herzlich sind weil sie mehr als anderswo, wie mir scheint, gebraucht werden. Denn wo das sogenannte Glück palpabel und patent daliegt, ist es eine blosse Floskel wenn es auch noch gewünscht wird, während gute Omina dann am Platze sind, wenn von zwei mutigen Leuten bei recht bösem Himmel ein Schiff von bedingter Seetüchtigkeit bestiegen wird. Ich bitte Dich, diese Wünsche den beiden Lebensaspiranten weiter zu geben, und sie zu versichern dass ich freundschaftlich und verwandtschaftlich für sie gesonnen bin und handeln werde. Von Marano ist mir hier in sympathischer Weise gesprochen worden. Auf Familientratsch gebe ich garnichts. Der Lektor des Ital. in München, Dr. Vincenti, ist mein guter Freund und thut alles in seinen Kräften stehende wenn ich ihn bitte. Auch sonst verfüge ich über die eine oder andere Handhabe, die ich ihm zur Verfügung stellen kann. Er soll, wenn er mag, an mich schreiben und genau sagen womit ihm gedient ist. – Da Haseloff mir sagt, dass Du nach Italien gehst – oder schon gegangen bist, so rechne ich diesmal auf Deinen Besuch. Wir werden älter und gesünder und sollten wol noch zusehen was Geschwister aus ihrer Geschwisterschaft machen können, denn dass das Leben das wir haben, das einzige ist das wir haben, und kein besonders langes dazu, ist ein Faktum, das sich nicht nur theoretisch zugeben lässt – was die meisten thun – sondern auch praktisch beherzigen – woran so wenige denken. Dein Rudolf

565 AN ROSE BORCHARDT

[Villa di Bigiano Candeglia
Pistoia, 8. April 1928]

Liebe Mama

Herzlichen Dank für Deine Nachrichten; ich bin in allem ganz Deiner Ansicht habe aber doch Vera soeben herzlich geschrieben und Glück gewünscht. Vom Familienstandpunkte aus, – der sich mit unsern individuellen Neigungen fast niemals deckt, – ist es meiner Ansicht nach das geringste Übel und das zugleich Vernünftigste und Menschlichste, den Vorgang praktisch als normal zu behandeln und die beiden Abenteurer aus ihrer Heldenrolle herauszumanövrieren. Wer unwiderruflich in die Familie – in diesem Falle auch noch in das Volk – hineinkommt, muss wenn es irgend geht zum Familienmitgliede gemacht werden. Dass das meist nicht leicht fällt, macht ja bekanntlich das Familienleben so pittoresk, aber es auf die leichte Achsel nehmen und auskneifen kann jeder. Ich bin unter Deinen Kindern charakteristischerweise der einzige der praktisches Familiengefühl hat und conservativ bleibt, – sonst hast Du nur Anarchisten und Individualisten, was das selbe ist, in die Welt gesetzt, – und praktisches Familiengefühl besteht hauptsächlich im Ignorieren, Einlenken, Einrenken und Hinunterschlucken. Käte und Karl Wirtz sind soviel ich sehe auch nicht ungemischte Freuden, der Sollner völkische Reckentrotz und das Kieler Verjudungspathos sind zwei gleichberechtigte Pole der Carikatur, aber wegen solcher Extreme ist ja eben eine Familie das Abbild der Welt. Die Garderobe ist so wenig stilvoll geworden, dass ein von Herrschaften abgelegter Calabreser mehr oder weniger auch keinen grossen Unterschied mehr macht. Man muss ihn ausbürsten, das Band erneuern und ihn ev. färben.

Bedenklich ist überhaupt an dem Ganzen weder a) der Altersnoch b) der Nationalunterschied noch c) die sogenannte Vergangenheit in der sie sich beide nichts vorzuwerfen haben noch d) die Mittellosigkeit. Gegenüber der ungeheuren Bedenklichkeit *jeder Ehe an sich* spielen solche Lappalien gar keine Rolle. Wir sind ja nur durch die Thatsache dass dauernd um uns her geheiratet worden ist und wird, gegen die colossale, tragische Absurdität eines solchen unausdenkbaren Lebensentschlusses bis zur Verblödung abgestumpft: wer es für sich selber zum ersten Male thun sollte, würde eher davonlaufen, und die ganze Einrichtung hält sich gerade noch so so durch Tradition. – Das bedenkliche ist, dass M. ein, nach Meinung seiner besten Freunde, ganz unbedeutender und unproduktiver Mensch ist, der es nie zu etwas bringen kann oder wird, und nur zu einem mittleren Journalisten taugt. Die gewisse Klugheit und Gefälligkeit haben hier alle, sie kostet nichts und bringt nichts.

Von Marel sind gute Nachrichten, das Kind soll hübsch und reizend sein obwol das Unglückliche *mir* ähnelt! Ich habe ihr am Gründonnerstag zu Ostern die Nachricht schenken können, dass der vollständige druckfertige Dante vor einer Stunde an Wiegand expediert worden war; zwanzig Jahre meines Lebens schliessen sich zu, ich baue meinen Schreibtisch um und ordne mir einen neuen Kopf.

Herzliche Grüsse an alle   Dein Rudolf

566   AN HERBERT STEINER

Lieber Herr Steiner
Ich bin über die Trog betreffenden Nachrichten tief betrübt, und bitte ihn aufs wärmste zu grüssen, mich auch informiert zu halten.

Mit dem Rossetti Aufsatze haben Sie ganz freie Hand; natürlich ist es mir am liebsten ihn ungekürzt zu lesen; allerdings ist er in allen Stücken ganz neu, es muss auch ein Buch daraus werden.

Wenn Sie ihn abschreiben lassen sollten so erbitte ich einen Durchschlag.

Sollte bei M. Bodmer die Absicht der Italienreise noch nicht aufgegeben sein, so bitte ich mich zeitig zu unterrichten, ich möchte nicht gerne überrascht werden.

Meine Frau kehrt Montag wieder. Wir haben einen schönen kleinen Sohn mehr, Christoph Cornelius. Beiden geht es gut.

Es freut mich zu hören dass Sie immer wieder bei der Zeitung beschäftigt sind. In dieser Richtung liegt was ich zunächst für Sie wünsche und hoffe, – dann kann man weiter sehen.

   Ich bin in schwerer Arbeit und durch die immer mehr hervortretende Katastrophe des deutschen Verlagswesens sehr ernst bedroht, verfolge aber alle meine Ziele solange es die Verhältnisse mir erlauben werden. Eines Tages kann das aus sein.

Ihr Borchardt

Bigiano 24 IV 28

Grüssen Sie wer immer sich meiner erinnern mag.

567   AN WILLY WIEGAND

[Nicht abgesandt]   [Villa di Bigiano Candeglia
                                     Pistoia, Ende Mai 1928]

Lieber Wiegand

am 7ten cr. hast Du den Empfang meines Schreibens mit dem Bemerken angezeigt, Du werdest ihn Ende der Woche ausführlich beantworten. Inzwischen sind drei Wochen vergangen ohne dass Du Dich zu den wichtigen Fragen jenes Schreibens geäussert hast und ohne dass ich über die Vorbereitung des Publikums auf die Dante Ausgabe auch nur Deine ungefähren Absichten kennte, die, bei der Wichtigkeit der Sache, doch nur die Grundlage eines nicht schnell abzumachenden Meinungs Austausches würden bilden können. Bei allem Verständnisse für Deine vielfache Inanspruchnahme kann ich nicht umhin, in dieser betonten Gleichgiltigkeit für meine Angelegenheiten eine unfreundliche Handlung zu erblicken. Ich stelle Dir keine Fristen, bedaure aber Dir bemerken zu müssen, dass ich nach Ablauf einer raisonnabeln Bedenkzeit für Dich es nicht mehr werde für angezeigt halten können, die Materialien für vorausgesehene Arbeiten bei mir zu bewahren. Nachdem das so lange hoffnungslos geschienene psychologische Hindernis der Dante Vollendung, das Jahrelang unsere Geschäfte belastet und schliesslich zu ihrer Suspension geführt hat, durch meine Anstrengungen beseitigt worden ist, habe ich Dir in loyaler Weise bedeutet, dass, soweit meine Bereitwilligkeit und meine Kräfte in Betracht kommen, der suspendierte Arbeitsplan, mit den Modifikationen, die etwa nötig werden könnten, wieder in seine Rechte treten kann. Aber an einer weiteren Suspension kann wie mir scheint, Dir so wenig gelegen sein wie mir. Um Dir, wenn Dir darum zu thun ist, die Lösung zu erleichtern, erkläre ich Dir gerne, dass ich mich jedes Rechtes an den Verlag, aus früheren Verträgen, entkleide. Ich wünsche die ganze Angelegenheit ohne Spannung und gelassen zu einem vernünftigen Ende zu bringen und meinerseits keinen Konflikt zu provozieren, wie ich aber auch andererseits keine Mittel sehe, ihn abzuwenden wenn er mir octroyiert wird, und keineswegs gesonnen bin den Frieden durch ein Schweigen zu den Formen zu erkaufen in denen man mir nunmehr begegnet.

568 AN DIE FEUILLETONREDAKTION DER »MÜNCHNER NEUESTEN NACHRICHTEN«

[Entwurf]

Wertester Herr Behrend

In Erwiderung Ihrer Zeilen vom 29 halte ich es für das Beste, den Rossetti Aufsatz zurückzuziehen, und bedaure nur, dies erst so spät thun zu können, dass es mir nicht mehr möglich ist, ihn zu verwerten. Mein augenblicklich hier anwesender Vertreter will Sie Anfang Mai schriftlich gebeten haben, ihm mitzuteilen, wieviel Zeilen Sie bringen könnten. Da er keine Antwort erhalten, habe er Ihnen das übersandte Stück durch Klammern im Texte so zugerichtet, dass die ev. wegzulassenden Partieen leicht zu übersehen seien. – Ich kann das von hier aus nicht kontrolieren.

Ich habe Ihnen für Ihre Pfingstnummer darum nichts neues geschickt, weil mit den beiden noch ungedruckten Lieferungen der Lebensbeschreibung im ganzen Drei Arbeiten von mir bei Ihnen lagen. Das Abbrechen der letztgenannten Lieferungen bringt mich wie Sie wissen in die peinlichste Lage, da allgemein die Schuld daran *mir* zugeschrieben wird und niemand glauben will, dass Sie einen Fortsetzungsbeitrag auf den von so vielen Seiten so dringend gewartet wird, ohne bestimmte Gründe so lange aussetzen.

Mit freundlichen Grüssen der Ihre

                                                     Borchardt

Bigiano 3 Juni 28

569 AN PAUL FRIEDLÄNDER

[Villa di Bigiano Candeglia
Pistoia, Juli 1928]

Lieber Herr Friedländer
Sie haben mir, indem Sie mich an einer so grossen und wichtigen Arbeit in einem engern Sinne teilnehmen lassen, eine Freude bereitet deren Ausdruck ich nicht auf den Tag verschieben kann, an dem ich etwa, ausser für das Geschenk, auch für das Geschenkte danken könnte. Auch wird dieser Tag ferne sein. Ihr Platon, soviel habe ich schon im Aufschneiden der Blätter rasch eingesehen, ist mir ein unbekannter Gott und sehr wesentlich von demjenigen verschieden, den ich eben noch zu kennen glaubte als ein äusserer Anlass – die CentenarFeier von Rossettis Geburt – mich veranlasste mir die platonisch-plotinische, altdantisch neudantische Proportion von Eros Minne Liebe vor den Texten zu entwickeln. Aber wenn auch ferne, so sehe ich die Zeit wirklicher Einkehr zu Ihrem Buche doch voraus, unter einem glücklichen Winde, der mir die Wolke weithin lüftet: Vor wenig Wochen habe ich im zwanzigsten Jahre der Arbeit, die Deutsche Comedia in Druck gegeben, mir ist als hätte ich abituriert und dürfte mir einen Beruf wählen – statt dessen habe ich mir für den Spätsommer was seit fünf Jahren nicht mehr hat geschehen können, eine grosse Lektüre vorgesetzt und war zwischen Diderot, Brownings Ring and the Book und Platons Staat unschlüssig: nun geben Sie den Ausschlag, denn die wenigen Seiten die ich in Ihnen wirklich habe lesen können zeigen Sie mir so scharf und tief von dem Wege abbrechen τίς πολλοὺς ὧδε καὶ ὧδε φέρει, dass es gar kei-

nen Sinn hat anders als mit aufgeschlagenen Büchern mich Ihnen zu nähern.

Ich hätte Ihnen längst für die ausserordentlichen Tragödien Aufsätze im einzelnen danken sollen, die Sie mir in Marburg ins Gepäck geschoben haben, und aus denen ich besser als aus Reinhardts und anderer Büchern das wesentlich Neue und Lebendige der nach meinen Studienjahren entstandenen philologischen Dianoia an mich ziehe. Die Behandlung des Äschylus scheint mir die in strengem Rahmen vollendetste, die des Euripides die für die Kritik – wenigstens die meine und mir bekannte – förderndste zu sein, Sophokles aber, gegen den ich mein Lebenlang aus einer eigensinnigen Kälte nicht habe herauskommen können, haben Sie mir so erschlossen und durchdrungen, dass ich ihn nicht mehr anders als mit Ihren Augen sehe, und mein durchschossenes Exemplar der drei Schriften, im Anfange und am Ende recht dialektisch notiert, in der Mitte das bescheidene Weiss belehrter Unwissenheit kaum irgendwo befleckt.

Die grossen Gestalten, an denen ich Jüngling und Mann geworden bin und zu denen immer wieder rückblickend ich ergraue, in einem neuen Geschlechte neugeboren vor mir erscheinen zu sehen ist mir eine herrliche Erfahrung. Sie beruht nicht nur auf dem Gefühle von der Unsterblichkeit des Genius sondern auch dem von der Unerschöpflichkeit des Menschengeistes, der jene Unsterblichkeit in der Geschichte trägt, und muss uns notwendigerweise am einen oder am andern einen Anteil geben.

Nehmen Sie beiliegendes Blatt, das aus einem eben erscheinenden Buche vorabgedruckt wird, freundlich auf, lassen Sie mich den dortigen Homophrones empfohlen sein und bleiben selber meiner dankbaren Gesinnung versichert.

Borchardt

570 AN ERNST BORCHARDT

Bigiano 19 Juli 28

Lieber Ernst, bitte bedrohe Feist mit zeitlichen und ewigen Strafen und meiner lebenslangen Ungnade wenn er in meinem Namen oder für sich selber auf diese Dinge reagiert. Das gleiche habe ich nach allen Seiten veranlasst, von denen mir überflüssige Sekundantenstreiche, in bester Absicht, drohen konnten. Es hatte mir schon vor Tagen ein jüngerer Freund mit der üblichen zitternden Empörung des Jüngers von der L.[iterarischen] W.[elt] vom 13ten Kenntnis gegeben und den Brief eines p. Adriani über einen angeblichen Besuch bei mir erwähnt. (Ich kenne keinen solchen, und habe ihn nie empfangen.) Gelesen habe ich ebenfalls nichts von dem Mist. Der »Ring« (Herausgeber HvGleichen) hat mir vor einigen Wochen einen sympathischen Aufsatz, für mich gegen H.[aas], geschickt, mit Bemerkungen die eine Richtigstellung nahelegen. Auf diese geht eine Antwort dorthin ab, die H. gar nicht nennt. Du hast Recht, – die Vorstellung dass auf solche durchsichtigen Manöver der Berliner Schmutzliteratur von mir »etwas geschehen« müsse, steht dieser Schmutzliteratur näher wie mir. Wer von mir erwartet dass ich mich hier verteidige, hat mich umsonst gelesen.

Bitte grüsse Mama herzlichst und sage ihr dass ich ihr ausführlich schreibe, sobald eine dringende Arbeit expediert ist, und dass sie mit Marels Schweigen Geduld haben möge. Wir haben grosses häusliches Missgeschick gehabt, die Köchin Luise, deren sie sich erinnert, hat uns seit Jahren schmachvoll bestohlen, was bei ihrem Weggange ans Licht kam, und dies hat zu einer Reihe Vornahmen geführt, die im Effekt Marel sehr überlasten. Die Kinder gedeihen prächtig, der kleine Cornelius ist ein liebliches, immer lächelndes, frühverständiges Baby, das mit seinen drei Monaten schon stehen will, nie schreit, und weiss was sich schickt.

 Herzliche Grüsse von uns Beiden.   R.

571 AN OTTO HEUSCHELE

Wertester Herr Heuschele

Zufällig wird mir von besonderer Seite Ihre Besprechung meiner Handlungen und Abhandlungen gerade zugesandt, während ich nach Ihrer Adresse suchte, um Ihnen – worüber hören Sie gleich – zu schreiben. Es ist sehr schön von Ihnen, mit so entschiedener Wärme und Angehörigkeit sich des Ruhmes Hofmannsthals bei der Jugend anzunehmen, die in einer mich oft geradezu schauerlich berührenden Weise die göttliche Natur zu verkennen scheint, mit deren Zeitgenossenschaft ihr Schicksal gesegnet ist.

 Auch dass Sie *mir* wieder offen und aufmerksam blieben, berührt mich freundlich. Ich verfolge Ihr Thun seit langem aus meiner Ferne und wünsche Ihnen zu den bisherigen Erfolgen weitere, zu den Plänen das Gedeihen. Denken Sie nur immer daran, dass Sie ein Schwabe sind, wenig Herrlicheres als das kann man auf Erden sein, – den Söhnen des ältesten deutschen Herz- und Kernlandes muss der Auftrag, uns nie zu Grund gehen lassen zu dürfen, noch gleichsam besonders in die Wiegen gelegt sein. Dabei hat nirgends so wie in Württemberg der leidige Radikalismus auch die geistigen Waffen in die Arsenale der Agitationsmittel verschleppt – alles, was von Stuttgart kommt, klingt wie Hohn und blickt wie Fratze auf das, was Sie waren und ohne Zweifel peritus funditusque noch sind. Sie haben mir so oft einlässlich geschrieben – liessen Sie mich doch einmal wissen, wie Sie menschlich zu wirken suchen – wenn Sie denn wie ich dringend hoffe, das über dem Schreiben nicht versäumen – ob Sie Gleichgesinnte an sich ziehen, brüderlich mit Eingeweihten im notwendigen Sinne vorwärtsdrängen. Geistige Arbeit ist heute wie in den Zeiten des Urchristentums aus einer »studium bonum artium« zu einer Pflicht der Confessio geworden, und nichts kann mehr um seiner selbst willen betrieben, alles muss der Aufgabe untergeordnet werden, das Reich der Werte, – was das Christentum regni coeli nannte, auf Erden fest wieder anzusiedeln.

Dies führt mich darauf, dass ich Ihnen hatte schreiben wollen, was ich für den Herbst plane. Ich gehe, seit zwei Jahren zum ersten Male wieder nach Deutschland und werde in mehreren Städten des Nordens, Duisburg, Hamburg, Bremen, Kiel und anderen sprechen. Sie hatte ich bitten wollen, mich zu unterrichten, ob in Württemberg etwas ähnliches sich veranstalten und anschliessen lässt – Tübingen oder Stuttgart oder anderswo – und ob Sie sich damit befassen mögen, es ins Werk zu setzen. Es ist eine der wenigen deutschen Landschaften, in denen ich nie öffentlich gesprochen habe, und sie ist mir wichtig genug, mich persönlich um sie zu bemühen, während ich sonst abzuwarten pflege, ob von irgendwoher Bitten an mich gelangen.

Ich drücke Ihnen in herzlicher Gesinnung die Hand als Ihr
Borchardt

Villa di Bigiano den 15. Aug 28
(Candeglia)
Pistoia

572   AN ERNST BORCHARDT

[Villa di Bigiano Candeglia
Pistoia, ca. 17. August 1928]

Lieber Ernst

Ich habe vor 2-3 Wochen an den »Ring« (H vGleichen) eingeschrieben eine längere Erklärung gesandt, über die ich keine Nachricht habe. Wäre es Dir wol möglich hinzutelephonieren und Dich für mich zu erkundigen? Wenn man sie nicht drucken will soll man Sie an mich zurückschicken – doch kann ich mir das nicht denken, es haut gerade in ihre Kerbe.

Der George Aufsatz in der DAZ ist wol erschienen und wird hoffentlich seine Wirkung dort thun wohin er gezielt ist. Überhaupt springen in der nächsten Zeit überall Minen.

Euch allen Alles Beste. Wir haben einen Sommer dessengleichen Italien noch nicht gesehen hat seit ich es kenne, weit und breit ist alles verdorrt, seit vierzehn Wochen ist kein Regen gefallen die Nächte kühlen nicht mehr ab. Die Weinernten an trokkenen Hängen sind so gut wie verloren, selbst die Oliven leiden

schon, Mais hat kaum Kolben gebracht, die Leute verzweifeln.
Wir leben fast nackt, die Kinder sind blass aber gesund.

Dein Rudolf

573 AN DEN VERLAG TEUBNER

[Entwurf]

Verlag B. G. Teubner Candeglia, presso Pistoia
Leipzig 22. Aug. 1928

Sehr geehrter Herr,
Sie haben mir durch die gefällige Vorlegung der Weynandschen Palaistra ein wirkliches Vergnügen bereitet, nicht so sehr wegen der Aufnahme eines eigenen jugendlichen Versuches in den Text, den ich bei gereiften Kräften mit eher unbehaglichen Gefühlen betrachte, als wegen der ungemein lebendigen Verfassung des ganzen Buches, hinter dem Spracherziehung nicht als τέχνη sondern als echte παιδεία steht, eine Bildung und eine Kunst. Ich freue mich dass ein alter Mitschüler von mir eine so ausgezeichnete Bekundung unserer gemeinsamen Schule abgelegt hat und beglückwünsche Sie zu dem in seiner Weise reizenden Buch.

Haben Sie Gelegenheit Hrn. Oberschulrat Weynand dies zu übermitteln, so bitte ich meinen Grüssen den Hinweis auf meine Editionen im Verlage der Bremer Presse, München, beizufügen wo ich an Tacitus Germania, den homerischen Hymnen (Altionische Götterlieder) und anderen praktisch gezeigt habe, wie ich heut solche Aufgaben zu stellen und zu lösen für nötig finde.

Mit wiederholtem Danke hochachtungsvoll

[Borchardt]

574 AN WILLY WIEGAND

[Villa di Bigiano Candeglia
Pistoia, nach 28. September 1928]

Lieber Wiegand

Ich habe mich gefreut, wieder von Dir zu hören, und glaube Deinen Intentionen am besten gerecht zu werden, wenn ich meine Einigkeit dazu erkläre, dass die drei fast fertiggearbeiteten Bücher, 1) der Dante, 2) die Kavalierslyrik, 3) die Renaissancelyrik zunächst erscheinen. Dazu ist allerdings notwendig, dass wir uns über den Sonderprospekt, betreffend meine an den Verlag gebundenen Übersetzer-Werke, einigen, den ich für das Ganze wie das Einzelne als unerlässlich ansehe, und für den ich das reiche und zT bedeutende Besprechungen-Material, das gelehrte vom literarischen gesondert, in dem Sinne auszunützen anrege, dass damit eine werbende Darstellung meines gesamten geistigen Vorhabens gegeben wird und der Unterschied zwischen »Übersetzungen« und meinen, mit meiner Poesie und meinem allgemeinen geistigen Unternehmen verbundenen Arbeiten für das Publikum unzweideutig hervortritt. Ich glaube damit nichts Unbilliges zu wünschen, bin vielmehr überzeugt davon, dass der Verlag den bedeutenden Arbeiten die ich ihm im Laufe der Jahre anvertraut habe, eine solche Werbung nicht nur schuldet, sondern dass er damit zugleich ihrem Absatze und seinem Prestige gleichmässig hilft, und dass für alles zusammen kein günstigerer Moment gefunden werden kann, als der des Heraustretens einer so folgenschweren Arbeit wie des Dante. Ich selber werde einen grösseren Aufsatz als Selbstanzeige durch die mir nahestehende Presse laufen lassen und damit die durch den Moment angezeigten Betrachtungen verbinden. Die Anleitung der Dir zu Gebote stehenden rein literarischen Recensenten fällt in Deine Competenz. Du wirst mir darin beistimmen, dass ein Werk an dem soviele Zeit und Vermögen in jedem Sinne endlich Gestalt gewonnen hat, in nichts dem Zufall und der Zerfahrenheit des Tages überlassen werden darf, und dass auch der Steuermann, der ein Schiff durch alle Stürme gebracht hat, endlich ohne den Hafenlotsen vergebens gefahren ist.

An meinen Volkslied-Plänen hat die inzwischen verflossene Zeit nur vertieft und gebessert, aber begreiflicherweise nichts geändert; ich habe den verbleibenden Stoff in zwei weitere Bände, »Tanzlieder und Wechsel« und »Spielmannslieder« disponiert und halte die Möglichkeit offen, dass der letztere in zwei Abteilungen, die historischen und die allgemeinen, zerfallen wird, da der Leser der in meinem Corpus das gesamte Volkslied digeriert zu sehen wünschen wird, nicht wol auf die bestehenden Sammlungen des historischen Volksliedes, so gut sie auch sind, verwiesen werden kann. Unerlässlich wird sein, rückwärtshin die Brücke zwischen Trobadors und Cavalieren durch eine massgebende und schön lesbare Sammlung des Minnesangs zu schliessen, die mir immer wieder abgefordert wird und für die ich begonnen habe, Sammlungen anzulegen. Die anonyme geistliche Poesie des Mittelalters, die ich auch eines Tages noch sammeln werde, ist durch die ungenügende Bernhartsche Ausgabe Dir wol leider teils versagt, teils verleidet. Was nach 1600 beginnt, interessiert mich nicht; das historische Spielmannslied (gereimte und gesungene Zeitung) reicht allerdings darüber hinaus.

Dein Honorarangebot für die Volkslieder ist sehr dankenswert; ich möchte mich aber dazu erst äussern, wenn ich übersehe, welcher Teil der mir ehedem gemachten Zahlungen ungedeckt geblieben ist. Ich halte es für beiderseitig erwünscht, dass wir uns gegenseitig sobald als möglich balancieren, und dass für die Zukunft der gemeinsamen Arbeit der alte bewährte Grundsatz des Gegenwertes von Leistung und Entgeld zu Grunde gelegt wird. Natürlich wäre es mir lieb, damit eine allgemeine beide Teile bindende Disposition verknüpft zu sehen, die mir die Wirtschaft und die Planarbeit erleichtern würde, aber ich muss nach den nicht optimistisch stimmenden Mitteilungen Schröders über die Schwierigkeiten mit denen Du leider zu kämpfen hast, damit rechnen, dass Du Dich einsweilen nicht weitsichtig wirst binden können und daher das Wünschbare auf das Mögliche und Hoffentliche reduzieren wirst. Ich bitte Dich hierüber offen und geschäftsmässig mit mir zu sprechen. Ich habe selber ausserordentlich knappe und mühsame Zeiten hinter mir und muss sehr genau rechnen. Die Umstände bringen es mit sich, dass ein grosser Teil meiner Arbeit Zeitungen gehört, die mich relativ hoch honorieren. Ich habe für wenige Aufsätze immerhin im Laufe der letzten Monate ca. 2000 Mark, Nachdrucke eingerechnet, gezogen der Kreis der an mir interessierten Blätter vermehrt sich und wird in solchem Falle eine Summe schaffen, die ein normales Buchhonorar nicht unerheblich übersteigt. Ich bedaure das selber, aber die Bedürfnisse sind gegeben und können nicht herabgesetzt werden.

Dass Du für den griechischen Vorrat Interesse hast, ist sehr schön und ich will den Plan im Auge behalten. Aber erscheinen muss nach meinem Dafürhalten sobald als möglich, d.h. nach den zwei Volksliederbänden der Pindar, sei es in der bisher maschingeschriebenen sei es in vervollständigter Form. Jahrzehnte sind über dem Werke vergangen, unschätzbare Wirkung ist verfristet worden. Der Abdruck eines Gesanges in der Neuen Schweizer Rundschau hat mir Zuschriften gebracht die mich bestimmen nicht mehr länger als unbedingt nötig zu zaudern. Hierüber sehe ich Deinen Gedanken entgegen. – Darin hast Du Recht dass die von Dir angedeutete Prosasammlung bei soviel eigenen Plänen und zusammengefasster Arbeit mir als weniger wichtig erscheint. Dazu trägt allerdings bei, dass ich über Erfolg und Absatz meiner drei Sammlungen ganz im Dunklen bin und vielleicht mit Unrecht, zu der Ansicht neige, dass der Höhepunkt des Interesses für solche Bücher überschritten sein dürfte, und Fortsetzungen des Schemas niemanden mehr anziehen. Aber ich bin bereit Dir in dem Punkte eines Projektes, in das Du bereits vielfache Löhne gesteckt hast und das bei Deiner ganzen Anstrengung nicht passiv bleiben sollte entgegenzukommen, wenn Du Dich dazu entschliessen könntest, einen meiner eigenen Lieblingspläne auszuführen, gegen den Du Dich seit Jahren ablehnend verschliesst, mit Gründen die weder mich noch die gemeinsamen Freunde überzeugen. Die Nachworte zu meinen Sammlungen und Übersetzungen müssen gesammelt werden, und als Studienband vor dem Urteile und der Diskussion der Sachverständigen stehen. Burdach schreibt mir soeben wieder in diesem Sinne, und teilt mir mit, dass er in der Neuauflage seines gerade bei Niemeyer wieder erscheinenden Buchs über Reimar und Walther auf Grund meiner Interpretation des Armen Heinrich seine frühere Auffassung gegen die neuvorgelegte vertauscht habe. Fränkel in Kiel und Friedländer haben sich gleichfalls dahin geäussert, dass Forschungsthatsachen wie die in den Götterliedern entwickelten nicht in Appendixen stecken bleiben dürften. Du kannst bei vorurteilsloser Durchdenkung nicht verkennen, dass der Band sich an ein Publikum wendet, das von ausserwissenschaftlichen Editionen im allgemeinen nicht angezogen werden kann und, indem es dies Publikum sich aneignet, das Interesse auf die Sammlungen selber erst concentriert, keineswegs von ihnen abzieht. Gleichzeitig versteht es sich, dass der Band auch Inedita für die Neugier enthalten wird. Ich mache Dich darauf aufmerksam dass keines meiner bisherigen Bücher so heftig diskutiert worden ist – mit wahrer Leidenschaft, auch factiöser, pro und contra – wie die »Handlungen und Abhandlungen« des Horenverlages. Das Bedürfnis nach »Streit der Geister« auf dem Gebiete der historischen Grundlegung und Zielsetzung ist eines der lebendigsten mit denen der Büchermarkt rechnen kann. Ebenso haben meine Zeitungsaufsätze über George und Rossetti schon zu Zettelkriegen geführt und für eine Buchform des ersteren – gewiss ein ungewöhnlicher Fall – liegt mir eben ein dringendes Verlagsgebot vor. Überlege Dir dies in Ruhe und prüfe ob der Dir vorgeschlagene Austausch des Entgegenkommens Dir thulich erscheint.

Damit habe ich wol Deinen Fragen genügt. Ich höre gerne dass Du Dir die Rückkehr zu freundlichen und freundschaftlichen Beziehungen wünschst und brauche kein Wort darüber zu verlieren, wie unnatürlich mir das Gegenteil davon, wo es aufgetreten ist und angedauert hat, jederzeit erschienen ist. Das beste, vielmehr das einzige Mittel, solche Störungen zu vermeiden, ist dass Du Dein Verhältnis zu mir rein und ausschliesslich zu *mir* hin und auf *mich* zu behandelst und nicht von Dritten her und auf Dritte zu, durch die Du es conditionierst. Ich kann ein offenes und sogar ein derbes Wort ausgezeichnet vertragen, und bin durchaus eine robustere und natürlichere Natur als Du Dir gelegentlich hast einreden lassen dass ich sei. Aber ich bin eine unbedingte Person und dazu in die Welt gestellt, die *reine Sache,* ohne ihre Relativierung und Contingentierung, darzustellen und durchzusetzen. Niemand verlangt von Dir, dass Du durch Dick und Dünn mit mir gehst. Wir sind in einem Alter dessen Stärke nicht in der Biegsamkeit und Wandelbarkeit beruht. Wo Du Deine Grenze ziehst, will ich sie mit der Achtung die ich vor jeder Persönlichkeit habe respektieren. Wo ich aber den Eindruck gewinnen muss, dass meine alten Genossen und Mitarbeiter zum Mundstücke meiner persönlichen Neider und treulosen Freunde von früher und jener Gegnerschaft überhaupt werden, die ich stolz bin weit von mir gewiesen zu haben – und wo ich fühle, dass sie durch ein solches Mundstück mich zu conditionieren versuchen, da ziehe ich die Zugbrücke auf. Wenn Du das nicht begreifst, so hast Du mich nie verstanden.

Ich spreche im Winter für den Euckenbund im Auditorium Maximum, wohne aber in Neubeuern und komme nur für die Rede in die Stadt. München ist mir durch den unerhörten Ausgang der Nadlerschen Angelegenheit, über die ich noch immer nicht wegkommen kann, und die ich als einen Beweis der Unanständigkeit der deutschen Universitäten ansehe, so verleidet, dass ich mir keinen Aufenthalt dort denken kann, niemanden sehen will. Für Dich werde ich eine Zusammenkunft, incognito, möglich zu machen suchen. Marel grüsst freundlichst, die Kinder gedeihen sehr glücklich. Dein Borchardt

575 AN WILLY WIEGAND

Bigiano 15 Okt 28

Lieber Wiegand

Wenn Du mir erklären willst, die Revision ausschliesslich als technische Ermöglichung der Setzereiarbeit anzusehen, so ist sie postwendend zu Deiner Verfügung. Imprimaturs-Wert erhält sie, sobald die Vertriebs-Vorbereitung (Propaganda) zwischen uns in allen Einzelheiten vereinbart ist, – bei unüberbrückbaren Meinungsverschiedenheiten eventuell durch ein in üblicher Weise bestelltes Schiedsgericht.

Diesen Standpunkt habe ich seit Absendung des Paradies Ms. unveränderlich vertreten, und Du bist jederzeit über ihn unterrichtet gewesen. Meine Gründe für ihn, gegen die Du nie etwas vorgebracht oder überhaupt Dich geäussert hast, sind Dir bekannt. Es ist für mich unmöglich von ihm abzugehen.

Deine Bemerkung, Rudi könne durch Dein Eingehen auf meine Wünsche verletzt werden, kannst Du nicht mit *mir* diskutieren, sondern, wenn sie so falsch ist, wie ich nach seinen eigenen Äusserungen weiss, nur mit ihm, der allein in der Lage ist, sie zurückzuweisen. Wäre sie richtig, so ginge sie mich immer noch nichts an. Hier ist nur die Frage ob Du und wie lange Du *mich*, nicht Den oder Jenen, verletzen willst. Darüber musst Du Dich endlich entscheiden. Ich muss mich jeder Erörterung versagen, die sich nicht ganz ausschliesslich auf mein Werk und mich bezieht.

Mein Beauftragter sollte Dir mit der gebotenen Höflichkeit die Stimmung andeuten, die sich zum zweiten Male durch Dein Weglegen sine die meiner von Dir selber veranlassten Vorschläge bei mir an die Stelle einer allgemeinen Zuversicht gesetzt hat. Der Gedanke war meiner Rücksicht auf Dich entsprungen. Du nimmst offenbar an, ein Brief in dem ich Beschwerde erhoben hätte, dass Du mich seit sieben Monaten dilatorisch behandelst, wäre der Verständigung förderlicher gewesen. Dass ein überreiztes Telephongespräch, unter dem Drucke sofortigen Anhängens und mit befristeten Sekunden geführt, sich nicht als das beste Mittel erwiesen hat, den vorbildlich zartfühlenden und treuen Menschen scharf innerhalb seiner Instruktion zu halten, ist bedauerlich, aber nicht befremdlich. Überschritten hat er seine Anweisung nur dadurch, dass er meinen Wunsch ihn persönlich an meiner Stelle von Dir empfangen zu wissen, augenscheinlich nicht zu Deiner Kenntnis gebracht hat. Immerhin: Vermittlungen lehnst Du ab. Briefe bestätigst Du, aber beantwortest sie nicht. Vielleicht gibst Du nun selber den Modus an, in dem Geschäfte mit Dir geführt werden sollen, und durch den eine Klärung der entstandenen interessanten Situation herbeigeführt werden kann. Bis das geschieht, rechnest Du, wie ich annehme, auf weitere Schritte von meiner Seite nicht mehr.

    Mit besten Grüssen   Bdt

576 AN HERBERT STEINER

[Villa di Bigiano Candeglia
Pistoia, Oktober 1928]

Lieber Herr Steiner

Vielen Dank für Ihre treue Hilfe in allen Stücken und Ihre schleunigen Nachrichten. Nach München bitte ich zu antworten, dass ich versuchen würde, in der Frage des Termins entgegenzukommen, da augenscheinlich für den Dezember eine Anstopfung bestehe, die keine Aufmerksamkeit für meine Äusserungen verbürge. Dagegen könne ich zu meinem Bedauern das ausbedungene Minimum durch weitere Leistungen nicht belasten. Radio Vorlesungen würden mir, obwol ich bisher noch nie einen dahinzielenden Antrag angenommen hätte, oder vielleicht gerade darum, mit sehr hoher Dotation geboten, der Honorarsatz von 300 Mark für die Vorlesung hielte sich wesentlich unter demjenigen was Grossstädte im Allgemeinen vergüteten und hielte sich auf dem Satze, den kleinere Centren wie Marburg, Zürich, Duisburg mir ungedrängt zu zahlen pflegten. Da ich grundsätzlich über das gleiche Thema nur ein einziges Mal und nur an einem einzigen Orte spräche, und daher jede solche Äusserung mit grösster Gewissenhaftigkeit vorbereitete, während die meisten gewohnheitsmässig Vortragenden mit einem einzigen Text von Stadt zu Stadt gingen, müsste ich ausser den durch meinen Auslandsaufenthalt verursachten Mehrkosten auch die der Vorbereitung in Anschlag bringen. Wenn diese Ansprüche mit den Berechnungen des Euckenbundes nicht in Einklang zu bringen seien, müsste ich zu meinem Bedauern verzichten. Andernfalls stellte ich die folgenden Themata zur Wahl:

1) Nation; Volk; Massen, Pöbel.
2) [gestrichen: Über den sakramentalen Charakter der Kulturbegriffe.
   kann auch vielleicht gefasst werden:]
   Die Entwertung des Kulturbegriffs
   ein Unglück und ein Glück.

Fällt die Antwort bejahend aus, so würde ich bitten den andern Stellen von meiner veränderten Zeitdisposition Kenntnis zu geben.

Es steht nicht eine sondern zwei Antworten aus. Berlin und Duisburg.

Die »Schlesische Funkstunde« Breslau wäre darüber zu unterrichten, dass ich im Winter nach Deutschland komme und ihre Wünsche erfüllen könnte vorausgesetzt dass gleichzeitig in Breslau ein Vortrag für mich zu Stande kommt. Erwünscht zu wissen, welches Honorar pro Zeile gezahlt wird (Angetragen ist mir eine 40-Minuten Vorlesung). Die dortige Anfrage ob ich einem Verbande angehöre mit dem die schlesische Stelle direkt abrechnen müsste, negativ zu beantworten. – –

Ich habe ein schlechtes Gewissen bei der grossen Mühe die ich Ihnen mache und werde meinen deutschen Aufenthalt dazu benutzen, durch Bestellung eines deutschen Vertreters diese Behelligung zur letzten zu machen, mit der Sie sekkiert werden sollen. Aber ich kann von hier aus nichts coordinieren, die Raumweite wirkt automatisch fristverzehrend und rasches Verfügen nach allen Richtungen auf Grund einer eintretenden Verschiebung ist unmöglich. Leisten Sie mir also in alter Freundschaft noch einmal diesen Dienst und seien Sie meines Dankes gewiss.

Corrodi hat mir sehr hübsch geschrieben und um mein Interesse für sein Schweizerisches Lesebuch gebeten, gleichzeitig mit einem etwas zu durchsichtigen manus manum Compensationen im Feuilleton der Ztg bereitgestellt. Ich habe ihn sondiert ob er eine meiner Novellen laufend bringen will, die Elster gerade, ich weiss nicht mit welchem Erfolge der Kölnischen offeriert hat. Die

Absendung der Novelle »Der Hausbesuch« an Sie, wegen der meine Frau vorgestern moniert hat, habe ich heimlich verhindert, gleichzeitig einen Brief von ihr an Sie kassiert. Ich bitte darauf hinhaltend zu antworten. Die Novelle ist für Zürich ganz ungeeignet, und würde mich missverständlichen Beurteilungen aussetzen, der Brief war unklug und reichlich kopflos und hätte nur Schaden angerichtet. Es geht bei uns etwas auf Spitze und Knopf, aber es gilt abwarten und die Nerven behalten ohne zu drängen und zu lamentieren, sonst wird die bevorstehende dortige Schröder-Bodmersche Entreprise, von der ich in den allgemeinsten Umrissen unterrichtet worden bin (erst in den letzten Tagen) aus einem sympathischen und liberalen Sekundantendienst in meinem Duell mit der deutschen Verlagsmisere in eine Rettung aus Lebensgefahr verschoben, zu der weder meine Lage drängt noch, wenn sie drängte, die bevorstehenden Abmachungen ausreichen würden, und die mich MB gegenüber für alle Zukunft auf eine gleichgewichtslose schiefe Ebene stellen würde. Dies bitte ich Sie zu verstehen und den Knoten vorsichtig zu lösen. Ich kann über diese Dinge mit meiner Frau, die nach Frauenart im Augenblick und im Greifbaren lebt nicht reden ohne schliesslich hart werden zu müssen und liebe sie zu sehr um solchen Konflikten nicht möglichst aus dem Wege zu gehen. Am besten antworten Sie mit der Bitte abzuwarten und sich mit Hinblick auf die in allernächster Zeit spruchreif werdende Lage zufrieden zu geben.

In der Abmachung sehe ich in erster Linie, soviel auch Schröders grosses »Weltgeschick« zur Erledigung beigetragen haben wird, den Erfolg Ihrer jahrelang geduldig und biegsam fortgesetzten Thätigkeit in meinen Interessen, und werde Ihnen diese

Treue mit Treue vergelten. Was ich an Zürich besitze quantumcumque ist kann ich garnicht hoch genug einschätzen, dieser excentrische Hebel auf Deutschland kann im rechten Moment grosse Gewichte in Bewegung setzen. Darum behandele ich alles dortige mit der erdenklichsten Vorsicht, zu welcher ich in erster Linie die absoluteste Zurückhaltung zähle. Wer lehnt dort meinen Trog Aufsatz ab, und warum, und was dann? Ich habe Corrodi nebenbei geschrieben, er sei nur auf deutsche Leser berechnet gewesen und wäre für Schweizer im Tone anders gefasst worden – dies aber nur obenhin gesagt und als Schwebung die sich mir selber bei der Lektüre des Lesezirkelheftes aufgedrängt habe. Hans Bodmer hat mir stürmisch gedankt und dabei mich daran erinnert, ich habe ihm sZt im Pfauen nach der Vorlesung eine Schillerrede zugesagt. Alle dort hätten den Wunsch mich »bald wieder zu sehen und – – zu hören!« Das ist nicht eine Einladung sondern eine Sondierung, und ich beabsichtige darauf zu antworten, ich hätte sein Interesse an einer solchen Darbietung von mir keineswegs vergessen sondern den Plan immer in freundlicher Erwägung gehalten, er möge nur wenn ihm die Zeit zu einer concreteren Ansetzung gekommen scheine, mir Vorschläge machen. Äussern Sie sich doch bitte hiezu bevor ich den Brief absende, auf Grund Ihrer Beurteilung der dortigen *Nuancen* und der ganzen Zweideutigkeits Zusammenhänge des καιρός.

Dass das RedenMs bei Ihnen ist und überhaupt Gegenstand der Abmachungen bildet, schliesse ich erst aus Ihrem Briefe. Schröder hat wie oben bemerkt, nur flüchtige Andeutungen hieher gemeldet. Das Ms. ist mir ohne mein Wissen und Zuthun von meiner Frau entzogen und an Schröder geschickt worden, ich bin also ahnungslos über Einzelheiten, kann aber soviel sagen, dass der ganze Wortlaut der gesprochenen Fassung hier in meiner Niederschrift vorliegt, ich habe die entscheidende Münchener Rede wie die Züricher vorher genau festgelegt. Die Maschinenschrift besteht zT. in ihrer Bearbeitung und gerade der Abschluss entfernt sich am meisten vom Ms. vielmehr amplifiziert ihn und führt ihn aus. Darin bin ich durch die bestgemeinte Voreiligkeit der Fortsendung unterbrochen worden. Das Gleiche ist bei der zweiten Bremer Rede der Fall, die aber genau stenographiert vorliegt. – Die Münchener Rede hat bekanntlich mit der Zuspitzung der Restauration auf das Bekenntnis zum geoffenbarten Christentum pur et simple geschlossen, die in München so alarmierend gewirkt hat, dass nicht einmal die mir ergebenen Zeitungen und nicht einmal die Centrumspresse diesen Schluss mitzureferieren gewagt haben.

Was die Abmachung mit Wiegand beginnen wird ist mir der dunkelste Punkt des Ganzen. Ich bin mit ihm nach kurzem freundschaftlichen Intermezzo wieder übler dran als je und werde kaum noch mit ihm zusammenarbeiten können. Seit der Abgabe des Paradieses suche ich vergeblich – es sind jetzt sieben Monate – mit ihm eine Verständigung über eine vernünftige Vorbereitung der Dantepublikation in Presse und Propaganda zu erzielen, die sich auf meine ganze Übersetzerthätigkeit erstrecken muss und die Grundsätze nach denen ich arbeite, dem Publikum plausibel macht. Sein borniertes Trotzen, Schweigen, Fordern Trumpfen in dieser Sache ist unerträglich und ich habe erklären müssen dass ich kein Imprimatur erteile, ehe darüber nicht Einigkeit herrscht.

Grüssen Sie Bodmer freundlichst und nehmen Sie meinen Dank für alles. Bdt

577 AN UNBEKANNT

[Entwurf]

Wertester Herr

Die letzte Strophe des Forsaken Garden habe ich nicht übersetzen können, sie gelang mir nicht. Zudem schien mir die vorletzte einen befriedigenden Abschluss zu geben. Swinburne hat bei seinem mangelnden Gefühl für innere Form, – bei so unfehlbarem für die äussere, – sehr oft noch weitergedichtet wenn das Gedicht schon zu Ende war, und seine späteren Produktionen werden dadurch oft unleidlich.

Es würde mich interessieren, zu erfahren, wann und ob auf direktem Wege Sie die Rowohltsche Publikation erworben haben, und zu welchem Preise. Sie ist angeblich seit Jahren vergriffen, und eine Neuauflage hatte gemacht werden sollen.

Nehmen Sie meine besten Wünsche für Ihr Studium des Dichters, das hoffentlich dazu führt, die Befassung mit ihm auf den Weg eines achtbaren kritischen Verfahrens zurückzuführen. Das Ihnen wol bekannt gewordene neue Buch Lafourcades Le jeune S., das auf 800 Seiten sich nur mit dem kranken Schmutz und Unheil beschäftigt, das der Dichter ja gerade in seinem seelischen Prozess zu Schlacke verbrannt und ideell vernichtet hat, bezeichnet sehr deutlich den falschen Weg.

   Der Ihre   RBorchardt

Villa di Bigiano, Candeglia (Pistoia)
18 Oktober 28

Bigiano
(Candeglia) 26 Oktober 28
(Pistoia)

Liebe und verehrte Freundin

Vielen Dank für Ihre guten Worte und die bedingungslose Freisprechung von jeder Schuld an dieser lächerlichen Verspätung. Glauben Sie nur immer an meine unveränderliche Teilnahme an Allem was Sie und die Ihren angeht. Ich habe seit ich Sie kenne, meinen menschlichen Kreis sehr wesentlich zu erweitern nicht viel Anlass gehabt. Meine praktische Form wird den Vielen nur auf Sich selber bedachten irgendwie an den Grenzen meines Wesens, in den Rationen des kleinen Grenzverkehrs, debitiert. Man ist zu oft betrogen worden, um die Thore offen zu halten und Asyl zu bilden. Mein Herz gehört wenigen, und diesen ungeteilt, für immer.

Vielen Dank auch für Ihr Interesse an uns. Bilder der Kinder will Ihnen meine Frau zusammensuchen, aber mit halbem Willen, denn sie geben gar nichts wieder. Es sind liebliche Wesen, von unvorstellbarer Schuldlosigkeit und Gläubigkeit, und, jeder in seiner Weise – schön anzusehen. Kaspi ist ein herzensgutes feinfühliges Geschöpf, als Charakter und Begabung hoffnungsvoll, und nur durch ein Übermass an Selbstlosigkeit und Hingabebedürfnis uns manchmal ängstlich. Er ist der schönste und vielleicht der einzige wirklich schöne von allen, ein süsser Goldkopf auf einem schlanken Körper, leider hat ihn wie Sie wissen werden, im Säuglingsalter die Kinderlähmung auf eine Seite geschlagen, die nun gehemmt ist, und, ohne einen gezeichneten aus ihm zu machen oder sonst sehr aufzufallen, ihn doch von Musik und Tanz ausschliessen wird. Corona ist ein wechselndes und vielförmiges kleines Mädchen, sehr journalière, kann bildschön und wieder fast gewöhnlich aussehen, fasst rasch und verwertet blitzschnell und hat bereits das undurchdringliche Mäuerlein ihres Geschlechtes um ihr Innenleben herumgebaut, in das keine willkürliche Erziehung mehr eindringen wird. Der kleine Johann Gottfried ist ein strotzendes Riesenkind mit langen goldenen Locken einem entschlossenen Kopf und dem Torso eines Renaissance Putto, er stapft mit grossen Schritten ganz einsam durch den Garten, verlangt deutsch und italienisch das Nötigste, kritisiert es einsilbig und biegt es sich nach seinem Willen. Seine Drôlerie und sein Trotz sind unser unaufhörliches Theater. Das Baby aber, das in seinem Wägelchen grad Pappa und Mamma zu sagen anfängt, und sich in allem überraschend früh entwickelt hat natürlich den ersten Platz bei uns, und es ist begreiflich, denn seine Liebenswürdigkeit und Anmut ist unwiderstehlich, sein strahlendes Lächeln und seine mutwillige Laune verlassen es den ganzen Tag nicht, nie hat man es weinen und klagen gehört, dazu ist es von Geburt an eigentlich ein Engelsköpfchen gewesen, mit ganz genauen und gewinnenden Zügen, und meine Frau hat kein Mütterliches Glück so genossen wie dies letzte, sie hat sich bis heut, obwol er über sieben Monat alt ist und längst hätte abgegeben werden sollen, noch nicht von der Wiege in ihrem Schlafzimmer trennen können. Dieser langatmigen Schilderung müssen Sie entnehmen, dass schon ein kleines Stichwort ausreicht um die Schleusen meines Vaterglücksbewusstseins flutartig aufzuthun. Das Leben hat die Güter die es zu vergeben hat, für mich in zwei reinliche Hälften geteilt; während es mit der einen Hälfte davon mein Grab zu verzieren gedenkt, hat es mich mit der andern entschädigt und mir an der Seite der reizendsten und lebhaftesten Freundin alles Glück gehalten, das es uns vor nun zehn Jahren bei einander zu finden versprach. Ja allerdings müssen Sie sie kennen lernen, und, lassen Sie mich hoffen recht bald. Lassen Sie es nicht eine Redensart sein sondern halten es im Auge und nennen bald eine Zeit. Im Winter sind wir in Deutschland, wo ich wieder durch Redenhalten die Zahl meiner Freunde zu vermindern gedenke. Im Frühjahr aber, wenn ich wieder Rumpelstilzchen bin und hier von einem Bein aufs andere springe – »Ach wie gut dass niemand weiss etc« wäre es doch eine reizende Zeit für einen Besuch.

 Ich küsse Ihnen die Hand und bin mit den alten Gesinnungen der Ihre   RBorchardt

579 AN KATIA MANN

[Entwurf]

Verehrte gnädige Frau,
Die Geschichte deren Pointe »Hier Diener von Rudolf Borchardt« ist, – ich erfahre sie über meinen Schwager Peter Voigt – wird durch zwei Thatsachen unmöglich gemacht. Erstens war während meines ganzen Münchener Aufenthaltes Feists Telephon durch ihn selber gesperrt, sodass niemand mich anrufen konnte. Zweitens komme ich seit vielen Jahren nie selber an ein weckendes Telephon sondern lasse immer erst den Anrufenden

feststellen, und das hat seine Gründe, *die jede Ausnahme verbieten*. Es müsste sich also äussersten Falles um einen HôtelAufenthalt von mir oder um die wenigen Tage gehandelt haben in denen nach Feists Rückkehr und vor meinem Weggange das Telephon wieder frei war – aber auch da hat immer ein Dritter, gelegentlich ein Besucher, den Anruf bedient, und wer sollte sich diesen albernen Scherz auf meine Kosten gemacht haben? – Dass Sie dem Missverständnis Ihres Ohres geglaubt haben, überrascht mich darum, weil – danach zu urteilen – mein Stolz auf die Armut, die ich meiner Stellung und meiner Thätigkeit verdanke, nicht so bekannt ist, wie ich vermutet hätte. Dieser, und nicht der andern gleichgiltigen Rectifizierung dienen auch nur die Zeilen mit denen ich Sie behellige. Wenn ich einen Ehrgeiz ausdrücklich demonstrieren wollte so wäre es gewiss nicht der oben bezeichnete, sondern derjenige, zu der besiegten Sache zu gehören, die keine Diener hat.

    Mit freundlichen Grüssen der Ihre   Rudolf Borchardt

Bigiano 10 Nov. 28
(Candeglia
Pistoia)

580 AN MARTIN BODMER

[Nicht abgesandt] [Villa di Bigiano Candeglia
Pistoia, nach 20. November 1928]
Lieber Herr Bodmer

Die Gedanken die Sie andeuten, hat dasjenige was mir Prof. Buber von seiner Bibelübersetzung zugesandt hat, gelegentlich ebenso wie Ihnen nahegebracht, aber sie treffen bei mir mehr in ein Gebiet des Zweifels als der Hoffnung.

Bubers und Rosenzweigs Bemühungen, die ich aufs höchste achte, gehen darauf, den morgenländischen Charakter der biblischen Schriften von der abendländischen Travestie zu befreien, in der die europäischen Völker nicht erst seit Luther, sondern seit dem hlg. Hieronymus und der lateinischen Vulgata sie ausschliesslich besitzen –, zu besitzen *wünschen*, darf man ruhig hinzufügen.

Seit der Übernahme des Christentums durch die antike Welt des Abendlandes ist der Schriftenschatz des Heidenchristen- wie des Judenchristentums eine ausschliesslich religiöse Urkunde der abendländischen Völker geworden. Religion ist geschichtsleugnend, geschichtsumdeutend, geschichtsfälschend. Kein Volk *übernimmt* Religion und Religionsbestände eines andern Volkes: es entreisst sie ihm und macht sich durch Erlebniswandel zu einem auserwählten und ausschliesslichen Träger. Schon die griechische Bibel Alexandrias, für die unübersehbare heimatentfremdete (wir könnten sagen »amerikanisierte«) Judenschaft der Diaspora gearbeitet setzt ihren ganzen Inhalt, ohne Unterschied von uralt und neu, von Poesie und Bericht und Gesetz, in eine farblos gleichmässige »moderne« Geschäftsprosa um, in der z.B. die Psalmen sich lesen wie rituelle Gebete. Die drei grossen Bibelformen des Abendlandes, die griechische, die lateinische, die deutsche sind immer consequenter werdende Versuche, den morgenländischen Gehalt der jahvistischen und der christlichen Sakralliteratur des israelitischen und jüdischen Volkes auszuglühen und den Restbestand in einem neuen Sprachgeist, d.h. Volksgeist als Original zu formulieren. Abbau und Neuaufbau des seelenchemischen, wenn ich so sagen darf, Moleküls, haben zusammengewirkt, um jenen Schriftenkörper schöpferisch zu denaturieren.

Diesen Vorgang empfindet das Stilgefühl Bubers und der Seinen, die sich ihres morgendländischen Wesens mit einem sehr achtbaren Stolze bewusst zu werden verlangen, als unsachgemäss und widerrechtlich. Jede wissenschaftliche Betrachtung pflichtet dieser Empfindung bei. Hiob und Amos sind morgenländische Dichtungen wie Firdaûsi und Litaipô. Kein Grund der den letzteren ein stilgetreues deutsches Sprachgewand zugebilligt hat, sollte es den ersteren vorenthalten dürfen.

581 AN HANS CAROSSA

z Zt München den 14 Dez 28

Lieber Herr Carossa!

Vorübergehend in Deutschland anwesend, höre ich dass eine Gelegenheit, Ihnen den durch Jahre angesammelten Anteil des Lesers und des Menschen zu bezeigen, von allen Seiten ergriffen wird und kann nicht zaudern mit hinüberzuspringen und in Reih und Glied zu treten. Hätte ich bei Zeiten gewusst, was für Sie vorbereitet wurde, so hätte ich mich auch dort mit angemeldet. Bei dem

Kalenderdatum halte ich Sie und mich nicht lange auf. Sie gehören zu den »zunehmenden Menschen« wie unser Mittelalter sie nannte, bei denen das Heut auf das Morgen weist und das Morgen dem verlebten Heut die Augen über sich aufthut, und durchaus die gemeine Vegetationsperiode nur die Anwartschaft auf die eigentliche Lebenszeit ist in der man beginnt alles nur noch sich selber zu verdanken. Ich bin jedem Ihrer Worte nahe gestanden und habe mich in der Stille, die uns die Zeit auferlegt, immer zu den Ihren Sie zu den Meinen gezählt; aber der Segen den ich für Sie erbete, zielt auf Ihre Zukunft, und auf unsere, in der es unmöglich ist Sie zu vermissen. Damit schüttle ich Ihnen die Hände und hoffe, dass uns die Folgezeit eine Begegnung ermögliche in der ausgesprochen werden könnte was einen brieflichen Wunsch zwischen persönlich Unbekannten überschritte.

Von Herzen Ihr   Rudolf Borchardt

582 AN ROSE BORCHARDT

[Villa di Bigiano Candeglia
Pistoia, Ende Dezember 1928]

Liebste Mama, eben da ich dazu ansetzen will, Deinen letzten so freundlichen und inhaltsreichen Brief zu beantworten, kommt Elses Nachricht, und aus den Glückwünschen zum Neuen Jahre werden solche zu dem Glücke Deiner Enkelin, das Du natürlich mit Deinem bon sens und der raison du monde die Du hast, vom Augenblicke in dem es Thatsache geworden ist, als Dein eigenes und das der ganzen Familie acceptiert hast. Unsere Nächsten, die statt der Weise in der wir sie gern agieren sehen würden, gewöhnlich ganz anders, – befremdlich, überraschend oder gar enttäuschend agieren, haben den ungeheuren Vorteil auf ihrer Seite gegen uns, dass sie etwas ganz concretes und spezielles thun oder wählen, während wir ihnen immer nur etwas ganz Allgemeines oder Abstractes vorschlagen oder empfehlen können, das ihnen gar nichts hilft, denn es stellt sie ja nur wieder vor eine neue Wahl, auf ihre Gefahr, nur eine solche auf *unserer* Basis statt ihrer, und es ist keinem zu verdenken dass wenn er schon einmal riskieren soll, er es lieber auf seine eigenen innerlichen Tendenzen hin thut, als auf die Tendenzen derjenigen hin, die in bekannter Weise sein Bestes wollen. Mir persönlich ist jeder neue Verwandte lieber als der von mir am meisten gefürchetete Berlin W.-Typus den ich nicht zu umschreiben brauche, und der Gedanke dass das Kind den guten Instinkt gehabt hat, sich aus der hoffnungslosen juiverie wieder herauszuarbeiten, in die man dem Zuge der Zeit folgend, halb geglitten war, ist mir ein gutes Omen. Die junge Schweizer Generation hat reizende Leute. Gerade jetzt sehen wir häufig ein solches junges Paar bei uns wie Isa es mit Siegwart werden könnte, eine Bremer Jugendfreundin Marels, die, ebenfalls auf Reisen, einen jungen Winterthurer, Kunsthistoriker, kennen gelernt und geheiratet hat, sie aus einer patrizischen, er aus einer erst seit zwei Generationen namhaften Familie, ein so glückliches, frisches und innig verbundenes Paar, wie es in Deutschland zur absoluten Seltenheit wird, und dem die unbefangene Gesundheit und kräftige optimistische Unschuld – *männliche* Unschuld – des jungen Gatten die Signatur gibt, denn *sie* war als Mädchen eine recht kalkig norddeutsche Feldblume von der Gattung der Salat-Ersatzpflanzen. Denke nur immer, was wir für ein krankes Volk geworden sind, nervenkrank, seelenkrank, willenskrank, und physisch kümmernd und freue Dich über den Zuschuss unverbrauchter und vom Schicksal ungeprüfter Menschlichkeit den die Familie recht gut brauchen kann: er ist mehr wert als Geld auf dem Tisch, und selbst was das betrifft – die Schweizer sind ein Thatsachenvolk von festem Weltkern und wie die Engländer sagen an eye for everything with money in it – – man soll bekanntlich nie fragen ob eine Waare billig *ist* sondern ob sie billig *war* und ebenso nicht ob ein Mann Geld *hat* sondern ob er Geld haben *wird*. – Marel wird Else schreiben, deren Aufregungen und augenblickliche fidgetiness ich sehr nachfühle, die ich aber für jetzt, da ich schon Isa geschrieben habe nur grüssen lassen kann, ohnehin wird sie ja dies mit Dir zusammen lesen.

Die Kinder werden Dankepisteln an Ernst erlassen, der eine vierfache leichtsinnige Handlung begangen hat, – sie macht seinem Herzen soviel Ehre wie seinem Beutel leider, muss ich befürchten, hohle Seiten, denn die Menagerie für Gocki ist ja ein wahres Prunkstück. Alle haben sich mit dem hier heimischen süssen Jauchzen gefreut, es war auch für uns eine Lust zu sehen. Mit Deinen 100 Lire wird etwas *ganz* besonderes angestellt worüber ich Dir noch berichten werde. Der Weihnachtsabend war allerliebst, einen schönen Baum hatten Freunde uns besorgt, Kaspi bekam, von grossväterlicher Munificenz unterstützt, sein kleines Kinderzweirad und hat zu unserer Freude trotz seiner körperlichen Behinderung in wenigen Tagen es meistern gelernt; er ist in typisch Borchardtscher unzurechnungsfähiger Verblendung über dies ersehnte Geschenk und sieht kaum etwas anderes. Coronas clou war eine Riesenpuppe mit echten Haaren und mechanischen Wehelauten beim Rück-

1929

583 AN KURT SAUCKE

[Entwurf] z Zt Hohenzollernstrasse 98
Bremen [nach 6. Januar 1929]

Herrn Saucke i Fa Saucke & Friedrichsen
Hamburg
Sehr geehrter Herr
Nachdem ich auf Ihre Mitteilung aus Zürich hin telegraphisch die Vorlage der Original Correspondenz meines Vertreters mit Ihnen, betr. den Hamburger Vortrag, veranlasst habe, stellt sich heraus, dass die von mir ausgehende letzte Mitteilung meiner Frau an Sie von irrigen Voraussetzungen ausgegangen war, und dass Sie Ihrerseits namens der Buchhändlervereinigung bereits seit 10 Oktober formell abgesagt hatten. Es versteht sich, dass, wenn diese Vorgänge in dieser unzweideutigen Form zu meiner Kenntnis gewesen wären, meinerseits in der Angelegenheit nichts mehr veranlasst worden wäre. Es ist mir auch ganz unerfindlich wie unter solchen Umständen und bei einer solchen Behandlung des Geschäftes die Hamburger Angelegenheit mir, bis auf die Terminfrage, als offen hat dargestellt werden können.

Andererseits teilt mir Herr RASchroeder mit, Sie hätten anlässlich Ihrer Anwesenheit während des Bibliophilentages auf seine Anfrage ihm bemerkt, in diesem Jahre würde aus einer Rede von mir in Hamburg nichts, dagegen hoffentlich im nächsten. Um Ihnen in dieser Richtung vergebliche Mühe zu sparen, bemerke

ich Ihnen, dass diese letztere Annahme irrig ist. Eine Interessentenvereinigung, die die Frage ob sie mich hören will, an der Bagatelldifferenz von 50 Mark ohne weiteres scheitern lässt und im Verlaufe eines Halbjahres die Möglichkeit auf keine Weise finden kann, einen Termin für mich vorzuschlagen oder anzusetzen, ist augenscheinlich mit Geschäfts- und Unterhaltungsstoff für das ihr zustehende Publikum so dauernd versehen, dass sie es begreifen muss, wenn ich den mir notificierten Verzicht künftig in einen gegenseitigen verwandle und als solchen festhalte.
 Hochachtungsvoll   Rudolf Borchardt.

584 AN MARTIN BODMER

          zZt 98 Hohenzollernstrasse
            Bremen 4 Febr 29
             vom 11ten Febr ab:
              47 Lutherstrasse
          Berlin W. bei Frau Borchardt
Lieber Herr Bodmer
Seit langem ist es meine Absicht, Ihnen für den Brief zu danken, der mir noch unmittelbar vor meiner Abreise nach Deutschland zugegangen war, immer aber wieder hat mir die mannigfache, neuerdings zwischen uns entstandene Zukunfts-Aussicht gerade durch ihre Lebendigkeit und die Beweglichkeit ihrer Formsuche die Ausführung, nach Sinn und nach Zeit verschoben. Inzwischen nähert sich der Termin an dem Hr. Schröder, der in der Schweiz beruflich erwartet wird, die Besprechungen mit Ihnen abzuschliessen hofft, deren Gegenstand, wie ich höre, Ihre thätige

Teilnahme an der Drucklegung meiner Arbeiten ist. Sie mögen von anderer Seite gehört haben, dass dieser bei Ihnen bestehende freundliche Wunsch mit einer sehr ungestümen Periode der Hervorbringung bei mir zusammengefallen ist, sodass mein bester und wirklichster Dank für Ihre Initiative in der Möglichkeit bestehen kann, ihr aus der Reichlichkeit, und nicht der Spärlichkeit heraus, zu genügen. Die darüber hinaus gehende Genugthuung werden Sie in dem Gefühle finden, die Tradition des grossen Namens den Sie tragen, an dem Punkte an dem sie historisch geworden ist fortzuführen, wie denn auch ich mich dort, wo die deutsche Literatur es vor mir in so denkwürdiger Weise gethan hat, mit Freuden der Schweiz verpflichtet fühle.

Ihrer Bitte um Teilnahme an der Zeitschrift, die Sie mit Steiner planen, werde ich mit Vergnügen Folge leisten. Der Letztere hat mir in München von Ihren Plänen ein ungefähres Bild gegeben, in das ohne Zweifel dies oder jenes was ich gearbeitet habe oder zu arbeiten mir vorsetze, ohne Störung sich einfügen wird. Ich werde Ihnen, wenn es so weit ist, am besten zur Wahl stellen, was Ihren Zwecken nützen kann, Sie werden, wie ich vermute, von sich aus Anregungen im gleichen Sinne geben, und wir können von Fall zu Fall besprechen was von mir aus dazu beigetragen werden kann, Ihrer Unternehmung die Züge zu geben, die Ihnen vor Augen stehen.

Ich bin mit meinen aufrichtigen Wünschen für Sie beide und den freundlichsten Grüssen meiner Frau der Ihre

Borchardt

PS. ob ich selber mit Schröder reise, steht noch nicht fest.

585 AN DORA FREIFRAU VON BODENHAUSEN-DEGENER

Bigiano 7 April 29

Gnädigste Baronin

In meiner Post, die ich soeben, nach langer Abwesenheit eintreffend, hier vorfinde, liegen auch Ihre gütigen Zeilen, die mich ebenso sehr beschämen wie erfreuen und unter dem Eindrucke der unverdienten Güte, die Sie für mich haben, mir noch einmal, nachträglich die Frage vor das Gewissen drängen, ob ich es hätte möglich machen können, mir den so oft umsonst gehegten Wunsch eines Abstechers nach Neubeuern diesmal zu erfüllen? Soll ich mir einreden »Ja« – darf ich bekennen »Nein?« Begreifen Sie, dass man mit jedem Jahre weniger sich selber gehört, wenn man doch irgend etwas ausrichten will. Mich vor der Welt zu verschliessen bin ich nicht mehr jung und wieder noch nicht alt genug. Alle meine deutsche Tage sind gezählt und zu viele zählen auf sie. In München war zeitweilig ohne einen Stundenplan aus lauter verteilten Viertelstunden nicht auszukommen. Selbst Hofmannsthal habe ich so frei nur sehn können, weil ich seine Anwesenheit eine Stunde vor bestimmter Abreise erst erfuhr und also aufschob um incognito mich selber in München zu überleben. Dazu kommt dass ich bei der kleinen Reisebibliothek die ich hier mit mir habe, in Arbeiten lange Fragezeichenlücken summiere die bei Münchener Aufenthalten an den dortigen gelehrten Sammlungen mundiert werden müssen, und obwol mich viele ergebene Helfer unterstützen und ich des gewöhnlichen langwierigen Bestellweges überhoben alles in einem mir überlassenen Bibliotheks Cabinet einsehen kann, muss ich dort Stunden und halbe Tage mich verschliessen. – Wäre nur die Reise nicht so umständlich! Könnte man hinüber- und zurückfliegen. Es ist mir nichts Leichtes, glauben Sie mir, in der allgemeinen Kälte der Welt den Anblick verehrter und vertrauter Mienen sich immer wieder versagen zu sollen.

Und ein Entbehrender bin ich überhaupt, leider! Am 25 Februar habe ich mich in Berlin bei meiner Mutter von Marel die nach Bremen zurückging getrennt um über Zürich München wieder Zürich Mailand Florenz hierher zu reisen und geistre nun fast spukhaft durch das ungeheure leere Haus, die Kinder sind noch in Bremen, meine kaltsinnige Geliebte amüsiert sich in Paris bei Erika Frey und ich wünsche nicht einmal dass sie sich mit den Kleinen auf der grossen Reise exponiert, ehe die Wärme sich durchsetzt! Noch gestern tobte ein tagelanger wilder Schneesturm ums Haus, und heut bezahlen wir die täuschende Bläue mit schneidendem Nordwind.

Sonst, wie Sie wissen werden, kann ich von mir nur Gutes und Glückliches melden. Alle Wolken haben sich verzogen, meine Arbeit hat begonnen mir zu lohnen, und im Hause und im Herzen bin ich durch den Besitz der schönsten besten unerschöpflichsten Frau und der lieblichsten hoffnungsvollsten Kinder mit einer Seligkeit begnadet, die von Jahr zu Jahr die überschwenglichen Hoffnungen noch überbietet, mit denen ich vor einem Jahrzehnt mich in dies neue Leben warf. 1919 am dritten Weihnachtstage in Bremen haben wir uns in der Stille verlobt, jetzt an der gleichen Stelle am gleichen Tage es uns zurückgerufen – was meinte man damals Grenzenloses zu besitzen und wie viel reicher ist das Leben in Liebe, als die aufgeregteste Phantasie die ihr im Voraus Maass nimmt.

Über unsere Eberhard gewidmete Unternehmung habe ich in Bremen mit Schröder und hat er in Basel mit Hofmannsthal eingehend gesprochen. Sie wissen dass der letztere seine Stunde abwarten muss und sich selber nicht drängen kann. Wir andern warten nur auf ihn. Die Auswahl hat Schr. beendet.

Ich küsse Ihnen die Hand als Ihr ehrerbietigst ergebener

Borchardt

586 AN HERBERT STEINER

[Villa di Bigiano Candeglia
Pistoia, 9. April 1929]

Lieber Herr Steiner

Ich habe hier eine Reihe Nachrichten von Ihnen vorgefunden, die grossenteils bereits veraltet sind und keiner Antwort mehr bedürfen. Ich muss sofort zu meinen eigenen Angelegenheiten kommen, sie sind bös genug.

Es ist mir etwas Unwürdiges, nicht Auszudenkendes zugestossen; jetzt noch, nach fast zehn Tagen bin ich darüber so ausser mir wie am ersten Tage. Ich bin auf der Trambahn in Mailand, drei Tage nach meiner Ankunft, während ich vom Zahnarzt kam und vor Schmerzen kaum fähig war mich um meine Umgebung zu kümmern, von Taschendieben – vermutlich einer neben mir stehenden Frau, die mich einmal heftig anstiess – meines Portefeuilles mit allen meinen Papieren und fast meiner gesamten Barschaft beraubt worden. Anzeige die ich sofort machte, wurde nur mit Achselzucken beantwortet. Das käme täglich vor, man solle eben sehr auf der Hut sein.

Meinem Münchener Bruder ist vor drei Jahren in Rom, ebenfalls auf der Trambahn, das Gleiche passiert. Er musste sich damals Geld leihen um mit seiner Frau nach Haus zu kommen.

Ich hatte glücklicherweise noch Geld im Hôtel. Es hat für dieses und den Arzt und noch etwas weiter gereicht. Hier sollten laut Vereinbarung mit Wiegand 400 M. die er versprochen hatte vor seiner Abreise nach Amerika zu zahlen für mich liegen. Sie waren für die bis 10 April fällige Quartalsmiete bestimmt. Hat er es nun vergessen oder hat seine Disposition nicht gestimmt, – weder Geld noch ein Wort liegt hier.

Ich bin für mich persönlich nur in suspendierter, nicht drükkender Lage. Hier wird aller Hausbedarf von den Mädchen aufs Buch genommen und ich habe für das Nötige Credit, wie jedes Familienhaupt das am ersten des Monats seine Lieferanten zahlt.

Aber das geht ein paar Tage. Dann kommt Unvorhergesehenes, und man darf nicht in den Ruf kommen, ohne Mittel hier angekommen zu sein.

1) also. Niemand darf von der Grässlichkeit erfahren. Ich darf nicht besprochen werden.

2) M.B. darf nicht berührt werden, ausser durch absolute Sichermachung der Mairate auf den Termin.

3) Ich schicke Ihnen den Hausbesuch, Manuscript. Durchschlag ist aus Gründen auf die einzugehen zu umständlich, erst in Tagen zu meiner Verfügung. Halten Sie für möglich, dass Rychner ihn im Gegenwert gegen Ms. bezahlt, wie das bei umfangreichen Erzählungen allgemein in Deutschland üblich, so geben Sie ihn ihm. Er soll das Ms. gegen Erhalt einer machinierten Druckunterlage dann zurückgeben.

4) Ich kann in vier bis fünf Tagen Corrodi die Novelle »Der unwürdige Liebhaber« senden. Bedingungen die gleichen. Sie dürfen hervorheben, dass ich nach der langen Abwesenheit für die Neueinrichtung hier stark in Anspruch genommen bin und genau disponieren muss.

Das bringt nach meiner Berechnung ca. 1200 Fcs. vielleicht etwas weniger, = etwas über 4300 Lire mit denen ich bis Mai durchkommen kann ohne mich preiszugeben.

Ich bin so niedergeschlagen, dass ich nichts hinzufügen kann. Auch Frau Bodmer habe ich noch nicht schreiben können. Mein Kopf gibt nichts her. Ihr Bdt

587 AN WERNER JAEGER

[Villa di Bigiano Candeglia
Pistoia, April 1929]

Lieber Herr Professor

Ich habe vor drei Wochen an Becker geschrieben, um ihn für die unanständigen Vorgänge am Florentiner Kunsthistorischen Institute im Interesse der Erhaltung des Direktors Dr Bodmer zu interessieren, eines Ehrenmannes und glänzenden Leiters und Organisators. B. hat das für uns schon verlorene Institut mit vorbildlicher Klugheit und Kraft, unter Einsetzung seiner Vermögensmittel, gerettet und führt es seitdem musterhaft. Er ist soeben einer Berliner Clique, die die Stelle mit einer Creatur, B.'s seit langem gegen ihn hetzenden Assistenten besetzen will, in einer hier jedermann empörenden Weise zum Opfer gefallen.

Ich habe von allen Seiten, an die ich mich gewandt habe, Personen und Behörden, dem Botschafter, Croce, Kempner pp sofortige Bestätigungen des Einverständnisses erhalten. Von Becker bin ich ohne jede Antwort. Da ich nicht glaube, dass er mich durch einfaches Beiseitlegen von Ausführungen, in denen ich mich sonst gewiss nicht zu ergehen pflege brüskieren will – er kennt mich persönlich und hört durch Schaeder und Andere regelmässig von mir, – so zweifele ich ob er den Brief persönlich erhalten hat.

Wäre es möglich, das durch einen Anruf festzustellen? Ich möchte Ihre Last, von der ich eine fast pathetische Erinnerung in mir trage, auch nicht durch Zumutung einer schriftlichen Zeile vermehren. Es genügt, wenn etwa ihr Sohn Hrn. Schäfer mitteilte, wann er Sie anrufen und einen kurzen Bescheid von Ihnen entgegennehmen kann. Mir liegt nur daran, dass die Frage an Becker von einer Person ausgeht, der er Ja oder Nein sagen muss. Wir kennen wol beide seine Schwächen. Hat er den Brief erhalten, so ist die Sache für mich damit abgethan, auf Erklärungen lege ich gar keinen Wert.

Ich bin erst kürzlich nach Italien, und erst neulich auf unsere Villa zurückgekehrt, sodass ich meine Arbeiten erst jetzt voll wieder aufnehme, und den Ihnen davon zugesagten Teil sobald die Correkturenhaufen die mich hier erwartet haben, abgethan sind. In Kreuzlingen bei dem vortrefflichen Binswanger, wo sich zufällig auch der jüngere Croeller befand, wurde lebhaft Ihrer gedacht. Ihre ganze Literatur, der Aristoteles sorgfältig durchnotiert, stand in der Handbibliothek des Hausherrn, der über seine psychologischen Arbeiten hinaus philosophisch thätig und interessiert ist, die ganze durch Sie hervorgerufene Krise des deutschen Aristoteles- und Platon-Prozesses mit glühender Teilnehme verfolgt. Ich habe ihm immer wieder von Ihnen erzählen müssen und es könnte ihm kein wärmerer Wunsch erfüllt werden, als eine gelegentliche Annahme seiner Gastfreundschaft in den bekanntlich grossen und breiten Kreuzlinger Verhältnissen. Sollten nicht die Bodenseewälder mit ihrer Berg- und Wassernähe Ihnen zuträglicher sein als die holländischen Dünste, unter deren Nachwirkungen Sie noch litten?

Solmsens Buch habe ich mit dem grössten Interesse gelesen. Es ist eine sehr glückliche und hoffnungsvolle stellenweise eine ausgezeichnete Arbeit. Die Zurückführung der mathematischen Kategorieen auf die ethischen, ein zunächst erschreckendes Wagnis, hat mir meine ganze Vorstellung der antiken Kultur um einen Zug bereichert, den ich in ihr nicht mehr vermissen kann. Ein Blatt mit Notizen, das sich mir unter der Lektüre gefüllt hat und das ich im Augenblicke nicht finde, sende ich Ihnen gelegentlich für den Verfasser.

Für heut empfehle ich mich Ihnen herzlich und hoffe Ihnen mit meiner kleinen Bitte, die keine eigennützige ist, keine Mühe zu machen. Schliesslich sind doch auch solche Kleinigkeiten ἀντίτυπα τῶν ἀληθινῶν, um es evangelisch zu sagen, wenn es nicht platonisch ist – – τὰ ἄνω ζητεῖτε, τὰ ἄνω φρονεῖτε heisst es bei Paulus, – bei Plato τῆς ἄνω ὁδοῦ ἀεὶ ἑξόμεθα. Meine Frau grüsst Sie freundlichst.

Ihr   Rudolf Borchardt

588 AN DIE FEUILLETONREDAKTION DER »DEUTSCHEN ALLGEMEINEN ZEITUNG«

[Entwurf] den 21. Mai 1929
Herrn Dr. Fechter Candeglia presso Pistoia
D.A.Z. Berlin

Sehr geehrter Herr Dr.,
Beiliegendes M. S. wird schwerlich für Ihren Teil der Zeitung geeignet sein, es gehört in den politischen zu dem ich keine Verbindung habe und der Einfachheit halber eine solche durch Sie ersuche. Ich wünschte das Erscheinen im Gleichdrucke mit den M. N. N. die das gleiche M. S. bereits haben.

Hoffentlich überzeugt man sich von der dringenden Wünschbarkeit eines solchen Wortes nach der demokratischen Hetze und bei dem ganz unsicheren Ausgange der Angelegenheit. Baron Neurath selber den ich vor Uebersendung sondiert habe, scheint mir durchaus besorgt und sieht in meinem Eintreten, so bescheiden ich selber es einschätze, eine Verstärkung seiner Sache.

Mit den besten Grüssen Ihr Rudolf Borchardt

589 AN MAX RYCHNER

[Villa di Bigiano Candeglia
Pistoia, 31. Mai 1929]
Lieber Herr Rychner,
In dem Aufsatze »zu Stefan Georges Neuem Reich« (N.S.R. Mai 29) zieht Herr Dr. Lang (S. 336) meinen »Ewigen Vorrat Deutscher Poesie« und die in ihm Hölderlin gewidmeten Seiten heran, um

Georges Schätzung des Dichters durch die meine zu illustrieren. Ich lege keinen Wert auf die Feststellung, dass Dr. Langs Angabe, der »Vorrat« enthalte nur wenige Stücke Hölderlins aus mittlerer und Frühzeit, unrichtig ist. Er enthält aus der »hymnischen« »Patmos« und »Hälfte des Lebens« und die an der Trübungsgrenze entstandene Ode an Landauer, also ganze Seiten von Produktion, die weder »gemeinverständlich« ist, noch »diesseits des Rationalen« liegt. Ich äussere mich zu seinen Bemerkungen nur, um zu zeigen, in wie typischer Weise sie den wirklich bestehenden Gegensatz durch einen willkürlich construierten ersetzt und welche typischen Modebegriffe dieser Konstruktion zu Grunde liegen. Ich habe im Nachwort des »Vorrats« den Hölderlinschen Hellenismus gegen den Schillerschen abgehoben, gegen den Stolbergschen, gegen den Klopstockschen, und ihn als die unter seinen (H.'s) »irrem Himmel entstandene Wahnform einer Landschaft« bezeichnet, einige Zeilen später (nach Stolbergs Erwähnung) von der »dritten Landschaft«, der Klopstocks, gesprochen. Die Landschaft ist also natürlich Schwaben, der Hölderlinsche Hellenismus als das gezeichnet, was er ist, die pathologische Parekbasis (das und nichts anderes heisst Wahnform) des in Schillers »Göttern Griechenlands« ausgebildeten schwäbischen Hellenismus typischer und classischer Form. Der Kundige weiss, dass in diesen wenigen Worten Hölderlins Übergang vom Schillerschen zu dem ihm eigenen Pathos kurz bedeutet ist. Nach Dr. Lang spreche ich »unwirsch« von der »Wahnlandschaft« (ein bei mir nicht stehendes Wort in Anführungsstrichen), in die Hölderlin sich verlaufen habe, und es folgt die meiner Belehrung gewidmete Frage: »welche dichterische Landschaft ist das nicht?« – So wird gelesen, so citiert, so mit der ernstesten Miene argumentiert. – Darauf wird mir imputiert, ich lehnte die »Hymnik« Hölderlins in ihren späten Formen ab, ohne zu gewahren, dass sie im Empedokles schon vorbereitet sei und erst Pindar sie habe erstarken machen, dass Gemeinverständlichkeit mir als erste Norm des Dichters gelte und ich darum das *ultra rationem* gelegene »schroff verdamme«. Theoretisch nämlich; denn praktisch sei meine eigene Poesie dem weniger Geschulten so wenig leicht eingänglich wie die Hölderlinsche – praktisch und im Effekt nämlich: denn ästhetisch und im Urgrunde »überwiegt« in ihr »offenbar das Rationale«! Aus welchen Windungen der Leser, der in der Adeptendialektik nicht bewandert ist, wo der eine Schenkel des Syllogismus nicht weiss, was der andere tut, sich herauswinden möge.

In Wirklichkeit habe ich von all diesen mir zugeschobenen Dingen nie entfernt geträumt, und überhaupt in meinem Leben zu viel gelernt, um mir solche Schulzensuren von Schülerschnitzern mit Recht zuzuziehen. Die ultrarationelle Hymnik Hölderlins, – die nach Herrn Dr. Lang mit Van Goghs Landschaften – es wird nicht klar ob den gefälschten oder den »echten« und mit Beethovens Neunter Symphonie ein für keinen Feuilletonleser mehr verblüffendes Bouquet bildet, – habe ich nie auch nur andeutungsweise »schroff verdammt«. Ich gerade bin derjenige gewesen, der 1898 in Berthold Litzmanns, des Hölderlin-Herausgebers, Seminar zu dessen Entsetzen, durch Interpretation des »Rhein« die wissenschaftliche Erforschung der damals für rein paranoisch geltenden Hymnen begründet hat, der den Plan der Herausgabe der Pindarübersetzungen lange gehegt und erst hat fallen lassen, als sich ihre methodisch evidente Unpublizierbarkeit ergeben hat. Darf man

Herrn Lang fragen, ob vor Erscheinen meines »Gesprächs über Formen« mit seinen enthusiastischen Seiten über die Sophokles-Uebersetzungen – sie waren verschollen und als aberwitzig verachtet – ein Neudruck, geschweige eine Aufnahme dieser Werke in eine Hölderlinsammlung nachgewiesen werden kann?

Worin also besteht die »Ablehnung« die Herr Dr. Lang sehr richtig fühlt, und die, scharf erforscht und erkannt, allerdings seine Hypothese zerstört hätte? Ich bin mit Hölderlin zum Jünglinge und zum Manne geworden, – wie dächte ich daran, ihn »abzulehnen«. Meine Strenge und allerdings meine Heftigkeit richtet sich gegen den völligen Mangel an Ernst, an geistiger Rechtschaffenheit und Energie, an kritischem Sinn und an Arbeitswillen, der das von mir selber freigelegte Feld seit zwanzig Jahren hoffnungslos verwüstet hat, und dessen einziger Ertrag die Hölderlinmode einer schlaffen, impotenten und verweichlichten Generation von Wortemachern gewesen ist. Schlecht beraten und gewissenlos verführt ist der arme Hellingrath gewesen, als er aus dem Schnitzelhaufen der Hölderlin-Nachlässe jene Karikatur einer vollständigen Ausgabe machte, der jedes Kriterium und jede Unterscheidung künstlerischen Willens von irrer Federübung bis zur Aussichtslosigkeit gebricht, und Georges Schilderhebung desjenigen, was er für »Hölderlins Pindarübersetzungen« gehalten hat, war ein heilloser Akt der Verwirrung. Wie Hölderlin sich bei vollen geistigen Kräften Uebersetzungen griechischer Lyrik gedacht hat, zeigt sein herrlicher Sophokleschor aus Antigone. Ich behaupte, dass die sogenannten Pindarübersetzungen die er im Hirnzerfall der Dementia Praecox gemalt hat, ein irrer und, wie bei Wahnsinnigen so oft, trockener und pedantischer Versuch der Interlinearversion gewesen sind, Zeile um Zeile seines schlechten Textes, verständnissuchend und ins Unverständige drehend, nachgeschrieben, Faden verlierend und sich in den Faden verwickelnd, ein tragischer und thränenerweckender Anblick des Zerfalls, den die Scham eher verschleiern wird als an den Tag zerren. Der Sadismus, der in solchen Stücken wühlt und die Frivolität, die Kunstgesetze aus ihnen ziehen will, sind schändliche Volksverheerer, und für sie habe ich kein Pardon. Mit *ratio* hat beides nichts zu schaffen. Dass das Rationale und das Irrationale im lyrischen Akte untrennbar sind, hat nur dann einen humanen Sinn, wenn sie sich beide in der grundsätzlichen Lebensfähigkeit des sie tragenden Individuums integrieren. Aber zwischen dem Irrationellen des ungespaltenen dichterischen Menschen und den rationalen Reminiszenzen der bereits zerstörten Persönlichkeit des Schizophrenen ist der ganze Abgrund, den zu verkennen geistig minderwertig, und den mit Plunder von Worten zu überkramen ein Verbrechen gegen den Geist ist. Dass ein herrlicher Organismus, der vor unseren Augen birst, die schutzlosen Embryonen der in ihn gelegten, ungebärbaren, aus gebrochenen Augen blickenden Sprach- und Wortschöpfungen vorzeitig und grauenvoll an den Tag bringt, und die Wirkungen, die solche Anblicke auf uns tun, – all dies gehört nicht in das Gebiet der Dichtung, sondern es besteht aus und in lauter Frevel und Unglück, und wenn George mit Hinblick auf ein solches Nefas von dem »Dämon« zu sprechen gewagt hat, »der jenseits von gesund und vernünftig seine Wirkung tut«, so gehört dieser »Dämon« in die Kategorie derjenigen, gegen die wir das Tintenfass werfen, ohne Rücksicht auf die elegantesten Gefolgschaften, mit denen er aufzieht.   Ihr Rudolf Borchardt

590 AN WILLY WIEGAND

[Entwurf] [Villa di Bigiano Candeglia
Pistoia, ca. Juni 1929]

Lieber Wiegand

Du hast die Freundlichkeit gehabt, Dein Zahlungsversprechen nachzubewirken, das aber, ausser einem Telegramm, ist alles was ich von Dir habe höre und weiss und lässt mich einmal wieder in Lüften schweben. Was soll werden? Wie kannst Du erwarten, dass ich in dieser monatlangen unabsehbaren Unklarheit auf eine Arbeitsgemeinschaft mit Dir disponiere? Ich weiss nicht ob Dir Sendungen willkommen sind, ob die alten Termine noch gelten, ob Dein Status nach Amerika sicherer oder unsicherer geworden ist – ich weiss nichts nichts nichts. Was wird mit Dante? Ich muss noch ein ganz kurzes Nachwort der Widmung zu Burdachs 70tem Geburtstag geben – der längst vorbei ist, ich habs ihm aber brieflich angekündigt – – wie soll ich es thun wenn ich noch nicht einmal erfahre ob Ihr dran arbeiten könnt? Alles übrige hängt ebenso, Steiner der grad hier war, wusste nichts davon dass er die Propaganda machen soll, nur über die Übersetzungen hättest Dus mit ihm vereinbart – die Zürcher Pindarausgabe macht seit einem Vierteljahr Schlusstritt auf der Stelle. Was wird? Bitte brich endlich Dein Schweigen und gib mir irgend eine Bestimmtheit.

Hofmannsthals waren bei uns, leider nicht lange genug das Verhältnis ist nicht nur hergestellt sondern ruht auf weniger unsicherm Grunde als bisher. Wir haben alles gemeinsame, auch Verlagsangelegenheiten, gründlich durchgesprochen.

Mit herzlichen Grüssen Dein Bdt

591 AN HERBERT STEINER

[Villa di Bigiano Candeglia
Pistoia, Juni 1929]

LHSt

Zu unserer Liste tritt noch der Engländer Aldous Huxley, dessen Roman Parabels of Love uns eben entzückt. Kippenberg der schon im Frühjahr in Bremen geheimnisvoll darauf als auf die Krone seiner Anglosaxonica vorbereitete, hat ihn uns gerade geschickt, und er kommt aus tausend Gründen wie gerufen. Les rois s'ent vont, gut, aber die Götter oder die Sterne kehren unfehlbar wieder. Lesen Sie selber, und sorgen Sie für eine gute Besprechung in der ZZ. Dickens taucht im Osten über den Horizont, die Einfalt ist der eigentliche Held, man weiss schon wieder dass Kinderkriegen noch vornehmer ist als Kinderabtreiben und nur die verlorenen Snobs und Parvenus sitzen noch auf Flaubert. Zu allem ist es eines der witzigsten Bücher die es seit langem gibt.

Ich habe die Bitte dass Sie Elster eine Ankündigung für die Novellen machen, fürs Börsenblatt und als Waschzettel, proh pudor! Er will es von mir selber, aber ich könnte eben so gut meine Nase aufessen. Es müsste drin stehen

1) dass ich meine Detractoren die mir immer vorgeworfen hätten ich könne nur Kostümpoesie machen auf ihrem eigensten Felde schlüge sobald ich wollte,
2) dass es zu allem bisher von mir gemachten mein erster Erzählungenband pur et simple wäre
3) dass es so etwas herrliches noch nie gegeben habe.
4) 5) 6) dito, siehe 3)

7) dass es ein Ereignis ersten Ranges sei
8) dass neben tragischen Meisterwerken das Frechste und Gewagteste darin stände

und ähnlicher Geschäftstratsch. Ich wäre Ihnen sehr dankbar wenn Sie mich von dem Damoklesschwert befreien wollten, das Elster mit der grässlichen Drohung er wolle das selber schreiben, an einem Haare über mir aufgehängt hat. Ich möchte wenn es irgend ginge in uncompromittierender Weise compromittiert werden. Posaunen müssen Sie natürlich aus vollen Backen, aber vielleicht geht es, zum Unterschiede von Elster mit Partialanaesthesie und ohne Daneben Schneiden, resp. Ziehen des falschen Zahns.

Falls die Neurathopfer sich journalistisch krümmen sollten, bitte ich um Mitteilung der ev. Attentate auf meine Ferse. Auch an die Hofmillersche Rec. der Abhandlungen erinnere ich. Von Rychner habe ich keine Bestätigung der Hölderlin Postille.

Uns sind Sie in gutem Andenken; meine Frau grüsst freundlichst. Ihr Bdt

Die Ankündigung bitte direkt an Elster, der drauf wartet.

592 AN HERBERT STEINER

[Villa di Bigiano Candeglia
Pistoia, Juni 1929]

Lieber Steiner

Vielen Dank für alle Gefälligkeit, deren Verrichtung Sie melden und vor allem dafür dass Sie mir die alberne Selbstreklame abgenommen haben. An Bodmer schreibe ich dieser Tage selber. Ich sitze bis in die Ohren in Philologie und Textkritik, da Aktium soeben für die Jaegersche Antike die letzte Form erhält und ich zu diesem Zwecke die ganze Augusteische Lyrik und ein gut Stück Livius nochmals durcharbeite. Vielleicht fällt für die Corona ein Properz-Aufsatz ab, der sich neben der Arbeit ausrundet. Für München beschränke ich mich auf Wünsche. Wiegand benimmt sich seit seiner Rückkehr wieder so ungezogen und thöricht, dass ich ausserhalb der Verpflichtung zu bleiben wünsche, – wie gering sie auch sein mag, – unter die Sie seiner Beratung gegenüber kommen könnten. Ich muss gegen ihn die sprödeste und geschäftlichste Trockenheit beobachten um das Minimum festzuhalten an dem meine Pläne hängen.

Enderlin sagen Sie einen schönen Gruss und bestellen ihm, dass sein Einwand zum Teil ganz richtig einsetzt, aber tiefer dringen muss, und dann merken wird dass er nicht die Novelle selber trifft, sondern das Problematische der tragischen Poesie überhaupt. Zwischen Hausbesuch und Liebhaber ist der generelle und technische Unterschied, dass ersterer wirklich motiviert ist, und motiviert sein kann, ja eine Figur zur Trägerin hat, die sich ständig selbst durchmotiviert, während der letztere grundsätzlich nicht motiviert ist sondern einen im letzten Sinne incalculablen, ausserhalb der Welt von Zweckhandlungen liegenden, unversöhnlichen Schreckensfall anschaut. Der Hausbesuch ist bürgerlich und sozietätsmässig bis in den geordneten Intellektualismus und besonnenen Wohlfahrtssinn der Frau hinein. Der Liebhaber ist tragisch, hybrishaft und seeleneinsam, weil diese von der Sozietät und der Causalität sonst gebundenen und beschränkten Dämonenkräfte und ihr Spiel mit dem menschlichen Willen sein Gegenstand sind. Warum ein ritterlicher Ehrenmann wie Macbeth zum Königsmörder wird, warum ein Heiland wie Herakles seine Kinder schlachtet, warum eine hochsinnige Fürstin wie Phädra an Hippolytos zu Grunde geht, warum ein reiner Mensch wie Ödipus bewusst den horribelsten Incest aufrechthält, dafür sucht die tragische Poesie nicht Motive, sondern Flüche, Zauber und Dämonen. Euripides führt zwischen dem reinen und befleckten Herakles die Lyssa auf die Bühne wie Shakespeare im Macbeth die Hexen, Hilfsgebilde die bedeuten sollen dass die Rechnung der Poesie so wenig rein aufgeht wie die des Lebens. Das bedeutet es bei mir wenn es im Entscheidenden Wendepunkte mit den Pariaworten heisst »von oben kommt Verführung, wenns den Göttern so gefällt.« Die Poesie in der der Poet der Wirt ist und der letzte Aktus die Zeche ist eben nicht mehr tragisch: Das Tragische ist an sich unmotivierbar: die Elemente von Manie, zerstörender Raserei, dunkel ausbrechender berauschter Wut die es voraussetzt, gestatten nur einen ganz vereinfachten Stil des Einblickes in Seelenstationen, des Vermerkens unheimlich eintretender Veränderungen, das Notieren des unaufhaltsamen pathologischen Decurses. Das Meisterstück dieses Stils in neuern Zeiten ist Anna Karenina, den Beweis des Gegenteils liefert Jürg Jenatsch, bei grossen Einzelzügen darum misslungen weil Meyer es für möglich gehalten hat, die tragische Wandlung einer Seele aus Extrem in Extrem *erklären* zu können, durch Mittel künstlerischer Darstellung. Erklären kann solche Vorgänge, was Euripides und Shakespeare noch nicht wussten, der Arzt; aber zu seiner künstlerischen Aufgabe kann dem Tragiker heut der Arzt so wenig wie damals helfen: für die Begriffe die der antike Dichter als Mania, Lyssa, Aphrodite ex machina auf die Bühne rollte, setzt er andere

Zeichen ein, aber für das unsterbliche Wesen das gegen die Verhängnisse seiner sterblichen Contingenz den Heldenkampf kämpft besitzt nach wie vor nur der Dichter das Alphabet. Unerklärliche, unbegreifliche, aller Wahrscheinlichkeit widersprechende Vorgänge häuft das Leben täglich um uns auf. Nur rationalistische Zeiten sehen die Aufgabe der Kunst darin, durchweg den Widerspruch als einen nur scheinbaren darzuthun, der sich hinter den Coulissen restlos auflösen lässt, so dass alles wieder vernünftig begreiflich und causal, d. h. determiniert wird. Nichts ist leichter und billiger als sich die Technik dieser psychologischen Sophistik anzueignen. Ich habe es peinlich vermieden bis zur Katastrophe einen Blick in Tinas Seele thun zu lassen und mich darauf beschränkt, das Durchtreten ihrer verschlossenen inneren Vorgänge nach aussen Zug um Zug ahnungsvoll und vorahnungsvoll zu verfolgen: Hier allerdings zählt jede kleinste Kleinigkeit. Nicht Begreifen einer Motivation, sondern nur lange vorbereitete Ahnung darf den Leser der Fatalität zustimmen lassen, mit der ihr innerer Vorgang blitzartig ins Leben durchbricht, der Vernichtung entgegen. Dies Ahnungsvolle, wie es mich selber geleitet, wünschte ich dem Leser wiederzuerwecken, es ist ihm abhanden gekommen. Gottes Wege sind auch im Menschen unerforschlich, und Verschleiern des Unzugänglichen ist wichtiger als Entschleiern. Ich könnte mir eine durchweg tragische Erzählungstechnik denken, in der man sich unter Menschen eines epischen Raumes nicht anders bewegt als unter solchen unserer praktischen Umgebung, im ungelüfteten Rätsel ihrer Motive und ihrer Intentionen, vielmehr sogar im Rätsel des zwischen ihnen und den ihnen unbewussten Intentionen abgedichteten Schutzraumes. Unsere Erzählerei gibt sich im Ganzen viel zu altklug das Air in ihren Gestalten Bescheid zu wissen. Prends la psychologie et tords – lui le cou. Wir sollten im Labyrinthe des Lebens auf nicht mehr als ein Fädchen Anspruch machen – wie wirs in der Tragödie ganz gewöhnt sind. Ich bewundere bei Kleist nichts so wie im Homburg den Kurfürsten von dem wir bis zu allerletzt nicht genau wissen bis zu welchem Grade er es ernst meint.

Ad vocem Haas habe ich mich natürlich nicht auf Polemiken mit ihm eingelassen, sondern ihm kurzerhand das Fell abgezogen, in ein paar Seiten an den Ring. Jeder schreibt sich um so viel Ehre wie er hat, und dass man hart an der Grenze bis zu der man wachsen kann, schon den Gernegross findet der darauf platzt uns zu verkleinern, ist eine allgemeine Erfahrung. Aber Sie wissen nicht dass dieser Bandit nur vorgeschickt ist um meine Flanken zu beunruhigen und gegen meine Verbindungen zu operieren: die wirklichen Gegnerschaften sitzen wie Elster mir bestätigt ganz anderswo. Darum kenne ich keine Schonung mehr. Wenn Sie ehmalige Haassche Äusserungen besitzen so bitte ich um Mitteilung. Der Ring wird sie in einer Glosse veröffentlichen. Man soll aus Mücken keine Elephanten machen, aber Wespennester brennt man ab, mit Pech und Schwefel.   Ihr Bdt

593   AN MARTIN BUBER

Sehr verehrter Herr Buber

Ich sende Ihnen das Heft separat, leider mit der bedingenden Bitte, es nach Einsicht an Herrn Arthur Friedrich Binz Saarbrücken Gersweilerstrasse 30[I] weiterzugeben, der aus gleichem Anlasse die gleiche Bitte an mich gerichtet hat. Es ist mein eigenes Handexemplar auf das ich leider nicht verzichten kann.

Dadurch dass der »Ring«, in kleiner Auflage gedruckt, in wenig Hände kommt, hat der Lump, der sein Klatschblatt weithin verreisst, natürlich leichtes Spiel, aber ich hatte mich überhaupt nicht mit ihm einlassen wollen, sondern nur meine Erklärung gewissermaassen zu den Akten geben. Gelesen habe ich sein neuestes Zeug nicht, denke es auch nicht zu thun. Er wird wol einmal heiser werden. Andererseits muss ich es hinnehmen dass sich solche Menschen für Ignorierung rächen. Ich habe die widerwärtigen Lobesschalmeien mit denen er mich Jahrlang ennuyiert hat, ohne jede Quittung gelassen und die Sondernummer für mich, die er taktlos und unverschämt sich aus imprimaturlosen Arbeiten von mir zusammengeklaubt hat, mit einer unzweideutigen Zeile beantwortet. Seitdem muss er mich das fühlen lassen, was er für seine »Macht« hält, und was doch nur seine schäbige Misere ist. Genug davon.

Darf ich die Gelegenheit Ihnen nach M.[arina] d.[i] M.[assa] zu schreiben zu der Bitte benutzen mir mit einer Zeile zu sagen ob Sie dort angenehm logiert sind und im Ganzen sich wol fühlen? Ich wünschte meine vier kleinen Kinder mit ihrer Bonne für einige Zeit an die See zu schicken – vielleicht ginge auch meine Frau mit – und da Viareggio und Forte dei Marmi immer überfüllt sind, wäre vielleicht an Massa zu denken? Ich wäre Ihnen sehr dankbar für ein Wort.

Es versteht sich dass wenn Sie in unsere Nähe kommen wir uns sehr freuen werden Sie bei uns zu sehen. Sie stehen mir noch lebendig vor Augen, Ihren Arbeiten bin ich passim gefolgt und meine

Sympathien gehören zu den nachhaltigen, die an Wiederbegegnungen und Correspondenzen nicht unbedingt geknüpft sind.
    Freundlichst der Ihre   R. Borchardt.

Bigiano 20 VI 29
Candeglia
(Pistoia)

Wenn Ihre Gattin mit Ihnen ist, zu deren teilnehmenden Lesern wir gehören, so bitte ich um die Ausrichtung eines besonderen Grusses.

594   AN WILLY WIEGAND

                                       Bigiano 30 Juni 29
Lieber Wiegand
In Erwiderung Deines Briefes vom 28ten Juni nehme ich an, dass unsere in Bremen und München getroffenen geschäftlichen Vereinbarungen, mit den durch Deine Abwesenheit verursachten Verzögerungen, in Kraft treten und werde Dir demgemäss im Laufe der ersten Juliwochen die beiden Lyrikbände zustellen. Ich sehe Deinen Mitteilungen darüber entgegen, welche Gegenwerte, und in welchen Abständen der Lieferung, Du alsdann für die vereinbarten laufenden Monatszahlungen von 350 Mark erwartest. Im Interesse meiner Einteilung und meiner nach anderen Seiten bestehenden Verpflichtungen wäre ich Dir für normale Bearbeitung solcher Anfragen besonders dankbar.
    Dr. Steiner wird zusammen mit Martin Bodmer in nächster Zeit in der Zeitschriftenangelegenheit zu Zwecken technischer

Information eine Besprechung mit Dir zu vereinbaren suchen; ich habe anheimgegeben bei dieser Gelegenheit auch die Dantepropaganda, auf Grund hier besprochener Richtlinien, mit Dir zu erledigen. Ich selber habe meine beabsichtigte Teilnahme an der Besprechung soeben abgesagt.

Von Deinen Mitteilungen über die Verschiebung des Danteausdruckes habe ich Kenntnis genommen. Das zueignende Nachwort erhältst Du gleichzeitig.

Mit besten Grüssen Dein Bdt

595 AN ERNST BORCHARDT

[Villa di Bigiano Candeglia
Pistoia, Anfang Juli(?) 1929]

Lieber Ernst

Schönsten Dank für Deine freundlichen Zeilen und Deine Zustimmung, die ich gerne höre. Mit dem Einwand gegen das viele Parlez-vous hast Du Marel auf Deiner Seite, die sich beim Vorlesen diese Spässe gern gefallen liess, aber vor den Druckbogen als es zu spät war plötzlich rebellierte. Immerhin, es ist sehr abgewogen: die meisten dieser Façons hat Eugenie aus ihrem Hofleben Tina hat schon viel weniger, Steffi so gut wie keine, Moritz keine und Schenius den Haufen. Es wird im südwestdeutschen Adel wie im österreichischen noch immer sehr französisch gedacht und gedankenlos gesprochen. Die Hügels, die Degenfeld Schomburgs die Berlichingens reden alle so, einzelnes ist Julie Wendelstadt geradezu ankarikiert. Aber Ihr habt beide Recht, es ist in einer so ernsten Geschichte kleinlich, diese Züge zu urgieren. Man muss bei einer zweiten Auflage zusehen.

Ich hatte bei der Übersendung den kleinen Nebengedanken, zu sondieren, ob Du wol hinter Schenius-Steffi Margherito-Hertha Späth vermuten würdest. Dass Du es nicht thust beruhigt mich. Es sind nur kleine Züge gemeinsam, aber schon diese genieren mich etwas, weil ich sonst die Gestalten meiner Phantasie interessanter finde als die des Lebens.

Hoffentlich ist Mama gut abgekommen und erholt sich. Eure Nachrichten hatten mich erschreckt. Ich hoffe dass wir sie noch lange behalten und dass ich dazu beitragen kann, sie zu erfreuen.

Der Neurath Aufsatz hat genau die beabsichtigte Wirkung gethan, in Berlin wie in München (wo er ohne Weglassung des eindeutigen Schlusses erschienen ist). Die Süddeutschen Monatshefte schreiben eben – nach so langer Zeit – an Marel das berechtigte Aufsehen das er gemacht habe halte an, und man wünsche diese zu selten sich äussernde Stimme häufiger zu hören. Aus Berlin höre ich unter der Hand ähnliches. Dass Antworten kommen ist ganz unwahrscheinlich, die Drohung, – denn das ist sie – ist verstanden worden und man bemüht sich die Sache in Vergessenheit zu bringen. Das schreibt mir auch Neurath selber: die Angriffe hätten weniger gegen seine Person als gegen das System gezielt, die Parteien suchten die Besetzung des Auslandsdienstes ganz in die Hand zu bekommen, und darum ist er natürlich für die allgemeine Wendung die ich der Sache gegeben habe, besonders dankbar.– Viel eher ist es wahrscheinlich dass man in meiner Flanke Banditen vom Schlage Haas' weiterarbeiten lässt, um gegen meine Verbindungen zu operieren. Ich habe seine letzten

Infamien nicht gelesen, aber dem Ring ein par Seiten geschickt die wohl in dieser Lage das richtige sind.

Ihr dürft nicht nervös sein. Das Leben ist hart, die Zeit schrecklich, und ich muss meinen Mann stehen. Ich bin in den Jahren in denen die Verantwortung für das was geschieht, bis in den Schlaf hinein lastet. Noch eben habe ich eine niederträchtige Berliner Aktion (Goldschmidt – Voss – Bange pp) die sich gegen den verdienten Direktor des Flor. Kunsthist. Instituts Bodmer richtete und eine Creatur an seine Stelle setzen wollte, gesprengt und dem letztern zum Verbleiben und zur Vergütung seiner umsonst präsentierten Auslagen verholfen nur durch die Erklärung ich würde seine Sache zur meinen machen, wenn die Ausschussbeschlüsse nicht zurückgenommen würden. Ich suche solche Gelegenheiten wahrhaftig nicht auf aber ich krieche auch nicht vor ihnen weg.

Ich bin tief in Philologie, mit einer grossen Abhandlung für Jägers »Antike«. Die Kinder sind entzückend und wir sind für arme Sterbliche fast zu glücklich. Für August rechnen wir auf Dich.

Herzlichst Dein   Rudolf

596 AN DIE BREMER PRESSE

[Entwurf]

Bigiano 3 Juli 29

Sehr geehrter Herr Bachmair

Ich bitte meinen Brief Herrn Dr Wiegand so bald er Ihnen erreichbar geworden sein wird zur Kenntnis zu bringen. Er ist als reiner Geschäftsbrief in den zwischen uns gehandelten verschiedenen Unternehmungen selbstverständlich dringend, und das um so mehr, als ich seit einem Vierteljahr mit Herrn Dr Wiegand ausserhalb jeder normalen geschäftlichen Verbindung bin und auch seit seiner Rückkehr aus Amerika eine solche noch nicht zu meiner Befriedigung sich hat herstellen lassen. Ich kann unmöglich annehmen, dass die geschäftliche Correspondenz der Bremer Presse und des Verlages im Allgemeinen es verträgt, bis zu unbestimmten Terminen periodisch stille gelegt zu werden, und kann nicht zugeben, gewohnheitsmässig hinter geschäftlicheren Inanspruchnahmen als die meinen es sind, zurückzustehen. Das machen mir auch, wie Ihnen bereits mehrfach bemerkt, meine Verpflichtungen nach andern Seiten, an denen meine zeitliche Disposition hängt, praktisch total unmöglich. Ich hoffe dass meine Erwartung, innerhalb von acht Tagen meinen Brief bearbeitet zu sehen, in Dr. Wiegands Dispositionen eine Stütze findet. Andernfalls werde ich mich darauf beschränken, Ihnen die Renaissancelyrik unter Belastung mit M. 350 zu meinen Gunsten übergeben zu lassen, dagegen andere Arbeiten für den Verlag von meinem Spiegel überhaupt abzusetzen, bis die von mir gewünschte Klärung der gegenseitigen Verpflichtungen und Erwartungen erzielt sein wird. Da ich in diesem Falle andere Arbeiten aufzulegen habe, die sich nicht wieder wegschieben lassen, könnte ich eine Bindung für die Zeit in der ich die Verlagsarbeiten fortsetze, nicht eingehen. Ich bedaure diese Erörterungen Ihnen statt Dr Wiegand vortragen zu müssen, aber ich behandle das Geschäftliche jetzt streng geschäftlich und correspondiere Zug um Zug mit der Stelle die reagiert.

 Hochachtungsvoll   Rudolf Borchardt

597 AN DEN ROWOHLT-VERLAG

[Entwurf]

Ernst Rowohlt Verlag
    Berlin.

Sehr geehrter Herr
Ich erhalte letzthin wiederholt über die Adresse von Dr Voigt-Bremen mir Ihrerseits überwiesene Postsachen, die von mir unbekannten Einsendern an Sie als meinen Verleger für mich gerichtet worden waren. Dieser Überweisungsmodus hat erhebliche Nachteile und in einem Falle Verluste für mich mit sich gebracht, und ich bitte daher alles für mich dort eingehende in der früher immer beobachteten Weise *direkt* an meine Adresse die immer noch die Ihnen bekannte ist, weiterzugeben. Porti ermächtige ich Sie, durch Nachnahmekarte bei meinem deutschen Vertreter, Herr A. Streck, München Max Josefstrasse 2 einzuheben, am besten vielleicht vierteljährlich.

    Hochachtungsvoll   R Borchardt

Candeglia
(Pistoia) Italien
12 VII 29

Bigiano
Candeglia (Pistoia)
Beim Eintreffen der Nachricht
von Hofmannsthals Tode
[Poststempel: 27. Juli 1929]

Lieber Nadler

In den bittern Schmerzen meiner Verwaisung gehen meine Gedanken zu Ihnen. Niemand hat wie Sie diese herrliche und wehmütige Gestalt zu fühlen und zu zeichnen gewusst. Es drängt mich, Ihnen zu sagen, dass er vor wenigen Wochen, als er mit seiner Frau hier bei mir war, lange aufs innigste mit mir von Ihnen gesprochen hat. Sie, Ihr ungeheures Verdienst, die Härte des auf Ihnen liegenden Unrechtes der Zeit, waren ihm vollkommen gegenwärtig. Wir haben alle Möglichkeiten der Abhilfe zusammen erwogen und uns gegenseitig bestätigt wie ganz wir Sie zu uns rechnen. Er erzählte mir, Richter habe kürzlich geäussert, er würde Sie von K. fortbringen »und wenn er Sie octroyieren müsse«. Diese Energie erfüllte ihn mit hoffender Genugthuung.

Bei einem Schlage wie diesem gerät man in ein allgemeines Zittern für alle die man liebt. Schonen Sie sparen Sie sich, lieber Nadler, erhalten Sie sich uns, verwalten Sie Ihre wunderbare Kraft mit geizender Ehrfurcht. Als immer wenigere bleiben wir zurück auf die das Pfund der Zeit gelegt ist. Entnehmen Sie die Wärme und Aufrichtigkeit meiner Treue dieser Hinwendung gerade zu Ihnen in einem der unglücklichsten Augenblicke meines Lebens.

Ihr Borchardt

599 AN WILLY WIEGAND

[Entwurf]

Bigiano 24 VIII 29

LW

Ich halte mich loyaler Weise für verpflichtet, Dich davon persönlich zu unterrichten, dass ich Deine Aufstellungen für die Gestaltung der zwischen Zürich einerseits und Schröder und mir andererseits vereinbarten Zeitschrift nicht billige. Ich habe dies Steiner soeben formell und ultimatim mitgeteilt und werde es demnächst Bodmer gegenüber mündlich näher ausführen. Die Annahme der Gestalt, die Du dem Unternehmen zu geben versuchst, würde durch die Folgen die sie automatisch lösen muss, das Ausscheiden Derjenigen, die sich auf das Programm der Zeitschrift vereinigt haben, und deren Signatur sie tragen sollte, virtuell ihr Scheitern bedeuten. Da ich nicht annehmen kann, dass dies der Zweck Deiner Einflussnahme ist, so wirst Du gut daran thun im Auge zu behalten, dass ich nur Expertisen befürworten kann, die für die Verwirklichung unserer vereinbarten Absichten die praktischen Modalitäten zu finden versuchen und dass ich Bodmer auf die Notwendigkeit hinweise, den Kreis dieser Expertisen so weit als irgend möglich zu ziehen, wofür ich in der Lage bin, ihm eine Reihe neutraler Vorschläge zu machen.

Davon wird die Erteilung des Druckauftrages die mich als ausserhalb meiner Competenz stehend nicht interessiert, nicht berührt. Ich halte es nur für meine Pflicht, falsche Schritte und die Verzehrung von Bodmers Mitteln für unpraktische und lebensunfähige Gründungen zu inhibieren. Bdt.

600 AN KONRAD WEISS

[Nicht abgesandt]

[Villa di Bigiano Candeglia
Pistoia, Ende August 1929]

Lieber Herr Weiss

Ich habe Ihre Bücher erhalten und mir langsam, wie es meine Art ist, und meine Beschäftigungen nicht anders gestatten, daraus anzueignen begonnen, was sie auf den ersten Blick hergeben. Ich hoffe zuversichtlich, dass es mir im Laufe der Zeit und Lektüre gelingen wird, daraus abzusondern, was ich gewinne, um es Andern zu vermitteln.

Dass Sie etwas in seiner Art Gewaltiges unternommen haben, ist mir von der ersten Berührung mit Ihren Versen an in einer mir denkwürdigen Weise bewusst geworden, und ich habe nicht aufgehört, Ihnen heimliche Wünsche der Stärkung und des Vertrauens zuzusenden. Dass bei gegebener Gelegenheit Ihr Name mit dem Nachdrucke dieses innigen Vertrauens genannt werden musste, war natürlich. Dass es Sie überrascht hat ist nicht zu verwundern. Der reine Mystiker, auch wo er sich des Dichterischen bedient, enthält weniger Elemente des Dichters, als der Dichter des Mystikers. Der Dichter muss wie Dante es vorbildlich gethan hat den Mystiker in sich, wie vieles andere in sich, überwinden und höheren Integrierungen zuführen. Sein Wort ist nicht nur verbum, λόγος, sondern auch fabula, parola, ὄνομα, μῦθος, sein Erkennen und Zeugen nicht nur cognoscere, γνῶσις, sondern auch φρόνησις und ποίησις, das heuristische und dramatische Verhalten innerhalb der eigenen Dialektik, das zu teuer errungenen Selbstverwandlungen führt, sein seelischer Raum besteht nicht aus dem zweidimensionalen des Lebens, vita activa und vita contemplativa und der dazugehörigen dritten Dimension des Mystikers, der Entzückung in Gott hinein, sondern er hat die vierte der reinen insania, μανία, des Rausches. Sie haben es in sich schwerer, mich weniger hermetischer als Sie es sind aufzunehmen als ich Sie hermetischen. [sic] Auch ist daran garnichts gelegen, denn Sie ruhen so notwendig in sich selber wie ich notwendig, aus Liebe, Alles in Allem begehre, um an ihm die Schöpfung zu wiederholen. Das Verhältnis des Mystikers und des Dichters zum Worte ist ein abgrundverschiedenes. Der erste behandelt es als ein zu Offenbarendes apokalyptisch und gibt ihm dadurch eine ungeheure Macht. Der letztere, wenn er ein wahrer Dichter ist, behandelt es als ein hinderndes abräumend, und sucht es zu einem transluzierten Mittel zu verflüchtigen, denn sein Erfassungsziel ist das All selber, unvermittelte Schöpfung. Der Mystiker nimmt die Welt unter

601 AN KONRAD BURDACH

Lieber und verehrter Herr Geheimrat,
wenn diese Eingebung, der ich Ihren schönen und gehaltreichen Brief verdanke, nicht telepathisch ist, so gibt es keine Telepathie. Seit Tagen corrigiere ich an dem Widmungsbriefe an Sie, der hinter dem Dante steht, und in dem Citate zurechtgerückt werden müssen. Ich habe Ihre Gedanken gewiss zu mir herangezogen.

Lassen Sie mich zunächst Ihnen mein so betroffenes wie hoffnungsvolles Mitgefühl zu all dem gehäuften Unheil aussprechen, von dem Sie leider berichten. Es ist nichts geringes, in hohen

Jahren die jugendliche Widerstandsentschlossenheit gegen Angriffe des stumpfen Objekts und des Rackers von Körper aufbringen zu müssen, von der die Frische Ihrer Äusserung so nachdrücklich zeugt. Aber, verehrter Herr, nehmen Sie nicht leicht, gönnen Sie der Erholung jeden Spielraum, erhalten Sie sich uns und unseren Erwartungen; möchten Sie sich ganz unter das weite Gesetz Ihres Arbeitsentwurfes stellen, dem eine Lebensspanne nur bei haushältigster Verwaltung Ihrer Kräfte genügen kann. Dies schreckliche Trauerjahr macht uns geizig und zitternd für alles was uns noch gehört. Alle ohne Ausnahme mit denen ich zusammenstehe, pauci quotquot relicti sumus, Nadler, Werner Jaeger, Stenzel, Schaeder sind gänzlich überarbeitete Menschen. Eben habe ich dafür gesorgt, dass Jaeger unter gesundheitlich einwandfreien Umständen sich ein einziges Mal wirklich erholen kann. Hofmannsthal könnte noch heut leben, wenn nicht die gottgesandten Pausen der Hervorbringung, die sein Ehrgefühl und seine Rastlosigkeit sich nicht zugestanden, sein edles Organ fast tiefer zernagt hätten als die Arbeit selber.

Ihre schönen Worte in der Zürcher Zeitung habe ich dankbar gelesen. Es kann Sie freuen zu hören, dass unser letztes Gespräch, hier bei mir Anfangs Juni, bei Ihnen verweilt hat; ich erzählte von Ihrem gerade verflossenen Feiertage, er wusste nichts davon, wollte Ihnen gleich nach der Rückkehr schreiben, erbat Ihre Adresse. Ich sprach von Ihren Arbeiten zur nhd. Sprache, er brachte den Rienzi und vor allem den Moses dagegen in Anschlag, mit dem leisen Tone glücklicher Bewunderung den dies reinste und beschenkbarste Wesen, das die Erde getragen hat, so einfach und lieblich fand, wie ein unerwartet beschertes Kind. –

Ich bin im Abschluss eines grossen Aufsatzes über ihn, der fast nur Unbekanntes beibringt, das Thatsachenschema das allen künftigen Darstellungen wird zu Grunde liegen müssen. Hätte ich nicht damit Beschäftigung, so wüsste ich mir gar nicht zu helfen, – und auch so, was ist es? Man starrt das Dasein an wie ein mechanisches Aggregat, und muss, wie nach einer schweren Krankheit, noch einmal gehen lernen wie ein Unmündiger.

Ich habe in Rodaun, wo wir Blitzgetroffnen nach der Bestattung zusammensassen, mit den Freunden und der Familie die Begründungsurkunde für das zunächst zu Bewirkende entworfen, und da auch hiebei Ihrer gedacht worden ist, so unterrichte ich Sie in Kürze davon. Es ist ein aus der Familie – darunter der Schwiegersohn, der treffliche und geistreiche Heidelberger Indologe Zimmer, der Sohn des Keltisten – und den nächsten Freunden bestehender autonomer Verband gebildet worden, der im Herbst einen beschlussfassenden Ausschuss einladen wird. Er begreift in sich gelehrte und literarische, sowie juristische und geschäftliche Elemente, also einen Syndicus, eine finanzielle Beratung, ältere Jugendfreunde wie Andrian, Schnitzler, Wassermann, Kassner, spätere wie Mell und Karl Burckhardt, den Basler, dazu natürlich R. A. Schröder und mich, die Leiter des Fischerschen und Inselverlages, Reinhardt und Strauss. Die von mir vorgeschlagenen gelehrten Vertreter sind, nach Ihnen, Josef Nadler, H. H. Schaeder, und Brecht, der von seiner Wiener Zeit her speziell unterrichtet und eingearbeitet, daher unentbehrlich ist, – ferner Gilbert Murray, der englische Gräcist, jetzt Botschafter in Washington, der Hofmannsthal mit besonderer Bewunderung ergeben war. Der Ausschuss hat die Aufgabe die Statuten einer Hofmannsthalgesellschaft zu entwerfen, die das Archiv constituiert, die Grundsätze für die endgiltige Gesamtaufgabe [sic] aufstellt, eine Studiencentrale und ein Organ für Mitteilungen schafft, für Mitgliedschaft wirbt und Beiträge und Zuwendungen an sich zieht. Das Werk das er hinterlassen hat, ist in seinem Umfange noch unüberschaubar. Es muss mit allen Entwürfen, jedem Aperçu und Apophtegma, über denen zum Teil der ganze Zauber des Genies wie auf Handzeichnungen von Meistern liegt, vollständig an den Tag gebracht werden. Ich hoffe dringend auf Ihren kostbaren Anteil an der Arbeit, den ich als unersetzlich ansehe. Brecht ist ein wackerer Mann, mein Jugend- und Studienfreund von Göttingen her, aber ängstlich, pedantisch, weder eines grossen wissenschaftlichen Gedankens noch anhaltender Arbeit fähig, immerhin, wenn man ihm Ruhe lässt, von feinem Urteil. Nadler, in vielem ganz unschätzbar, ist persönlich sehr schwierig und unberechenbar, falsch verletzlich und überhaupt als μονότροπος die Negation einer Collegialfigur, und Schaeder, den ich persönlich besonders liebe und hochschätze, steht als Orientalist dem engsten Aufgabenkreise eher ferne. Um so mehr hoffe ich, dass der Senior der deutschen Wissenschaft, Scherers Erbe und Hofmannsthals Freundgesinnter, unseren schwierigen Aufgaben nicht fehlen wird.

Ich habe Ihnen für intendierte Geschenke zu danken – nein, es ist mir weder über die, sonst sehr pünktliche, Bremer Presse, noch über die freilich seit Jahren veraltete Münchener Adresse etwas zugekommen, und ich bedaure das um so mehr, als ich Ihre lebendigen Züge mir mit besonderem Danke vergegenwärtigt hätte. Was immer von Ihren Schriften Sie mir verehren wollen, es wird meiner aufrichtigsten Dankbarkeit und einer Cimelienstelle in meiner kleinen Arbeits- und Reisebibliothek – ich muss aus knapp tausend Bänden arbeiten und mancher lapsus geht auf Rechnung uncontrolierbarer Reminiszenzen – sicher sein.

Ihre Petrarca Mitteilungen sind mir besonders darum so wertvoll weil ich von anderer Seite her die ersten Spuren seiner Wirkung auf Deutschland verfolge; und da meine eigenen Feststellungen in den Donaukreis führen, der künstlerisch und literarisch um 1400 so stark böhmisch beeinflusst ist, so ist der Olmützer Codex ein bestätigender Fingerzeig. Sie werden den charakteristischen Sonderfall der Übersetzung von »Di pensier in pensier, di monte in monte« in Strophen des jüng. Hildebrandtliedes, in der Auricher Hsr., kennen (bei Velten Gesellschaftslied etc), die genaue Parallele zu den ältesten mhd. Umsetzungen der Provenzalen in die Metra des bodenständigen bair.-österreichischen Spielmannstones, denen hier wie dort die strophisch getreue Nachbildung erst folgt, weil Musik (und Tanz) conservativer sind, als der Stoffe- und Motivsinn. (Bei Velten ist das nicht verstanden) Ich habe die deutschen Renaissance Terzette, die wol alle in Nürnberg entstanden sind, die Petrarkische Motive stilstreng umsetzen und ihn sogar namentlich citieren, ziemlich beisammen. – Gewiss, wenn es Ihnen irgend Freude machen kann, dass ich, in aller Bescheidenheit, auf den Band öffentlich hinweise, so wird es gerne geschehen. – Hoffentlich kann ich Ihnen nun auch bald den ersten Band der grossen Publikation vorlegen, mit der die Namenlose deutsche Lyrik des Spätmittelalters und der Renaissance, das sogenannte »Volkslied« oder, schlimmer, »Gesellschaftslied« abgebaut wird, eine Arbeit die mich seit sieben Jahren in Stunden die die Produktion mir freigibt, beschäftigt hat, und die für lange Strecken Ihrem Interessenkreise gleichläuft. Es werden die Bände: 1) Deutsche Renaiss.lyrik unbekannter Verfasser 2) Deutsche Cavalierslyrik des Spätmittelalters 3) Tanzlieder und Wechsel 4) Spielmannslied und gesungene Zeitung. Der erste Band geht noch dies Jahr in Druck, er enthält die auf den deutschen Endecasillabo gestützte, von den Villanellen nur ausgehende Poesie, deren Antriebe und erste Muster ich bis in die Mitte des 15 Jahrh. nachgewiesen und an die Singschulen angeknüpft zu haben glaube, womit alle bisherigen Ansätze, die äusserlich an den Druckdaten der Liederbücher kleben, hinfällig werden, und die musikalische Influenz, die bisher als auschliessliche Trägerin der literarischen betrachtet worden ist, sich als verstärkende Etappe in den Gang einer viel älteren Entwickelung einordnet. Die Rechtfertigung meines Verfahrens, die in den Ausgaben nicht gegeben werden kann, werde ich nach Abschluss des Ganzen im Euphorion zu geben versuchen.

Und damit bin ich schliesslich, zum Ausgange dieses schon zu langen Briefes zurückkehrend, bei einem andern Versprechen, das, weil es ein wiederholtes ist, viel eher Entschuldigung heissen muss. Als ich zu Ihrem Geburtstage schrieb, nahm ich an, den Dante in kürzester Zeit vorlegen zu können; aber eine ungebührlich verlängerte Amerikareise des Verlegers Dr Wiegand brachte alles ins Stocken, und nach seiner Rückkehr war der leider, bei vielen Verdiensten, in allen verlegerischen Kopfbrettern verschränkte Mann nicht dazu zu bringen das Buch im »geschäftlich ungünstigen« Sommer herauszubringen und verschob den Ausdruck auf September, so dass ich nun endlich die letzte Revision lesen kann. So werde ich zwei Mal Geburtstag mit Ihnen feiern dürfen, das zweite so herzlich wie das erste.

1929

Ich lege ein Blättchen mit Bemerkungen bei, die nicht wiedergedruckt werden und Sie vielleicht interessieren.

Mit ständiger aufrichtiger Angehörigkeit der Ihre

RBorchardt

Villa di Bigiano 3 Sept 29
Candeglia (Pistoia)

602   AN UNBEKANNT

[Entwurf]

S.g. Frau [Textlücke]
Die Entfernung meines Wohnortes von Deutschland macht es mir unmöglich, Ihren Wunsch zu erfüllen. Handelte er nicht fast ausschliesslich von den Dramen, so würde ich empfehlen, die herrlichen Seiten über Hofmannsthal einfach vorzulesen mit denen Josef Nadler den letzten (IV) Band der Literaturgeschichte beschliesst, und die schon fast klingen wie ein Nekrolog auf ihn und Wien.

Sie nehmen sich viel vor. Hofmannsthals Verse kann eine Frau nur sprechen, wenn sie die Kraft hat sich in eine Muse zu verwandeln. Bringen Sie nichts »Näher«, bringen sie es, ohne wirken zu wollen, von oben herab, als Geistererscheinung, der man nichts anhaben darf, und verbrennen Sie vorher in sich, bis auf die letzten Schlacken, die Schauspielerin und das Weib.

Viel Glück denn! [Borchardt]

Villa Bigiano
Candeglia
4 Sept 29

603 AN MARTIN BODMER

[Nicht abgesandt]

Lieber Herr Bodmer

Ihre warmen und offenen Zeilen erneuern mir Ihr Bild im Innern der Freundschaft, das Sie aufgenommen hat und um einiger Wochen des Schweigens willen gewiss nicht hergibt. Mit gleichem Rechte wie Sie dürfte ich mich des gleichen Verstummens zeihen und habe Ihnen längst die Gründe geliehen die mich selber bewogen haben eine vermutlich von Tag zu Tage schwankende Lage durch Hineinsprechen von aussen her nicht weiter ins Unsichere zu drängen. Die Erfahrung hat mich gelehrt, dass Gremien unpraktische Apparate sind und schlecht arbeiten. Da trotzdem ständig das Lebenswerteste ein erstes Collegialstadium durchmachen muss, weil Vereinigungen Gleichgesinnter eine unentbehrliche Stufe zu Bewirkung des Neuen und Nötigen sind habe ich still zugesehen, und ohne besondern Optimismus in Hinsicht auf Zeit und Glück, was sich aus dem ersten Schritte des Planes in die Welt der Gegensätze ergeben würde, und habe es vermeiden wollen, selber einen Einfluss zu üben. Von Schroeder erfuhr ich nur auf Umwegen Summarisches und Uncontrolierbares. Er ist kein Briefschreiber. Wiegand hatte kein Interesse daran mich in seine Absichten einzuweihen, und das arme Steinerlein, das nun als irdener Topf neben dem eisernen in der Fabel, hilflos stromab trieb hat auch nur einige klägliche und dumpfe Klirrlaute von sich gegeben, wenn er zu springen meinte. So ist was Sie mir mitteilen, die erste wirkliche Nachricht, die mich trifft, denn ein Telegramm Schröders, das mir nach München

Nachricht zu geben verheisst, ist auch nur eine Vertröstung. Ich spreche dort am 6^(ten) Vormittags im alten königlichen Residenztheater vor einer Aufführung zu Hofmannsthals Gedächtnis. Schon bevor Ihr Brief eintraf hatte ich mit der Möglichkeit gerechnet über den Gotthard zurückzureisen, in Zürich einen Zug zu überspringen und Ihnen Gelegenheit zu einer gründlichen Besprechung zu geben. Ob sich das ermöglichen lässt kann ich noch nicht genau übersehen, da ich Tags drauf in München einen Radiovortrag halte und möglicher weise in Angelegenheiten des Hofmannsthalschen Nachlasses in Anspruch genommen werden kann. Sehen wir uns also nicht, so will ich doch in wenig Worten das Nötigste gesagte haben.

Ich habe meiner Betroffenheit über die Hereinziehung Wiegands in die Zeitschriftangelegenheit in München nur andeutenden Ausdruck geben können, da ich Ihre Motive nicht einen Augenblick verkannte und mich nicht befugt glaubte, einer Verbindung Schwierigkeiten zu machen, deren positive Seiten mir ja wol auch hätten verborgen sein können. Inzwischen hat das Ergebnis meinen Befürchtungen Recht gegeben und ich darf mich heute unumwunden äussern. Die Bedenklichkeit liegt und lag in Wiegands unglückseliger, ja verhängnisvoller Persönlichkeit, einer durchaus problematischen, insofern als es von Mal zu Mal kaum erklärlich ist, warum so viel vortreffliche Eigenschaften, ein im Innersten so reines Bestreben, so viele allmählich erworbene Kenntnisse und Erfahrungen, ein so angespannter und selbstloser Fleiss, im Goetheschen Sinne »keiner Lage genügen«, und warum die erheblichen Mittel die ihm immer wieder durch Kühlmann Schröder und die Familie meiner Frau verschafft worden sind, die thätige Teilnahme der ausgezeichnetsten geistigen Kräfte der Zeit, nicht haben verhindern können, dass dies schöne und grosse Unternehmen als Schlag ins Wasser zu enden im Begriffe ist. Ich fühle mich auch nicht aufgefordert, in die Psychologie der Sache und des Menschen tiefer einzugehen, sondern lasse es dabei bewenden, dass eine totale innere Verkehrtheit seiner Natur es ihm unmöglich macht, sachlich zu handeln und wirtschaftlich zu verfahren, kaufmännisch zu denken und zu verfügen. In Berufskreisen drückt man das mit den Worten aus, »er hat keine glückliche Hand«. Er hat sie auch als Mensch und im Leben nicht, er hat jedes Verhältnis in dem er zu Anderen stand, zernagt und zerlebt und hält zwischen den Brocken alter Beziehungen kümmerlich Haus. So hat ihn auch Hofmannsthal im letzten Gespräche das wir hatten beurteilt, und mich an das Tassowort erinnert, dass, kaum wenn man friedlich zu leben gedenke, das Schicksal uns zur Prüfung unserer Tapferkeit einen Feind sende, zur Prüfung unserer Geduld einen Freund.

Aber ich sehe ich muss präcis zur Sache reden, sonst lege ich nur wieder der Deutung neues Material vor und vermehre die Unsicherheit. Wiegand ist ganz ursprünglich eine beschränkte enge und zaghafte Natur, unselbständig, urteilslos und ohne Gleichgewicht, durchaus subaltern und als Anlage dazu gemacht geleitet zu werden, wie denn auch heut sein pathologischer Eigensinn durchaus nicht hindert, dass er aufs unvermutetste den thörichtesten Einflüssen unterliegt. Er ist proletarischen Ursprungs, der Enkel eines thüringer Gärtners, dessen Kleinfügigkeit und Winkelfleiss in ihm fortlebt, der Sohn eines gewaltthätigen Emporkömmlings von Vater, unter dessen roher Faust er zittern und ducken gelernt hat, und wiederum sich auf Umwegen mit Zähigkeit und Demut wiedersetzen. Nennen Sie es nun ein Glück oder ein Unglück für ihn, dass er unter dem Einflusse unserer Schriften, der geistigen Programme unserer Jugend und schliesslich unserer Teilnahme an seinen Liebhabereien, sich zu unserem Mitarbeiter geboren hoffte und sich in dieser Mitarbeit zu mehr als blosser technischer Leistung emporzudienen trachtete – hier jedenfalls hat sehr bald das Unheil eingesetzt. Die Kräfte mit denen man einer Sache vorsteht, und diejenigen, mit denen man einer Sache dient, sind nur dem Grade nach verschieden, der Essenz und Idee nach sind sie die Gleichen. Der Glaube des Feldherrn und der Glaube des Manns im letzten Gliede, der einen Schuss abgibt, dürfen nichts verschiedenes sein. Aber Wiegand hat bei allem Bestreben, aus seiner Anlage und unserer Reformation der deutschen Poesie eine zuverlässige Lebenseinheit zu schmelzen, sich sehr bald vor den enggezogenen Schranken seiner menschlichen Gaben gefunden und das Angelebte von sich abfallen lassen, während nur das sehr geringe ihm Eigentümliche seinen kleinen und armen Entwicklungsumlauf vollendete. So erklärt es sich, dass er, der nur bei grosser und ständiger Geduld von uns zu tragen war und zu leiten gewesen wäre, aus seiner eigenen oben angedeuteten Krisis mit dem abenteuerlichen Vorsatze heraustrat, vielmehr und unvermerkt zu leiten, unter der Maske der Unterwürfigkeit und Unterordnung vielmehr uns Drei, und wer sonst ihm gut geschienen wäre, seinen Absichten einzuordnen, von denen wiederum er sich schmeichelte, sie seien eigentlich unsere Absichten, denn sie waren allerdings dasjenige was er von vorübergehenden und überlebten Theorieen unserer Frühzeiten sich halb missverständlich angeeignet, zu einer Art mechanischem Ganzen vereinigt und in ein starres System verwandelt hatte, nach dem er nun mit schematischem Eigensinne und mit der Rechthaberei innerlich schwacher Naturen verfuhr. Es ist nicht auszusagen und nicht einmal anzudeuten, welch eine Lage für uns Alle und für sich er dadurch geschaffen hat, welche Missverständnisse er hervorrief und fast irreparabel machte, welche Mittel und Listen, Intriguen und Ränke er aufgeboten hat, um einen gegen den Andern auszuspielen, sich bei Widerstande des Einen heimlich durch die Andern zu verstärken, Partei, Gegenpartei, Neutrale zu schaffen und umzuschaffen, nur um schliesslich einen ganz unerheblichen Punkt zu enforçieren. An dem durch acht Jahre zwischen Hofmannsthal und mir bestandenen Schweigen hat er ausschliesslich die Schuld getragen. An dem jämmerlichen Ausgange der »Beiträge« über die zwischen Hofmannsthal und mir das schönste und zukunftsreichste Programm vereinbart worden war, an meiner bestimmten Absage, Hofmannsthals wachsender Gleichgiltigkeit hat niemand die Schuld als er. Seine Unfähigkeit und sein tiefes, in den gebrochenen Charakter gebettetes Unvermögen, loyal und auf geraden Wegen in einem handelnden Zusammenhang dort hinzutreten, wohin seine Funktionen ihn weisen und worauf das Ziel des Ganzen ihn beschränkt, sein krankhaftes Bedürfnis, seinen Anteil an der Sache vor allem durch die Art darzuthun, in der er sie unentwirrbar complicirt, Hauptsachen und Nebensachen unheilbar durcheinander wirrt, bis sie ihm griffgerecht liegt, er sich »unentbehrlich« gemacht hat, und das Ganze dann zu den Exercizien seines geschäftlichen dogmatischen Dilettantismus wird – dies kennzeichnet alle sklerotischen Unternehmungen der Presse im letzten Jahrzehnt – alle aus parti pris heraus, einseitig, unfruchtbar, ungeschickt aber lehrhaft und mit der Geberde des Martyriums für die gute Sache. Sie fragen »zu welchem Zwecke das alles, was will er damit?« Sie dürfen es vor jedem fragen, nur nicht vor dem beschränkten Fanatiker, der ein Convertit ist. Wiegand weiss besser als wir, was wir alle wollen, er hat es ja von uns gelernt. Unter dies Dogma will nicht er allein sich gebeugt haben, in seinem Namen muss alles vergewaltigt werden, und wir, wenn wir uns, das heisst ihm, nicht treu bleiben, zuerst. Denn nur in seiner alleinseligmachenden Confessionsform hat unser Glaube ein Recht. Er wird uns jeden Weg nach links und rechts abschneiden, zu unserm Besten nämlich, das er allein kennt. Dieser lamentable Egozentrismus, geboren aus der Angst der Schwäche und der Eifersucht, es könnte überhaupt auf ihn verzichtet werden, verleitet den sonst nicht schlechten Mann zu Handlungen die ans Finstere streifen. Kommt er der Gefahr von vorn nicht zu Leibe so umgeht er, hetzt, klatscht, insinuiert, spinnt Ränke und durchschneidet Fäden, verrät, verleumdet beinahe – um dem umkämpften Subjekte Zwangslagen zu schaffen, ihm alle Auswege zu verlegen, es auf den Punkt hinzudrängen den er sich vorgesetzt hat es besetzen zu sehen und auf dem er es, wenn einmal der Sieg errungen ist, liebevoll und selber halb gebrochen von dem Conflikt, begrüssen wird. Ich umschreibe damit Vorgänge, die sich zwischen Dr Wolde und ihm abgespielt haben, denen aber die Entwickelung und die Katastrophe aller seiner Beziehungen zu Menschen deutungsmässig ganz nahe steht. Schröder wie Hofmannsthal haben es sich seit langem zum festen Gesetz gemacht ihn scharf, manchmal schroff zu distanzieren, ihm nicht den mindesten Zutritt in ihre persönlichen Entschliessungen zu verstatten, ihn auf seine Funktionen zu beschränken. Ich der ich durch Jahre auf Bezüge angewiesen war, die, wenn auch von andern Seiten, und wesentlich für mich, ihm zur Verfügung gestellt, schliesslich doch durch seine Hände liefen und erst aus der Verlagsapparatur schlüsselmässig liquidierbar waren, habe nach Jahren des *blinden Glaubens* an seine bona fides, seine Treue, seine Fähigkeiten, seinen Einsatz, sein Verständnis und seine Sittlichkeit mich schliesslich und widerstrebend davon überzeugen müssen, dass er ein armer Kerl ist, ein vorbildlicher Handwerker und übrigens, wo er diesen Bezirk verlässt, der sichere Tod für das was er anrührt. Danach handle ich, möglichst ohne offene Konflikte, hoffentlich für immer ohne Bruch, von Fall zu Fall, aber hinter Wall und Mauern, mit aufgezogener Zugbrücke und gedecktem Rücken. Seiner Geduld darf sich jeder rühmen: jeder andere als ich hätte für den fünften, den zehnten Teil der Zumutung die er mir seit Jahren macht, der zähen Tracasserieen und Chicanen mit denen er mich verfolgt um mich ausschliesslich zu besitzen, ihm das Verhältnis vor die Füsse geworfen. Auch alles das, was Sie andeuten ist soweit ich es verstehe, nur ein neuer Akt dieser alten Komödie. Ich bin aber kühl und gleichgiltig geworden habe den Teil menschlicher Enttäuschung der mitspielt, und der mich früher empfindlich getroffen hatte, bis aufs Trockene ausgelebt und werden nur jedenfalls von éinem Axiom das kostbare Erfahrungen mir gelassen haben, nie abgehen: Keine Gemeinschaft mit was immer es sei, worauf er einen Einfluss ausüben kann. Daher mein Verhalten in München und mein Schreck als ich hörte, dass er, kaum in die Diskussion gezogen, bereits an sein gewohntes Unglücksgeschäft gegangen war: hier ja sagen, halb, dort halb nein, trennen, sprengen, insinuieren, intrigieren, die Sache, unter dem Anschein selbstloser Hingabe, sich vorsichtig so in die Hand richten, dass *er* das Brett stellte und Schach bieten und mattsetzen. Als ich von Schröders heftigem Unwillen über diese Machenschaften hörte und er mir sagen liess, er werde sie durch persönliches Eingreifen unschädlich machen, sah ich keinen Anlass mich einzumengen. Aber Ihr Brief zeigt mir, dass die Gefahr noch nicht abgewendet ist, und dass ich Ihr Vertrauen übel rechtfertige wenn ich weiter schwiege.

An nichts ist mir weniger gelegen als an dem äusserlichen Figurieren meines Namens im Titelcomité. Eine andere Frage ist die ob das Problem der Herausgeberschaft gelöst ist. Ich würde vorschlagen, es zu umgehen, und Steiners Namen hinten im Redaktionsvermerke zu bringen, den Ihren allein, wenn Sie sich dazu entschliessen können, auf dem Titel, sonst aber den eines Strohmannes. So hat es George mit »Karl August Klein« gemacht. Aus solchen Zierstücken soll man keine Hauptstücke machen, und die Mitarbeiter-Inhaltsverzeichnisse der ersten Hefte sind wichtiger als die Titeldekorationen – wie man kaufmännisch nach den Geschäftsinhabern sieht, und nicht nach den Aufsichtsräten. Dass aber Wiegand, wie es scheint, auf Grund Ihrer Abmachungen mit ihm bereits das Recht hat, die von uns allen vereinbarte Liste Valèry Croce Schröder mich zu vetieren und in so wirksamer Weise zu kritisieren, dass Sie, bei der Unmöglichkeit, seine albernen zehn Namen auf den Titel zu drucken, lieber auf die ganze Liste verzichten, macht mich viel eher bedenklich denn es lässt mich befürchten, dass gerade der entscheidende – für *mich* entscheidende – Punkt nicht hat durchgezwungen werden können, die Beschränkung Wiegands auf die rein technische Funktion der Herstellung und des Vertriebes, unter peremptorischem, unzweideutigem, contraktlich festgelegtem Ausschlusse jeglicher Einwirkung seinerseits auf Gestalt, Leitung, Haltung der Zeitschrift. Solche Bestimmungen pflegen sogar in Fällen getroffen zu werden, in denen der Verlag Kosten und Risiko trägt, während in diesem Falle Wiegand nichts als Ihr Debitär und Gerent ist, mit Ihrem Geld und auf Ihre Gefahr arbeitet und nichts beiträgt als eine ihm bar bezahlte Leistung als Druck- und Vertriebsauftrag. Woraufhin also kann er in der *Sache* ein Votum beanspruchen? Er ist literarisch total urteilslos, sein geistiger Überblick ist ein zugleich verzerrter und beschränkter, von seinen geschäftlichen Prophezeiungen trifft das genaue Gegenteil ein, – alles was die Presse im guten Sinne kennzeichnet, verdankt sie uns, und nur die Unverkäuflichkeit von Büchern die in jedem andern Verlage best sellers gewesen wären, verdankt sie ihm und der steifen Pedanterie seines anerzogenen Exclusivthuns. Den Bibeldruck habe *ich,* nicht er, bewirkt, den Augustinus hat meine Frau, nicht er, auf die Liste gesetzt, glänzende Mitarbeiter wie Nadler und Schaeder, die ich gewonnen hatte und die, mit *mir* wolgemerkt, zu arbeiten brannten, hat er weggegrämt, an die Leibnizausgabe des unbrauchbaren Göttinger Linkenbach Summen über Summen verschwendet ohne eine druckbare Seite zu erhalten und so fort. Er kann als Mitredender zwar schaden, aber nichts nützen und keine Leistung, wie gesagt, gibt ihm das Votum an sich. Mein lieber Herr Bodmer, bewahren Sie Ihren Brei vor den vielen Köchen, von denen jeder gegen den andern kocht, und wenn Sie an das Krankenbett der Zeitschrift eine Consultation rufen, setzen Sie nicht den Homöopathen, den Gesundbeter, den Quacksalber und den Schäfer neben den Arzt, sondern rufen Sie lauter Ärzte oder lauter Schäfer. Ein Drucker ist ein Drucker und wenn er noch so viel neben Dichtern gesessen hat, ein Buchhändler ein Buchhändler und wenn er wirklich versucht haben sollte, einige der Bücher die er druckt zu verstehen und sich nach dem Schema anzieht, das er sich aus dem einen oder andern herausgelesen hat – ja ich bin vermessen genug, den bescheidenen Banausen, den nüchtern calculierenden Kaufmann ohne gemachten literarischen Charakter dem Zwitter vorzuziehen der in der Tasche rechnet und aussehen möchte wie der Reine Geist. Ich könnte fortfahren und Ihnen Einwände gegen den Druck durch die Presse machen, der wie ich glaube, dem Absatze schaden wird, denn ich lese Prosa in ihm ungern und mit Anstrengung, er ist mir zu blockartig gepresst und luftlos alles Feinere erstickt er, und mit Monumentaltraktaten und Predigten werden Sie die Corona nicht füllen wollen. Aber Sie hätten das Recht mir zu antworten, das Technische sei nicht meines Amtes, drucken müsse der Drukker. So antworten Sie denn auch mit Festigkeit und Humor dem Drucker, *was* er drucke gehe ihn nichts an, seine Domäne sei das »Wie«. Befürchten Sie nicht, dass er Ihnen den Auftrag zurückgibt, wenn er seinen Willen nicht hat und es nicht durchsetzt, alle Haare auf unserm Haupte zu zählen. Er kann es sich, *wie ich genau weiss,* in seiner heutigen Geschäftslage *gar nicht leisten,* einen so bedeutenden Auftrag auszuschlagen, und wird jede Weisung, die von Ihnen als dem Druckherren ausgeht, ausführen sobald sie mit trockener Unzweideutigkeit an ihn gelangt; dafür würde auch, im Einverständnisse mit mir, Schröder sorgen, der im Notfalle die einzige Sprache, die er respektiert, ein bodenständiges und pittoreskes Originalbremisch, mit ihm zu sprechen weiss, der Kühlmann, sobald er will, auf seiner Seite hat, und den dauernd zu verstimmen Wiegand überhaupt nicht träumen kann, denn er ist künftig wie bisher auf ihn angewiesen und steht, nachdem er mich menschlich verloren hat, allein wenn er auch jenen verliert.

Daher ist dies mein Summa Summarum: Ist es einmal Ihr Wunsch, die Zeitschrift der Presse zum Druck zu geben, so verhindern Sie *durch Vertrag* jede Möglichkeit, sie damit *aus der Hand zu geben,* und ein Instrument in Wiegands Händen zu werden. Bedenken Sie dass in jeder auftauchenden Schwierigkeit Schröder und ich Ihren und nicht Wiegands Standpunkt verstärken werden und nutzen Sie alle damit in Ihre Hand gelegten Trümpfe mit ruhigen Nerven aus. Stellen Sie die Subalternen an ihren Platz und bleiben Sie Führer. Denn ein Führer muss dasein, lieber Herr Bodmer, und dieser Führer kann und darf niemand sein als Sie. Wählen Sie Ihren Stab – Sie haben ihn schon gewählt – lassen Sie sich beraten – Sie thun es gern – und benutzen Sie Steiner als Ihren Redaktionssekretär, der das mechanische des Betriebs kennt und leitet, gelegentlich eine ausgezeichnete Anregung gibt, Sie deckt und vertritt wo Sie gedeckt und vertreten sein wollen, und der im Rahmen Ihrer allgemeinen Weisungen selbständig disponiert. Militärisch ist das die Funktion des Adjutanten, der die Verbindung mit dem Stabe hält, aber nicht zum Stabe gehört, während der Drucker-»Verleger« nichts anderes ist als die Intendantur, die mit den Operationen als solchen überhaupt nichts zu thun hat und am Schnürchen zu gehen hat. So sieht eine Organisation aus, und die Schaffung einer solchen ist für die Zeitschrift ebenso unerlässlich wie die genaue Bestimmung des Operationszieles und der strategischen und taktischen Maassnahmen die zu seiner Erreichung angesetzt werden sollen: das Programm. – Es versteht sich dass auch wenn statt unseres schönen Planes ein Irgendetwas entsteht, worin ich ihn und Ihre Intention nicht mehr erkenne, ich mich darum nicht von Ihnen lösen werde und es als Freundschaftspflicht vielmehr ansehen, auch einem Organ das ich nicht billigen könnte, eine gelegentliche Beisteuer zu geben. Darüber hinausgehen würde dann virtuell zu dem Leidigsten führen, was ich mir vorstellen kann, einem neuerlichen Konflikte mit der leidigsten aller in meinem Lebensraume stehenden Personen, der neuerlichen Alternative an diesen Unglücksmenschen: »Du ordnest Dich ein oder Du ordnest Dich aus«. Daher kann es in diesem Falle sich nur darum handeln Ihnen nicht zu manquieren, – das müssen Sie richtig nehmen und keine allseitigen Schlüsse daraus ziehen, denn gerade wenn ich anders handelte, trüge ich Ihnen den Conflict ins Haus der schliesslich auch Sie berühren müsste.

Wie wird es mit den Drucken? Ich leide etwas darunter, Zahlung nach Zahlung zu erhalten ohne die Vorbereitung zu meinen Gegenwerten und ihrer Verteilung gemacht zu sehen. Ich gäbe auch gern das zweite Ms., unveröffentlichte Gedichte, ab.

Leben Sie wol und versuchen Sie all dies mit dem Vertrauen und der Wärme zu lesen, mit der ich es schreibe, und lassen Sie durchaus nichts zwischen uns treten. Wichtiger als meine Teilnahme an dem ganzen Projekte ist mir, dass seine endgiltige Gestalt für Sie ein thätiges Lebenszentrum, eine Schule des Handelns mit Menschen, eine Schwelle ins Mannesalter und, wo nicht ein Gewinn so doch nicht eine leichtsinnige und verkehrte Vergeudung werde. Alles Gedeihen dem kleinen Trotzkopfe mit den rollenden Augen meine Ehrerbietung und aufrichtige Angehörigkeit Ihrer lieben Frau und von der meinen und mir Ihnen die herzlichsten Grüsse und Wünsche.   Ihr R Borchardt

Bigiano 1 Okt 29

Sie wissen wol, dass wir am 1 Januar dies Haus verlassen und jetzt eine neue Villa suchen? Sie wird leider verkauft.   Bdt

604   AN MARTIN BODMER

Lieber Herr Bodmer
Ihre warmen und offenen Worte erneuern mir Ihr Bild im Innersten der guten Meinung und Hoffnung, mit der ich Ihrer immer gedenke. Ich habe Ihnen nicht mehr vorzuwerfen als mir selber, der ich ganz so wenig wie Sie in eine noch schwebende Sache habe hineinsprechen und das Unheil der zu vielen Köche um den Brei noch vermehren wollen. Auch heut wünschte ich mich auf Dank und Anzeige zu beschränken und mich zu Vorgängen nicht zu äussern, die ich nach Personen und Maassnahmen sehr unvollkommen übersehe, denn von dem überbeschäftigten Schröder habe ich nur indirekt gehört und erwarte erst in einer Woche in München, wo ich bei der Totenfeier der Bairischen Staatstheater die Gedächtnisrede auf Hofmannsthal am 6ten halte, Nachrichten

von ihm zu finden, die er mir gerade telegraphisch ankündigt. Dass es stürmisch hergehen würde, nach München, hatte ich nicht anders erwartet, denn jeder Übertritt von Entwürfen in die Welt der Gegensätze durchschneidet eine Wetterzone, bei der alles den Hut fester in die Stirne drücken und den Kragen aufschlagen muss und hier trat in Wiegand eine Persönlichkeit in den Bereich Ihrer Vorbereitungen, die, wie ich genau wusste, das Ende aller unserer Vereinbarungen bedeuten würde: Es ist ihm nicht gegeben, sich einzuordnen oder unterzuordnen, ausser zum Scheine, was er nicht complizieren kann, eignet er sich überhaupt nicht an, und das Nützliche das er zu geben hat, kann nur unendliche Geduld und unerschütterliche Festigkeit ihm abgewinnen. Ich halte die Hoffnung einsweilen aufrecht, dass es Schröders und meinen vereinten und solidarischen Anstrengungen gelingen wird, der Zeitschrift einen Zuschnitt zu erhalten, der Wiegands mitbestimmenden Einfluss und die an ihm hängenden sachlichen Unvereinbarkeiten grundsätzlich ausschliesst und damit der Gefahr begegnet, dass wir schliesslich der realisierten Unternehmung nicht das sein könnten, was wir der gemeinsam geplanten so freudigen Herzens gewesen sind. Es wäre traurig, wenn das Spiel der »Beiträge« sich ein zweites Mal wiederholen müsste, die aus einem herrlichen Entwurfe über mein Ausscheiden und Hofmannsthals Gleichgiltigkeit zu einem Leichenbegängnis erster Klasse und grosser Kosten wurde, von Wiegand als Leichenbitter und Totengräber mit der Miene kummervoller Pflichterfüllung consequent in die Grube kutschiert. Wie Sie sehen, scherze ich, und behalte nach wie vor die Nerven. Es ist doch wirklich nur eine Frage der Organisation. Sie sind der Chef, und brauchen einen Adjutanten, der

Sie deckt und im Einvernehmen mit Ihnen selbständig disponiert, einen Stab der Sie berät und Ihnen Einzelpläne vorlegt, eine Intendantur für die Routine, – und die Truppen. Sie haben das Alles. Es kommt nur darauf an, jeden an seinen Platz zu stellen, die Competenzen genau zu regeln, zu hindern dass die Intendantur in die Operationspläne hineinradotiert und der Stab in die Combüsenfragen, dass der Adjutant den Strategen spielt und der Chef den Troupier. Ist das so schreckend? Dass Sie Steiner wie es scheint, vor die Alternative gestellt haben, wird ihm vermutlich sehr gut bekommen, und seine ausgezeichneten menschlichen und sachlichen Eigenschaften dem Ganzen viel dienstbarer machen als bisher. Dass Sie Wiegand so wesentlich ernster als ihn zu nehmen scheinen, und ihm glauben so viel mehr Nachgibigkeit schuldig zu sein, beruht wirklich nur auf grossmütiger Überschätzung. Auch seine ausgezeichneten Eigenschaften überschreiten nirgends die Schranken des tüchtigen Subalternen, der geleitet und distanziert werden muss, wenn man es nicht mit den bittersten Conflikten und Enttäuschungen zu büssen haben soll. Er ist ein ausgezeichneter Handwerker mit grossen Fachkenntnissen und von vorbildlichem Fleiss. Die Presse und den Verlag hat er mit anderer Leute Gedanken und Urteil wie mit anderer Leute Geld und Organisationsprinzipien gemacht, und leider mit dem einen so wenig wie mit dem andern gewuchert. Seine eigene Zugabe besteht wesentlich in dauernd passiver Bilanz. Nehmen Sie ihn dort wo er zu brauchen ist, – und das ist sehr viel – aber lassen Sie ihn seinen vielfachen unglücklichen Experimenten keine neuen mit Ihrem Gelde hinzufügen, und hören Sie nicht auf einen doch total Urteilslosen und auf höheren Gebieten ahnungslosen Eigenbrötler, der Ihnen jedes Pferd am Schwanze zäumen wird und dessen gesamte Lebens und Arbeitseinrichtung ja doch das notorische Curiosum des Messers ohne Heft und Klinge bildet.

Ich hatte, schon ehe Ihr Brief kam, gehofft, auf der Rückfahrt in Zürich einen Zug zu überspringen und alles Laufende mit Ihnen mündlich durchzunehmen. Ist Ihnen das recht, so telegraphieren Sie freundlichst nach der Max Josefstrasse 2, bei Feist. Auch die Drucke machen eine Verständigung wünschbar. Villa Chiappelli werden Sie nun schwerlich wiedersehen. Das Haus wird vom 1 Januar zum Verkauf ausgeboten da der Besitzer es nicht halten kann, wir sind auf der Villensuche und werden wol das Pistojesische gegen das Land zwischen Lucca und Pisa tauschen.

Empfehlen Sie mich Ihrer lieben und verehrten Frau zu gütigem Andenken, dem kleinen Trotzkopf mit den rollenden Augen zu wachsender Hoffnung, und seien Sie selbst, mit beigehenden Wünschen meiner Frau für Sie und die Ihren, herzlich gegrüsst von Ihrem   R Borchardt

Bigiano 2 X 29

605 AN WILLY WIEGAND

[Briefkopf: Muraltengut
Zürich 2] [11. Oktober 1929]

Lieber Wiegand

Schröder hat meine durch die Hofmannsthal Feier veranlasste Anwesenheit in München dazu benutzt, mir die Akten der während meines Fernseins entstandenen Verwirrungen der Zeitschriftfrage vorzulegen und zu commentieren. Im Anschlusse daran haben wir den gesamten Fragencomplex sehr genau durchgesprochen und dabei die völlige Übereinstimmung unserer Absichten und unserer Ansichten festgestellt. Er hat mir mitgeteilt, dass er sich in gleicher Weise mit Vossler verständigt hat, sodass ich während eines bei letzterem verbrachten Abends dies Einverständnis voraussetzen konnte, ohne mich ausdrücklich darauf zu beziehen. Ich habe im Einverständnisse mit Schröder und unter Mitteilung an Vossler mich telephonisch hier angesagt und Bodmer, sowie, nach dessen Eintreffen, Bodmer und Steiner, über unsere Unterhaltungen eingehenden Bericht erstattet.

Unser Bestreben ist dabei darauf gerichtet in einer versöhnlichen und für alle Beteiligten Freiheit innerhalb ihrer Competenzen lassenden Weise eine Form dafür zu suchen, dass die zwischen Bodmer und Dir in München und brieflich ins Auge gefasste Verbindung der Zeitschrift mit der Presse verwirklicht werden kann. Das ist um so leichter, als die von Dir gemachten Einzelvorschläge grösseren Teils bereits bei unseren ersten Besprechungen hier, im Frühjahre von mir gemacht worden sind, darunter die Heranziehung Th. Manns zur Mitarbeit. Dass diejenige Vosslers nur einstimmig gewünscht werden kann, bedarf keines Wortes. Ebenfalls ist der unpolitische Charakter der Zeitschrift von mir selber zur Bedingung des Ganzen gemacht worden, sodass diese von Dir gewünschten Ergänzungen in der Form von Gegenvorschlägen keinen thatsächlichen Boden finden.

Dagegen scheitert unser ursprünglicher Plan, eine Anzahl von Namen als consultierendes Redaktions Collegium auf den Titel der Zeitschrift zu setzen, daran, dass Valérys Zustimmung, bei einer in Deutschland erscheinenden und verlegten Publikation, nicht aufrecht erhalten werden würde. Damit gleichzeitig haben auch wir, obwol wir dieser sekundären Frage an sich teilnahmslos gegenüber stehen, die unserige definitiv zurückgezogen.

Unser Hauptaugenmerk dagegen ist darauf gerichtet, die Organisation der Zeitschrift nach Competenzen so eindeutig und durchsichtig wie möglich zu gestalten, in der Überzeugung, dass nur auf diesem Wege Uneinigkeiten, Störungen und Zeitverluste von der Art der bisher eingetretenen vermieden werden können. Wir haben daher Bodmer dahin informiert, dass wir in seine unbeschränkte Führung Vertrauen haben, die Festlegung und Wahrnahme der Ausgestaltungsarbeit und der Redaktionsprinzipien in seinen Händen zu sehen hoffen und davon Kenntnis nehmen, dass Steiner innerhalb der ihm durch Bodmers Intentionen gewiesenen Grenzen technisch redaktionell disponiert, bezw. die Verantwortung für seine Dispositionen Bodmer gegenüber trägt.

Ebenso sehen wir es als entscheidende Bedingung der Lebensfähigkeit der Zeitschrift an, dass Ausgestaltung und redaktionelle Leitung der Zeitschrift einerseits und technische Herstellung und Vertrieb andererseits durch vertragliche Stipulation als grundsätzlich geschieden vereinbart werden, und gegenseitige Ingerenzen reciprok ausgeschlossen bleiben. Eine solche Vereinbarung entspricht den Usancen, wie sie überall da beobachtet werden, wo eine Zeitschrift ihrem geistigen Ursprunge nach nicht Verlagsgründung ist, und von ihr abzugehen besteht hier umso weniger ein Anlass, als Kosten und Risiko ausschliesslich von Bodmer getragen werden. Eine genaue Beobachtung dieses Punktes ist gleichzeitig die einzige Möglichkeit, der Führung bei eintretenden persönlichen Schwierigkeiten die Neutralität zu sichern die sie sonst unter peinlichen Umständen verteidigen zu müssen sich genötigt sehen könnte.

Unter obigen Voraussetzungen wird am 21 Schröder, der gleichzeitig meine Stimme mit vertritt, unsere Mitwirkung an dem Unternehmen formell zusagen.

Mit herzlichen Grüssen Dein Borchardt

606 AN MARTIN BODMER

[Villa di Bigiano Candeglia
Pistoia, vor 15. Oktober 1929]

Lieber Herr Bodmer,

dem Danke an Ihre verehrte Frau für die schönen und gastlichen Züricher Stunden füge ich die herzlichsten Grüsse an Sie in der sicheren Gewissheit bei, dass unsere Besprechungen Ihnen ein nicht minder dauerhaftes Gefühl als mir hinterlassen haben. Es hängt nun meines Erachtens Alles davon ab, dass Sie Steiner baldmöglichst *an die Arbeit setzen* welches zugleich das beste Mittel sein wird, Ihrem Umgang mit ihm, in Sachen der Zeitschrift, die umschriebenen und praktischen Formen zu geben, die alleine Ihre Nerven und Ihre Stimmung gegen Ermüdung durch endlose Wiederholungen, leere Worte und verdriesslichen Zeitverlust schützen können. Es kann schon, wie wir dort sahen, auch *vor* der Conferenz allerlei geschehen um das Versäumnis der letzten Wochen wettzumachen und endlich das Schiff auf Helgen zu legen. Ich empfehle dafür folgende Fragen:
1) Sind die Mitarbeiterlisten fertig? Gesondert für alle Länder? Erst den Entwurf fertigstellen, *dann* ev. einzelne Namen diskutie-

ren, nicht umgekehrt. 2) Sind Einladungs Entwürfe für das Gros der Mitarbeiter gemacht? Erst aufsetzen, dann den Wortlaut vorlegen. 3) Steht fest, was Sie *sicher* bekommen? Wenn ja, muss ein Redaktions-Entwurf für das erste, (Propaganda-), Heft gemacht werden, die redaktionelle Einleitung jetzt schon geschrieben und ihr Wortlaut diskutiert. 4) Ist die Liste der Zeitungen und Zeitschriften fertig, in denen die Eröffnungs-Inserate erscheinen sollen? Ist der Wortlaut der Inserate festgestellt? 5) Stehen die Übersetzer der fremdsprachigen Beiträge fest? Darüber müssen Listen angelegt es muss geprüft und verglichen werden, für jede Sprache müssen zwei, drei, vier Namen weiterer Wahl in Vorschlag gebracht werden, aus denen dann gewählt wird. Erzählungen müssen anders übersetzt werden als Abhandelndes. 6) Ist die englische Abteilung genau durchdacht? Auch wenn von namentlichen Titelblattbekundungen abgesehen wird, bedürfen wir für England eines Urwählers. Wer ist es?

Das sind fürs erste konkrete Aufgaben genug, die sich gewiss schon mit einigen Vermerken von Ihnen selber kreuzen werden und die ich auch nur für den Fall vortrage dass Ihnen das Einundandre entgangen sein könnte. Was bei der Conferenz verhandelt wird oder entschieden, macht, wie es auch ausfalle, keine dieser Arbeiten entbehrlich und beeinflusst ihren Tenor nicht, daher liegt für Aufschub kein Anlass vor. Ich bemerke für Wiegands Verschleppungs Technik, dass er wie aus einer Karte Vosslers an Steiner hervorgeht, dem erstern angedeutet hat, weder am 1 Januar noch voraussichtlich am 1 März sei mit dem Erscheinen der Zs. zu rechnen, und das hat nicht nur bereits zu der schmerzlichen Zurückziehung eines wertvollen Vosslerschen Beitrages geführt, sondern auch Schröder hat mir in Bezug auf die Rilke-Gedächtnisrede, wenn auch nur in einem vagen Stimmungsmomente, ähnliches für sich selber angedeutet. Wir haben bereits ein volles Jahr in Theorie verloren ohne einen Schritt zur Praxis gethan zu haben, und es ist keine Thätigkeit erfindlich wie mir scheint, die den Zeitraum von weiteren vier Monaten so völlig sollte für sich beanspruchen dürfen, dass erst jenseits von ihr das erste Blatt gedruckt würde. Ich rate daher unverbindlich, dass Sie in unzweideutigen Formen das Erscheinen des ersten Heftes am 28ten Dezember »befehlen«, wie es in der Armee heisst, das heisst Ihre sämtlichen Organe dazu anhalten, Arbeit und Dispositionen energisch zusammenzuraffen mit Hinblick auf ein zu erreichendes genau befristetes Ziel. Wird es dann durch vis maior nicht auf die Minute erreicht, so kann im letzten Augenblicke widerstrebend Zügel gelassen werden, aber inzwischen ist das Mögliche geschehen, und lässt man den Zügel von Anfang an, so thut oder vielmehr unterlässt jeder was er will und stiehlt dem Eifer den Tag.

Ich schreibe Steiner gleichzeitig und suche dasjenige was mündlich nicht scharf umschrieben worden ist, in eine unzweideutige Form zu bringen. Er hat mich durch seine Gebrochenheit und Ergebenheit wieder gerührt, und durch manche kluge Bemerkung dahin bestätigt, dass, bei richtiger Fassung und Lenkung, vielleicht wol doch eine bessere Wahl für Sie nicht zu treffen gewesen ist, als die dieses guten Kenners und urteilsfähigen Kopfes, der Ihnen von Herzen treugesinnt und uns Allen durch Jahre des Lernens verbunden ist. Die Schwächen sind durchaus solche der Herkunft und darum unverbesserlich, die der Begabung, – eine geringe Befähigung zu andauernder regelmässiger, ernster Arbeit, wie ich befürchte – können unter Umständen durch den unerbittlichen Geschäftsgang einer solchen Maschine, an die er geschnallt ist, allmählich ausgeglichen werden, wenn auch unter Seufzen und Stöhnen, das ich bereits humoristisch anticipiere. Für das andere, obige, hoffe ich nicht nur auf Ihre Geduld sondern fühle ja auch Ihre Wärme für den harmlos freundlichen und selber warmherzigen, dankbaren kleinen Mann, der so menschlich tapfer und drollig aufrecht durch seine Lebensnöte gestelzt ist, und nun, begreiflicher Weise, sich an die Freiheit wieder wird gewöhnen müssen wie einstmals an die Not. Das Gleichgewicht, das in Glück und Unglück den Ausschlag in uns selber nicht erschüttern lässt, ist keine Gabe gewöhnlicher und oft nicht einmal diejenige ungewöhnlicher Menschen, sie ist an die seltenste aller Gaben geknüpft, an den Frieden des eigenen Herzens, den oft die Einfalt vor der Vielfalt voraus hat. Und so ist auch Steiners Taktlosigkeit im Grunde darum halb erträglicher, weil sie mit dem wirklichen Takt und der echten Zartheit, deren er fähig ist in einem ständigen Widerstreite steht, und man im Grunde nur seine guten Seiten zu verstärken braucht um die Schwäche auszuwiegen. So gebildet und verfeinert er sich hat, er ist durch einen geheimen Mangel seiner Natur unreif geblieben wie ein Zwerg oder wie ein gelähmtes Kind, und bedarf einer hohen Menschlichkeit so wie er sie lohnt.

Hier erwarteten mich in deutschen Literarzeitschriften die ersten Schändlichkeiten der Literaten zu Hofmannsthals Ableben, und übertrafen noch meine nicht flach gespannten Erwartungen. Es wird nun klar, wo der eigentliche Widerstand gegen seinen Genius zu Haus gewesen ist, in dem Neide, der durch sein Maass bemessenen Halbfähigkeit, der er nie Zutritt zu sich vergönnt hat. Zum Gemeinsten in seiner platten Unverschämtheit gehört A. v. Grolman in der »Schönen Literatur« das Hochland bringt neben einer herrlichen Turm-Analyse Nadlers ein erbärmliches Produkt langatmiger Literaturrache für erfahrene Nichtachtung (Schaukal): Man sollte das Nebeneinander nicht für möglich halten, und in keinem andern Volke wären solche Akte möglich. Wenn der Deutsche einem auf dem gleichen Teller einen Pfirsich und einen Rossapfel anbietet, so nennt er das, dem Für und Wider zu Worte verhelfen.

Seien Sie der freundlichsten Gesinnungen versichert, mit denen ich, wie immer, bin der Ihre RBorchardt

607 AN DEN HOREN-VERLAG

[Nicht abgesandt] [Villa di Bigiano Candeglia
Pistoia, Mitte Oktober 1929]
Sehr geehrter Herr Elster
Im Besitze Ihrer heutigen Karte setze ich mich mit Dr Steiner, der mein Vertreter für Deutschland ist, bei nächster Gelegenheit wegen der »Tagebuch« hefte selber in Verbindung sodass Sie hiefür entlastet sind.

Ihren freundlichen Brief an meine Frau habe ich soweit das Geschäftliche in Betracht ist, seit langem vor, selber zu beantworten. Ich bin eben im Begriffe die Biographie abzuschliessen und hoffe dass der erste Band im Frühjahr, der zweite sobald danach Sie es für angezeigt halten, erscheint. An der ungemessenen Verzögerung ist wesentlich der Widerwille schuld gewesen, mit dem mich die vorletzten verlegerischen Schicksale der Arbeit erfüllt haben, und der jedesmal von neuem die Neigung zu ihr zurückzukehren überwunden hat. Ohne die vertragliche Bindung und vielfache Verpflichtung Ihnen gegenüber wäre die Darstellung für immer Fragment geblieben.

Dies nun führt mich auf Mitteilungen, die ich mich gedrungen fühle, Ihnen so zeitig wie möglich zu machen, im Interesse Ihrer allgemeinen Disposition.

Ich habe mich unter dem Eindrucke der verlagstechnischen Vorgänge der letzten Jahre in Deutschland und ihrer Rückwirkung auf meine Thätigkeit wie auf meine Wirtschaft, dazu entschliessen müssen, zu den publikatorischen Gepflogenheiten meiner jüngeren Jahre wieder zurückzukehren und in einem gewissen Sinne aus der literarischen Öffentlichkeit auszuscheiden.

Wie Ihnen bekannt ist, habe ich meine ersten Werke (Joram Villa Jugendgedichte, Pressedrucke) nur als Privatdrucke ausgehen lassen und mir einen schriftstellerischen Beruf im Grunde nie zuerkannt. Wenn ich mit Kriegsende dem zum Teile vorwurfsvollen Drängen derjenigen nachgab, die mich und meine Thätigkeit öffentlich für notwendig, gar unentbehrlich, erklärten und meiner Absonderung womöglich noch die Mitschuld an der allgemeinen Desorientierung beimassen, so haben die verflossenen zehn Jahre in denen meine Schriften am Markte gestanden haben, den unzweideutigen Beweis dafür erbracht, dass sie an ihm nicht an ihrer Stelle sind, und dass meine frühere Zurückhaltung auf der richtigen Schätzung des verschwindend geringen Leserkreises beruht, den eine Produktion wie die meine interessieren kann. Zu seiner Minderheit steht der verlegerische Aufwand öffentlicher Ausgaben und mehrerer tausend Abzüge wie ich überzeugt bin in keinem gesunden Verhältnisse, und Versuche mit den üblichen Vertriebssteigernden Mitteln dies Verhältnis zu meinen Gunsten zu ändern, können höchstens vorübergehende Erfolge haben, aber meinen wirklichen Leserkreis nicht vermehren. – Andererseits hat mir diese Praxis einen wirtschaftlichen Kampf mit der Zeitlage aufgezwungen, für den ich keine Waffen besitze, die ich nicht mit dem äussersten Widerwillen führte. Meine Empfindlichkeit und mein Selbstgefühl im Zusammenspiele mit allen ererbten Vorurteilen, von denen uns ja die klarste Einsicht leider keineswegs befreit, machen mir jedes Angebot und jeden Vorteilsstreit wie überhaupt alles was den Erwerbscharakter einer freien geistigen Thätigkeit unterstreicht, zur unerträglichsten Pein und belasten mir die geringste geschäftliche Überraschung, die von Berufsschriftstellern noch kaum als Enttäuschung angesehen würde, mit Wirkungen auf den Ehrenpunkt, deren Unverhältnismässigkeit mir ganz einleuchtet, ohne dass ich mich ihnen doch zu entziehen wüsste.

Unter diesen Umständen ist in mir nahestehenden Kreisen seit langer Zeit schon die Empfindung wachsend gewesen, dass mein Eintreten in die Öffentlichkeit auf die Dauer zum Gegenteile der beabsichtigten Wirkung führen muss, indem es einem normalen Hervortreten und Zugänglichwerden meiner Arbeiten Hindernisse jeder Art bereitet und mir schliesslich ein Verhältnis zum Leser verleidet. Es hat sich ohne mein Zuthun eine Gesellschaft begründet, die fortlaufend alles bei mir Verfügbare in ganz kleinen Auflagen, ca. 150 Exx., als Manuskript drucken und diese Exemplare im eigenen Kreise an sich ziehen wird, für sich eine Schutzfrist von wenigen Monaten beansprucht und mir im Gegenwerte festgesetzte Mittel von einer Höhe zuführt, die meinen normalen Verbrauch decken. Sie überlässt es mir, nach Ablauf der Schutzfrist öffentliche Ausgaben zu veranstalten, und bezweckt mir eine solche Verwertung sogar zu erleichtern, indem sie nicht mehr unter wirtschaftlichem Druck oder dem irgend welcher äusserlicher Erwägungen statthaben würde. Ihre einzige Bedingung ist die des generellen Vorabdruckrechtes für alle meine ungedruckten Arbeiten, eine avant-la-lettre-Ausgabe. Die Vertragsdauer beträgt zunächst zehn Jahre ist aber als unbegrenzt gedacht.

608 AN WILLY WIEGAND

[Entwurf]

Bigiano 15 Okt 29

Lieber Wiegand

Ich habe bei meinem Aufenthalte in München die Dante Revision an den Verlag gesandt, dagegen die Nachwort Widmung wieder mitgenommen da ich Dich nicht persönlich dort vorfand um mit Dir Einzelheiten der Herausgabe zu besprechen, nämlich hauptsächlich die Modalitäten der vereinbarten Propaganda. Inzwischen habe ich von Dr. Steiner in Zürich erfahren, dass was ihn betrifft, eine Verständigung über seine Beschäftigung bei dem Propagandaheftchen nicht besteht. Ich sehe also Deinen Mitteilungen hierüber entgegen.

Bei Prüfung der zwischen uns bestehenden gegenseitigen Bindungen hat sich mir ferner ergeben, dass unsere in München getroffene allgemein gehaltene Vereinbarung für die Zukunft für die Arbeit an den Volksliedern keine normale Rechtsunterlage darstellt, und dass andere sie deckende rechtliche Instrumente zwischen uns nicht mehr bestehen. Da die auf vier Bände berechnete Volksliederausgabe, zu deren ausstehenden Materien ich in München neu gesammelt habe, einen beträchtlichen Zeitraum meiner Dispositionen und meiner Leistung belegt, so bitte ich Dich um Zusendung des Entwurfes eines Verlagsvertrages für die ganze Reihe. Es steckt in dieser Arbeit eine so lange Mühe und Kleinsorgfalt von mir, dass Du es begreifen musst, wenn ich in so unsicheren Zeiten mir die Normen ihrer planmässigen Vollendung garantieren lassen muss.

Mit herzlichen Grüssen Dein   Borchardt

609   AN MARTIN BODMER

Lieber Herr Bodmer
Haben Sie freundlichsten Dank für Ihre Mitteilungen über die Conferenz mit Schröder und das beigelegte Protokoll. Seine Punkte sind mir durchaus sympathisch und ich bitte zu den mich angehenden gleich äussern zu dürfen dass mein Avvertissement über das schon viel zu viel gesprochen worden ist, künftighin nur noch als eine durch die Entwickelung überholte Improvisation allgemein anregender Art aufgefasst, und zu den Akten gelegt werden möge. Überhaupt möchte ich ganz generell darum bitten, Anregungen dieser Art die von mir kommen, immer als ganz unverbindlich und labil anzusehen und nicht als Staatsakten zu be-

trachten, denen eine ganz besonders vorsichtige Behandlung angepflegt werden müsste. Lebhafte Menschen meiner Art werfen viel derartiges, oft aus blosser guter Laune, aus, und denken andererseits nicht daran, auf Quisquilien hin Vertrauensfragen zu stellen. Habe ich einmal ein Argument beizutragen, dem ich selber Gewicht gebe, und das mag denn auch ausnahmsweise vorkommen, so mache ich es von selber als solches kenntlich. – Für italienische Verbindungen bin ich natürlich zur Verfügung, nur sitzt mein eigentlicher italienischer Vertrauensmann, Alfredo Piccoli, seit Sommer als Professor in Cambridge, und da er ein eherner Briefschweiger ist, so halte ich es für erwünscht, im Laufe des Winters, der mich zu Vorträgen nach Nordwestdeutschland führen wird, einen Abstecher nach England zu machen und dort alle in Betracht kommenden Namen einem Colloquium zu unterziehen. Piccolis ausgebreitete Literaturkenntnis und sauberes kritisches Urteil sind unschätzbar für uns, andererseits ist beides bei ihm durch seine politische OppositionsStellung leicht bedingt und ergänzungsbedürftig. Das ergibt nur Gespräch und Verhandlung. Croce selber wird leider mit den Jahren immer einseitiger und ich bin immer weiter davon entfernt, mich mit seinen Urteilen zu identifizieren. Da ich auch aus persönlichen Gründen in England einen Tag zu thun hätte, so würde ich nur einen Teil der Reisespesen der Zeitschrift belasten, etwa eine der beiden Überfahrten. Nach Rom muss ich dann im Frühjahr ohnehin, auf Einladung des Archäologischen Instituts und würde dabei, an Hand der Cambridger Ergebnisse, viele Leute sehen und sprechen können.

Leider ist das Dokument das ich Ihnen beilege, ein nicht erwünschter Beleg für die Berechtigung meiner Warnungen vor

Zeitverlust. Dass dies dumme Blatt das eben noch mit seinen Selbstmordabsichten den ersten gemeinnützigen Akt seines Lebens zu vollziehen im Begriffe war, sich gerade Schweizer Geld injicieren lässt und mit eidgenössischer Firma eine neue Phase seines Totentanzes antritt, ist kein Vergnügen für uns, schon weil es fortfährt ein par hundert oder fast tausend Abonnenten unserer Werbung zu entziehen, und die rasche Gründung – noch vor kürzester Zeit hat Elster nichts davon geahnt – sieht ganz wie ad hoc gemacht aus, um uns zuvorzukommen. Umso eindrucksvoller natürlich müssen wir auftreten und um so weniger mit unserer Werbung säumen.

Inzwischen ist Ihr Telegramm und Brief in Sachen Nadler eingegangen und ich beglückwünsche Sie von Herzen zu dieser Wahl, mit der mir ein fast persönlicher Wunsch erfüllt zu sein scheint. Den Aufsatz erhalten Sie. Von Schröder weiss ich, wie sich ja von selbst verstehen sollte *nichts,* aber Ihre Andeutung genügt um mich zu einem wahren Aufatmen der Genugthuung zu bewegen. Es ist das Beste was gefunden werden konnte, und hätte ich es im ersten Stadium unserer Besprechungen für überhaupt denkbar gehalten, so hätte ich es selber angeregt. Dass es, über das denkbare hinaus, Thatsache hat werden können, ist Schröder garnicht genug zu danken, und nur ich, der ich die Schwierigkeiten, sachliche wie persönliche, der Aufgabe, aus genauster Kenntnis der Faktoren zu würdigen vermag, kann ermessen welche Schwierigkeiten dieser Meister der Menschenbehandlung augenscheinlich dennoch überwunden hat. Die evidente Gefahr einer Collision zwischen Ihren eigenen Absichten und der natürlichen Tendenz eines Verlegerkönigs, sich aus einem solchen Organ seine Verlagszeitschrift zu modeln, wird Schröder, der sie hat voraussehen müssen, wol eingedämmt haben, wenn er Ihnen den Abschluss empfiehlt. Überhaupt ist noch gar nicht abzusehen, nach wie vielen Feldern hin dieser eine Zug, richtig gezogen, Schach bietet. Mir ist natürlich aus reinen Gründen historischer Affektion das Wiederaufnehmen des alten Inselgedankens in zeitgemäss entwickelten Formen und an der alten Stelle, eine stille Freude, denn sie fügt sich meiner Traditionsneigung ein und nichts ist mir wolthuender als einen durch Dummheit und Verfall gerissenen Goldfaden unseres Erbes von Verstand und Hoffnung wieder geknüpft zu sehen.

Damit für heut ein Ende und alles Herzlichste Ihrer verehrten Frau und Ihnen von der meinen und Ihrem freundlichst angehörigen R Borchardt

Bigiano 5 Nov 29

610 AN JOSEF NADLER

Bigiano Candeglia
(Pistoia)
9 Nov 29

Mein lieber Nadler

Nehmen Sie zu dem gedrucken Glückwunsche den Ihnen ein Zeitungsblatt gebracht haben wird, noch einen Händedruck und eine Zeile der Freude darüber, dass dies wie immer bescheidene Zeichen der Verehrung und des Dankes Ihrer Leser der Ungunst und der Blindheit hat entgegengesetzt werden können. Meine Zürcher Freunde, vor allem der junge Martin Bodmer, ein

Mensch edler Meinung, der seinen Namen nicht nur ererbt haben will, und der seit längerer Zeit mit mir arbeitet, haben an der Anregung und Durchsetzung das Verdienst, – darum kein ganz geringes, weil das ihnen entgegenwirkende Literatentum eines im Grunde unliterarischen Landes, das nicht wie anderwärts aus zweiter, sondern aus zwanzigster Hand lebt, darum wieder nicht ganz machtlos und doppelt bösartig ist, weil es das Urteils Monopol hat und die Meisten es gewähren lassen. Freuen meine ich, wird es Sie doch ein wenig, wenn auch nur als Omen für die Periode echterer Genugthuungen. Inzwischen liegen Sie, wie ich immer wieder sehen kann, auf Aller Tischen, die vorgeschickten Fronten schiessen noch auf Sie, während die Nachhuten Sie bereits gemütlich bestehlen. Das ist bei uns nicht anders: Erstes Stadium Totschweigen, zweites Verschreien, drittes Begönnern, viertes Plündern in der Form, das habe man selber längst gewusst. Das Ganze heisst »Sichdurchsetzen«. Wenn Sie für diesen Vulgus gearbeitet hätten, wären es keine vier Bände geworden. Ihr »Volk« ist hoffentlich das selbe wie meines, ein Genius, der uns über die Schulter blickt, und aus dessen heiligem Gesichte wir uns Hoffnung und Trotz holen. Meine allerbesten und herzlichsten Wünsche für Ihr Wolergehen und das Gedeihen der lieben Ihren.

Ihr Rudolf Borchardt

611 AN KARL VOSSLER

Verehrter Herr Geheimerat
Ich habe mit grosser Freude und lebhaftem Interesse das so weit fächernde Exposé eines mich besonders berührenden Zusam-

menhanges gelesen, das ich Ihrer Freundlichkeit verdanke. Den »Dank« Ihrer Widmung fürchte ich freilich dahin deuten zu müssen, dass die Deutsche Rundschau meinem dringenden Abraten von Versendung ihres letzten Heftes (mit einem Beitrage von mir) zu ihren »Werbungszwecken« eben doch kein Gehör geschenkt hat, und dass eine ganze von dort auf Abonnentenfang zusammengestellte Liste von dort aus mit mir »besendet« worden ist. War das so, so hat mir diese unerwünschte Reklame doch den Einblick in diese Ihre Arbeit eingetragen und ich gebe mich gern damit zufrieden.

Die Beziehung der pastorella zur Antike ist mir darum immer so wichtig gewesen weil ich in ihr das einzige erweisliche dichterische Continuum zwischen den beiden Weltaltern zu erkennen glaube und es von der humanistischen Reprise des Übrigen immer ausgenommen habe. Das pseudotheokritische in den Theokr.-Hssr. als XXVII geführte Gedicht lässt einen Blick hinter die von Theokrit und Moschos geschaffene, hellenistische, gelehrte und päderastische Façade des zu Literatur gewordenen βουκολικὸν εἶδος thun, – darum einen tieferen als beispielsweise der Komos III und die Schnitter-Schnadahüpfln X, weil in diesen Theokrit selber mit vollendeter Kunst den volksliedhaften Stil poliert und dadurch der Untersuchung entzieht, während in der Ὀαριστύς, wie die Analyse der ganz unliterarischen Sprache und der aller Feinheiten entbehrenden Metrik ergibt, zwar nicht Volkspoesie selber vorliegt, aber die Rückwirkung der Theokritischen hohen Literaturmode (das zeigen die Anklänge) auf ein der Volkspoesie noch sehr nahestehendes Medium. Dies letztere ergibt sich aus der ebenso prägnanten wie normalen und »uneleganten« erotischen Gruppe, die Wilamowitz (auf Grund seiner üblichen pedantischen Auffassung dieser Verhältnisse) sehr zu Unrecht der hellenistischen Literaturlüsternheit à la Longus in die Nähe schiebt. Der Komos (III) zeigt wie die hellenistische Poesie allenfalls den in Mädchen verliebten Burschen darstellen darf, – in der Form des παρακλαυσίθυρον-Monologs, der aus der attisch-hellenistischen Hetärenliebe und ihren stehenden Motiven mit besonderer Pikanterie auf einen Rüpel und die Höhle einer Dulcinea übertragen wird. Der Dichter der 'Οαριστύς erhält uns als einziger die in den volksmässigen Verhältnissen Siziliens heimische und legitime Form des »Kiltganges« und seiner poetischen Ausgestaltung im Volke selber, dh. eine rusticane Possenszene hinter der ein rusticaner »Wechsel« »contrasto« echt oder fingiert, – fingiert nur wenn echte Möglichkeiten derart über jeden Feldweg hin und her klangen – gestanden hat oder vorausgesetzt wird.

Dass das sizilianische Volk diese Gattung festgehalten hat, zeigt Ciullo del Camo mit seinen in Lokal, Costüm und Motiven, bis in den »politischen« oder »pseudopolitischen« Vers hinein, autochthonen Formen, deren Originalität zwar bestritten worden aber darum nicht weniger unbestreitbar ist. Das Maass ist spätgriechisch: βασιλικὸ μαυρόφυλλο μετὰ 'σαράντα φύλλα, so klingt eins der ältesten neugriechischen Volkslieder (Lesbos). Die Situation ist, (bis auf die antike drastische Einziehung des Siegespreises an Ort und Stelle,) genau die gleiche wie beim Altgriechen, das Motiv der Wendung hier wie dort die gleiche bäuerlich praktische Aushandlung der Ehepakte mit Versorgungshintergrund, darin hier wie dort gleich plebejisch, echt und nüchtern, »unhöfisch« also für das Mittelalter, ἀγροίκως, ἀνελευθέρως, σκαιῶς für den höfischen Hellenismus. Der Gegensatz ist das ἀστεῖον der vornehmen Knabenliebe, auf das die Hofbukolik die alten Verhältnisse stilmässig durchweg umgestellt hat.

Innerhalb dieser Stilgrenzen übernimmt aber auch Vergil das βουκολικὸν εἶδος. Es ist mir unwahrscheinlich, dass die Theokritausgabe des Theos oder die Bukolikerausgabe von dessen Vater Artemidorus die Ὀαριστύς enthalten hat, sie ist im Anfange zu verstümmelt dafür und durchweg in zu schlechtem kritischem Zustande um ihr eine normale Grammatikertradition zutrauen zu können, und dass ein so bedeutender Kenner wie Artemidorus oder meinthalb Theon, der sehr wolbezeugte Theokritea athetiert hat, sie für theokriteisch gehalten haben sollte wird man sich sehr überlegen zu glauben. Sie kann erst in byzantinischer Zeit, der ich auch die Zählung, aus andern Gründen, zuschreibe, in die Ausgaben gekommen sein. Vergil hat sie also in seinem Exemplar schwerlich gelesen. Er setzt ganz wie seine Vorbilder, die Frauen- oder Mädchenliebe, als ein, nicht reizloses, Rudiment einer kunstlosen Hirtengesellschaft, tolerant voraus, behandelt sie aber ganz im Stimmungstone der Knabenliebe und, was die Hauptsache ist, paralysiert sie durch grundsätzliche Danebenstellung des entsprechenden päderastischen τόπος, genau wie Theokrit. Er hat weder die Gruppe der Ὀαριστύς übernommen, noch den theokriteischen und pseudotheokriteischen Typus des γυναικεῖον θράσος neben der plump skurrilen Werbung Polyphems oder der halbverstädterten dummen Gans, die den, sich für einen beau haltenden, Hirtenbengel abführt, noch ein anderes der von der παιδεραστία aus gesehenen und verschobenen Motive der natürlichen Liebe bei der hellenistischen Bukolik. Wovon billigerweise seine verkleideten Gruppen abzuziehen sind, in denen die eleganten Hetären seiner Freunde als Hirtinnen kostümiert werden. Auch seine Bukolik also ist die, nur erneuerte, Zeit-Phrase der alten Knabenliebe.

So hat Ciullo dal Camo weder von hier noch natürlich aus der 'Οαριστύς ein Motiv seines Contrasto gewinnen können, und ebenso wenig wie er Giraut und seine provenzalischen Archetypen. Wenn aber die letzteren gerade auf dem Boden alter griechischer Kulturstrahlung, im Kraftkreise von Massalia, als Werbung um ein Hirtenmädchen, wieder in der uralten sizilisch dorischen Form des Contrasto, des Wechsels, der ἀοιδαὶ ἀμοιβαῖοι, auftauchen, so kann die Antike nicht die humanistische Vermittlerin gewesen sein, denn die spät- und mittellateinischen Vergilnachahmungen mit ihren leblosen Papiermotiven scheiden natürlich von vornherein aus. Sondern man wird sich, wie mir scheint, zu dem Glauben entschliessen müssen, dass die volksmässige Gattung mit ihrer Verwurzelung in ständig gebliebenen Verhältnissen sich ausserhalb des Literarischen mit solcher Zähigkeit in griechischen oder gräcisierten Lokalen gehalten hat, dass sie in Sizilien alle Völkerstürme der Oberfläche überdauert, in der Provenze aber ebenso wie seinerzeit in Alexandria, nur aus andern Gründen, auf den Nenner der jeweiligen erotischen Zeitmode umgerechnet wird, den der höfischen Minne hier wie den der höfischen Knabenliebe dort. So wenig wie Vergil die Welt naiver und eindeutiger Begierden – sei es nun dass Bauernkeuschheit sie abweist sei es dass Bauernethik und -praxis mit ihnen transigiert – darstellbar, resp. ein Publikum für sie findet, ebensowenig konnte die provenzalische Poesie des höheren Frühstiles den vilan zum

Träger der Werbung machen: der Träger ihres ganzen dichterischen Weltausschnittes ist nun einmal der höfische Mensch, der sich höfisch gebende joglar, wenn man will, und in ihn ist der Hirt des Pseudotheokrit und des Ciullo eben resolut verkleidet worden, wie bei dem echten Theokrit der andere Partner der Gruppe, das Mädchen, in den umworbenen und nachgebenden Knaben verkleidet worden ist. Im Sizilien Ciullos ist eben höfische Dichtung noch ein Import fremder höherer Stände und ohne Einfluss auf das Volk, in der Provenze ist sie als solche aus dem Volke, mit dem Volke, im Volke entstanden. Erst Jahrhunderte später wird dort die Rollendichtung, deren deutsche Nachwirkung wir bei Reimar und Neidhart sehen, nicht mehr als pastorella, sondern als bewusste Parodie höfischer Gruppen von Werbung und alba, entstanden sein oder haben entstehen können. Damals war sie unmöglich.

Grundsätzlich also möchte ich die Elemente dramatischer Ständesatire und -pikanterie die die Pastourelle enthält, literarhistorisch für Secundär halten und für ihre Entstehung nicht verwerten. Dass das neue Schema gerade in diesem Sinne frische Möglichkeiten enthielt und aus ihnen eine ganz neue populäre Gattung, als Contrastbild zum höfischen dompneiamen, mit den reichsten und saftigsten Zügen überall entwickelte wohin sie drang und wo sie sich unabsehbar variierte, – das ist nur ein typischer Zug literarischer Jugendalter, in denen plötzlich die dürrsten Reiser grünen, aber es gehört ganz und gar dem Mittelalter an. Nicht dem Mittelalter und meines Erachtens nicht humanistischer Wiederaufnahme sondern ungebrochener Tradition aus der Antike selber gehört der geschonte Stumpf des uralten Gewächses, auf das dann noch einmal eine neue Welt sich pfropft. Es ist eben hier wie so oft, die Geschichte nicht das Nacheinander, als das es allerdings wesentlich leichter ist, sie zu schreiben, sondern das Durcheinander Hindurch, das ὕστερον ist das πρότερον. Das anonyme griechische Gedicht, obwol schon unter dem Einflusse der klassischen Literaturbukolik, bewahrt uns deren noch nicht in die Literatur aufgestiegene soziale und volksdichterische Voraussetzung; die Provenzalen haben diese noch lebendig bei sich vorgefunden und durch Adaptation an ihr Zeitschema zunächst nur wiederbelebt, dann aber zum Ausgange einer völlig neuen Entwickelung gemacht; in ihrer echtesten Form, auf dem Wege ununterbrochener Weitersprossungen, hat nur Ciullo sie aufbewahrt; aber sie alle sind, ohne literarische Querwirkungen, ein geschichtliches Continuum.

Dies Ihnen auf dem bekannten Wege den die Eulen nach Athen bevorzugen sollen, zu entwickeln, habe ich mir nur in der Hoffnung erlaubt, dass Sie es beiseitlegen und nicht etwa als ein zu Beantwortendes ansehen werden, – also wie man ein Gedrucktes, eins unter vielen, liest, das keine persönlichen Ansprüche erhebt.

Curtius, der »Römische«, nicht der mit ihm ambivalente »romanische«, schickt mir einen Abdruck der Rede über das heutige Italien die er in Frankfurt bei der Jahressitzung der Deutschital. Handelskammer gehalten hat. Da sie in deren Geschäftsbericht, inter pullos et porcos, erschienen ist, könnte sie Ihnen entgangen sein. Sie enthält Nützliches und Unnützes, womit nicht gesagt ist, dass ersteres nicht gelegentlich langweilig und letzteres nicht gelegentlich ausgezeichnet wäre. Jedenfalls möchte ich Sie darauf hingewiesen haben. Wenn man von eitlen Leuten nichts lesen sollte, nur weil sie eitle Leute sind, bliebe man doch fast zu sehr auf die Tugend angewiesen.

Inzwischen werden Sie gehört haben, welche günstige und allen notwendigen Faktoren gerechtwerdende Lösung die Züricher Zeitschriftangelegenheit genommen hat. Dass Wiegand ausgeschieden ist, obwol ich ihm goldene Brücken zu bauen gesucht hatte, bleibt bedauerlich, war aber, wie ich zugebe, nach seiner wenig glücklichen Behandlung der Dinge kaum mehr zu vermeiden. Es ist immer bedauerlich, wenn, was man alle Tage erlebt, die brauchbarsten Menschen nicht soviel Vernunft wie Verstand haben, in diesem Falle war mir das Verdriesslichste daran, durch fremdes Ungeschick in einen grundsätzlichen Gegensatz gegen Sie hinein manövriert zu werden, der natürlich in den thatsächlichen Verhältnissen gar keinen Boden hat. Dass man in Jahren, in denen eine gewisse Unbiegsamkeit unseres Hauptstammes unser legitimer Tribut an das Naturgesetz ist, während die Verzweigungen immerhin noch recht hübschen Spielraum haben, in einer gewissen Eigenrichtung wächst und die Tendenz zur Lianenhaftigkeit einbüsst, scheint mir für Männer noch nicht zu bedeuten, dass man, um den gegenseitigen Ausgleich zu erzielen, an die HeckenScheere appellieren muss, und ich bin mir bewusst, für dasjenige was dem Individuum zusteht, soviel Toleranz aufzubringen wie ich selber erfahre. Ich war an jenem charmanten Münchener Abend zu Ihnen gekommen, um Ihnen dies oder ungefähr dies, und vermutlich, weil mündlich, etwas weniger schwerfällig anzudeuten, als es sich hier schriftlich ausnimmt. Ich hoffe Sie nehmen dies immerhin so auf wie ich es meine, und helfen mir mit dem Humor und der Anmut, die wir Alle an Ihnen kennen, dazu, dass nicht in alle Ewigkeit der Raum zwischen Menschen die einander Schätzung entgegenbringen, mit lauter Gespenstern bevölkert bleibt. Davon ziehen teils solche den Vorteil, für die wir gleichmässig das Gegenteil von Schätzung empfinden, teils wird nur wie in diesem Falle, die glatteste Strasse durch ein phantastisches Verkehrshindernis verziert, das dann eben doch nicht ganz ohne Verdruss und jedenfalls nicht ohne Zeitverlust abzuräumen ist. Aber genug und schon zu viel davon.

Eine kleine Sendung, die an Sie abgeht, findet vielleicht eine müssige Stunde bei Ihnen, aber auch darauf bitte ich Sie nicht eigens zu antworten.

Mit den besten Empfehlungen an Ihre Gattin und herzlichen Grüssen Ihr   RBorchardt

Bigiano 9 Nov 29
(Candeglia)
(Pistoia)

612 AN FELIX JACOBY

[Nicht abgesandt]

suppe gewesen, und in keinem andern Lande hat so wie bei uns das Ausgezeichnete die Empfindung, von Platitude umgeben zu sein, sich zum Axiom erhoben. In welchem andern Volksganzen hätte es Literaturbriefe und Antiquarische und Xenien geben können? Was ist der Bentley-Boyle-Streit oder was sind die Lettres Provinciales gegen die Klotz und Böttiger und tutti quanti? Es sind blosse Literaturfehden, – bei uns ist es der echte heilige Ekel der einsamen geistigen Hoheit gegenüber dieser schmutzigen Welt aus μειρακύλλια ἅπαξ προσουρήσαντα τῆι τραγωιδίαι. Das Verhängnis ist eben ein geschichtliches. Wir haben infolge der Katastrophe unseres Mittelalters und der dieses tragenden Volksstämme ein halbes Jahrtausend Kultur weniger als Europa, haben diese Einbusse durch die fremde Kultureinfuhr des Humanismus wettzumachen gesucht aber nicht erreichen können, dass das Volk sie recipierte, und sehen heut die Schicht die sie trug, sich geschichtlich aufzehren. Leider trifft dieser Aufzehrungsprozess, ein nationalchemischer, der wie jeder andere chemische, gewaltige Massen von Nebenprodukten, Wärme und Kraft erzeugt, in eine technische sehr aufmerksame Zeit, die dies ganze Magma aus Abfall und Abgas nicht umkommen lässt, sondern auf Röhren zieht. Die Corruption des deutschen Volkes ist eins der wenigen risikolosen Geschäfte mit hoher Rente geworden, und wer ihr begegnen will, muss sich klar darüber sein, dass er »den Fürsten dieser Welt« zu reizen unternimmt. Trotzdem: ich glaube an Einsatz, Vorbild, Nacheiferung, die Mächte der Persönlichkeit und der Transzendenz, an das uralte deutsche Streben nach τὴν ἄνω ὁδόν. Wann? wie bald? das sind Fragen die man stellen darf, aber nur den Sternen. Einsweilen muss das furchtbare Experiment der »Freiheit« weiter durchlitten werden: der erste Teil, der erlebte Nachweis dass das Volk der Freiheit nicht würdig ist, liegt hinter uns; der zweite, dass es sie satt wird, ist noch zu durchleben. Für diese Frist muss man allerdings alles verloren geben, wie Sie sehr richtig sagen, vom Schuttfelde der vernichteten Schule aus. Aber bedenken wir auch, dass ihr Vernichter kein Arbeiter ist, sondern ein Universitätsprofessor, und ziehen wir unsere harten Folgerungen. Becker ist kein isolierter Fall. Wenn Sie zu so mancher heutigen Berufung den Kopf schütteln oder die Faust ballen – wie sah es vorher und schon lange vorher aus? Ich habe soeben, zu Zwecken einer Arbeit, mir den Lebens- und Leidensweg August Schleichers des Indogermanologen ansehen müssen. Ich habe, zu Zwecken einer andern Arbeit, die Recension aufgegraben, die Moritz Carrière, sZt Professor der Ästhetik an der Münchener Universität, Burckhardts Cultur der Renaissance angedeihen liess, unwidersprochen. Es ist nicht auszudenken, wie tief Brüche und Einbrüche unseres Bildungssystems lange vor seiner Katastrophe, zurückreichen, und wie lange wir schon, nach Art des polygnotischen Oknos das Seil das wir vor uns gemütsruhig weiterflochten, hinter uns von unsern eigenen Eseln fressen liessen. Es musste wol dahin kommen, dass schliesslich die Esel die παῤῥησία proklamierten und uns zu reiten begannen. Wenn wir oder unsere Nachkommen eines Tages den Stall ausmisten, wird, wie ich fürchte, viel mehr vom Heilstrome weggeschwemmt werden, als »Auswüchse«. Das Ganze Alte wird wegmüssen, für ein Neues Ganzes.

Erlauben Sie mir, bei dieser Gelegenheit Ihnen zu sagen dass Ihre Historici Graeci mich nicht einen Tag verlassen und dass ich die Früchte dieser grossartigen Arbeit mit ständiger Bewunderung und Dankbarkeit geniesse. Und empfehlen Sie mich, wenn ich bitten darf, Ihrer verehrten Gattin in Erinnerung an den reizenden Winterabend in Ihrem Hause zu gütigem Gedenken.

 Mit herzlichen Grüssen Ihr   Rudolf Borchardt

Villa di Bigiano 14 XI 29
Candeglia
(Pistoia)

613 AN ROSE BORCHARDT

         [Villa di Bigiano Candeglia
         Pistoia, nach Mitte November 1929]
Liebste Mama
Ich habe Dir so lange nicht geschrieben und Dein Brief kommt eben so grade in eine Zwischenstunde zwischen diesem und jenem, dass ich sie ausnutzen will um Dir und mir eine kleine Schwätzerei zu bereiten, und mich in Gedanken zu Dir zu versetzen. Ich höre immer mit dankbaren Gefühlen für das Schicksal, dass Du von schwereren Misslichkeiten des Älterwerdens verschont bleibst und die leichteren, mit denen wir der Erde unsern Tribut zahlen, mit so vorbildlicher Geduld und Gleichmütigkeit hinnimmst. Bleibe uns nur auf lange Jahre so erhalten und nimm an unsern Hoffnungen und Entwickelungen so liebevollen Anteil. Dass ich noch eine Mutter habe, und zwar eine die so liebenswürdige, richtig inhaltsvolle und persönliche Briefe schreibt wie Du, macht mir mein ganzes gegenwärtiges und rückwärtiges Leben zu einer Einheit und gibt mir ein Gefühl des Eingefügtseins, das so viele Männer in meinen Jahren entbehren müssen.

Ich habe in Bodenhausen und Hugo meine beiden mir innerlich heiligsten Lebensfreundschaften so früh hingeben müssen, dass ich mich schon als Gezeichneten und Bedrohten empfinden würde, wenn ich nicht immer noch in grauen Haaren Dein Kind wäre, und, so, ein Gleichgewicht gewönne. Dass Du an mir schliesslich doch noch das erleben mögest, wozu Dich die Sorgen Deines ganzen Lebens berechtigen, ist darum mehr als ein blosser Wunsch, eine feste Zuversicht. Wir Borchardts gehören nun einmal zu den Winteräpfeln, die erst gepflückt werden, wenn die Frühsorten schon längst vergessen sind, und selbst dann noch ausgibig nachreifen müssen, sie ersetzen die Frühreife durch Haltbarkeit, und tragen oft noch, für Kenner, den Preis über die kümmerlichen Wasserkirschen des sogenannten Frühjahrs davon.

Wir bleiben in Bigiano, das ist die Hauptneuigkeit. Ich habe durch gute Nerven, und eine abwechselnd nonchalante und brüske Behandlung der in Frage kommenden Faktoren, wie eine lange Landes- und Menschenkenntnis sie mich als einzige wirksame Methode gelehrt hat, das Spiel gewonnen, meinen Point durchgesetzt und habe nun Garantieen dafür dass gewisse, Dich nicht weiter interessierende Erschwerungen meines hiesigen Aufenthaltes sich nicht wiederholen werden. Meine Kündigung, wie ich Dir heute sagen kann, war nie à la lettre gemeint gewesen, sondern bedeutete eine höfliche Warnung, und ich musste es darauf ankommen lassen, ob sie angenommen oder verstanden wurde. Die Verkaufschancen des Besitzers habe ich, – wie die Entwickelung gezeigt hat mit Recht – nie sehr hoch eingeschätzt. Trotzdem hat es einige ängstliche Momente gegeben, und es ist gut dass sie überwunden sind. Die Pisaner Villa war unmöglich, anderes diskutierbares hatte sich nicht gezeigt, wir hatten allerdings die Notwendigkeit des Suchens noch nicht übermässig ernstgenommen. Edith Curtius die uns durchaus nach Rom ziehen will, hatte uns dort für den äussersten Notfall eine hübsche wenn auch beengte Wohnung bei Villa Borghese gefunden. Für den Augenblick sind wir beide erleichtert, aller dieser pis allers nicht zu bedürfen und ich habe mit wahrer Genugthuung gestern an einem strahlenden Sonnentage meine Rosen beschnitten und die empfindlichen Pflanzen aus dem Lande genommen und eingetopft, als ersten Akt einer symbolischen Wiederbesitznahme. Auf die Dauer wird man freilich zusehen müssen. Kündigungen wirken auf beide Seiten wie ein wackelig werdender Zahn, der gezeigt hat, dass ihm die Vergänglichkeit an der Wurzel sitzt. Wir haben aber nun vollauf Zeit, lange im Voraus mit ruhiger Prüfung uns umzusehen und für Ersatz im Notfalle gerüstet zu sein.

Meine Angelegenheiten gehen normal und Du machst Dir, etwa was die Zeitschrift angeht, ganz unnötige Besorgnisse. Sie ist nicht nur längst gegründet sondern unter den denkbar günstigsten und gesichertsten Umständen, über die ich nur noch keine Mitteilungen machen darf. Wir haben Wiegand, der sich als unerwünschtes Element erwiesen hatte, ohne gewaltsame Mittel, durch blosse Ausnützung der Blössen die er sich selber gab, entfernt, – wir d.h. Schröder und ich, und damit eine ganz vorübergehende Spannung der Angelegenheit überwunden – sie war nur dadurch entstanden, dass W. sich während unserer Abwesenheit die geringe geschäftliche Erfahrung der beiden anderen Beteiligten zu nutze gemacht hatte um eine Rolle an sich zu reissen, die allerdings mit unserem Programm nicht mehr vereinbar gewesen wäre. Andererseits hatte er so thöricht und kopflos operiert, dass er sich nach allen Seiten selber ins Unrecht gesetzt hat und nirgends mehr Stützen fand. Beschränkte Menschen wie er werden wenn sie über Vierzig sind und in die normale Gärung übergehen, die mit diesen Krisenjahren verbunden ist, manchmal so wie an sich harmlose Stoffe, in denen sich durch Überaltern schlafende chemische Verbindungen bilden, zu Explosionsgefahren und müssen sehr energisch neutralisiert werden. Schröder, der nach Lage der Dinge der für diese Operation geeignetere war, und Wiegands Verhalten, nach allem was er Jahrelang in selbstlosester Weise für ihn gethan hat, als einen rohen Treubruch empfand, hat das in nachdrücklichster Weise besorgt und daneben mir, den sich Wiegand als den gefürchteteren Einfluss hauptsächlich aufs Korn genommen hatte, die Treue und Thatkraft seiner Freundschaft in einem wirklich rührenden Maasse erhärtet. – Jetzt gehen die Vorbereitungen weiter, recht langsam allerdings, aber das ganze ist keine Zeitfrage und liegt in den zuverlässigsten Händen. – Zwischen mir und Nadler hat nie etwas bestanden als Briefhemmungen. Die schiefgegangene Münchener Berufung hatte einen Depressionszustand bei uns beiden hervorgerufen, der seine Gründe in sich selber trug, obwol beide Teile, wie bei reizbaren und überarbeiteten Menschen natürlich, sie in persönlichen Verstimmungen suchten, die nicht bestanden. Hofmannsthals Hinwegnahme drängt alle seine Hinterbliebenen zu einer Familie zusammen. Auch mit Vossler, mit dem allerdings eine wirkliche Verstimmung seit Jahren bestand, hervorgerufen durch sein leichtsinniges Mundwerk und seine weibische Koketterie, und genährt durch Interessierte, habe ich es für menschlich gehalten, als der Verletzte den ersten Schritt zum Ausgleich zu thun. Ich war in München einen Augenblick bei ihm – nicht wegen einer »Aussprache« an der mir nichts gelegen ist, sondern als Akt der Freundlichkeit – und seitdem sind wir wieder in Brief- und Drucksachenaustausch. Ich höre mit den Jahren auf, an Menschen unbedingte Ansprüche zu stellen, und behandle sie ausschliesslich nach ihrer Brauchbarkeit: das Prüfen auf Herz und Nieren ist nach der Bibel das Spezialistenprivileg Jehovas, und die Allwissenheit scheint mir in diesem Sinne durchaus an die Allgegenwärtigkeit gebunden zu sein. Sie sollen ihr Treiben weitertreiben, solange es mich nicht behelligt und ich will mich gerne stellen als glaubte ich alles was sie mir Schönes sagen.

Deine Erbitterung über den Nobelpreis hat uns höchlichst amüsiert, wir sehen Dich gerne so jugendlich feurig und absolut, und fühlen uns einmal spasseshalber Dir gegenüber als die Abgeklärteren. Da der Preis dies Mal nach Deutschland fallen musste, so konnte ihn niemand als ThMann bekommen und niemand hat etwas anderes erwartet. Die schwedischen Herren haben s. Zt. mit ihren ersten wirklich originellen und mutigen Schilderhebungen den ganzen Öffentlichen-Meinungs-Pöbel so cassant gegen sich aufgebracht, dass sie nicht mehr daran denken, sich zu exponieren oder sich in den leisesten Gegensatz zu Tagesmajoritäten zu setzen. Sie lassen peinlich sorgfältig feststellen, wer in jedem Lande die Benjamine des épiciers sind, und verfahren automatisch und ohne jede Diskussion nach dem Ergebnisse. Obige Benjamine sind naturgemäss immer Leute wie Mann, die Deledda, Anatole France, Shaw und dergleichen, von denen zehn Jahr später niemand mehr etwas weiss, und denen es wol zu gönnen ist, dass sie ihre bescheidene Zeitspanne ausnutzen. Der einzige grosse Dichter, der den

Preis erhalten hat, Carducci, wurde gegen das erbitterte Widerstreben des Comités durch die Königin Margherita von Italien und ihr persönliches energisches Auftreten durchgesetzt. Die Schweden hatten ihn Fogazzaro geben wollen, einem weichlichen Romancier, den die intellektuellen Bourgeoisen anhimmelten. Alle solche Majoritätsfragen sind unerheblich. Der Modeautor hat die Majorität bei Lebzeiten, der Dichter hat sie bei der Unsterblichkeit, und dass beides zusammenfällt kommt alle fünfhundert Jahr einmal vor, nämlich in den höchsten Blütezeiten von Völkern. Sei ganz ruhig, ich bekomme nie weder den Nobel- noch einen andern Preis. Ein Cheque ist etwas sehr schönes, und ich sehe eben an Nadlers rührender Kinderfreude über seine Zürcher 4000 M. wie er einem die Stimmung vergolden kann – aber über die damit zusammenhängende »Versetzung« würde ich immer nur lachen, denn ich bin am Ende kein Schüler, und habe keine Vorgesetzten, die mich beloben oder bestrafen dürften, und würde mich heimlich fragen, welchem Missverständnis ich die Wahl verdanke. – Alles nur sich selbst verdanken, ist, auch wenn dies »alles« nicht besonders viel ist, die beste Voraussetzung für ein gutes Gewissen. Ich habe es, und beneide keinen um das seine, der solchen Herrlichkeiten nachläuft und täglich seine Seele dafür verkauft. So einer ist z. B. der arme Wassermann, für den dieser greuliche Nobelpreis nun seit Jahren die fixe Idee ist, die ihn zerfrisst und aushöhlt, und der bei der Nachricht von der Krönung des Nebenbuhlers gewiss den Herzschlag verloren hat. Es sind alles Armseligkeiten, die mehr kosten als sie einbringen, und die mich nie auch nur berühren können.

Marel ist heut Abend in der komischen Situation, die seit fünf Jahren schlecht verhehlte Neugier der Pistoieser »Gesellschaft«,

d. h. dieser fünf oder zehn Familien einer kleinen Landaristokratie, dadurch befriedigen zu müssen, dass sie zu einer auf sie eingeladenen Soirée unserer Nachbarin, der Baronin Urgos (einer geb. Gräfin Attems, Oesterreicherin) geht; es wäre zu mühsam gewesen, immer neue Ausflüchte zu erfinden, und es ist peinlich, immer weiter für hochmütig und inaccessible zu gelten. Ich selber habe allerdings diesmal noch gedankt, werde aber schliesslich wol auch weichen müssen. Eine hübsche kubanische Cousine, die bei uns wohnt und mich stark an Isa erinnert, lebenslustig ist und tanzt, hat die letzten Bande frommer Scheu durchbrochen, und geht mit Marel. Ich brenne auf die Commentare, die ich hören werde.

Und nun umarme ich Dich herzlich und wünsche Dir und Allen gute Tage.   Dein Rudolf

614 AN KARL VOSSLER

Bigiano 22 XI 29

Verehrter Herr Geheimerat

Die überholte Version in der Zeitschriftangelegenheit ist natürlich die Schröder und mir entgegenstehende. Die »Corona« erscheint im Inselverlage, – jedoch bitte ich dies vertraulich zu behandeln – und setzt in der von uns seit Beginn geplanten symbolischen Form gewandelter Wiederaufnahme die Insel fort. Die beschlussfassende Conferenz bei der Schröder meine Stimme mit vertreten und die am 21 Okt. in Zürich stattgefunden hat, hatte Wiegand durch Einschreiben eingeladen, auch hatte er für diese Zeit Schröder telegraphisch seine Verfügbarkeit dort bekannt gegeben. Trotzdem hat er sich der Besprechung ferngehalten, wie er bereits früher Schröder in München ausgewichen ist. Unter diesen Umständen hat die Conferenz Schröder zu Verhandlungen mit Kippenberg bevollmächtigt, die zum gewünschten Erfolge geführt haben. So bedauerlich es ist, dass dem Unternehmen Wiegands bedeutende Fähigkeiten und Erfahrungen verlorengehen, so haben doch alle Beteiligten das Bewusstsein an ihrem Teile mit bestem Willen dazu beigetragen zu haben, für seine Beibehaltung eine mögliche Form zu finden. Aber wenn noch vor wenigen Tagen Bodmer mir mit begreiflicher Erregung schrieb, er sei seit Monaten ohne jede Nachricht von ihm, so liegt doch wol auf der Hand, dass er den gebotenen Weg nicht hat gehen wollen und einen eigenen Ausweg nicht hat finden können. Dass Bodmer mit ihm »abgeschlossen« habe, wird von Ersterem, soweit es sich auf Münchener Besprechungen bezieht, ganz entschieden zurückgewiesen. Man hat sich gewiss, unter noch ungenügender Würdigung aller Einzelheiten, ausgezeichnet verstanden und verständigt, sich den Wunsch nach Verbindung sehr warm bekundet, aber das sei alles. Bekanntlich ist ja der objektive vom subjektiven Bestande solcher Präliminarcourmachereien sehr schwer zu scheiden, und so manches schuldlose Mädchen hat in dem festen Glauben, »so gut wie« verlobt zu sein, ahnungslos die Heiratsanzeige des Betreffenden geöffnet. Jedenfalls ist der von Wiegand aufgesetzte Vertragsentwurf nicht unterschrieben worden; ich persönlich, der ich anfänglich die Combination für unpraktisch gehalten und daraus keinen Hehl gemacht habe, bin dann aus Gründen allgemeiner Harmonie entschieden dafür gewesen das irgendwie Rettbare an ihr zu retten. Ich füge dies nur bei, um in dieser Angelegenheit, in der schon genug Unfug angerichtet worden ist, weiterer Legendenbildung zu begegnen. In meinen Jahren und Verantwortungen behandelt man den menschlichen Faktor ausschliesslich nach seiner Brauchbarkeit, nicht danach, welche Gesichter er einem gerade schneidet, und wenn ich alle in bester Absicht, aber mangelnder Einsicht unternommenen, täglich auftauchenden und täglich zusammenfallenden Versuchungen, mich zu halbieren oder zu vierteilen, oder mein rechtes Viertel in einen Schafskopf einzuschrauben, so wichtig nähme, wie sie sich selber vorkommen, so möchte ich wissen, wer meine Arbeit zu thun gedenkt. Es kann mich im Augenblicke verdriessen wie das Geschrei meiner Kinderstube, aber ich räche mich ja auch an meinen Kindern nicht, sondern helfe ihnen auf, wenn sie gefallen sind. Man sieht, je älter man wird, immer weniger Leute als erwachsen und verantwortlich an. Man bekämpft nur noch grosse Prinzipien, und selbst deren Vertreter, wenn man ihnen zufällig begegnet, bagatellisieren durch ihre Geringhaltigkeit unsere Affekte.

Für Ihre einleuchtenden Bemerkungen zu meinem Briefe herzlichen Dank. Croces Volksliedertheorie betreffend, die mich so wenig überzeugt wie so manches neuerdings von ihm ausgehendes, äussere ich mich demnächst im Euphorion, in dem ich den Ausgaben des sog. »Volks« und »Gesellschafts« Liedes (14-16tes Jahr) die ich vorbereite, eine grundsätzliche Auseinandersetzung vorausschicke. Der eigentliche Kern der Frage liegt in der scharfen Scheidung zwischen den an feste *Singweisen* gelehnten *Improvisationen* (gesätzel, copula, στίχος) die mit der Gegenimprovisation den »Wechsel« (discordia contrasto στιχομυθία) ergeben, – dem *Tanzliede,* und der uralt aber unterhalb des literarischen tradierten *Spielmanns Poesie*. Populäre »Wechsel« werden zu Tanzliedern, populäre Spielmannsdichtung wird im Weitersingen zerfressen. Nur die Improvisation ist streng genommen Volkslied, das meiste sog. Volkslied ist anonymer Spielmann. Ich kann Croce sehr complizierte und unheimliche Stücke im ersteren zeigen. Aber das führt hier zu weit.

Verzeihen Sie bitte überhaupt die so rasch sich wiederholende Inanspruchnahme Ihrer Zeit. Ich wollte in der Hauptangelegenheit, da Sie schon einmal fragen, sofort die Dinge zurechtrücken.

Ihre freundlichen Grüsse ebenso mit den unsern erwidernd Ihr ergebenster RBorchardt

615 AN KARL ALBIN BOHACEK

Wertester Herr
Ihr aus München an meine hiesige Adresse gesandtes und noch während meiner Abwesenheit eingelangtes Schreiben ist in den Nachsendungsweg gegangen und hat mich erst nach langen Umwegen erreicht. Umso mehr hat die aus ihm sprechende Gesinnung, die mir nun eine längst verflossene Lebensstunde mit allen liebevoll gesehenen Einzelzügen reconstruiert, mich bewegt und zu einem Danke an Sie bestimmen müssen, dem die lange Pause an Wärme nichts nimmt. Ich habe selber als jüngerer Mensch mit Empfindungen wie den Ihren halbverborgen und erwartungsvoll auf die Bewegungen der Älteren geblickt, denen ich Vertrauen schenkte, und so ist mir an Ihren mit so viel Feinheit und Freimut geäusserten Eindrücken nichts neu als die Erfahrung getauschter Rollen und das ernstere Gefühl, mich

eines Vertrauens wert zeigen zu wollen, das ich nun mir selber entgegengebracht sehe.

Inzwischen haben die Vortragspläne sich dahin gefestigt, dass ich in der zweiten Januarhälfte, eher früheren als späteren Tagestermins, in Halle werde sein können. Einzelheiten werden am besten mit Herrn R Joseph, Kronbauersche Buchhdlg in Göttingen, dem Schriftführer dortiger Literar. Gesellschft. vereinbart, bei der ich vorgängig zu sprechen zugesagt habe.

Seien Sie nochmals freundlichst bedankt und gegrüsst.

Ihr R. Borchardt

Bigiano 29 Nov 29
Candeglia
Pistoia

616 AN MARTIN BODMER

Lieber Herr Bodmer
Ihre und Steiners Mitteilungen erreichen mich am gleichen Tage mit ausführlichen Feststellungen Schröders, die sich auf das eingetretene Ereignis bereits beziehen, aber eben darum die Erörterung nicht mehr fördern, sondern nur noch abbrechen können. Ich muss mich daher darauf beschränken, den Informationen, die Sie mir trotz meiner lediglich beitragenden Funktion freundlichst haben zuwenden wollen, zu entnehmen, dass das erreichte Ziel Ihren Intentionen entspricht und dass Sie deren Verwirklichung mit Vertrauen entgegensehen.

Die Pindardruckbogen, die längst corrigiert sind, folgen anbei; ich hatte vergeblich die mir in Aussicht gestellten weiteren erwartet, die mir ermöglicht hätten, Einzelheiten wie das Aufbrechen der Langverse, mit dem Blick aufs Ganze einheitlich vorzunehmen. – Das Fragment des Nachwortes das sich versehentlich in das Nadler-Ms. geschoben hatte, erbitte ich zur Completierung des ersteren, das fast fertig ist, zurück.

Ich bin, mit den ehrerbietigsten Empfehlungen an Ihre Gattin und den herzlichsten Festwünschen der Ihre

R. Borchardt

Bigiano 14 Dec 29

617 AN DIE REDAKTION DER »SÜDDEUTSCHEN
MONATSHEFTE«

Lieber Dr Hübscher

Mein Dank für Ihre freundlichen Zusendungen hat sich sehr verspätet und ich wollte Sie sähen ihn darum nicht als minder herzlich an. Ich kann durchaus nicht wie ich wollte und meine Verpflichtungen lassen mir zu Lesen und Schreiben ausser dem für gesteckte Ziele fast keine Zeit. Trotzdem habe ich die Hefte sehr genau und mit bedeutendem Gewinne schliesslich durchgesehen und beglückwünsche Sie zu der Tapferkeit und guten Ordnung mit der Sie Ihr Häuflein doch immer noch durch die missliche Zeit führen. Natürlich ist der Begriff einer Zeitschrift dabei einstweilen geopfert, denn zwölf Sammelschriften jährlich sind schliesslich zwölf Bücher, aber wenigstens bleibt die alte Fahne und was sie an guter Sache deckt, am Maste. – Das Dichterbuch war mir von vielen Seiten her interessant. Was es auszeichnet, ist das gesunde oberdeutsche »Bei der Stange bleiben« in dem sichern Gefühle, dass die alte Welt fortdauert. Was ihm fehlt ist der Kern. Die alten Münchener Dichterbücher, mit ihrem kalligraphischen Spätklassizismus der Maximiliansritter hatten ihn, und formten sich um Geibel und die seinen, Heyse und die seinen, – Fulda ist der einzige Überlebende – herum. Das Werk im Kerne war ein sehr bedingtes, aber geschichtlich und ästhetisch war es ein Werk. Hier sind disiecta membra poetae weil das eigentliche Münchener Centralwerk der abgelaufenen Generation Wedekind und die Mann, excentrisch zu ihrer Absicht, und Ihre Absicht in Opposition dazu steht. Damit wird Ihre Sammlung zur Kundgebung einer restaurierenden Fronde – eine schöne Sache an sich, aber sie hat sehr beträchtliche Gewichte der Herrschenden auszuwiegen und hat keinen Prätendenten und keinen Führer, sondern bleibt bei den Proben einer Gesellschaft begabter und sympathischer Leute stehen, die vielerlei sind und vielerlei wollen. Was gebraucht wird, ist das Quantum robuste Körperlichkeit für ein massives Stück Arbeit, das so tief gegraben wie hoch geführt wird. Von Ihren Mitarbeitern kenne ich nur Penzoldt als Autor eines grössern Buches, des Chatterton, einer bei grossem Aufwand leider ausserordentlich schwach gefühlten und schwach gezeichneten Arbeit, hinter der nur ein geschmackvoller Mensch ohne das entscheidende unwiderstehliche Selbstausdrucksbedürfnis steht. Viel erwarte ich von Alverdes, manches von vd Goltz, auch von Kölwel. Weismantel hält seine grobe Unruhe und lärmende Confusion für Kraft und Erdnähe, ich habe auf ihn gehofft, bin aber ungeduldig geworden. Ich will nicht weiter ins Einzelne gehen, mein Interesse ist Ihnen ja deutlich, und dass das Negative sich in den Vordergrund schiebt, liegt nur daran dass es kritisch lebhaft ist wie Wein der zuerst abschäumt, dann erst abklärt.

Mein Hofmannsthalaufsatz ist leider noch nicht fertig. Hier überfielen mich ungeduldige Mahnungen an vorgehende Verpflichtungen, und als ich kaum aufatmete, trafen mich im Zusammenhange mit der Zuteilung des GottfriedKellerPreises an Nadler Bitten, denen meine Freude über die Kundgebung und meine warme und bewundernde Freundschaft für den vereinsamten Mann nicht widerstehen konnten. Sobald ich irgend kann, fügen sich die wenigen fehlenden Seiten an die Handschrift. – Anfangs Januar oder Mitte spreche ich in Göttingen und Halle, und hoffe Sie durch München passierend zu sehen.

Mit wiederholtem Danke und Glück und Mut wünschend Ihr
R. Borchardt
Villa di Bigiano 29 XI 29
Candeglia
Pistoia

618 AN ANTON KIPPENBERG

Sehr geehrter Herr Professor
Die peinlichen Züricher Vorgänge, über die ich soeben durch Schröder und die dortigen Nächstbeteiligten unterrichtet werde, legen mir den etwas ungewöhnlichen, aber Ihrem Gefühle vielleicht nicht unverständlichen Schritt nahe, Ihnen ausdrücklich zu erklären, dass ich ihnen *total fernstehe,* und im Gegenteile es freundlich begrüsst hätte, wenn die alte Insel unter so glücklichen

und gesicherten Auspicien, und in einer auf den veränderten Meridian visierten Form wieder aufgetaucht wäre, und dass ich in so schweren und bedenklichen Zeiten, in denen keine Mittel, auch die des Reichtums nicht, abgelenkt werden sollten, das Schiff lieber von der kundigen Hand gesteuert gesehen hätte.

Ich möchte in dieser Hinsicht, – da es nun einmal eine arge Welt ist – auch dem Schatten eines denkbaren Verdachtes begegnet haben; die so sympathisch zugleich verbindlichen und unverbindlichen Formen, in denen wir vor Jahresfrist uns nach längerer Zeit unterhalten haben, erleichtern mir dies Wort das Sie nicht missdeuten werden.

Mit ergebensten Empfehlungen der Ihre R. Borchardt

Bigiano 14 Dez 29
Candeglia
Pistoia

619 AN HERBERT STEINER

Lieber Herr Steiner
Leider hatten die direkten und indirekten Nachrichten die mir bisher über Absehbarkeit der Verwirklichung Ihrer Zeitschrift vorlagen, mich nicht auf Ihren plötzlichen Manuscriptbedarf vorbereiten können, und Ihre Bitte um Beiträge trifft in den Moment, in dem über alles augenblicklich Verfügbare bereits, aus wirtschaftlichen Gründen, hat verfügt werden müssen. Gedichte, die in Zeitschriften passen, habe ich nicht, der Hofmannsthalaufsatz ist, wie Ihnen bekannt, seit Herbst Dr Hübscher zugesagt,

andere Aufsätze der Deutschen Rundschau, der »Antike« und den Horen und eine neue Novelle eben noch der Weihnachtsnummer der MNN bezw. der DAZ., ein neuer grosser Nadleraufsatz dem »Deutschen Volkstum« von Dr. Stapel und Zeitungen. Bei wiederholter Durchsicht des Möglichen finde ich nur ein Blatt Aphorismen druckbar das Ihnen nur für den Fall zugeht, dass Sie es in Ermangelung von Besserem verwendbar finden. Meine Kieler Schwester befindet sich in einem Kuraufenthalt und es ist bei ihrer räumlichen Entfernung von ihren persönlichen Verschlüssen nicht wahrscheinlich, dass der griechische Brief bald zu beschaffen ist. Bis zum nächsten Hefte wird ja aber so lange Zeit vergehen, dass bis dann wol Brauchbareres wieder vorliegen könnte, obwol ich allerdings im Augenblicke durch die Vorbereitung meiner diesjährigen – sehr trocken gelehrten – Vorlesungen in Göttingen und Halle und mein Hofmannsthalbuch sehr angestrengt bin, und der bevorstehende Umzug mich behindert und zerstreut. Auch gerade die durch letzteren an mich gestellten Anforderungen haben mich zu genauen Einteilungen gezwungen, in die Unvorhergesehenes nicht mehr unterzubringen ist.

Mit besten Grüssen der Ihre   RBorchardt.

Bigiano 14 Dez 29

620 AN KARL VOSSLER

Verehrter Herr Geheimrat

An den armen Burschen, der schon mehrmals mich zum unfreiwillig aber nicht widerwillig teilnehmenden Zeugen seiner traurigen Lage gemacht hat, habe ich so schonend und warm ich konnte geschrieben. Dass ein solcher sich verdunkelnder Geist nach einem andern dunkelen greift, nur einem solchen dem in seinem Dunkel so wol ist wie dem Fisch im Wasser, ist ein unheimlicher Beitrag zum abyssus abyssum invocat.

Dass meine letzten Nachrichten an Sie durch die Ereignisse so schlagend dementiert wurden zeigt mich in einer Komödiensituation, für die mein Humor nicht ohne Verständnis ist. Möchte nun diese »Zeit«-Schrift, wenn sie, nach Geburtswehen wie denen der Leto, wirklich wird, von Chronos die Flügel entlehnen, und nicht die Sense als radikales Symbol ihrer Vergänglichkeit. Bis dahin werden Schröder und ich ihr, auf dem Boden unseres Programms, wolwollende Neutralität bewahren, wie sie ja auch unsere eigentlichen Interessen nicht berührt.

Ihre freundlichen Festwünsche erwidere ich, auch im Namen meiner Frau, mit ebenso herzlichen für Sie und die Ihren als Ihr aufrichtig ergebener R. Borchardt

Bigiano 23 XII 29
Candeglia
Pistoia

621 AN KARL ALBIN BOHACEK

Herrn Civil-Ing. Bohacek
Halle
Sehr geehrter Herr
Unter Bestätigung Ihres Schreibens vom 19 December muss ich mich auf den Ausdruck meines sehr entschiedenen Befremdens über die Behandlung der mir Ihrerseits angetragenen Angelegen-

heit beschränken. Wenn bei Eingang der ersten diesseits erfolgten Antwort, einer bedingten Annahme Ihres Ansuchens, Ihr Jahresprogramm bereits feststand, so gebot jene elementare Höflichkeit, die ich als erste Voraussetzung gesteigerterer Empfindungen anzusehen wünsche, die postwendende geschäftliche Mitteilung einer solchen Thatsache die für mein eigenes Programm mitentscheidend war. Statt dessen hat man für schicklich gehalten, auch einen weiteren, nach Monaten abgehenden Brief, der das Einverständnis offenbar voraussetzte, anzunehmen ohne mich durch Aufklärung vor falschen Dispositionen zu bewahren, und erst kurz vor dem in Aussicht genommenen Termine endlich die Sprache gefunden. Ihre Bemerkungen über die Höhe der diesseits gestellten Forderung kann ich unmöglich ernst nehmen. Belieben Sie auszurechnen, wieviel über meine Reisekosten die Hälfte oder das Drittel einer solchen Bagatelle mir übrig lassen könnte, wenn es sie überhaupt deckte. Ich spreche auch in Göttingen nur für 200 Mark, im ausschliesslichen Interesse der Studenten, an denen ich mit mir nicht wuchere. Ich kann die Ereignisse nicht entschuldigen und werde nicht wieder auf sie zurückkommen.

 Hochachtungsvoll   RBorchardt

Bigiano 23 XII 29

622 AN JOSEF NADLER

Mein lieber Nadler

Die Beantwortung Ihres mir sehr wertvollen Briefes hat sich durch gerade meinen Wunsch verzögert, auf seinen mir wichtigsten Punkt erschöpfend zu erwidern, und es ist mir ein wahres

Leidwesen, dass diese Erwiderung keine mich befriedigende sein kann. Der Hofmannsthal-Nachlass wird noch auf weit absehbare Zeit geschlossen bleiben, und so sehr ich gewünscht hätte, Ihnen seine Benutzung zu vermitteln, so kann ich mich ehrlicher Weise der Einsicht nicht verschliessen, dass diese wie jede Benutzung eine vorgängige Arbeit einfachster Nutzbar*machung* voraussetzt, wie ich auch die mir angebotenen Beweise dafür, dass diese Vorarbeit schon an sich, bei dem Zustande der immensen Papiermengen, schwierig, langwierig und in eine einzige Hand zu legen ist, loyaler Weise hinnehmen muss. Brecht, den der Verstorbene während seiner Wiener Kathederjahre, wie in Vorahnung des Blitzstrahles, systematisch in die Welt seiner Entwürfe einzuführen begonnen hatte, und der in dieser Hinsicht einen unleugbaren Erfahrungsvorteil, wie räumlich den Vorteil der Nähe hat, und Prof. Zimmer in Heidelberg, H.'s Schwiegersohn, als Indologe wenigstens methodisch für solche Arbeit geschult, haben Durchsicht, Ordnung, Verzeichnung, Ansatz zu beschreibender Katalogisierung übernommen, und die Verhältnisse bringen es mit sich, dass vom engeren Freundeskreise Hofm.'s Schröder den beiden darum zur Seite tritt – übrigens im allerweitesten Sinne ab latere – weil seine geschäftlich-persönliche Beziehung zum Inselverlage ihn zweiseitig macht. Ich hätte mir bessere Lösungen denken können, und hatte sie vorgeschlagen, aber ohne wirklichen Nachdruck, weil ich sehr bald das Gefühl – das richtige, wie sich zeigt – hatte, dass man vorsichtig handeln, sich nicht exponieren und vor allem weder anstossen noch entwerfen will, was dann möglicherweise unausführbar wäre. Mir schien das Gebotene, die Stunde der allgemeinen Erschütterung zu nützen, um der Nation die sich im Versäumnis fühlte und deren Herz von schöner Reue schlug, Gelegenheit zu einer monumentalen Gutmachung zu geben. Familie und nächste Freunde constituierten sich im Trauerhause unter meinem Dringen zum vorläufigen Gremium, das zu Protokoll beschloss, auf den Herbst einen constituierenden Ausschuss zu berufen: ihm sollten angehören: von Forschern Burdach Brecht und Sie, von literarischen Genossen der Früh und Mittelzeit Baron Andrian, BeerHofmann, Schnitzler Wassermann, Kassner (?!) von Freunden der Basler Karl Burckhardt Schröder, die Gräfin Degenfeld und ich, die beiden Verleger Fischer und Kippenberg, für Österreich generaliter Graf Colloredo, eine Finanzperson (in dubio Josef Redlich) und ein Anwalt. Dieser Ausschuss hätte in Verbindung mit Frau von Hofmannsthal und als ihr weltliches Organ zunächst zwei Funktionen genügen sollen: 1) den Aufruf zur Bildung einer Hofmannsthalgesellschaft verfassen und erlassen, die gegen mässigen Jahresbeitrag (20 M) jeden Willigen zur Einschreibung zuliesse, mit Berechtigung zum kostenfreien Empfang des Jahrbuchs und zur stimmberechtigten Anwohnung der Jahresversammlung 2) die Ausschüsse ernennen: den geschäftsführenden, den verwaltenden, den herausgebenden. Der letztere hätte ein Jahr später die Editionsgrundsätze dem obigen Gremium vorzulegen und von ihm Gutheissung zu empfangen gehabt. Mit Constituierung der Gesellschaft zur juristischen Person wären ihr die Gremialglieder als Ehrenmitglieder (Gründer) beigetreten und im Übrigen nach Billigung des Editorenplanes zurückgetreten, indem sie ihre Gutheissung zu Händen der Witwe als der Besitzerin des Nachlasses niederthaten. Edition, als Sache der Erben, Forschung und Ausnutzung als Sache der Gesellschaft wären rechtlich getrennt und nur durch das Archiv verbunden gewesen, das aus den Mitteln der Gesellschaft samt dem Rodauner Hause der Witwe als Schenkung zugeführt und unterhalten worden wäre. – Der Schwung der Zustimmung mit der dieser Entwurf aufgenommen wurde, scheint bald nach meiner Abreise kleinmütigen Bedenken gewichen zu sein, und ich habe wie angedeutet, nichts dazu gethan, für ihn zu kämpfen. »Man kann der Gesellschaft« sagt Goethe, »alles aufdringen nur nichts was eine Folge hat«. Man scheint sich auf ein ganz nüchternes Rumpfprogramm geeinigt zu haben: Das Verwertbare aus dem Nachlasse verwerten, und Brecht, mit Assistenz Zimmers, dh der Familie, mit Sichtung und Ordnung des Ganzen betrauen. Er selber pflegte ja zu sagen: »Ihr Deutschen habts den Adler; in Österreich fliegt kein Vogel so hoch, dass man nicht seine Federn noch genau sähe«. So müssen wir sie denn gewähren lassen. Ich selbst schreibe ein kleines Buch, ohne »Nachlass«, obwol ich Zutritt zu ihm habe, auf mein metaphysisches, nicht mein empirisches Gewissen hin, oder catholice secundum traditionem, nicht evangelice sola scripturae fide. Fast wünschte ich mir ein gleiches auch von Ihnen. Und Andere werden das ihre beitragen. Bis aus den Rodauner Arbeiten eine Forschungsgrundlage entsteht, können meinem Dafürhalten noch Jahre vergehn. Der gute Brecht – aber davon, wenn ich bitten darf, nichts gegen Schaeder – ist ein langsamer und etwas matter Mensch von zarter Gesundheit und nicht bedeutender Arbeitskraft, wol ein feiner Urteiler und schrittmässig vorgehend sauberer Urkundenmann, aber ohne den Hauch eines wissenschaftlichen Gedankens und ohne den Funken schöpferischen Erkennens. Wir sind Göttinger Studienfreude, – er der Ältere, – durch das alte Du und gemeinsame Erinnerungen menschlich gefühlsmässig verbunden, er hängt mit Innigkeit an mir, und hat schwer darunter gelitten, dass ich nach dem schmählichen Ausgange der Münchener Berufungsangelegenheit, zu dem er sich, wie ich meinte (und meine) nie hätte missbrauchen lassen dürfen, von ihm wie von Vossler scharf seitwärts trat. Das auszugleichen ist eine von Hofmannsthals letzten humanen Vermittlungen gewesen, und Brechts warmherzige Glückseligkeit über diese Wiedergewinnung eines Verhältnisses, dem er mit einiger Übertreibung den Weg zu wissenschaftlicher Arbeit verdankt zu haben behauptet, hat wiederum nicht verfehlen können mich zu rühren. Aber gerade darum weil ein Verhältnis das über einem moralischen Riss wieder vermörtelt ist, naturgemäss nicht sehr resolut behandelt werden kann, werde ich mich in das was er mit dem Nachlass treibt, nicht einmischen, – weil ich seine Grenzen kenne, freilich auch nichts davon erwarten. Die günstige Stunde ist versäumt, die Arbeit die ich mir mitreissend, frisch und diktatorisch, dh gleichzeitig gewaltig und kurz gedacht hatte, ist in den schwerfälligen Torpor »allmählicher Aufarbeitung« hinein bestattet, und wenn auch alles so steht, wie Eingangs dieses Briefes gewissenhafterweise zugegeben, – es handelt sich, wie ich sicher bin nicht um dies zuzugebende allein, und nicht um die darunter zu begreifende Zwischenzeit, sondern um das Schicksal des Ganzen, wie beim Arnim Nachlass nach Herman Grimms Tode. Reinhold Steig »lag« darauf, war viel zu faul und zu ältlich um wirklich etwas zu thun, aber noch gerade jung und lebendig genug, um alle Energischen wütend und knurrend davon wegzuschrecken, wenn sie thun wollten, was er versäumte, und so war der Dornröschenschlaf um das Ganze denn bald fertig, der schliesslich auch das Rodauner Haus einspinnen wird.

Werden Sie die Königsberger Rede publizieren? Ich hoffe es, und würde sie wenn sie kommt sofort anzeigen. Mir liegt daran dass die Diskussion aufbrennt wie Harz, immer wieder genährt wird, nicht zur Ruhe kommt. Ihren schönen Aufsatz im Samisurium (so nennen Schröder und ich die NR Sami Fischers wegen) mit seinen überraschend kühnen und glücklichen Erkenntnissen habe ich mit aufrichtiger Bewunderung Ihrer das Brett an der dicksten Stelle bohrenden, immer sich gleich bleibenden, geistigen Energie gelesen. Beweglich schönes und constructiv bezauberndes enthielt der Hochland Aufsatz, – dem diese Heillosen, deren Name nicht genannt sei, das Neidhardtsgekläffe dieses Schakals haben beigesellen müssen, eines Subjektes dessen Zudringlichkeit, Nachäffung, Selbstgleichsetzung, und dann Verleumdung und Verschreiung eine von Hofmannsthals Lebensplagen gewesen ist, abgelöst erst, bei Schaukals Zahnloswerden, durch die zweite Incarnation des gleichen Affengeistes in Stefan Zweig. Ist es zu glauben, dass man heilen Verstandes dies auf den ersten Blick erkennbare Rachegerede des abgewiesnen Parasiten neben Ihre herzensschönen Seiten druckt, als servierte man, »um beiden Teilen gerecht zu werden«, einen Pfirsich und einen Rossapfel auf der gleichen Schüssel? – Hat Sie Wassermanns Nachruf auch so bewegt wie mich? Und da man von ihm nicht weniger halten kann, als ich thue, so will es etwas sagen. Denn er hat, halbniedrig und zwischen Verbitterung und Selbstverwerfung zerrissen, jammervoll genug neben dem hohen Menschen gestanden, der ihn beschränkte aber nicht verschmähte, nicht lieben konnte, aber auch nicht an ihm verzweifeln, und der nun erst, in seiner Verklärung, ihn für einen Moment vollkommen reinigt, in die Knie beugt und ihm zu sich verhilft. Das ist ein für mich unvergessliches Erlebnis, gegen den Hofmannsthal sich über ihn oft genug ausgesprochen hat, und dem Wassermanns leidenschaftliche Anklagen und Klagen, das Wüten gegen die eigene »Rolle« noch wie die Stimmen des Abgrundes im Gedächtnis haften, von seinem letzten Besuche 1927, hier.

An dem Schweizer Preise habe ich, wie ich ausdrücklich sagen muss keinen andern Anteil als dass man wird haben denken müssen dass nächst Ihnen keinem eine glücklichere Überraschung damit zuteil werden konnte als mir, und dass Corrodi und Bodmer in meinen Gedanken gelesen haben könnten. Ich habe einen zweiten wesentlich ausführlicheren Aufsatz für die deutsche Presse geschrieben, den die saumseligen Münchener längst hätten veröffentlichen sollen, die Deutsche Allgemeine Zeitung wol bald bringt. Während der Züricher Aufsatz dazu bestimmt war, solchen die ihrem eigenen Ihnen günstigen Vorurteile auf gut schweizerisch nicht recht trauen, ein gutes Gewissen zu sich selber zu machen, indem das von Ihnen geneuerte ja gar so neu im Grunde nicht sei und auch der Traditionalist sich einen Mut dazu fassen dürfe, habe ich den andern Artikel ganz auf Ihre eigentlichen Gegner abgesehen und deren Argumente dialektisiert, was Sie beim Lesen richtig deuten und der Diplomatie zuguthalten wollen, die Ihnen an einem andern meiner Produkte nicht missfallen hat. Man muss, weltmässig gesprochen, einander in der rechten Art zu nützen suchen und den Übereifer mässigen, der uns selber in dem wir ihn loslassen, so grimmig wolthut wie er der guten Sache grimmig schaden kann. Lassen Sie mich also immerhin wo es sein muss den Sachwalter des Teufels machen um dann den Prozess so zu führen, dass ich ihn doppelt éclatant verliere. Im übrigen ist es leider unerlässlich, dass wir gewohnheitsmässig einander loben, und da es verschämt nicht wol geschehen kann, so haben Schröder und ich beschlossen es recht unverschämt zu thun und jedem seinen Commentar dazu freizugeben. Es sind greuliche Zeiten, in denen die wenigen Zusammengehörigen auch offen zusammentreten müssen, und wenn ich sehe, von welchen Laffen und Windbeuteln meine Novellen teils lobgehudelt teils nur gehudelt worden sind, mit welcher schlaffen Manier und welcher abgründigen Hohlheit des Urteils, so wüsste ich nicht, wem ein Nutzen damit geschehen wäre, dass ich Schröders herrliche durchdringende Würdigung nur darum unterdrückt hätte, weil ich ihn so schätze wie er mich, und mich anschicke sein neues Versbuch mit dem gleichen Ernste anzuzeigen. Man kann das manus manum lavat ebenso als Carikatur verachten, wie man es, eigentlich und uneigentlich, täglich übt.

Ich habe harte Arbeitszeiten hinter mir und hoffe bald der Rede wertes vorweisen zu können. Der Dante wird eben ausgedruckt, mit einem grossen rechenschaftgebenden Nachwort als Widmung zu Burdachs 70 Geburtstage, ein neuer Erzählungenband kommt im Frühjahr, der erste Band der Selbstbiographie im Herbst und dazwischen veröffentlicht die Gesellschaft die sich auf meinen Namen gegründet hat und jährlich zwei Drucke bringt, den Pindar und neue Gedichte, Wiegand den ersten Band meiner Auflösung des deutschen Volksliedes »Deutsche Renaissancelyrik«, ein neuer Verleger, wol noch dies Jahr, die dem Umfang nach kleine, an Seufzern und Mühsal reichgedrängte Schrift »Grundlegung und Wissenschaftslehre der mittelalterlichen Altertumswissenschaft«. Wenn es soweit ist, hoffe ich Ihnen für den Euphorion zwei Abhandlungen über die Volksliedarbeit zu senden, die für Nachworte teils zu umfangreich zu geraten drohen, teils Verständnis und Interesse der Leser des Buches zu entschieden überschreiten. Die Ausgabe wird vier Bände umfassen 1) Renaissancelyrik 2) Deutsche Cavalierslyrik unbekannter Dichter des 15ten und 16ten Jahrhunderts (meist aus dem Gesellschaftslied und den Sammelbüchern gezogenes, dessen späthöfischen Ursprung ich erwiesen habe) 3) Tanzlieder und Wechsel 4) Spielmannslied (gereimte und gesungene Zeitungen) Die beiden ersten Bände sind ausgearbeitet, die andern stecken noch tief im Material.

Ich fühle Ihre Lage in Königsberg mit ostpreussischem und mit menschlichem Mitgefühl tief genug – daneben schliesse ich aus Ihrem Schweigen über diesen Punkt, dass auch die collegialischen Verhältnisse, die der Fernstehende als ein ausgleichendes Gegengewicht des Druckes hoffend in Anschlag bringen würde, bei näherer Betrachtung dafür nicht genügen, und das ist bitter zu denken, weil es wenige preussische philosophische Fakultäten geben wird, die es in humanis mit einem Vierblatt wie Ihnen Harder, Schadewald, Schaeder aufnehmen können. Von Schaeder habe ich zu meiner aufrichtigen Betrübnis seit Jahren dh seit unserer ersten und letzten Begegnung in München überhaupt nichts mehr gehört und war auf das was Hofmannsthal und neuerdings Schröder mir von ihm berichten, oder das spärliche, was aus Brecht herausrinnt, angewiesen. Dass es Ihnen mit Schröder nicht anders geht als mir mit ihm, hat gar keine Gründe als »normale« Hemmungen, und es erlaubt mir für meinen Fall den gleichen Rückschluss. Es scheint wir Alle müssen wie bei Billardpartieen uns auf Bälle einrichten die wir per Bande anspielen und können nicht beanspruchen jeden Ball direct zu treffen. Harders und Schadewalds Arbeiten, die thukydideischen und neuplatonischen verfolge ich mit bewundernder Teilnahme, und sie gehören mit Werner Jaeger, dem ich nähergetreten bin und der mir einen unvergleichlichen Eindruck hinterlassen hat, und Stenzel mit dem ich in Kiel eine herrliche Stunde hatte, zu den Hoffnungen um die mich das abgelaufene Jahr bereichert hat. – Schröder übrigens um das nachzuholen, habe ich doch mahnend geschrieben; ich werde ihn Mitte Januar in Göttingen, wo ich eine Vorlesung halte sehen und seine »Unerreichbarkeit« auflösen. Er ist und bleibt ein wunderbarer Mensch, an eigentlicher reicher Wärme des Inneren und spielendem Reichtum des Äussern mit Niemandem zu vergleichen, und sein Besitz für mich, auf dem pindarischen »doppelten Anker« der Freundschaft und Verwandtschaft gesichert, ein Teil meiner Festigkeit im bösen Meere der Zeit.

Ihnen und Ihrer lieben Frau die herzlichsten nachträglichen Glückwünsche zum vierten, dem Glücksblättchen, am Klee, mit dem Sie auf unsere Höhe nachgerückt sind. Das vollkommene Glück mit dem ich an der Seite der liebsten Frau meine liebliche Schaar gedeihen sehe, bei innigster Verbindung mit Grund und Himmel, wie Landleben sie mit sich bringt, im richtigen Maasse zwischen gehaltvoller Einsamkeit und gehaltvoller Geselligkeit, macht mich und die Meinen zu einem kleinen Staate ausserhalb der im Blitzstrahle scheiternden grossen. Möchte die Hoffnung die Sie so apotropäisch andeuten, und auch ich nicht verlautbaren will, sich im Frühjahre erfüllen. Mir und uns Allen könnte nichts Freundlicheres und Fruchtbareres zuteilwerden.

Wie immer der Ihre R. Borchardt

Bigiano 27 XII 29

1930

623 AN HEINRICH VON GLEICHEN

[Nicht abgesandt] [Villa di Bigiano Candeglia
Pistoia, nach 5. Januar 1930]
Sehr verehrter Herr von Gleichen
Ich möchte den Jahreswechsel nicht vorbeigelassen haben, ohne Ihnen und Ihren Mitarbeitern für die Aufmerksamkeit der Ring-Zusendung besonders herzlich zu danken. Ich verwandele gleichzeitig durch Schreiben an die Redaktion meinen Gratisempfang in übliche Bezugsformen und habe mehrere Freunde, die wie ich, ohne persönlich hervorzutreten, die öffentliche Entwickelung mit Aufmerksamkeit einsweilen nur verfolgen, zur Zeichnung des Bezugspreises auf mein Fürwort hin veranlasst.

Die Zeitschrift entwickelt sich vorbildlich zur besten und fast zu einzigen politischen Wochenschrift Deutschlands und ist im Begriffe, zu einem durchgängigen Tone ruhiger Kompetenz und derjenigen gehaltenen Festigkeit und Weitsicht des Urteils selber wie seiner allgemeinen Unterlagen zu gelangen, den nur die Reife gibt. Es ist eine Ausnahme gewesen, dass ein Heft mich nicht interessiert hätte, und in der Regel habe ich auch dringende Arbeiten weggeschoben um es von Anfang bis Ende mit dem Stifte durchzunehmen. Von dieser Grundlage aus bitte ich Sie die wenigen Desiderata, die ich anmerke, als ein freundschaftliches Zeichen der Teilnahme vertraulich zu prüfen. Erstlich und vor allem vermisse ich Sie selber zu häufig, und ein so ausgezeichneter

Aufsatz wie Ihr heutiger im ersten Hefte des neuen Jahrganges macht mir den Wunsch besonders lebhaft. Gewiss glaube ich Sie auch in der Spitzenglosse öfters persönlich zu vernehmen, und ebensowenig bin ich gegen die technischen Wünschbarkeiten blind, die unter heutigen Umständen des politischen Kampfes die Führung meist *hinter* die Front verweisen, aber ich rate zu bedenken dass die Aktion der nationalen Umkehr auf absehbare Zeit hinaus an die ideologische Phase gebunden bleiben wird, und dass Ideologie und Anonymität nur Zeitehen führen können. Aus psychologisch evidenten Gründen schreibt man was man namenszeichnet, unwillkürlich contourierter und eindeutiger geprägt und gekerbt als anderes; wenn Sie dies gelegentlich, wie ich nicht verkenne, eher vermeiden wollen um sich zu reservieren, so können Sie doch auch das Werbende einer ständig von überallher sichtbaren Führerpersönlichkeit nicht unterschätzen da schliesslich der Mensch Menschen anzieht, nicht Meinungen, selbst die richtigsten. – Ferner: Sie haben ausgezeichnete Auslandsberichte gebracht, die spanischen von Beyer, die amerikanischen von Lufft. Warum fehlt England und Italien so nahezu völlig? Was über letzteres Land von Brauweiler gelegentlich zu finden ist, schätze ich gewiss nicht gering, es ist soweit richtig, wie sich am Schreibtische ein grosser ferner Vorgang verstehen lässt, aber ihm fehlt die lebendige Fühlung mit den Faktoren, die allein die Proportionen des Urteils perspektivisch sicherstellt. Grosse gesetzgeberische Initiativen des Fascismus wie die demographische, durch die das Freizügigkeits Dogma des Liberalismus denkwürdig durchbrochen wird, wie die vorbereitete Sexualgesetzgebung, die ebenso kühn in das Recht des liberalen Individuums sich zu Grunde zu richten, eingreift, betreffen unsere eigenen, für hoffnungslos erklärten Probleme so wegweiserhaft, dass ich mir die sachlichste Diskussion wünschte; und da es ein Grundsatz meiner politischen Gedankenwelt ist, dass der Zusammenbruch der europäischen Vertikale England, Preussendeutschland, Italien, auf der die Glücks- und Friedenslage des XIX Jahrh. beruht hat, kein endgiltiger zu sein braucht, – da ich dieselben kopflosen oder blinden Irrtümer, die diese Säule gestürzt haben, an der Conservierung des Schutthaufens, nur unter gewandelten parteipolitischen Vorzeichen, arbeiten sehe, und da schliesslich eine solche Restitutionspolitik so unpopulär ist, wie alles Richtige, und alles Unrichtige oder Entbehrliche: Anschluss Österreichs, Kolonialmandate, Unitarismus: im höchsten Grade populär, so scheint mir hier eine noch ausfüllbare Lücke in Ihrem Organismus zu bestehen. Ad vocem Unitarismus: Hier ist vielleicht der einzige politische Punkt, den ich abseits Ihrer Festlegung bestimme. Ich suche vergebens die politischen Gründe zu ermitteln, die Ihre Haltung zu diesem Schreckensproblem für mich so undurchsichtig machen – seit Ihren Bemerkungen über den Münchener Stahlhelmaufzug, den der Ring den Aktiven der Opposition zubuchte, während er eine in der Folgezeit immer negativer ausgewiesene Niederlage war und der Instinktlosigkeit und Unbegabtheit der politischen Bundesführung das Todesurteil gesprochen hat. Von meinem in Bezug auf Deutschland archimedischen Punkte aus sehe ich die unitaristische Bewegung gerade dem *innerpolitischen Locarno* zustreben, vor dem die Aktion unserer Freunde kein entgegenzustellendes Kampfmittel unversucht lassen sollte. Gerade wir dürfen grundsätzlich den Primat wirtschaftlicher und finanzieller angeblicher »Notwendigkeiten«, in Wahrheit contingentieller *Erleichterungen* für die grossen *Haupt-linien* der staatsmännischen Gestaltung niemals zugeben. Die Politik auf den Hauptlinien hat so geführt zu werden, dass das nationale Objekt, um dessenwillen *sie überhaupt nur da ist,* sich diejenigen Formen des Budgets, des Etats, der Bilanz, also der Wirtschaft und der Ersparnis, zu Dienern erzieht, die seine

624 AN DIE BREMER PRESSE

Verlag der Bremer Presse
    München

Sehr geehrter Herr!
Mit Bezugnahme auf mein unbeantwortet gebliebenes letztes Schreiben führe ich den Schriftverkehr nur noch in den geschäftlich üblichen Formen, denen ich Sie sich zu conformieren bitte.

    Ihr heutiges Telegramm beantwortete ich soeben wie folgt: Gestern Vossler Schiedspruch brieflich erbeten, benachrichtige Bodmer Kühlmann. Bei ergebnisloser Vermittlung entscheidet Richter. Warne vor kopflosen Streichen.   Borchardt

    Diesem Wortlaute füge ich, damit mein Schweigen nicht missdeutet wird, folgende Erklärung hinzu.

    Ich erhebe seit zwei Jahren im Schriftverkehre den Anspruch, dass ein Lebenswerk von dem Umfange und der Schwerzugänglichkeit des Deutschen Dante verlegerisch angemessen vorbereitet wird.

In dieser Forderung kommt gleichzeitig eine begründete Beschwerde gegen die, von der geschäftlich üblichen abweichende, Vertriebspraxis Ihres Verlages zum Ausdruck. Ich schreibe der geschäftlich verfehlten und unwirksamen Praxis auf diesem Punkte das negative Ergebnis meiner bei Ihnen verlegten Schriften sehr wesentlich zu, und bin in dieser abfälligen Beurteilung mit den übrigen Hauptautoren des Verlages teils einig gewesen teils einig.

Daher habe ich vor zwei Jahren zugleich den Zusatzanspruch erhoben, dass die von mir gewünschte sachgemässe Propaganda auf mein gesamtes Übersetzungswerk ausgedehnt wird, mit dem der Dante ein geistiges Ganzes bildet. Ich unterstelle, dass eine solche Praxis, bei Erscheinen eines Hauptwerkes das gesamte übrige Werk in den Kreis der Propaganda einzubeziehen, das verlegerisch normale ist und behalte mir dafür suo loco die Ladung meiner übrigen Verleger als Zeugen vor.

Aus der Correspondenz kann ich nachweisen, dass Sie meine Ansprüche durch Überhörung, Nichtbeantwortung und Umgehung meiner Briefe bezw. Briefstellen ein Jahr lang systematisch misshandelt haben. Ich behalte mir vor, suo loco Herrn August Streck darüber aussagen zu lassen, welche Antwort Ihr Dr Wiegand diesem als meinem Vertreter bei einem diesbezüglichen Gespräche erteilt hat. Bereits damals habe ich durch Einbehaltung des Teilmanuscriptes deutlich gemacht, dass ich die Erteilung meines Imprimatur von vorgängiger Einigung über sachgemässen Vertrieb des Buches abhängig mache. Ich werde Beweis dafür antreten, dass Ihr Dr. Wiegand den Sachverhalt bereits damals ganz richtig so aufgefasst, und von »Repressalien« gesprochen hat.

Sie haben schliesslich die obigen Ansprüche brieflich mit der Begründung abgelehnt, eine Sonderpropaganda für mich allein, die nicht auch die Herren † Hofmannsthal und Dr Schröder berücksichtigt, würde die gleichen Rechte der letzteren verletzen und Ihnen dortseits entsprechend ausgelegt werden. Ich behalte mir vor, über die Berechtigung einer solchen Unterstellung Dr. Schröder als Zeugen vernehmen zu lassen, so wie einen Brief des verstorbenen Herrn v. Hofmannsthal, datiert Rodaun 2ten und 4ten April 29 vorzulegen, der seine strenge Beurteilung der einem solchen Einwande zugrundeliegenden Einschätzung seines sittlichen Charakters und seiner Freundschaft für mich erhärten wird.

Ich habe Ihre Ablehnung mit der totalen Suspension meines Schriftverkehres und meiner Leistungen an Sie beantwortet, nachdem auch der Versuch einer Vermittlung durch Dr. Schröder, mündlich in München fehlgeschlagen war. Ihr Dr Wiegand hat zwar später unterstellt von einer solchen nicht zu wissen, Dr Schröder hält seine Erklärung aufrecht.

Bei meiner Anwesenheit in München Winter 28/29 kam es zwischen Dr Wiegand und mir zu einer von diesem durch Vermittlung von Frl. Pollitzer nachgesuchten und von mir, wenn auch mit berechtigtem Widerstreben, bewilligten Begegnung. In dieser Aussprache erklärte der Genannte die gesamte Vertenz für ein Missverständnis und bestritt, jemals sich meinen Ansprüchen widersetzt zu haben, erklärte sich auch zu ihrer Erfüllung bereit, und verschob die genaue Präcisierung ihrer Einzelheiten auf eine demnächstige Besprechung in Bremen.

Diese Besprechung kam im Hause und in Gegenwart Dr. Schröders zustande. Ich behalte mir vor, ihn als Zeugen suo loco bekunden zu lassen, dass Ihr Dr. Wiegand dortselbst die Reciprocität der Ansprüche auf Imprimatur seinerseits, auf die obige Propaganda meinerseits als eine gegenwertliche ausdrücklich anerkannt und bezeichnet hat. Dr Wiegand hat entsprechende Vereinbarungen mit Dr Steiner als Beihelfer vorgenommen zu haben erklärt, der das Material sammeln und zum Teil verarbeiten sollte. Es wurde vereinbart, dass die Dantepropaganda in einer schicklichen Vorlaufszeit vor Publikation einzusetzen habe und eine solche für die Übersetzungen ihr sechs Monate später folgen solle. – Gleichzeitig wurden weitere geschäftliche Vereinbarungen für das Folgejahr getroffen. Ich übernahm die Verpflichtung die Paradiesrevision nach Rückkehr an meinen Wohnsitz abzuschliessen und zu liefern. Beide Teile erklärten sich für befriedigt, den Konflikt für beigelegt.

Ich habe meiner Verpflichtung durch Absendung des Ms. genügt. Sie haben mir den Eingang nicht bestätigt. Auf vielfache Mahnung hat Ihr Herr Bachmair unter der Angabe Dr Wiegand sei noch in Amerika bezw. unerreichbar, die Bestätigung nachgeholt. Andere mir gemachte Zusicherungen waren nicht eingehalten worden. Nach geraumer Zeit telegraphierte Dr. Wiegand bei Rückkehr von Amerika das Ms. vorgefunden zu haben. Spätere Feststellungen haben mir ergeben, dass er bei Absendung des Telegrammes sich bereits seit längerer Zeit wieder in Europa befand. Von der vereinbarten Propaganda verlautete nichts mehr. Weitere Briefe blieben unbeantwortet, bezw. wiesen Dr. Wiegand als unerreichbar aus. Ihr Herr Bachmair gab an, Dr Wiegands Adresse nicht zu kennen. Ein an ersteren gerichteter Brief der meine ernsten Besorgnisse an Dr Wiegand weiter zu melden bat, wurde laut

Antwort letzterem zur Erledigung übergeben. Eine solche ist nie erfolgt.

Bei meiner sommerlichen Anwesenheit in München informierte ich Dr Wiegand darüber, dass ich dem Dante ein Nachwort beizugeben beabsichtigte und streifte dabei auch in unmissverständlicher Weise die Propagandafrage. Gesprächsweise ergab sich, dass Dr Wiegand an dem Verlage kein Interesse mehr habe und ihn jeden Falls auf andere Grundlagen zu stellen beabsichtige. Er legte mir nahe auf die mit ihm in Bremen getroffenen Vereinbarungen soweit sie künftige Arbeiten und seine Gegenwerte für sie betrafen, einseitig zu verzichten. Obwol die Bremer Besprechung einen rechtskräftigen Vertrag bedeutete, aus dem mir weitgehende klagbare Rechte erwuchsen, habe ich einen solchen Verzicht sofort ungedrängt bewilligt, da mir inzwischen bekannt geworden war, dass Dr Wiegand annehmen musste, von den Hofmannsthalschen Erben und von anderer Seite vor eine finanzielle Situation gestellt zu werden, mit der die in Bremen in Aussicht genommenen Zahlungen an mich total unvereinbar waren, und da mir seine schwierige Lage auch im Allgemeinen kein Geheimnis mehr war. Mein Wunsch bezw. meine bestimmte Absicht, die Propagandafrage nochmals mit ihm zu besprechen, scheiterte an einer durch Irrtum verfehlten Verabredung und danach daran, dass Herrn Dr. Wiegands anderweitige Dispositionen ihm für eine Besprechung mit mir keine Zeit mehr liessen. In den nachfolgenden Monaten haben Vorfälle auf die ich ablehne, hier einzugehen, mir einen direkten Verkehr mit Dr Wiegand unmöglich gemacht. Ein von Zürich im Oktober an ihn gerichtetes Schreiben ist unbeantwortet geblieben. Ein späteres Telegramm habe ich mit der Angabe beantwortet, das Nachwort werde kommen. In der Propagandaangelegenheit habe ich nichts mehr gehört. Dr Steiner hatte mir in Zürich Anf. Oktober erklärt, von seiner Heranziehung seitens Dr Wiegands zur Propaganda für Dante sei ihm nichts bekannt, die Übersetzungen betreffend sei nichts scharf vereinbart, sondern nur vage deliberiert worden. Nach Weihnachten schliesslich hat Dr Wiegand den seit undenklicher Zeit suspendierten Schriftverkehr durch einen Brief wieder aufgenommen, dessen Schlusssatz mit der Ablieferung des Nachwortes bis 1 Januar rechnete, ohne seiner eigenen Verpflichtungen die geringste Erwähnung zu thun. Meine Antwort auf dies Schreiben, in dem drei aufklärungsbedürftige geschäftliche Punkte formuliert waren, ist nicht erwidert bezw. bestätigt oder erledigt worden.

Darauf ist der Telegrammwechsel eingetreten, den ich als Ihnen bekannt voraussetze. Ihre Behauptung, ich hätte die Ablieferung des Ms. verweigert ist gänzlich grundlos und wird durch den Wortlaut meines Telegrammes widerlegt.

Wenn ich nach einer solchen Vorgeschichte, die teils in den Akten steht, teils Punkt für Punkt durch Zeugenaussagen belegt werden kann, in der Gestalt einer hochverehrten, Ihrem Dr Wiegand persönlich nahestehenden Persönlichkeit wie Herrn Geheimrat Vossler ein Arbitrat für Rechte zu gewinnen suche, die keiner Interpretation unterliegen und die Sie bona fide nicht bestreiten können, so thue ich damit etwas weit über meine Verpflichtung hinausgehendes. Es bewegt mich dazu in erster Linie die Pietät gegen mein eigenes Werk, das ich nicht ohne Not in den Gerichtsschranken zur Welt kommen lassen will; und es wird mir durch das

Bewusstsein erleichtert, dass meine Festigkeit in der Sache mir erlaubt, in der Form auch unbegrenzten Langmut zu beweisen.

Andererseits hat Ihre heutige Drohung die doppelte Wirkung gehabt, dass ich erstlich Morgen Mittag nach München abreise, um an Ort und Stelle dafür zu sorgen, dass im Falle einer ergebnislosen Vermittlung oder der Ablehnung Geh. Rat Vosslers kein Exemplar ohne mein Imprimatur abgebunden wird, und dass ich zweitens telegraphisch und in ausführlicher brieflicher Darlegung Herrn Martin Bodmer unterrichtet habe.

Diese Unterrichtung bezweckt keineswegs die Anrufung seiner Vermittlung. Ich habe ihn vielmehr gebeten, persönlich für das künftige tadellose Wolverhalten Ihres Dr Wiegand gegen mich zu *garantieren, da ich ohne eine solche Garantie von der Förderung bezw. der Beihilfe am Zustandekommen einer Zeitschrift Abstand nehmen muss, aus der der Genannte moralische und geschäftliche Vorteile zieht.* Da ich mit dem schlimmsten Falle rechnen muss, dem nämlich dass ich den mir geleisteten böswilligen Widerstand im Prozesswege zu brechen haben werde, ist meine bisher festgehaltene Politik, trotz alles Vorgefallenen zwischen der Zeitschrift und ihrem Verleger zu unterscheiden, auch künstlich nicht mehr aufrechtzuerhalten, und der von Ihnen heraufbeschworene Konflikt greift über. Ich bemerke Ihnen damit gleichzeitig, dass bei den Dimensionen die durch Ihre Ultimaten und Drohungen die Angelegenheit erhalten hat, die blosse Beilegung der Propagandafrage sie noch nicht beilegt. Ich muss endlich reinen Tisch haben, und eine Sicherheit dafür, dass solange Sie rechtlich mein Verleger sind, weder Ihre heimliche Treiberei gegen mich unverändert fortgeht, noch die geschäftliche Verbindung mit Ihnen von dortigen Launen Überraschungen und Schweigekrisen bestimmt wird. Es ist mit einem Worte dafür zu sorgen, dass Konflikte wie diese sich nicht mehr wiederholen können. Es ist dies ein ausserordentlich gelindes und mässiges Ansinnen und läuft auf nichts anderes hinaus als auf mein normales Recht, mit Ihrem Verlage, der eine Hauptmasse meiner Produktion geriert, genau wie etwa dem Horenverlage, der eine andere Hauptmasse vertritt, zu verkehren und der höflichen Aufmerksamkeit auf jeden meiner Gesichtspunkte ebenso wie pünktlicher Schriftwechsel in den Formen des Respekts, die ich verlange, sicher zu sein. Ich bin nicht mehr in der Lage Ihnen in dieser Richtung Ausnahmestellungen zuzugestehen. Ich zähle bei summarischer Übersicht aus den letzten 2 Jahren 16 Briefe die Sie vollständig unbeantwortet gelassen, mindestens 5, die Sie kaum obenhin erledigt haben. Eine Privatperson, die ihre Angelegenheiten so führt, muss schon sehr bedeutende Imponderabilien für sich in die Schale zu werfen haben, um nicht aus dem vernünftigen menschlichen Verkehre automatisch auszuscheiden. Ein Bureau, das so arbeitet, ist nicht mehr qualifizierbar. Ich entnehme Herrn Dr. Schröders Nachrichten und seinen mir zucopierten Briefen an Ihren Dr Wiegand, dass er die gleichen Beschwerden erhebt und dass damit die Praxis die ich nicht mehr concedieren kann, nicht etwa wie ich bisher glauben musste gegen mich allein gerichtet, sondern die dortseits üblich gewordene ist. Um so mehr sehe ich mich zu diesem bestimmten Ersuchen veranlasst, das ich auch Herrn Bodmer begründet habe.

 Hochachtungsvoll   R. Borchardt

Bigiano 14 Jan 30.

625 AN EDGAR J. JUNG

[Nicht abgesandt] [Villa di Bigiano Candeglia
Pistoia, ca. Mitte Januar 1930]

Sehr geehrter Dr Jung,

Ich habe der Lektüre des Buches, das ich Ihrer Freundlichkeit verdanke, bisher nur Stunden widmen können und muss, im Begriffe eine Reise nach Deutschland anzutreten diese Lektüre unterbrechen. Sehen Sie daher in den flüchtigen Zeilen, mit denen ich einen vorläufigen Dank ausspreche, und in den Bedenken, die ich primo obtutu nicht verhalten will, nur den Wunsch, meine Gegenäusserung nicht über Gebühr zu verzögern. – Ich kenne die erste Auflage Ihres Buches, deren innere Freudigkeit und glücklicher Takt für den magnetischen Kern der Dinge mir seinerzeit ausserordentlich wolgethan hat. Dass Sie das anfänglich unbekümmert ersprungene Ziel nun bedächtiger und mit manchem stockenden und ausblickenden Halte nachschleichen, ehrt Ihren Ernst und die Tiefhaltigkeit Ihres Klarheitsstrebens. In einem solchen Sinne bitte ich Sie das folgende genau zu erwägen.

1) Stefan George ist fanatischer Homosexualist. Sein »Reich«, sein »Eros«, seine Leibvergottung und Gottverleibung sind Begriffe eines hemmungslosen InversionsSektierers. Ich vermisse in Ihrem Buche jeden Kampf mit den grauenhaften Gewalten die diesen unheimlichen Menschen über die Schwellen gehoben haben und die zwar zum Teile nicht in ihm allein sich integrieren, wol aber zu seiner wachsenden Macht beisteuern. Die unter seinem Einflusse entstandene und entstehende Monographieenliteratur ist von diesem Virus grossenteils rettungslos durchseucht. Das Sin-

gersche Platonbuch, das Sie wiederholt zitieren, ist (wie das ihm voraufgegangene aus gleicher Dianoia kommende Friedemannsche) eine wissenschaftlich total wertlose Verzerrung und Verfälschung des platonischen Bildes. Ich verweise Sie auf Stenzels vernichtende Kritik dieses Buches, wie überhaupt auf Stenzels grossartige Platonschriften, zu denen diejenigen des Jesuiten Przywara gezogen zu werden verdienen. 2) Ihren Ausführungen über den Protestantismus fehlt die Ergänzung, die sie durch eine Kenntnis der Schriften Gogartens (vor allem »Ich glaube an den Dreieinigen Gott«) gewonnen haben würden. Die echte Erneuerung des protestantischen Bekenntnis ist einzig in der (nicht leicht zugänglichen) Form dieser denkwürdigen Confessionen zu finden. 3) Ihre Äusserungen über Republik und Monarchie lassen das ethische Element ausser Acht, und bewerten dasjenige was Sie den »Legitimismus« nennen, vom Standpunkte eines Rechts zwischen Verfassungsmöglichkeiten zu wählen, das ich vom Boden nicht des Rechtes, sondern der Werte aus bestreite. Sie zeigen die klarste Einsicht dafür, dass an dem deutschen Verfalle im 19ten Jahrhunderte die Monarchie (weder) schuldig (noch metaphysisch schuldlos) war. Dass sie an dem Kriege und der Niederlage unschuldig gewesen ist, gehört zum bereits festen Geschichtsbestand. Die deutschen Monarchen haben ihrer Aufgabe, die Überlieferung zu repräsentieren, überwiegenden Maasses in den würdigsten, teilweise (Württemberg, Bayern, Oldenburg, Mecklenburg Schwerin) in vorbildlicher Weise genügt. Schon ein Volk, das je nach Ausgang einer Gesamtunternehmung die Schicksalsgemeinschaft mit seinen Führern erhielte oder bräche, also in die missbrauchte Willensfreiheit einbezöge, würde damit des Lebens in der Geschichte unwürdig. Das Deutsche Volk hat eine viel grauenhaftere Schuld auf sich geladen als bloss diese. Es hat seine Dynastien die seine Geschichte und seine Ehre sind, in der glücklicher Weise sofort getäuschten Hoffnung, damit bessere, d.h. wolfeilere Friedenssätze zu erschachern, dem Feinde nachgeworfen, und ihm zu diesem Zwecke das der gleichen Gesinnung entsprungene Geschenk einer Pseudorevolution die keine war, gemacht. Solange die Schande mit der es sich hierin bedeckt hat, nicht abgewaschen ist, schwebt jeder Regenerationsplan in der Luft. Wer wie ich im Auslande lebt, Italien in diesem Falle, aber auch nach England kommt, hört von allen Seiten die gleiche Frage: »Wie war dieser widerliche Verrat möglich?« Freunde und Feinde sind darin einig. Man begreift alles an unserm Untergang, sogar, wenn auch mit Ekel, die Meuterei, aber nicht dass eine grosse Nation, sei es auch auf dem letzten Grade der Ohnmacht, ihre Flagge streicht und ihre Fürsten verkauft. Wie man sich in solcher Lage zu betragen hat, zeigt das kleine Bulgarien. Frankreich hat auf Grund seiner republikanischen Voraussetzungen die usurpierenden Napoleone wegjagen dürfen als die Geschichte sie dementiert hatte. Dieser Fall also ist keine Analogie. Wie wir hat in der gesamten Weltgeschichte nur Karthago gehandelt, und ist dafür vom Erdboden vertilgt worden. Diese ethische Sachlage steht ausserhalb jeder Transaktionsmöglichkeit. Nichts ist möglich ohne die Ehre, nichts wünschbar ohne die Ehre, nichts von Wert ohne die Ehre. Ich gehöre darum keiner parlamentarischen Partei an, weil keine einzige den Grundsatz der Nullundnichtigerklärung erpresster Abdankungen, die staatsrechtlich wertlos sind, an die Stirn ihrer Programme schreibt. Ich kann des Treueides gegen meinen Herrscher von niemandem entbunden werden, auch von meinem Herrscher nicht. Ich mache andererseits keine monarchistische Propaganda, weil mir die Monarchie ein viel zu heiliges Gut ist als dass sie Widerwilligen obtrudiert werden dürfte. Sie wird dasein, wenn Elend und Niedergang nach ihr als letzter Ausflucht schreien und flehen, keinen Augenblick früher. 4) Die Hauptschwäche Ihres Buches, bei so vielen starken und bewegenden Seiten, ist sein zeitgebundener und zeithinfälliger Generationszug, die ganz geringe Rolle die der Begriff der Überlieferung in Ihrem Gedankenkreise spielt, und die Leichtigkeit mit der die Kräfte der Vergangenheit preisgegeben werden. Ich diskutiere Ihre Theorie vom individualistischen Verfalle Deutschlands seit dem 14/15 Jahrhundert nicht, das ist ein Tausendeckiges Problem. Aber kein Erzengel der eine neue Charta des Deutschen vom Himmel brächte, vermöchte das 17te 18te 19te Jahrhundert zu streichen, und wenn sie unstreichbar sind, und damit ihre Leugnung ein müssiges Spiel würde, so sind sie ipso facto Grundlagen von denen man zwar abgerissen werden kann, und das ist die übliche deutsche Epochentragödie gewesen aber nicht organisch abgelöst.

626 AN MARTIN BODMER

[Villa di Bigiano Candeglia
Pistoia, 25. Januar 1930]

Lieber Herr Bodmer, ich müsste eigentlich nicht mehr hier sein und bin vielmehr durch ein mir nachgesandtes Telegramm das mich hinter Bologna gerade noch erreichte, hierher zurückgerufen worden, wo eine mir sehr wichtige Begegnung und Besprechung sonst zunichte geworden wäre. Hier habe ich einen zur Beförderung an Sie hinterlassenen Brief noch festhalten können, bevor er Ihnen neuen Verdruss gebracht hätte – immer noch in der Hoffnung auf Beilegung des Skandals. Inzwischen treffen Ihre freundlichen Zeilen ein, für die ich statt mit jenem zu ausführlich geratenen Schreiben besser mit einer kurz zusammenfassenden Darlegung danke. Ich reise Morgen Mittag nach München ab, um die nun unausbleibliche gerichtliche Aktion mit meinem Anwalt zu besprechen und an Ort und Stelle zu betreiben. Ende des Monats bin ich wieder hier, bis dahin Max Josefstr 2 bei Dr Feist zu erreichen, obwol ich einen Teil der Zeit in Neubeuern [a]/Inn bei meiner alten Freundin Bar. Wendelstadt verbringen werde, um in München niemand empfangen zu müssen.

Ihren Zeilen fühle ich den peinlichen Schrecken darüber, gerade von meiner Seite eine neue Krisis auftauchen zu sehen, nachdem man glücklich aufzuatmen begonnen hatte, umso verständnisvoller nach, als mein eigener Schreck mir den Schlüssel zu diesem Verständnisse liefert. Sie wissen, mit welcher gleichmütigen und nur der Sache zugewandten Gesinnung ich aus den verschiedenen turbulenten Phasen der Angelegenheit die Personalien auszubrennen und auszuscheiden versucht habe, um eine allen Gesichtspunkten zugängliche Basis zu schaffen. Da Sie die Akten ebenso kannten wie ich, werden Sie mir stillschweigend zugebilligt haben – obwol der Punkt zwischen uns nicht erörtert wurde, – dass man nicht weniger Extremist sein konnte, nach solchen Vorgängen und Treibereien Conciliantz und Impassibilität nicht weiter treiben konnte als ich gethan habe. Meiner wenigstens, durften Sie nach den in Zürich persönlich empfangenen Eindrücken, sicher sein, was auch kommen mochte. Ich glaube auch später diese Meinung nicht enttäuscht zu haben. Ich habe zu den Vorgängen des Schlusskampfes lediglich geschwiegen um gerade in jenem Augenblicke Ihre Lasten nicht weiter zu vermehren. Sachlich konnte ich mich Täuschungen über die Aussichten der damit entstandenen Lage nicht wol hingeben, und ebensowenig darüber hinwegsehen, dass meine Stellung zu der Zeitschrift hinfort diejenige sein würde, die sie noch sein konnte, – im wesentlichen der festgehaltene und fortgeführte Versuch, Ihnen zu der möglichst langen und relativen Fristung des Unternehmens, zur Vermeidung wenigstens des Schlimmsten, beizustehen. Schröder hielt mich inzwischen durch laufende Zucopierung aller in der Sache ein und ausgehenden Schriftsätze über seine eigene Stellung zu der Sache informiert. Die meine war da ich nicht Dritten gegenüber in Ihrer Vollmacht engagiert war, sondern lediglich ein zwischen Ihnen Schröder und mir festgelegtes Übereinkommen vertreten hatte, das uns gegenseitig verpflichtete, nur gemeinsam zu handeln, eine weniger complicierte, und erlaubte mir eine weitergehende Zurückhaltung. Dass ich Wiegands Verhalten menschlich und kaufmännisch nicht anders beurteilen konnte als Schröder, der seine Aufsichtsratstelle niederlegte und die Beziehungen virtuell abbrach, liegt auf der Hand, aber ich war fest entschlossen, von Recriminationen nach dieser Seite hin beharrlich abzusehen, und habe diese Linie schriftlich Vossler gegenüber festgelegt und erörtert, so dass sie als Thatsache Wiegand bekannt sein musste, ja darauf berechnet war ihm bekannt zu werden. Ich hatte nicht die Absicht, das werdende

Unternehmen mit einer herbeigeführten Krisis von Wiegands schiefem und verkehrtem Verhältnis zu mir sofort wieder zu belasten, und wünschte ebensowenig meine mit ihm noch abzuschliessenden, d.h. abzuleistenden verlegerischen Geschäfte, in denen jahrelange und glückliche Arbeiten stecken, seinem Ressentissement auszuliefern, gegen das unser VerlagsGesetz dem Autor keinen ernstzunehmenden Schutz gewährt.

Aus allen diesen Gründen hatte ich gehofft, die Nachlindauer Krise, die schwerste, die das Unternehmen bisher durchgemacht hat, mit angehaltenem Atem am besten passieren zu können, und inzwischen begonnen, meine gelehrten und literarischen Freunde, die bereits zum Teile mir erklärt hatten, sich meiner die Zeitschrift indossierenden Initiative, auf diese meine Bürgschaft hin, anzuschliessen, weiter zu interessieren. Ich habe im Laufe des Monats *19* ausführliche Briefe in der Sache geschrieben und mehr als so viel erhalten, und habe gelegentlich fast Anwandlungen von Optimismus bei dem Gedanken gehabt, es könne vielleicht doch gelingen, durch Stetigkeit die Atmosphäre langsam zu sanieren und zu befrieden, und zwar nicht das aus der Zeitschrift zu machen, was sie hatte werden sollen und hätte werden können, aber doch ein allenfalls zu vertretendes honnettes Sammelbecken für allerhand reineres Ingrediens und damit doch ein Leidliches, an seiner Stelle nicht Unrichtiges, vielleicht sogar sich eine Weile Erhaltendes.

Dafür war natürlich die Voraussetzung eine absolute Reciprocität, und sie war nicht nur notwendig, sondern nach nirgendhin präjudiziert. Ich war über die gegen mich persönlich betriebene Hetze ohne Laut hinweggegangen, und mit dem Lindauer Vertragsschlusse durfte die ganze Phase der jene Vorgänge angehörten, als nicht gewesen fingiert werden, – sie *durfte* es nicht nur, sondern der elementarste Takt schrieb vor dass sie es *musste*. Die Gefahr war damit beschworen, und ein nominelles Gleichgewicht hergestellt, an dessen Erhaltung allen Teilen gelegen sein musste. Wurde es wieder gestört, so wurde eine ganz andere Lage geschaffen als die des August 29, denn damals war alles noch redressierbar, jetzt durch die geschlossenen Verträge alles starr. Wiegand war mir gegenüber nach seiner totalen Demaskierung zwar menschlich in keiner beneidenswerten, aber geschäftlich in einer durchaus balancierten Lage, deren Balance er ganz ausschliesslich meiner Schonung verdankte. Um so grösseren Anlass hatte er, von vorsichtiger Zurückhaltung und äusserster formeller Behutsamkeit den langsamen Ausgleich zu erwarten, dessen Elemente ich ihm alle vorbereitet hatte, und der sich bei einigem guten Willen normal eingestellt hätte. Wenn er statt dessen handelt wie er, nach kurzer Schonfrist handelte, indem er an Schröder einen Brief schreibt den dieser mit Recht nur als »naive Unverschämtheit« bezeichnen kann, und an mich das Steiner angezeigte Dokument erlässt, das in dieser Form kein Mensch abfassen konnte, in dem noch ein Rest von den Hemmungen eines Gentleman eine Anstandscontrole über die entgegengesetzten Triebe ausübte, so zeigt diese Politik, dass er, auf Ihre Unterschrift unter dem Vertrage und Ihre allgemeinen Mittel gestützt, den bis zur Entscheidung nur vertagten Kampf wieder aufnimmt, und den entstandenen Konflikt jetzt glaubt, nämlich auf dieser Basis, als nackte Machtfrage behandeln zu können. Dass diese meine Deutung die richtige war, zeigt sein weiteres Verhalten. Vierzehn Tage später fordert er von mir telegraphisch mit siebentägig befristetem Ultimatum das Nachwort zum Dante, und damit mein Imprimatur, und erklärt, nach Ablauf dieser Frist ohne Imprimatur zu publizieren. – Ich schiebe ein, dass um dies Imprimatur zwischen ihm und mir seit zwei Jahren ein Conflikt bestand, der mehrmals den Bruch streifte und dessen Kernpunkt meine Erklärung war, die Dante Ausgabe die ein Lebenswerk darstellt, nur unter der Bedingung vornehmen zu lassen, dass sie verlegerisch und propagandistisch angemessen vorbereitet und nicht wie alle meine übrigen von Wiegand ruinierten Bücher lautlos abgezogen, abgebunden, ausgeliefert, und unmittelbar darauf von Wiegand virtuell verleugnet wird. Nachdem Wiegand über ein Jahr lang sich mit Klauen und Zähnen dagegen verteidigt hatte, normal und öffentlich für mich als seinen Hauptautor einzutreten, kam es endlich vor einem Jahre in Schröders Beisein in Bremen zu einem Ausgleiche auf der Basis der Reciprocität: Imprimatur gegen eine im Einzelnen vereinbarte Propaganda. Auf diesen Vertrag gestützt, lieferte ich loyal im Frühjahr die ausstehenden Dantebogen und die Gesamtrevision ab, behielt mir nur, in einer ahnungsvollen Vorsicht, mein Nachwort vor, und warte seitdem vergebens darauf, dass Wiegand sein Wort hält. Er denkt natürlich nicht daran, sondern betrachtet die unter Druck gegebene Zusage wie alle seine Zusagen als rein taktisch, und ihre Zurückziehung bei günstigerer Coniunctur als sein pfiffiges Recht. – Auf sein Ultimatum habe ich geantwortet ich liefere Nachwort und Imprimatur sofort im Gegenwerte gegen die Erfüllung seiner vertraglichen Pflichten. Umgehend telegraphiert er zurück, nach eingegangener Weigerung meinerseits schreite er ohne Rücksicht auf mich zur Veröffentlichung. Ich antwortete, dass ich Vossler um Fällung eines Schiedsspruches gebeten habe (den ich gleichzeitig brieflich orientierte, unter Bereiterklärung ihm das Streitobjekt als Treuhänder zu übergeben –) und falls dieser Schritt ergebnislos bleibe, Gerichtsbeschluss erwirken, dh. Sacharrest auf die Druckbogen legen lasse, bis zur Fällung eines rechtskräftigen Urteils; gleichzeitig erklärte ich ihm, auch Sie und Staatssekretär von Kühlmann über die Lage zu informieren. Er hat zurücktelegraphiert er lehne Vermittlungen bei der »einwandsfreien Rechtslage« ab und fordere vorbehaltlose Abgabe des Nachwortes und des Imprimaturs. Das heisst das Ende, – Civilklage, Gerichtsvollzieher, Prozess durch alle Instanzen. Gerade Naturen wie die meine, die Langmut und Duldung bis zu einer übermenschlichen Spannung durchführen können, werden wenn sie zur Überschreitung des Rubikon einmal gezwungen sind, zu Gegnern, die keinen halben Frieden mehr schliessen sondern den Krieg fortsetzen, bis die letzte Spur und die letzte Kraft des Missbrauchs ausgetilgt ist. Das, und der Wunsch das abzuwenden, ist der Grund, warum ich mich auch an Sie gewandt habe.

Ihre Bemerkung, dass Ihre Garantie sich nur auf die Zeitschrift beziehen könne, in der Sie für meine vollständige Unabhängigkeit von ihm bürgen könnten, ist theoretisch natürlich durchaus korrekt, aber auch eine einwandsfreie theoretische Scheidung ist kaum der erste Schritt zur Beherrschung ganz concreter praktischer Schwierigkeiten, die ins Individuelle gebettet sind und ins Widerspruchsvolle der menschlichen Natur. Wenn es zwischen Wiegand und mir zum öffentlichen Gerichtshandel kommt, einem schmachvollen und hässlichen Handel, der meiner Pietät gegen mein eigenes Werk und der Pietät gegen eine durch achtzehn Jahre an diesen Mann gebundenen Vergangenheit die tiefsten unheilbarsten Wunden schlägt, so wird eine Beteiligung an Unternehmungen, aus denen dieser gleiche Mann wirtschaftliche und moralische Vorteile sehr erheblicher Art zieht, für mich zu einem absoluten Martyrium: Ich glaube kaum dass Sie, lieber Herr Bodmer, übersehen, was die Verlagsübertragung der Zeitschrift an Wiegand für diesen praktisch bedeutet. Er war vor Ihrem Eintreten hart an der Liquidation. Seine geschäftlichen wie seine menschlichen Ressourcen waren virtuell aufgezehrt. Er hatte Hofmannsthals und Schröders Vertrauen, gelinde gesagt, enttäuscht, das meine total verloren. Aus Bremen konnte er weitere Zuschüsse nicht erwarten. Sein Aufsichtsrat war schwierig und irritiert. Seine amerikanische Reise war geschäftlich ein glatter Fehlschlag gewesen. Der Buchhandel nahm ihn nicht mehr, als verlegerischen Faktor, ernst. Seine Editionsthätigkeit war auf buchstäblich Null gesunken. Seine Verbindlichkeiten waren um so hoffnungsloser, als sie nur durch Hofmannsthals und Schröders grossherzige Stundungen ihrer Ansprüche – jener ca von 8000, dieser von ca. 4000 Mark – auch nur in dieser labilen Schwebe zu halten waren. Die kleinen Summen die Herr von Kühlmann generöser Weise noch gelegentlich für ihn aufbrachte, konnten doch nicht verhindern, dass er, um seine Wochenlöhne auszuzahlen, sich, übrigens vergeblich, um 3000 Mark an Schröder wenden musste. Wiederholt ist zwischen uns, den geistigen Begründern und Repräsentanten des Unternehmens, besprochen worden, ob wir ein Interesse daran hätten, dies aussichtslose und mit starrköpfigem Ungeschick wie allgemeinem Missgeschick verkettete Verlegertum weiter erhalten zu sehen, und ob es nicht vielmehr das beste sei, den unausweichlichen Abbau des zwecklos vergrösserten Betriebes und seine Rückbeschränkung auf einen rein handwerklichen Druckbetrieb ruhig gewähren zu lassen, welch letzterer Wiegands wirklichen Verdiensten einen angemessenen Spielraum und seinen Beschränkungen zugleich die angemessenere Grenze gesetzt haben würde. In früheren Jahren war Hofmannsthals und Schröders auf Erhaltung zielender Wunsch wesentlich durch Rücksicht auf *mich* und meiner zum Teil aus der Presse gezogenen Einkünfte bestimmt worden. Da dieser Grund seit fast drei Jahren hinfällig geworden war, denn seit so lange schon bin ich wirtschaftlich vom Presseverlage gelöst, haben im letzten nur noch Rücksichten allgemeinen Wolwollens für Wiegand Schröder, in geringerm Maasse den viel heftiger irritierten Hofmannsthal zu einem laissez aller bestimmt. – Dies ist die allgemeine Lage, die Niemand als Sie, lieber Herr Bodmer, für Wiegand gewendet haben. Wäre es auch nur der unerwartete und unschätzbare Prestigeauftrieb den die Übernahme eines mit bedeutenden Mitteln ausgestatteten Verlages für einen so abwärts strauchelnden Unternehmer wie ihn bedeutete, so wäre das bereits genug. Schröders Eintreten, das von ihm seitdem tausendmal bereute, für die Combination, in München, entsprang keinem andern Gedanken als dem des letzten Strohhalmes für Wiegand, den Menschen, während meine entgegengesetzte Haltung dem Gefühle entsprang, dass es unverantwortlich sei, einem in seiner totalen geschäftlichen Unfähigkeit erwiesenen verlegerischen Dilettanten die Hoffnungen eines noch unpräjudicierten Unternehmens und die Mittel eines generösen und opferbereiten, thätigen und begeisterten

Jünglings – jungen Mannes wenn Sie wollen, aber jünglinghaft im schönen Sinne schien mir Ihr Verhalten – nur mit Rücksicht auf charitative Hilfsaktionen preiszugeben und aufzuopfern. Gleichviel. Wenn es die Zeitschrift, und nur die Zeitschrift ist, die Wiegand heut soviel Luft zu geführt hat, dass er daraufhin sofort dazu schreiten kann, denselben Mann brutal zu brüskieren, – Schröder meine ich – den er gestern als seinen einzigen Helfer und Stützer cajolierte und mir vorbehaltlose Ultimaten zu stellen, dem er gestern höchstens heimlich versuchte, de couper l'herbe sous les pieds, offen aber, bei den Kräften, die ich im Notfalle beschwören kann, nichts anzuhaben wagte, so ist es, das können Sie nicht verkennen, eine geradezu furchtbare Zumutung für mich, eben in dieser Zeitschrift mich zu Hause zu fühlen, ihr meine Kräfte zu leihen, die indirekt als steigernde Kräfte der dreisten Feindschaft zufliessen, die schon seit dem Sommer jedes Mittel versucht, mich unter ihre Conditionen zu stellen, mir das Gesetz zu diktieren, mir nur die Wahl zwischen der diminutio capitis oder dem Abdanken zu lassen – um dann freilich mit umgedrehtem Spiess zu verbreiten, ich wolle diese Zeitschrift in die Luft sprengen. Sie wissen, dass hinter dieser geringen Haltung an positivem Nichts, buchstäblich nichts steht, als das Ringen seiner menschenfresserischen Liebe um meinen absoluten »vorbehaltlosen« Alleinbesitz und seine subalterne Wut darüber, dass ich mich nicht habe verschlingen und verdauen lassen. Aber weder Sie noch ich können vergessen, dass diese Gesinnung ihrerzeit sich in der Andeutung an Steiner verraten hat, man habe in den durch Sie finanzierten Vorzugsausgaben meiner Inedita ein bündiges Druckmittel gegen mich, um mir die Mitarbeit an der Zeitschrift unter den zu diktierenden Bedingungen schlimmstenfalls *aufzuerlegen.* Ich weiss sehr wol, wie solche Argumente auf Sie wirken müssen, aber diese Worte sind nun einmal gefallen, und Sie kennen den Typus den Wiegand darstellt sehr schlecht, wenn Sie glauben, er liesse sich durch irgend eine vage Fassung der Competenzen, ohne an allen vier Ecken angenagelt zu sein, neutralisieren. Sie schreiben, die Begrüssung der Autoren sei ausschliesslich Züricher Sache. Ich werde soeben »einwandsfrei« davon in Kenntnis gesetzt, dass die Rilkeschen Erben ausser durch Steiner auch durch Wiegand zur Überlassung von Beiträgen aufgefordert worden sind, und sich natürlich an ihren jahrzehntelangen Freund Schröder gewandt haben um diesen, als den einzig in Betracht kommenden, zur Entscheidung über Ja oder Nein zu bestellen. Sie sind in einen Kampf eingetreten, mein lieber Herr Bodmer, nicht in einen Vertrag. Willy Wiegand hat seit seinen Bremer Jugendjahren noch nie zu Mann oder Frau in einer Beziehung oder einem Verhältnisse gestanden, dem er nicht allmählich den Charakter eines Abringens der Kräfte und eines Ringens um die Flügel gegeben hätte. Er schmiegt sich nur vor der absoluten Gewalt, und er sieht es als sein Recht an, die absolute Gewalt wirken zu lassen, wenn er einen Zipfel von ihr in die Hand bekommt.

Aus allen diesen Gründen habe ich Sie gebeten, ihn einen Wink dieser Gewalt, die Sie ihm gegenüber in Händen haben, und die er sofort respektieren wird, erblicken zu lassen, und ihm anzudeuten, dass obwol seine Zänkereien mit mir ausserhalb des Ressorts der Zeitschrift beheimatet sind, sie doch nicht ohne Repercussion auf die Atmosphäre der Zeitschrift bleiben können, und dass die Zeitschrift dem Grundsatz der Politik, auch unruhige Dauerstörungen an ihren Grenzen nicht gerne zu sehen, eine gewisse Berechtigung nicht versagen könne. Er weiss genau, dass heut nur Sie, lieber Herr Bodmer ihn halten. Ausserhalb von Ihnen ist er total isoliert. Dass diese Stützung ihn von uns unabhängig macht, trompetet er ja selber seit Monaten hinaus; aber dass diese Unabhängigkeit in seinen Händen dazu führt, uns direkt und scharf anzugehen, in erster Linie mich, mittelbar auch Schröder, diese letzte *Causal*folge Ihrer Stützung geht wie ich annehme, ausserordentlich weit über die *Intentionen* hinaus mit denen Sie diese Stützung vorgenommen haben, und steht daher durchaus Ihrer Abrufung zu. Und das umsomehr, als der ganze Streitfall, wie immer bei Wiegand, keine Grundfrage betrifft, sondern eine kleinliche Quisquilienfrage, ein Hadern um ein Haar:

Ich erhebe die bescheidensten Ansprüche in dieser speziellen Sache wie im allgemeinen: ich wünsche nur Ruhe, Correktheit, völlige gegenseitige Zurückhaltung. Ist dies garantiert, so ist alles übrige gesichert. Ich darf beanspruchen, dass eine Vertenz zwischen mir und einem seit achtzehn Jahren mit mir verbundenen Geschäfte, ehe sie vor den Richter kommt, vor einen Schiedsrichter von der Autorität Vosslers, eines persönliches Freundes der Gegenseite gelangt. In dieser Wahl, und in meiner schriftlich abgegebenen Erklärung, mich dem Schiedsspruche unbedingt zu unterwerfen, liegt ebenso der Beweis meiner bona fides und meiner absoluten Loyalität, wie in der Verweigerung des Schiedsspruches durch Wiegand der evidente Beweis dafür dass er sich bewusst ist ihn nicht riskieren zu können. Ich bin nach wie vor zu jeder vernünftigen und gütlichen Beilegung dieses Punktes, zur ebenso vernünftigen und gütlichen Abwickelung der anderen noch schwebenden Geschäfte bereit. Wiegand ist kein Gegner, der meinen Ehrgeiz reizt – χειρόνεσσι δ' οὐκ ἐρίζει sagt Pindar. Mein Ziel ist pur et simple, ihn auf gute Art für immer loszuwerden, ihn nie wieder sehen, keinen Brief mehr mit ihm tauschen zu müssen; bescheidener kann man nicht wol sein. Daneben das Ziel, in meiner Teilnahme für die Zeitschrift durch seine Firma auf dem Titel nicht gestört zu werden, die brouille nicht weitere Kreise ziehen zu sehen – was alles auf der Hand liegt. Er hat das entgegengesetzte Ziel, – Chicane so lange er kann, Rache wie immer sie zu nehmen ist, Verteuern jedes Schrittes, Verleiden und Verdrängen meiner Beziehung zur Zeitschrift, – was alles auf der Hand liegt.

Sie haben es völlig in der Hand, lieber Herr Bodmer, Ihr Gewicht auf die Seite zu werfen, der Sie durch die Entwickelung der Dinge in Lindau, wol ohne die Folgen voraus ermessen zu können, die Stütze entzogen haben. Wäre die Entscheidung, wie wir gemeinsam als richtig befunden hatten, unter Hinzuziehung der Nächstbeteiligten, oder in meiner Mitvertretung Schröders, erfolgt, so wäre die Zeitschrift, das kann ich Sie versichern, dank Schröders erbarmungsloser Menschenkenntnis und granitenen Konsequenz, in ein eisernes Fass gebunden worden, in dem sie stosssicher durch die Stürme geschwommen wäre, und Wiegand wäre in die Lage versetzt worden, entweder Tags drauf zu liquidieren oder die Zuteilung gegen den Austausch nicht relativer sondern absoluter und allseitiger Garantieen für die Zukunft zu erkaufen. Zu dieser Taktik war Schröder nach den unerhörten Vorgängen fest entschlossen, und seine Machtstellung im Aufsichtsrate ebenso wie seine als Netz über ganz Deutschland gehenden Verbindungen, denen ich die meinen mit zur Verfügung gestellt hatte, hätten ihm erlaubt, einen unerschütterlichen Rückhalt in den Dienst Ihrer Sache zu stellen. Es wäre dadurch nicht nur vermieden worden, was uns im Augenblicke beschäftigt, sondern Sie selber dürften heut für sich einer hoffnungsvolleren Zukunft Ihrer grossherzigen Unternehmung und einem reicheren Nutzen Ihrer Opfer entgegensehen. Da es nicht geschehen ist, wollen wir nicht klagen und nicht schmollen oder seitab stehen, sondern solange es noch Zeit ist, noch kein Heft erschienen die Dinge noch im Flusse, warnen und winken. Um nichts anderes bitte ich Sie. Sie haben mich seinerzeit mit beweglichen Worten versichert Sie wollten zwar die Zeitschrift gern, am liebsten, mit Wiegand machen, aber auch mit Wiegand *nicht ohne die Dichter,* und diesem Satze ein ander Mal eine noch wärmere und beweglichere Wendung gerade auf mich hin gegeben, die mich sehr gerührt hat, *und die ich Ihnen nicht vergesse.* Sie können als der Wirt Ihrer Zeitschrift nicht gerne sehen, dass ich, der Gast Ihrer Zeitschrift, zwar ausser dem Hause, zwar nur auf der Strasse, zwar ausserhalb Ihres Burgfriedens, aber doch von einem Ihrer Organe, der mir unter Ihren Augen den schuldigen Respekt nicht verweigern dürfte, insultiert und attackiert würde, dass ich mich des Büttels gegen diesen Angreifer bedienen müsste, dem ich gerade darum, weil ich Ihr Gast bin, der Dorn im Auge bin. Übersetzen Sie die Metapher ins Eigentliche und Sie fühlen die Berechtigung meiner Bitte, that he may be bound up to keep the peace wie das englische Rechtswort heisst. Sie können dies nicht in einem extremen Falle auf die kühle und kahle Auslegung des Zeitschriftenstatutes beschränken wollen, das jener nur in soweit achtet, als es seine Position verstärkt, und interpretiert wo es ihn beschränkt. Menschliches Wolwollen und humane Gesinnung, die erste Voraussetzung für ein wolabgestimmtes Zusammenwirken vielfacher und ungleichartiger Kräfte können nicht praktisch so scharf lokalisiert werden, dass an den Grenzen des Lokales der Niedertracht und Feindseligkeit gestattet sein könnte, frei auszuholen. An dieser künstlichen Unterscheidung ist Wiegands Verhältnis zu mir gescheitert: er ist seit Jahren im Rahmen der Verlagsthätigkeit mein Gerent, ausserhalb von ihr mein kleinlichster und illoyalster Bekritteler, und schon diese Spannung habe ich durch lange Zeit um des Friedens willen gehalten. Soll ich eine neue aus den niedrigen Gründen halten müssen, die dieser Unglücksmensch mir als Halfter um den Hals zu werfen geraten hat? Lieber Freund, ich weiss was ich Ihrer Freundschaft schulde. Aber ehe ich Ihrer Freundschaft das drückende Gefühl zumuten müsste, ein solcher Gläubiger eines solchen Schuldners zu sein, würde ich heiteren Gesichtes und getrosten Mutes dies Band, im Augenblicke da man es zu einer Schlinge umdeuten will, zertrennen, und Ihnen die schöne Freiheit zurückgeben, mir die lautere Freiheit zurückerbitten, die Ihnen und mir besser stehen als die Ketten die gehalten und die getragen werden. Fühlen Sie in dieser Gesinnung die mir selbverständlich ist und in diesen Worten, die sie sich hat finden müssen, die Wärme meiner Zuneigung und den Wunsch, ein Verhältnis, das mir vor allem durch Ihr Vertrauen etwas bedeutet und dem mein volles Vertrauen immer erwidert hat, nicht in Formen niederdrücken zu lassen, die jedes Vertrauens unwürdig wären.

Herzlichst der Ihre

R. Borchardt

627 AN KARL VOSSLER

München, am 31. Januar 1930.
z.Z. Max-Josephstr. 2.
Sehr verehrter Herr Geheimrat!

Indem ich gleichzeitig vereinbarter Massen und zur vereinbarten Zeit das Nachwort in Ihre Hände lege, das infolge der auf Abendstunden beschränkten Verfügungszeit Herrn Strecks nicht so zeitig wie ich gedacht hatte, in Maschinenschrift hat abgeschlossen und corrigiert werden können, bitte ich, aus technischen Gründen die Ihnen bei meinem Besuche gemachten Rückäusserungen auf die Antworten Wiegands noch einmal schriftlich zusammenfassen zu dürfen.

Ich werde mich dabei auf Tatsächliches beschränken und grundsätzlich ausschliessen, was die durch Ihre Güte angebahnte Verständigung nicht mehr fördern würde.

1) Ich nehme davon Kenntnis, dass Wiegand die Dantepropaganda, und die ihr sechs Monate später anzuschliessende Propaganda für meine von ihm verlegten Uebersetzungen, als seine Verpflichtung anerkennt und beantworte diese Ihnen als Drittem übergebene Anerkennung mit der Erteilung des Imprimaturs, ohne hiefür die Correktur bezw. Revision der Fahnen des Nachwortes abzuwarten. Dagegen erwarte ich von Wiegand, dass er die dafür nötigen Vorarbeiten sofort in Angriff nimmt und ihre Einzelheiten mit mir schriftlich erörtert. Mit dem Umfange den er der Propaganda zu geben gedenkt, bin ich nicht nur einverstanden, sondern halte ihn bereits nach den mir gemachten Angaben für unverhältnismässig gross. Darüber hinausgehende Wünsche

habe ich nie gehegt oder geäussert. Jedoch bemerke ich, dass das Druckheftchen nur einen Teil der angemessenen Propaganda darstellt, und dass ihr eine Coordinierung angezeigter kritischer Stimmen in der Presse durch Verständigung teils mit den Autoren, teils mit den Organen zweckmässig angegliedert wird. Ich habe von jeher betont, dass die Wirkung eines Werkes, das die Ernte so langer beiderseitiger Arbeit und Anlage heimholen soll, im beiderseitigen Interesse nicht dem Zufalle überlassen bleiben darf.

2) Ich nehme davon Kenntnis, dass Wiegand eine Anfrage von Harrassowitz wegen der Trobadors bei sich nicht feststellen kann, und dass die vom Genannten brieflich an mich zitierte Schriftäusserung des Verlages, die das Buch irriger Weise als vergriffen bezeichnet hat, nicht bei seinen Akten ist. Ich erwarte die Äusserung von Harrassowitz auf die vermutlich dorthin abgegangene Beschwerde des Verlages einzusehen und bei dieser Gelegenheit, wie bereits schriftlich erbeten, den Lagerbestand meiner Verlagsartikel kennen zu lernen.

3) Ich bin dazu bereit, über die Volkslieder mit Wiegand den mir von diesem angebotenen Vertragsentwurf schriftlich zu besprechen, und einverstanden, dass ihm ein Paragraph des Wortlautes eingefügt wird:

»Die beiden ersten Bände des Vertragsgegenstandes, ›Deutsche Cavalierslyrik‹ und ›Deutsche Renaissancelyrik‹ sind gleichzeitig mit Vertragsunterzeichnung dem Verlag der Bremer Presse druckfertig übergeben worden.«

Die von Wiegand geltend gemachte Bedingung für Vertragsschluss betreffend –, dass eine Wiederherstellung der persönlichen

Beziehungen, wenigstens insoweit sie einen Schriftverkehr ermöglichten, ihr voraufzugehen habe, – sehe ich weder, wie sie zu begründen, noch wie sie praktisch zu erfüllen wäre. Meint Wiegand nur die Wiederherstellung derjenigen »persönlichen Beziehungen«, die von mir unter den bekannten Umständen bis vor einem Jahre teils gefristet, teils in Ruhelage belassen worden sind, so würde ich von der Belastung einer geschäftlichen Verständigung mit ihnen entschieden abraten. Ein anderes ist es, wenn Wiegand einen den Rechtsverhältnissen parallelen persönlichen Weg zur Herstellung solcher persönlichen Beziehungen für gangbar hält, die weder die Geschäfte gefährden oder illusorisch machen, noch leere Formen darstellen. Wie es mir ganz fernliegt, ihm in dieser Hinsicht Anregungen oder Vorschriften zuzuleiten, so müsste ich es von dem Charakter den sie annähmen, abhängig machen, wie weit ich ihnen begegnen kann.

4) Ich nehme, obwol darüber keine Äusserung seitens Wiegands mir erinnerlich ist, einstweilen an, dass auch er einen pünktlichen Schriftverkehr in Zukunft als erste Voraussetzung für verlegerische Zusammenarbeit anerkennt.

5) Von Wiegands Äusserungen über seine bei Begründung der Zeitschrift mit Rücksicht auf meine Person befolgte Praxis nehme ich in dem Sinne Kenntnis, dass ich in ihnen subjektiv eine gewisse Regung der Wiedergutmachungsabsicht menschlicher Weise nicht verkennen will. In der Form einfacher Ableugnung, in der sie mich objektiv nicht befriedigen können, sind sie mit den einer Reihe von Personen bekannten Tatsachen nur unter Voraussetzungen zu vereinen, die unmöglich ernst genommen werden können. Wiegand ist mein Charakter seit einem halben

Menschenalter viel zu genau bekannt, als dass er je hätte annehmen können, ich würde, bei der von ihm mir zugedachten Verdrängung aus dem Miteinflusse auf ein sehr wesentlich für mich begründetes Organ, diesem als Mitarbeiter in nennenswertem Maasse angehört haben. Danach können Interpretationen seiner Absichten nur zu Wortstreiten führen. Die von ihm gewünschte Wirkung könnte ein Zurückkommen auf diese abgetanen Vorgänge meines Erachtens ausschliesslich dadurch erzielen, dass man mit loyaler Offenheit gemachte Fehler zugestände, worin auch die am ehesten verlässliche Bürgschaft dafür läge, dass sie sich nicht sofort wiederholen.

Ich habe Ihnen nochmals für die Humanität zu danken, mit der Sie meiner Bitte Ihre Zeit und Erfahrung haben zur Verfügung stellen wollen, und für die Weisheit, mit der Sie vermittelt haben und noch vermitteln. Ich wiederhole, dass mein Gewissen und mein Vertrauen es mir natürlich machen, mich Ihren Entscheidungen, wenn solche noch ausstehen sollten – wie sie auch fallen mögen, zu unterstellen.

Mit den ergebensten Empfehlungen an Ihre Frau Gemahlin und verbindlichen Grüssen der Ihre   R. Borchardt.

628 AN MARTIN BODMER

z Zt 2 Max Josefstrasse
München 12 Febr 30

Lieber Herr Bodmer
Ich habe die Beantwortung der beiden liebenswürdigen Schreiben aus den Bergen noch bis zu dem vorläufigen Abschlusse der

Angelegenheit ausgesetzt, den ich Ihnen nunmehr von hier aus noch kurz mitteile. Die von mir eingeleiteten Schritte haben Wiegand zu den von Anfang an sehr mässig angesetzten Zugeständnissen bestimmt, mit denen ich mich nach Lage der Sache begnügen kann. Einer von ihm nachgesuchten Begegnung habe ich, um nicht den Schein der Schroffheit auf mich zu laden, und im Interesse der unvermeidlich gewordenen Bindungen, mich, de bonne grâce, geliehen, und dabei, wie zu erwarten war, erfahren, dass er herrlich ist wie am ersten Tag, und nicht er, sondern Schröder der dämonische Intrigant, der alles aus Teuflischem Eigennutz verwirrt und verdorben hat. Ich habe nun auch diese Version, cum beneficis inventarii, angehört, und bin so klug wie zuvor. Als Belastung meiner Verbindung mit der Zeitschrift scheidet die Vertenz und die Person auf absehbare Zeit aus, und das ist das einzige, was Sie daran billigerweise interessieren kann. Persönlich bitte ich Sie nochmals zu entschuldigen, dass diese schnöden Polemiken und Gegenpolemiken, die genau besehen aus lauter Lumpereien bestehen, auch durch mich endlich noch Ihnen haben zugetragen werden müssen. Ich habe so lange ich konnte, Sie und schliesslich auch mich selber ausserhalb und oberhalb davon zu erhalten gesucht, und erst gesprochen als es an die ultima ratio ging. Wenn ich das eine noch hinzufügen darf: Lassen Sie sich den Blick auf Schröder nicht und durch nichts trüben. Ich kenne ihn seit achtundzwanzig Jahren und kenne keinen graderen Ehrenmann, keinen hochherzigeren Edelmann, keinen menschlicheren und reineren Menschen. Ich sehe ihn nicht nur in der Perspektive der Freundschaft und ihrer allseitigen Erfahrungen, sondern, seit ich sein Verwandter bin, im Blickfelde der ganzen Familie deren Stolz und deren guter Geist er durch sein Leben hin gewesen ist. Er kann wenn er verletzt ist, aufbrausend und gelegentlich Anfällen unverständiger Ungerechtigkeit ausgesetzt sein, und bei solchen Gelegenheiten tobt das Wort, dessen Meister er ist über die Schranken. Aber niemand kehrt rascher in sich zurück als er, niemand lächelt schneller und gutmütiger über sich selber, niemand ist leichter zu begütigen und zu überführen. Seit es Dichter gibt, haben Dichter immer so ausgesehen: Impiger, iracundus inexorabilis, acer. Wenn ich ein solches menschliches Phänomen in seiner Zartheit Reizbarkeit und Noblesse durch einen so subalternen Blick gezogen und in ihm zur Unkenntlichkeit verschoben sehe, wie eben in dem Wiegands, so kommt mich etwas wie ein heftiger Wunsch an, mit dem Reste des Guten den es noch geben mag, von einer solchen Erde auszuwandern, und mich tröstet nur die zurückkehrende Einsicht, dass nach einer kurzen Zeitspanne diese schöne Gestalt in ihren unsterblichen Bildungen als Geist für sich zeugen wird, wenn von den Ephemeren nichts geblieben sein wird als das Licht das von den Höhen auf sie fiel – nicht der Schatten den sie zu werfen suchten.

Ich übersende Ihnen als zweiten Druck die Hsr. meiner Gedichte. Den Pindar erhält gleichzeitig für die Zeitschrift Dr Steiner. Mein deutscher Aufenthalt ist überraschend fruchtbar gewesen. Ich habe grosse Bühnenverträge abgeschlossen und die Schauspielerin Käthe Dorsch, eine ausserordentliche Künstlerin und den ersten weiblichen Namen unserer Bühnen, als Darstellerin für mich gewonnen. Auch auf anderen Gebieten haben wichtige Vereinbarungen getroffen werden können. Mein Hofmannsthal Buch hat Fischer erworben und Schröder und ich haben in langwierigen und schwierigen Verhandlungen mit ihm seinen Widerstand gegen unsere beabsichtigte Vorlegung des Hofmannsthalnachlasses gebrochen.

Ich bin mit den aufrichtigsten Gesinnungen für Ihre Frau und Sie wie immer der Ihre   R Borchardt

629 AN DEN VERLAG DER »DEUTSCHEN RUNDSCHAU«

[Nicht abgesandt]   [1930]

Verlag der Deutschen Rundschau
                    Berlin
Sehr geehrter Herr
In Erwiderung Ihres Ersuchens in Sachen des Jungschen Buches muss ich bitten es mir nachzusehen, wenn ich meine gerne gewährte Unterstützung des geschätzten und mir nahestehenden Verfassers formell nach zwei Richtungen hin bedingen muss.

Ich habe mich Dr Jung gegenüber persönlich darüber erklärt, dass ich die Verknüpfung seiner Gedankenwelt mit den Schwarmgeistereien Georges und seines Kreises nicht als eine glückliche Erweiterung des ursprünglichen Buches ansehen kann, vielmehr als eine Beirrung des conservativen Weges ansehe, den der Verfasser mit solcher Neuheit und Kraft der Formulierung beschritten hatte. Herr Dr Jung hat denn auch mit der ihm eignenden Loyalität zugestanden, dass er infolge von lückenhafter Information nicht hatte übersehen können, in welchem Maasse das Georgesche

Wesen mit päderastischer Tendenz durchsetzt ist, und hat sich mit mir in dem Prinzipe eines gefunden, dass wir der homosexuellen Gefahr, als einer der furchtbarsten unser Volkstum bedrohenden, in der verlockendsten und pathetischesten ihrer Formen wie in ihren Gassenformen unversöhnlich gegenüberzutreten haben. Ich kann für kein Buch, als Buch, öffentlich eintreten, in dem Stefan Georges aus lichtem und düsterstem gemischte, grosse aber verhängnisvolle Gestalt dem Volke mit den Lichtseiten des Führers zugedreht wird. Herrn Dr Jung sind, wie er mir sagte, unabhängig von mir, Thaten und Handlungen Georges bekannt geworden, die ihn im grauenhaftesten Lichte zeigen, und es ist weiten Kreisen kein Geheimnis, dass Ludwig Klages, der die Georgeschen Interna und die Einzelheiten seines Hochkommens vielleicht als Einziger bis in ihre dunkelsten Falten kennt, mit ihrer aktenmässigen Darstellung nur während Georges Lebzeiten zurückhält. Bei der schwer erschütterten Gesundheit Georges, der menschlicher Voraussicht nach kein langes Leben mehr vor sich hat, kann der Augenblick sehr bald eintreten, in dem von dem Phantome dieser Führerschaft die Schleier fallen, und diese Umstände raten allen Beteiligten zu einer mehr als gewöhnlichen Zurückhaltung.

Der zweite Punkt betrifft die in dem Buche hervortretenden Gedankenneigungen die dann zu Dr Jungs wenn auch bedingter Teilnahme an dem schweren Irrtum der »Volkskonservativen« Compromisse geführt haben. Ich habe die Spaltung der conservativen Partei in einen consequentgebliebenen und einen ich kann nur sagen, possibilistischen Flügel als einen unverzeihlichen Fehler betrachtet, dessen Schuld sich auf beide Teile theoretisch gleichmässig verteilen mag, praktisch aber ausschliesslich zu Lasten derjenigen fällt, denen die Wahlen das gerechte Urteil gesprochen haben. Es liegt meines Erachtens eine Verkennung der geschichtlichen Situation in dem Versuche, in einer Zeit grundsätzlichen Auseinandertretens unversöhnlicher Tendenzen die sich zum Entscheidungskampfe rüsten, so schwache Mittellösungen der Versöhnung des Unversöhnlichen vorzuschlagen, wie sie in der volkskonservativen Ersetzung des Fürstentums als Trägers der Regimentstradition durch das »Volk« vorliegen, das ja gerade an der geschichtlichen Tradition einer nationalen Disziplin nur insoferne Teil hat, als es mit dem Fürstentume eine geschichtliche Einheit gebildet hat, als Unterthanentreue, Beamtenpflichterfüllung, Soldatentugend, und das im Augenblicke in dem es nicht weiss, wem es Treue zu halten hat,

630 AN HERBERT STEINER

Redaktion der Corona
    Zürich

Lieber Herr Steiner
Sie erhalten anbei als Beitrag für die Zeitschrift den ersten Akt der Pamela, die ich für die Dorsch geschrieben habe, und die Eingangs nächster Spielzeit hier aufgeführt wird. Die Goldonischen Elemente und Szenare figurieren nur, teilweise, im ersten Akte. Der dritte ist mein Eigentum, der zweite grösstenteiles.

Wir sind durch Theaterangelegenheiten vorderhand hier festgehalten. Ich bitte um Bestätigung.

    Mit besten Grüssen Ihr   R Borchardt

7 Nürnbergerstrasse
Pension Vocke
Berlin W. 25 III 30.

631   AN HANS FEIST

[Villa di Bigiano Candeglia
Pistoia, April? 1930]

LF

Vielen Dank für Ihren freundlichen Brief, auf den ich aber in der Arbeitshast nicht ausführlich antworten kann. Fischers Vorschlag zeigt mir, wie Recht ich hatte ihn nicht ernst zu nehmen. Solche Bedingungen können nur als Affront gemeint sein, und ich bitte Sie ihm kurz zu bemerken, dass ich Verträge solcher Art nicht einmal als unbekannter Anfänger zu unterschreiben genötigt gewesen bin. Ich sehe den Vorschlag als nicht erfolgt an. Meine Verleger honorieren mir 3000 Exx im Gegenwerte gegen Ms. – Sucht ein anderer Verleger Verbindung mit mir anzuknüpfen, so muss er höhere Vorteile bieten, sonst habe ich an der Verbindung kein Interesse. – Ich thue das Ganze allerdings aus Pietät, aber Verträge sind Prestigefragen, und so lasse ich mich nicht einschätzen.

Ihre Theaterpläne sind mir sehr interessant, aber in ihrer bisherigen embryonalen Form noch nicht geeignet, meine Dispositionen, die ja auf vereinbarter Gegenseitigkeit beruhen, vom vorläufig festgelegten Punkte abzulenken. Ich habe der Dorsch mein Ms. auf einen festen Termin zugesagt und werde mein Wort pünktlich halten, das schulde ich ihr und mir selber und meiner Frau, der ich es versprochen habe und die sich auf mich verlässt. Alles andere muss man dann weiter sehen. Das Stück ist vollständig umgestaltet und auf einen neuen Ton gestimmt, die Szenenführung teilweise durchbrochen, neue Motive eingeführt, die selbstgerechtsame Rednerei teils eingeschränkt, teils umnuanciert, nur das sehr starke und bühnengeschickte Gerippe häufig beibehalten. Wird es nichts mit der Dorsch, so bleibt es immer noch ein Prachtstück für jedes Theater und jede Virtuosin.

Was Sie über Gegenintriguen gegen Sie von Bremen aus schreiben ist mir teils unverständlich teils unwahrscheinlich und jedenfalls unbekannt. Es wird sich wol etwas anders verhalten. Intriguieren Sie selber aber nicht auch noch, lieber Feist. Bei Ihnen sehen Pläne alle Woche anders aus, das mit Ihren Freunden besprochene soll sich dann elastisch mitfügen, und wenn es da hakt, helfen Sie wol auch etwas nach. Mit mir können Sie immer ganz offen sein, Sie wissen, es ist von Nebenabsichten und Politik kein unreeller Faden in mir, das würde mein Inneres bis zur Qual belasten. Ich muss immer ganz offen und einfach vorgehen, und es in Kauf nehmen, wenn ich mir dadurch das Spiel selber verderbe.

Freundlichst wie immer Ihr [Borchardt]

[Entwurf] Villa di Bigiano
Candeglia (Pistoia)
14. IV 30

Lieber Dr Feist

Unsere Besprechung des Falles Beermann-Fischer, am Vorabend meiner Abreise aus Deutschland und leider in Gegenwart Dritter, war so kurz und wenig erschöpfend dass ich von einer schriftlichen Erörterung zu meinem Bedauern, und wie Sie mir glauben werden, zu meinem lebhaften Missfallen, nicht absehen kann.

Ich sagte Ihnen bereits mündlich, dass ich unmittelbar nach dem Telephongespräch mit Hrn. Beermann mich bei Herrn Fischer unter Darlegung der Umstände formell und schriftlich beschwert habe. Die verbindliche Form die ich meiner mündlichen wie dieser schriftlichen Verwahrung gegeben habe, scheint missverstanden zu sein. Zu meinem Erstaunen ist mein Brief unbeantwortet geblieben.

Die Unterstellung, ich hätte nach den Antecedentien meiner Bremer Rede und meines harten Urteils über die Fischersche Hofmannsthalausgabe (im Nekrologe der DAZ, wiederabgedruckt in der N. Zür. Ztg und im »Ring« dem S. Fischer Verlage unter der Hand Verlagsangebote gemacht, impliciert eine Vorstellung von meinem Charakter, die ich als eine objektive Beleidigung schwerster Art ansehe und dementsprechend behandele. Auch ist es mir unmöglich, ihr subjektiv den guten Glauben zuzubilligen. Hrn. Beermann musste bekannt sein, mit welcher Reserve, Kälte und Gelassenheit, – um sehr schwache Worte für ein sehr unzweideutiges Verhalten zu brauchen – die Wünsche des Verlages, von ihrem ersten bis zu ihrem letzten Stadium, von mir behandelt worden sind, mit welcher Bestimmtheit ich in der mündlichen Verhandlung meine eigenen Absichten verfolgt und die des Verlages umgangen habe, und was schliesslich auf seinen Versuch mir einen bereits ausgefertigten und unterzeichneten Vertrag ins Haus zu schicken, geschehen ist. Ich kann weder annehmen, dass ein Geschäftsmann an die objektive und subjektive Möglichkeit einer Offerte glaubt, deren Vertretung in solchen Formen sich selber ad absurdum geführt haben würde, noch dass er ernstlich glauben konnte, ein Mann in meinen Verhältnissen und meiner Stellung der für sein Lebensminimum nicht auf Autorenverdienst angewiesen ist, würde allen Ernstes ein von ihm selber angetragenes Geschäft an der Lappalie von ein par hundert Mark mehr oder weniger haben scheitern lassen. Herr B. musste genau wissen, warum ich nicht gestatten konnte, mir gleichzeitig Avancen zu machen und meinen Preis zu drücken.

Unter solchen Umständen kann die obige Behauptung des Herrn Beermann, als ein nicht sehr geschickter Versuch, um des guten Abganges willen die Vorgeschichte einer missglückten Combination nachträglich auf den Kopf zu stellen, nur in einer Psychologie entstanden sein, die mich nicht mehr interessiert.

Dagegen muss ich mich objektiv in der Sache für nicht befriedigt erklären, und wende mich an Sie, durch dessen zweifellos bestgemeinte und freundschaftliche Übermittlungen der Fischerschen Wünsche ich in diese ganze höchst ungehörige und befremdliche Angelegenheit hineingezogen worden bin, mit der förmlichen Bitte, auf Grund der Ihnen bekannten allgemeinen und besonderen Détails des Herganges die Aufrechterhaltung oder gar Verbreitung und Ausnutzung dieser unwahren Behauptungen aufs bestimmteste zu sistieren.

Ich bitte Sie den Verlag durch ein motiviertes Einschreiben, das mir gleichzeitig zucopiert wird, um Aufklärungen darüber zu ersuchen, wie er die Behauptung zu rechtfertigen gedenkt, dass ihm von meiner Seite direkt oder indirekt, nach meinen unzweideutigen Erklärungen über ihn angehende Dinge, Angebote zu einem Zusammengehen mit ihm in dieser oder andern Angelegenheiten, gemacht worden seien, resp. aus welchen Ihrer Äusserungen oder meiner Stellungnahmen im Laufe der Verhandlungen er sich zu einem dahingehenden Schluss habe berechtigt sehen dürfen. In die Ihnen zugehende Antwort, um deren schriftliche Ausfertigung ich zu ersuchen bitte, wollen Sie mir umgehend Einblick gestatten, damit ich ihr meine weiteren Vornahmen anpasse.

Mit freundlichen Grüssen der Ihre

gez. Rudolf Borchardt

Eine Copie dieses Schreibens ist dem S. Fischer Verlage gleichzeitig zugegangen.

633 AN DEN VERLAG S. FISCHER

[Entwurf]

S. Fischer Verlag
 Berlin

Sehr geehrter Herr,
In Erwiderung Ihres Schreibens vom 14ten cr. stelle ich in Sachen Hofmannsthal-Biographie mich persönlich betreffend das folgende fest.

1) Eine Hofmannsthal Biographie lag und liegt bei mir nicht vor; eine grössere Arbeit, entstanden aus einem auf Bitten der Süddeutschen Monatshefte begonnenen Aufsatze, begann die Grenzen eines Zeitschriftbeitrages zu überschreiten. Diese und keine andere Thatsache war Dr Feist zufällig bekannt.

2) Ich befinde mich mit dem Horen-Verlage und dem Verlage der Bremer Presse in auskömmlichen und vertrauensvollen Beziehungen; beide verlegen und honorieren mir jedes Manuscript, das druckfertig wird.

3) Meine Stellung zu Ihrem geschätzten Verlage war durch öffentlich dargelegte sachliche Meinungsverschiedenheiten im allgemeinen (Bremer Rede) und im Besonderen Ihrer Hofmannsthalausgabe (Hofmannsthalnekrolog der DAZ, von da aus vielfach abgedruckt) festgelegt.

4) Mir war bekannt, dass meine Münchener Gedächtnisrede auf Hofmannsthal und die in ihr angekündigten Programme einer Gesamtausgabe zu Remonstrationen Herrn S. Fischers gegenüber

der Familie, vermittelt durch Frau Martha Wassermann, geführt hatten. Diesen Vorgang musste ich als verschärfend ansehen.

5) Als Dr Feist mir telegraphisch und telephonisch nach München mitteilte, Ihr Verlag hätte auf die Nachricht, ich schriebe ein Hofmannsthalbuch, spontan den Wunsch seiner Erwerbung geäussert, nahm ich diese Nachricht, die ich für durchaus unglaublich halten musste, nicht ernst und ging auf ihre Erörterung nicht ein.

6) Dr Feist hat in fortgesetztem Insistieren bei mir folgenden Thatbestand behauptet: Er habe bei zufälligem Anlasse Ihrem Dr Beermann gegenüber gesprächsweise bemerkt, – es sei die Rede von der durch Sie abgelehnten Brechtschen Biographie gewesen – auch ich hätte ein Hofmannsthalbuch in Arbeit. Darauf habe der Genannte *aus eigener Initiative* sich resp. dem Verlag für ein solches Buch von mir gemeldet, und sofort Herrn S. Fischer informiert, der auch seinerseits spontan ihn, Dr Feist, von seinem lebhaften Wunsche der Erwerbung eines solchen Buches in Kenntnis gesetzt habe. Auf meine wiederholten bestimmten Fragen, von wem das Ganze ausgehe, hat Dr Feist wiederholt aufs bestimmteste geantwortet »es geht von Fischer aus.« Das Telephongespräch hat in Gegenwart von Zeugen stattgefunden.

7) Ich hatte Dr Feist zu Mitteilungen über meine literarischen Pläne in keiner Weise ermächtigt. Meine Stellung zu Ihrem geschätzten Verlage war ihm dadurch bekannt, dass er schon ein Mal, vor Jahren, ein Zusammengehen zwischen Ihrem Dr. Kayser und mir einzuleiten versucht hatte, das infolge der bestehenden Gegensätze zu nichts hatte führen können.

8) Ich habe nach reiflicher Überlegung Herrn Dr Feists Vorschläge abgelehnt. Auch dafür kann ich Zeugen benennen. Mein Hauptargument war der zwischen dem Verlage und mir bestehende Gegensatz in Fragen des Hofmannsthalnachlasses, in dessen Behandlung ich, auch dem Verlage gegenüber, unbedingt freie Hand zu behalten wünschte. Ich musste befürchten, dass eine contraktliche Bindung p/ Biographie diese meine Unabhängigkeit in Wahrung meiner Pietätspflichten beschränken würde, und argwöhnte in dem, angeblichen, Schritte des Verlages geradezu Absichten in dieser Richtung.

9) Auf Dr Feists neuerliche Mitteilung, Herr Fischer hielte seine Wünsche aufrecht und erwarte mich in Berlin zu einer Besprechung, liess ich mich zu einer solchen unverbindlichen Charakters bereitfinden, in erster Linie, um des Genannten Standpunkt in der Nachlassfrage kennen zu lernen. Dabei leitete mich der Wunsch nach Möglichkeit Gegnerschaften in dieser delikaten Frage auszugleichen und der von mir innig verehrten Witwe Doppelstellungen und Reibungen zu ersparen, unbeschadet der gewahrten Pflichten gegen das Andenken des Verblichenen.

10) Bei der daraufhin zustandegekommenen Besprechung habe ich mich streng an diese reservierte Linie gehalten, bin Herrn Fischers Absicht, das Buch als Verlagsgegenstand mit mir zu erörtern, consequent ausgewichen und habe ihn mit höflicher Bestimmtheit auf den Kern der herzustellenden Einigung verwiesen. Herr Fischer konnte nach dem Gange des Gespräches in keinem Zweifel darüber sein – und war es, nach seinen eigenen Äusserungen nicht – dass der Verlag mein Buch nur unter bestimmten erfüllten Voraussetzungen erwerben könne, und dass ihm

nichts angeboten worden war, vielmehr dem Drängen von seiner Seite meine Zurückhaltung begegnete.

11) Da der Ausgang des Gespräches mich nicht voll befriedigt hatte, habe ich Herrn Fischers Schlusswort, er hoffe mir nach Erhalt des Buches Vorschläge zu machen, deutlich ausweichend beantwortet, und jede Bindung vermieden.

12) Nachdem ich in der Folgezeit die Angelegenheit als im Sande verlaufen betrachtet und ihr keine Aufmerksamkeit mehr geschenkt hatte, benachrichtigte mich Dr Feist von einem neuerlichen Schritte Herrn Fischers ihm gegenüber: Letzterer sei – soviel ich mich erinnere, auf einer Gesellschaft – spontan und dringend mit Wiederholung der obigen Wünsche an ihn herangetreten. Daraufhin bat mich Dr Feist mit Rücksicht auf die nun schon lange genug dauernden Pourparlers um die Ermächtigung zu geschäftlicher Verhandlung. Im Verlaufe der gemeinschaftlichen Erwägungen gab ich ihm meine Limiten an. Sie bestanden darin, dass der Verlag mir mindestens 4000 Exx. vorhonoriere, d.h. 1000 mehr, als meine anderen, wirtschaftlich wesentlich enger gestellten Verleger zu thun pflegen, und mit Rücksicht darauf, dass ich, im Interesse der Verlagswünsche, eine sonst langfristig zu behandelnde Arbeit in meinen Jahresplan einschiebe.

13) Den ohne Rücksicht auf diese Limiten aufgestellten und mir zugesandten Vertrag habe ich abgelegt. Herrn Dr Feists mir wiederholt vorgetragene Bitten, mich neuerdings mit Persönlichkeiten des Verlages zu besprechen, habe ich als zwecklos mit Bestimmtheit abgelehnt, da alles Erforderliche gesagt war, und ich aus meiner Haltung nicht herauszutreten wünschte. Ich habe Dr. Feist ganz deutlich gemacht, dass ich weder handle noch mit mir handeln las-

se, dass ich niemanden suche, niemanden brauche, und dass meine Bedingungen angenommen oder abgelehnt werden müssten.

Das Übrige ist Ihnen bekannt. Ich bedaure lebhaft den unerfreulichen Ausgang der Angelegenheit, in die ich, soweit meine Bindungen es gestatteten, mit gutem Willen eingetreten bin, muss es aber Ihnen überlassen, die Widersprüche zwischen Ihren und Dr Feists Behauptungen mit diesem aufzuklären.

Hochachtungsvoll & ergebenst R. Borchardt.

Villa di Bigiano 18 IV 30
Candeglia (Pistoia)

634 AN MARTIN BODMER

Lieber Herr Bodmer
Ich habe die Beantwortung Ihrer freundlichen Zeilen aufschieben müssen, bis ich von Kiel Antwort über den griechischen Sprachbrief hatte, den Sie wünschen, und den ich Ihnen natürlich gerne zur Verfügung halte, obwol ich, nach so langen Jahren, nicht weiss, ob er Ihnen würdig erscheinen wird, in diesem ersten Hefte zu stehen. Er wird in den nächsten Tagen in München sein, und dann mögen Sie selber urteilen.

Ihre liebenswürdige Aufnahme der Pamela hat mir ausserordentlich wolgethan, denn sie gibt mir das Gefühl, Ihnen, wie schon anderen, mit einer leichten und, im Grunde, fast übermütigen Bewegung einer Mussestunde zu einer glücklichen Erhebung verholfen zu haben, deren Wert nicht ganz nach dem Maasse der auf sie verwandten Anstrengung bemessen werden kann. Ich schicke

Ihnen, der Vollständigkeit halber, einen Durchschlag der andern Akte. Die Buchausgabe erscheint im Herbst im Horenverlage, das im Vergleiche zu ihr natürlich viel magerere Bühnen-Manuskript hat der Drei Maskenverlag und hofft es, mit der Dorsch und unter Reinhardts Regie bei den Staatstheatern unterzubringen. Der wahrhaft kläglich chaotische Zustand der Berliner Theaterverhältnisse gestattet noch keine ganz sicheren Voraussagen, aber die Dorsch, die eine wirkliche Schauspielerin und eine grundbrave Frau ist, scheint enthusiasmiert zu sein, und überall wo ich das Stück vorgelesen habe, so eben noch in Neubeuern, hat es rein angeklungen. Ich stelle auch den »Tod Lassalles« noch für die nächste Spielzeit bühnenfertig. In deutschen Theaterdingen ist mit dem verflossenen Winter der Nadir des Tiefstandes und der absoluten Verzweiflung der Theater der Schauspieler und des Publikums erreicht worden; der letzte Faden ist verwirtschaftet, die letzte nackte Misere offenbar. Es ist der Zeitpunkt da, auf den ich seit Jahren, Gewehr bei Fuss, gewartet habe.

Gestern erhielt ich einen Brief meines Verlegers Elster vom Horenverlage, dessen Gegenstand ich Ihnen auf seine Bitte hin weitergebe. Die Verbindung der »Horen« mit der Storrerschen »Individualität« – die zu einigen albernen Mischheften geführt hat – ist von ihm bereits für den Juni gekündigt, und er kommt auf einen s. Zt von Dr Wiegand an ihn gerichteten Brief mit der Anregung zurück, einen Teil seines Unternehmens, das er aus eigenen Kräften nicht mehr fortführen kann, in dem Ihren zu retten. Der blosse »Verkauf« seiner Abonnenten käme allerdings nicht in Betracht, aber es gäbe doch auch andere Möglichkeiten, über die er zu verhandeln sucht. Ich habe mich der Weitergabe dieser

Wünsche nicht wol entziehen können, ihm aber geschrieben, dass ich mich auf eine solche pur et simple beschränken müsse, da ich nicht sähe wie ein diesseitiges Interesse an einer Stützung seiner Absichten zu begründen sei. – Sollten Sie wider Erwarten aus Gründen, die ich nicht vorsehen kann, irgend etwas an diesem Vorschlage doch diskutierbar finden und Informationen von mir wünschen, so bin ich Ihnen natürlich zur Verfügung.

Das Stocken des Pindardruckes, über den ich immer nur von Zeit zu Zeit vage Vertröstungen Dr Steiners erhalte, bedrückt mich mehr als ich Ihnen sagen kann. Ist es wirklich möglich und denkbar, auf dieser Basis weiterzuarbeiten?

Dass die erfreulichste Mitteilung Ihres Briefes die Aussicht auf Ihr baldiges Eintreffen hier gewesen ist, brauche ich nicht zu sagen. Meine Frau und ich hoffen, dass Sie uns Gelegenheit geben werden, Ihre Gastfreundschaft zu erwidern, und Josef soll diesmal seine Beine in ihrer ganzen Erstreckung unterbringen können. Einen Garten werden Sie allerdings nicht vorfinden, – ausser ein paar verwahrlosten Staudenbeeten, steht das Haus in einer grünen Wüste. Zum ersten Male habe ich von Säen und Pflanzen abstehen müssen; ich war die ganze Zeit fort, und da im Herbst doch der Vorhang über der Pistoieser Coulisse für immer zufällt und eine neue Szene sich auftut, habe ich, wenn auch schweren Herzens, auf ein Blumenjahr verzichtet.

Seien Sie mit Ihrer verehrten Frau, deren gütigem Gedenken ich mich empfehle, von uns beiden in der Hoffnung baldigen Wiedersehens herzlich gegrüsst.   Ihr R. Borchardt

Bigiano Ostersonntag [20. April] 30

635 AN HANS FEIST

[Entwurf]
Abschrift.
Cirkular-Erklärung
Adressen separat.

Im Unterhaltungsblatt 23 IV 30 der Vossischen Ztg. behauptet ein gewisser Michael Gesell im Anschlusse an eine zu taktischen Zwecken verzerrte Wiedergabe des Inhalts einer meiner Schriften, ich hätte mehrmals dem Verlage Ullstein, unter gleichzeitigen hohen Geldforderungen, durch vorgeschickte dritte Personen Beiträge angeboten.

Der Genannte ist nach seinen Andeutungen nicht Mitarbeiter, sondern Redaktionsmitglied der V. Ztg. – Da er in einer Schlusswendung den Verlag Ullstein gegen eine Kennzeichnung verteidigt, die dieser in einem Nebensatze meiner Schrift durch mich erfahren hat, ist sein Schriftstück nicht als Beitrag, sondern als bestellte Arbeit anzusehen.

Angaben einer solchen Stufe und solcher Durchsichtigkeit ihrer Motive können bei denjenigen, die mich kennen und mit denen ich arbeite auf Glauben nicht rechnen. Trotzdem wünsche ich festzustellen, dass von allen Ullsteinschen Organen ein einziges, die V. Z., und zwar überhaupt nur zwei Mal, Beiträge von mir erhalten hat; einen vor dem Kriege, als der Redakteur Herr Grossmann schriftlich einen Aufsatz über Hofmannsthals prosaische Schriften von mir erbat und Hofmannsthal selber mündlich diese Bitte bei mir unterstützte; einmal nach dem Kriege, als eine mir bekannte Persönlichkeit unter insistentem Hinweise auf die besondere Schätzung des damaligen Redakteurs Dr Krell für meine Arbeiten, ein kleines Stück einer grösseren Arbeit als Vorabdruck für die v. z. erbat und wie er selbst bezeugen kann, nach langen Mühen endlich erhielt. Beide Aufsätze sind mir normal und bescheiden honoriert worden, ohne Diskussionen von der einen oder der andern Seite. Weitere von der gleichen Stelle kommende Anregungen und direkte Angebote Ullsteinscher Organe sind von mir höflich abgelehnt worden. Einer meiner Verleger hat in Ausübung seiner vertraglichen Verfügungsrechte in einem bestimmten Falle, wie ich erst nachträglich erfuhr, auch mit der v. z. über einen Vorabdruck verhandelt. Das sind die Thatsachen, auf Grund deren der Ullstein Verlag und die Redaktion der v. z. es gewagt haben, meinen Namen in ihre Diskussionen zu ziehen. Ich habe diesen Weg der Erklärung gewählt, weil ich es verschmähe, die öffentliche Berichtigung von Angaben zu erzwingen, zu deren Qualification ich mich nicht herablasse.

Bigiano 30 April 30

Rudolf Borchardt

636 AN ALICE BODMER

Bigiano, den 21. Mai 1930.

Gnädigste Frau,
Ihren gütigen Zeilen sind Bodmers Hefte heut gefolgt, und ich habe allen Anlass, der freundschaftlichen Gesinnung zu danken, die wenn auch nicht auf dem gewöhnlichsten Wege, mir einen längst empfundenen wirklichen Wunsch erfüllt hat. Zurückhal-

tungen dieser Art sind, wie alle Bewegungen der innerlichen Unschuld, zugleich ganz unbegreiflich und ganz begreiflich, und erst wenn der Mensch sich in die Schuld der Welt entscheidend verloren hat, handelt er aus anderen und viel belangloseren Widersprüchen heraus, – zugleich vernünftig und, in einem höheren Sinne unklug. – Ich habe diese spröden und lichten Seiten mit Rührung gelesen. Sie haben ihre ganz eigene Sauberkeit, Festigkeit, Aufrichtigkeit, und dabei die Vorfrühlingsgrazie die ganz in der angeborenen Art und der Jahreszeit der Seele, und nicht in Stilmitteln liegt. Ich finde es auch innerlich richtig und selbständig, künstlerisch so zu beginnen, mit den scheinbar schlichtesten Einblicken in das eigene Herz, die bei aller Bescheidenheit der Zurüstung Formen der Selbsterforschung sind; sie wollen nichts und leisten eben dadurch viel mehr als sie hätten wollen können. Ich glaube, Sie leisten ihm einen Wahren Dienst, wenn Sie Ihren Einfluss darauf richten, ihn auf diesem Wege zu bestärken und anzutreiben, bis er von selber dazu kommt ihn zu verlassen. Solche Erleuchtungen und Einsichten brechen plötzlich herein und nichts sollte mit sich selber Vorsehung spielen um sie zu beschleunigen. –

637 AN MARTIN BODMER

Lieber Herr Bodmer
Ich habe auf Korrodis Drängen um einen Vergil Aufsatz den er aus undeutlichen Gründen bis spätestens 2 Juni haben wollte, und hauptsächlich weil Ihre Anregung meine Gedanken bereits in Bewegung gesetzt hatte, einen Aufsatz geschrieben und ihm ge-

schickt, der viel zu gross für ihn ist: 300 Zeilen ca. hatte er bringen können, acht dieser dichtbeschriebenen Seiten sind es geworden. Ich habe ihn gebeten mir das was er nicht brauchen kann – und es wird gerade das mir Wichtigste sein – so schnell als möglich wieder herzugeben, möchte aber auch Ihnen einheimgeben, sich das Ms. auf seine relative Brauchbarkeit für Ihre Zwecke hin anzusehen. Es würde nach der Richtung des von der Zeitung gebrachten, also Wegfallenden hin, in anderer Formung von mir vervollständigt werden, wie denn überhaupt jetzt, da es geschrieben ist, mir Interessantes genug dazu einfällt, so dass es sich auch wol überhaupt erweitern liesse.

Wir denken Ihrer viel und oft, und hoffen bald von Ihnen zu hören. Über Pisa ist noch alles in der Schwebe, aber das Haus wird nun doch verkauft, und die Entscheidung muss fallen.

Ihnen beiden wie immer freundschaftlich ergeben der Ihre
RBorchardt

Bigiano 6 Juni 30

638 AN PAUL FECHTER

[Villa di Bigiano Candeglia
Pistoia, 12. Juni 1930]

Verehrter Dr. Fechter

Ich nehme an, die Übersendung des Deutschen Rundschauheftes mit dem Nekrologe auf H. Goesch erfolgt auf Ihre Veranlassung, und ich möchte diese freundliche Handlung nicht unverdankt vorübergehen lassen. Ich habe den schönen und gedankenvollen Aufsatz mit Ernst gelesen, und mich gefreut, dass dies Leben sich, wenn nicht in anderem, doch in einem Denkmale der überlebenden Freundschaft absetzt.

Die Mitteilungen über den Lebens- und Entwickelungs-Verlauf des Verstorbenen, seine Stellung in der Welt, im Amte und unter Menschen sind mir so wertvoll wie ganz überraschend gewesen. Ich hatte ihn nach dem unglücklichen Ende seiner Vorbildungszeit, dem letzten was mich noch erreichte, für untergegangen gehalten, und auch von den Wenigen, die den Jüngling seinerzeit mit mir gekannt und gesehen hatten war nichts mehr über ihn zu erfahren gewesen. Nun sehe ich, dass ein Stern ihm Treu geblieben ist, dass er das in ihn gelegte hat ausbilden dürfen, innerhalb der seiner Anlage gesetzten Grenzen, dass er gern und fruchtbar gelebt hat, ein Leben von ihm ausging und bereichert zu ihm kehrte. Ich habe nicht gerne an ihn gedacht, – Ihnen bin ich es schuldig, rein und leicht an ihn denken zu können. Meine ursprüngliche Teilnahme an ihm war in einen Widerwillen von so rasender jugendlicher Intoleranz umgeschlagen, dass ich ihn unter Verletzung aller Schicklichkeit und Verletzung, wie ich leider weiss, seiner arglosen Empfindung von mir gestossen habe, wie man das Auge ausreisst, das ärgert, und das denn eben doch ein Glied unseres Lebens gewesen war.

Woher die Heftigkeit dieser Verteidigung ihre Gifte gezogen oder welcher Gifte sie sich erwehrt hatte, habe ich mir unter dem Lesen Ihrer Worte wieder mit aller schneidenden Schärfe fühlbar machen können. Er wirkte auf mich wie ein Mensch bei dem die schönsten und reichsten Mittel hoffnungslos und heillos verkehrt lagen, und daher wie das Verkehrt-reiche, Verkehrt-schöne selber, das uns auf ganz andern Gebieten des Innern unleidlich wird als das unreine und unschöne. Ich denke noch mit einer Wiederkehr meines krampfartigen Entsetzens an seine Arbeitsweise zurück – das Verthun des Tages in endlosem Reden, einem unablässigen Reizen und Gereiztwerden ganz ohne eigentlichen Reiz, und das rasche Hinsitzen zu einer schriftlichen Improvisation für seine Seminarpflichten, die, wenn sie fertig dalag, den ganzen Habitus geistiger Arbeit bis zur vollendeten Täuschung aufwies, und erst unter dem Mikroskope das Fehlen des lebendigen wachstumsfähigen Kerns hätte gewahren lassen. Es war eine Fabrik synthetischer Smaragde, nüchterne Maschinen mit dem Farbenspiele von Schätzen des Abgrundes, aber er forderte schon damals auf Grund solcher Produkte deren er sich fähig wusste, den tragisch langsamen organischen Prozess, mit dem Lebendiges wächst blüht Frucht abwirft, Kronen bildet, sich aus Saat zu neuem Lebendigen fortpflanzt, zum Wettbewerbe heraus, in dem er immer lächelnd gewonnen hatte. Denn er konnte bei seiner Art von Hybris, die eine durchaus trockene war und immer auf das formelhafte von Lösungen zielte, fremden Wert und fremde Leistung weder abschätzen noch sich, begrifflicherweise, zu ihr in eine lebendige Proportion versetzen, wie er nicht lernen konnte und nicht sich entwickeln. Ich habe schon damals die grosse Erbbelastung unter der er stand, gerechter weise für ihn in Anschlag gebracht. Der Vater, den ich gesehen und gesprochen habe, ein abgeglittener höherer Beamter von sehr ähnlicher Geistesanlage wie der Sohn, glaubte sich ebenfalls der ganzen Rechtswissenschaft seiner Zeit und aller Zeiten überlegen und unterfing sich gegen ein Billiges jeden zu lehren, mit welchen, den »Weisen« verborgenen Schlüsseln jedes Schloss sich öffnen liesse. Es waren das denn, wie ein grosser Rechtsromanist mir gelegentlich belegt hat, die typischen praktischen Sophismen des wissenschaftlich Autodidakten, weder richtiger noch falscher als die Schlusswege der gelehrten Jurisprudenz, deren Probleme, als wissenschaftliche Aporieen dem alten G. überhaupt nicht zugänglich waren, sondern Versuche sie durch Handstreiche zu umgehen oder zu überrumpeln. Diese ängstlich bodenlose und kahle Art, verbunden mit der gleichen ahnungslosen, man hätte sagen mögen, infantilen Sicherheit im Rechte zu sein, dies Erraffenwollen von Erkenntnissen, die nur er dafür halten konnte, und die von dem Postulat der Lösbarkeit ausgingen, dies nicht Begreifenkönnen, dass alles tiefere geistige Verhalten von dem Postulat der *Unlösbarkeit* ausgeht und ihm ein approximativ gelöstes schrittweise abkämpft, – – es war um so hoffnungsloser, weil auch sein Improvisieren nicht von tieferen Prinzipien ausging: um zu verfahren wie er verfuhr, ohne Vorbereitung und ohne tiefere Arbeit, hätte er generelle Überzeugungen von religiöser oder subreligiöser Mächtigkeit als den archimedischen Punkt in sich tragen müssen – ich will sagen wie Hamann oder Kierkegaard und andere divinierende Aphoristen. Aber wenn es an seinen Oberflächen schon intellektkalt und lebenstot genug aussah, – je tiefer in ihn hinein um so willkürlicher und toller wurde es, und die lachende Vergnügtheit, mit der er, völlig gesund, rotbäckig und frisch, dies altklug-aberwitzig-selbstbewusste Gaukelspiel mit sich trieb, konnte wie der geistige Haushalt eines Narren wirken, der die andern für Narren hielt. Ich und andere haben ihn oft, irrigerweise, wie ich später wusste – nicht geradezu für irr, aber für monomanisch beschränkt und gleichzeitig hochbegabt-paranoid [ge]-halten – Grenzfälle die der Alienist gerade unter wissenschaftlichen

Dilettanten und Autodidakten wie er es war und blieb, vermeintlichen Erfindern, vermeintlichen Zirkelquadraturisten, Perpetuummobilisten Welträtsellösern und ähnlichen querköpfigen und verkehrten Sonderlingen in Mengen kennt. Das Urteil war falsch; er war ganz gesund, wunderlich gescheit, aber, um es mit einer botanischen Metapher zu sagen, er war die sterile Mutation einer reichtragenden Pflanze, in dem Sinne, dass nicht das männliche an ihm steril war – typische Fälle Rilke, Dauthendey, auf geistigem Gebiete E. R. Curtius, Modelle pathologischer Empfänglichkeit die zum Tode führt, – sondern das weibliche. Er war monoeisch geworden bestand nur aus hybriden Staubbeuteln und hatte keinen Stempel, keine weiblichen Organe, nahm nichts aus der Welt auf um es in eigene Fruchtbarkeit zu verwandeln, und da ihm das Organ in dem er hätte leiden können, selber fehlte, und seine Abweichung ihm im Sinne einer Auszeichnung und keinem andern bewusst war, so war ihm nicht zu helfen. Das Zwymann-Buch über George, das einzige was er hervorgebracht hat, und auch dies nur dadurch, dass eine normale wenn auch geringe Spezies sich ihm zugesellte, zeigt in seinem nüchternen Wahnwitz die Heillosigkeit seiner Art. Schema und Organismus, zwei Pole der Welt, getrennt durch die ganze Länge der Achse und sich gegeneinander mit conträrer Incongruenz verhaltend, d. h. gegensinnig ausschliessend, bildeten in diesem Gehirn eine Congruenz. Er konnte den Aberwitz ausdenken und durchführen, Geburten der seelischen Erregung, die durch Blitzschlag zu Harmonie entstehen, und Erschütterung und Verwandlung hervorrufen, ihrem eigenen Reiche zu entfremden und auf Schemata reduziert, unter das Causalgesetz armseliger Zwecke zu beugen – im Grunde, in Formen theoretischer Abstraktion, ein Selbstbekenntnis, denn er imputierte dem Dichter den pseudodichterischen Prozess, der, wenn er hätte dichten mögen, der seine gewesen wäre – nicht vom Gerüst aus das sich mit Form umkleidet – – das gibt es wol – *sondern von der Erscheinung als äusserlich verheimlichtem Gerüst aus,* und *ohne* Struktur. Darum, weil ich diesen unheimlichen Krankheitszug in ihm kannte, der ihn zum Schema zog wie den Spieler an die Karten und den Rauschgewöhnten zum Narkotikum, sind mir Ihre Andeutungen über seine weitere Entwickelung so lehrreich gewesen. Natürlich, in dieser Entwickelung von Architektur, Möbelform und allgemeiner Sachlichkeit musste er ja sich bestätigt sehen, hier schwamm er in den Kanal der Zeit, – das war er ganz. Wo die Epoche wirklich »vom bösen Geist herumgeführt« war, wo das Menschengeschlecht sich an seinen alten göttlichen Beständen von Spielsinn, Humor, Phantasie, Unvernunft, Formungslust, Chimäre, zwecklosem Unnutzen, mit der Pedanterie der Trieblosigkeit entmannt hatte, da hat er aufatmen und Hand ans Werk legen müssen. Friedrich Leo, in dessen Hause er, durch Triebfeldersche Beziehungen, Zutritt hatte, hat von ihm gesagt, seine Anlage weise ihn auf das Charakteristische der deutschen Jetztzeit hin: Nüchterne Verrücktheit; und gewiss, fügte die geistreiche Frau des Hauses, Felix Mendelssohns Grossnichte, hinzu, »und seine Henne legt lauter Eier des Columbus«. Hegel? Ich war, als er mich kennen lernte, gerade in der Frühzeit meiner Einsicht in ihn, und habe ihn ernstlich darauf hingewiesen, *ihn* zu studieren, statt Dühring, und Schopenhauer, aber ich machte mir keine Illusionen; er konnte ihn in ein caput mortuum verwandeln wie George, und wird an die Architektonik des Systems, das Zeitbedingteste, und heut Gleichgiltigste an ihm, herangezogen sein, wie die in der Lichtbahn des Leuchtturms rasende Motte. Nachlass? Ich begreife Ihren wehmütigen Wunsch, aus diesen Trümmern etwas zu bergen, aber ich glaube es wird auf Selbsttäuschung herauskommen. Er war sehr ähnlich wie dieser Rang, der vor zwei Jahren starb, ihm in der äusseren Laufbahn und dem enzyklopädischen Anspruche gleich, einen Freundeskreis wie er hinterliess, die gleichen Hoffnungen auf den Nachlass, und als man daran ging, ein Nichts. Dühring stand ihm nicht umsonst so nahe; er ist der höchste Fall dieses Typus, eines in Norddeutschland und spezifisch Mecklenburg immer wieder sporadisch auftretenden Irrläufers. Schlabrendorff, während der französischen Revolution in Paris, Dühring, Rang, Goesch bilden eine durch 150 Jahre gehende Gruppe.

Nach dem Georgetage wurde mir erzählt, er habe etwas über den Dichter drucken lassen, worin er seine erste Bekanntschaft mit dem Werke auf mich zurückführte, der sich damals in der Rolle eines Mentors ihm – Goesch – gegenüber gefallen habe! Gefallen! Rolle! Mentor! Und er freilich Achilles! Er war ein junger Mensch, mir sehr empfohlen, ich ein zurückgezogen lebender älterer Student, von Krisen und Leidenschaften geschüttelt und geplagt bis zur Verzweifelung an mir selber, und eines Mentors wahrlich bedürftiger als er. Er schloss sich mit der naiven Energie der Jugend an mich an, und an mir fest, seine Liebenswürdigkeit hat meine Schroffheit mehr als einmal erweicht und entwaffnet, aber Staat war mit ihm nicht zu machen. Hoffnungen hat er bei mir nicht hinterlassen, er hing um mich her wie andere auch, und endlich machte ein tausendmal zurückgedrängtes, immer wieder übermächtig werdendes Aufzucken meiner Ungeduld dem unwahren Verhältnisse ein Ende. Ihre Schilderung seines Aeusseren hat mir sein Bild von damals wieder erweckt. Er war ein bildschöner Mensch und doch kein wohltuender. Der Kopf mit den vollkommenen Zügen sass auf einem proportionslosen klotzigen Körper mit kurzem Halse auf, Hände und Füsse waren übergross und fast roh. Die Verbindung dieser Plumpheit mit dem herrlichen Gesichte hat immer symbolisch auf mich gewirkt, der Körper war wie der Geist, und bestand aus zwei disparaten Teilen, vom Hohne der Natur agglutiniert, die sich gegenseitig lähmten.

Nehmen Sie diese Blätter als einen spontanen Ausdruck meiner Teilnahme an der Ihren, und missverstehen Sie sie nicht. Mit dem Gefühle der Ungerechtigkeit gegen menschlichen Wert weiter gelebt zu haben, nachdem er den Todesmächten verfallen ist, würde mir der bitterste Vorwurf sein. Wenn es ungewöhnlich ist, ihn in solchen Formen wie dieser Brief auszugleichen, so ist es doch menschlich, und so, im Sinne des Dankes für den Ausgleich, den ich Ihnen schulde, wollen Sie mich verstehen.   Ihr R. Borchardt

639 AN DEN ARBEITSAUSSCHUSS »REICH UND HEIMAT«

[Entwurf] Villa Chiappelli
Candeglia (Prov. Pistoia)
An den 20.6.30
Arbeitsausschuss »Reich und Heimat«
München

Ew. Hochwolgeboren
gefälliges Schreiben samt Anlage, für deren Uebersendung ich verbindlichest danke, habe ich mit Interesse gelesen und bitte

meiner Sympathien im Sinne meiner Münchener Rundfunkrede versichert sein zu wollen. Die Sympathien könnten an Nachdruck und Umriss nur durch eine etwas deutlichere Einsicht in Ihre concreten Arbeitsabsichten gewinnen, als die notwendigerweise etwas allgemein gehaltenen Wendungen Ihrer Kundgebungen sie verstatten. Meinen Informationen und meiner bescheidenen aber begründbaren Ansicht nach ist die gegnerische Seite so umfassend consolidiert und gewinnt so täglich und reissend an Anhang, dass eine nicht zu umfassender und rücksichtsloser Agitation und bis ins Einzelne auszuarbeitender Offensive bereite Gegenaktion sich auf verhallende Proteste beschränkt sehen wird. In diesem Gefühl der zwölften Stunde habe ich meine Münchner Rede zu halten mich entschlossen und diesem Entschluss nur mit grosser Mühe, und, leider, nur halb durchsetzen können. Die Aengstlichkeit der begutachtenden Stellen hat aus der rein politisch gedachten Aktion die anodyne akademische Betrachtung gemacht, die sich keine Wirkung versprechen konnte. Gelingt es nicht die in allgemeiner Interessenverknüpfung gebundene Lähmung der Regierungen zu brechen, so halte ich die verbleibende, vielfach in sich behinderte, Verteidigung für aussichtslos.

Von meinem Namen gestatte ich gern, aber nicht ohne Vorbehalte, Gebrauch zu machen; er steht Ihnen für den Föderalismus zur Verfügung, während ich meinen politischen Ueberzeugungen nach an einem Bekenntnis zum sog. »deutschen Volksstaate« mich nicht beteiligen kann. Der Staat von Weimar ist gerade im Sinne des Föderalismus für mich und meine Freunde das auf der Basis von Versailles ermöglichte Interim, das wir weder bejahen noch verneinen, sondern tolerieren. Erst der Unitarismus würde als innerpolitisches Locarno der selbstmörderische Verzicht auf die integrale Wiederherstellung des Reiches und der Kronen sein.

Ich verbleibe mit wiederholtem Danke Ew. Hochwolgeboren ergebenster R. Borchardt

640 AN DIE FEUILLETONREDAKTION DER »NEUEN ZÜRCHER ZEITUNG«

[Entwurf] Candeglia, 27.6 30
Villa Chiappelli
Verehrter Herr Christoffel
Verzeihen Sie die durch ein Uebersehen veranlasste verspätete Antwort auf Ihre gefällige Anfrage in Sachen Jakob Burkhardt. Mein Versprechen, Renaissance und Griechische Kulturgeschichte bei Ihnen zu recensieren, ist mir immer gegenwärtig geblieben und wird in Angriff genommen, sobald die Bde der Neuausgabe, die ich nicht besitze, mir zugehen. – – Mir ist es eine besondere Freude, diese herrlichen Bücher, denen meine Entwikkelung unabschätzbares verdankt, in ihrem unsterblichen Kerne gegen die Anmerker ihrer Sterblichkeit sicherzustellen.

Mit freundlichen Grüssen der Ihre R. Borchardt

Eine frühere Anfrage auf die Sie sich beziehen war mir allerdings nie zugegangen.

641 AN MARTIN BODMER

Lieber Herr Bodmer

Das erste Heft Ihrer Zeitschrift das nun, auch bei uns, eingetroffen ist, veranlasst mich zu der Bitte, ob Sie nicht die Möglichkeit, schon im Augusthefte »Pamela I« zu bringen, noch einmal einer teilnehmenden Prüfung unterziehen wollen. Die Aufführungs Angelegenheit ist inzwischen in die Stacheldraht-Verhaue der Berliner Theater Intriguen eingerückt und zeigt jeden Tag ein anderes Gesicht. Je bälder ich ein Stück des Dramas in die Diskussion werfen kann und die insolenten Diktatoren Allüren der Regisseure vor die faits accomplis eines bereits sich bildenden öffentlichen Urteils stellen, um so unschätzbarer wird es für die Bühnenchance des Stückes. Ich hoffe, Sie begreifen diese immer etwas zweigesichtige Lage dramatischer Produkte und finden eine Möglichkeit den Druck nicht bis Ende Oktober hinauszuschieben, an welchem Termine die Spielpläne im Ganzen schon feststehen.

Ich bin Ihrer Güte ausser für die beiden Heftchen, die ich hochschätze und mit Freuden besitze, auch für die Registriermappen verbunden, die, mit rätselhaften »Reitern« in Kästlein versehen, als eine vorerst noch unübersehbare Cavallerie hier eingerückt sind. Ich hatte den Dank dafür aufschieben wollen bis der, aus Italien zu erwartende, Rest dieser Ordnungs Ausstattung vorläge fürchte aber unordentlich zu sein wenn ich ihn der Ordnung halber länger verschiebe. Die Aussicht von bald an in einer Registratur untergebracht zu sein statt ewig weiter als »des Dichters Aug« »in schönem Wahnsinn zu rollen« stimmt mich teils saturiert, teils etwas ältlich, aber die Gewissheit, dass mein Schreibtisch nie, so lange ich lebe, etwas anderes als ein literarisches Trichterfeld an Grosskampftagen sein wird, hält mich einstweilen noch frisch und jung.

Der Pindar der Ihnen zugegangen sein wird, ist ausser Rand und Band geraten, aber das war, wenn man nicht in der Phrase stecken bleiben und wie ich es liebe »aus den Dingen heraus« nicht »über die Dinge« reden wollte, nicht zu vermeiden. Das Augenübel meiner Frau, – das übrigens rein nervöser Natur und nicht eine eigentliche Augenkrankheit ist – macht es mir leider unmöglich, Ihnen eine Maschinenschrift zu senden, wie ich sonst möglichst zu thun wünschte.

Übrigens bin ich sehr, sehr angestrengt, und muss mich kurz fassen. Am 1 Oktober müssen wir nun definitiv hier heraus, Pisa ist immer noch in der Schwebe, und die Unsicherheit bei der bergehoch das Quartal belastenden Arbeitsmasse ist ein gewisser Reibungsfaktor. Glücklicherweise geniessen wir einen halbnordisch kühlen gewitterreichen Frühsommer, für hier eine absolute Rarität, und der Garten ist ironisch genug, meine Abkehr durch die reichste und gesundeste Blüte zu verspotten, die ich je hier erlebt habe. Wir haben eine Record Johannisbeerernte gehabt und alle Hände voll zu thun um die Schätze zu bergen und einzukochen, seit einem Monat gibt es fast täglich von unsern wenigen Sträuchern Schüsseln voll Himbeeren Stachelbeeren und ähnlichen hier unbekannten Leckereien und plötzlich streicht über den Gedanken fortzugehen der närrische Schatten der Lethargie und des Bedauerns.

Das Heft der Zeitschrift sieht recht gut aus. Die Zusammenstellung trifft, wie ich glaube, ziemlich den Punkt an dem sich die relativ Meisten in einer Art Interesse zusammenfinden können, und darf in diesem Sinne als geschickt gelten. Vor allem begreife ich, wie es Sie freuen muss, doch nach dieser tädiösen Wartezeit mit Aufs und Abs etwas vor sich zu sehen, was Ihre Opfer zu rechtfertigen beginnt und Ihnen Lust macht, dabeizubleiben. Zum Lesen komme ich leider fürs erste kaum, die Termine klemmen mich ein.

Ich bin mit den herzlichsten Gesinnungen für Sie Beide und den freundlichsten Grüssen meiner Frau wie immer Ihr
RBorchardt
Bigiano 29 VI 30

642 AN MARTIN BODMER

Lieber Herr Bodmer
Ich werde soeben von Berlin her über die Umstände der heimlichen Publikation des Dante durch den von Wiegand vorgeschobenen Rowohltschen Verlag zuverlässig informiert und meine Frau bekennt mir, dass Sie seit einiger Zeit davon Kenntnis gehabt, Ihnen auch darüber berichtet und ihre Besorgnisse mit der Bitte um einen Ausgleichsversuch geäussert hat.

Ich beeile mich Sie davon zu unterrichten, dass diese Besorgnisse ganz unbegründet sind, und dass ich die obigen Mitteilungen mit einer Ruhe aufgenommen habe, die von dem Gefühle der Erleichterung nicht ganz frei ist. Es müsste um eine Lebensarbeit wie den Dante schlecht stehen, wenn er an den seinem Erscheinen inokulierten Krankheiten des ruinierten Starts als Buch auf die Dauer leiden könnte, und wenn natürlich meine Niederlage in dem seit zwei Jahren mit allen Mitteln und mit Unterstützung aller Ehrenmänner geführten Kampfe ein hoher Preis ist, so habe ich seinen Verlust einmal meiner eigenen unbelehrbaren Vertrauensseligkeit zuzuschreiben, die gegen blosse Worte, weil Vosslers Name sie deckte, die Pfänder aus der Hand gab, und andererseits ist mir dieser Preis für die definitive Befreiung, die er mir gibt, keineswegs zu hoch. Eine Repercussion voller rührender Verstimmungen auf mein Interesse für die »Corona« bitte ich Sie um so weniger zu fürchten, als dies gewiss der schlechteste Moment wäre, Ihrem jungen Unternehmen den Schutz meines durch Erfahrungen gegangenen Urteils zu entziehen. Damit bitte ich Sie, diese ganze Angelegenheit zwischen uns als abgethan anzusehen.

Ich bin auf den letzten Seiten der grossen Pindararbeit, die mir unter den Händen aus der Absicht weniger Blätter erwachsen ist, und deren Gewicht, da ich mir nun einmal aus allem eine Aufgabe machen muss, Ihnen die Verzögerung hoffentlich als verzeihlicher erscheinen lässt.

Mit den herzlichsten Grüssen an Sie und Ihre verehrte Frau, wie immer der Ihre   R Borchardt

Bigiano 21 Juli 30

643 AN DEN HOREN-VERLAG

[Nicht abgesandt] [Villa di Bigiano Candeglia
Pistoia, Mitte August 1930]

Verehrter Dr Elster

Bitte sagen Sie der Hbg. Litter. Gesellsch. ich sei auch arm. Meine Reise hin und zurück koste allein ohne Schlafwagen ca. 250 Mark. Wenn auch andere Nebenunternehmungen diese Kosten mittrügen, so hatte ich keine Veranlassung mir das Geld um nach Hamburg zu kommen und mich dort für eine Bagatelle weiter anzustrengen, eigens zu verdienen.

Dieser Vortragsbettel von Gesellschaften zweiten Ranges, die jede Woche oder zwei sich einen andern Schwätzer kommen lassen wollen, ist ein Skandal den ich nicht unterstütze. Mein Name ist heut bekannt genug, damit eine richtig vorbereitete Veranstaltung, in [sic] einem nicht übersättigten Publikum, die Kosten und eine anständige Dotierung erbringt.

Ich spreche in Universitätsstädten vor armen Studenten für 200 Mark, habe in München sogar zweimal gratis oder für Studentenwohnungsvereine gesprochen. In Hamburg das 15 000 Mark für Gundolf und 1000 Mark für Kerr als Lessingredner übrig hat, spreche ich nicht unter 400 Mark, genau wie in Bremen. Ich will keine Almosen und mache keine Almosen.

Der Hofmannsthal wird nach Kräften beschleunigt. Ich sitze tief im Abschlusse einer quergeratenen Arbeit die mir unerlaubt viel Zeit und Mühe genommen hat, aber jetzt abgeschoben wird.

Mit herzlichen Grüssen der Ihre

RB.

644 AN WILHELM SCHÄFER

[Entwurf]

Ew. Hochwolgeboren
danke ich verbindlichst für die Zuleitung des Zieglerschen Antwort Circulars, dessen Gesinnungen im negativen der Zustimmung Aller Urteilsfähigen sicher sein werden, während ich persönlich keinen Anlass habe, mit der naturgesetzmässigen Entwikkelung des deutschen Unheils unzufrieden zu sein, solange ich die Möglichkeit habe mich auf den metaphysischen Begriff meines Vaterlandes statt auf den empirischen zurückzuziehen. Ich bin überzeugt dass der Verrat von 1919 von einem sittlichen Volke nur dann überlebt werden darf, wenn er dem strengen Rechte ohne Gnade verfällt, und da im Völkerleben Nationen ihr eigenes Urteil vollstrecken, und jede täglich gemeldete Unfähigkeit, Käuflichkeit, Niedrigkeit und Ehrlosigkeit des Öffentlichen Wesens die Schalen dieses Urteils tiefer zieht, so halte ich jeden des Verbrechens für mitschuldig, der die Waage vor dem Gerichtstage einzuhalten versucht. Das Experiment der »Freiheit« dem die Überlieferungen unserer Geschichte und der Gehalt unseres Volkstumes verkauft worden sind, muss bis auf die grimmigste Neige ausgekostet werden. Wer dem Thäter aufhilft um ihn der Strafe zu entziehen, ist so schuldig wie wer der Strafe zuvorkommt und ihn anrührt: er ist, wie das Römische Recht sagt, sacer, gefeit. Die einzige Bürgschaft für künftige Möglichkeiten eines Continuums nationaler Ehre und nationaler Institutionen ist der inappellable vollständig und allseitig Ereignis gewordene

Zusammenbruch der seit einem Jahrhundert schleichenden Lüge vom geknechteten Volke das nur frei zu sein braucht um gross und glücklich zu sein. Keine künftige Treiberei und Hetze, keine Herostrate und Catilinas sollen sich je den Akten der Katastrophe gegenüber darauf berufen können, dass alles anders gekommen wäre, wenn man den »Deutschen« hätte gewähren lassen. Ihn gewähren lassen, um des Deutschen willen, – das ist die einzige Forderung des Tages. Nur wer ihr genugthut, wird ein Recht darauf haben, an dem anderen Tage mit dabei zu sein, wenn die Zeche gemacht wird, auf der Tabula rasa.

Ich habe gern die Gelegenheit ergriffen, Ew. Hochwolgeboren meine Meinung zu beliebiger Verwendung zu äussern und bitte meiner vorzüglichen Hochachtung versichert zu sein.

R. Borchardt

Bigiano 25 August 30.

645 AN DIE REDAKTION VON »RECLAMS UNIVERSUM«

[Entwurf]   Villa Chiappelli, Candeglia/Pistoia,
den 26. Aug. 1930
Sehr geehrter Herr,
Ich muss es als ungewöhnlich bezeichnen, dass Sie um Genehmigung zu politischer Verwendung meines Namens erst nach seiner Einreihung in den druckversandten Entwurf der Adresse an die Wähler nachsuchen. Ich bitte um seine sofortige Löschung.

Zur Sache ist Ihre Annahme, ich sei an einer andersgefärbten Zusammensetzung des deutschen Parlamentes irgendwie interessiert, durchaus irrig. Persönlich wähle ich sozialistisch, und bedaure meine Stimme nur einer einzigen Partei der zweck- oder zwangsdemokratischen Koalition geben zu können, die sich um Wiedererweckung, Stärkung und Sammlung der schon absterbenden konservativen Gesinnung, um Steigerung der öffentlichen Erbitterung und der allgemeinen Zuversicht der überlieferungstreuen Volksteile, so ungemessene Verdienste erworben hat, dass ich sie als die einzige conservative Organisation Deutschlands ansehe.

Ich würde es als nicht nur einen Rückschritt auf diesem Wege, sondern als nationales Unglück betrachten, wenn der heutige deutsche Reichstag durch Zuwahl von Mitgliedern verändert würde, deren Leistungen, Competenz, Kultur, Erziehung, politische Anlage, Wahrheitsliebe und persönliche Integrität diesem Institute wieder Relief verliehe. Allerdings würde selbst in einem solchen Falle ihr Sitz dadurch unerheblich bleiben, dass die bisherigen Mehrheiten sie totstimmen würden, insoweit sie nicht praktisch bereits durch ihre eigenen Parteileitungen unschädlich gemacht wären; aber so bleibe das ernste Bedenken bestehen, dass sie ebensoviel echten Parlamentariern den Platz wegnehmen und sie an der für die Zukunft der Nation unentbehrlichen Entfaltung ihrer ganzen menschlichen Betriebskala verhindern würden. Ein im positiven und ein im negativen homogenes Parlament sind gleich nützlich, das eine auf kurze, das andere auf lange Sicht. Halbheiten halten uns nur auf.

Der deutsche Geist, den Sie in einigen seiner Vertreter zu sammeln versuchen, wird wenn er das Volk ruft, es zu anderem rufen als Stimmzettelpossen. Wilhelm Schäfer und Leopold Ziegler teilen mir die Gründe ihrer Ablehnung soeben urkundlich mit.

Hier ist die meine. Sie ahnen wol schwerlich, was sich hinter dem Schweigen der wirklichen, nicht gewählten sondern berufenen Vertreter verbirgt, und dass sie nicht für Ihre Wahltage sich vorbereiten, sondern für den Tag der Posaune.

Hochachtungsvoll R Borchardt

646 AN MARTIN BODMER

Villa Chiappelli, den 27. Aug. 30

Lieber Herr Bodmer,

Ihr Brief hat mich sehr erschüttert, das Wort nicht nur im üblichen übertragenen Sinne, sondern fast im motorischen genommen, indem er alles um mich her vorübergehend ins Zittern und Wanken gebracht hat. Da man sich bei solchen dämonischen Zufällen vor allem fassen soll, so bitte ich Sie zu begreifen, dass dieser Brief viel nüchterner und trockner ausfallen wird, als der Erguss zu dem ich mein Inneres gestimmt fühle. Die Empfindung der Rührung über Ihre schöne Handlung muss ich beherrschen, damit sie mich nicht übermannt und stumm macht, so dass Sie gar keinen Brief kriegten.

Ich muss sehr offenherzig mit Ihnen reden, lieber Freund, offenherziger und prosaischer, als Sie es gewöhnt sind, und Ihnen meine augenblickliche Lage in Kürze darstellen.

Wir müssen aus dem Hause, am 1. Okt., und zwar auf Grund folgenden Dilemmas: der Besitzer, der Last der ihn nicht erfreuenden Landwirtschaft müde, verpachtet von da an langfristig seinen ganzen Besitz. Er hat mir ein märchenhaft günstiges Angebot gemacht, falls ich die Pacht übernähme: ich würde dabei die

Miete für das Haus buchstäblich sparen. Trotzdem haben wir nach langer Erörterung aller Umstände, aus Gründen die hier zu weit führen würden, uns zu dieser Vermehrung unserer Inanspruchnahme und Umlegung unseres Tätigkeitsplanes endlich doch nicht entschliessen können. Andrerseits steht uns einstweilen nur das Pisaner Haus zur Verfügung, das ich darum immer noch nicht fest gemietet habe, weil es bei vieler Erleichterung, die es bietet, teurer als dieses ist, und ich gesteigerte Ausgaben nur bei gesteigerten Einnahmen verantworten kann. Sie hatten bei Ihrem Hiersein in Aussicht gestellt, dass die bisher auf zwei Publikationen veranschlagten Drucke bei vorliegendem Stoffe auch vermehrt werden könnten, und ich gestehe Ihnen offen ein, dass ich nur in dem Falle einer Verständigung hierüber mit der Möglichkeit obiger Uebersiedelung hätte rechnen können. Ich muss, wie Sie wissen, den gesamten Unterhalt meiner Familie aus täglich laufender Feder ziehen. Der Augenblick, an dem statt der Feder die alten Arbeiten selbstständig weiter laufen und mir Rente bringen, scheint mir -- ich mag das zu pessimistisch beurteilen -- heut eher ferner gerückt als näher. Jedes Jahr fordert von mir neue Bücher, der Entgelt ist ein ausserordentlich geringer, Zeitungsbeiträge und Gelegenheitsarbeiten sind unerlässlich, das Theater ist eine unbestimmte Grösse, mit der nicht zu rechnen ist. Die Schulung der Kinder beginnt von der nächsten Jahreswende an ihre Forderungen zu stellen; es ist ihnen nur durch noch vermehrte Arbeit zu genügen. Der ausschlaggebende Teil der deutschen öffentlichen Meinung ist den Gesinnungen, in denen ich arbeite und dem Anspruch meiner Produkte nicht günstig gestimmt. Mein Leserkreis vermehrt sich nicht sichtlich, im Gegenteil – – die »Handlungen und Abhandlungen« etwa haben gezeigt, dass die Zahl derer, die mein Buch schon des Namens wegen kaufen, dreihundert kaum übersteigt. Schliesslich sehe ich mit Ernst zu meinen wachsenden Jahren; leistungsfähiger als heute bin ich zwar nie gewesen, körperlich nie glücklicher, aber meine Kräfte spielen sich natürlich in der Nähe von Grenzen aus, die es prahlerisch wäre für nichts zu achten.

Die griechische Reise in einer solchen inneren und äusseren Lage mit den Zielen anzutreten, die ich ihr gesetzt hatte, als ich mit zwei Babies, und vor völliger Klarheit über die Entwickelung der deutschen Verhältnisse, träumte und hoffte, zwänge zu Erwägungen die mir damals fernliegen mussten. Die Familie ist ein Teil meiner selber geworden, sie hängt von mir in einem, und freilich auch ich von ihr im andern Sinne ab, denn sie bildet den Schwerpunkt meiner Gedanken. Der heut in einem solchen Falle von mir zu leistende Schwung hätte eine viel grössere Last als damals zu spielen. Ich will in wenigen Worten andeuten welche Voraussetzungen *ich selber* mir erfüllt haben müsste, ehe ich den festen Boden verliesse.

Ich müsste Haus und Heimat fest begründet hinter mir lassen können, um die innere Ruhe zu gewährleisten, ohne die ich dort mit bangendem Gewissen und peinlicher Aussicht auf die Fragezeichen der Zukunft keine freie Minute erleben würde. Ich müsste vor Reiseantritt eine Reserve erübrigt haben, um für die Erhaltung der Meinigen nicht dauernd zwischen Koffern und Zeltstücken immer von neuem die Feder führen zu müssen. Ich müsste mit Hilfe unserer Bremer Beziehungen Mittel aufgenommen haben, um meine Frau mitzunehmen, ohne deren Teilnahme diese Reise, der älteste Zukunftstraum unserer ersten Gemeinschaftszeiten, mir die schwerste und traurigste Resignation, und ihr in meiner Abwesenheit fast die Heimatlosigkeit, bei ambulantem Zustande der Familie, zumuten würde. Jene früheren Pläne auf die Sie anspielen, und die übrigens auf materiellem Punkte nie ganz scharf gefasst waren, aber auch in ihrer allgemeinen Form gewissenhafter Weise als überholt bezeichnet werden müssten, waren auf einen als relativ hoch angenommenen Absatz des Reisebuches kalkuliert an den heut ernsthaft nicht entfernt zu denken ist, es würde knapp, und auch nur langfristig, seine Herstellung decken, auch die Corona-Honorare würden von letzterer verschlungen, die Reise selber bliebe sicher ungedeckt. Nur Tageszeitungen von hoher Auflageziffer können heut so beträchtliche Spesen ohne Verlust aus Inseraten und Modeschnitten decken. Es bliebe also immer ein Phantasie-Preis, den Sie für die Zeitschriften-Beiträge und Ihr Exemplar des Buches zahlten. Und schliesslich: ich bin ein langsamer Mensch. Elastische Umordnung, rasche Bergung der Eindrücke, routinierte Expedierung des Erlebnisses in Zeilensatz ist mir versagt, meine Inkubation ist nicht zu beschleunigen, und wo andere fertig sind, bin ich erst mit der Dumpfheit fertig, hinter der die Klarheit ihren Lauf beginnt. Ich kann nicht in gemessenen Monaten wie Hauptmann und Ponten diese »Episode« handlich machen, mir den Mund wischen und sitzen wo ich vorher sass. Tue ich es so wird es eine Epoche, und sie nimmt sich ihre Zeit.

So, lieber Herr Bodmer, sieht das Ganze aus. Es ist ehrlicher, die saubere Balance aufzustellen, als Ihnen mit dem stürmischen Ja, das mir eigentlich aus dem Herzen will, beide Hände zu drücken.

Den Händedruck fühlen Sie ja wohl, obgleich ich dies »Ja« so pedantisch in den Spiegel meiner Pflichten und Schranken verbaut habe. Wunderlicherweise hatte ich mit der Verwirklichung dieser Gedanken, wenn überhaupt, immer in der Form gespielt, dass ich *selbst* doch noch einmal in die Lage käme, meine gröbsten Kosten zu tragen, und dass Sie – – – lächeln Sie nicht –, Humanist und Bergsteiger, der Sie sind, sich mir anschlössen, und noch eines Tages mit mir aus dem Schnee des Parnass auf Delphi und den malischen Golf hinunterblickten. Als Phantast der ich bin, muss ich mich doch für die Dürre dieses Briefes mit dem Luftschloss entschädigen, in dem natürlich Ihre liebe Frau gleichfalls Appartement belegte, und wir dann als Cavalcade à quatre auf den Helikon ritten, wo man nach einem Schlucke Hippokrene bekanntlich sofort in Versen spricht. Es wäre doch reizend! Inzwischen müssen wir beide noch viel denken, sorgen, schaffen und rechnen, bis wenigstens ein Teil dieses »Châteaus« sich von »Espagne« vielleicht wirklich nach Hellas, um es im heutigen Deutsch zu sagen, verankert.

Wie sehr hoffe ich es! Wie sehr wird die Hoffnung alle meine Gedanken und Vornahmen diesem Ziele zulenken! Die Schikkung muss das beste dazu thun; und also: ἀγαθῆι τύχηι!

Ihr sehr bewegter R. Borchardt

647 AN DIE REDAKTION DER »SÜDDEUTSCHEN
MONATSHEFTE«

Sehr geehrter Dr Hübscher
Es ist leider weder möglich an einer beliebigen Stelle des Ms. abzubrechen, noch an dem zufälligen Brechen der Ihnen anfänglich übersandten Abschrift. Ich habe daher, nach vielfachem vergeblichen Hin- und Herpassen, die beiden handschriftlich beiliegenden Blätter dem Buchms. entnehmen müssen, die einen sinn- und tongemässen Abschnitt geben, und deren Mitpublikation ich leider zur *Bedingung* machen muss, – leider, denn ich fürchte Ihnen durch meine unvorsichtige Anfangsdisposition technische Schwierigkeiten bereitet zu haben, die nun, um des Ganzen willen, durchaus mit hingenommen werden müssen. Hoffentlich finden Sie einen technischen Ausweg aus dieser Klemme, für die ich um Entschuldigung bitte. Correktur wird umgehend erledigt, da ich vorläufig von hier nicht fortgehe. Die heut zurückgesandte traf während einer mehrtägigen Abwesenheit ein.

    Mit freundlichen Grüssen der Ihre   R. Borchardt

Bigiano 5 Sept 30

648 AN MARTIN BODMER

[Villa di Bigiano Candeglia
Pistoia, 17. September 1930]

Lieber Herr Bodmer
Da der Neid der Götter dem Pindar bis zum letzten hat treu sein wollen, so kommt zu meiner Erstarrung gestern das eingeschrie-

ben an Sie abgegangene Manuscript samt Correcturen von Chiasso aus zurückgewiesen in völlig zerfetztem Umschlage an mich zurück mit dem italienischen Stempelvermerk: »Wegen defekter Verpackung von Weiterbeförderung ausgeschlossen«. Der Inhalt scheint für das Couvert zu stark gewesen zu sein, und ich habe ihn daher in zwei Sendungen geteilt, die gestern sofort per Radfahrer in der Stadt wieder zur Post gegeben sind, allerdings nach Zürich – wie auch das erste Mal – da ich Sie nicht mehr in Girsberg vermute.

Sie werden nach einem Blicke in das Ungeheuer dieser vierundfünfzig Seiten Extrakt begreifen, warum es mich vier volle Monate unablässiger Forschung gekostet hat, den ganzen Sommer, der Aufgabe zu genügen, die sich erst unter der Arbeit als solche herausstellen konnte. Beim Ansetzen der Feder zeigte sich, dass alle Begriffe neu zu entwickeln waren, und ein ganzes Kapitel griechischer Literargeschichte aus den Quellen gearbeitet werden musste um mehr zu geben als hübsche Worte und Wendungen. Ich habe in diesem Zusammenhange die ganze mir hier zur Hand stehende griechische Literatur passim wieder lesen und durchnotieren, den ganzen mir fremder gewordenen Pindar und die Lyriker durcharbeiten müssen und habe mir doch nicht entfernt genügt; dafür ist mein Material zu lückenhaft gewesen. Schliesslich sind ganze Abschnitte nach Deutschland gewandert um dort von Fachgenossen auf mögliche Versehen, die auf dieser improvisierten Grundlage fast unvermeidlich entstehen mussten geprüft zu werden. Es hat sich herausgestellt, dass ich so gut wie nichts zu ändern brauche, vorausgesetzt, dass mein Grundgedanke sich Billigung zu verschaffen weiss, was bei der Festigkeit eingewurzelter Vorurteile fürs erste nicht wahrscheinlich ist, aber nicht vorausgesehen werden kann. Die von mir direkt befragten Freunde, geschätzte Universitätslehrer, haben mir nach dem ersten Schreck zögernden und dann immer willigeren Beifall gezollt, der eine sogar von ihnen mir versprochen die Schrift sofort nach öffentlichem Erscheinen im »Gnomon« ausführlich zu besprechen, und dabei nichts weniger als eine griechische Literaturgeschichte von mir zu fordern! Wüsste er mit welchem Aufatmen ich beim letzten Federstrich jede Wiederunternehmung einer solchen Arbeit für immer verschworen habe, so hätte er sich das wolgemeinte Compliment gespart. Es bleibt bei allem Prüfen und Berechnen der Träger eines solchen Hypothesengebäudes ein gar zu ängstliches und fruchtloses Thun, und bei allem Streben nach geschlossenem Aufbau der Gedankenentwickelung ein formloses oder scheingeformtes Thun, wie denn diese ganze Art der Betrachtung der mündlichen Lehre vorbehalten und der Schriftstellerei entzogen werden sollte wenn das so möglich wäre, wie es freilich unmöglich ist. Wirkliche Untersuchungen lassen sich mit der Feder vortragen, und die Dante Epilegomena haben durch ihr Kernstück, die Analyse der Vita Nova, eine wirkliche Form, – und wirkliche Geschichte lässt sich schreiben, aus einer andern Form heraus. Dies einseitige Zuschlichten der Thatsachenfülle auf einen einzigen Personalaspekt hin, nicht Untersuchung, nicht Geschichte, schüttet zwar eben weil es ein Durchschnitt ist, einen Sack glücklicher Nebenbeobachtungen aus, aber es liegt wie die schief durch den Kegel streichende Ellipse zwischen fremden Brennpunkten und lässt weder von Spitze noch Basis noch Schenkeln ein Bild entstehen.

Nehmen Sie nun es auf als ein Zeichen des Ernstes und der fleissigen Hingabe mit der ich meine Gegenleistung gegen die Käufer und Sie als Arbeit, und nicht als Ausflucht abzutragen für anständig halte. Man soll, soviel an mir ist, auf seine Kosten kommen und nicht mit einem Federspiele abgespeist werden.

Und so füge ich gleich hinzu, dass ich an die Griechische Reise nicht denken darf, solange nicht durch Vorliegen der Handschriften für die drei nächsten Bände die geleisteten Zahlungen gedeckt sind, möglichst auch für Deckung des fünften bereits gesorgt. Sie besitzen die Reden für Band 2 dessen eine aus den mir vorliegenden Notizen noch zu vervollständigen ist. Ich nehme an, er geht bald in Druck, könnte bis Ende November ebenfalls vorliegen und ich könnte bis 1 Dezember den kleinen halbautobiographischen Jugendroman Annus Mirabilis einsenden der Bd. 3 bilden sollte, etwa im Umfange von Werthers Leiden. Für Band 4 sind Vereinbarungen noch zu treffen. Vielleicht kann ich neuere Gedichte zusammenstellen. Bd 5 könnten wenn Sie gegen eine Übersetzung nichts einwenden, die zu vervollständigenden »Perser« sein.

Sie haben mir Ihren Standpunkt zu der Reise mit der schönsten Zartheit und Humanität entwickelt und mich ebenso gerührt wie Ihnen, wenn das möglich wäre, noch mehr verpflichtet. In Einzelheiten haben Sie meinen Brief – und er mag in der ersten Aufregung gelegentlich nicht ganz klar gefasst gewesen sein – vielleicht missverstanden. Es handelt sich bei meinen Bedenken wirklich nur und ganz um das was *ich* gethan haben muss, um mit leichter Brust in dies Abenteuer zu gehen, – um nichts was ein anderer mir abnehmen, für mich thun, mir unterschieben könnte.

Die Beteiligung meiner Frau, die seit fast drei Wochen bettlägerig ist, an einem plötzlich aufgetretenen Leiden das wol nicht bedrohlich ist aber zur grössten Ruhe und Schonung zwingt und operativ wird behoben werden müssen, ist leider nicht mehr wahrscheinlich. Wird es dennoch wahr, so wird natürlich mein Schwiegervater die für ihn nicht erheblichen Kosten vorlegen, und natürlich auch die Kinder mit ihrer Pflegerin aufnehmen. Aber ich habe dafür zu sorgen, dass das Haus zu unserem Empfange bereit bleibt, Mieten und Löhne weiter zu zahlen, anderen laufenden Verpflichtungen zu genügen, Stockungen in meinen Publikationen zu vermeiden, die ich meinen mit mir arbeitenden Verlegern nicht zumuten darf und überhaupt meinen nicht ganz leichten und nicht ganz übersichtlichen bürgerlichen und beruflichen Aufbau so bestellt zu hinterlassen, dass er auf eine so beträchtliche Zeitspanne meiner direkten und dauernden Disposition entraten kann, wozu die von Ostern an beginnende Versorgung meines ältesten Sohnes in Neubeuern tritt. Es ist möglich dass ich mir diese ganze Pflichtensumme etwas ängstlicher und gedrängter vorstelle, als sie beim Herantreten an das Einzelne schliesslich sein muss. Aber die Besorgnis, durch ein Leichtnehmen diesen ganzen heut ungefähr im Gleichgewicht befindlichen Bau, in dem eine beträchtliche Anzahl Menschen ausschliesslich von meiner Arbeit abhängt, zu gefährden und dann von der Reise in Schwierigkeiten, Unordnungen und aufgesammelte Verpflichtungen zurückzukehren, ist wie Sie begreifen werden, eine reine Nervenangelegenheit, an der die innere Freiheit wie das Unternehmen sie voraussetzt, aufs stärkste mitbeteiligt ist. Und das Schicksal muss wollen, dass sich diese Überlegungen noch in den

Wohnungswechsel mit verflechten und durch die Notwendigkeit mitbestimmt werden, die Neueinrichtung an noch unerprobter Stelle so rasch als möglich so zu gestalten, dass man doch schon wieder einigermassen feste und übersehbare Verhältnisse sich im Rücken lässt. Sie lächeln gewiss zu den Sorgenfalten mit denen solch ein wunderlicher Phantasiemensch die unerhoffteste Erfüllung eines Lebenswunsches, da sie ihm endlich zu Teil wird, entgegennimmt, und ich selber komme mir darin manchmal wunderlich vor, aber ich habe nun einmal, nach manchem früheren leichtsinnigen und gutzuversichtlichen Aufs Spiel Setzen meiner Barke aus Schaden gelernt und mir aufs bestimmteste vorgesetzt, in dieser schwankenden Zeit mit den Meinen fest zu stehen, unsern Stand sicher zu begründen, un»literarisch« und bürgerlich à outrance zu sein, keine Schulden zu tolerieren, die alten zu bezahlen, mein Wort zu halten und andere nüchterne Dinge mehr. Nicht als wüsste ich nicht, dass Sie diese Dinge für weniger als respektabel, für selbstverständlich halten werde, aber das Maass rein mechanischer hartnäckigster Arbeitsgewohnheit durch das allein sie bei mir geleistet werden können, und das Maass der damit zuammenhängenden ständigen Präokkupation hinsichtlich der Leistung, Verteilung, Verwertung dieser Arbeit können Sie schwerlich ermessen. Auch finde ich es nicht sehr zierlich oder überhaupt notwendig, von diesen Dingen zu sprechen, und wenn ich es dies und das letzte Mal gethan habe so geschieht es nur damit Sie meine Bedächtigkeit, als solche nicht, und vor allem *in ihrer Nuance* nicht einen Augenblick missdeuten.

Habe ich Ihnen eigentlich hier gesagt, dass mein Berliner Bruder bereit ist, zwischen zehn und zwanzig dieser Drucke dort unterzubringen? Er hält die Wiegandschen Ansätze nur unter der Voraussetzung für erklärlich dass W. über die in Betracht kommenden Beziehungen nicht verfügt und möchte zur Disposition des Vertriebes, auch an anderen Stellen, z.B. Frankfurt, bleiben.

Im Winter, kurz nach Weihnachten, gehe ich nach Deutschland, um an verschiedenen Orten zu sprechen. Wenn es sich so einrichten lässt, dass ich Sie Anfang Februar in Zürich berühre, so können wir dann, da ich auch bis dahin gesehen haben werde, in welchem Tempo ich mein Feld abraume, alle Einzelheiten gemeinschaftlich erörtern. Es wird so spät weil ich einen Abstecher nach London mache, um mit Fisher Unwin über eine englische Übersetzung meiner alten (und neuen) Novellen zu verhandeln und dabei gleichzeitig meine Ausrüstung vervollständigen will, vor allem das mir fehlende Zelt kaufen. Ich bitte aber diese Käufe zunächst ganz aus eigenen Mitteln mich bestreiten zu lassen, und mit der Kostenvorlegung von dem Tage an zu beginnen, an dem ich definitiv den Schlüssel in meinem Hause herumdrehe und in die Tasche stecke.

Wie Sie sich die »Publikation« im Umfange von 150 Seiten denken, verstehe ich nicht recht. Ist das ein Maximum oder ein Minimum? Mir wäre es am liebsten, Sie liessen mich mein Buch bei Elster machen und durch rechtsgiltige Cession an Sie alle meine Rechte daraus bis zur Abtragung derjenigen Summe abtreten, die nach Abzug der Corona-Honorare verbleiben. Schätze dass diese letzteren für ca. 100 Seiten 2000 Mark betrügen, – sechs Beiträge zu ca. 18 Seiten – und dass ich bei einem Ladenpreise von 8 Mark 15% von 3000 Exemplaren = 3600 Mark erhielte, so wären Sie fast gedeckt, ich hätte meine Reise verdient und es bliebe ungedeckt nur der unglückliche Elster, der den Hitlertruppen aus denen bis dahin ganz Deutschland wol bestehen wird, ein solches Buch zu verkaufen hätte. Ich bitte Sie nicht nur sich zu diesem Vorschlage zu äussern sondern vor allem aufs dringendste und bestimmteste, ihn anzunehmen. Setzen Sie den Dienst Ihrer Freundschaft an mir in die einfache Vorlegung des kleinen Kapitals, das der Verleger schwerlich gewagt haben würde: er ist gross genug um Sie meines treuesten Dankes zu versichern; und lassen Sie mir das Gefühl Ihnen endlich nichts anderes unverdankt zu schulden als diesen, in sich so schönen, Dank.

Und ja freilich müssen Sie kommen, und sollen es schön haben. Der Sekretär des Archaeologischen Instituts (so heisst altmodischer Weise sein Direktor) Prof. Karo, ist mein alter archäologischer Studienfreund aus Bonn und wird Sie sehen lassen was nicht ein jeder sieht. Ich will mit Ihnen am Kithäron, mit Panorama des Schlachtfeldes von Platää gratis, Bären schiessen, die es nach dem Bädeker dort immer noch gibt. Für Ihre Frau sollen alle Steine aus den greulichsten Bergwegen geräumt sein, an die sie ihre unwahrscheinlichen Rehfüsse stossen könnte. In Delphi muss sie als Pythia auf meinem Dreibeinschemel sitzen, und Ihnen auf Orakelfragen weissagen, wobei Sie sich so wenig anzustrengen braucht wie jene antike Dame es zu thun pflegte, denn ich bringe wie jene Priester das Unverständlichste in glatte Hexameter. Das schönste wird die Inselreise. Sie kommen doch auf die Inseln? Denken Sie sich Ihre Frau als Ariadne auf Naxos, natürlich dort alleingelassen, und harmonisch weinend. Den Panther bringen wir ihr vom Kithäron mit. Wann? θεῶν ἐν γούναδι κεῖται.

Ihr wie immer ergebenster R Borchardt

649 AN DIE »ARBEITSSTELLE FÜR KONSERVATIVES SCHRIFT-
TUM« WÜRZBURG, KARL LUDWIG FREIHERR VON
GUTTENBERG

[Entwurf] Villa Chiappelli,
Candeglia/Pistoia
den 22. Sept. 30

Verehrter Baron Guttenberg,
Ihr gef. Schreiben vom 19. Aug. erreicht mich erst heut, weil in Urlaubs Abwesenheit der für die Adresse gewählten Mittelperson eingegangen u. erst jetzt vorgefunden, bezw. weitergereicht. Ich danke Ihnen bestens für Ihre freundl. Worte u. Ihre schätzenswerten Anregungen.

In der Sache bin ich theoretisch natürl. ganz, praktisch mit den Modifikationen Ihrer Ansicht, die sich aus tieferliegenden Verschiedenheiten ergibt.

Ich habe Behrend für die MNN eine Serie von 6 konserv. Aufsätzen versprochen; der erste »Konservatismus u Humanismus« ist bei ihm. Der zweite »K u Monarchismus« liegt hier fast fertig. Es dürfte dasjenige sein was von meinen Arbeiten zunächst Ihren Wünschen entspricht, ohne sich mit ihnen zu decken.

Wenn Sie für die Monarchie offen zu werben vorhaben, so habe ich viel eher die Tendenz sie rar zu machen u. ihr Ziel als ein fast unerreichbares in die Ferne zu rücken. In der Sache mag es auf das Gleiche hinauskommen, dem Gehalte nach ist es natürlich ganz zweierlei. Auch ist insofern meine Argumentation doppelspitzig als sie sich keineswegs ausschliesslich gegen den politikanten Pöbel u. das Volk richtet, sondern sehr deutlich gegen die hohen

Herren selber. Ich bin kein Propagandist u. kein Schmeichler. Den
Prozess mit symmetrischer Aufteilung von Schatten u Licht zu
führen, halte ich für eine nackte Frivolität. Die Monarchie hat
diese furchtbare Krise gebraucht

650 AN LUDOVICA PRINCIPESSA ALTIERI

Cara e gentile Signora
Il libro che insieme a questa mia lettera viene a chiedere un piccolo
posto fra i volumi della bella biblioteca di Gattaiola, non Le è
dovuto solo in segno di vecchi e cari ricordi, ma è un vero debito
antico, che dopo tanti e tanti anni sciolgo. Fa nell'estate del 1909,
nella Burlamacchi, che, dopo aver per mezzo decennio tentennato
quà e là, ne dettai i primi versi. Se n'é parlato anche allora, in una
delle geniali serate della villa grande, ed alla Principessa e a Lei fin
d'allora promisi »il libro«, quando libro fosse diventato davvero.
Poco potevo prevedere, quale e quanta stava per essere la vicenda
dell'immane lavoro, nel quale quasi inconsultamente avevo messo
piede, – lavoro, che piu continuava e piu esorbitava dei limiti di una
traduzione fosse pure artistica ed originale, per culminare nel proposito di ristaurare, sulle orme della Commedia, il mondo tutto intiero della nostra poesia e del nostro misticismo medievali. Quei
primi versi del primo canto, che ancora conservo nel autografo
d'allora, colla data di Villa Burlamacchi, furono difatti l'inizio
d'una crisi quasi rivoluzionaria nella poesia germanica contempo-
ranea, intorno alla quale gli spiriti si sono accesi nel pro e nel contra
per schierarsi finalmente e quasi unanimemente dalla parte mia.
Ora si tenga quel volume, che vorrei quasi quasi contrassegnare

colla vecchia formola dedicativa latina: Manibus, non oculis – alle mani, e non già agli occhi. Non si disturbi, La prego, a voler leggere ed intendere, non si profondi addentro all'intrico strano ed esasperato di una lingua troppo distante da quell'idioma nostro che Lei padroneggia con una libertà cosí ammirevole. Quale simbolo glie lo do, e quale simbolo La prego di accettarlo – simbolo della Musa Straniera, ospite Sua in quei giorni lontani, ed il quale Le ricordi, non essere cosa ingrata quella di ospitare le Muse. Molto da quel tempo in poi è cambiato, la vita tragica, che non risparmia nessuno, e »che«, per dirla con Dante, »le più alte cime piu percuote«, ha duramente provato il Suo grande e nobile cuore, mentre a me, togliendomi colla patria quasi tutto quanto possedetti, non ha poi potuto intaccare nè il fermo proposito né la forza della ripresa, sia pure lenta. Molte ragioni, molti riserbi riverenti, e molte pietà umane mi hanno per più anni imposto un silenzio che non avrà interpretato nel senso dell'oblio e del venir meno di quella amicizia sincera che gli anni e la vicende della vita avevano provata troppo per doverla protestare. Mi avrà inteso, nè mi avrà negato giustizia, neanche quando sapeva che non avevo negato il mio conforto a chi di conforto più aveva bisogno, – *quanto* ne aveva bisogno. Ed ormai anche quelli, colla vita che cambia le circostanze e riduce a sostanza gli atteggiamenti, sono diventati ricordi – nè dolci nè amari, – filosofici.

È mancato poco che, appunto in questi giorni, questo libro, uscito testè, non glie Lo portassi io stesso. La villa di Bigiano, nella quale abbiamo passato sei anni di vita sperosissima e felicissima, si vende, e mi trovavo, anzi quasi quasi mi trovo sempre, in trattative per la villa Pozzo di Borgo, Pisana, ma più vicina a Gattaiola ed a Lucca che non a Pisa. Villa magnifica, con magnifico parco, un vero paradiso, ma munito anche questo d'un autentico serpente, il brutto pescecane cioè, che giunto ad altrui mestatori della stessa risma, ha triato il collo all'antico proprietario, e che ora ne è il padrone, tipaccio col quale veramente si preferirebbe di non aver niente da fare e del quale mi mette in guardia il mio stesso avvocato Pisano al quale ho lasciato l'ingrato compito dei patti difficilissimi. Se non se ne facene nulla, nonostante le mie concessioni piu che generose, non è affatto improbabile, che facessi cercare in Lucchesia – non già piu una villetta come Monsagrati, – siamo diventati una famiglia grande. Abbiamo quattro figliuoli – il maggiore, che ebbe in braccio nell'albergo di Lucca, nel prossimo anno sarà mandato in collegio a Neubeuern – ricorda la contessa Degenfeld? – ed in tutto è per tutto perfino questa casa che lasciamo con un po' di rammarico, nonostante i suoi quindici o più ambienti cominciava a venire un po' stretta. Ma poichè sono diventato un giardiniere quasi pazzesco – non ho quasi altro svago – mi alletterebbe dopo tanta aridità Pistoiese quella indimenticabile ricchezza di acque. E poi, – on revient toujours ecc. Nè mi dispiacerebbe rivedere ora, dopo vinte tante battaglie di vita, quella campagna che tanto tempo fa, lasciai, sentendomi mancare quasi il respiro, in mezzo ai torbidi della inflazione e della rovina nazionale, quasi senza speranza!

    Mia moglie si unisce a me nei voti più affettuosi per Lei e per i Suoi; e Le bacio la mano a Lei come sempre devot^{mo}
R Borchardt

Bigiano
Candeglia 30 IX 30
(Pistoia)

651 AN HERBERT STEINER

1 Anlage

LD^rSt

In Abwesenheit meiner Frau habe ich die an sie gesandten Correcturen des Vergil Aufsatzes geöffnet und erledigt. Ich bitte um möglichst sorgfältige Nachcorrektur der mit besonderer Peinlichkeit von mir durchgeführten *Interpunktion*. Bei dem gepackten Satze der B.P., der sich sehr schön ansieht, aber nicht leicht überblickt, ist eine Auflockerung durch Lesezeichen, wie ich sie sonst perhorresziere, unerlässlich. – Beiliegendes Blatt, das ich zurückerbitte, (aus der Einleitung der Thiloschen V.-Ausgabe) diene Ihnen statt anderer schwerer vorzulegenden wissenschaftlichen Literatur als Beleg für den von Ihnen in Frage gezogenen Satz der Abhandlung. Was ihn mit Dr. Schröders Übersetzung von Aen. II unverträglich machen könnte, ist mir zwar unerfindlich – denn Vergils Hypercritizismus gegenüber dem grossen Bravourstücke bezeichnet ja nur seine pathologische Nervosität und nicht den Wert seiner Leistung –, doch bitte ich darüber ganz nach Gutdünken zu befinden, da *Sie* die Zsr. verantworten, und ich es ganz Ihnen überlasse, wie, und mit welchen Modifikationen, Sie meine Beiträge verwenden. Ebenso nehme ich gerne von Ihrem Wunsche nach vorzugsweise kürzeren Beiträgen Kenntnis. Bei den grossen Zeiträumen über die sich, bei dem geringen zur Verfügung stehenden Raume und der wünschenswerten Abwechslung in Autorenspiegel und Lesestoff, die unvermeidlichen Wartezeiten der Beiträge immer werden erstrecken müssen, sind mir solche für kleinere Ausarbeitungen in Art der Blumenporträts

weniger empfindlich als für umfangreiche und gewichtige. –
Wenn es möglich wäre das Pindarbuch in Maschinenschrift zur
Beseitigung der voraussichtlichen Abschreibefehler *vor* Satzlegung an mich zurückgehen zu lassen – vielleicht der Beschleunigung halber sogar abschnittweise – so würden Setzereikosten
gespart und die Correktur erleichtert werden. Ich bedaure sehr,
dass die Bettlägerigkeit meiner Frau es mir unmöglich gemacht
hat, das schwierige Werk in Maschinenschrift vervollständigen zu
lassen. MbGr RBdt

Bigiano 2 × 30
pS. Wollen Sie mich auch gefälligst baldmöglichst nach Rückkehr
in die Schweiz *genau* über das am Reden-Ms. noch Fehlende unterrichten. Ich beabsichtige Bd. II der Drucke laufend druckfertig
zu stellen, Bd IV noch vor Weihnachten anzuliefern. D.O.

652 AN JOSEF NADLER

Mein lieber Nadler
Ich komme heut als Bittender zu Ihnen und bezeichne sogleich
das Ziel meines hoffentlich nicht unbescheidenen oder unerfüllbaren Wunsches. Die Münchener Neusten Nachrichten legen
einen besonderen Wert darauf, den Dante sachverständig und aus
einem angemessenen Gesichtspunkte heraus besprochen zu sehen. Vossler, an den sie sich – leider ohne mich zu befragen – gewandt haben, hat sich, sehr mit Recht, für incompetent erklärt: das
könne nur Schröder. Und Schröder so teuer und so hoch ich ihn

halte, steht gerade in allem, was dieser meiner Arbeit ihr Gepräge gibt, am Gegenpole meines Poles. Er wird, liebevoll und warmherzig, das Erdenkliche thun um sich in das ihm Fremdartigste meines Thuns und Treibens zu versetzen, sich heillos damit plagen, sich nicht und mir nicht genug zu thun glauben, und schliesslich sich mit einer Qual belastet haben, die ihm zuzumuten ich der Letzte bin, und die ich mir aus der blossen Vorstellung augenscheinlich machen kann, ich müsste etwa, in einem analogen Fall, seinen Homer recensieren: ich brächte, zwischen der Scheu ihn zu verletzen und der Scheu vor unwahrem Gutheissen gewiss keine Zeile zu Wege.

Würden Sie sich der Aufgabe unterziehen, die schönen Gedankengänge die Sie in den zwei Schweizer Abhandlungen entwickelt und durch die Sie mir mein eigenes Verfahren in nie genug zu verdankender Weise erblickend geordnet haben, mit Rücksicht auf das vollendete Werk noch ein Mal zusammenzufassen? Einem Andern als Ihnen würde ich zaudern dies Anliegen vorzutragen, aber Sie, zum Unterschiede von solchen, die ihr Kröpflein, ein Mal geleert für immer geleert haben, können sich nicht wiederholen, sondern Ihre Gedanken bleiben in Bewegung. Bescheiden darf ich hinzufügen, dass erst das fertige Werk Ihnen hat zeigen können, wie ich mir die Aufgabe der Übersetzung des Paradieses formuliert habe. Das Paradies ist, – wie ich mir in einem weitern Hefte der Epilegomena zu entwickeln vorbehalte –, nicht einfach der dritte Teil der Comedia, sowenig wie der zweite Faust »der Tragödie zweiter Teil« anders als im Titel ist. Das Dantesche Gedicht schliesst logisch constructiv und stilmässig mit dem Wiedersehen am Ende des Fegfeuers. Das Paradies ist eine neue und selbständige Dichtung mit einer nur ihr gehörigen Stil- und Sprachwelt. Dante hat sich ernstlich vorgenommen, das Überirdische vom unterirdischen irdischen und halbirdischen durch die Fiktion einer himmlischen Hofsprache abzusetzen, die sich zu seiner übrigen Sprachwelt verhielte wie das eloquium imperiale auf das er als Grammatiker aus ist, zu dem volgare der Sprachbräuche die er theoretisch und praktisch wegsäubert. So hat er sich ein in der Zielsetzung grossartiges, in der Durchführung höchst barockes Idiom gebildet, das zeigt wie etwa ein auf rein spätgotischen Daten aufgebauter Renaissanceentwurf des Ausgleiches zwischen Volkssprachen und Latein ausgesehen hätte, wenn das Latein eben noch nicht das humanistisch wiedererworbene (seit Laurentius Valla) sondern Mittellatein war. Durchgeführt hat Dante diesen Entwurf als Alternder wie Goethe, mit immer geringerer Rücksichtnahme auf den Leser, mehr und mehr für das eigene Ohr, immer unbekümmerter um Aufnehmbarkeit, »hineingeheimnissend« und mit der Absicht, als rätselhafte Offenbarung im Sinne seiner morgenländisch prophetischen Stilmuster studiert und commentiert zu werden. Dadurch ist meine Arbeit in ihren Prinzipien wesentlich bestimmt worden. Während meine Hölle und Fegfeuer sich fictiv als »modernisiert« geben, fehlt, ebenso fictiv, meinem Paradiese diese letzte ausgleichende Hand, und es entsteht das wirklichen Übersetzungen zugehörende spiegelschriftliche Gegenbild, das bei mir das Paradies zum mittelalterlichsten Stücke des Gedichtes macht, gerade weil es bei Dante, am meisten und weitesten über das Mittelalter hinausgezielt, nur um so befangener gegen die unüberschreitbaren mittelalterlichen Grenzen stösst. – Dazu tritt das Nachwort, in dem ich das Ein und

Andere gesagt zu haben hoffe, was sich Ihre Aufmerksamkeit und vielleicht Ihre Billigung zu erwerben gewusst haben kann.

Mir persönlich würden Sie durch eine gütige Erwägung meiner Bitte die grösste Freude machen. Ganz abgesehen von der Bedeutung die ich Ihren Urteilen und dem grossartigen Zuge Ihrer Verknüpfung des Einzelnen mit dem Gesetzmässigen von vornherein gebe, ist der Kreis derjenigen von denen ich eine Durchdringung meiner Arbeit erwarten darf, ein nicht nur »kleiner« sondern der unendlich kleine als den die höhere Mathematik den Punkt auffasst, und dieser Punkt ist in der Königsberger Cäcilien Allee gesetzt. Daneben glaube ich, dass die Redaktion der Münchener NN fast einen Anspruch darauf hat, – ganz abgesehen von diesem meinem Buche – Sie endlich unter ihren grossen Mitarbeitern zu sehen. Die Anstrengungen der tüchtigen und hochherzigen Männer der dortigen Leitung, dies Blatt zu einem Bollwerke des guten Geistes gegen den schillernden Lumpenkram der Mosse Ullstein Simon zu machen, verfolge ich seit Jahren und unterstütze sie wo immer ich kann. Missgriffe werden von Zeit zu Zeit gemacht, aber im Ganzen sind sie auf das Beste aus, arbeiten unermüdlich, stehen jeder ernsten Anregung offen und haben aus ihrer Zeitung am Ende etwas herausgebildet, was sich sehen lassen kann, vor allem gegen das Bild der norddeutschen Rechtspresse mit ihrem geistlosen Trumpfen und ihrem öden Haufen Gesinnungsbrocken gehalten. Dr Behrend klagt mir seit Jahren in seiner bescheidenen und zartfühlenden Weise darüber, dass Sie alle seine Bitten überhören. Vielleicht besteht bei Ihnen eine Verstimmung, deren Gründe ich nicht erraten kann. Mir werden Sie glauben, dass ich nur der Sache dienen will, wenn ich Sie bitte, die aufrichtige Bewunderung und Verehrung, die an dortiger Stelle für Sie seit lange besteht, durch eine Freundlichkeit zu belohnen.

Die Jahre gehen hin, lieber Nadler, ohne dass man viel von einander weiss und hört, zwischen Thule und Orplid. Gerade erfahre ich durch Ihr Zeitungs Circular, dass Sie auf Hamann aus sind, also weit von jenen Renaissance Correspondenz Plänen, auf die Sie in Königsberg zu sprechen kamen. Auch der Kernhieb den Sie gegen die Engelschen Unverschämtheiten geführt haben, hat mich im Echo erreicht. Sonst bleibt mein Verkehr mit Ihnen auf die Literaturgeschichte beschränkt, deren vierter Band immer griffbereit zu meiner Rechten liegt, um so unerschöpflicher, je mehr ich ihn zu kennen glaube, je mehr ich ihn fast auswendig zu wissen beginne. Mit dem ersten liegt gerade meine Frau, die zu einiger Bettlägerigkeit verurteilt ist, zwischen Minnesängern und Nonnenbriefen und verwickelt mich in leidenschaftliche Diskussionen wenn ich zum Thee zu ihr hinaufkomme. Es ist eine wirkliche Enttäuschung für uns gewesen, dass wir Sie dies Frühjahr vergeblich erwartet haben, und wann wird eine solche Gelegenheit sich wieder bieten? Ich gehe zwar Ende Januar nach Deutschland, spreche aber nur im Westen, Duisburg Essen Göttingen Berlin, Bremen (?), – der deutsche Osten kennt mich noch nicht und wird sich seines Sohnes wol erst erinnern, wenn er in der Grube liegt. Mein Feld ist scharf abgegrenzt, das ganze Rheinland verschmäht mich ebenso wie der Osten. Bayern, Schweiz, Hessen, Thüringen, Niedersachsen enthalten meine Hörer und, wie die Verlegerstatistik ausweist, auch meine Leser, Österreich fängt gerade an, sich leise für mich zu regen, aber vom

Ewigen Vorrat haben Oxford und London allein mehr bezogen als ganz Österreich zusammen, und halb so viel wie Berlin. Übrigens bin ich sehr fleissig gewesen. Der Pindar, durch lange Zeit die Concurrenzarbeit neben dem Dante, ist bei den Schweizern, die meine Inedita publizieren, im Drucke, vermehrt um eine Abhandlung die fast ein Buch ist, und einen Durchschnitt durch die Geschichte der unbekannten griechischen Dichtung versucht. Von meinem kleinen Hofmannsthalbuch das Ende des Jahrs erscheint, bringen die Süddeutschen Monatshefte den ersten Teil, der Ihnen dieser Tage zugeht. Ein neuer Novellenband erscheint nach Weihnachten, ein Versuch, noch furchtloser, noch eindeutiger auf dem begonnenen Wege fortzuschreiten. Dann habe ich Goldonis Pamela, seine Dramatisierung des Richardsonschen Moderomans, die hier von einer grossen Schauspielerin ergreifend gespielt mich in ihren Bann gezogen hatte, für die mich interessierende Käthe Dorsch, ein altes Bühnenfrauenzimmer mit unwahrscheinlichen Menschentönen in ihrer etwas schlotterigen Kehle, so umgestaltet, dass die grotesken italienischen Elemente weggefallen sind und durch einen neuen Akt die Dichtung ihre stofflichen und seelischen Intentionen auslebt – aber wie es geht haben die levantinischen Theaterpaschas von Berlin der Dorsch nicht erlaubt ein Stück zu spielen in dem ein jungfräuliches Wesen ihre Ehre siegreich verteidigt, und nun handele ich mit München. – Das Alles sind, wie der Grieche sagt, παροψημάτια, Nebenbröckchen auf der Tafel der Arbeit. Die Haupttrachten rücken durch die Abräumung der mich seit Jahren überlastenden Dantearbeit langsam herauf und stellen mir unermessliche Arbeitsaufgaben, über die ich abergläubisch schweige. – Man lebt mit einer

geliebten Frau und glücklich heranblühenden Kindern und verwindet das heimische Elend der Thorheit, des Frevels, des Aberwitzes, der Unehre, der Friedlosigkeit, der grässlichen Verderbnis. Jeder muss das Deutschland retten das ihm am nächsten ist.
Grüssen Sie Ihre liebe gute Frau herzlich von mir und seien Sie selber in unveränderten Gesinnungen gegrüsst von Ihrem

R. Borchardt

Bigiano 5 × 30.

653 AN DIE REDAKTION DER »SÜDDEUTSCHEN MONATSHEFTE«

Sehr geehrter Dr Hübscher
Darf ich Sie bitten, in meinem Auftrage Exx. meines Hofmannsthalbeitrages an folgende Adressen zu versenden – Hefte wenn es nicht anders geht, Sonderabzüge, wenn sie sich herstellen lassen – und den Betrag der über meine Belege hinausgehenden mir – hoffentlich mit einem gewissen Rabatt – zu belasten?

Prof Dr Werner Jaeger Kaiser Wilhelmstr *Steglitz*
Prof. Dr. H. H. Schaeder Universität, *Leipzig*
Frau von Hofmannsthal *Rodaun* ^{b}/Wien
Herrn Martin Bodmer Muraltengut *Zürich-Enge*
Senatore Benedetto Croce Ministero di Stato *Napoli*
RA Schröder 98 Hohenzollernstrasse *Bremen*
Studienrat H. Schäfer 41 Königstrasse *Steglitz*
Hans Carossa
Dr Gustav Steinbömer durch Redaktion »Ring« *Berlin*
Dr Edgar Jung Kontorhaus Stachus *München*

Frau Professor Rosenberg, Sternwarte *Kiel*
Frau Professor Curtius Istituto Archaeologico Germanico
[*Roma*
Dr HansMartin Elster Horenverlag 6B Humboldtstrasse
[*BerlinGrunewald*
Baron Franckenstein Hoftheater *München*
Gräfin Ottonie Degenfeld-Schonburg Hinterhör ᵇ/Neubeuern ᵃ/I (Oberbayern)
Frau Sonja Stähelin-Holzing Bollschweil ⁱ/Breisgau, Baden
Jacob Wassermann Alt-Aussee, Steiermark
H.E. the British Embassador Prof. Gilbert *Murray* British Embassy, Washington U.S.

Mit herzlichen Grüssen Ihr   RBorchardt

Bigiano 12 X 30

654 AN DIE REDAKTION DER »DEUTSCHEN RUNDSCHAU«

Redaktion der Deutschen Rundschau
Berlin
Sehr geehrter Herr
In Beantwortung Ihres um eine Erklärung zu Dr Jungs Buch bittenden Schreibens stelle ich Ihnen gern die beigehenden Zeilen zu wunschgemässer Verwendung zu. Ich habe sie mehr auf die mir besonders sympathische Persönlichkeit des Autors gezielt als auf Eigenschaften des Buches, aus Gründen die D^r

Jung bekannt sind, und auf die hier einzugehen kein Anlass besteht.

Gleichzeitig möchte ich unverbindlich mitteilen, dass ich im Laufe dieses Winters in Deutschland unter anderem an zwei Orten programmatisch spreche. Erstlich hat die Universität Kiel mich eingeladen, bei ihrem offiziellen Begängnis der Vergil-Feier die Festrede zu halten, und ferner Professsor Werner Jaeger anlässlich der diesjährigen Berliner Tagung der Gesellschaft für antike Geisteskultur den gleichen Wunsch an mich gerichtet: hier steht das Thema noch nicht ganz fest. Bei dem gewissen Wiederhall, den s. Zt. der Abdruck meiner Münchener Rede bei Ihnen gefunden zu haben scheint, würde ich Ihnen den Abdruck einer der beiden obengenannten Darbietungen gerne übergeben, vorausgesetzt, dass bei Ihnen Interesse dafür besteht, und allerdings unter der Bedingung, dass ich Sonderabzüge erhalte, ohne welche eine Verbreitung des Gesagten in den mir nahestehenden Kreisen misslich bleibt.

    Mit vorzüglicher Hochachtung der Ihre   R Borchardt

Villa di Bigiano
Candeglia (Pistoia)
12. X. 30

[Beilage]

Ich verfolge die energische und grade politische Tätigkeit Edgar J. Jungs seit seiner vor Jahren plötzlich überraschend in die laue Zeit geworfene Münchner Pfalzrede mit stetiger Aufmerksamkeit und wärmster Teilnahme und habe in seinem Buche den mit leidenschaftlichem Naturell und bedeutenden geistigen Mitteln durchgeführten Versuch, ein konservatives Weltbild aus den Gegebenheiten der Zeitlage heraus neu zu denken und mit eigner Plastik zu erfüllen, freudig begrüsst.

655 AN GIORGIO PASQUALI

Egregio Professore Pasquali
Mi si assicura da qualche tempo a questa parte, ed ultimamente dagli amici Curtius di Roma, che la mia attività non Le sia [sic] rimasta ignota, e che la vicinanza delle nostre residenze, date le Sue buone intenzioni al mio riguardo, sia un peccato che non abbia finora condotto a quei rapporti personali che Ella avrebbe graditi non meno di me. Sia di ciò quel che si voglia – Le mando qui accluso un sunto, molto magro e povero, del discorso Vergiliano che fra un mese, invitato dall'Università di Kiel, pronunzierò in occasione di quella solennità accademica, e che per intiero sarà pubblicato nella solita serie di quei discorsi di casualità universitarie. Il sunto stesso sarà stampato fra non poco nel fascicolo Vergiliano della nuova Rivista »Corona« di cui forse ha sentito parlare. E glie lo mando già adesso, in copia dattilografata per chiederle il favore cortese della raccomandazione di un traduttore colto ed intelligente, poichè sento dirmi che vi sarebbe chi lo leggerebbe volontieri tradotto in italiano: lavoro codesto, che tecnicamente mi fiderei a fare anch'io stesso, e che pure non farei mai, perchè scrivendo in italiano, inconsapevolmente comincerei a pensarlo in italiano, ed allora lo rifarei da capo, e non sarebbe più quello. Ne ebbi una esperienza quando anni fa dietro ad istiga-

zioni amorose del Croce, mi misi a tradurre per il Laterza le mie Epilegomena Dantiane e me ne dovetti finalmente scusare coll'ἀπορία di Narciso: Tradurre non si può che quel di cui si e innamorati, ed esser innamorato di se stesso, se praticamente può accadere, artisticamente non conviene.

Dunque, ed ad ogni modo, omine et nomine di Vergilio La saluto, non quale sconosciuto, ma quale συνθιασώτην di quella Μοῦσα ζευξιγείτων, di cui è stato, in questi anni tristi di barbarie internazionale, un difensore così singolare. Parlerò in questo inverno oltre a Kiel anche a Gottinga. Nel volgere di breve tempo passerò per l'atmosfera di due nostri gloriosi Atenei, che L'hanno avuto insegnante non nel solito significato alla parola. Avremmo voluto coniserbarceLa, L'abbiamo considerato, e La consideriamo nostro, L'abbiamo richiamato per poco che fosse, La richiameremo.

Inutile che glie lo dica, ma pur dirò, che Lei e la sua gentile signora sempre, senza visite di cerimonia, preannunzi, telegrammi, ci saranno sempre ospiti benvenuti e graditissimi. Aspettiamo una bella giornata e ci portino il dono di passarla con noi. Si sarebbe dovuto fare molto prima, ma io a Firenze vengo sì e no mezza volta l'anno. E »l'ora di far bene si chiama oggi« come disse la Sua grande connazionale Senese, S^a Caterina.

Si abbia un saluto cordiale dal Suo d^{mo}

Rudolf Borchardt

Villa Chiappelli
S. Alessio 17 X 30
Candeglia (Pistoia)

Lieber Herr Rychner,

Freundlichsten Dank für das freundliche Gedenken. Die Lektüre muss ich vertagen: die Universität Kiel hat mich damit betraut, bei ihrer demnächstigen Vergilfeier die Festrede zu halten, der sich die dortigen »Hellenisten« – grosse Köpfe wie Stenzel und Jacoby und vor allem der geniale junge Platonist Harder – »nicht gewachsen fühlen« ein kenntzeichnender Beitrag zu dem, was ich aus dem Überfliegen Ihrer Anmerkungen entnehmen zu können glaube. Auch ich würde lieber schweigen, darf es aber nicht, und darf die in mir sich langsam bildende Vorbereitung zu dieser Rede durch Lektüre fremder Arbeiten nicht ins controverse drängen lassen.

Es ist eine böse Sache für Deutschland. Wir sitzen auf der geschichtlichen Anklagebank Europas und sollen von ihr aus die abgesetzte Hoheit, deren Rebellen wir gewesen sind, hochleben lassen. Die Rebellion aber ist die Magna Charta unserer Geistesgeschichte. Ich begreife, dass vor dem Muss, diese Balance zu construieren und zu halten, den Leuten die Nerven haben – viele sind es nicht – die Nerven zittern. Bankettphrasen thun es nicht.

Wann hätten Sie Lust, wieder etwas von mir zu bringen? Ich bin Ihnen in Anteil und Gesinnung immer unverändert, und verfolge die schöne Entwickelung Ihrer Hefte mit aufrichtiger Gutheissung Ihrer unermüdlichen Tendenz zum immer Bessern.

Haben Sie meinen Dante? Und haben Sie jemanden der ihn bespricht? Nadler thut es schon in den M.N.N. Vielleicht Spoerri? – Bitte nichts durch Steiner, der nur Unfug anrichtet.

Grüssen Sie bitte Korrodi herzlich von mir. Ich komme auf der Rückreise von Deutschland nach Zürich und hoffe Sie beide ausgibig zu sprechen.

Mit den freundlichsten Grüssen, auch meiner Frau,

Ihr R Borchardt

Bigiano 29 X 30

657 AN MARTIN BUBER

Verehrter Herr Buber

Sie bedenken mich seit so langer Zeit mit der Zuwendung Ihrer und Ihres verschiedenen Freundes fortschreitender Bibelarbeit, dass ich wol längst Ihnen wenigstens für die Erhaltung Ihrer wolwollenden Gesinnung ein Dankwort hätte sagen müssen. Der heut mir zugehende Band der Sonderausgabe vermehrt diese meine Schuld bis zum Überlaufen und gibt mir die Feder in die Hand. Ich sehe in den tiefen frommen Ernst Ihrer Bemühung hinein, die den Gehalt Ihres ganzen Lebens ausmacht und ihren Lohn, wie sie ihn in sich selber findet, vorausnimmt. Sie dringen auf das tiefste Verständnis, Sie schieben die geschichtlichen Travestien beiseite, Sie wollen dem Akte der wortwerdenden Begriffszeugung mit allen seinen Urschauern beiwohnen, und dies Erlebnis auf Ihre Leser übertragen. Sie wollen sich aber auch das Sphärengehör für den Rhythmus der Urkunde eines Kultes bis zur magischen Entrückung wirklich machen, und selber zum Mittel werden, durch das er in unserm Ohr so stark wieder aufklingt, dass wir in der Schrift nur mehr ihn und nicht den Charakter des Denkmals orientalischer Literaturen wahrnehmen. Die

Einheitlichkeit dieses Vorsatzes kann keinen an ihm Beteiligten unbewegt lassen. Jeder wird Ihnen die Reinheit eines charaktervollen Bestrebens im beständigen Verharren zubilligen, und manchen werden Sie Ihren heiligen Gegenständen durch Mittel gewonnen haben, deren alle Ihre Vorgänger teils entraten mussten, teils sich entschlagen haben.

Dies mit aller aufrichtigen Wärme und Ehrerbietung vor den Zeugnissen eines so selbstlosen und äussersten Fleisses vorauf geschickt, darf ich Ihnen nicht verschweigen, warum mir die Äusserung durch Jahre so schwer geworden ist, dass sie selbst jetzt mir nur zögernd und halb gedeihen will.

Es will mir scheinen, und ist mir vom ersten Blicke in Ihren ersten Band, und allmählich immer wahrscheinlicher geworden, dass Sie zwischen den Aufgaben der Interpretation und denen der durch Übersetzung bewirkten Erneuerung eines Altlebendigen in einem Neulebendigen die Grenze nicht statuieren, von deren strenger Gewahrung und angespanntester Weiterbeobachtung es abhängt, ob die Arbeit des Übertragenden sich vor der evidenten Unmöglichkeit bescheidet – also von der Übersetzung absteht – oder dasjenige werden kann, was das übersetzte Werk genau so wie das »originale« *unerbittlich* zu werden hat: Schöpfung. Dies ist das elementarste Vorkriterium der übersetzerischen Arbeit. Alles andere, so verzweifelte Aufgaben es stündlich stellt, erhebt sich erst als Oberbau über diesem unscheinbaren Fundamente.

Was wollen Sie schaffen? Urkunden und Dichtungen des paläosemitischen Orients in deutscher Sprache? Das können Sie nicht. Sie können wissenschaftlich erschöpfende, eindringend glossematische Verbalversionen davon geben, wie von Li-Tai-Po oder von manichäischer Mystolyrik, in Prosa natürlich, ohne die allermindeste Form- und Stilprätention, mit genauestem mitlaufendem analytischem Commentar. Damit bleiben Sie nüchtern und fest in der Welt der schulmässigen *Praxis*. Sie interpretieren. Die deutsche Sprache ist für Sie weder ein Material noch ein Ziel, sondern ein reiner Behelf zu *Bezeichnungs-* nicht zu *Ausdrucks*zwecken, wie es, wenn Sie Finne oder Ire wären, die finnische wäre oder die irische. Es war eine gesunde Methode, eben zum Zwecke der definitiven Ausscheidung von Fehlassoziationen, sich zu diesem Zwecke des wissenschaftlichen Latein als eines begrifflich tonlosen Mediums zu bedienen, und es ist sehr bedauerlich gewesen, dass sie in Abnahme gekommen ist. – Oder, noch einmal – was wollen Sie schaffen? Eine deutsche Bibel? Eine deutsche, aber befreit von der Cinquecento-Travestie des ostmitteldeutschen Lutherschen Gewaltprozesses? Eine deutschgewordene aber orientalisch gebliebene? Wie Hölderlins Sophokles deutschgeworden aber griechisch geblieben, wie Fitzgeralds Omar Chajâm englisch geworden persisch geblieben, wie Nicholsons Chinesenlyrik englisch geworden chinesisch geblieben? Gut. Dann visieren Sie vom Orient auf die gesamte geschichtliche Formenwelt der deutschen Sprache, und corrigieren Ihre Messpfähle durch Rückvisieren von dieser letzteren auf den orientalischen Ausdruck. Aber das Bild ist darum nur ungefähr richtig, weil nur der eine dieser beiden Visierpunkte annähernd feststeht, der israelitische. Der deutsche ist eine theoretische Annahme deren Fixierung erst ipso actu des schöpferischen Greifens erfolgt. Also gehört der Prozess den Sie sich zumuten, nicht der Welt der Praxis an, sondern der Welt des Geistes; er ist ideal und incommensurabel, ein Schöpfungsakt. Und da von den beiden Visierpunkten der deutsche in der Pfeilrichtung liegt, da Ihr Werk im Deutschen zu reden hat, unweigerlich, so sind Sie bei allem vehementesten Ringen um israelitischen Vollgehalt deutsch determiniert, – es hilft nichts. Damit fällt alles Interpretatorische und Glossematische, alle Analyse total unter den Tisch, es hat nichts mit Ihrer Aufgabe zu schaffen, es zerstört Ihre Lösung, vernichtet Ihren Stil, denn es vermischt und hybridisiert die Werkbegriffe zweier unverbindbarer Sphären: derjenigen in der das Wort Bezeichnung und derjenigen in der es Ausdruck ist: der »logischen« und der »lyrischen«. Ein analytischer Commentar kann nicht rhythmisch also Gesang sein, eine leidenschaftliche Schöpfung, deren Blöcke durch göttlichen Klang zu einander schweben, kann nicht gleichzeitig das Mineral dieser Blöcke geognostisch abbauen. Sie können nicht gleichzeitig kritisch und plastisch sein.

Ich wollte, verehrter Herr Buber, ich könnte in persönlicher Anwesenheit soviel Wärme und thätige Teilnahme in meine Worte legen, dass Sie es nicht als kränkend empfänden, wenn ich es nun so aufrichtig bekümmert wie ich muss, ausspreche, dass Ihre Übersetzung – als eine übertragende Schöpfung – weder schlecht ist noch gut ist – sie *ist* überhaupt nicht. Sie scheint zu sein, illudiert sich zu sein, aber sie besteht nur aus deutschscheinenden Ideogrammen, die mechanisch erzeugt sind und mechanisch aneinander gereiht. Ich will garnicht von solchen Einzelheiten wie dem quälenden Asyndeton reden, das dem Vortrag dies atemlos hetzende und hackende gibt, obwol ich nicht begreife aus welchen Gründen Sie das va beharrlich unterdrücken, warum »vajomer Elohim« heissen muss »Gott sprach« statt »*und* Gott sprach«; während es dort beibehalten ist, wo es fallen musste, in der Formel Tohuwabohu, in der die Gesetze der deutschen Sprache »griesgram, wildewirsch« es archaisch unterdrücken. Ich spreche von solchen unwirklichen, leblosen Satzgebilden »Braus Gottes (»Geistbraus« wie es im Beiheftchen heisst) spreitend über dem Antlitz der Wasser«. Geistbraus ist ein Unding. Das Brausen liegt im »Geist« selber und den andern Satzworten lag es ob, die Assoziation klingend zu machen. Spreitend ist Unding. Man spreitet ein Laken über eine Bettstatt. Das Partizip ist Unding, wenn es tausendmal in merachepheth eins ist. Den Participialsinn gäbe das Adj. »spreit« in dem der weitergeflossene und differenzierte Verbalsinn noch nicht steckt. »Über dem Antlitz der Wasser« ist Unding. al p'ne ist in diesem nachexilisch späten Texte eine Formel wie »en face de la mairie« oder »angesichts dieser Umstände«. »Urwirbel« ist keine Übersetzung sondern ein Glossem; *den* Himmel und *die* Erde ist keine Übersetzung von *eth* haschamajim ve *eth* ha'arez. Hebräisch ist eth klingend, deutsch »den« und »die« heut proklitisch. Luthers aufeinander dröhnende Wortblöcke sind orientalischer als die Ihren, obwol »Im Anfang« schlecht ist, ein totes Wort der Geschäftsprosa der Zeit. Herrlich setzt die mittelalterliche Heidelberger Bibelhs. »In Anegenge geschuof Got den Himmel und das Erdreich«. Wir haben kein Wort für bereschit in dem etwas wie rosch steckte, während die Itala mit prin-cip-ium an caput mahnen kann. »Zu Beginne« oder »zu Anbeginne« ist das Beste. »Zu Beginne erschuf« ist rhythmisch dem Bereschit bara gleichwertig, und wenn es fortginge »so die Himmel so das Erdreich« so stünde man etwa an den Grenzen des innerhalb deutscher Möglichkeiten gestatteten. Dass in Tohuwabohu die Namen zweier weiblicher Urdämonen stecken, hat Haupt evident gemacht. Irrsal und Wirrsal drücken kein Chaos aus, am wenigsten chaotische Mächte, sondern höchstens ataktische Zustände eines Subjekts, etwa in einem Fiebertraum. Das Mittelalter kannte aber zwei volkgeglaubte Dämonen der tückischen Störung, die in Formeln angerufen werden, Irregang und Girregar (V. d. Hagen Gesamtabenteuer III LV). »Und das Erdreich bestand Irregangs Girregars« wäre kühn, ein Versuch deckender Analoga, aber natürlich nichts als das. Das bescheidene Richtige ist »eitel Wirr Warr« oder einfach Wirr Warr, worin wie obiges zeigt, verblasste Eigennamen dem feinsten Gehöre ebenfalls noch wahrnehmbar sind. Und so unzähliges. Warum »Abend ward, und Morgen ward«? Warum die Kraft des vorgesetzten Verbs, die allen Ursprachen gemeinsam ist, schwächen? jehi or ... jehi ereb jehi boker heisst – denn wir können heut, nach Wiedergewinnung der von Luther als altfränkisch empfundenen oberdeutschen Kürze, auf sein »es« verzichten – ward Licht... und ward Abend, ward Morgen, Tage erster. Warum »Gott rief *dem* Licht«? Rufen c. dat. heisst deutsch nicht nennen sondern aufrufen, nicht appellare sondern licitare: »Wer ruft mir«? = jemand*em* einen Ruf zusenden, eo consilio ut licitori respondeat. Was Sie meinen verlangt und erlaubt sprachlich den Accusativ, »er rief *das* Licht (bei seinem Namen) Tag«, und Ihr Ausrufungszeichen interpoliert einen fremden Sinn, da Gott keine Antwort des Lichtes erwartet: »und Gott rief = (ich würde sagen »hiess«, ein sehr starkes, forderndes Wort, wie »Geheiss« zeigt, also = gebot zu sein) Licht Tag und die Finsternis rief er Nacht«.

Ich gehe die Bemerkungen Ihres Beiheftchens durch, um mich noch deutlicher zu machen. »Darhöhen«. Die Worte »darbieten, darreichen darthun, darlegen« zeigen Ihnen lauter Verba der sich zwischen einem Subjekt A und einem Subjekt B vollziehenden, oder bewegenden Richtung die auf eine translatio ab altero ad alterum zielt: Das liegt schon in »bieten reichen thun (= geben, do, δίδωμι, Belege bei J. Grimm Gesch. d. dt. Spr.) legen. Dar heisst nichts anderes als *da*hin (nicht »dahin«) = illuc im Gegensatze zu her = *hier*hin (nicht hier*hin*) huc. Durch dies bestimmende Participialproklitikum wird also die Bewegung die im Verb liegt, als beim Adressaten *gelandet*, definitiv vollzogen, bezeichnet: Das Objekt ist aus Hand in Hand, Sinn in Sinn gelangt, zwischen einem Ich und einem Er, die sich so nahe gekommen sind, dass sie auf gleicher Ebene stehend einander sinnlich gewahren und greifen können. Darum ist Ihre Analogiebildung total sprachwidrig, »Höhen« heisst nichts anderes als »hochmachen« scil was »nider« war, wie »niedern« (= erniedrigen) nieder machen was hoch war. »das hoehet mir den mut« animum meum exaltat. Etwas auf eine höhere Stufe heben als sie vorher einnahm, superiorem in gradum extollere, heisst *er*höhen, wie *er*richten, *er*bauen wobei *er-* die Funktion gesteigerter Sichtbarmachung eines ehedem minder-sichtbaren hat: eine Vertikalfunktion der Vollendung der Verbalbewegung wie dar- die gleiche Horizontalfunktion hat. »Vordem war ich ein Staub und ein Aschen: nun aber hat mich der Herr *er*höhet«. An diese vollendende Funktion gestattet die Sprache nicht eine zweite anzuschliessen, *dar-* und höhen sind zwei sich sprachlich durchkreuzende Bewegungen. Was Sie ausdrücken wollen ist der Sprache auf dem mechanischen Agglutinationswege unausdrückbar, Sie thun ihr Gewalt, aber keine schöpferische sondern eine trockene. Das gleiche gilt für

»Darnahung« schon weil es kein Wort »Nahung« gibt und sprachgefühlsmässig geben kann, und für solche leblosen Silbenzusammenklebungen wie »Hinleitspende«. Korban ola mincha sind keine Composita sondern das Urgestein mächtiger Verbalwurzeln. Wenn Sie Sinnliches nicht durch Sinnliches, sondern durch Gehirnliches wiedergeben verfahren Sie nicht sinnlich sondern intellektmässig. »Opfer« hat einen starken Bewegungston in sich, wie das lat. *ob*ferre von dem es stammt, ich höre ihn sehr lebendig, und kann mir die Verbaltendenz ohne das Subjekt dem diese Tendenz entgegenwill, schwer vorstellen. Wäre es aber auch anders, so würde ich »*hin-, hin*-auf, empor (hinauf hinauf strebts, (Ganymed)) niemals »dar-« verlangen. Lesen Sie Goethes Ganymed, in dem korban-artige Bewegungen die Seele des Gedichtes sind, das leidenschaftliche Zerreissenwollen der Entfernung zwischen Sterblichem und Unsterblichem, sehen Sie in diese Partikel an- hin- her-, in diese Verba, streben, neigen, dies Auf, dies Ab, hinein und fühlen Sie, wie in dieser sinnlichen Echtheit der Sprache ein dar- ein Hinleit- sich ausnehmen müsste. Vorzuschlagen habe ich Ihnen nichts. Der schöpferische Übersetzer darf nicht Etymologe sein wollen. Ola ist Opferlohe, mincha Opferguss oder Opfergift und diese Zusammensetzungsart ist legitim, wie Ihnen das rheinfränkisch-dialektische Opfergeld (offergelt) zeigen kann.

Reach nichoach. reach ist Ruch, odor, nicht *Ge*ruch, olfactus. Die Verwechselung der beiden völlig getrennten Begriffe wie Schmack und Geschmack wie Mut und Gemüt ist ostmitteldeutsches Missverständnis oder Verderbnis (Geranien und Resedaschmack, auch ein Rüchlein Rauchtabak, Mörike, – soll denn dein Opferruch (so hatte Goethe ursprünglich geschrieben) die Götter kränken? Du klemmst die Nase zu, was muss ich denken?). Das Proklit. Ge- fasst abstrahierend die Collektivmöglichkeiten der Verbaltendenz riechen, smecken, muoten zusammen wie Genossen, Ge-sellen, Gelieben, Ge-reisen. Composita gehören der Prosa, die rhythmische Rede muss wo sie nur kann auf die Simplicia dringen. »Geruhen« mit »ruhen« zusammenzubringen ist ein grober grammatischer Irrtum. »rühejen ruowen« ist gleich requiescere. ruo*ch*en, geruochen ist = curare, ein völlig verschiedener Sprachstamm, »wir haben verlorn ein veiges guot, nu stolzen helde enruochet« = vilia bona nobis periere, iam fortes strenique nolite talia curare. nichoach zielt auf sẹdare, scil. Dei iram, adquiescentem efficere, beruhigen. Das Luthersche »lieblich« heisst nicht amabilis, weil im »lieben« seiner Sinnstufen »belieben, gelieben« noch lebendig ist, sondern gratus mit den Nebenassoziationen der gratia, des Geneigtmachens. Eine deutsche Formel zu finden, die gleichzeitig die hebr. grammatische Endungsassonanz wahrt und den von Ihnen empfundenen Ursinn wiedergibt wird Ihnen kaum gelingen. Sie stehen an den Schranken der Sprachgeist-Verschiedenheit. Der »Sinn« ist unsinnlich, das Sinnliche hat andern »Sinn«. »Ruch wider Rache« ist das Deckendste nach der einen Richtung hin: nec mactationes vestrae odor mihi gratus »und was ihr metzet ist in meinen Nüstern/kein Ruch wider Rache«, – »gütlicher Ruch« worin »begütigen« mitklingt nach der andern Richtung hin, unter Verzicht auf das Lautspiel, eine Art Wiedergabe.

Ihr Räsonnement über kipper kofer kann ich in gar keiner Weise zugeben, und Kautzsch ist Ihnen gegenüber im Rechte.

Dass das Hebr. an allen von Ihnen angeführten Stellen den gleichen Sinn des gleichen Bildes hat, bedeutet nur interpretatorisch etwas; übersetzerisch ist es belanglos. Metaphern dieser Art gehen in einem AssoziationenMantel einher, der nicht überall gleich dicht gewoben sein kann; hier hüllt er ganz, dort halb, anderwärts schliesslich scheint durch ihn das Eigentliche fast unverhüllt durch, und das ist legitim, denn bildlicher Ausdruck ist nicht nur ein statischer sondern ein geschichtlicher Körper, und kein Synonymum einer andern Sprache ist es im gleichen geschichtlichen Entwicklungsablauf. Ich habe im Dante und den Homerischen Hymnen die gleiche, episches Motiv gewordene Metapher oft je nach ihrem Auftreten, durch zehnerlei Deutsch wiederzugeben gehabt und auf die Variation des im Ital. und Griech. *stehenden* die unendlichste Mühe verwenden müssen. Hier ist die sonst so oft nötige Folgestrenge ein mechanistisches Verkennen der wirklichen Aufgabe, die auf das Gebilde zielt, nicht auf die ins Gebilde verschmolzene Einzelheit. »Sühne« ist ein viel reicherer Begriff, als Ihnen scheint – wie die Nebenbegriffe des »Versöhnens« beweisen, wenn er auch freilich als germanischer Rechtsbegriff enger umgrenzt ist, als das Hebr. Hier ist die Entscheidung eben darum nicht leicht, wie bei den analogen griechischen Bezeichnungen des archaischen Schicksalsabkaufes, bei denen es sich um den gleichen Contract mit dem Ungewissen handelt. Der entsprechendste deutsche Begriff ist »Schirm« (im ital. Lehnworte schermo am deutlichsten fühlbar) aber auch »behalten« (wolbehalten, so werdet ihr das Leben behalten, hilt = Kampf, helt = bellator) muss gelegentlich aushelfen. Decke und seine Abkommen ist ganz unbrauchbar, weil es nur heisst tegmine seu texili seu alio modo instructo invisibilem efficere, nicht dagegen praesidio munire eo quo siquis paratus fuerit in columitatem tamquam empsit. II Mos. 30, 12 »so Du die Häupter der Kinder Israel liesest (dies der deutsche richtige Begriff, statt Ihres begrifflichen »Einordnung«) so soll ein jeglicher dem Herrn steuern Schirmsteuer seines Lebens« und M. III 17 11 »Denn Fleisches Leben ist im Blute und ich habs Euch als auf Opfertische für Euer Leben geweiht, dass Ihr durch Blut Eures Lebens behalten seiet« lassen sich nicht unter *einen* deutschen Hut bringen. Zugleich zeigt die Stelle, wohin das mechanische Beibehalten des immer gleichen »Schlachtstatt« für misbeach führt. Ihre Wiedergabe, »ich gab es Euch auf die Schlachtstatt zu bedecken über Euren Seelen« ist eine leblose und sinnlose Wortfolge, nur scheinbar deutsch. Der heilige Kontrakt, in dem Gott und Mensch sich gegenseitig symbolisch binden, bleibt durch Ihr Insistieren auf dem äusserlichen Begriffe einer Stätte auf der geschlachtet wird ganz ausserhalb der Worte, und Luthers eindringliches »Altar« rettet von der mächtigen Hyperbel doch wenigstens einen Anhauch der Weihung.

»Zustoss« und »Niederstoss« zeigt typisch das irrige Suchen aus dem Hebräischen ins Deutsche *hinein*, statt des Hebr. aus dem Deutschen *heraus*. »Es wird kein Zustoss ihnen geschehen« ist absolut kein Deutsch. Geschehen ist ein Sammelbegriff (Geschichte) der den Zusammenhang, Pragmatismus, einzelner Vorgänge, also etwa Stösse, umgreift. Das verschollene schehen konnte einen Einzelvorgang betreffen: wêwart skihit Hildebrandsl. Es ist das unsinnlichste Abstraktionswort das sich erdenken lässt, das dem Begriffe und dem Thatgefühle des Zustossens entgegengesetzteste. Ein Stoss *geschieht* einem deutsch nicht, er *widerfährt* einem, er *ergeht*.

Aber die Bildung Zustoss ist schon an sich völlig unverstandenes deutsch, weil Sie nicht fühlen, dass das Zu- in Zufall Zugriff und ähnlichem elliptisch steht, und ein Personalreflexiv noch durchschimmern lässt. Zufall ist was *mir* zufällt, Zugriff was ich zu *mir* greife, es heisst halt Dich zu, greif zu, nämlich ad te arripias, ein Zuhälter hält die Dirne nicht *zu* ihrem Laster, sondern *zu* seinem Vorteil, ebenso Zubehör, Zuwage, alles Reflexivbegriffe. Davon machen Imperative wie »stoss zu« und daraus abgeleitete Verba wie zustossen eine nur aus der Drastik des dramatischen Moments erklärliche und in ihr gerechtfertigte Ausnahme, weil hinter ihnen das interjektorische Zu, Zu! steht, ursprünglich ebenfalls reflexiv, dann verblasst, und nur antreibend geworden. Stoss zu heisst nichts als »cunctari desinas, finem facias, gladio denique perstringas«. Auf keine Weise lässt sich daraus ein »Zustoss« abstrakt bilden, die Verbalkraft ist dafür viel zu stark. Dagegen »zustossen« = accidere ist total anderen sprachlichen Ursprungs als zustossen = gladio perstringere, es ist gleich »widerfahren«. »Unfall soll mir nicht widerfahrn« sagt das Volkslied des XV Jahrh. Nur ist es ebenso unmöglich aus ihm ein Subst. Zustoss zu bilden wie aus widerfahren ein widerverde. Das ältere Deutsch bildet Unfall Ungefährde um das nicht greifbare daran auszudrücken. Auch hier stehen Sie vor Sprachgrenzen. Sie können sagen »dass ihm kein Unfall zustosse, widerfahre«; oder »dass kein Stoss ihn treffe« oder »dass er in kein Schwert, in keinen Stoss falle«. »Niederstoss« ist ein Kunstwort, ein Unding. In den älteren Zusammensetzungen mit Nieder- ist nider = planus, humilis, humifusus, Niederland = planities, niederträchtig = humilibus connivens. Aus mod. Verben wie niederhauen, niederstossen, niederreissen, die alle Halbcomposita sind und im Satze getrennt werden (er riss das Haus nieder, aber »er überbaute die Gruft«) lässt sich darum kein Niederhieb, Niederstoss, Niederriss bilden, weil die Adjektivische Kraft in »nieder« noch viel zu lebendig ist. Sie verfahren mit den Bildungselementen der deutschen Sprache wie mit toten Steinchen, die sich so oder so zusammenfügen und auseinandernehmen lassen, und unterwerfen das so Entstandene gleichzeitig rhythmischen Ordnungen, die wo sie genuin sind, gerade das echte Leben der Sprache auf die Probe stellen. – Zu »geschehen« will ich noch nachtragen, dass Wendungen wie »übel müsse mir geschehen« (Walther) »Ich weiss nicht wie mir geschieht« »es geschah des Herren Wort an Jonas« »Ihm ist Recht geschehen« alle gleichmässig auf den gesetzlichen, ja rechtlichen Pragmatismus einer Handlung und ihre definitiv letzte Vollzugsphase zielen, und gerade das Zufällige ausschliessen. Aus Luthers »begegnen« war zu lernen wie die deutsche Sprache dies letztere, das blinde Walten mechanischer Kräfte, bezeichnet. Es ist syn. mit »widerfahren« und schliesst das Walten einer beherrschenden Causalität aus.

Kodesch Dasjenige worauf Sie zielen, können Sie niemals Derivaten des deutschen Begriffs »heilig« – sei es das Adj. sei es »Heiligung« entnehmen, da heiligen nie etwas anderes heissen kann als sanctum oder beatum efficere. Das Sie für das »kultisch Ausgesonderte« statt des Lutherschen, schlagend richtigen, »geweiht« ein unmögliches »verheiligt« vorschlagen, beweist, dass Ihnen der Sinnumfang des deutschen Begriffs »weih, weihen« gefühlmässig nicht lebendig ist. Er ist in Wahrheit genau das was Sie suchen, und ist es als ebenso urwüchsige Wurzel wie das Hebr., die in eigener Kraft und hoch über den kraftlosen Compositvariationen steht. Weihen heisst zugleich sancire und sacrare und ist ein Verbum des Zieles, wie weih, adj., »das wîhe brot« »din wîhen swert« »wîhe nacht« den durch Weihung vollzogenen Bann der Intangibilität, das heilige Tabu und die ihm entspringende magische Kraft, enthält. So ist Weihe Tag für Sabbat, Weihöl für Salböl, das deckende Germanische Analogon zum Hebr., und Sie kommen um solche schematischen Undinge wie »Abheiligungen von Darheiligungen« sofort herum: es sind Weihsteuern von Weihgaben, auf denen beiden der Tabu-schaffende Bann liegt: sacer, nicht sanctus, wie »entweihen« etwas grundsätzlich anderes ist als »entheiligen« und man sich an der geweihten aber nicht der geheiligten Person des Fürsten vergreifend der Rache des Frevels verfällt. Kodesch hakadaschim dagegen durch das Allerheiligste zu geben steht garnichts im Wege, da es nicht die Aufgabe des Übersetzers ist, den Wurzelsinn in alle Anwendungen hinein durchzupeinigen, sondern wie schon oben gesagt, der historische Entwicklungsmantel den sich Begriffe in langen Leben umthun, gelegentlich ganz so wichtig ist wie das etymologische Gerüst. Was seit Ewigkeit sacrum ist, wird organisch eines Tages sanctum, die geweihten Reichsinsignien sind ein Mal das heilige Zepter. Hier subtilisieren wollen heisst die Formeln in ihrer Kraft nicht mehr fassen. Wenn George sagt »so kamst Du wol geschmückt doch nicht geheiligt (wo er meint »geweiht«) und ohne Kranz zum grossen Lebensfest« so beweist er, wie so oft, dass er die deutsche Sprache nie wirklich beherrschen gelernt hat.

chol. tame. Sie können ein deutsches Positiv als polaren Gegensatz zu Kodesch Weihe nicht gewinnen, weil die deutsche Sprache als Ausdruck des deutschen Seelenvorgangs die Voraussetzungen dafür nicht besitzen kann. Was nicht wîhe, weih, geweiht ist, ist allgemein oder gemein, d.h. nicht wie im Hebr. der Antipol, sondern die neutrale Mitte, die allerdings im Bedeutungswandel des bei Goethe und Schiller noch neutralen Begriffs heut ins ganz Negative geglitten ist. »Preisgegeben« ist ein harter und rauher wenn nicht roher Begriff, dem der Nebensinn eines vollzogenen Urteils beiwohnt, und der damit weit über chol hinausgeht. Chol ist nur profanus, nicht prostans oder gar °prostitutus. Sie müssen sich mit mehreren Begriffen helfen. Wo Gemein nicht ausreicht, muss »frei« eintreten, das auch im Deutschen Rechtsnebensinne wie chol (vogelfrei) gehabt hat. III Mos 19, 23 handelt es sich um Freigabe, Freigebung, nicht um Preisgabe, wodurch die Pflanzungen statt res possessoris zu res nullius würden. Der Geächtete wird im dtsch. ma. Rechte »frei«, quem impune cuiquem occidere liceat, vom Rechtschutze eximiert, daher Freigerichte, Freischöffen, Tribunalia quibus designare, notare, licet qui legis sanctionem demeriti sunt. Hier heisst es freilich von Fall zu Fall genau abwägen. Tame ist nicht makelig, so wenig wie tahor candidus oder rein. »Rein« ist peccato carens, was Sie suchen ist »lauter«, ἁγνός, purus, und der Gegensatz dazu »schnöde«. Tibull in der Lustrations Elegie: *Casta* placent superis, *pura* cum veste venite, Et manibus *puris* haurite fontis aquam: *Rein* will Himmel Euch sehn: In *lauteren* Kleidern naht Euch, und in die *lautere* Hand schöpfet das Wasser des Quells. »Schnöde« ist auch das typische Begleitwort der älteren Poesie für miasmatische Seuchen wie Aussatz: »die schnöde Miselsucht«.

ohel moed. Die Genugthuung mit der Sie, nach schwerer und eindringender Gedankenarbeit, auf die am Schlusse des Absatzes citierte Formel blicken, ist mir menschlich sehr begreiflich, aber sie zeigt zugleich wie total ausserhalb der Aufgaben der höheren Übersetzung Ihre Ziele gesteckt sind: Sie haben nicht eine Übersetzung erreicht sondern einen deutschen grammatischen Commentar zu den hebräischen Worten, der im hermeneutischen eines Spiels mit deutschen Silben stecken bleibt, um die Derivativ-Möglichkeiten einer hebr. Wurzel interpretatorisch, d.h. schulmässig praktisch, intellektuell, begreiflich zu machen. Sie haben deutsche Bezeichnungen zusammengestückt, keinen deutschen Ausdruck plastisch geschaffen. Für die von den hebr. Formeln und Sätzen ausgehende *Wirkung* ist aber das Wurzelverhältnis des hebr. jaad moed edut u.s.w. völlig unerheblich, und die *Wirkung,* nichts anderes hat der Übersetzer im neuen Medium zu reproduzieren, nicht die der Original-Sprachstruktur angehörigen Bildungsverhältnisse. Jedes Originalwerk das durch Übertragung in ein seelisches Ausland geht, erleidet einen organischen Valutaverlust, den ersten in seiner sprachmorphologischen Struktur. Ihre Übersetzung wimmelt auf jeder Seite von Beispielen der Ängstlichkeit, die sich in diesen Verlust, den unerheblichsten, nicht fügen will, und dadurch alle entscheidenden Verluste heraufbeschwört. Wen, ausser dem Semitisten, geht es in Deutschland an, wie das Derivatverhältnis dieser Formen unter einander beschaffen gewesen ist, das schon die Septuaginta nicht mehr durchdrungen haben, und das also schon in der hellenistischen Diaspora versteinert war? Welcher sinnliche Gewinn erwächst dem deutschen Leser aus Ihrer Folge trockener Schematismen »Vergegenwärtigung Gegenwart gegenwärtig«, denen als Erzeugnissen später und mechanischer Terminologie die reiche Urkraft der semitischen Verbalmöglichkeit mit ihrer die Wurzel fast unkenntlich machenden

Formenfülle radikal gebricht? Sehen Sie zu, wie Rückert im Hariri als Dichter solche Aufgaben, selbst wenn sie im Arabischen zum Spiel wurden, souverain gemeistert hat, immer auf das Ohr hin arbeitend, auf das Ungefähr, wenn das Genaue trocken hätte erzwungen werden müssen.»Und thuts vor die Mäler ins Einkehr-Zelt, drin will ich Euch weben«. Wie deckend die Wiedergabe moed Einkehr ist beweist der von Ihnen selbst erörterte Nebensinn – horae redeuntes, horarum vices.

Aber ich lasse es hiermit genug sein, denn je länger ich schreibe, um so stärker bemächtigt sich meiner das schmerzliche Gefühl des Zwiespaltes zwischen der Strenge der höchsten Pflicht am höchsten Gegenstande und der Peinlichkeit eines Verfahrens das Ihnen dies Werk dieser Liebe verbittert. Man hat mich seit langem vielfach und dringend gebeten, Ihre Arbeit zu besprechen. Sie sehen nun warum ich es habe ablehnen müssen. Seit Sie in jungen Jahren sich mir mit einer bei mir unvergessenen Freundlichkeit und Empfänglichkeit näherten, habe ich nicht aufgehört, an Ihnen, aus meiner Entfernung, teilzunehmen und jeden Ihrer Schritte zu verfolgen, wie weit ab von den Feldern meiner Thätigkeit er führen mochte, und die Lauterkeit, Einheitlichkeit und Männlichkeit, mit der Sie mitten im Abendlande als Anwalt des Morgenlandes stehen, hat gerade weil ich mit meinem letzten Nerv dem Abendlande und nur ihm diene, keinen überzeugteren Würdiger finden können als mich. Daher habe ich die Genesis, als sie mir zukam, mit den freudigsten Erwartungen geöffnet. Ich bewundere Hieronymus fast mehr als ich Luther bewundere, – wenn das möglich ist – –, dennoch hat es Luther nach Hieronymus geben dürfen, und warum sollte es nicht nach Luther einen Dritten geben dürfen? Herder war dazu geboren gewesen es zu sein, er ist oft nahe daran gewesen es zu werden, aber die historische Bodenverschiebung des technischen, orientalistischen Fundamentes seit Luther hatte zu Herders Lebzeiten noch nicht auf Höhen frischer Kenntnis geführt, die sich hinlänglich gewaltig unter seinen Fuss geschoben hätten, um ihn Luther so frei von oben her übersehen zu lassen, wie es inzwischen zum Gemeingute der Schulen geworden ist. Aber was Sie und Ihr so tiefgelehrter so hochgesonnener Freund boten, verehrter Herr Buber, – nein, es konnte mich nicht überzeugen, nicht gewinnen. Ein mit dem Anspruche auf Plastik unternommenes und auftretendes deutsches Werk hat primär ein deutsches Werk zu sein, und siegt und fällt mit dieser Probe. Was immer man übersetze, als Deutscher, hat man nicht nur ins Deutsche – irgendwie Deutsche – zu übersetzen, wenn es *leben* soll, sondern wie Faust sagt, »in sein *geliebtes* Deutsch«. Übersetzung ist ein magischer Vorgang für den eben darum die Erfahrungen des menschlichen Geistes keine Parallelen haben. Ein Unsterbliches hat Sie von sich besessen gemacht und ist in Sie gefahren, um durch Ihre Sterblichkeit hindurch einen neuen Cyklus anzutreten, es zwingt Sie in einem lebendigen Leibe zu zeugen, aber Sie können in ihm, es in Ihnen kann in diesem neuen Leibe nicht zeugen, wenn Sie diesen Leib nicht lieben, wenn Ihre erobernden erbitterten Sinne nicht das einzige Ziel haben, in diesem Leibe zu münden, zu enden, sich in neue Körper zu entfalten. Sie sind ein mystischer Besessener Ihrer Sie bewohnenden Ahnen, aber Sie sind ein kalter Umarmer der deutschen Sprache: die Berührung mit ihr wirkt auf Sie nicht elektrisierend, Sie blühen in ihren Armen nicht auf, sie verwandelt Sie nicht, und so vermögen Sie ihr nichts anzuhaben, ein Schwert liegt zwischen Ihnen und ihr. Sie bemessen Grenzen und Schranken von rückwärts her statt von dem Wesen durch das hindurch Sie zu gestalten haben, Sie conditionieren sich, Sie geben sich nicht hin, etwas anderes schwebt Ihnen vor, so mäkeln Sie hier und mäkeln dort, und, da alle Gesetze der Gestalt Gesetze der Liebe sind, und die Lieblosigkeit von der toten oder verfehlten Gestalt gerächt wird, bleibt die Umarmung ohne Leben. Ob Sie dabei für die deutschen Juden ausschliesslich oder vorzugsweise gearbeitet haben, – nur bezweckt, diesen, soweit sie des hebräischen unkundig zu werden beginnen, einen deutschen Text wie die Septuaginta in die Hand zu geben – geht mich nichts an. Ich kann an ein deutsches Buch keine andern als deutsche Kriterien anlegen. Gethan habe ich es nicht öffentlich, sondern wie ich zu Ihnen gesprochen haben würde, in camera caritatis, heftig und unbefangen aber wenigstens der aufrichtigen Intention nach *warm,* mit der ganzen Wärme der Sache der ich diene und der Wärme meiner Teilnahme an Ihnen. Ich hoffe, Sie können mir das verzeihen. An den Dingen, die ich erörtert habe, hängt *mein Leben.* Daher kann ich zu Ihnen nicht schweigen. Ich habe diesen Brief schon unzählige Mal zu schreiben unterlassen um Ihnen nicht wehzuthun. Endlich habe [ich] ihn doch geschrieben, weil es mir unmöglich wird zu schweigen, und weil ich so hoch von Ihnen denke, dass ich glaube Ihr Freund auch in dem Sinne sein zu dürfen, in dem der Freund den Freund gelegentlich auch wol drückt.

Ihr R Borchardt

Villa di Bigiano
Candeglia 10 XI 30.
(Pistoia)

AN MARTIN BODMER

Lieber Herr Bodmer

Dr August Ewald in Köln bittet mich, Ihnen den beifolgenden Aufsatz zur Prüfung für seine allfällige Verwendung in der Corona zuzuleiten, und ich kann dem Autor, dessen ernste Bemühungen ich seit längerer Zeit verfolge, die Bitte nicht abschlagen, – ohne mich anders als neutral empfehlend mit ihr zu identifizieren. Ewald beschäftigt sich seit längerer Zeit mit der deutschen Poesie der letzten Jahrzehnte in ihren betrachtungsreifen Vertretern. Er hat (in den Horen) einen Aufsatz über Hofmannsthals dramatische Charaktere drucken lassen, der genau gelesen zu werden verdient, und im eben ausgegebenen »Inselschiff« erscheint ein Aufsatz über Schröder, der die erste ernstzunehmende Interpretation der hoffnungslos schwierigen Zwillingsbrüder versucht und durchführt, – wenn ich auch nicht mit allem übereinstimmen kann, und an anderen Stellen der Arbeit die letzte Schärfe der Durchdenkung vermisse. Ihrem eigenen Urteil über die Beilage möchte ich, gerade weil sie mich selbst betrifft, durch nichts vorgreifen. Auch kann ich nicht beurteilen, ob es in Ihren herausgeberischen Absichten überhaupt liegt, neben den bewiesenen Namen, die Sie zusammenstellen, gelegentlich auch noch Kräfte zu ermutigen die erst im Begriffe sind sich zu beweisen, und die es in der heutigen Déroute des deutschen Zeitschriften Wesens ausserordentlich schwer haben, gegen das blosse Büchergeschwätz Unberufener aufzukommen. Jedenfalls bitte ich Sie, Ihre Entscheidung ohne jede Rücksicht auf mich und nur nach eigenen herausgeberischen Gesichtspunkten zu treffen. Halten

Sie den Aufsatz und seinen Autor sachlich für einen Gewinn, so werde ich mich freuen, ihn vermittelt zu haben. Scheint er Ihnen Ihre Anspruchslinie nicht völlig zu erreichen, so bitte ich ihm nichts als einen Gefallen gegen mich zu concediren, welcher er erstlich nicht wäre, und um welchen ich, selbst andernfalls, der Letzte wäre Sie anzugehen.

Da ich einmal an Sie schreibe, kann ich die dauernde Ängstlichkeit nicht verschweigen, in die mich das Schicksal meiner Drucke versetzt. Vor langen Wochen hat Dr. Steiner mir über den Pindar die letzten vagen Zeilen gesandt, meine ihm ausgedrückten Bitten dagegen zwar zu erfüllen versprochen, aber nicht erfüllt. Seit Ende des Sommers ist das Manuskript aus meinen Händen das ich nur infolge der Bettlägerigkeit meiner Frau nicht maschingeschrieben habe senden können, – er teilte vor Zeiten mit er habe es einem mit meinen Schriften vertrauten Wiener Maler der auftragslos sei, zur Abschrift übergeben, habe schon einen umfangreichen Teil des Mundum bei sich und liefere es in den Satz sobald es abgeschlossen sei. Dabei handelt es sich um einige 60 Seiten! Ich habe dringendst ersucht, mir dies Mundum zur Vorkorrektur, ev. stückweise, vorzulegen, damit ich nicht alle im Satz zu erwartenden Abschreibfehler aus diesem wieder herauskorrigieren müsse, und die unnötigsten Setzer- Zeit- und Kostenverluste entstehen. Er hat das versprochen und wieder herrscht Schweigen, der ganze Herbst ist vergangen, wir stehen vor Dezember und Jahresende, ein neues Jahr ist verloren und meine Schuld gegen Sie im unaufhaltsamen Wachsen. Ich hatte gleichzeitig um Vorlegung des Ms. der einzigen am Schlusse unvollständigen Rede ersucht, um auch das zweite Ms. damit druckfertig zu machen, und wenigstens für eine Jahresquote der längst verbrauchten Zahlungen mich glattgestellt zu haben. Auch dies hat er versprochen, auch dies erhalte ich nicht. Es liegt mir ferne ihn zu verklagen, aber wäre nicht bei seiner augenscheinlichen Inanspruchnahme durch die Redaktionsgeschäfte, die seine Kräfte schon voll zu belegen scheint, für die unbedeutende Mühwaltung der Behandlung dieser Druckbagatellen ein technisch präciser Faktor der Geschäftsführung bestellbar? Ich muss Anfang Dec. zur Universitätsfeier in Kiel bei der ich die Vergilrede halte, und zur Berliner Festsitzung der Gesellschaft für antike Geisteskultur, bei der ich ebenfalls – mit einer Pindarrede – den actus sollemnis vertrete, nach Deutschland – das bringt wieder Verzögerungen über Verzögerungen, und wie soll es weitergehen? In wenig Wochen, noch vor der deutschen Reise, treten wir in den Umzug, das Einrichten und SichHeimisch fühlen in neuen Verhältnissen verschlingt Zeit, um den 1 Febr muss ich zum zweiten Male nach Deutschland und vielleicht England, um [an] mehreren Orten zu sprechen und meine Frau zurückzuholen, die sich einer kleinen Operation unterziehen muss – ich hatte gehofft im Frühjahr den dritten Druck ausdruckfertig und den vierten druckfertig erledigt zu haben, und nun haben Sie für alle Ihre Vorlage noch nicht den ersten bis 1931 in Händen! Seien Sie gewiss, dass das niemandem drückender und auch Ihnen nicht enttäuschender sein kann als mir.

Jaeger, wenn das Sie interessieren kann, hat dem Pindarnachworte, das ihm in einem Resumé der neugewonnenen Gesichtspunkte vorgelegen hat, den lebhaftesten Beifall gezollt: sie deckten sich ganz mit seinen eigenen Ahnungen und Vermutungen.

Gerade mit Rücksicht darauf hat er für die Berliner Tagung der von ihm gegründeten Gesellschaft unter den vielen ihm vorgeschlagenen Themen das Pindarthema gewählt: weil es die Frische der Entdeckung habe und die neue Auffassung nicht rasch genug bekannt gemacht werden könne. Dass dieser Fürst der heutigen Hellenisten Europas, der zugleich kein leicht zu befriedigender Richter, und ein gemessener Beurteiler ist, meine auf so bescheidene Hilfsmittel hin gewagten Versuche einer grundsätzlichen Umlagerung der Geschichte der griechischen Poesie durch sein Votum legitimiert, ist mir eine unverhoffte Freude gewesen, – nicht minder als der Ruf nach Kiel für die Vergilrede, in dem wie ich besonders gern vernommen habe, die ausgezeichneten dort lehrenden Meister der Philologie einstimmig gewesen sind. Dass die Fachphilologie sich nicht mehr ängstlich und kleinlich von den lebendigen Kräften des antiken Erbes ausschliesst, die in der deutschen Poesie ihr parallel arbeiten, und dass sie es über sich gewinnen kann, zurückzutreten und die musischen Mächte zu Worte zu bringen, durch deren Wirkung sie selber vor über hundert Jahren aus einer Schulpedanterie zu einem bestimmenden Faktor der nationalen Bildung geworden ist, – sehe ich als ein schönes Zeichen besserer Zeiten an. Noch vor zehn, gar zwanzig und dreissig Jahren wäre es total unmöglich gewesen. Allerdings hat sich der energischeste Promotor des Vorschlages, der ungewöhnlich fähige Prof. Harder, der Begründer der wissenschaftlichen Durchdringung des Neuplatonismus, schon mit an meinen Schriften gebildet, und es ist mit und neben ihm eine Generation von Gelehrten schulreif geworden, an denen unsere jahrzehntelang entsagungsvoll fortgesetzte strenge Mühe um eine Herstellung der zerstörten Überlieferung des Geistes nicht vergeblich gewesen ist. Wie es Pflanzen gibt, deren Aufblühen aus dem trügerisch ansteigenden Blattkörper heraus man umsonst erwartet, um seinen Unmut plötzlich durch den an unerwartetster Stelle selbständig aus dem Boden steigenden Blütenschaft beschämt zu sehen, so scheint es immer wieder mit der Welt autonomer Poesie zu gehen, die ihren Ertrag in dem Medium in dem man ihn ungeduldig zu sehen erwartet, ebenso beharrlich und neckend verweigert. Sie wirkt im Geheimen, nachdem die ersten Augenblicksfärbungen unmittelbarer Wirkung rasch verblasst sind, auf unsichtbare Zwischenstufen ein, von denen aus sie ins Allgemeine schreitet, und so wird man überhaupt sagen können, dass das Ephemere sich dadurch erschöpft, dass es in den Bildungen die es hervorruft, ebenso lebendig verlorengeht, während das Dauerhafte darum so spät als solches hervortritt, weil es die Cyklen seiner Vegetation nicht erweitern kann, ehe es das Verhältnis von Wärme und Kälte, in seinen Zeitträgern, nicht umgewandelt, und in diesem Sinne die absolute Strahlenaufnahme, die von Seelen überhaupt gefühlt werden kann, auf einen geschichtlich höheren Grad gebracht hat. Die Tagesliteratur, die durch die Stimmenmehrheit direkter Wähler flüchtige Siege davonträgt, ist meist schon verschollen, wenn die für die Poesie zeugenden Urwähler überhaupt erst beginnen sich, jeder in geometrischer Proportion, ins Ganze des Volks hinein zu vervielfältigen. – Darum gebe ich Ihnen die zweifelnde Widmung Ihres Ahnen, mit der Sie mir freundlicher Weise den schönen Sonderdruck des Coronaheftes zugesandt haben, nicht nur dankend sondern glückwünschend zurück. Niemand der sich des Ernstes seiner Bemühungen vor seinem Gewissen bewusst sein darf, denke daran ob sie ihm genau den Dank den sie verdienen gerade da erbringen werden, wo er sie erwarten muss. Das Leben ist irrational, rational ist, und muss sein, der Mensch der sich ihm gegenüber behaupten will: aber je höher seine Aufgaben steigen, um so mehr verschiebt sich gegen die uraltlebendigen Kräfte hin die Proportion der Spannung: dem Schuster ist gegönnt, was dem Herrscher versagt ist, die glatte Rechnung; und wer nicht Stoffe und Werkzeuge sondern Kräfte und schliesslich Mächte einsetzt, um sich zu behaupten, hat sich den Elementen anheimgestellt, – und den Sternen unter denen, glaube er sie oder nicht, dem höchsten Wagnis zu stehen allein aufbehalten ist.

Wir sind im Begriffe über eine Luccheser Villa abzuschliessen: der Pisaner Traum ist zerronnen, es war zu teuer. Die neue Villa, Saltocchio, nicht weit von der berühmten Marlia, ein Besitz des Marchese Mansi der schon früher mein Hauswirt war, ist nach mancher Hinsicht nicht das was wir wünschen, aber auch sie ist von einem abgeschlossenen herrlichen Park, ca. 3 ha., umgeben und reichlich mit Wassser versehen. Das Mobiliar hält mit dem bisherigen den Vergleich nicht aus, es wird viel geschehen müssen, das ganze uns anzubilden.

Ich küsse Ihrer verehrten Frau die Hand und bin mit unseren herzlichsten Grüssen wie immer der Ihre   R Borchardt

Bigiano   13 XI 30

659 AN CONTESSA ANTONIETTA BERNARDINI MARCHESA MANSI

[Entwurf]

Gentilissima Sig^a Marchesa,

conformandomi al Suo desiderio, di aver da me, direttamente, l'elenco del minimo dei lavori, da eseguirsi a Saltocchio, se io vi dovessi andare, – gli lo spedisco qui accanto. Resta intenso però che tale elenco non ha valore impegnativo, e che le trattative, propriamente dicendo [sic], si svolgeranno – se crederà di entrarvi – esclusivamente fra le persone tecniche, che le porti a ciò destineranno [sic]; e che queste persone si scambieranno fra loro, *prima* della distesa del contratto eventuale, la minuta dettagliata dei patti e delle riserbazioni con cui saranno in dovere di salvaguardare gli interessi dei loro principali.

Io quindi, se avrò riposta affermativa *in massima* a quanto sono per esporre, darò istruzioni al mio legale di costà, di tenersi a Sua disposizione per quanto di [sic] sopra, non permettendomi le mie assenze prossime dall'Italia di prendervi parte. Difatti trovo di dover [sic] anticipare la mia partenza per l'estero, e la rimando solo per conoscere le Sue intenzioni.

Abbiamo intanto qui discusso in tutte le sue parti questo affitto, che a considerarlo da vicino, presenta difficoltà nè poche nè lievi. Potranno, colla buona volontà delle due parti, esser sormontate, ma non sarebbe prudente sorlolarvi.

Ho da modificare inoltre qualche dettaglio della nostra conversazione di ieri. Mi sento dire, che il vasellame e la cristalleria dovrebbe entrare nell'affitto, perchè quel che si suole portare con noi, non basta quando abbiamo gente. L'argenteria invece basta per ogni emergenza. Mi si raccomanda inoltre di precisare, che i letti dovrebbero essere corredati di tutto meno la biancheria, cioè di materazzi, cuscini, coperte di lana per l'inverno, cuopriletti e zanzariere.

Finalmente non credo sia consigliabile nelle condizioni speciali, di legarci vicendevolmente per *due* anni (Il periodo di *tre* anni, con preavviso di disdetta *un* anno prima, ridurrebbe a *due* anni l'impegno Suo). Certamente da parte mia non c'è alcuna tendenza di [sic] prendermi gli scomodi [sic] e le spese d'un altro trasloco prossimo, ove non si imponga assolutamente, nè credo che Ella senza una ragione stringente, vorrebbe dopo un anno solo, rinunciare ad una affitanza, che, se non altro, Le assicurerebbe il custodimento [sic] ed in mantenimento à tout point della Sua proprietà. Ma appunto perchè tutti e due, crederci [sic], possiamo fidarci di tali intenzioni reciproche, possiamo ridurre il reciproco legame impegnativo ad una annata, con rinnuovo [sic] automatico salvo disdetta un quartale [sic] prima della scadenza. Voglia esaminare tale mia proposta, facendomene sapere il Suo parere.

L'importo dell'annata sarebbe depositato in una banca locale di Suo gradimento, un giorno prima della consegna, vincolata a favore Suo, con quelle disposizioni per la riscossione, che, per la loro natura technica, saranno esposte dal mio legale.

Le bacio la mano e mi dico di Lei, Signora Marchesa,

D^{mo} R. Borchardt

Villa di Bigiano
Candeglia (Pistoia) 14 XI 30

660 AN HERBERT STEINER

LD^rSt

Anbei das Pindarische Fragenblatt erledigt zurück. Die letzte Stelle ohne mein Originalblatt zu entscheiden ist mir nicht möglich: ich habe es daher bei der alten Fassung belassen.

Ich ersuche um möglichst postwendende Zusendung meines Nachwortes in irgend einer Gestalt, sei es Abschrift, sei es mein Ms. Ich habe am 5 Dezember in Berlin über Pindar zu sprechen. Einzelnheiten sind zu Herrn Bodmers Kenntnis. Es ist mir unmöglich ohne meine Arbeit dieser Aufgabe in der kurzen Zeit zu genügen, da ich am 7ten eine andere heterogene Verpflichtung zu erfüllen habe, über die ich gleichfalls an Hrn. B. geschrieben habe.

Seit Ihrer auf meine Bitte erfolgten Zusicherung, mir den Nachwort Durchschlag zur Vorcorrektur einzureichen, also seit Monaten, ist nichts mehr von Ihnen erfolgt. E via dicendo.

Die Corona Nov.-Nummer ist mir noch nicht zugegangen; ich habe infolgedessen die hier besorgte italienische Übersetzung des Vergil Aufsatzes, die in »Pegaso« hatte erscheinen sollen, nicht verwerten können, da die hiesigen Organe, mit Casualbeiträgen übersättigt, nach dem 15 Nov. nichts zum Vergilthema mehr bringen. Sie schrieben seinerzeit, die Nummer erscheine pünktlich am 1 November. E via dicendo. MbGr Bdt

Bigiano 14 XI 30

Ihr vom 11 Nov. datierter Brief, Druckstempel Zürich unleserlich, ist heut früh hier eingegangen.

661 AN JULIUS PETERSEN

Villa di Bigiano
Candeglia, 15.Nov. 30
(Pistoia)

Sehr verehrter Herr Professsor,
ich bin gern bereit Ihren Wunsch zu erfüllen, unter der Voraussetzung, dass ich mich nicht peinlich innerhalb der Grenzen des Themas zu halten gezwungen sehe. Vom Wesen poetischer Form haben mir zwar Praxis und Theorie gewisse Vorstellungen vermittelt, dagegen stehe ich den Schulbegriffen poetischer Technik darum zweifelnd gegenüber, weil ich an eine ars poetica nicht glauben kann. Wie sich ein dichterisches Werk organisiert, lässt sich so wenig begreiflich machen, wie ein Traum wirklich erzählen, – wenigstens vom Träumer selbst. Aber wenn Ihnen mit Betrachtungen gedient ist, die von aller Selbstanalyse durchaus absehen, und auf die eigentliche Transcendenz der dichterischen Reaktion gegen das Leben zielen, so bin ich gern zu Ihrer Verfügung, und zwar entweder kurz vor oder kurz nach dem 14. Dezember, am liebsten nach dem 10ten, da ich am 7. im Auftrage der Universität Kiel die Vergilrede der dortigen akademischen Solemnität halte. Die Bedingungen sind mir recht, um so mehr als ich in Kiel honore contentus spreche.

In Erwartung Ihrer gefälligen Zustimmung zu obiger Einschränkung, bin ich mit den verbindlichsten Gesinnungen der
Ihre   R.Borchardt

pS. Als Thema schlage ich unverbindlich vor »das Geheimnis der Poesie«.

662 AN JOSEF NADLER

Lieber Nadler

Sie haben mir über den Dante die schönen Worte des Herzens gesagt, die über aller Vernunft sind und die mir dort nahe gegangen sind, wo man nach der Abdienung einer grossen Mühsal die Leere empfindet, die kein Vernünftiger im Augenblicke zu füllen hinreichen würde. Sie müssen es für sich empfunden haben, als der vierte Riesenband Ihrer That – ἆθλον, sagen die Griechen – Sie verlassen hatte, und Sie wieder »einsam dastanden, wie am ersten Tage«. Es ist ein grosses Glück, zu wissen, dass man für zwei oder drei mitlebende Menschen arbeiten darf. Daneben an die Millionen zu denken, für die man unmittelbar nicht arbeiten kann – während man ja mittelbar eben doch *auch für sie* arbeitet – käme mir ganz kleinlich und eigensinnig vor. Man muss die Welt ebenso wie die Menschen, nach den Eigenschaften beurteilen die sie *hat*, nicht nach denjenigen die sie nicht hat.

Mich selber beginnt aus der Schalheit des Wöchnerinnen-Gefühles, meiner Last entbürdet zu sein, das gesunde Gegengefühl zu retten, dass sie ein übertragenes Kind war. Es ist endlich doch ein mit der Anspannung des Mannes durchgeführter Jugendplan gewesen, der mir viele männliche Pläne entkräftet hatte. Sie wollen nachgeholt werden, und es sieht kraus und ungestüm in mir aus, als hätte ich eigentlich noch nichts gethan und sollte nun erst recht beginnen.

Dass gleichzeitig Deutschland die Arme nach mir streckt, kommt mir darum sehr gelegen. Ich gehe in vierzehn Tagen nordwärts, spreche am 5ten in Berlin wo Werner Jaeger mich gebeten hat, die

Festrede bei der Jahrestagung der »Gesellschaft für antike Geisteskultur« zu übernehmen. Ich habe in diesem Jahre ein Pindarbuch geschrieben, das die Gesellschaft meiner Freunde als ersten Band der Drucke meiner Inedita gleichzeitig mit meinen Pindarübersetzungen veröffentlicht. Jaeger hat gewünscht dass ich den Gedanken dieses Buches das Thema entnehme – »Das andere Hellas«, also das continentale Urhellas, das, von der asiatisch-ionisch-attisch-hellenistischen Entwicklungsmasse erdrückt, eine dichterische Rumpfbildung nur in Pindar hat ausformen können. – Am 7ten bin ich in Kiel, wo die Universität durch Harder mich mit der Vergilrede bei ihrer Feier dieses einzigen dichterischen Bimillenniums betraut hat. Die Hellenisten der Universität haben sich kein Herz zu dem Dichter des europäischen Morgenrotes fassen können, der allerdings Griechenland nur seine hohlsten Seiten zukehrt, und es mir zugeschoben ihn von der Zukunft seiner Prophetie aus gewahr zu machen. Am 11ten spreche ich wieder in Berlin, im Auditorium Maximum der Universität, wo das germanische Seminar und die thörichte Dichterakademie gemeinschaftlich die Poesie, – lies die Walter von Molos etc. – auftreten lassen, um über ihre »Technik« zu orakeln, wovon im »Jahrbuch« genannter Akademie Proben unüberbietbarer Komik zu finden sind. Ich habe Petersen unter der Bedingung zugesagt, dass ich über das Gegenteil sprechen darf, »Das Geheimnis der Poesie« und mich damit aus der Sache gezogen. Dann kommt ein Berliner und, auf der Rückreise, ein Münchener Rundfunk, und am 18ten werde ich wieder hier über meinen Novellen sitzen, um mich Ende Januar zu einer neuen Kathederreise aufzumachen, Göttingen (und Essen) »Tradition und Revolution in der Literatur«, Duisburg »Die Aufgaben der Zeit gegenüber dem Theater«, Gegenstück zur Bremer Rede, und gerade im rheinisch westfälischen Revier am nötigsten, wo aus der Resultante zwischen fast amerikanischer Überlieferungslosigkeit und reichen Unternehmermitteln der grellste und abgeschmackteste Regisseur-Aberwitz und Modernismus in Blüte getreten ist. Mitte Februar sind wir wieder hier. Wäre meine Zeit nicht so gemessen, so ginge ich von Kiel oder Stettin zu Schiff und landete in Pillau um einen Tag mit Ihnen zu haben. Der Sommer, während dessen Sie wol am ehesten in freundlichere und zugänglichere Striche gezogen werden, ist nun einmal mein sesshaftester Jahresabschnitt, – Schreibtisch und Garten. So müssen wir, in Ermangelung voller Lebensfarben, beim Schwarzweiss bleiben, Papier und Tinte oder Druckerschwärze. Ich sende Ihnen den letzten meiner Füchse mit brennenden Schwänzen, den die Neuesten Nachrichten mutig genug sind, durch ihre Spalten hinunter ins Land der Philister zu jagen – den ersten einer Reihe conservativer Aufsätze. À propos Neueste Nachrichten herzlichen Dank für die Freundlichkeit mit der Sie meine Bitte aufgenommen haben.

Grüssen Sie herzlich Ihre liebe gute Frau und seien Sie selber nicht minder herzlich gegrüsst von Ihrem   R Borchardt
Bigiano 17.11.30

663 AN PAUL BORCHARDT

[Entwurf]

Sehr geehrter Herr
Ich muss nach meiner genauen Kenntnis der weit zurückverfolgbaren Geschichte unseres Hauses die Zugehörigkeit der von Ih-

nen aufgeführten Personen zu ihm und unsern Vorfahren aufs bestimmteste ausschliessen. In den drei mir voraufgehenden Generationen sind die Agnaten ausnahmslos jung oder unverheiratet gestorben, der Hauptstamm hat sich nur mässig fortgesetzt. Meine beiden Brüder Ernst Alexis B. in Berlin, Philipp Anton bei München und ich, mit unsern im Knabenalter stehenden insgesamt fünf Söhnen sind die einzigen Träger des Mannesstammes und haben nirgend gleich- oder ähnlichnamige Verwandte. Alle Seitenzweige des ehemals weitverzweigten Hauses sind im Laufe des 18ten Jahr. erloschen. Mit Ausnahme meines nach Manchester ausgewanderten Grossvatersbruders Dr Ludwig B und seinen in Mexico und London ehelos verstorbenen Söhnen Rudolf Gustav und Henry Allen B hat nur mein Vatersbruder Gustav Reinhold B. (gefallen 1871 bei Beaumont), als Gutsbesitzer, ausserhalb Königsbergs gelebt. Ältere Vorfahren hatten infolge von Vermögensverlusten Königsberg verlassen, sind aber später dorthin wieder zurückgekehrt und Teilhaber, später Chefs der Reederei geworden, von der bis vor wenigen Jahrzehnten, unter andersnamigen Geschäftsinhabern, ein Rest bestanden hat. – Ich erwidere darum so ausführlich, weil Anfragen dieser Art von Homonymen neuerdings häufig an mich gelangen.

    Mit ausgezeichneter Hochachtung   Rudolf Borchardt

17 XI 30
Bigiano
Candeglia (Pistoia)

664 AN MARTIN BODMER

Lieber Herr Bodmer
Freundlichsten Dank für Ihre mir soeben zugehenden Zeilen. Ich hatte aus Ewalds Brief geschlossen, dass Sie gleichzeitig in den Besitz des Ms. gekommen seien; nun schicke ich Ihnen das meine, das ich freilich nur überflogen habe, und über das ich Ihnen garnichts sagen kann. Dergleichen mich selbst betreffendes zu lesen macht mir schwindelnde, peinliche Empfindungen. Auch ein verdientes Lob aus verdientem Munde wird denjenigen der sich selber kennt, beschämen, und dasjenige was der Dichter um den Preis seines Lebens der Verwirrung, durch das Werk, entzogen hat, der Verwirrung, und nun in der Form des Urteils, wieder verfallen zu sehen, kann etwas ganz Unleidliches haben. Meine Äusserung über seinen Schröder-Aufsatz wollen Sie ja nicht überspannen. Bei dieser zerrissenen Generation wird die Glosse immer dunkler als der Text, und das ist hier durchgängig der Fall. Aber den Zwillingsbrüdern ist interpretierend, mit grosser Anstrengung und ebenso scharfem wie feinen Sinn etwas abgewonnen worden, wenn auch die zu beweisende Antithese unsinnig ist. Ich habe ihm vorlängst als er mir darüber schrieb, streng abgeraten, und er hat nicht Rat annehmen wollen. Ebenso scheint mir das Carossa und mich betreffende schematisch auf die Nord Süd Construktion gezogen, wobei ins Prokrustesbett gereckt wird, was nicht reicht, und abgehackt was übersteht. Dass er »das Letzte« gäbe? Gott behüte. Nur ob er und in welchem Maasse er etwa Ermutigung lohnte, wollen Sie entscheiden, und ob Sie das als Ihres Amtes ansehen können. Er ist mindestens kein Schwätzer, sondern ein

beharrlicher Arbeiter, hat etwas gelernt, hat schöne Einsichten, gelegentliche Ahnungen und jenen indefiniblen *Begriff eines Ganzen,* der den robusten Kopf auszeichnet. Mehr will ich nicht gesagt haben, und das Übrige Ihrer Prüfung anheimgeben.

Mit mir steht es nun so: Die erste Partie meiner dieswinterlichen deutschen Redecampagne ist weiter angeschwollen, sodass sie die zweite, um den 1 Febr. anstehende, weit überbietet. Ich habe auch im Auditorium Maximum der Berliner Universität, auf akademische Einladung hin, zu sprechen – gespenstisch mir vorzustellen, da stehen zu sollen, wo ich die bewunderten Lehrer meiner Jugend, Treitschke, Harnack, habe reden hören – und der Berliner Rundfunk, den ich mit einer Lesung aus Gedrucktem hatte abspeisen wollen, verlangt eine Rede. Gleichzeitig haben die schwerfälligen Leute, mit denen ich über das Luccheser Haus contrahiere, darin noch so viel zu thun, dass selbst für den Fall des Abschlusses – er ist noch nicht einmal sicher – die vorgesehene November Übersiedelung hat aufgegeben werden müssen die mich auch bei den oben aufgezählten Verpflichtungen in arge Bedrängnis versetzt hätte. Ich habe also die hiesige Miete wol oder übel um ein weiteres Quartal verlängern müssen, – das »übel« wiegt vor, denn die ruinierten Chiappellis fangen unbekümmert auszuräumen an, um Bilder und Möbel einzeln zu verhökern und der grosse Salon, in dem wir so charmante Stunden mit Ihnen verbracht haben, ist bald ein kahler Schuppen. Im Februar aber habe ich meine Frau von Bremen zu holen, Kaspi nach Neubeuern auf die Schule zu bringen und unverzüglich nach Süden zu eilen, um den Umzug an seiner letzten Möglichkeitsgrenze hinter mich zu bringen. So verlockend also auch der

Graubündner Schnee in Ihrer Gesellschaft mir winkt, – ich kann dann nicht mehr abkommen. Andererseits ist es freilich misslich, in den Dezembertagen meiner jetzt *ersten* Rückreise, also ca 16ten, so kurz vor Weihnachten, Sie zu genieren. Lässt es sich so einrichten, dass Sie einen Tag zwischen einem Morgen- und einem Nachtzuge für mich erübrigen, so werde ich es ebenso dankbar vermerken, wie für das natürlichere halten, dass Sie es nicht ohne Störung unterbringen könnten *und mir das offen sagten.* – Schröder begleitet mich nach Berlin, Kiel und Berlin zurück, sodass ich ihn ausgibig spreche. – Schliesslich erbitte ich *inständigst* Ihre Verwendung dafür, dass ich das vollständige PindarMs. wenigstens leihweise zur Vorbereitung meiner Rede umgehend erhalte. Steiner schickt mir 29 herausgerissene Blätter mit denen ich nichts anfangen kann. Es ist unendlich gütig von Ihnen, mir über diese Seiten bezw. die aus ihnen gewonnenen Eindrücke so freundliches zu sagen. Sie sind in einem Zustande von Fehlerhaftigkeit der mich alle par Zeilen an dem Sinne des von mir selbst geschriebenen zweifeln und verzweifeln macht. Die ganze Druckvorlage habe ich neu herzustellen. – Meine Frau dankt herzlichst für Ihre teilnehmenden Grüsse. Ihr Leiden ist nichts als eine verschleppte Unregelmässigkeit, die sich wachsend mit Indispositionen und Reflexstörungen fühlbar macht, und deren Regulierung durch einen der alltäglichsten kleinen Eingriffe allerdings nicht mehr aufgeschoben werden darf, damit ihr Allgemeinbefinden nicht weiter leidet. – Alles Übrige, vielleicht, mündlich. Ihr und den Ihren ergebenster   RBorchardt.

Bigiano 21.XI 30

665 AN ROSE BORCHARDT

[Villa di Bigiano Candeglia
Pistoia, Ende November 1930]

Liebste Mama

Die Dinge haben sich so lange mit täglich wechselnder Perspektive entwickelt, dass ich erst jetzt über sie berichten kann, und gleich damit beginne, wie sehr ich mich freue Dich auch dies Jahr wiederzusehen. Hoffentlich wird die Besserung Deiner Übel bis dahin genug fortgeschritten sein um Dir das viele Reden und Hören das bei solchen Wiedersehen unvermeidlich ist, nicht zur Last, und mir nicht zum Gewissensskrupel zu machen. Wie Du weisst, macht Deine Geistesgegenwart und Energie es einem fast unmöglich, Dich als »alte Frau« zu behandeln, Du bekommst nun einmal nicht le physique du rôle und bist dann vielleicht doch nachher die Leidtragende.

Ich werde also nun dies Jahr mit Ehren überschüttet, die, wie das in der Welt meist geht, nur demjenigen etwas einbringen, der sie zu erweisen geruht, während ich mich geehrt fühlen muss, schwitzen zu dürfen – aber ich rechne so nicht und marschiere los. Jaeger hat mich seit längerer Zeit gebeten, bei der diesjährigen Festsitzung der von ihm gegründeten Gesellschaft für antike Geisteskultur die offizielle Rede, vor dem Diner, zu halten. Es sind dies sehr distinguierte Veranstaltungen von und vor einer wirklichen Elite der Gesellschaft, sie finden im Harnackhause statt und vereinigen alles was dieser ausserordentliche Mensch für seine Ideale zu interessieren vermocht hat – nach Rang Geist und Stellung nicht wenig. Ich habe daher zugesagt, obwol mir ausser den Kosten fast nichts gezahlt werden kann, – schon um die Gelegenheit einer Wiederanknüpfung des liegen gebliebenen Briefwechsels nicht zu versäumen. Ich habe ihm auch meinen Dante geschenkt, mit einem kleinen griechischen Gedicht an ihn als Widmung, das allerdings formell und metrisch besondere Finessen enthielt und daher einen begeisterten Bewunderungsdank für meine Fertigkeit in diesen Künsten erhalten, deren Übung unter den heutigen Fachphilologen auszusterben beginnt. Ich spreche am 5ten Abends in Berlin, reise tags drauf nach Kiel wo ich am 7ten um 12 Uhr Mittag die Universitätsrede zur Feier von Vergils 2000ten Geburtstage halte nicht nur *in* der Aula, sondern im Namen der Universität, eine Neuerung mit der Kiel etwas bisher in Deutschland total Unerhörtes thut, denn die blosse Vorstellung, dass eine richtiggehende Universität zugeben könnte, dass Professoren unter Umständen etwas *nicht* könnten was ein Anderer besser kann, klang ja für uns bisher wie Weltuntergang. Die Anregung ging von dem eben aus Königsberg berufenen genialen jungen Harder aus, einem Jaegerschüler der sich durch aufsehenerregende Arbeiten jung einen grossen Namen gemacht hat. Er gehört zu der Generation junger Philologen, die sich schon ganz an meinen Arbeiten gebildet haben, und mir heut das zu vergelten beginnen, was sie mir zu verdanken glauben. Die andern grossen Kieler, Stenzel und Jacoby, haben ihn, da sie mir zugethan sind, warm unterstützt, der Kurator, ein besonderer Freund meiner Schriften, hat nachgedrückt, und die Nebenabsicht der in Kiel um George aufgebauten Clique mit ihrer intoleranten Unverschämtheit einen Nasenstüber zu erteilen, wird bei dem mit Universitäten verbundenen rancuneusen Geiste auch nicht gefehlt haben. Wir werden wol kurz in Kiel bleiben, Vera gibt einen Empfang, und ich muss die vortrefflichen Leute alle einzeln besuchen. Am 11 oder 12 bin ich wieder in Berlin und spreche im Auditorium Maximum der Universität auf Veranlassung des Literarhistorikers – Nachfolgers von Erich Schmidt – Prof Petersen über »Das Geheimnis der Poesie«, die Veranstaltung trägt zu gleichen Teilen das Germanistische Seminar und die berüchtigte Dichter-Akademie, die doch die [sic] bemerkenswerte Schneid hat, – die ich ihr nicht zugetraut hätte – sich richtig zu placieren. Ich hätte vielleicht nicht annehmen sollen; aber ich habe für die Annahme 1000 Gründe, das Stück zu einer Mark. Am 14ten lese ich im Rundfunk aus eigenen Arbeiten, und werde Dich hoffentlich zur verständnisvollen Hörerin haben. Auf der Rückreise wird wol in München noch ein Rundfunk, aber eine Rede, kommen. – Marel die ich mitnehme, weil sie sich in Bremen operieren lassen muss (harmlose Frauensachen) bleibt dort, ich feire allein mit den Kindern Weihnachten. Ende Januar breche ich wieder auf, spreche in Göttingen »Tradition und Revolution in der Literatur«, wiederhole die gleiche Rede in Essen, und spreche in Bochum über »die Aufgaben der Zeit gegenüber dem Theater« der Schlusseffekt, – Pendant zu der Bremer Rede. Dann treffe ich mich mit Marel und reise mit ihr nach Italien zurück. – Du siehst, es ist eine corvée ersten Ranges, aber ich darf nicht Nein sagen, obwol ich mir schon wieder schwöre, es zum letzten Male zu thun. Es ist wirklich weder ein Vergnügen noch eine Genugthuung, und mein Ehrgeiz ist längst atrophiert. Was mir heut von äusserlichen Ehren blühen kann, ist längst vorausgenommen und berührt kein Organ mehr in mir. Aber der lange unterirdisch vorbereitete Wirkungsausbruch steht ja nun wirklich bevor und ich muss mich als praktischer Mensch so stellen als ob er dem idealen Menschen in mir gäbe was er ihm nicht geben kann. – Ich habe allerdings vor Abreise noch mein Hofmannsthalbuch zu Ende zu machen. In der Lücke zwischen den Vortragsserien müssen die Novellen ablieferungsfertig werden. Und dazwischen drängt noch vielerlei anderes.

Für jetzt jedenfalls umarme ich Dich und wünsche uns mit Dir gute Tage. Herzlichste Grüsse an Ernst. Dein Rudolf

666 AN DIE »ARBEITSSTELLE FÜR KONSERVATIVES SCHRIFT-
TUM« WÜRZBURG, KARL LUDWIG FREIHERR VON
GUTTENBERG

[Nicht abgesandt]
[Villa di Bigiano Candeglia
Pistoia, nach 24. November 1930]
Sehr verehrter Baron Guttenberg
Infolge einer technischen Störung gezwungen mit Hand zu schreiben, beschränke ich meine Antwort auf Ihre liebenswürdigen Mitteilungen im Augenblicke auf das Nötigste. Zwischen dem 5ten und 15ten December und abermals dem 27 Jan – 3 Febr. bin ich an mehrfachen deutschen Universitäts- und andern Stellen, allerdings ausschliesslich norddeutschen, öffentlich zu sprechen verpflichtet. Ob meine sehr karg umschriebene Zeit mir einen kurzen Zwischenaufenthalt in München gestattet, kann ich noch nicht übersehen. Vielleicht gelingt es, die ängstlichen Herren des Münchener Rundfunks, daraufhin dass sogar Berlin den Mut hat

mich eine Stunde lang sprechen zu lassen (14 Dez), zu einer Wiederholung des ausserordentlichen Wagnisses vom letzten Winter zu animieren: ich hatte damals trotz der dortigen Nervosität durchsetzen können, in durchsichtig literarhistorisch verkleideten Formen den Föderalismus zu verteidigen. Auch jetzt wieder lasse ich dort sondieren. Leider macht die verantwortungsfreudige nationale Opposition durchweg die Erfahrung dass sie, zwischen den Kleinmut der Freunde und den Übermut der Feinde gestellt, nicht vom letzteren am verdriesslichsten behindert wird.

Ihre Beurteilung der Lage kann ich mir in wesentlichen Punkten zu eigen machen und schicke gleich voraus, dass ich ein Hineinziehen und Exponieren des hohen Herrn für ebenso schädlich und taktlos halten würde wie Sie. Etwas anderes sind Informationen im strengen Vertrauen der durch gemeinsamen Dienst Gebundenen, ohne welches gegenseitige Vertrauen alle auf Gemeinsamkeit gestellte Arbeit mechanisch aus einander fällt. Nebenbei darf ich bemerken, dass ich s. Zt. nach Verlust meiner Kriegsdienstverwendbarkeit als politischer Beamter des Gr. Generalstabs (Nachrichten-Offizier Berlin der OHL) die dienstlichen Formen des Schweigens gelernt habe. Die allgemeinen Voraussetzungen dafür verdanke ich allerdings meiner Erziehung.

Zum Einzelnen das folgende.

Eine auf das mittlere Publikum angesetzte Propagierung unserer Ziele ist m.E. in der Gefahr, die eigentlichen Schwierigkeiten der Aufgabe zu umgehen. Die deutsche Bourgeoisie geht mit jeder Macht und jeder Mode, aber sie setzt sich für ein Risiko und eine Idee weder ein noch aus. Sie zu beeinflussen ist zwar leicht, aber da es für den Gegner ebenso leicht ist wie für uns, so zahlt es sich nicht. Dagegen haben wir dies Publikum automatisch und gratis, sobald [wir] uns energisch gegen die wirkliche Widerstandslinie der Lage ansetzen. Daneben kann als sekundäre Unterstützung die übliche Propaganda immer hergehen.

Diese Widerstandslinie liegt zwischen Freund und Feind ausgespannt, und läuft zwischen allen wirklichen Faktoren der Machtlage: Gewerkschaften, Kirche, marxistische Linke, Rechtsopposition. Als Nebenlinie, sozusagen, zweite Aufnahmestellung wirken die Grosse Industrie einerseits und die Juden andererseits. Diese ganzen Machtfronten sind nicht zu umgehen, wie ich glaube.

Der Nationalsozialismus aber ist ihr eigentliches Kernstück. Ich halte es für die operativ gebotene Aufgabe, ihn unter Beiseitstellung aller theoretisch und gefühlsmässig begreiflichen Bedenken auf Zugangsstellen zu erkunden, Verbindung mit ihm zu schaffen, Einfluss auf ihn zu gewinnen, ihn zu penetrieren.

Die übrigen nationalen Bünde einschliesslich des Stahlhelms werden von ihm mit Sicherheit aufgesogen werden. Ich habe den Vorgang in den ersten Stadien des Staats-Faschismus hier genau beobachtet. Die Fusion war keine einseitige sondern endete in einer gegenseitigen Programm-Durchdringung, trotz aller ostentativen Schein-Intransigenz des Siegers. Der Nationalsozialismus hat heut so wenig ein Programm wie der Ur-Faschismus eines gehabt hat. Was geäussert wird (und damals wurde), sind (und waren damals) bombastische Knallphrasen der totalen politischen und wirtschaftlichen Ignoranz. Aus ihnen auf den Gehalt der Bewegung schliessen zu wollen, wäre ein völliges Verkennen der geschichtlichen Mächte. Grosse, auf die Massenphantasie unwiderstehlich wirkende Demagogieen wirken mit reissender Anziehungskraft auf den gesamten überlieferten Kulturbesitz der Gesellschaft. Der N.-Sozialismus ist programmverhungert bis zur Gier. Er hat keine Wahl als sich aus den denkmässigen Beständen des von ihm resorbierten aufzufüllen.

Dass seine Taktik heut nicht monarchistisch sein kann, liegt für die praktische Politik auf der Hand. Er steht und fällt mit dem Zunahme-Coeffizienten seiner Wählermasse. Ich würde als N.-S. Führer jeden Parteifaktor der sich monarchistisch bethätigte, erbarmungslos cassieren. Zuerst die Macht, dann ihr Gebrauch zu den Zwecken der Führung. Die letzteren vorzeitig preisgeben heisst die Diskussion entfesseln, die das einheitliche Tempo der Machtgewinnung aufspaltet. Hier hilft nur Kälte, Undurchdringlichkeit und Geduld. Es scheint paradox zu klingen, ist aber nicht minder wahr: Eine grosse politische Bewegung darf die Führung sich so wenig »politisieren« lassen wie eine im Feuer stehende Armee. Die »Verwirrung« hauptsächlich der Jugend über die Sie mit Recht klagen, ist ein Übel; aber es sind grössere Übel denkbar. Mussolini hat uns vorgemacht, wie man die Masse zuerst mit den sachlich anfechtbarsten Schlagworten zusammenprügelt, um sie dann, wenn sie kompakt geworden ist, plastisch zu behandeln und ins Feine zu arbeiten. Dabei fällt dann viel ab und fliegt in die Schlackenhaufen, aber das schadet nichts mehr. Wer mit der Feinarbeit und der Balance *beginnen* will, weil die Brutalität und die tägliche Lüge ihn anwidern, muss der »race maudite à laquelle nous appartenons« wie Friedrich der Grosse sagte, fernbleiben. Der N.S.-us hat das schreckliche Erbe von Bismarcks allgemeinem Wahlrecht an das Massenproletariat anzutreten gehabt, an dem jeder Staat an sich eigentlich zu Grunde gehen müsste. »Die Masse kannst Du nur durch Masse zwingen«. Unsere Ethik hat damit so wenig zu thun, wie unsere körperlichen Reinlichkeitsgewohnheiten. Wer in drei Schützengrabenjahren das niedere Volk (abzüglich des bäuerlichen) in seiner Verlogenheit, Gewaltthätigkeit und blinden Roheit des Eigennutzes kennen gelernt hat, zugleich seiner totalen Charakterlosigkeit und Gier, wird von der Sprache die Hitler zu ihm spricht, nicht mehr choquiert. Die Wahlmaschine zwingt ihn, es dem Gegner zu entreissen. Über die Möglichkeit und Wünschbarkeit, diese Sklavenmillionen darüber hinaus noch zu »gewinnen« denkt er, nach Mitteilungen die mir geworden sind, kaum minder verächtlich als wir. – Die Jugend überlassen wir der Zeit. Der Mensch ist eine wachsartige Masse. Niemand der das Weiterleben wert ist, geht an den Phrasen seiner Jugend zu Grunde.

Verbindungsmänner also zu den NS. – Und, ebenso wichtig, Durchdringung der Bünde mit monarchischen Gedanken, die morgen oder übermorgen N.S-isch resorbiert sein werden, damit sie so viel monarchistische Denkweise wie möglich dorthin mitbringen. Das schwere Dilemma Kirche – N.S'us im Verhältnis zur Monarchie dagegen ist nicht dadurch zu lösen, dass *wir* die Kirche für *uns*, sondern dass die Kirche den NS'us für *sich* interessiert. Politisch geht die Kirche nur und ausschliesslich und immer mit der Macht, genau wie der Jude. Sie ist fascistisch in Italien, gallicanisch in Frankreich, kleinbürgerliches juste Milieu in Deutschland. Dagegen kann der NS'us ja auf die Dauer an seiner albernen Heidentumspropaganda und Wodanphrase die nur ein Erbe der schlechten Literatur seiner Rassen-Revolte ist, nicht festhalten. Wir müssen danach trachten dass sich im N.S'us ein katholischer Flügel bildet. Dazu gehört von unserer Seite eine Einwirkung auf die ebenso alberne und spiessbürgerliche Haltung der Kirche gegen den N-s'us die sich in den bekannten kathedratischen Excomunikationen gezeigt hat. Hier heisst es also indirekt arbeiten: Jedes Abdrängen der Kirche zur sich bildenden Macht nach rechts und jedes Herüberziehen des Rechtsradikalismus zur kirchlichen und christlichen Tradition beeinflusst und vereinfacht die bestehende Zerklüftung im Sinne einer Verbreitung und Versteifung derjenigen allgemein *conservativen* Macht-Struktur, die sie unserer Einwirkung zugänglich macht. Dem gleichen Zwecke dient die schon beginnende Fusion mit dem christlichen Stahlhelm: Fast der ganze Stahlhelm hat streckenweise ns. gewählt. Die Folgen werden sich fühlbar machen.

Die Einwirkung auf den Stahlhelm ist jedoch gleichfalls nicht nur direkt vorzunehmen, bezw. verspricht sie nur, wenn indirekt unterstützt, Erfolge. Die indirekte wird gefordert durch die Verbindung des Stahlh. mit Reichsreform, eine der leider allgemein unbeobachteten, aber schwersten Gefahren für unsere Ziele. Da der eigentliche Krankheitsherd dieses Reform-Krebses in Industrie und Wirtschaft sitzt, combiniere ich die beiden von ihm ergriffenen Faktoren mit einander. Sie sind auch sonst verbunden, durch das Vorwiegen mechanischer und toter Auffassungen bei beiden, die sich gerne als »nüchterne Sachlichkeit« geben, aber bei der Geistlosigkeit, die sich ihrer bedient, erklärlich machen, dass auf beiden Seiten, Stahlhelm und Wirtschaft, eine zahlenmässig imposante und technisch musterhafte Organisation einen Rahmen ohne Bild macht, leer läuft, keine Führerpersönlichkeiten besitzt oder erzeugt und sich in dauernden Mobilmachungen erschöpft.

Die Grundlage der Monarchie ist der Föderalismus. Die Reichsreform, die ihn (weil sie ihn für unpraktisch, kostspielig (Wirtsch. und Industrie) und »romantisch« (Stahlh.) hält), diskreditiert, mit Strohwahrheiten, die jedem Philister augenblicklich einleuchten müssen, und mit einer überreich dotierten Propaganda, ist nicht minder als der Marxismus *unser Todfeind*, gegen den das schärfste Schwert geschwungen werden muss. Leider ist in den Kreisen und an den Dienststellen unserer Propaganda, wie ein bezüglicher Briefwechsel mir gezeigt hat, die Einsicht in die anwachsende Macht dieses Unheils unter einem, von den Thatsachen nicht gerechtfertigten, Biedermanns-Optimismus verschüttet. Hier liegen unsere ernsthaftesten und schwersten Aufgaben. Ernst, weil wenn die Reichsreform kommt, oder auch nur bis zum Main kommt, das *innenpolitische Locarno* definitiv geschaffen ist, das zu *geltendem Recht* wird, die Einebnung, von der jeder Anspruch der Kronen in Ewigkeit abgleiten wird. Schwer, weil kein Volk so leicht wie das unsere den Schatz seiner Institutionen zum Trödel gibt, wenn ihm seine Verführer etwas »praktischeres« und »moderneres« vorflimmern lassen. Darum sollte der Kampf auch hier den Gegner suchen wo er am stärksten ist, in der Wirtschaft. Die deutsche Durchschnittsbourgeoisie ist fast durchgängig kryptomonarchistisch. Banken, Industrie und Handel sind starr antimonarchistisch, und bereit dem Proletariat eher bis an die letzte Grenze der Betriebsrentabilitäten entgegen zu kommen, praktisch, als ihre wirtschaftliche Existenz theoretisch, also grundsätzlich, in einem Sinne zu binden, der die bereits bestehenden Erschwernisse unter denen gewirtschaftet werden muss, um ein neues, inopportunes und total unnötiges, vermehrt. Ich kenne diese Anschauungen aus Fühlungen mit Kruppdirektoren, Grossbankleitern mit reinsten »Stammbäumen«, hanseatischen Überseekaufleuten, mit denen ich verwandtschaftlich verbunden bin. Da aber die von der Wirtschaft bethätigte und gestützte Politik immer die roheste des Opportunismus und Egoismus gewesen ist, ausschliesslich coniunktur-ausbeuterisch, blind antienglisch-profranzösisch vor 1914, blind annexionswütig scharfmacherisch im Kriege, ehrlos, »Verständigung« suchend nach 19, heut wieder (Rechberg) blind profranzösisch und krypto-antienglisch (Stresemann, Kolonien etc.) so bietet sie hier dem Angriff die breite Blösse. Der Satz, dass es kein »Primat der Wirtschaft« gibt, dass die Wirtschaft erbarmungslos *unter den Staat zu beugen* ist, ihm zu *dienen* hat und nicht ihn zu beherrschen, gibt unserer Bethätigung gleichzeitig die populäre Plattform. Der Monarchismus hat den Kapitalismus ebenso zu bändigen wie das Proletariat. Mussolini hat durch die von ihm macchiavellistisch unterstützte communistische Occupation der Fabriken die Grossindustrie in sein Lager geschreckt. Das lässt sich mit gebotener Vorsicht auch bei uns wenigstens an die Wand malen.

Die Gewerkschaften sind dem NS'us zu überlassen, der sie zu Zwangsgewerkschaften machen und dadurch politisch neutralisieren wird. Das Heilmittel gegen das Gewerkschafts*recht* ist der Gewerkschafts*zwang*.

Je mehr wir, – wie eben schon gestreift – die Monarchie zum Horte der Schwachen gegen die Starken machen, um so sichereren Erfolg verspricht unsere Arbeit und um so verehrungswürdiger wird ihr alter Begriff, der eben dieses Element als eines der heiligsten Insignien enthält und seine Preisgabe im kapitalistischen Kaisertume so verdientermassen teuer bezahlt hat. Das heisst nicht mit dem Vorkriegsschlagwort »soziale« sondern »nationale« Monarchie. Die Schwachen sind nicht in erster Linie das Industrieproletariat sondern die verelendenden Träger des geschichtlichen Volksgehaltes, Landwirtschaft, Grundbesitz, Freie Berufe, Klein- und Mittelstädte, Grenzländer. Die grossstädtische Masse als Sklavenproletariat und entwurzelte Eleganz, die Spekulation und das Kartell, das Unternehmertum und der Zwischenhandel, die charakterlose Staatskrippen Bureaukratie die Regime nach Regime überlebt, der Personal- und Sozialwucher, kann von der Monarchie nicht *gewonnen* werden, sondern nur gebrochen und unter dem Fusse gehalten. Das ganz auf Finanz und Spekulation gegründete Troisième Empire beleuchtet die hier möglichen Fehler mit der Stichflamme. Die Monarchie muss wenn sie kommt, mit unwiderstehlichen Herrschaftsprogrammen kommen: Demetropolitanisierung und Zuzugsperre nach Städten über 100 000 Einwohnern, durch Absiedelung der Unterstützungsempfänger, drakontische Zensur des Miets- und Vergnügungs-Lizenzen-Wesens, Auseinanderziehung der Behörden. Dazu gehört Suspension der Gemeinde-Autonomieen, Aufhebung der total veralteten Bezirks- und Kreis- bzw. Provinzialeinteilung, die den realen Bevölkerungsverhältnissen nicht mehr entspricht; Innere Colonisation nicht nur durch Landnahme auf Öde sondern durch consequenten Städtebau vor allem im Grenzlande, Staatsmonopol auf Baumaterialien, Schaffung eines Staatsarbeiterstandes auf Verpflegungs- und Anspruchs-, nicht

Lohnbasis. Ich deute nur wenige Punkte an. Eine monarchistische Propaganda die der Phantasie keine realen Anhalte bietet, wird mit ihrer Phraseologie bald am Ende sein. Der Begriff der Restauration ist ein gefährlicher und schwer zu handhabender. Die Menschheit verlangt neues in neuer Form. Dass wir ihr das Alte in diese Form nur verkleiden, muss unser Geheimnis bleiben. Die gutmütige und warmherzige Offenheit thut es nicht. Sonst wäre Herr Reck Malleczewen unser bester Werber.

Damit ist allerdings das prekärste noch nicht gesagt und nicht einmal berührt: der heute in den Dynastien herrschende Geist. Was ich von bestunterrichteter Seite vertraulich darüber erfahre, erfüllt mich mit der ernstesten Vorstellung von dem Umfange der ganzen hier erst zu leistenden Arbeit. Die Dynastieen haben vor 14 ausserhalb der deutschen Kultur gestanden, mit verschwindenden Ausnahmen. Ihre Erziehung, Bildung, Charakterformung, ihre Bindung an Tradition, Haltung und Fassung standen auf tiefen Durchschnittsstufen. Der Mangel an Ernst und Willen, die fehlende Spannung des Innern zwischen Strenge in Fürstenrechten und Treue in Fürstenpflichten, haben sich schrecklich gerächt. Der grauenhafte Fatalismus eines Glaubens an unaufhaltsame Entwickelungen hatte sie tiefgehend zerfressen. Die Erziehung des Nachwuchses, vor allem der Erbfolger, wurde schablonenhaft gehandhabt, die der Prinzessinnen hat politisch – Haltung ausländischer Fürstinnen deutscher Geburt – und moralisch skandalöse Ergebnisse gezeitigt. Mein und meiner Freunde Wunsch, vor einen neuen Sommer der Kronen einen möglichst langen und herben Vorfrühling einzuschalten, entspringt nicht zum mindesten der patriotischen Besorgnis, eine Übereilung werde weder die Dynastieen noch den zu ihnen gehörigen Adel zu der Härte und Gediegenheit ausgereift finden, die der unvorstellbar schweren Last gewachsen wäre. Die meisten deutschen Fürsten über die ich unterrichtet bin, sind geradezu kläglich entouriert, haben keine Berater die mit den mächtigen Gedanken der Zeit in lebendiger Fühlung stehen, und lassen sich treiben und gehen. Das ist nicht die geeignete Vorausetzung für die bevorstehende Umwandlung. Die Träger der monarchistischen Bewegung sind der altständige, auf patrizisch gewordene Überlieferung und Bildung gestützte Bürgerstand und der mit ihm kulturell eng verwachsene kleine und mittlere Adel, zu denen die besten und geistig frischesten Elemente der alten Armee treten: der Hochadel hat sich wie immer accomodiert und aus dem Spiele gezogen. Jene Elemente stellen eine wirkliche und echte *Bewegung* dar, und nur auf der Welle dieser Bewegung, eins mit ihrer Triebkraft und ihrer Gedankenmasse hat die Monarchie Aussicht, in den Hafen getragen zu werden. Keiner ihrer Vertreter ist vom Himmel mit den Vorzügen, und, wenn man will, den Nachteilen einer eigentlichen Prätendenten Natur ausgestattet, die durch sich selber fasziniert und Gasse bricht. Das ist an sich kein Unheil. Wären die hervorragenden Eigenschaften der Klugheit, Gehaltenheit, Energie, Consequenz, bei kraftvoller innerer Anlage, die an der Spitze einer einzigen deutschen Dynastie stehen, zugleich das Patrimonium der Übrigen und Aller, so wäre die Gefahr dass alles wieder auf Hofbälle, Ressorts, Orden und Titel hinauskommt, weniger flagrant.

Zusammenfassend halte ich es für *unerlässlich*, neben der Einwirkung auf öffentliche Organe eine publizistische Zentrale für unsere Gedanken zu schaffen. Wir brauchen eine conservative Monatsschrift allerersten Ranges, und die grossen Köpfe und glänzenden Federn die uns für sie zur Verfügung stehen, ermöglichen sie uns jederzeit. Ich habe sie seit Jahren vorbereitet und mit allen designierten Mitarbeitern persönliche Fühlung genommen. Von Bremen waren mir sZt die nötigen Mittel in Aussicht gestellt worden. Die heutige Wirtschaftslage hat ihre Liquidierbarkeit freilich in so weite Ferne gerückt, dass ich meine Vorbereitungen nicht fortgesetzt habe. Der Name, – »Interregnum« – das Programm, die Liste, die Beiträge waren festgesetzt, unsere grössten Gelehrten, die ausnahmslos uns nahe stehen, aber auch hervorragende deutschgesinnte Parteiführer wie Stegerwald, protestantische und katholische Reformatoren wie Gogarten und Przywara hatten sich uns zugesellt. Ich gebe anheim zu erwägen, ob und unter welchen näheren Umständen Sie und Ihre Freunde Ihrerseits zu einer Verwirklichung dieser Pläne beitragen wollen. Sie zielen auf keine Concurrenz zu den Südd. Monatsheften, die ich in ihrer Weise ausserordentlich hochschätze, in denen aber im Gegensatz zu uns, die Materien

667 AN HERBERT STEINER

LD^rSt

Ich bestätige mit bestem Dank den Eingang des Honorares (250 Mark) für den Blumenaufsatz Corona.

Eine Herstellung der Druckvorlage für die Pindarabhdlg. ist nur an Hand meines Ms. möglich, da die streckenweise totale Zerstörung des Textes mich auf Coniecturen beschränkt.

Eine vorgängige Prüfung des Textes *aller* Reden durch mich wird schon unerlässlich sein, um die manchen in einem Privatdrucke stillosen Härten des Ausdruckes thulich zu mildern.

Meine Bemerkung betr. die ital. Übersetzung des Vergil war nur unter der, wie ich sehe, irrigen Voraussetzung erklärlich, dass das Nov.-Heft bisher nicht erschienen sei. Da ich auf briefliche Mitteilungen wie die Ihrigen, statt auf den normalen Weg der Belege nach Erscheinen, angewiesen bin, um mich darüber zu unterrichten, so sind solche Irrtümer mit ihren Folgen leider unvermeidlich. Ich habe, beiläufig, noch heut am 27ten kein Exemplar. Bitte dies nicht etwa anhängig zu machen. Ich erwähne es nur im Zusammenhang des Ihnen gemachten Vorwurfes. Ich möchte den fraglichen Faktoren gegenüber mich noch nicht einmal zum Anscheine einer *Reklamation,* auf die sie ja nur warten, herablassen. MbGr Bdt

Bigiano 27 XI 30

668 AN OTTO HEUSCHELE

Verehrter Herr Heuschele

Ich nehme an, dass ich die Zusendung der Anthologie junger Lyriker Ihrer Freundlichkeit verdanke und benutze diese Gelegenheit, Ihnen zu bezeugen, mit welcher Billigung und welchem Vertrauen ich Ihr stetiges Wirken zum Rechten und Ernsten verfolge. So ist mir auch die Klarheit und das Massgefühl, ein ruhiges und rechtmässiges Selbstbewusstsein, in der Einleitung des Buches eine Gewähr für die Sicherheit, mit der Sie Ihren Weg gehen und die Verlässlichkeit der Ziele, zu denen man Ihnen folgt. Die Sammlung selber habe ich mit Erstaunen und Rührung in mich aufgenommen. Sie ist mir vielfach eine vollkommene Überraschung. Die Kraft und Zartheit dieser Generation konnte nicht überzeugender vermittelt werden. Sehr weniges fällt wirklich aus, und es wird durch Beiträge aufgewogen, die hoch über einem blossen Generations Ausdruck stehen. Die Rückgewinnung und Festhaltung des Formenbesitzes der deutschen Überlieferung in so zerstörenden Zeiten legt für die geistige Standhaftigkeit unseres Volkstums ein grosses Zeugnis ab, und dass es nicht nur bewahrt, sondern aus dem innern Drama begnadeter Seelen wiedergeboren weiter bereichert wird, zeigt jede dritte Seite des Buches. Sie verdienen einen Glückwunsch und Ihre Mitarbeiter ohne Ausnahme den Ausdruck der Hoffnung und des Dankes derer, die oft genug gebangt haben, der Goldfaden, den ihnen die Vorzeit auf die Spulen geleitet hat, möchte nach ihnen reissen. Möge Alles und Sie mit Allen bei dem Dienste bleiben, der mit der Arbeit an uns selbst beginnt.

    Ihr freundlich grüssender   R. Borchardt

Ich mache Sie auf Sonja Stähelin-Holzing (Szolnay) aufmerksam.

Bigiano 29. XI 30
Candeglia
Pistoia

669 AN MARTIN BODMER

Lieber Herr Bodmer

Dr August Ewald teilt mir soeben mit, er habe auf mein Abraten den fraglichen Aufsatz der Teubnerschen Zeitschrift für Deutschkunde angeboten, die ihn mit geringen Streichungen angenommen habe. Ich freue mich dass er sich keiner Ablehnung ausgesetzt hat, die bei der ganzen Fassung des Aufsatzes doch unvermeidlich war.

Wir reisen heut ab, schweren Herzens, aus sonndurchglühten Spätherbsttagen und immer noch aushaltender Blütenpracht. Ca. am 16ten bin ich hier wieder erreichbar.

Mit herzlichen Grüssen an Sie beide Ihr　　　　　　RBorchardt
Bigiano 3 XI [= XII] 30

670 AN DEN VERLAG GEORG MÜLLER

[Briefkopf: Muraltengut
Georg Müller Verlag　　　　　　　　　　　　　Zürich 2] 21 Dec 30
　　München
Sehr geehrte Herren

Ich habe in der Eile der Abreise vergessen Ihnen den Empfang Ihrer Botensendung noch schriftlich zu bestätigen und hole diese angenehme Pflicht in dem Augenblicke nach, an dem es mir gelungen ist, die Goethe Litteratur-Sammlung der Jehni'schen Erben, hier, in meinen Besitz zu bringen wenn auch nicht zu den erhofften und mir von dritter Seite in Aussicht gestellten günstigeren Bedingungen sondern nach hartem schwyzerischen Handeln mit einem höchst eidgenössischen Schwiegersohn und Landarzt, und für eine Summe, die jene Erstrate nicht unbeträchtlich übersteigt. Ich zahle die Differenz aus eigenen Mitteln, und nehme die Sammlung die soeben verpackt wird, gleich teilweise mit teilweise folgt sie mir als Eilfracht. Aber gerade darum, weil die erste Rate und ein Teil der zweiten ganz auf Unkosten abgeht, und weil Weihnachtsfest und Jahresabschluss es nicht gern sehen, ihre Lasten noch mit unvorhergesehen[en] Bücherspesen – 320 M. – zu teilen, möchte ich mich brieflich noch darüber vergewissern, dass Sie meiner Auffassung über die Verteilung der Raten über Monate sind, und die Erstrate nicht etwa schon anticipatim auf den Januar 31 schlagen, sondern diesen letzteren als *zweiten* Monat rechnen. Es ist dies eigentlich eine Lücke im Contrakte, die ich als solche hätte voraussehen müssen. Ich jedenfalls habe, wie ich Ihnen schon mündlich sagte, in dieser, hoffentlich nicht irrigen Erwartung gehandelt und ausgezahlt, und bekomme erst jetzt den nachträglichen Schreck, dass Sie vielleicht anders calculiert haben könnten. Hoffentlich beruhigen Sie mich bald über diesen mich etwas nervös machenden Punkt. Heut abend reise ich von hier weiter und bin morgen mittag zu Hause.

 Mit herzlichen Grüssen der Ihre

R Borchardt

671 AN VERA ROSENBERG

Bigiano 29 XII 30

Liebste Vera

Ja, es ist abscheulich von mir, zwei Wochen hingehen zu lassen, ohne Dir für eine Gastfreundschaft wie die Deine, auf mich und die Meine, und wer weiss sonst noch wen, erstreckt, auch nur mit einem Worte gedankt zu haben. Aber von Berlin aus, wo ich am 18/19 abreiste, wäre es in dem Trubel von Arbeit Verpflichtungen und allgemeiner Friedlosigkeit nur mit einer Zeile möglich gewesen, in München und Zürich wo ich bis zum 22ten in Geschäften war, ebensowenig, und seit ich hier bin hält mich eine monotone Beschäftigung ganz occupiert, nämlich Schlafen. Ich habe drei Tage lang fast immer, Tag und Nacht, mehr oder weniger geschlafen und den Verlust eingebracht wie ein Kind. Jetzt endlich springe ich wieder hoch und mache mich auch an das schwarzweisse Nachholen.

Die Kieler Tage gehören zu den Freundlichsten, die ich erlebt zu haben mich erinnern kann, und bleiben mir unvergesslich. Soviel Wärme sovieler ausgezeichneter oder auch nur bescheidener und rührender Personen, für so wenig wie ich ihnen habe bieten können, war ein unverdientes Geschenk. Die einzige leise Trübung dieser sonst so reinen Erinnerung ist die allerdings recht verdriessliche Ehrungs-Angelegenheit, die der Klatsch überall bis in die Winkel getragen hatte als ich in Berlin ankam und die trotz aller meiner ärgerlichen Bitten sie zu unterdrücken, sich noch immer weiterspricht. Jaeger und Konrad Kardorff, Prof. Petersen und mein Verleger Elster – von überall wo Telephone stehen kamen mir die fatalsten Glückwünsche zu, und hier war Pasquali kaum meiner ansichtig, als ich schon wieder in Stellung gehen musste. Es ist nicht Schröder allein, wie Du vermutetest und auch nicht Schaeder allein, – von Kiel selber muss es ausgegangen sein, und wenn das leidige Fragen nicht gewesen wäre, so hätte ich den Faden bald gehabt. Nun, auch das wird sich beruhigen.

In Berlin habe ich noch eine halbe Stunde lang Lyrik ins Drei-Millionen-Mikrophon gespieen und Tags drauf im Auditorium Maximum die Rede gehalten, die mir von meiner ganzen Leierreise selber das meiste Vergnügen gemacht hat, – über Poesie und nichts als Poesie, ganz sachte und spassend angefangen, unmerklich den Ton höher und leiser genommen, und schliesslich mit Thema und Hörern bei der Unsterblichkeit gelandet. Es war einer der nicht häufigen Fälle, in denen am Schlusse der Redner zwischen freudeglänzenden Gesichtern steht und fühlt dass er mit Allen Eins geworden ist, nicht in den Niederungen, wo das leicht geht, sondern bei den Sternen, wo es seine Schwierigkeiten hat hinzukommen, wegen des Sündenfalls etc. – Damit das Erhabene nicht um das Lächerliche, seinen Schatten, betrogen werde, hatte zwei Tage später mein thörichter Verleger noch eine Vorlesung »aus eigenen Werken« für mich in einem Saale irgendwo arrangiert, bei dem ca. 20 Menschen tobende Volksmenge repräsentierten. Schlotternd erwartete mich der arme Tropf, sicher – nach seinen Literatenerfahrungen – ich werde mit gekränkter Entrüstung und die Schuld auf ihn wälzend vor einer so erbärmlichen Corona zu lesen ablehnen. Ich habe aber die Lektion in Demut lachend hingenommen, mich und die Anwesenden dazu beglückwünscht, nur vor der Elite Berlins lesen zu dürfen und dann

»Wannsee« und »Halbgerettete Seele« so schön ich konnte vorgetragen. Dann wurde Feierabend geboten und bis in die Nacht getafelt und getrunken, da ich mein Pensum hinter mir hatte. – In München habe ich über das Goethe Buch mit Georg Müller abgeschlossen und unsere garantierten Einkünfte auf 1½ Jahr verdoppelt. Wir sind zum ersten Male im Leben ganz sorgenlos, wenn auch eine schwere Arbeitslast auf mir liegt.

Jaeger habe ich haarklein von Kiel erzählen müssen. Er wird Harder selber geschrieben und erklärt haben, warum er unbedingt die Vergilrede für die Antike haben muss. Dass er mir sein neustes Buch »mit der grössten Verehrung« gewidmet hat macht mich bis in meine Fusstapfen erröten.

Ade meine Beste, sei nochmals, d.h. 1000 Mal, bedankt und umarmt. Grüsse Hans, den treuen Freund, Lenchen, und Deine trotzigen Kinder, die ich liebe, weil ich selber trotzig war – und bin. Die Farbe des Anstrichs thut nichts zur Sache. Dein alter

R

672 AN MARTIN BUBER

Bigiano 29 XII 30
Candeglia
(Pistoia)

Sehr verehrter Herr Buber

Ich hatte mir schon unmittelbar nach Absendung meines Briefes die heftigsten Vorwürfe darüber gemacht, ihn nicht – nachdem er bei mir seine Schuldigkeit gethan hatte – abgelegt und vielmehr Sie an einer Stelle bestritten zu haben, an der Verstand und Herz verwachsen liegen müssen. Nun beschämen Sie meine alte unablegbare Heftigkeit durch Ihre würdige und menschliche Ruhe und geben mir vor allem die Möglichkeit Ihrer und Ihrer grossen Arbeit frei von Gewissensschmerzen wieder zu gedenken. Für beides drücke ich Ihnen die Hand und bitte Sie nochmals, wie ich dort schon gethan zu haben glaube, mir meinen Ausbruch zu vergeben. Dass nur reine Quellen ihn gespeist haben, wissen Sie. Wie gerne hätte ich Ihnen in Allem Recht gegeben! Aber es ist wie Sie sagen, wir bewohnen verschiedene Elemente und in Wasser und Feuer ist zweierlei Recht. Das müssen wir beide hinnehmen.

Dass ich verkümmerter Orientalist einem Hebraisten wie Ihnen die Leviten gelesen zu haben scheine, während es mir natürlich ist, mich vor Ihrer Beherrschung dieser Gegenstände zu beugen, muss allerdings meinem Briefe einen falschen Ton gegeben haben. Ich habe Hebräisch, weil ich Pfarrer werden wollte – ich bin auch 1895 noch in Berlin von Pfleiderer inscribiert worden, dann aber bald abgeschwenkt – nur auf den letzten Gymnasialklassen gelernt, es später des Arabischen wegen, das ich bei Dieterici und Sachau ein Jahrlang ernstlich getrieben habe, nebenbei mir zu erhalten gesucht. Aber meine Kenntnisse und Hilfsmittel darin reichen allenfalls dazu hin, fremde wissenschaftliche Arbeit in ihren Problemstellungen zu verstehen, und Texte in ihrem Sinnlichen mir zu gegenwärtigen, nicht zu selbständiger wissenschaftlicher Arbeit. Dagegen habe ich bei Wellhausen in Göttingen zwei Semesterlang Pentateuch-Kritik gehört und mir einen Stamm seiner Referenzenliteratur angeeignet, nicht als Orientalist, sondern als Humanist, um mir von dem geschichtlich gewaltigst gewordenen

Menschheitsbuche verlässliche Vorstellungen zu verschaffen. Die von Ihnen bestrittenen Ansätze über das Alter der Genesis habe ich von Wellhausen übernommen. Er lehrte das ganze Buch sei bis auf lyrisch proverbiale Stücke und Formeln nachexilisch, die Schöpfungsgeschichte ein vorderasiatischer Erwerb, Gott, sei es als Jahve sei es als Elohim, urisraelitisch nie denkbarer Weltschöpfer sondern hypostasierte Stammesmission und pragmatischer Stammesgott (»Buch der Kriege Jahves«) als Universalgott und ethischer Dämon (Gott der Gerechtigkeit) teils prophetischer teils entlehnter Fügung. Die Formel Tohu wa bohu sah er als uraltsprichwörtlich an, die Parallelstellen hat er alle, wie mein Collegheft ausweist, angeführt, die Hauptsche Dämonendeutung gab er als höchst probabel. – Zu al p'nê notiert mein (lateinisch geführtes) Collegheft sermo priscas sapit formulas in adverb. usum scilicet degeneres, κατ' ἀντικρύ de κάρ(ϝ)α, in facie. Ähnliches muss Wellh. gesagt haben. Seine Lehre von der in zwei Haupt = mehreren Nebenstaffeln erfolgten Fiktion der Mosebücher und des in ihnen vorausgesetzten sakralsozialen Zustandes, gestützt auf Könige (gegen Chron.) und Propheten, ist Ihnen natürlich genau bekannt. Meine Kenntnisse und Anschauungen stammen daher, was ihnen zwar nicht den Grund, aber die Selbständigkeit nimmt. Allerdings hat mir mein Freund Schaeder, der neuerdings (Esra) sich vom syr. mehr und mehr zum hebr. gewendet hat, gelegentlich erklärt, er halte die Wellhausenschen Entdeckungen in allem wesentlichen für das unerschütterliche Fundament der Forschung. Das zu beurteilen ist nicht meines Amtes.

Den Standpunkt jüdischer Ehrfurcht, der Ihres Amtes ist, ehre meinerseits und begreife ich wortlos. Es muss für Sie so sein wie es ist, – das was Sie »Schrift« nennen, das Absolute, Verdeutschung ein Bezogenes das nur da ist um, als ein Mittelbares, sich zu unterwerfen. Sie müssen von *allen* Punkten Ihres ungeheuren Monumentes auf das Indifferente der deutschen Sprache loten – was dabei als neuer Aufriss herauskommt, geht Sie an sich nichts an, solange jeder seiner Winkel durch das Prinzipal-Dokument legitimiert ist. Die Autonomie des entstehenden deutschen Neugebildes opfern Sie als einen ausserhalb Ihrer Welt geltenden Begriff. Ich meinerseits sehe in der Bibel nicht wie Sie meinen »Schrifttum«, sondern einen, den höchsten Conglomeratniederschlag eines grossen Volkstumes den die Geschichte kennt, von der ehrwürdigsten Nationalpoesie angefangen durch gewaltige Seher-Künder wie Amos, Deuterojesaias, Jeremias hindurch über trümmerhaften Heldengesang, Könige, teilw. Richter, bis in eigentliches Fach- und gelehrtes Schrifttum und so zufällig mitpetrifizierte Stücke Leben wie das pseudosalomonische Buch Hetärenlieder – Urgestein, sekundäre und tertiäre Schiefer, Flut und Sandbänke, Erosiv- und Eruptivgestein, – eine Welt. Ihre Einheit ist zu empfinden so leicht, wie zu fixieren mir versagt. Israel ist mir ein so geschichtliches Vielerlei wie Jahve, Volk der Landnahme und naiv halbheidnisches Volk der Ethnokrasie, Alt-Israel und AltJuda, nachexilisches Indigenat und historisches Neujudentum als Verengerungform – es scheint mir nicht Entwickelung und nicht Entfaltung, sondern wie alles geschichtliche Leben die Spannung zwischen Katastrophen und Ausgleich. Jahve vom Horeb und Sinai und Seir, die Elohim des Urmythus, der kriegerische Stammesgott, Jahve = Israel, in Concurrenz zu Dagon und Baal, der erlebte seelengenährte Rechtsgott Amos', die geschichtsschwere Entscheidungsinstanz zu der Jeremias betet, der nachexilische Demiurg der Genesis, der kanonische Kontraktgott der Priesterbücher mit seinem minutiösen Rechnungswesen über Recht und Unrecht, der in Dunkel gehüllte tragische Welten Ratschluss Hiobs und der tiefsinnigsten Psalmen – Einheit? Evolution? Entwickelung = développement im Fortschrittssinne? Ignorabo. Heiligkeit ist der einzige Mantel den ich um diese Vielfalt sich schlagen sehe. La Gloria di Colui che tutto move/Per l'Universo penetra e risplende/ In una parte più, e meno altrove. Wenn man es versteht, kann man es nicht mehr übersetzen. Man brauchte Hunderterlei Deutsch in Tausenderlei Stufungen. Um nur das Geringste zu übersetzen müsste man es Alles verstanden haben. Die heroische Naivetät des hlg. Hieronymus und Luthers, die nüchterne Praxis der Septuaginta lässt sich seit Astruc und Herder nur noch fingieren. Eine Frömmigkeit wie die Ihres verklärten Freundes und die Ihre, die eines Absoluten gewiss ist und wenn die Geschichte tausendmal die Relationen ausgefaltet hat, kommt jener Naivetät am nächsten. Dass Ihr Produkt mich nicht ergreift, ist die logische Folge meiner persönlichen Fügung. Meine Voreltern sind, wie sich erweisen lässt, Juden gewesen, nicht alle, aber die wol weitaus meisten. Lange vor meiner Generation haben die Sippen sich vom Stamme gerissen, ihre Überlieferung begraben und vergessen, sich einem andern Volkstum aufgeimpft, sich in sein Seelenleben eingelebt und Nachkommen erzeugt, denen sie Israel hinter sich als die Wüste, Deutschland als das Land der Verheissung zeigten. Als ich zwölfjährig diese Vorgeschichte erfuhr, erzählte mir meine greise Grossmutter, dass schon im Hause ihrer Eltern (geb. 1782 und 89) jede jüdische Reminiszenz mit Fasttagen bestraft worden war. Man hatte ganze Arbeit gemacht. Mein Grossvater Rudolf Borchardt in Königsberg war Vorsitzender des evangelischen Parochialausschusses, hatte als 16jähriger die Freiheitskriege mitgemacht, bei Arcis sur Aube die Beweglichkeit einer Hand eingebüsst und ist als kgl. preuss. Commerzienrat in seiner Landwehruniform begraben worden. In meinem elterlichen Hause herrschte Durchschnittschristentum und Durchschnittsdeutschtum wie beim Nachbarn links und rechts, total problemlos. Ich selber wurde zehnjährig für immer in ein altpreussisches Beamtenhaus verpflanzt, das mich geistig und seelisch nach seinem Herkommen aufbaute, unveränderlich fürs ganze Leben. Ich verstehe Sie, lieber Herr Buber, als Mensch den Menschen, aber ich bin keiner der Ihren, und müsste mich rückwärtsfälschen um es zu werden. Gegen Erdreich und Klima siegt nur Tradition: Sonst siegt Klima und Erdreich. Die Edelkastanien am Heidelberger Schlossberg haben den mediterranen Habitus verloren und stehen wie andere deutsche Laubbäume winterkahl und schneebelastet mit neuen Umrissen da. Hier ist bei 700 m. ihre Vegetationsgrenze, jenseits derer sie steril werden. In Bremen, in meiner Frau Grosselterngarten tragen sie reichlich essbare Früchte. Dies habe ich sagen wollen, und es kann Sie nicht kränken.

Ihr herzlich ergebener

RBorchardt

Nachwort, Editorischer Bericht,
Anmerkungen und Dokumente sind
im Kommentarband
enthalten.

Verzeichnisse

VERZEICHNIS DER BRIEFE

1924

465	An Unbekannt: München Januar 1924	7
466	An Robert Voigt: München 14. März 1924	8
467	An Frieda Thiersch: München Frühjahr 1924	10
468	An Hans Feist: München April/Mai 1924	14
469	An Hans Feist: München April/Mai 1924	18
470	An Hans Feist: München April/Mai 1924	21
471	An Ottonie Gräfin von Degenfeld-Schonburg: München Mai 1924	23
472	An Josef Nadler: München 26. Juni 1924	25
473	An Benedetto Croce: München 13. August 1924	29
474	An Josef Nadler: München Mitte August 1924	33
475	An Josef Nadler: Asolo 17. Oktober 1924	38
476	An Josef Nadler: Asolo 25. Oktober 1924	38
477	An Fritz Freiherr von Meyern-Hohenberg: Asolo 12. Dezember 1924	45
478	An den Rowohlt-Verlag: Asolo 12. Dezember 1924	47
479	An den Lesezirkel Hottingen: Asolo Mitte Dezember 1924	50

1925

480	An Willy Wiegand: Candeglia 3. Januar 1925	51
481	An Robert Voigt: Candeglia Januar 1925	56
482	An Willy Wiegand: Candeglia Januar 1925	63
483	An Willy Wiegand: Candeglia Januar 1925	66
484	An Benedetto Croce: Candeglia 27. Februar 1925	67
485	An Martin Bodmer: Candeglia 5. März 1925	68
486	An Alice Bodmer: Candeglia 5. März 1925	69
487	An Willy Wiegand: Candeglia nach 28. März 1925	71
488	An Herbert Steiner: Candeglia 10. April 1925	73
489	An Max Rychner: Candeglia April/Mai 1925	74
490	An Willy Wiegand: Candeglia 22. Mai 1925	75
491	An Hugo Schaefer: Candeglia Juni 1925	80
492	An Karl Vossler: Candeglia 2. Juni 1925	82
493	An Willy Wiegand: Candeglia nach 14. Juni 1925	85

494	An Willy Wiegand: Candeglia nach 14. Juni 1925	87
495	An Willy Wiegand: Candeglia vor 3. Juli 1925	92
496	An Willy Wiegand: Candeglia 3. Juli 1925	93
497	An Paula Häberlin: Candeglia 19. Juli 1925	93
498	An Willy Wiegand: Candeglia 28. Juli 1925	94
499	An Willy Wiegand: Candeglia 10. August 1925	101
500	An Josef Nadler: Candeglia September 1925	104
501	An Henri Buriot-Darsiles: Candeglia 7. Dezember 1925	109
502	An Werner Kraft: Jahresende 1925	111

1926

503	An Willy Wiegand: Candeglia 17. Januar 1926	114
504	An Willy Wiegand: Candeglia um 22. Januar 1926	119
505	An Martin Bodmer: Candeglia 20. Februar 1926	123
506	An Willy Wiegand: Candeglia 26. März 1926	124
507	An die Redaktion der »Literarischen Welt«: Candeglia 20. April 1926	125
508	An Herbert Steiner: Candeglia 20. April 1926	125
509	An den Rowohlt-Verlag: Candeglia nach 5. Mai 1926	127
510	An Alfred Bassermann: Candeglia 7./8. Mai 1926	128
511	An Hermann Pongs: Candeglia 30. Juni 1926	132
512	An Hans Bodmer: Candeglia 3. Juli 1926	133
513	An Otto Heuschele: Candeglia 18. September 1926	134
514	An Unbekannt: Candeglia 22. September 1926	135
515	An Willy Wiegand: Candeglia 28. September 1926	136
516	An die Feuilletonredaktion der »Münchner Neuesten Nachrichten«: Candeglia 7. Oktober 1926	137
517	An Philipp Borchardt: Candeglia 9. November 1926	138
518	An Thomas Mann: Candeglia 17. November 1926	141
519	An Philipp Borchardt: Candeglia 17. November 1926	142
520	An Julie Baronin Wendelstadt: Candeglia 20. November 1926	146
521	An Unbekannt: Candeglia 20. November 1926	151
522	An die Feuilletonredaktion der »Münchner Neuesten Nachrichten«: Candeglia 1. Dezember 1926	152
523	An Marion Baronin Franchetti: Candeglia Mitte Dezember 1926	153
524	An Herbert Steiner: Candeglia Dezember 1926(?) 157	

525	An Hans Bodmer: Candeglia 27. Dezember 1926	159
526	An Hermann Pongs: Candeglia 27. Dezember 1926	160
527	An Josef Nadler: Candeglia 29. Dezember 1926	160
528	An Alfred Happ: Candeglia Jahresende 1926	167

1927

529	An Willy Wiegand: Candeglia vor 27. Januar 1927	168
530	An Josef Nadler: Candeglia Ende Januar 1927	174
531	An Willy Wiegand: Candeglia 28. Januar 1927	181
532	An die Redaktion der »Bremer Zeitung«: Bremen 26. Februar 1927	182
533	An Otto Heuschele: Bremen 4. März 1927	183
534	An Willy Wiegand: Berlin 6. März 1927	185
535	An Max Rychner: München 21. März 1927	185
536	An Josef Nadler: München 30. März 1927	186
537	An Josef Nadler: München 5. April 1927	193
538	An Peter Flamm: München 5. April 1927	194
539	An Ernst Rowohlt: München um 8. April 1927	194
540	An Josef Nadler: München 16. April 1927	198
541	An Willy Wiegand: München 19. April 1927	200
542	An Willy Wiegand: Candeglia 26. Mai 1927	202
543	An Willy Wiegand: Candeglia 29. Mai 1927	203
544	An Rose Borchardt: Candeglia 9. Juni 1927	204
545	An Reinhard Piper: München Mitte Juni 1927	206
546	An Rose Borchardt: Candeglia Mitte Juni 1927	209
547	An Konrad Burdach: Candeglia 18. Juni 1927	211
548	An die Redaktion der »Deutschen Rundschau«: Candeglia 31. Juni 1927	215
549	An Willy Wiegand: Candeglia nach 23. Juli 1927	215
550	An Willy Wiegand: Candeglia 21. Oktober 1927	221
551	An Reinhard Piper: Candeglia 31. Oktober 1927	222
552	An Rose Borchardt: Candeglia November 1927	229

1928

553	An Isa Speyer: Candeglia Januar 1928	232
554	An Rose Borchardt: Candeglia 14. Februar 1928	234
555	An Rose Borchardt: Candeglia 24. Februar 1928	238

556	An Herbert Steiner: Candeglia ca. Februar 1928	239
557	An Dora Freifrau von Bodenhausen-Degener: Candeglia 28. Februar 1928	240
558	An Isa Speyer: Candeglia Ende Februar 1928	244
559	An Herbert Steiner: Candeglia 5. März 1928	247
560	An Herbert Steiner: Candeglia 8. März 1928	248
561	An Rose Borchardt: Candeglia 21. März 1928	249
562	An Josef Nadler: Candeglia Frühjahr 1928	251
563	An Rose Borchardt: Candeglia 2. April 1928	260
564	An Vera Rosenberg: Candeglia 8. April 1928	262
565	An Rose Borchardt: Candeglia 8. April 1928	264
566	An Herbert Steiner: Candeglia 24. April 1928	266
567	An Willy Wiegand: Candeglia Ende Mai 1928	267
568	An die Feuilletonredaktion der »Münchner Neuesten Nachrichten«: Candeglia 3. Juni 1928	269
569	An Paul Friedländer: Candeglia Juli 1928	270
570	An Ernst Borchardt: Candeglia 19. Juli 1928	272
571	An Otto Heuschele: Candeglia 15. August 1928	273
572	An Ernst Borchardt: Candeglia ca. 17. August 1928	275
573	An den Verlag Teubner: Candeglia 22. August 1928	276
574	An Willy Wiegand: Candeglia nach 28. September 1928	277
575	An Willy Wiegand: Candeglia 15. Oktober 1928	283
576	An Herbert Steiner: Candeglia Oktober 1928	284
577	An Unbekannt: Candeglia 18. Oktober 1928	290
578	An Marion Baronin Franchetti: Candeglia 26. Oktober 1928	291
579	An Katia Mann: Candeglia 10. November 1928	293
580	An Martin Bodmer: Candeglia nach 20. November 1928	295
581	An Hans Carossa: München 14. Dezember 1928	296
582	An Rose Borchardt: Candeglia Ende Dezember 1928	297

1929

583	An Kurt Saucke: Bremen nach 6. Januar 1929	300
584	An Martin Bodmer: Bremen 4. Februar 1929	301
585	An Dora Freifrau von Bodenhausen-Degener: Candeglia 7. April 1929	303
586	An Herbert Steiner: Candeglia 9. April 1929	305
587	An Werner Jaeger: Candeglia April 1929	307

588	An die Feuilletonredaktion der »Deutschen Allgemeinen Zeitung«: Candeglia 21. Mai 1929	310
589	An Max Rychner: Candeglia 31. Mai 1929	310
590	An Willy Wiegand: ca. Juni 1929	315
591	An Herbert Steiner: Candeglia Juni 1929	316
592	An Herbert Steiner: Candeglia Juni 1929	317
593	An Martin Buber: Candeglia 20. Juni 1929	321
594	An Willy Wiegand: Candeglia 30. Juni 1929	323
595	An Ernst Borchardt: Candeglia Anfang Juli(?) 1929	324
596	An die Bremer Presse: Candeglia 3. Juli 1929	326
597	An den Rowohlt-Verlag: Candeglia 12. Juli 1929	328
598	An Josef Nadler: Candeglia 27. Juli 1929	329
599	An Willy Wiegand: Candeglia 24. August 1929	330
600	An Konrad Weiss: Candeglia Ende August 1929	331
601	An Konrad Burdach: Candeglia 3. September 1929	332
602	An Unbekannt: Candeglia 4. September 1929	338
603	An Martin Bodmer: Candeglia 1. Oktober 1929	339
604	An Martin Bodmer: Candeglia 2. Oktober 1929	351
605	An Willy Wiegand: Zürich 11. Oktober 1929	354
606	An Martin Bodmer: Candeglia vor 15. Oktober 1929	357
607	An den Horen-Verlag: Candeglia Mitte Oktober 1929	361
608	An Willy Wiegand: Candeglia 15. Oktober 1929	364
609	An Martin Bodmer: Candeglia 5. November 1929	365
610	An Josef Nadler: Candeglia 9. November 1929	368
611	An Karl Vossler: Candeglia 9. November 1929	369
612	An Felix Jacoby: Candeglia 14. November 1929	377
613	An Rose Borchardt: Candeglia nach Mitte November 1929	380
614	An Karl Vossler: Candeglia 22. November 1929	386
615	An Karl Albin Bohacek: Candeglia 29. November 1929	389
616	An Martin Bodmer: Candeglia 14. Dezember 1929	390
617	An die Redaktion der »Süddeutschen Monatshefte«: Candeglia 29. November 1929	391
618	An Anton Kippenberg: Candeglia 14. Dezember 1929	393
619	An Herbert Steiner: Candeglia 14. Dezember 1929	394
620	An Karl Vossler: Candeglia 23. Dezember 1929	395
621	An Karl Albin Bohacek: Candeglia 23. Dezember 1929	396
622	An Josef Nadler: Candeglia 27. Dezember 1929	397

1930

623 An Heinrich von Gleichen: Candeglia nach 5. Januar 1930 — 408
624 An die Bremer Presse: Candeglia 14. Januar 1930 — 411
625 An Edgar J. Jung: Candeglia ca. Mitte Januar 1930 — 419
626 An Martin Bodmer: Candeglia 25. Januar 1930 — 422
627 An Karl Vossler: München 31. Januar 1930 — 437
628 An Martin Bodmer: München 12. Februar 1930 — 440
629 An den Verlag der »Deutschen Rundschau«: 1930 — 443
630 An Herbert Steiner: Berlin 25. März 1930 — 445
631 An Hans Feist: Candeglia April(?) 1930 — 446
632 An Hans Feist: Candeglia 14. April 1930 — 448
633 An den Verlag S. Fischer: Candeglia 18. April 1930 — 451
634 An Martin Bodmer: Candeglia 20. April 1930 — 455
635 An Hans Feist: Candeglia 30. April 1930 — 458
636 An Alice Bodmer: Candeglia 21. Mai 1930 — 459
637 An Martin Bodmer: Candeglia 6. Juni 1930 — 460
638 An Paul Fechter: Candeglia 12. Juni 1930 — 461
639 An den Arbeitsausschuß »Reich und Heimat«:
Candeglia 20. Juni 1930 — 468
640 An die Feuilletonredaktion der »Neuen Zürcher Zeitung«:
Candeglia 27. Juni 1930 — 470
641 An Martin Bodmer: Candeglia 29. Juni 1930 — 471
642 An Martin Bodmer: Candeglia 21. Juli 1930 — 473
643 An den Horen-Verlag: Candeglia August 1930 — 475
644 An Wilhelm Schäfer: Candeglia 25. August 1930 — 476
645 An die Redaktion von Reclams »Universum«:
Candeglia 26. August 1930 — 477
646 An Martin Bodmer: Candeglia 27. August 1930 — 479
647 An die Redaktion der »Süddeutschen Monatshefte«:
Candeglia 5. September 1930 — 484
648 An Martin Bodmer: Candeglia 17. September 1930 — 484
649 An die »Arbeitsstelle für konservatives Schrifttum«
Würzburg, Karl Ludwig Freiherr von Guttenberg:
Candeglia 22. September 1930 — 492
650 An Ludovica Principessa Altieri: Candeglia 30. September 1930 — 493
651 An Herbert Steiner: Candeglia 2. Oktober 1930 — 496
652 An Josef Nadler: Candeglia 5. Oktober 1930 — 497

653 An die Redaktion der »Süddeutschen Monatshefte«:
    Candeglia 12. Oktober 1930 503
654 An die Redaktion der »Deutschen Rundschau«:
    Candeglia 12. Oktober 1930 504
655 An Giorgio Pasquali: Candeglia 17. Oktober 1930 506
656 An Max Rychner: Candeglia 29. Oktober 1930 508
657 An Martin Buber: Candeglia 10. November 1930 509
658 An Martin Bodmer: Candeglia 13. November 1930 528
659 An Contessa Antonietta Bernardini Marchesa Mansi:
    Candeglia 14. November 1930 534
660 An Herbert Steiner: Candeglia 14. November 1930 536
661 An Julius Petersen: Candeglia 15. November 1930 537
662 An Josef Nadler: Candeglia 17. November 1930 538
663 An Paul Borchardt: Candeglia 17. November 1930 540
664 An Martin Bodmer: Candeglia 21. November 1930 542
665 An Rose Borchardt: Candeglia Ende November 1930 545
666 An die »Arbeitsstelle für konservatives Schrifttum«
    Würzburg, Karl Ludwig Freiherr von Guttenberg:
    Candeglia nach 24. November 1930 548
667 An Herbert Steiner: Candeglia 27. November 1930 559
668 An Otto Heuschele: Candeglia 29. November 1930 560
669 An Martin Bodmer: Candeglia 3. Dezember 1930 562
670 An den Verlag Georg Müller: Zürich 21. Dezember 1930 562
671 An Vera Rosenberg: Candeglia 29. Dezember 1930 564
672 An Martin Buber: Candeglia 29. Dezember 1930 566

VERZEICHNIS DER BRIEFEMPFÄNGER

Altieri, Ludovica Principessa
  650 Candeglia 30. September
  1930 (S. 493-495)
Arbeitsausschuß »Reich und
  Heimat«
  639 Candeglia 20. Juni 1930
  (S. 468-470)
»Arbeitsstelle für konservatives
  Schrifttum« Würzburg,
  Karl Ludwig Freiherr von
  Guttenberg
  649 Candeglia 22. September
  1930 (S. 492f.)
  666 Candeglia nach 24. November 1930 (S. 548-559)

Bassermann, Alfred
  510 Candeglia 7./8. Mai 1926
  (S. 128-132)
Bernardini Marchesa Mansi,
  Antonietta Contessa
  659 Candeglia 14. November
  1930 (S. 534f.)
Bodenhausen-Degener,
  Dora Freifrau von
  557 Candeglia 28. Februar 1928
  (S. 240-243)
  585 Candeglia 7. April 1929
  (S. 303-305)
Bodmer, Alice
  486 Candeglia 5. März 1925
  (S. 69f.)
  636 Candeglia 21. Mai 1930
  (S. 459f.)

Bodmer, Hans
  512 Candeglia 3. Juli 1926
  (S. 133)
  525 Candeglia 27. Dezember
  1926 (S. 159f.)
Bodmer, Martin
  485 Candeglia 5. März 1925
  (S. 68f.)
  505 Candeglia 20. Februar 1926
  (S. 123f.)
  580 Candeglia nach 20. November 1928 (S. 295f.)
  584 Bremen 4. Februar 1929
  (S. 301f.)
  603 Candeglia 1. Oktober 1929
  (S. 339-351)
  604 Candeglia 2. Oktober 1929
  (S. 351-354)
  606 Candeglia vor 15. Oktober
  1929 (S. 357-361)
  609 Candeglia 5. November
  1929 (S. 365-368)
  616 Candeglia 14. Dezember
  1929 (S. 390f.)
  626 Candeglia 25. Januar 1930
  (S. 422-436)
  628 München 12. Februar 1930
  (S. 440-443)
  634 Candeglia 20. April 1930
  (S. 455-457)
  637 Candeglia 6. Juni 1930
  (S. 460f.)
  641 Candeglia 29. Juni 1930
  (S. 471-473)

642 Candeglia 21. Juli 1930
(S. 473 f.)
646 Candeglia 27. August 1930
(S. 479-483)
648 Candeglia 17. September
1930 (S. 484-491)
658 Candeglia 13. November
1930 (S. 528-533)
664 Candeglia 21. November
1930 (S. 542-544)
669 Candeglia 3. Dezember
1930 (S. 562)

Bohacek, Karl Albin
615 Candeglia 29. November
1929 (S. 389 f.)
621 Candeglia 23. Dezember
1929 (S. 396 f.)

Borchardt, Ernst
570 Candeglia 19. Juli 1928
(S. 272 f.)
572 Candeglia ca. 17. August
1928 (S. 275 f.)
595 Candeglia Anfang Juli(?)
1929 (S. 324-326)

Borchardt, Paul
663 Candeglia 17. November
1930 (S. 540 f.)

Borchardt, Philipp
517 Candeglia 9. November
1926 (S. 138-140)
519 Candeglia 17. November
1926 (S. 142-146)

Borchardt, Rose
544 Candeglia 9. Juni 1927
(S. 204-206)
546 Candeglia Mitte Juni 1927
(S. 209-211)

552 Candeglia November 1927
(S. 229-231)
554 Candeglia 14. Februar 1928
(S. 234-238)
555 Candeglia 24. Februar 1928
(S. 238 f.)
561 Candeglia 21. März 1928
(S. 249 f.)
563 Candeglia 2. April 1928
(S. 260-262)
565 Candeglia 8. April 1928
(S. 264-266)
582 Candeglia Ende Dezember
1928 (S. 297-299)
613 Candeglia nach Mitte
November 1929 (S. 380-386)
665 Candeglia Ende
November 1930 (S. 545-548)

Bremer Presse
596 Candeglia 3. Juli 1929 (S. 326 f.)
624 Candeglia 14. Januar 1930
(S. 411-418)

»Bremer Zeitung«, Redaktion
532 Bremen 26. Februar 1927
(S. 182 f.)

Buber, Martin
593 Candeglia 20. Juni 1929
(S. 321-323)
657 Candeglia 10. November
1930 (S. 509-527)
672 Candeglia 29. Dezember
1930 (S. 566-571)

Burdach, Konrad
547 Candeglia 18. Juni 1927
(S. 211-215)
601 Candeglia 3. September
1929 (S. 332-338)

Buriot-Darsiles, Henri
 501 Candeglia 7. Dezember
 1925 (S. 109-111)

Carossa, Hans
 581 München 14. Dezember
 1928 (S. 296 f.)
Croce, Benedetto
 473 München 13. August 1924
 (S. 29-32)
 484 Candeglia 27. Februar 1925
 (S. 67)

Degenfeld-Schonburg, Ottonie
 Gräfin von
 471 München Mai 1924
 (S. 23-25)
»Deutsche Allgemeine Zeitung«,
 Redaktion
 588 Candeglia 21. Mai 1929
 (S. 310)
»Deutsche Rundschau«, Redaktion und Verlag
 548 Candeglia 31. Juni 1927
 (S. 215)
 629 1930 (S. 443 f.)
 654 Candeglia 12. Oktober
 1930 (S. 504-506)

Fechter, Paul
 638 Candeglia 12. Juni 1930
 (S. 461-468)
Feist, Hans
 468 München April/Mai 1924
 (S. 14-18)
 469 München April/Mai 1924
 (S. 18-20)
 470 München April/Mai 1924
 (S. 21-23)
 631 Candeglia April(?) 1930
 (S. 446 f.)
 632 Candeglia 14. April 1930
 (S. 448-450)
 635 Candeglia 30. April 1930
 (S. 458 f.)
Fischer, S. (Verlag)
 633 Candeglia 18. April 1930
 (S. 451-455)
Flamm, Peter
 538 München 5. April 1927
 (S. 194)
Franchetti, Marion Baronin
 523 Candeglia Mitte Dezember
 1926 (S. 153-157)
 578 Candeglia 26. Oktober 1928
 (S. 291-293)
Friedländer, Paul
 569 Candeglia Juli 1928
 (S. 270-272)

Gleichen, Heinrich von
 623 Candeglia nach 5. Januar
 1930 (S. 408-411)

Häberlin, Paula
 497 Candeglia 19. Juli 1925
 (S. 93 f.)
Happ, Alfred
 528 Candeglia Jahresende 1926
 (S. 167)
Heuschele, Otto
 513 Candeglia 18. September
 1926 (S. 134 f.)
 533 Bremen 4. März 1927 (S. 183)

571 Candeglia 15. August 1928
(S. 273-275)
668 Candeglia 29. November
1930 (S. 560 f.)
Horen-Verlag
607 Candeglia Mitte Oktober
1929 (S. 361-364)
643 Candeglia August 1930
(S. 475)

Jacoby, Felix
612 Candeglia 14. November
1929 (S. 377-380)
Jaeger, Werner
587 Candeglia April 1929
(S. 307-309)
Jung, Edgar J.
625 Candeglia ca. Mitte Januar
1930 (S. 419-422)

Kippenberg, Anton
618 Candeglia 14. Dezember
1929 (S. 393 f.)
Kraft, Werner
502 Jahresende 1925 (S. 111-113)

Lesezirkel Hottingen
479 Asolo Mitte Dezember
1924 (S. 50)
»Die Literarische Welt«, Redaktion
507 Candeglia 20. April 1926
(S. 125)

Mann, Katia
579 Candeglia 10. November
1928 (S. 293 f.)

Mann, Thomas
518 Candeglia 17. November
1926 (S. 141 f.)
Meyern-Hohenberg, Fritz Freiherr von
477 Asolo 12. Dezember 1924
(S. 45 f.)
Müller, Georg (Verlag)
670 Zürich 21. Dezember 1930
(S. 562 f.)
»Münchner Neueste Nachrichten«, Feuilletonredaktion
516 Candeglia 7. Oktober 1926
(S. 137 f.)
522 Candeglia 1. Dezember
1926 (S. 152 f.)
568 Candeglia 3. Juni 1928
(S. 269)

Nadler, Josef
472 München 26. Juni 1924
(S. 25-29)
474 München Mitte August
1924 (S. 33-38)
475 Asolo 17. Oktober 1924
(S. 38)
476 Asolo 25. Oktober 1924
(S. 38-44)
500 Candeglia September 1925
(S. 104-109)
527 Candeglia 29. Dezember
1926 (S. 160-166)
530 Candeglia Ende Januar
1927 (S. 174-180)
536 München 30. März 1927
(S. 186-192)

537 München 5. April 1927
(S. 193)
540 München 16. April 1927
(S. 198-200)
562 Candeglia Frühjahr 1928
(S. 251-260)
598 Candeglia 27. Juli 1929
(S. 329)
610 Candeglia 9. November
1929 (S. 368-369)
622 Candeglia 27. Dezember
1929 (S. 397-407)
652 Candeglia 5. Oktober 1930
(S. 497-503)
662 Candeglia 17. November
1930 (S. 538-540)
»Neue Zürcher Zeitung«,
Feuilletonredaktion
640 Candeglia 27. Juni 1930
(S. 470)

Pasquali, Giorgio
655 Candeglia 17. Oktober 1930
(S. 506 f.)
Petersen, Julius
661 Candeglia 15. November
1930 (S. 537)
Piper, Reinhard
545 München Mitte Juni 1927
(S. 206-208)
551 Candeglia 31. Oktober 1927
(S. 222-228)
Pongs, Hermann
511 Candeglia 30. Juni 1926
(S. 132 f.)
526 Candeglia 27. Dezember
1926 (S. 160)

»Reclams Universum«, Redaktion
645 Candeglia 26. August 1930
(S. 477-479)
Rosenberg, Vera
564 Candeglia 8. April 1928
(S. 262-264)
671 Candeglia 29. Dezember
1930 (S. 564-566)
Rowohlt, Ernst
539 München um 8. April 1927
(S. 194-197)
Rowohlt-Verlag
478 Asolo 12. Dezember 1924
(S. 47-49)
509 Candeglia nach 5. Mai 1926
(S. 127)
597 Candeglia 12. Juli 1929
(S. 328)
Rychner, Max
489 Candeglia April/Mai 1925
(S. 74 f.)
535 München 21. März 1927
(S. 185 f.)
589 Candeglia 31. Mai 1929
(S. 310-314)
656 Candeglia 29. Oktober
1930 (S. 508 f.)

Saucke, Kurt
583 Bremen nach 6. Januar 1929
(S. 300 f.)
Schaefer, Hugo
491 Candeglia Juni 1925
(S. 80-82)
Schäfer, Wilhelm
644 Candeglia 25. August 1930
(S. 476 f.)

Speyer, Isa
  553 Candeglia Januar 1928
  (S. 232 f.)
  558 Candeglia Ende Februar
  1928 (S. 244-247)
Steiner, Herbert
  488 Candeglia 10. April 1925
  (S. 73)
  508 Candeglia 20. April 1926
  (S. 125 f.)
  524 Candeglia Dezember 1926(?)
  (S. 157 f.)
  556 Candeglia ca. Februar 1928
  (S. 239 f.)
  559 Candeglia 5. März 1928
  (S. 247 f.)
  560 Candeglia 8. März 1928
  (S. 248 f.)
  566 Candeglia 24. April 1928
  (S. 266 f.)
  576 Candeglia Oktober 1928
  (S. 284-289)
  586 Candeglia 9. April 1929
  (S. 305-307)
  591 Candeglia Juni 1929 (S. 316 f.)
  592 Candeglia Juni 1929
  (S. 317-321)
  619 Candeglia 14. Dezember
  1929 (S. 394 f.)
  630 Berlin 25. März 1930
  (S. 445 f.)
  651 Candeglia 2. Oktober 1930
  (S. 496-497)
  660 Candeglia 14. November
  1930 (S. 536)
  667 Candeglia 27. November
  1930 (S. 559 f.)

»Süddeutsche Monatshefte«,
  Redaktion
  617 Candeglia 29. November
  1929 (S. 391-393)
  647 Candeglia 5. September
  1930 (S. 484)
  653 Candeglia 12. Oktober 1930
  (S. 503 f.)

Teubner, B.G. (Verlag)
  573 Candeglia 22. August 1928
  (S. 276)
Thiersch, Frieda
  467 München Frühjahr 1924
  (S. 10-13)

Unbekannt
  465 München Januar 1924 (S. 7 f.)
  514 Candeglia 22. September
  1926 (S. 135 f.)
  521 Candeglia 20. November
  1926 (S. 151 f.)
  577 Candeglia 18. Oktober
  1928 (S. 290)
  602 Candeglia 4. September
  1929 (S. 338)

Voigt, Robert
  466 München 14. März 1924
  (S. 8-10)
  481 Candeglia Januar 1925
  (S. 56-63)
Vossler, Karl
  492 Candeglia 2. Juni 1925
  (S. 82-85)
  611 Candeglia 9. November
  1929 (S. 369-377)

614 Candeglia 22. November
1929 (S. 386f.)
620 Candeglia 23. Dezember
1929 (S. 395f.)
627 München 31. Januar 1930
(S. 437-440)

Weiss, Konrad
  600 Candeglia Ende August
1929 (S. 331f.)
Wendelstadt, Julie Baronin
  520 Candeglia 20. November
1926 (S. 146-151)
Wiegand, Willy
  480 Candeglia 3. Januar 1925
(S. 51-55)
  482 Candeglia Januar 1925
(S. 63-66)
  483 Candeglia Januar 1925
(S. 66)
  487 Candeglia nach 28. März
1925 (S. 71-73)
  490 Candeglia 22. Mai 1925
(S. 75-79)
  493 Candeglia nach 14. Juni
1925 (S. 85-87)
  494 Candeglia nach 14. Juni
1925 (87-91)
  495 Candeglia vor 3. Juli 1925
(S. 92f.)
  496 Candeglia 3. Juli 1925 (S. 93)
  498 Candeglia 28. Juli 1925
(S. 94-100)
  499 Candeglia 10. August 1925
(S. 101-104)
  503 Candeglia 17. Januar 1926
(S. 114-119)
  504 Candeglia um 22. Januar
1926 (S. 119-123)
  506 Candeglia 26. März 1926
(S. 124)
  515 Candeglia 28. September
1926 (S. 136f.)
  529 Candeglia vor 27. Januar
1927 (S. 168-173)
  531 Candeglia 28. Januar 1927
(S. 181f.)
  534 Berlin 6. März 1927 (S. 185f.)
  541 München 19. April 1927
(S. 200-202)
  542 Candeglia 26. Mai 1927
(S. 202)
  543 Candeglia 29. Mai 1927
(S. 203f.)
  549 Candeglia nach 23. Juli 1927
(S. 215-220)
  550 Candeglia 21. Oktober 1927
(S. 221)
  567 Candeglia Ende Mai 1928
(S. 267f.)
  574 Candeglia nach 28. September 1928 (S. 277-282)
  575 Candeglia 15. Oktober 1928
(S. 283f.)
  590 Candeglia ca. Juni 1929
(S. 315)
  594 Candeglia 30. Juni 1929
(S. 323f.)
  599 Candeglia 24. August 1929
(S. 330)
  605 Zürich 11. Oktober 1929
(S. 354-357)
  608 Candeglia 15. Oktober 1929
(S. 364f.)

VERZEICHNIS DER ERWÄHNTEN WERKE BORCHARDTS

Abhandlungen über die Volksliederarbeit (Plan) 405
Aischylos: Die Perser (Übertragung) 487
Das alte Jahrhundert, Versuch einer geistesgeschichtlichen Fixierung des 19ten Jahrhunderts gegen das 18te → Die Geistesgeschichtliche Bedeutung des 19. Jahrhunderts
Altionische Götterlieder unter dem Namen Homers (Übertragung) 29, 179, 276, 281
Annus Mirabilis 49, 97, 99, 107, 487
Ansprüche der Betriebstechnik auf Revision der Geschichte der deutschen Philosophie 84
Anthologieplan: 1) Deutsche Renaissancelyrik unbekannter Verfasser, 2) Deutsche Cavalierslyrik unbekannter Dichter des 15ten und 16ten Jahrhunderts, 3) Tanzlieder und Wechsel, 4) Spielmannslied, gereimte und gesungene Zeitung 29, 34f., 52, 54, 63, 72, 172, 173, 177, 182, 201, 218f., 221, 277, 278-280, 323, 323, 327, 336, 337, 365, 388, 404, 405, 438
Die Antike und der deutsche Völkergeist, 182f., 227, 230
Aphorismen → Erfahrungen und Gesetze

Arnaut Daniel und Giovanni Pisano als Schöpfer der modernen Seelenform Europas → Mittelalterliche Altertumswissenschaft
Aufgaben der Zeit gegenüber dem Theater → Krisis des Theaters
Aufgaben der Zeit gegenüber der Literatur 448, 451, 540, 547
Aus der Werkstatt des Deutschen Dante (Plan) 27
Aus meinem Leben → Rudolf Borchardts Leben von ihm selbst erzählt
Ausgewählte Werke 97, 99

Die Begegnung mit dem Toten 242
Benedetto Croce 63f., 66f., 137, 196
Bibel-Übertragung (Plan)
Blumenaufsatz → Gartenphantasie
Blumenporträts → Pflanzenporträts
Brief an den Herausgeber des »Ring« 272, 275, 321f., 325f.
Brief über das Drama an Hugo von Hofmannsthal 157f., 197
Das Buch Joram (Dichtung) 42, 93f., 107, 362
Das Buch Joram (Nachwort) 26

Dante Gabriel Rossetti 247f., 266, 269, 270, 281

Dante: Divina Comedia (Übertragung) 8, 27f., 34, 35, 51, 222, 230, 267f., 270, 277f., 315, 324, 337, 364, 404, 411f., 414, 415-418, 427-429, 437, 473f., 496f., 497-500, 508, 538, 546 Hölle 64, 122, 499 Fegfeuer 64, 122, 499 Paradies 15, 28f., 50, 63f., 86, 103, 117, 122-124, 172, 201f., 218, 221, 228, 230, 283, 289, 414f., 498
Dante: Vita Nova (Übertragung) 105
Denkschrift an einen deutschen Verleger → Münsterausgabe
Der »Fall« Neurath 310, 317, 325
Deutsche Cavalierslyrik → Anthologieplan
Deutsche Denkreden (Anthologie) 77f., 88-90, 100, 103, 114f., 184, 194, 280
Deutsche Denkreden (Nachwort) 88-90, 100, 184
deutsche Geist als Hüter des Föderalismus, Der 340, 468, 549
Der Deutsche in der Landschaft (Anthologie) 137, 171, 181, 203, 219, 220, 221, 280
Der Deutsche in der Landschaft (Nachwort) 137, 171
Deutsche Renaissancelyrik → Anthologieplan
Der Dichter und die Geschichte (1927) 149, 165, 227
Dichtungen und Schriften Rudolf Borchardts (Bodmer-Drucke) 350, 354, 362-364, 404, 480, 489f., 529, 530, 539

Die Vorgänge am Florentiner Kunsthistorischen Institut 326
Dramen (Sammlung) 99
Dur (Junge Frau) 125, 126, 322
Der Durant 43, 104f., 107
Der Durchbruch durch Goethe: Glück und Ende der neuhochdeutschen Dichtersprache (Plan) 27

Ein neues Gartenbuch → Gartenphantasie
Englische Ausgabe der Novellen (Plan) 490
Die Entwertung des Kulturbegriffs. Ein Unglück und ein Glück 282, 285f., 370
Epilegomena zu Dante (Plan) 99
Epilegomena zu Dante I: Vita Nova (deutsch) 99, 486, 507 italienisch 29-31
Epilegomena zu Dante II: Nachwort zur Divina Comedia (Konrad Burdach zum 70. Geburtstag) 315, 324, 332, 364, 404, 415f., 427f., 437
Eranos (Festschrift) 24
Eranos-Brief 24, 197
Erfahrungen und Gesetze 395
Erinnerungen an Hofmannsthal 403
Ewiger Vorrat Deutscher Poesie (Anthologie) 103, 114f., 121, 205, 218, 280, 310f.
Ewiger Vorrat Deutscher Poesie (Nachwort) 42, 71, 79, 310f.

Ewiger Vorrat Griechischer
   Poesie (Plan) 279

Freiheit und Dienst (Plan) 227
Friedrich August Wolf. Zu seinem hundertjährigen Todestage 33f.

Gartenphantasie 64, 78, 92f., 93, 95f., 100, 119f.
Gefahren für die deutsche Wissenschaft → Ansprüche der Betriebstechnik auf die Revision der Geschichte der deutschen Philosophie
Das Geheimnis der Poesie 537, 539, 543, 547, 565
Die Geistesgeschichtliche Bedeutung des neunzehnten Jahrhunderts 133, 149, 160, 165, 215, 227
Die geliebte Kleinigkeit 43
Die Geschichte des Erben 43
Gesellschaftslied → Anthologieplan
Das Gespenst
Das Gespräch über Formen und Platons Lysis Deutsch 34, 42, 107, 276, 313
Die Gestalt Stefan Georges 275, 281
Goethe-Biographie (Plan) 563, 566
Die Großen Trobadors (Übertragungen) 34, 219, 438
Grundlegung und Wissenschaftslehre der mittelalterlichen Altertumswissenschaft (Plan) 405

Grundvesten deutscher Wissenschaft (Plan) 78, 91f.

Die halbgerettete Seele 566
Handlungen und Abhandlungen 157f., 196, 231, 233, 236, 248, 273, 281, 317, 481
Hartman von Aue: Der Arme Heinrich (Nachwort) 77, 91, 93, 95, 280f.
Hartman von Aue: Der Arme Heinrich (Übertragung) 77, 87, 100, 104, 114, 115
Der Hausbesuch 286f., 306, 318
Herder-Auswahl (Plan) 72, 92, 94f., 200
Das hoffnungslose Geschlecht 316f., 404
Hofmannsthal (Hofmannsthals Unsterblichkeit) 448, 451
Hofmannsthal 403
Hofmannsthal-Biographie (Plan)/Hofmannsthals Lehrjahre 334, 393, 394f., 400, 442, 448-455, 475, 484, 502, 503, 548
Hugo von Hofmannsthals Prosaische Schriften 458

In Memoriam Hans Trog 288
Interregnum (Zeitschriftenplan) 559

Josef Nadler und sein Werk (1929) 367, 368f., 391, 393
Josef Nadler und sein Werk (Deutsche Literaturgeschichte

der Stämme und Landschaften)
(1926/27) 136f., 161f., 168f., 174
Jugendgedichte (1913) 362
Jugendgedichte (1920) 107

Der Kampf um den deutschen
 Dante 227
Das Kind im Hause → Rudolf
 Borchardts Leben von ihm
 selbst erzählt
Konservatismus und Humanis-
 mus 492, 540
Konservatismus und Monarchis-
 mus 492
Die Konzeption Kastiliens →
 Notizblatt zum Don Quixote
Der Krieg und die deutsche
 Selbsteinkehr 59
Der Krieg und die deutsche Ver-
 antwortung 59
Krippenspiel 43
Krisis des Theaters 539f., 547

Lassalle (Plan) 456
Lichterblickungs Lied
Lysis → Das Gespräch über For-
 men und Platons Lysis Deutsch

Mit einer griechischen Kette 125,
 322
Mittelalterliche Altertumswissenschaft 132f., 148, 159, 165, 185,
 227, 289, 529
Moderne Dante-Unterschiebun-
 gen 128-132
Münsterausgabe (Editionsplan
 und Denkschrift) 26, 59

Nachwort zu Dante Deutsch
 → Epilegomena zu Dante II:
 Nachwort zur Divina Come-
 dia
Nadlers Vierter Band 252f., 395
Neue Gedichte (Sammlung,
 Plan) 350, 404, 442, 487
Die neue Poesie und die alte
 Menschheit 59
Notizblatt zum »Don Quichote«
 79, 85, 93, 459

Öffentlicher Geist 125, 322

Pamela 445, 447, 455f., 471, 502
Päpstin Jutta, Die. Erster Teil:
 Verkündigung 43, 57
Pflanzenporträts: Chinesische
 Lilienschwestern, Zinnia, Der
 Mohnbaum, Tithonia Speciosa
 496, 559
Pindar (Rede) 505, 530, 536, 539,
 545, 546
Pindar (Übertragung) Pythien I
 280
Pindar (Übertragungen) 280
Pindarische Gedichte
 (Nachwort) 391, 472, 474, 475,
 484-486, 497, 530f., 536, 539,
 544, 559
Pindarische Gedichte
 (Übertragungen) 315, 390f.,
 404, 442, 457, 529, 536, 539,
 544
Poetische Erzählungen 97
Prosa I (1920) 49, 99
Prosa II (Plan) 49

Rede am Grabe Eberhard von
  Bodenhausens 242
Rede über Schiller (1928, Plan)
  288
Reden (Bodmer-Druck) 487,
  497, 560
Reden (Sammlung) 49, 99, 115,
  173, 185f., 194-196, 215, 288f.
Reden und Denkschriften (Plan)
  58f.
Rheinsberg 197
Rossetti in Germany (Plan) 247f.
Rudolf Borchardts Leben von
  ihm selbst erzählt 137, 153, 180,
  223-227, 230, 235, 249, 269, 271,
  361f., 404
Rudolf Borchardts Schriften 26,
  43, 48f., 58, 94, 98f., 107, 195

Die Schlacht von Aktium. Eine
  Geisteswende 289, 317, 326
Schöpferische Restauration 165,
  169, 186, 190, 227, 248, 289,
  505
Die Schöpfung aus Liebe 47, 59,
  127
Spielmannslieder → Anthologieplan
Swinburne (Essay) 99f.
Swinburne Deutsch (Übertragungen) 47, 52, 59, 99f., 127,
  290
Swinburne: Der verlassene Garten (Übertragung) 290

Tacitus: Germania (Übertragung)
  276

Tanzlieder und Wechsel → An-
  thologieplan
Der Tod Lassalles → Lassalle
Tradition und Revolution in der
  Literatur (Göttingen) 406, 539,
  547

Über das Recht des Dichters,
  verkannt zu bleiben → Verkannte Dichter unter uns
Über den Dichter und das Dichterische 78, 475
Über Dichten und Forschen 50,
  73
Über die Gründe, weshalb es
  einen deutschen Roman nicht
  geben kann 149, 227, 300
Über die mittelalterliche Wurzel
  der modernen europäischen
  Seelenform → Mittelalterliche
  Altertumswissenschaft
Über Properz (Plan) 318
Der unwürdige Liebhaber 307,
  318-320, 324f.

Vergil (Aufsatz) 460f., 496, 506,
  536, 546
Vergil (Aufsatz, italienisch) 536,
  560
Vergil (Rede) 505, 508, 530, 531,
  536, 537, 539, 564, 566
Verkannte Dichter unter uns 125,
  331
Verkündigung → Die Päpstin
  Jutta
Vermischte Gedichte 49, 97
Villa 96, 362

Volkslieder → Anthologieplan

Wannsee 566
Die Wiederherstellung der Welt und des Menschen 165, 227

Zehn Parolen. Reden eines Monats (Plan) 226-228
Zu Hugo von Hofmannsthals ewigem Gedächtnis 339, 351f., 354, 451f.

VERZEICHNIS DER NAMEN

Académie Française 141
Achilles 82
Adriani, Gert 272
Aischylos 271
   Die Perser 487
Alfred der Große, König von
   England 143
Altieri, Ludovica Prinzessin
   493-495
Alverdes, Paul 167, 392
Amos 296, 569
Andrian-Werburg, Leopold
   Reichsfreiherr von 334, 399
›Die Antike‹ (Zeitschrift) 318, 326,
   395, 566
Aphrodite 319
Apollon 179
Arbeitsausschuß »Reich und
   Heimat« 468-470
»Arbeitsstelle für konservatives
   Schrifttum« 492f., 548-559
Arco-Zinneberg, Grafen von und
   zu (Familie) 237
Ariadne 491
Aristoteles 74, 308
Arminius 143
Arnaut Daniel 132, 159, 227
Arnim, Achim von 152, 401
   Des Knaben Wunderhorn
   (→ Brentano, Clemens) 36, 177
Arrias 11
Artemidorus 372
Astruc, Jean 570
Attems, Gräfin 396

Augustinus, Aurelius 347
Augustus, römischer Kaiser 214,
   318

Bachmair, Heinrich F.S. 326, 414
›Badische Presse‹ (Zeitung) 196
Baedeker, Karl 491
Balzac, Honoré de 110
Bange, Herr 326
Barbi, Michele 129
Bartels, Adolf 170
Bartsch, Karl 177
Bassermann, Alfred
   Il Fiore / Die Blume 128-132
›Bayerische Volkspartei‹ 190, 199
Becher, Johannes R. 242
Becker, Karl Heinrich 136, 307f.,
   379
Beer-Hofmann, Richard 399
Beethoven, Ludwig van
   Symphonie Nr. IX 312
Behrend, Walther 95, 100, 137,
   152f., 269, 492
Benary, Ernst (Firma) 146, 232,
   236, 238, 245
Beneckendorff und von Hinden-
   burg → Hindenburg
Bentley, Richard 377
Berlichingen, Freiherren von
   (Familie) 324
Bermann-Fischer, Gottfried
   448f., 452
Bernardini Marchesa Mansi,
   Antonietta Contessa 534f.

Bernart de Ventadorn 106
Bernhart, Josef 190, 278
Bertram, Ernst 168, 174, 176, 187f.,
    191, 198, 208
    *Nietzsche. Versuch einer
    Mythologie* 174
Bessel, Friedrich Wilhelm 89
Beyer, Hans 409
Bibel 181, 509f.
Binswanger, Ludwig 308
Binz, Arthur Friedrich 321
Bismarck, Otto Fürst von 551
Böckh → Boeckh, Philipp August
Bodenhausen-Degener, Christa
    Freiin von 241
Bodenhausen-Degener, Dorothea
    (Mädi) Freifrau von 240-243,
    303-305
Bodenhausen-Degener, Eberhard
    Freiherr von 197, 242, 305, 381
Bodmer, Alice 69f., 75, 302, 307,
    351, 354, 357, 368, 377, 391, 440,
    443, 459f., 457, 461, 473, 474,
    483, 491, 533
Bodmer, Hans 133, 159f.
Bodmer, Heinrich 84, 133, 159f.,
    307f., 326
Bodmer, Johann Jakob 302, 317,
    369, 532
    *Sammlung von Minnsesingern
    aus dem schwaebischen Zeitpuncte*
    27
Bodmer, Martin 68f., 75, 123f.,
    192, 204, 207, 240, 266, 287,
    289, 295f., 301f., 306, 323, 330,
    339-361, 365-369, 387, 390, 403,
    411, 417, 418, 422-436, 440-443,
    455-457, 460f., 471-473f.,
    479-491, 503, 528-533, 536,
    542-544, 562
Bodmer, Mathilde Wilhelmine
    123f.
Boeckh, Philipp August 88, 89
Bohacek, Karl Albin 389f., 396f.
Bopp, Franz 91
Borbone, Paola 502
Borchardt, Christoph Cornelius
    247, 249f., 266, 273, 275, 282,
    291, 292, 304, 322, 388, 406, 481,
    488, 495, 502, 547
Borchardt, Corona 15, 19, 54, 120,
    138, 143, 144, 147, 156, 205, 210f.,
    230, 233, 235, 236, 237, 239, 241,
    247, 250, 273, 275, 282, 291f.,
    299, 304, 322, 323f., 330, 340,
    350, 355, 388, 406, 482, 488, 495,
    502, 547
Borchardt, Else → Speyer, Else
Borchardt, Emilie 108, 570f.
Borchardt, Ernst 210, 235, 236f.,
    244, 272f., 275f., 299, 324-326,
    489, 541, 548
Borchardt, Gustav Reinhold 541
Borchardt, Henry Allen 541
Borchardt, Johann Gottfried Erd-
    mann 138f., 143, 144, 147, 205,
    230, 233, 235, 237, 239, 241, 247,
    250, 273, 275, 282, 291, 299, 304,
    322, 388, 406, 481, 488, 495, 502,
    547
Borchardt, Kaspar 15, 19, 54, 120,
    138, 143, 144, 147, 156, 205, 210f.,
    230, 233, 235, 237, 239, 241, 247,
    250, 273, 275, 282, 291f., 299,

304, 322, 388, 406, 488, 495, 502,
543, 547
Borchardt, Ludwig 541
Borchardt, Marie Luise (Marel)
8-10, 15, 17, 19, 21, 23, 31, 39, 46,
47, 51, 53, 56, 63, 70, 72, 73, 86,
101, 120, 138f., 142, 143, 147, 155,
179, 198, 207, 225, 228, 229f.,
233, 234f., 238, 239, 240f., 247,
248, 249f., 251, 263, 266, 267,
273, 282, 287, 291, 298f., 300,
304, 306, 309, 317, 322, 324, 325,
347, 351, 354, 361, 368, 385f., 396,
406, 447, 457, 472, 473, 481f.,
488, 495f., 497, 502, 509, 529,
530, 543, 544, 547, 571
Borchardt, Paul 540f.
Borchardt, Philipp 49, 115, 138-
140, 142-146, 170f., 265, 306, 541
Borchardt, Robert Martin 108,
237
Borchardt, Rose 204-206, 209-
211, 229-231, 234-239, 247, 249f.,
260-262, 264-266, 272, 297-299,
301, 304, 325, 380-386, 545-548
Borchardt, Rudolf der Ältere 571
Borchardt, Rudolf Gustav 541
›Börsenblatt für den deutschen
Buchhandel‹ (Zeitschrift) 127,
316
Böttiger, Karl August 378
Boyle, Charles 377
Brauweiler, Heinz 409
Brecht, Walther 193, 199, 208, 334,
335, 398, 399f., 401, 405, 452
Bremer Presse (Verlag) 28, 52, 72,
97, 115, 119, 178, 276, 277, 326f.,
335, 345, 347-349, 353, 355,
411-418, 430, 434, 451, 496
›Bremer Zeitung‹ 182f.
Brentano, Clemens 121
  Des Knaben Wunderhorn
  (→ Arnim, Achim von) 177
Browning, Robert
  The Ring and the Book 270
Buber, Martin
  Die Fünf Bücher der Weisung
  321-323, 509-527, 513-531, 566-
  571
  Die Schrift 295f.
Buber, Paula 323
Bücheler, Franz 178
›Bühnenvolksbund‹, Königsberg
180
Burckhardt, Carl J. 334, 399
Burckhardt, Jacob 143, 212
  Griechische Kulturgeschichte
  470
  *Die Kultur der Renaissance in
  Italien* 102, 379, 470
Burdach, Konrad 205, 211-215,
280, 315, 332-338, 399, 404
  Cola di Rienzo 333
  Faust und Moses 333
  Worte der Freundschaft [über
  Hofmannsthal] 333
Buriot-Darsiles, Henri 109-111,
115f.
  *Un nouvel écrivain allemand:
  Rudolf Borchardt* 109
Buttmann, Philipp Karl 90

Carducci, Giosué 385
Carossa, Hans 296f., 503, 542

Carrière, Moritz 379
Cervantes, Saavedra, Miguel de
    El ingenioso hidalgo Don
    Quixote de la Mancha 79, 85, 93,
    459
Chiappelli (Familie) 260-262, 354,
    381, 479, 543
Christan von Hamle
    Der Anger 177
Christoffel, Ulrich 470
Cicero, Marcus Tullius 82
Cielo von Alcamo 371, 373-375
Ciullo del Camo → Cielo von
    Alcamo
Colloredo-Mansfeld, Ferdinand
    Graf 399
Colonna, Vittoria 106
›Corona‹ (Zeitschrift) 302, 318,
    330, 346, 347, 348, 349, 351, 352,
    354-357, 359, 365, 366, 367f.,
    376, 382, 386, 393-396, 417,
    424f., 428f., 431f., 434f., 439,
    441f., 445, 455f., 471-474, 490,
    496, 506, 528, 532, 536, 559, 560
›Corriere della Sera‹ (Zeitung) 16
Cossmann, Paul Nikolaus 190
Cotta, J. G. (Verlag) 88
Cramer-Klett, Theodor Freiherr
    von 189, 199
Creuzer, Friedrich 90
›The Criterion‹ (Zeitschrift) 247
Croce, Benedetto 29-32, 63f.,
    66f., 84, 85, 137, 176, 189, 196,
    307, 346, 366, 388f., 503, 507
Croeller, Herr 308
Curtius, Edith 382, 504, 506
Curtius, Ernst Robert 375, 465

Curtius, Ludwig 162, 168, 188, 506
    L'Importanza culturale dell'Italia
    moderna / Die kulturelle Bedeutung
    des modernen Italien 375

Dacqué, Edgar 249
Dante Alighieri 8, 27, 37, 99, 103,
    106, 128-132, 142, 227, 270, 277,
    315, 331, 332, 337, 404, 494, 499
    Al poco giorno ... 131
    Amor che muove il sole ... 130
    De Monarchia 130
    Divina Comedia 8, 27f., 34f., 39,
        51, 54, 63f., 117, 122, 130, 201, 202,
        222, 226, 227, 230, 266, 267f.,
        270, 315, 324, 337, 364, 404, 411f.,
        414-418, 427-429, 437, 473f., 493,
        496-500, 502, 508, 518, 538, 546,
        570
    Inferno 64, 122, 499
    Paradiso 15, 28f., 50, 63f., 86, 103,
        117, 122-124, 172, 201f., 218, 221,
        228, 283, 289, 414f., 498f.
    Purgatorio 64, 122, 130, 498f.
    Il Convivio 130, 131
    Il Fiore → Bassermann, Alfred
    Guido, vorrei che tu ... 130
    Io son venuto ... 131
    Tenzone con Forese Donati 130
    Vita Nova 99, 105, 130-132, 486,
        497, 507
Dauthendey, Max 465
Degenfeld-Schonburg, Marie The-
    rese Gräfin von
Degenfeld-Schonburg, Ottonie
    Gräfin von 23-25, 250, 324, 399,
    495, 504

Deledda, Grazia 384
Demeter 179
Deutsch-Italienische Handelskammer, Frankfurt am Main 375
Deutsche Allgemeine Verlagsanstalt → Deutsche Verlags-Anstalt
›Deutsche Allgemeine Zeitung‹ 45f., 224, 275, 310, 395, 403, 448, 451
›Deutsche Rundschau‹ (Zeitschrift) 215, 370, 395, 443f., 464, 504-506
›Deutsche Schillerstiftung‹, Weimar 88
Deutsche Verlags-Anstalt 88, 121
›Deutsches Archälogisches Institut‹, Athen 491
›Deutsches Archäologisches Institut‹, Rom 366
›Deutsches Kunsthistorisches Institut‹, Florenz 307
›Deutsches Theater‹, Berlin 197
›Deutsches Volkstum‹ (Zeitschrift) 395
Dickens, Charles 316
Diderot, Denis 110, 270
Dieterici, Friedrich Heinrich 567
Dorsch, Käthe 442, 445, 447, 456, 502
Drei-Masken-Verlag 456
Dühring, Karl Eugen 466, 467
Dürer, Albrecht 206

Ehrenstein, Albert 176
Eichendorf, Josef Freiherr von 152

›Die Einkehr‹ (Beilage zu den ›Münchner Neuesten Nachrichten‹) 197, 223, 227
Elisabeth I., Königin von England 213
Elster, Hanns Martin 171, 216, 286, 316f., 321, 361, 367, 456, 475, 490, 504, 564, 565
Empedokles 312
Enderlin, Fritz 318
Ermatinger, Emil 74
Eschenburg, Johann Joachim 65
Esra 568
Eucken-Bund e. V., München 282, 285
›Euphorion‹ (Zeitschrift) 219, 337, 388, 405
Euripides 271, 319, 319
Ewald, August 542f.
  Ein Gralsgeschlecht 528, 562
  Die Menschen Hofmannsthals 528
  Rudolf Alexander Schröder 542

Faulhaber, Michael von 190, 199
Fechter, Paul 461-468
  Heinrich Goesch. Worte des Gedenkens 464-471
Feist, Hans 14-23, 137, 153, 204, 272, 293f., 354, 423, 446-454, 458f.
Finck von Finckenstein, Graf und Gräfin 233
Firdaŭsi 296
Fischer, Kuno 89
Fischer, S. (Verlag) 334, 399, 402, 443, 446, 448-455

Fisher Unwin, London (Verlag) 490
Fitzgerald, Edward Omar Chajâm 511
Flamm (Mutter) 194
Flamm, Peter 194
Flaubert, Gustave 316
Fliess, Wilhelm 86
Foerster geb. Hildebrandt, Eva 221
Fogazzaro, Antonio 385
Forster, Georg 203
Fraenkel, Eduard 280f.
France, Anatole 384
Franchetti, Luigi Baron 154
Franchetti, Marion Baronin 153-157, 233, 236, 241, 291-293
Franckenstein, Clemens Freiherr von 504
›Frankfurter Zeitung‹ 96
Fransecky, Edith von → Curtius, Edith
Freiligrath, Ferdinand 42
Freund, Robert 235
Frey, Alexander von 157, 304
Frey, Erika von 207
Friedemann, Heinrich
  Platon. Sein Gehalt 420
Friedländer, Amalia 109
Friedländer, John 108, 109
Friedländer, Paul 270-272, 280f.
Friedrich II., König von Preußen 151, 551
Friedrich von Hausen 35
Frisch, Ephraim 66
Frobenius, Leo 20
Fulda, Ludwig 392

Gagliardi (Familie) 261
Geibel, Emanuel 392
  Gedichte 102
Gentile, Giovanni 31
George, Stefan 28, 174f., 188, 191, 275, 281, 314, 346, 419, 443f., 465, 466, 467, 522, 546
  Dante: Die Göttliche Komödie 87, 123
  Das Neue Reich 310f.
Gervinus, Georg Gottfried 74
Gesell, Michael 458
›Gesellschaft für antike Kultur‹ 505, 530, 531, 539, 545
›Giornale d'Italia‹ (Zeitung) 16
Giraut de Borneil 37, 373
Gleichen, Heinrich von 272, 275, 408-411
  Richtige Stellung 409
Gleim, Johann Wilhelm Ludwig 152
Glöckner, Ernst 175
›Gnomon‹ (Zeitschrift) 486
Goesch, Carl 463f.
Goesch, Heinrich 464-471
Goethe, Johann Wolfgang von 27, 75, 78, 106, 110, 114, 121, 171, 253, 254-257, 340, 400, 499, 523, 562, 563, 566
  Egmont 258
  Faust 32, 115, 255f., 498, 526, 552
  Ganymed 516f.
  Die Leiden des jungen Werthers 487
  Paria 319
  Mahomets Gesang 43
  Noten und Abhandlungen zum West-östlichen Divan 254f.

Römische Elegien 81
Torquato Tasso 341
Die Wahlverwandtschaften 256f., 258-260
Weimarer Ausgabe 78, 114, 121
Wilhelm Meister 106, 256f.
Xenien 377
Gogarten, Friedrich 559
   Ich glaube an den dreieinigen Gott. Eine Untersuchung über Glauben und Geschichte 420
Gogh, Vincent van 312
Goldenberger, Franz 190, 199
Goldoni, Carlo
   Pamela Nubile 445, 447, 502
Goldschmidt, Herr 326
Goltz, Joachim von der 392
Grimm, Herman 401
Grimm, Jacob 88, 212, 515
Grimm, Wilhelm 100
Grolman, Adolf von
   Hugo von Hofmannsthal 361
Grossmann, Stefan 458
Gruber, Max von 84, 89
Guidotti, Margherito 325
Gundolf, Friedrich 137, 162f., 168, 175, 176, 188, 191, 213, 475
Guttenberg, Karl Ludwig Freiherr von 492f., 548-559

Haage und Schmidt (Firma) 64, 75f., 95, 119, 146, 232, 236, 238, 239, 245
Haas, Willy 272, 321, 321, 325
Habbel, Franz Ludwig (Verlag) 168
Habbel, Josef 190

Häberlin, Paula 93f.
Hagen, Friedrich Heinrich von der
   Gesammtabenteuer. Hundert altdeutsche Schwänke 514
Halem, G. A. von (Verlag und Buchhandlung in Bremen) 182
Haller, Albrecht von 152
Hamann, Johann Georg 89, 464
›Hamburger Fremdenblatt‹ (Zeitung) 224
›Hamburger Nachrichten‹ (Zeitung) 95
Hammer-Purgstall, Joseph Freiherr von 254
Hanna (Haushilfe bei RB) 234, 247
Happ, Alfred 101, 167
Happ, Rudolf 167
Harden, Maximilian 176
Harder, Richard 405f., 508, 531, 539, 546, 566
Harnack, Adolf von 543, 545
Harrassowitz (Verlag) 438
Hartman von Aue
   Der Arme Heinrich 77, 87, 91, 93, 95, 100, 104, 114, 115, 178, 280
Haseloff, Arthur 260, 262, 264
Haupt, Moriz 212, 514, 568
Hauptmann, Gerhart 482
Hebbel, Friedrich 42
Hegel, Georg Wilhelm Friedrich 84, 88, 466
Heine, Heinrich 42, 109
Heinrich von Morungen 106
Heinze, Richard 164, 168
Held, Heinrich 190

Hellingrath, Norbert von 313
Herakles 36, 318, 319
Herbart, Johann Friedrich 88
Herder, Hermann (Verlag) 121
Herder, Hermann 169
Herder, Johann Gottfried von 72, 78, 92, 94f., 100, 141, 200, 201, 203, 205, 254, 526, 570
  Alte Volkslieder 174, 177
Herkules → Herakles
Hermann, Gottfried 90
Heuschele, Otto 134f., 183, 273-275, 560f.
  Die Ausfahrt 560f.
Heymel, Alfred Walter von 96
Heynen, Walter 91
Heyse, Paul 392
Hieronymus 295, 525, 570
Hildebrandslied 336, 519
Hildebrandt, Günther 58, 116
Hindenburg, Conrad von 243
Hiob 296, 570
Hippolytos 319
Hitler, Adolf 490f., 552
Das ›Hochland‹ (Zeitschrift) 200, 402
Hofmannsthal, Gerty von 315, 329, 399, 452, 453, 503
Hofmannsthal, Hugo von 7f., 23f., 28, 60, 65, 71, 107f., 157f., 189, 191, 193, 197, 198, 199, 203, 273, 303, 305, 315, 329, 333-335, 338, 339, 340, 341, 342, 343, 344, 351f., 354, 360f., 381, 382, 393, 394, 398, 401-404, 405, 413, 415, 429f., 442, 448-455, 458, 475, 484, 502, 528, 548
  Das alte Spiel von Jedermann 197
  Eranos 178, 197
  Gesammelte Werke 448, 451
  Jedermann 197
  Neue Deutsche Beiträge 343, 352
  Die Prosaischen Schriften gesammelt 458
  Der Rosenkavalier 197
  Der Turm 361
  Victor Hugo 115
Hofmannsthal-Gesellschaft 334f., 399
Hofmiller, Josef 27, 190, 317
Hölderlin, Friedrich 310-313, 317, 511
  An Landauer 311
  Der Rhein 312
  Der Tod des Empedokles 312
  Hälfte des Lebens 311
  Patmos 311
  Pindar-Übertragungen 312f., 313
  Sophokles: Antigone 313, 511
Holz, Arno 253
Homer 33
  Hymnen 29, 179, 276, 281
  Ilias 178, 498
  Odyssee 498
Horaz 82, 179
Horen-Verlag 235, 236, 239, 248, 281, 361-364, 421, 456, 475
›Die Horen‹ (Zeitschrift, 1924-1930) 230, 232, 395, 451, 456, 528
Hornstein und Hohenstoffeln, Barone von (Familie)
Hübscher, Arthur 391-393, 394, 484, 503

Hügel, Freiherren von (Familie) 324
Hugo, Victor 115
Humboldt, Alexander von 89, 171, 181, 203
Humboldt, Wilhelm von 89, 181, 203
Huxley, Aldous 316
    Point counter Point 316

›Individualität‹ (Zeitschrift) 367, 456
Insel-Bücherei 94
›Das Insel-Schiff‹ (Zeitschrift) 528
Insel-Verlag 26, 93f., 334, 368, 386, 398
›Die Insel‹ (Zeitschrift) 386, 393f.

Jacobus 108
Jacoby, Felix 81, 377-380, 508, 546
    Historici Graeci 379
Jacoby, Johann 108
Jaeger, Werner 81, 307-309, 318, 326, 333, 406, 503, 505, 530f., 538f., 545f., 564, 566
Jardin des Plantes 145
Jean Paul 74
    Titan 74
Jehni (Familie) 562
Jeremias 569, 570
Jesaias 569
Jonas 521
Joseph, Richard 390
Jung, Edgar J. 419-422, 503, 505
    Die Herrschaft der Minderwertigen 419-422, 443f., 504, 505f.

Kahr, Gustav Ritter von 20
Kaibel, Georg 177
Kant, Immanuel 88, 90, 107
Kardorff, Konrad von 564
Karo, Georg 491
Kassner, Rudolf 334, 399
Kautzsch, Emil 517
Kayser, Rudolf 452
Keller, Gottfried 393
    Die Thronfolger 121
Kempner, Hans 307
Kerr, Alfred 176, 475
Kessler, Harry Graf 242
Kierkegaard, Sören 464
Kippenberg, Anton 59, 94, 316, 334, 367, 387, 393f., 399
Klages, Ludwig 444
Klein, Carl August 346
Kleist, Heinrich von
    Prinz Friedrich von Homburg 321
Klöckner → Glöckner, Ernst
Klopstock, Friedrich Gottlieb 152, 311
Klotz, Christian Adolf 212, 378
Koelsch, Adolf 248f.
›Kölnische Zeitung‹ 95, 286
Kölwel, Gottfried 392
Korrodi, Eduard 28, 288, 307, 403, 460, 509
    Geisteserbe der Schweiz 286
Kraft, Werner
    Die Päpstin Johanna. Eine motivgeschichtliche Untersuchung 111-113
Kraus, Carl von 137, 162, 170, 176, 177, 189, 198, 199
Krell, Max 459

Kristan von Hamle → Christan von Hamle
Kronbauersche Buchhandlung, Göttingen 390
Krupp (Firma) 555
Kubczak, Viktor 135
Kühlmann, Richard von 205, 340, 349, 411, 428, 429
Kunsthistorisches Institut → ›Deutsches Kunsthistorisches Institut‹, Florenz
Kürenberger, Der 106
Kürnberg → Der Kürenberger

La Bruyère, Jean de
 Les Caractères de Théophraste 5
Lachmann, Karl 114, 212
Lafourcade, George
 La jeunesse de Swinburne 290
Lang, Siegfried
 Zu Stefan Georges ›Neuem Reich‹ 310–314
Langen-Müller (Verlag)
Lassalle, Ferdinand 456
Laterza (Verlag) 19, 507
Laurentius Valla 499
Lehrs, Karl 108
Leibniz, Gottfried Wilhelm 88f., 347
Lenbach, Franz von 233
Leo, Cécile 466
Leo, Friedrich 177, 466
 Rede zur Säkularfeier Karl Lachmanns 179
Lesezirkel Hottingen (Vereinigung) 50, 158f., 196
›Der Lesezirkel‹ (Zeitschrift) 66, 196, 288

Lessing, Gotthold Ephraim 100, 377
Leu (Bankhaus) 73
Li-Tai-Po 296, 510
Lichnowsky, Mechtild Fürstin von 237
Linkenbach, Hans Ludwig 347
List, Paul (Verlag) 79, 85
›Literarische Gesellschaft‹, Göttingen 390
›Literarische Gesellschaft‹, Hamburg 475
›Die Literarische Welt‹ (Zeitschrift) 125f., 127, 141, 272, 322
Litzmann, Berthold 187 312
Litzmann, Grete 187
Livius Andronicus, Lucius 318
Lobeck, August von 88, 90
 Aglaophamus 90
Loeben, Otto Heinrich Graf von 152
Longus von Lesbos 371
Ludwig I., König von Bayern 151
Lufft, Hermann 409
Luther, Martin 182, 295, 511, 513, 514, 517, 519, 521, 525, 526, 570
Lyssa 319

Mania 319
Mann, Heinrich 167, 170
Mann, Katia 293f.
Mann, Thomas 141f., 163, 167, 170, 187, 355, 384f., 392
Mansi, Contessa Antonietta Bernardini Marchesa → Bernardini Marchesa Mansi, Antonietta Contessa

Mansi, Raffaello Orsetti Marchese → Orsetti Marchese Mansi, Raffaello
Manzoni, Alessandro
I Promessi Sposi 85
Marano, Herr 261-263, 265
Marano, Maria → Rosenberg, Maria
Margherita, Königin von Italien 385
›Marsyas‹ (Zeitschrift) 179
Marx, Karl 550, 554
Maximilian II., König von Bayern 392
Mazzoni, Guido
Se possa il Fiore essere di Dante Alighieri 129
Mell, Max 334
Mendelssohn, Moses 109
Mendelssohn-Bartholdy, Felix 466
Meyer, Conrad Ferdinand
Jürg Jenatsch 319
Meyern-Hohenberg, Fritz Freiherr von 45f.
Michelangelo Buonarroti 106
Miller, Luise von (Haushilfe bei RB) 235, 273
Mina 154f.
Molo, Walter von 539
›Der Morgen‹ (Zeitschrift) 170, 174
Mörike, Eduard 102
Der alte Turmhahn 516
Moschos von Syrakus 370
Moses 523
Mu'alleqât 254

Müller, Georg (Verlag) 562f., 566
›Münchner Neueste Nachrichten‹ (Zeitung) 20, 64, 93, 95, 104, 137f., 152f., 186, 188, 196, 197, 223, 249, 269, 310, 395, 403, 492, 497, 508, 540
Muncker, Franz 161, 198
Murray, Gilbert 178, 334, 504
Mussolini, Benito 551, 555
Muth, Karl 190, 193

Nadler, Irma 192, 406, 503, 540
Nadler, Josef 25-29, 33-44, 49, 55, 99, 104-109, 136f., 150, 160-166, 168-170, 174-180, 186-192, 193, 198-200, 208, 205, 213, 251-260, 282, 329, 333, 334, 335, 338, 347, 367-369, 383, 385, 391, 393, 395, 397-407, 497-503, 508, 538-540
Hofmannsthal und das Sozialproblem 402
Hugo von Hofmannsthal. Gedenkrede 402
Hugo von Hofmannsthals Ausklang 361, 402
Literaturgeschichte der deutschen Stämme und Landschaften 33f., 38, 41f., 49, 190, 200, 338, 369
Literaturgeschichte der deutschen Stämme und Landschaften, Band IV 38, 49, 251-253, 538
Rudolf Borchardt 99, 187, 193, 197, 498
Von Bodmer zu Borchardt: Um die neue Dichtersprache 25, 27, 498

Napoleon I., Kaiser der Franzosen 421
Neander, Johann August Wilhelm 109
Neidhart von Reuenthal 374
Die ›Neue Rundschau‹ (Zeitschrift)
›Neue Schweizer Rundschau‹ (Zeitschrift) 185, 187, 191, 280, 310, 508
›Neue Zürcher Zeitung‹ 28, 125, 224, 225, 248, 267, 286, 316, 333, 403, 448, 461, 470
Neurath, Konstantin Freiherr von 307, 310, 317, 325
Nicholson, Reynold Alleyne 511
Niemeyer (Verlag) 280
Nordau, Max
  Die conventionellen Lügen der Kulturmenschheit 102
›Norddeutsche Allgemeine Zeitung‹ → ›Deutsche Allgemeine Zeitung‹
Nostitz-Wallwitz, Helene von
  Aus dem alten Europa 242f.

Oberste Heeresleitung 549
Ödipus 319
Olbers, Wilhelm 89, 90
Olschki, Leonardo S. 16
Oncken, Hermann 164
Opitz, Martin 36
Orsetti Marchese Mansi, Raffaello 533, 543
›Ostwart-Jahrbuch‹ 134f., 183
Oswald von Wolkenstein 36
Ovidio, Francesco d' 129

Panzini, Alfredo 225
Pascal, Blaise 110
Pasquali, Giorgio 506f., 565
Paulus (Apostel) 309
Paulus Speratus 37
Pechel, Rudolf 215
›Pegaso. Rassegna di lettere e arti‹ (Zeitschrift) 536
Penzoldt, Ernst
  Der arme Chatterton. Geschichte eines Wunderkindes 392
Petersen, Julius 137, 537, 539, 547, 564
Petrarca, Francesco 37, 336
Petrus (Apostel) 108
Pfleiderer, Otto 567
Phädra 319
Piccoli, Alfredo 366
Piccoli, Blanche 261
Pindar 280, 312, 313, 315, 390, 404, 406, 434, 442, 457, 472, 474, 484f., 497, 529, 530f., 536, 539, 544, 559
Pinder, Wilhelm 188
Piper, Gertrud 209
Piper, Reinhard 204, 206-208, 216, 222-228, 235
Pisano, Giovanni 132, 159, 227
Platon 270, 308, 309, 406, 420, 508, 531
  Der Staat 270
Plotin 270
Pollitzer, Luise 413
Polygnot 379
Polyphem
Pongs, Hermann 132f., 160

Ponten, Josef 167, 482
Portia 11
›Preussische Akademie für Dichtkunst‹ 141, 167, 539, 547
›Preussische Jahrbücher‹ (Zeitschrift) 91, 93, 95
Properz 318
›Il Proprietario. Periodo di Pubblicità per Comprovendita di Beni Stabili‹ (Zeitschrift) 16
Przywara, Erich 420, 559
Pythia 491

Rang, Florens Christian 467
Ranke, Leopold von 212
Rechberg, Arnold 555
Reck-Malleczewen, Fritz 557
›Reclams Universum‹ (Zeitschrift) 477-479
Redlich, Josef 399
Regenbogen, Otto 81
Rehm, Walther 137
Reifferscheidt, Friedrich M.
  Kritische Glosse zu Rudolf Borchardts ›Ewigem Vorrat deutscher Poesie‹ 200, 361, 402
Reimar → Reinmar der Alte
Reinhardt, Karl 271, 456
Reinhardt, Max 334
Reinmar der Alte 26, 280, 374
Reiss, Erich (Verlag) 99
Rembrandt Harmensz van Rijn 206
Renoir, Pierre Auguste 206
Richardson, Samuel
  Pamela or Virtue Rewarded 502

Richter, Herr 329
Rilke, Clara 432
Rilke, Rainer Maria 243, 359, 465
›Der Ring‹ (Zeitschrift) 272, 275, 321, 322, 326f., 408-410, 448
Ritter, Carl 203
Rivoire (Firma) 146
Roethe, Gustav 161
Rosenberg, Hans 81, 265, 566
Rosenberg, Maria 260-263, 265
Rosenberg, Vera 260-264, 265, 395, 455, 504, 547, 564-566
Rosenzweig, Franz 295, 509, 526, 570
Ross, Mrs. 145
Rossetti, Dante Gabriel 247f., 266, 269, 270, 281
Rowohlt, Ernst 8f., 16, 52f., 56-61, 62, 64, 79, 86, 92, 93, 96-99, 101-103, 116, 117-120, 186, 194-197, 204, 216, 290, 473
Rowohlt, Hilde 58
Rowohlt-Verlag 47-49, 127, 328
Rückert, Friedrich
  Die Verwandlungen des Abu Said von Serug oder Die Makamen des Hariri 525
Rumi 255
Rupprecht, Kronprinz von Bayern 549
Rychner, Max 74f., 185f., 306, 310-314, 317, 508f.
  Georg Gottfried Gervinus 74f.

Sachau, Eduard 567
Salomon 569

Saucke & Friedrichsen (Buchhandlung in Hamburg) 300
Saucke, Kurt 300
Sauer, August 161, 168
Schadewaldt, Wolfgang 405f.
Schaeder, Hans Heinrich 55, 101, 116, 255, 308, 333, 334, 335, 347, 400, 405, 503, 565
  Esra der Schreiber 568
Schaefer, Hugo 58f., 80-82, 196, 308, 503
Schäfer, Wilhelm 476-478
Schaukal, Richard von
  Hugo von Hofmannsthal 361, 402
Schelling, Friedrich Wilhelm Joseph von 88f.
Scherer, Wilhelm 161, 164, 212, 335
Schiller, Friedrich von 121, 141, 254, 288, 311, 523
  Don Carlos 24, 88
  Die Götter Griechenlands 311
  Xenien 377
Schlabrendorff, Gustav Graf von 467
Schlegel, August Wilhelm 65
Schlegel, Friedrich 65
Schleicher, August 379
›Schlesische Funkstunde‹, Breslau 286
Schmidt, Erich 547
Schnitzler, Arthur 334, 399
›Die Schöne Literatur‹ (Zeitschrift) 361
Schopenhauer, Arthur 253, 466

Schramm, Wilhelm Ritter von 95, 100
Schröder, Rudolf Alexander 71, 72, 97, 171, 183, 188f., 189, 191, 195, 198, 205, 242, 243, 279, 283, 287, 288, 300, 301, 302, 305, 330, 334, 339f., 342, 344, 346, 349, 351f., 354, 355, 357, 359, 365, 367f., 382f., 386f., 390, 393, 396, 398, 399, 402, 404, 405f., 406, 413, 418, 424, 426f., 429f., 431-434, 441, 443, 496, 497, 503, 544, 565
  Gedichte von Geerten Gossaert 404
  Ilias-Übersetzung 498
  Odyssee-Übersetzung 498
  Rainer Maria Rilke 359
  Die Zwillingsbrüder 528, 542
Schwartz, Eduard 162, 178f.
  Charakterköpfe aus der antiken Literatur 178
Schwind, Moritz von 210f.
Shakespeare, William 65, 319
  Antony and Cleopatra 65
  Coriolanus 65
  Macbeth 318, 319
Shaw, George Bernard 384
Simmel, Georg 177
Simson, Eduard von 108
Singer, Kurt
  Platon und das Griechentum 419f.
Solmsen, Felix
  Die Entwicklung der aristotelischen Logik und Rhetorik 309
Sophokles 271
  Antigone 313, 511

Späth, Hertha 325
Spengler, Oswald 20, 89
Speyer, Else 229, 232, 233, 236, 239, 247, 297
Speyer, Isa 232f., 236, 239, 244-247, 297-299, 386
Spoerri, Theophil 69, 248, 508
Spranger, Eduard 89
Stähelin-Holzing, Sonja →
  Stehelin-Holzing, Lonja
›Der Stahlhelm‹ 550, 553f.
Stapel, Wilhelm 395
Stegerwald, Adam 559
Stehelin-Holzing, Lonja 504, 561
Steig, Reinhold 401
Steinbömer, Gustav 503
Steiner, Herbert 50, 68f., 73, 84, 125f., 157f., 160, 207, 239f., 247-249, 266f., 284-289, 300, 302, 305-307, 315-321, 323, 330, 339, 346, 349, 353, 355, 356, 357, 358, 359f., 361, 364, 390, 394f., 414, 416, 426, 432, 442, 445f., 457, 496-497, 508, 529, 536, 544, 559f.
Stenzel, Julius 81, 333, 406, 420, 508, 546
Stolberg, Friedrich Leopold Graf 311
Storm, Theodor 42
Storrer, Willy 456
Strauss, Richard 334
Streck (Mutter) 14
Streck, August 14, 17, 137, 152, 224, 269, 328, 412, 437
Stresemann, Gustav 555
Strich, Fritz 176

›Süddeutsche Monatshefte‹ (Zeitschrift) 325, 391-393, 451, 484, 502-504, 559
Swinburne, Algernon Charles 47, 52, 59, 99f., 127, 290
  The forsaken Garden 290

Tacitus, Publius Cornelius Germania 276
›Das Tage-Buch‹ (Zeitschrift) 361
Teubner (Verlag) 276, 562
Theokrit 370, 372-374
Theon 372
Theos (Irrtum RBs) → Theon
Thiersch, Frieda 10-13, 28, 72, 205
Thilo, Georg 496
Thukydides 406
Tibull Liber II, 1 523
Tolstoi, Leo Graf
  Anna Karenina 319
Treitschke, Heinrich von 543
›La Tribuna‹ (Zeitung) 16
Trog, Hans 69, 224, 248, 266, 288
Tubergen (Firma) 145
Tucci (Familie) 157

Uhland, Ludwig
  Alte hoch- und niederdeutsche Volkslieder 114, 177
Ullstein (Verlag) 458, 459
Unger, Rudolf 198
  Hamann und die Aufklärung 89
›Universitätsbund‹, Königsberg 180
Urgos, Baronin 386

Vahlen, Johannes 178
Valéry, Paul 346, 355
Velten, Rudolf
  Das ältere deutsche Gesellschaftslied unter dem Einfluß der italienischen Musik 336
Vergil 372, 373, 460, 496, 505, 506-508, 530f., 536f., 539, 546, 560, 564, 566
  Aeneis 496
Verrochio, Andrea del 235
Vigny, Alfred Comte de 110
Vincenti, Leonello 263f.
Voigt, Erika → Frey, Erika von
Voigt, Lina 15, 207, 237, 249, 340
Voigt, Peter 143, 293
Voigt, Robert 8-10, 15f., 19, 51, 56-63, 79, 86, 96, 116-118, 127, 180, 182, 194, 210, 228, 249, 299, 328, 340, 488
Vollmer, Hans 20, 164, 168
Voss, Herr 326
›Vossische Zeitung‹ 458f.
Vossler, Karl 20, 30, 55, 82-85, 89, 162-164, 168-170, 174, 176, 179f., 188f., 192, 198, 199, 213, 355, 358, 369-377, 383f., 386f., 395f., 401, 411f., 416f., 424, 428, 433, 437-440, 474, 497
  Ansprache beim Festakt der Jahrhundertfeier [der Universität München] 1926 163, 168
Vossler, Otto 83, 89

Walther von der Vogelweide 114, 280, 521

Wandrey, Conrad 153, 187
Wassermann, Jakob 62, 86, 334, 385, 399
  Hofmannsthal der Freund 402, 452, 504
Wedekind, Frank 392
Weismantel, Leo 392
Weiss, Konrad 331f.
  Das Herz des Wortes 331f.
  Die Löwin 331f.
  Tantalus 331f.
Wellhausen, Julius 567f.
Wendelstadt, Julie Freifrau von 23, 83, 146-151, 250, 324, 423
Werner, Abraham Gottlob 203
Weynand, Rudolf 276
Wiegand, Heinrich 341f.
Wiegand, Willy 8f., 16, 24, 28, 33, 35, 38, 42, 47, 50-55, 56-61, 63-66, 71-73, 75-79, 83-104, 114-124, 136f., 161f., 168-173, 178, 181f., 185f., 188, 190, 194, 195, 199, 200-204, 205, 215-221, 266-268, 277-282, 283f., 289, 306, 315, 323f., 326f., 330, 337, 339, 340-342, 346f., 349f., 352-357, 358, 364f., 376, 382f., 386, 404, 412-418, 424-428, 430-439, 441f., 456, 490
Wieland, Christoph Martin 65, 175
Wilamowitz-Moellendorff, Ulrich von 33f., 178, 371
Willemer, Marianne von 254f.
Winckelmann, Johann Joachim 254
Wirtz, Carl 264
Wirtz, Helene 566
Wirtz, Käthe 264

›Wissen und Leben‹ → ›Neue Schweizer Rundschau‹
Witte, Karl 226, 571
Wolde, Ludwig 63, 344
Wolf, Friedrich August 33f., 90
Wolff, Hanna 83
Wölfflin, Heinrich 20, 50, 164, 175
Wolfram von Eschenbach 26, 114
Wolters, Friedrich 188
Wundt, Wilhelm 177

›Zeitschrift für Deutschkunde‹ 562
Ziegler, Leopold 476, 478
Zimmer, Heinrich der Ältere 334
Zimmer, Heinrich der Jüngere 334, 398, 400
Zincgref, Julius Wilhelm 36
Zsolnay (Verlag) 561
Zweig, Stefan 402
Zwymann, Kuno
  Das Georgesche Gedicht 465

INHALTSÜBERSICHT

Briefe 1914–1923   5

Verzeichnis der Briefe   577

Verzeichnis der Briefempfänger   584

Verzeichnis der erwähnten Werke Borchardts   591

Verzeichnis der Namen   597

Der vorliegende fünfte Band einer auf zwanzig Bände veranschlagten
Ausgabe von Rudolf Borchardts gesammelten Briefen
erscheint im Herbst 1995.
Die Familie Borchardt unterstützt diese Edition;
das Deutsche Literaturarchiv, Marbach am Neckar,
und zahlreiche andere öffentliche und private Sammlungen
stellten Handschriften zur Verfügung;
den Satz in der Bembo, den Druck auf 90 g/qm Werkdruck
holzfrei, mattgeglättet, chlor- und säurefrei, und die Bindung
besorgte die Offizin Chr. Scheufele, Stuttgart.
Die Auflage beträgt eintausendfünfhundert Exemplare.
Heribert Tenschert, Bibermühle, hat die Verwirklichung ermöglicht.
Der Band erscheint im Carl Hanser Verlag, München und Wien.
ISBN 3-446-18016-8